동아시아 담론의 논리와 지향

동아시아 담론의 논리와 지향

비판이론의 탐색

고성빈

KOREA
UNIVERSITY
PRESS
고려대학교
출판문화원

책머리에

초고를 완성했을 때 세월호 참사가 발생했다. 이 역사적 사건은 '권력에 의해 은폐된 진실과 허위'에 대해 더욱 심각하게 사유하게 하는 계기가 되었다. 그리고 나의 의식과 무의식을 자신들이 원하는 방향으로 표준화하고 지배하려는 지식과 자본권력, 국가권력에 대해 무한한 저항의식을 가지게 되었다. 결국 근대가 조성한 지배기제에 대한 각성과 탈근대적 문제의식은 이 책의 논리에 중요한 자리를 차지하게 되었으며 실제로 초고를 수정하는 데 많은 영향을 미쳤다.

따라서 21세기 내가 사는 시공간에서의 '공정한 지배'와 '공동체적 정의'의 문제는 우리의 동아시아사고에서도 마찬가지로 적용될 수 있다. 그러한 이유로 이 책은 '국제사회의 정의론'과 '비판이론'을 의식하면서 쓰여졌다. 내가 사는 마을과 지역사회, 국가, 동아시아와 나아가서 세계가 '잘살기 운동'을 내세우기보다 '더불어살기 운동'을 우선적으로 사고할 수 없을까. 서민과 소수자와 약자들의 존재를 서로 의식하고 존중하는, '이웃이 행복해야 나도 행복해질 수 있다'는 평범한 시민의식을 토대로 삼아 동아시아와 세계의 문제들에 접근하는 기준으로 삼을 수 있는가를 사유해 보았다.

그러나 아직은 동아시아를 바라보는 자신만의 비판의 틀을 구상하는 단계에 이르지는 못한 것 같고, 그 결과 유럽의 비판이론가들의 견해를 많이 인용하였다. 물론 지식의 탈경계주의라는 핑계를 댈 수도 있지만 무언가 불만족스러운 마음이 짙게 남아 있다. 앞으로 이 주제 '동아시아의 비판이론과 근대성'에 대한 연구 의지를 다지게 되는 계기가 되었음을 고백한다.

본 연구는 한국연구재단의 '인문저술지원(2009년, NRF-2009-812-B00036)'을 받았음을 밝힌다. 그리고 연구 기간 동안에 이미 발표된 논문들이 담겨 있다. 물론 논문의 내용이 많이 수정되고 새로운 내용들이 더해져 원형과는 다르지만 밝히는 게 도리일 것 같다. 다음의 네 편이다: 〈대만 민주좌파 지식인의 국족주의 비판과 동아시아상상〉, 《아세아연구》, 2014년, 제57권 2호; 〈동아시아 담론—이론화를 향한 시론〉, 《국제 · 지역연구》, 2012년 겨울호; 〈다케우치 요시미竹內好의 동아시아론—역사의 구조와 현상의 분리기획〉, 《아세아연구》, 2012년, 제55권 1호; 〈일본의 동아시아사고—脫亞와 興亞의 이중변주〉, 《아세아연구》, 2010년, 제53권 4호.

본의 아니게 책이 길어졌다. 독자들의 편의를 위하여 권하자면, 우선 이 책의 1장, 2장, 7장 부분을 차례로 보고 나서 나머지 장과 절들은 각자의 필요에 따라 골라서 보아도 좋을 듯싶다. 그리고 일반적으로 호칭되는 인명이 저작의 표기와 다를 경우에는 주석에는 저작의 표기대로 하고 문장 중에는 일반적인 호칭으로 표기하였다. 따라서 본문과 주석의 동일인의 인명 표기가 다를 수 있다.

마지막으로 이 책에서 인용된 모든 자료의 저자들과 초고를 보고 호평과 혹평을 해 주신 모든 인사들에게 깊은 감사를 표하고 싶다. 이들에게서 많은 것을 배웠다. 그리고 책이 나오기까지 도움을 주신 분들께도 고마운 마음을 전하고 싶다.

2017년 1월 30일

고성빈

차례

제6장 중국의 동아시아사고—범아론과 중국식 보편주의구상 _ 437

제7장 동아시아발 비판이론의 모색 _ 653

제1장 논의를 시작하면서

21세기의 전환기에 등장한 동아시아 담론은 동아시아인들이 마치 '미네르바의 부엉이'처럼 근대의 저녁에 부르기 시작한 노래이다. 서구에서 발생하고 주도한 탈근대적 문제의식과 냉전체제는 서로 다른 방향을 가리키면서 동시에 전개되었다. 냉전체제가 종언을 고하면서, 동아시아는 미완의 근대를 성취하려고 함과 동시에 그 문제점들을 성찰하는 탈근대적 문제의식을 표출하기 시작했다.

동아시아지역주의는 일종의 전반적인 추세를 나타내며 그것을 주도하는 주체가 광범위하고 추상적이다. 동아시아 담론은 이러한 무형의 지역주의 추세를 구체화하여 동아시아의 문제를 풀어 나가려 하는 지식인들이 주도하여 전개하는 지적인 논의이다. 여기서 담론discourse이라는 표현을 사용하는 이유는 동아시아사고가 현 단계에서는 체계적으로 정리된 사상이나 이론이 아니고 동아시아 지역연대의 실현을 위해 지적인 상상과 토론을 전개하는 단계라는 함의를 나타내기 때문이다. 즉, 아직은 동아시아를 사고하고 토론을 전개하는 단계로서의 동아시아 담론이 지적인 상상을 넘어서 사상화, 이론화로 가는 생성becoming의 과정에 있다는 의미이다.

탈냉전 이래로 동아시아는 많은 사고의 전환과 각성을 겪고 있는데, 가장 두드러진 것은 다음 몇 가지로 서술할 수 있다. 서세동점의 시대에 동아시아가 겪어야 했던 제국-식민의 역사청산 의식의 생성, 냉전체제에서 수동적 행위자로 복무했던 경험에서 생성된 냉전적 사고의 탈피, 동시대 미국과의 의존관계에서 작동되었던 권위주의 개발독재체제를 겪으면서 부국강병을 목표로 하는 근대화에 맹목적으로 매진했던 것에 대한 성찰과 극복을 위한 시도이다. 이러한 동아시아의 자각은 이 시대에 등장한 전지구화·신자유주의로 특징지어지는 서구 주도의 발전에 대한 맹목적 추종에 대해 회의를 품고 대안을 모색하는 동기로 작용하고 있다. 이러한 시대적 변화와 그에 따른 동아시아의 각성은 서구에 의해 규정되지 않는 새로운 동아시아를 사고하려는 동아시아 담론으로 발전하고 있다.

동아시아 담론은 서세동점의 충격에 대한 저항으로 인해 동아시아 의식이 생성된 이래로 서구 근대에 대한 비판과 동아시아인의 자기비판을 총체적으로 반추하면서 등장한 측면이 농후하다. 그동안 19세기 이래로 영향을 미쳐 온 서구적 근대의 거대서사들—민족주의, 국가주의, 부국강병, 냉전 이데올로기—이 탈냉전과 함께 효력이 소실되면서 동아시아는 내부적으로 그것을 대체할 무엇을 찾아야 한다는 필요성을 고민하기 시작했다. 그러나 문제는 근대적 거대서사의 모방에 따른 부작용과 잔재들—국가주의, 역사논쟁, 분단체제—에 대한 해결이 여전히 과제라는 점이다. 따라서 근대와 그것을 받아들인 동아시아 방식에 대한 성찰의 측면을 강조하면 담론은 '성찰적 근대론'이 되고, 그동안의 비판사조를 종합하고 업그레이드시키고 있다면 그것은 새로운 비판사조의 탐색이 된다. 만약 탈냉전 이후에 서구의 전 지구화 · 신자유주의적 발전에 대한 동아시아의 자주적인 발전방식을 모색하기에 중점을 둔다면 '동아시아적 정체성과 대안담론'을 추구하려는 의미가 강하다. 그렇지만 동아시아 담론은 3자를 결합한 특성을 가지고 있다. 서세동점과 냉전시대에 전개되었던 비판사조를 계승하여 탈냉전의 새로운 상황에서 등장한 성찰적 근대론이면서 동시에 새로운 비판사조로서의 대안담론을 모색하자는 것이다.

그러나 올바른 비판과 대안을 위해서는 사상을 기반으로 이론화가 필요하다. 인문학자의 논지는 인문학적 상상의 개념을 동원하여 어떠한 방향으로 동아시아 의식을 개조하자는 것이고, 사회과학자는 그렇게 의식을 변화시킬 수 있는 구체적인 토대로서의 동아시아 구조를 먼저 만들자는 것이다. 그런데 아직은 담론에서 제시된 비전vision들은 지나치게 이상적이고 사회과학적인 논의는 국가 주도의 정치경제적인 기획에 가까워 오히려 담론이 출발하는 기본적인 지향과는 대립적으로 읽혀진다. 그리고 시민-지식인관계망network에 의한 지역연대를 위한 사회운동campaign적 차원에서 나온 것이라면 수사적인 문구처럼 피상적이라는 느낌을 받는다. 실제로 동아시아 담론의 개념들이 한국/대만/중국/일본 지식인들의 교류를 통한 토론이나 세미나의 논문에서 나오는 경우가 많은데, 이때 수사적인 표현과 사회운동의 구호 같은 언어들이 산발적으로 흩어져 체계적인 이론의 선상에 정리되지 않은 느낌을 준다.

이 책은 아직은 지식인에 의한 의식계몽운동에 머물고 있는 것으로 보이는 동아시아 담론에 이론의 옷을 입히고자 한다. 그 과정에서 탈서구중심주의에 공감하면서도 서구 이론과 더불어 동아시아의 그것들도 이것저것 다양하게 입혀 보려고 한다. 따라서 동서양 저자들의 논리로 동아시아 담론을 해석하고 그 속성을 분석하다 보니 담론을 전개하는 주체들의 원래의 의도와는 다른 해석을 한 경우도 적지 않으리라고 생각한다. 그리고 현재 진행 중인 담론의 논리에 자신의 해석과 분석을 부가하는 방식으로 서술하였다. 따라서 비평자의 입장에 서는 것과 같은 형식을 지니지만, 실상은 의식적으로 자신의 동아시아론을 전개하고 있는 것을 부인하지 못한다. 어쨌든 국내외의 동아시아론에 대해 독서하면서 생긴 문제의식에 대해서 토론을 제기하는 태도로 서술하였다.

구성과 의도

이 책은 크게 세 부분으로 구성되고 있으며 다음 같은 의도를 가지고 있다. 첫째 부분에서는 주로 동아시아 담론에 대한 국내외 저작과 토론을 접하면서 추출한 담론의 논리를 이론적으로 정리하고 동시에 그에 대한 필자의 문제의식을 연결시키면서 서술하였다. 두 번째 부분은 구체적으로 한국, 대만, 일본, 중국의 동아시아 담론에 대해 첫 부분에서 논한 이론의 옷들을 입혀 보면서 비판적 시각으로 분석하였다. 사실 4국 지식인들의 담론에서 논리들을 추출, 정리하였고 동시에 그것을 기반으로 담론의 특성들을 분석했기 때문에, 이 두 부분은 전반적으로 연결되어 있다. 마지막으로 앞부분에서 추출한 논리와 주변-중심부를 대표하는 담론의 특징을 정리하는 과정에서 필자는 동아시아 담론을 동아시아발 비판이론으로 발전시키려는 생각을 하게 되었고, 그러한 제안을 하게 된 배경을 제시하였다. 즉, 동아시아에서의 대국주의와 국가주의가 구성하는 불공정한 지배기제의 작용과 그 특성을 자각하고 해체시키기 위한 비판이론으로 발전시키자는 것이다. 아직 확신을 할 정도는 아니지만 예비적으로 비판의 기준이 되는 틀을 마지막 장에서 제시하는 것으로 마무리하고 있다.

따라서 이 책은 어떤 새로운 하나의 논리를 세우고 그것에 의해 동아시아 담론을 분석하고 비판하는 작업을 수행하기보다는 다음의 두 가지 의도를 우선적으로 표방하고 있다. 첫째, 기존의 담론(주체에 따라 다를 수 있는)에 이론의 옷을 입혀 보면서 필자 자신과 독자들의 이해를 돕는 역할을 하고 있다. 따라서 세 부분이 서로 연결이 안 되는 것 같으면서도 동아시아 담론에 대한 전반적인 이해의 측면에서 서로 연관되어 있다. 둘째, 동아시아의 현재와 미래에 대한 비판이론을 구상하려는 제안과 모색을 시도하고 있다. 그러나 아직은 확정적으로 정리된 이론을 제시하고 있다고 보지는 않는다. 미래의 작업으로 남겨 놓는다.

지식의 탈경계주의

우선 담론의 논리를 추론하고 이론화하면서 생긴 의문 중에서 지식의 탈경계현상에 대해 이 책은 우호적이다. 오늘날에도 여전히 서구 이론의 수입을 운운하면서 한탄하는 것은 동아시아 지식인들의 습관적이고 상투적인 언어가 되었다. 이러한 태도는 의식의 영역에서만이 아닌 무의식의 수준에서도 서구중심주의를 내재화하고 있는 것을 반증한다. 신복룡은 서구중심주의적 요인을 소거한 서구의 논지들을 동아시아적 맥락에 상호보완적으로 사용하는 것을 바람직하다고 보았고, 퀴세François Cusset는 이론이 창출된 맥락이 다른 곳에서도 '비평적 다시 읽기'와 '생산적 오독'으로 그 이론을 재사용하는 것을 창조성으로 옹호하였다. 쉬지린許紀霖도 동서양의 이론과 개념을 구분하지 않고 '창조적 오독'을 하는 것을 옹호하였다. 이들의 이론과 지식에 대한 탈경계적 접근은 이 책에서 동서양의 이론들을 혼합적으로 인용한 이유에 대한 적절한 설명일 것 같다. 이러한 필자의 태도는 거리의 철학자 강신주가 얻은 깨달음과 비슷하다. 즉, 신채호는 저급한 민족주의를 내세워 외래 사상을 배척하려 하지 않았으며, 따라서 우리는 데칸쇼, 비트겐슈타인, 마르크스를 받아들이면서도 '우리의 데칸쇼', '우리의 분석철학', '우리의 마르크스'를 만들어야 한다는 자주적 사고를 가져야 한다.[1] 이론의 세계는 혼합성과 다양성의 특징을 가질 수밖에 없다. 오늘날 문화와 지식의 탈경계화가 일반화되는 가운데, 이론이 발생

1 강신주, 2011, 《철학 vs 철학》, 그린비, 818-820면. 이 장에서는 인용된 자료가 뒤에 다시 출현하는 경우에는 각주를 생략하고, 더 이상 나오지 않을 경우에만 각주를 단다.

한 공간성을 지나치게 의식하는 태도는 '지식의 경계성'에 사로잡혀 있는 것이다.

'아시아'의 의미

다음의 토론 주제는 동아시아 담론에 대한 저작을 독해하면서 '아시아는 무엇인가'라는 의문을 빈번하게 접하게 된다는 것이다. 이러한 인문학적인 상상, 어찌 보면 무의미한 것 같은 반복에서 느끼는 것은, 이 같은 의문에 대해서 지나치게 진리를 찾는 태도로 임하는 게 아닌가 하는 생각이 든다. 니체는 비유적으로 "다양한 눈들이 있다. 스핑크스도 또한 눈들을 가지고 있다. 따라서 다양한 진리들이 있다. 그러므로 어떠한 진리도 존재하지 않는다"라고 말했다. 즉, 영원히 생성하는 세계에서는 객관적 설명이란 없으며, 세상이란 인간과 자연에 대한 의문과 관련된 우리가 살기 위해 필요한 일종의 가상의 체계에 불과하다.[2] 푸코는 진리에 대한 보편적이고 표준적인 정의에 의문을 표시해 왔다. 그에 따르면 진리는 생산되고 인정되고 통용되다가 사라지는 역사를 가지고 있는 것이다. 진리는 권력에 의해 생산이 되고 변화하는 것이며, 따라서 변화를 가져온 요인과 그 효과를 추적하는 것이 더욱 의미가 있다고 보았다.[3] 이렇게 양자의 통찰을 적용해 보면 진리를 찾으려는 태도로 아시아의 개념을 모색하는 것보다, '누가' 그것을 찾고 있으며, 또한 '왜' 그것을 진리라고 주창하고 있는가를 탐구하는 게 유의미할 수 있다. 따라서 '아시아는 무엇인가'라는 불변의 개념을 찾으려는 시도보다도, 차라리 전지구적 보편사의 시각에서 '왜 우리는 아시아를 상상하는가'와 더불어 '아시아의 근대성은 무엇인가'를 토론하

---

2 김정현, 2006,《생명과 치유의 철학》, 책세상, 307, 341-346면.

3 Michel Foucault, 1980, *Power/knowledge: selected interviews and other writings, 1972-1977*, ed. Colin Gordon (New York: Pantheon Books), pp. 131-132.

는 게 더욱 의미가 있을 것이다.

이러한 견해가 중요한 의미를 주는 것은, 동아시아의 지식과 문화담론에서 힘이 강한 주체가 주창하는 담론이 다른 약한 주체의 것보다 진리효과와 영향력을 더 많이 가질 수 있다는 사실이다. 역사적으로 국가와 개인에 따라서 강한 주체와 약한 주체의 동아시아론은 항상 그 영향력이 달랐다. 동아시아 역사논쟁에서 중심부와 주변부가 다른 견해를 가지면서 대립하는 현상은 이러한 사실을 잘 반영한다. 이 책에서 제기하는 '비판이론'으로서의 동아시아 담론은 이렇게 강한 주체에 의해 생산되고 확산되면서 소수자와 약자들에게 가해지는 지식과 문화의 억압성을 비판하려는 지향을 가져야 한다는 믿음에서 나왔다.

탈근대적 문제의식

이 책에서 자주 언급되는 '탈근대성'(탈근대주의, 혹은 포스트모더니즘이라고도 한다)에 대한 명확한 개념에 대해서는 많은 논란이 있을 수 있다. 동아시아 담론의 주체들이 탈근대성이라는 개념을 사용하기를 꺼려 하는 이유가 여기에 있는 것 같다. 예를 들어 필자가 많은 계시를 받은 기든스Anthony Giddens와 벡Ulrich Beck은 탈근대론에 반감을 가지고 산업화 시대의 근대를 '제1근대'로 정의하고, 탈냉전 이래 불확실성과 글로벌 위험global risk이 증대하는 현시대에 대해서는 성찰적 근대를 강조하면서 '제2근대'라고 표현한다. 또한 한국의 담론에서는 '근대완성과 극복의 이중과제'라는 표현이 나오는데, 여기에 사실 탈근대적인 문제의식이 배어 있지만 '탈근대'라는 표현을 사용하지는 않는다. 그러나 이러한 개념의 논란에 응답하는 것은 이 책의 목적이 아니다. 이 논란에 타협하기 위한 방편으로 이 책은 탈근대성을 근대가 이룩한 발전(주체, 근대화, 민족국가)에 대한 문제의식을 표방하는 비판적 사유로 보고 '탈근대적 문제의식'으로 주로 표현하였다. 동아시아 담론의 탈근대적 문제의식은 근대가 주로 주체(나, 우리)-대상(타자), 이성-비이성, 동양-서양, 문명-야만, 중심-주변, 엘리트-민중 혹은 서벌턴subaltern, 국제체제의 우승열패주의 등의 개념에 내재화되어 상호 경계를 설정하고 차별하려는 경향에 대해서 그러한 경계의식을 허물려고 하는 지향을 나타낸다. 즉, 탈동서이원론, 무경계, 탈중심, 탈국가주의, 탈국민국가주의, 세계시민주의 등의 개념에서 이 같은 특성을 읽을 수 있다.

서구와 달리 동아시아의 지식계는 근대성을 사고할 때는 이중적인 문제에 시달리고 있다. 서세동점 이래로 탈냉전기까지 동아시아는 서구적 근대성의 정수인 개인의 주체성을 배우지 못하고 근대의 표면에 불과한 국가주의와 부국강병의 근대화 이데올로기만을 모방하였다. 심지어 냉전체제에서는 중심 대국들의 이해관계 구조에 하부체계로 편승하면서 스스로 하위제국 정서에 물들기도 하였다. 따라서 탈냉전이 계기가 되어 비판적 지성들은 맹목적 근대화와 그 잔재들에 대한 성찰과 주체성을 획득하지 못한 미완의 근대성을 완성해야 한다는 생각을 하게 되었다. 게다가 지식계는 탈근대성의 영향으로 그동안 동아시아가 흠모했던 근대의 내면에 존재하던 훈육성과 억압성을 깨닫게 되면서 다중적인 문제의식에 휩싸이게 되었다. 즉, 동아시아는 미완의 근대성인 주체를 완성해야 한다는 과제와 함께 근대가 가진 억압적 지배기제에 대해서도 탈동서이원론적인 세계시민주의와 함께 또한 이와 적어도 표면적으로는 배리될 수도 있는 동아시아적 대안도 마련해야 한다는 '탈근대적 문제의식'을 품게 되었다는 것이다. 이 같은 고민에 대해서는 다음 장에서 자세히 토론해 본다.

한국, 대만, 일본, 중국의 동아시아사고

두 번째 부분에서는 한국, 대만, 일본, 중국에서 동아시아 담론을 전개하는 주체들의 지적인 작업을 해석하고 비평하려고 한다. 그러면서 필자의 문제의식을 접목하여 일종의 지속적인 원리를 찾아내어 분석적으로 서술하려고 하였다. 여기서 제시하는 조망들이 절대적인 분석틀이라고 생각하지 않는다. 단지 오늘날 진행되는 동아시아 담론을 구성한 역사적 기원과 주요 주체들의 사고, 21세기에 생성된 새로운 지향들을 이해하려는 일종의 경로를 제시하고자 하는 것이다. 대체로 한국과 대만에서는 주변부의 견해를 견지하는 지식인들을 중심으로, 일본과 중국에서는 중심부적 특징을 표방하는 지식인들의 논리를 위주로 의식적이고 무의식적인 지향과 상이성을 분석하였다. 이들이 자신의 국가를 대표하는 공식적인 위치를 가지는 것은 아니지만, 자신이 거처하는 국가가 나아가야 하는 혹은 이상적인 지향을 대체로 반영한다고 가정하여 서술하였다.

중국 지식계에서 예외적으로 아시아를 주동적으로 사유하는 쑨거孫歌는《아시아라는 사유공간亞洲意味著什麽》(2003)에서 아시아는 실체가 아니라는 의견을 표방한다. 한국에서의 강연에서도 아시아가 하나의 실체라기보다는 '사유공간'이라는 의견을 지속적으로 표명하고 있다. 이러한 그녀의 깊어 가는 문제의식을 반추해 볼 때, 우리는 찾을 수 없는 '아시아는 무엇인가'라는 추상적인 언어를 반복하는 데 열중해 있어서, 정작 '아시아'를 가정으로 설정하고 이론화를 진행하는 구체적인 작업을 소홀히 하는 게 아닐까 하는 생각이 든다. 그 결과 아시아를 주제로 한 쑨거의 저작을 보면 분량도 상당히 희소하며, 더욱 놀라운 것은 사유공간으로서의 인문학적인 아시아를 상상하면서도 저작에서는 중국이라는 대국의 예외주의적인 존재감이 큰 그늘을 드리우고 있는 것을 감지할 수 있다는 점이다. 그래서 쑨거의 동아시아사유에는 자신의 '가치인식'으로서의 아시아와 아시아의 대국인 중국이라는 '현실인식' 사이에서의 괴리를 느낄 수 있다. 따라서 '서로 다른 다양한 역사적 경험이 교차하는 공간에서 상대를 객관적이고 평등하게 인식하는 가능성을 탐구해야 한다'고 하면서도, 중국이라는 대국의 예외주의적 현실을 어떻게 처리할지에 대해서 아직은 고민 중인 것 같다.

왕후이汪暉는 쑨거에 비해 동아시아에서의 중국의 대국적 현실에 대해서 그다지 고민을 하지 않는다. 쑨거가 중국에서 적극적으로 동아시아론을 전개하는 지식인이라면, 왕후이는 사실 가장 중국 지식인의 전형적 아시아사유를 진솔하게 대표한다. 즉, 아시아라는 존재인식보다도 중국이라는 인식이 앞서고 있다. 그 둘 사이에 무엇이 더 큰 사유체계(쑨거의 표현이라면 '사유공간')인지를 왕후이는 고민하지 않고, 중국을 사유하면서 그것으로써 아시아를 사유할 수 있다고《아시아는 세계다亞洲視野》에서 우리에게 너무나 당당하게 말하고 있다. 이 책과 아시아에 대한 몇 편의 긴 논문들에서는 서구와의 상호관계로 이루어진, 멀게는 당송에서 가깝게는 명청시대에 시작된 중국 자본주의 발전과 근대 사회주의혁명의 서사를 전개하면서 아시아서사를 같은 하나의 흐름으로 일치시켜 구성해 내고 있다. 우리가 '중국의 동아시아사고'라고 말할 때에는 예외적으로 중국에서 아시아를 하나의 토론 주제로 설정하고 있는 쑨거보다 차라리 아시아를 독립된 토론 주제로 삼지 않는 중국 지식계의 일반적인 추세를 반영하는 왕후이의 논지가 더욱 적절할 것이다. 따라서 필자는 그의 동아시아사고의 특징을 '반현대성의 현대성'에서 유추하여 '반동아시아의 동아시아사고'라고 표현하였다.

그런데 양자의 동아시아사고는 소수자 문제에 관해서 다르면서도 본질적으로는 같은 태도를 보이고 있다. 쑨거는 동아시아의 소수자—대만, 티베트, 오키나와—에 대해 언급하지 않음으로써 자신이 표현한 동아시아의 '사유공간'에서 그들에게 빈자리를 주지 않고 있다. 왕후이는 그들의 존재를 중국의 초지역적 '트랜스시스템사회'라는 신개념 안에 포섭하면서 '중화민족 다원일체국가'라는 '기표'가 초래할지 모르는 '대국의 예외주의'적 '기의'라는 비판을 피하려고 한다. 과연 동아시아에서의 소수자 문제를 적극적으로 사유하지 않으면서도 동아시아 담론이 지향하는 비전을 제시할 수 있을까.

이러한 문제의식은 우리의 관심을 대만의 천광싱陳光興에게로 가져간다. 그의 논리에서 우리는 중요한 측면을 발견한다. 그는 자신의 생활공간인 대만의 제국 간의 경쟁구도에서의 탈피, 탈식민의식의 중요성, 냉전의 잔재를 청산하는 세 가지 과제(탈제국-탈식민-탈냉전)가 분리된 것이 아닌 상호 관련된 하나의 주제라는 사실을 자각한다. 이것이 동아시아 담론과 결합하면 다원적인 생활주체들이 평등하게 공존하는 '소국주의상상'에 이르게 된다. 그러한 상상에는 대만의 '비국가적 국가'라는 존재의 현실에서 탈국민국가주의가 가장 적극적으로 나타나고 있다. 따라서 오늘날 동아시아에서의 소수자의 비애를 고려하면 루쉰魯迅 연구로 학계에 진입한 중국대륙의 쑨거, 왕후이 그리고 첸리췬錢理群보다도 천광싱에게서 '루쉰의 비애'와 문제의식을 더욱 많이 발견할 수 있다. 오늘날 대만의 문제의식은 리쩌허우李澤厚가 표현한 '루쉰의 비애와 철학적 풍취'를 대륙의 지식계보다 더 잘 반영하고 있다.

한국의 동아시아 담론은 대만을 포함한 주변부의 문제의식을 가장 선구적으로 표방하고 있는데, 21세기 비전으로서의 인문학적인 개념들을 많이 제시하고 있는 게 특징이다. 학문을 하는 이유가 자료에 근거한 과거와 현실의 해석을 중시하기보다는 미래의 바람직한 세상의 가능성을 상상하는 것이라면, 한국과 대만, 그리고 소수자들이 전개하는 동아시아 담론은 새로운 비판이론으로 발전할 수도 있다고 본다. 그러나 모순적인 것은 한국과 대만의 지식계는 같은 주변부로서 지향하는 가치가 거의 비슷한데도, 상대 지식계에 대해서 시선을 주지 않고, 거의 미국과 일본, 그리고 중국대륙만을 응시하고 있다는 점이다. 따라서 차라리 한국의 지식계는 대국주의를 비판하기 전에 외부적으로는 대국 지향의 식민성을, 내부적으로는 학벌연고주의에 빠져 있는 자신을 우선적으로 성찰해야 할 판이다.

이러한 주변부의 타성은 중심부인 중국에서도 다르지만 비슷하게 나타난다. 중국의 일반적인 지식계의 경향은 시선을 한국과 대만 같은 주변부에는 주지 않고, 거의 미국과 서구를 향하고 있다. 이러한 경향은 중국의 지식계가 서구적 이론을 거의 추종하거나, 아니면 서구적 지식 의존을 비판하면서 본토주의에 빠지거나 하면서, 양쪽을 종합하고 초탈할 수 있는 대안도 없이 어느 한쪽의 경향만을 비판만 하고 있는 현상을 생성하였다. 예외적으로 쉬지린의 사유에서는 동서양 이론의 이원론적 구분이 없다. 그는 비판의 틀이 동서양 어디에서 온 것인지에 대해 별로 관심이 없다. 따라서 쿼세나 필자와 같은 태도를 가지고 비판의 근거로서의 이론의 원산지가 어디인지를 의식하지 않는다.

반면에 쑨거와 왕후이는 지식의 탈서구적 지향을 대단히 강조하고 있다. 그런데 쑨거는 지식의 혼종성을 인정하거나, 그렇지 않으면 본격적인 대안을 추구하거나 하는 것보다 한탄을 주로 하는 경향이 있다. 그리고 왕후이는 아시아와 중국에 대한 탈서구적 보편주의 시각을 강조하면서 '중국식 보편주의'를 구성하려고 시도하고 있다. 쉬지린의 표현에 의하면 '역사주의'적 사고로써 중국 역사에 접근하는 '중국 특수주의적 보편주의'라고 할 수 있다. 《아시아는 세계다亞洲視野》 영문 번역판의 서문을 쓴 후터스Theodore Huters는 왕후이의 역사론이 코언Paul Cohen이 강조한 탈서구중심적인 시각에서의 중국사 서술과 같은 맥락이라고 지적하면서, 그럼에도 왕후이가 중국 중심의 시각을 초탈하려고 노력하였다고 평한다.[4] 또한 서구적 국민국가 시각으로는 동아시아와 중국 간에 형성됐던 전통적 조공관계구조를 이해하지 못한다고 하는 왕후이의 견해를 소개하면서, 그가 트랜스시스템사회라는 서구적 편견에 대항하는 새로운 아시아시각을 도전적으로 사유한 것이라고 평한다. 그러면서도 서구와 중국 어느 한쪽의 시각에 경도되지 않으려고 했다는 것이다.[5] 그러나 뒤에서 자세히 논하겠지만 왕후이가 중-서 이원론과 동시에 중국 중심의 사고를 극복했다고 하는 데 동의하기 어렵다. 서구의 민족국가와 제국 개념으로 설명이 안 되는 중국-동아시아 주변부 관계성을 트랜스시스템사회로 설정하려는 것은 과거의 역사를 재구성하여 현재의 중국의 희망을 반영하고 확산시키려는 시도로 읽힌다. 즉, 트랜스시스템사회론은 과거의 중국-변강 지역 교류사의 조작적 해석을 통해 현재와 미래의 당위라는 단선론적으로 정해진 역사서사를 구성하고 있다. 이로써 왕후이는 의식적이든 아니든 서구 근대의 동일성-보편성에 대해 중국식의 동일성-보편성을 창출하면서 저항을 시도함으로써 역으로 서구적 근대에 철저히 편승하는 중-서 이원론적 사고에 사로잡혀 있는 것을 보여 준다. 그리고 이러한 역사론을 서구의 시각에 대항하는 왕후이의 중국적 시각의 창출이라는 동기로 해석하는 후터스의 견해도 중-서 이원론적 사고를 내면화하고 있으며, 중국-동아시아 주변부와의 관계를 별도의 것으로 인식하지 않고 있다. 양자는 모두 중국의 탈서구적 조망에 동아시아 주변부마저 내재화시키면서 중국-동아시아 주변부를 분리시키지 않고 일치시키려고 한다. 이런 의문이 우리에게 주는 인상은 서구의 지식계도 중국의 범아론적 동아시아사고를 차용하여 동아시아를 바라보고 있다는 것이다. 이는 쉬지린이 비판적으로 논술한 것처럼 중국 지식계의 역사주의적 사고의 심부에는 사실 서구적 근대

4 Wang Hui, 2011, *The Politics of Imaginning Asia*, ed. Theodore Huters (Cambridge, Mass.: Harvard University Press), p. 2.

5 위의 책, pp. 3-9.

화 사고가 반면교사로 존재하고 있다는 것이다. 유추하면 중국의 등장을 접하면서 동아시아를 바라보는 서구의 시각은 중국의 이미지가 중첩되고 투영된 동아시아를 다양한 개체의 집합체로서가 아닌 총체적으로 바라보려는 경향에서 자유롭지 못한 것을 발견할 수 있다.

이 책에서 중국의 동아시아 담론을 바라보는 시각은 중국 사회가 아직은 '미완의 계몽' 상태에 있다는 쉬지린의 논리와 서구중심주의 역사론의 거울효과로 생성된 중국중심주의 역사론을 해체시키면서 탈민족주의 시각을 상기시킨 두아라Prasenjit Duara의 비판적 역사론에 많이 공감하고 있다.

일본은 동아시아사고가 가장 일찍 나타났다. 평화사상에서 대동아공영권이념까지 다양하면서도 많은 지류가 있다. 사실 일본의 동아시아사고를 몇 페이지로 요약하여 토론한다는 것은 불가능하다. 따라서 탈냉전시대에 가장 논란의 대상으로 등장한 다케우치 요시미竹內好부터 중점을 둘 필요가 있다. 특히 쑨거는 다케우치에게서 감화를 받아 동아시아사고를 발전시켰다. 그런데 이것은 그녀에게 동기와 한계를 동시에 가져다주는 것이다. 다케우치 자신이 이론가가 아니라 정서에 의존한 문학평론가이다 보니 그의 서술은 체계적인 동아시아사고가 아닌 정서적인 중국론에서 유추한 것들이 많다. 다케우치의 비체계적인 동아시아론에서는 미래의 동아시아를 사고하기보다는 일본제국의 패배의 역사를 한탄하는 정서가 앞서고 있다. 그는 과거사의 청산이라는 어려운 과제를 역사의 현상과 구조를 분리시켜 바라보는 방법으로 성찰과 정당화 사이를 방황하고 있다. 그에게서 일본의 패배와 중국의 혁명은 동아시아에서 극명하게 대비되는 실패와 성공의 사례이다. 다케우치의 '방법으로서의 아시아' 개념은 사실 체계적이지도 않고 깊은 의미가 있지도 않지만, 바로 그러한 모호성 때문에 아직도 사상적 뿌리가 없고 이론화가 되지 않은 동아시아 담론의 주체들이 자주 인용하면서 이런저런 논의를 제안하는 출발점이 되고 있다. 일종의 이론이 없는 상태에서 '방법으로서의 아시아'는 '의사이론 pseudo-theory'의 역할을 하면서 토론의 출발선을 제공하고 있는 것이다.

다케우치 이후의 오늘날 일본의 동아시아사고에는 야마무로 신이치山室信一와 요네타니 마사후미米谷匡史가 있다. 이들이 주변부의 동아시아 담론에 호응하려고 노력하면서 전개하는 이론화의 노력에는 감탄하지만 역시 편향적인 측면이 있다. 예를 들어 이들은 동아시아에서 제국주의 일본과 약소국인 한국, 중국 간에 일방적인 폭력이 아닌 상호 폭력의 연쇄작용이 일어났다고 논한다. 이러한 의미 중심이 아닌 자료 중심의 미세한 역사보기는 마치 강자의 폭력에 대한 소수자의 저항과 자기 보호의 폭력을 모두 같은 성격의 폭력으로 동일시하는 것과 같다. 이러한 일본의 자기 정당화의 역사론은 중국이 티베트를 바라보는 역사론에서도 잘 나타난다.

그리고 이러한 일본적인 자기합리화의 동아시아사고는 동아시아의 문제들을 항상 분리시켜서 바라보는 방법론에 의해 전개되고 있다. 예를 들어 침략(탈아론)과 연대(흥아론)를 분리시키고, 서구 근대의 모방으로서 나타난 일본제국주의를 서구 근대의 속성으로 규정하고, 그 이면에 잠재한 동아연대를 추구한 일본적인 동기는 순수한 것이었다고 양자(결과와 동기)를 교묘히 분리시키고, '전전의 일본과 동아시아' 상황을 전후의 그것과 다른 것으로 분리시켜 자신이 상상으로 제조한 '전후의 일본과 동아시아'를 자기인식의 근거로 삼으면서 과거 역사에 대한 성찰적 자세를 회피하고 있다. 이렇게 일본의 과거, 현재, 미래의 자신은 다르다고 주장하면서 분리된 미래의 '가상현실로서의 일본과 동아시아상상'은 보드리야르Jean Baudrillard의 '시뮬라시옹/시뮬라크르'의 개념을 떠오르게 한다.

이렇게 동아시아 주요 지식계에서의 동아시아 담론을 분석하면서, 아직도 이 책이 국가중심적 서술을 무의식적으로 따르고 있지 않은지 반추해 본다. 우리는 몇몇 중요하다고 생각하는 인물들을 자의적으로 골라서, 그들이 중국, 대만, 일본, 혹은 한국의 동아시아 담론을 대표하는 것처럼 서술하고 있지만, 사실 이러한 태도는 무경계-관계망의 사고방식을 주창하는 동아시아 담론의 지향에는 어긋나는 것이다. 사실 동아시아 담론을 서술하는 방식은 초국적이어야 하지 않을까. 즉, 단순하게 예를 들어서, 진보적인, 보수적인, 혹은 제3의 사조의 범주 안에 사고의 주체들을 국적에 관계없이 분류해서 사조들의 관계망 위주로 서술 형식을 취해야 한다는 것이다. 그러한 방식으로 기술하면 동아시아에서 주변부, 중심부, 혹은 제3의 사조의 관계망 안에 주체의 국적에 관계없이 배치할 수 있으며, 학문의 탈경계와 세계시민주의를 우선 실천할 수 있지 않을까 생각한다.

동아시아발 비판이론의 탐색—억압성의 해체와 정당한 지배

19세기 서세동점에 대한 저항의식에서 생성된 동아시아사고는 탈냉전시대인 21세기에는 동아시아 담론으로 계승 발전되고 지적인 상상에서 나온 구상들을 제시하고 있다. 담론의 내용을 분석해 보면 지역 차원에서 공통적인 지향과 국가에 따라 혹은 담론을 전개하는 개인에 따라 개별적인 특성이 나타나면서 전개되는 것을 발견할 수 있다. 이러한 주장들에는 동아시아에 통용될 수 있는 보편적인 흐름이 있지만, 그 안을 세밀하게 들여다보면 특수성도 있다. 이 책에서는 담론의 보편적인 흐름을 발견하여 이론화를 시도해 보면서, 또한 이론의 일반화를 방해하는 요인을 지적하고, 새로운 동아시아의 '비판이론'으로서의 발전 가능성을 타진해 본다.

따라서 이 책은 동아시아 담론을 어떤 새로운 구체적인 구조를 지역에 건설하자는 프로젝트가 아닌 서구의 '비판이론'에 버금가는 동아시아에서 생성된 '비판이론'으로 발전시키자는 생각을 제시해 본다. 미완의 근대 완성과 극복, 탈근대적 문제의식, 이데올로기의 허위의식, 불공정한 지배기제에 대한 비판철학의 사유와 의도를 동아시아 담론에 접목하여 서구와 동아시아 모두를 망라하는 주제에 대한 동아시아의 비판이론으로 발전시키자는 것이다. 이것은 단순히 서구의 비판이론을 다시 모방하자는 의도로 해석되어서는 안 된다. 서세동점 이래로 서구의 근대와 이에 영향을 받은 (동)아시아의 저항과 근대화의 방식, 대국이 주도했던 냉전체제에 하위행위자로 복무했던 역사적 경험, 이 모든 것들에 대한 비판사조를 종합하고 생성된 동아시아 담론의 인문학적인 상상vision을 동서이원론이 구축한 사고체계에 대한 성찰로서의 비판이론으로 발전시키자는 것이다. 즉, 이 시대와 미래에 동아시아의 '정당한 지배와 사고체계'는 무엇인가를 모색하기 위해서 동아시아에 내재하고 외부로부터 가해지는 '억압성을 해체'하기 위한 비판이론을 추구하자는 것이다. 이와 관련하여 필자는 '비판은 곧 대안'이라는 생각에 변함이 없다.

비판적 시각으로 동아시아를 사유하게 된 것은 다음의 몇 학자들에게서 영감을 받은 덕분이다. 인간의 의지와 행동을 규제할 보편타당한 원리와 영구평화의 세계를 꿈꾸었던 칸트Immanuel Kant의 비판적 사유와, 철학은 곧 비판이라고 정의하는 하버마스Jurgen Habermas에게서 심대한 계시를 얻었다. 칸트, 타고르Rabindranath Tagore, 김덕영, 쉬지린으로부터 근대성(가치)과 근대화(현상)를 분리적 시각에서 바라보면서 동아시아 담론을 비판적으로 사유할 수 있는 근거를 얻을 수 있었다. 또한 탈근대적 문제의식에 대한 리오타르Jean-François Lyotard의 논리와 유동하는 의식의 시공간으로서의 동아시아라는 개념에 대해서 들뢰즈의 유동성의 철학에서 영향을 받았다. 또한 서구의 대표적인 비판이론가인 프레이저Nancy Fraser에게서 지구적 정의론, 신비판이론을 주창하는 벡의 '세계시민주의'적 시각과 기든스의 '유토피아적 현실주의' 등에서 많은 계시를 받았다.

이런 필자의 제안에 흥미를 가지고 있다면 동아시아 담론이 앞으로 해야 할 일은 동서이원론의 기초에 세워졌던 사고체계와 동아시아의 불공정한 지배기제를 해체하는 비판의 틀을 세우는 일이다. 이런 의도에서 아직은 보편적인 '비판의 틀'에 대해 확신을 할 정도는 아니지만, 기본적으로는 동아시아에 구조화된 대국과 국가주의, 강한 주체의 담론에 의한 강요된 동의와 배제/소외/착취/차별을 조장하는 패권적 담론에 대한 저항적인 시각을 견지하였다. 이를 위해서 우선 나와 우리의 존재를 상대화하기 위해서 '탈국적의 세계인'으로서 '전지구적 보편사'의 입장에서 무경계-탈중심, 탈국민국가주의, 탈대국주의, 수평주의적 사고, 세계시민주의적 시각을 틀로 삼아 문제들을 바라보려고 하였다.

몇 가지 용어의 의미

이 책에서 자주 사용된 몇 가지 개념들에 대해서 미리 의미를 분명히 밝히는 게 독자들에게 도움이 될 것 같다. 1) 동아시아 담론의 인문학적인 '상상'의 함의는 '단순한 상상imagination'이 아닌 '지적인 통찰intellectual foresight'에 근거한 '미래에 대한 상상vision'을 말함이다. 2) 탈국가주의와 탈국민국가주의는 다음 같은 차이점을 의식하면서 사용되었다. 국가주의statism는 모든 다양한 사회적 영역을 국가가 우월적으로 지배하고 압도할 수 있다는 사고인데, 특히 이 책에서는 시간적으로 근대 초기에 시민사회의 권리보다 부국강병과 대외팽창을 우선적으로 추구하려는 사조를 주로 의미하고, 그것을 초극하는 것을 탈국가주의로 표현하였다. 국민국가nation-state주의는 단일민족(민족국가)을 내세우지 않고 국민(문화적인 주체)과 배타적 영토주권, 통일된 법과 정부 체계를 보유하는 단일국가의 일국주의를 옹호하는 사고이다. 이것을 초탈한다는 탈국민국가주의는 시간적으로 특히 탈냉전시대에 들어서 지식과 문화의 무경계적 사고, 국가주권의 상대화, 세계시민주의적 사조를 수용하고 추구한다는 의미로 사용하였다. 3) 지식과 문화적인 개념의 '서구'라는 표기에는 미국을 포함하며, 지정학적인 측면에서는 미국과 서구를 구분한다. '서세동점'이라고 할 때는 서구에 미국을 포함한다. 4) 저서와 논문의 표제가 아닌 경우, 아시아와 동아시아의 표기는 저자의 의미를 유추하여 표기하였다. 예를 들어 아시아라고 표기했지만 동아시아를 나타낼 때는 동아시아로 바꾸어 표현하였다. 5) 탈냉전은 1990년대 초부터 소련과 동구의 붕괴로 시작되었으나, 사조에 주목한다면 21세기의 출발과 탈냉전은 거의 동일한 의미로 시대 구분의 기준으로 삼을 수 있다고 여긴다. 따라서 '탈냉전기'와 '21세기'는 반드시 구분해야 할 경우가 아니라면 거의 같은 의미로 사용하였다.

제2장 동아시아 담론의 논리

21세기에 전개되고 있는 동아시아 담론은 세 층으로 구성되어 있는데 각각의 층이 별도로, 혹은 둘, 또는 모든 층이 결합하여 한 흐름으로 전개되고 있다. 첫째, 지역의 정체성을 강조하는 경로이다. 이것은 탈서구적 지향과 동아시아의 문화정체성, 정치경제적 자주성과 서구에 대한 대안을 논하려는 지향이다. 둘째, 지역화 혹은 블록화blockization를 추구하는 경향이다. 동아시아보다 선행적인 EU가 이러한 경향의 좋은 사례인데 동아시아공동체를 추구하는 운동으로 이어지고 있다. 셋째, 근대에 대한 성찰과 비판적 사고이다. 이 경로는 지역에서의 미완의 근대완성과 역사청산에 초점을 맞춘다. 또한 역사상 대국주의와 국가주의에 의해 침묵과 희생을 강요당했던 지역의 소수자의 편에서 그들의 입장을 대변한다. 동아시아 역사에서 주류인 강자와 다수에 의해서 타자화되고 억압과 배제, 소외와 착취를 겪었던 소수자들의 목소리를 의사소통의 공론장에 등장시킨다. 또한 지역의 정체성을 재발견하고 강조한다고 하여 그것을 근거로 다른 형태의 타자화의 기제, 동-서 이원론의 대립구조가 형성되는 것을 경계한다. 또한 주로 국가에 의해서 주도되는 블록화(동아시아공동체)는 동아시아에서 국가로서 인정받지 못하는 소수자의 존재를 무시하고, 사회의 다양한 주체들의 생활세계의 표준화를 강요하기 때문에 이에 대한 비판적인 경계심을 견지한다. 즉, 동아시아 근대의 어두웠던 측면에 대한 성찰, 대국주의와 국가주의적 지향의 초극, 소수자의 배제에 대한 비판적 태도를 견지하는 것이다.

상기의 세 흐름에 관해서는 지식인에 따라 다른 이해와 주장들이 있지만 대체로 동아시아의 지식계와 국가에서 담론을 바라보는 시각은 공동체를 염두에 두고 있다. 그러나 동아시아의 상황은 유럽과는 달라 단시일에 공동체를 결성하는 데는 시기상조처럼 보인다. 그래서 담론은 먼 훗날 동아시아공동체 혹은 어떤 초국적인 연대를 결성하기 위한 지적인 논의를 전개하고 있는 것이다. 이 책은 현 단계에서 담론은 첫째와 둘째의 시각을 참조하면서 주로 세 번째의 시각을 근거로 삼아 동아시아의 과거와 현재를 성찰하고 미래에 대한 비전을 제시하려는 논리적 특성을 보이고 있다고 생각한다.

1. 미완의 근대와 탈근대적 문제의식

동아시아는 서세동점과 냉전시대를 통틀어서 서구 근대의 창조의 힘에 경탄하고 파괴의 힘에 불행을 경험하였다. 서구 근대는 주체의 자각으로 시작되었으며 국가주의적 주체의 발견과 팽창으로 발전되었다. 냉전시대까지 동아시아는 국가주의적 주체와 경제 근대화를 우선시하고 열심히 모방하였다. 개인과 시민주체의 자각은 국가주의에 그리고 그것은 다시 대국주의에 억압당하고 허리를 굽혔다. 냉전이 종식되면서 대국의 노리개였으며 그 축소판이었던 국가주의적 권위주의체제와 부국강병의 근대화는 시민주체와 탈대국주의, 탈국가주의적 자기성찰에 시대적 전환 작업의 주도권을 내주게 되었다. 이제 동아시아인은 서구 근대에 대한 맹목적 모방이 파생한 문제들에 대한 자기비판으로서 근대성의 내면화에 대한 자각으로서의 '주체 찾기'를 모색하게 되었다. 국가주의와 부국강병의 서사가 위축시켰던 사회의 다양한 주체들의 목소리에 귀를 기울이고 서구와 대국주의에 억압당했던 내가 사는 동아시아의 다양한 주체를 역사의 중심 무대에 올려놓는 일의 중요성을 깨닫게 되었다. 그러나 이러한 미완의 근대성을 완성시키려는 개인, 시민, 지역의 주체 찾기가 수반할 수 있는 문제점을 동시에 사고하는 탈근대적 문제의식을 표방하기도 한다. 즉, 자신과 지역의 주체 찾기를 모색하면서도 주체에의 집착으로 인한 타자화의 차별적 사고를 초탈하려고 노력하는 측면도 보이고 있다.

이러한 세기적 전환기의 동아시아의 자각은 근대와 관련하여 몇 가지 토론 주제를 우리에게 던져 준다. 첫째, 주로 정신적이고 내면적인 근대성은 지역을 초월하여 보편적인 것이며 또한 그것과 주로 외형적인 근대화의 분리적 시각은 타당한가. 둘째, 근대의 완성과 탈근대적 문제의식의 함의는 무엇인가.

첫 번째 주제에 대해 생각해 본다. 서구에서 생성된 근대성의 기준을 보편으로 삼아 동아시아에 적용하는 것에 대해 어떤 자세를 취하여야 할까 하는 고민에 봉착한다. 이 문제는 보편주의와 역사주의와의 관계에 대한 문제이기도 하다. 즉, 보편적인 원리로서의 근대성을 개별적인 역사와 문화적 맥락에도 적용이 가능할까 하는 일면 케케묵은 논쟁이 개입되어 있다. 이에 대해 본 연구는 보편성 안에서 각 국민국가 역사의 특수성을 포용하는 태도를 취하기로 한다.

신복룡은 한 국가의 사상사를 정리하는 데 세계의 보편성과 한국의 역사성 사이에서 세계사 속에서의 한국, 동양사 속에서의 한국의 모습을 찾아야 하며, 특수성이라는 족쇄에 자기를 가두어 둘 필요가 없다는 생각을 표명한다. 따라서 서구중심주의가 우리에게 드리운 그늘과 음습함을 제거하는 것으로 충분하다고 하면서 사상사 연구에서도 서구중심주의의 어두움을 제거한 보편성과 자신의 역사적 특수성과 공통되는 부분에 대해서는 저항할 필요 없이 수용할 수 있다고 주창하고 있다.[1] 이러한 이론의 경계의식에 대한 해체적인 태도는 퀴세의 논지로부터도 도움을 받을 수 있다. 그는 프랑스의 사상을 통해 지적인 자양분을 획득한 미국의 비판적 지성들의 저작이 다시 프랑스에서 번역되고 있는 현상을 '회귀효과'로 표현하면서, 이렇게 지적인 공간의 경계를 무력화시키는 노력이 필요하다고 밝힌다. 이러한 현상을 일종의 이론이 '탈맥락화'하는 것으로 이해한다. 즉, 이론이 생명력을 가지는 것은 그 탄생이 아니라 여행에 있으며, 상이한 사회와 국가마다 탄생한 맥락을 떠나 다르게 이해되고 수용되는 것을 지적한다. 즉, 실제 이론의 정체성을 상실하여 끊임없이 재생될 수도 있다고 믿고 이론의 탈경계적 이동으로 재창조되는 현상에 대해서 기대감을 표명한다.[2] 구체적으로 그는 프랑스에서 생성된 이론과 미국의 독자 사이에 발생한 '창조적 오해'의 정치적, 지성적 계보를 추적하면서, 그런 오해가 미친 효과를 탐구하였다. 푸코Michel Foucault(1926-1984), 데리다Jacques Derrida(1930-2004), 들뢰즈, 보드리야르Jean Baudrillard(1929-2007), 리오타르, 바르트Roland Barthes(1915-1980) 등 주요 프랑스 철학자들의 담론들이 미국에서 탈영토화-재영토화되면서 역동적 자기변화를 겪는 과정에서 그가 밝히려는 것은 외부의 이론을 독해한 후에, 개념의 재구성, 실천 영역에서의 재분배가 이루어지는 과정이다. 즉, 외부에서 생성된 이론을 '비평적 다시 읽기와 생산적 오독'을 통해서 받아들이는 것을 부르디외Pierre Bourdieu(1930-2002)는 '텍스트의 탈국가화·탈민족화'라고 불렀다는 것이

1 신복룡, 2011,《한국정치사상사》상, 지식산업사, 32, 44면.

2 프랑수아 퀴세, 2012, 문강형준·박소영·유충현 역,《루이비통이 된 푸코》, 난장.

다. 만약 이론들이 탄생한 공간적 경계를 넘어섬으로써 자신을 탄생시킨 정치적 힘의 일부를 잃게 된다면 사이드Edward Said의 표현처럼 '여행하는 이론들'은 새로운 공간에 도착함으로써 새로운 힘을 더 얻을 수도 있을 것이라는 데 동의한다.[3] 퀴세는 프랑스-미국 간의 이론적 탈맥락화 현상의 사례들을 소개하면서 역사적으로 수많은 이론의 뒤엉킴과 재전유는 항상 일어났던 일이라고 주창한다.

이러한 관점에서 보면 동아시아에서 행해지는 서구 이론의 동아시아적 경험에서의 탈맥락적 수용과 적용은 긍정적인 현상이며 동아시아 독자들의 '창조적인 오해'와 '반역적 오독'[4]은 환영할 일이다. 동아시아에서 서구 이론의 재전유의 과정은 쟁점화, 이론화, 실천의 모색, 탈영토화, 재영토화, 피드백과 성찰의 사이클을 거치면서 창조적으로 재탄생할 수 있다. 이렇게 이론은 외생 혹은 내생이든 우리의 독해를 통해 재평가, 검열, 왜곡, 오해를 겪으면서 실천이 모색되는데, 이러한 과정은 끊임없이 새로운 환경에서 이론들을 살아 움직이게 만든다. 한국의 지식계도 한편으로는 푸코, 데리다, 보드리야르, 들뢰즈 등의 이론을 수입하여 사용하면서도 다른 한편으로는 학문적인 탈서구를 향한 자각이 일어나고 있다. 그러나 서구 이론에서 서구중심주의를 소거한 후에 남은 것을 탈국적화시키고 비판적으로 사용한다면 바람직한 것이라 볼 수 있다. 중요한 것은 이론의 공간적 경계가 아니라 어떻게 기존의 지식패권기제를 해체하고 새로운 사회비판의 이론으로 재창조할 수 있느냐 하는 것이다. 따라서 탈서구중심주의를 외치면서 한탄만 하고 있는 것이 능사는 아니다.

이렇게 지식의 경계성을 상대화하려는 시도, 그리고 이론이 탄생한 공

---

3 위의 책, 29-34면.

4 문강형준, 〈도구상자로서의 '프랑스 이론', 그 여행의 기록〉, 《교수신문》, 2012년 2월 20일에서 빌려 온 표현이다.

간을 떠나 오히려 다른 공간의 다른 맥락에서의 재창조의 가능성을 높이 평가하는 안목에서 우리는 서구에서 유래한 근대성도 동아시아에서 서구중심주의를 소거한 측면을 공통적인 기준으로 받아들이려는 노력이 의미가 있다고 여길 수 있다. 따라서 서구에서 출발한 탈근대 담론마저도 동아시아에 적용하여 토론할 수 있다고 생각한다. 이론의 적용에서 외래의 것과 자생적인 것을 과민하게 구분하려는 근본주의적fundamental 태도는 근대의 거대서사에 집착하던 태도와 유사하다. 외래의 것에 대한 자구와 의미의 정확한 번역에만 매달리는 것보다 차라리 '비판적이고 창조적인 오해'를 하기도 하면서 동아시아적 실제에 적용하여 나타나는 결과에서 새로운 의미를 창조해 나가는 게 더 중요하다고 본다. 이렇게 외래의 것을 우리의 현실에 적용한 후 탄생하는 혼종hybrid을 다시 왔던 곳으로 수출하는 지식의 회귀를 비롯한 끊임없는 이동 현상이 '지식의 탈경계현상'이다. 이런 이해에서 서구에서 출발한 근대성과 근대화가 동아시아에 전파되어 어떤 충격파를 생성하고 새로운 변화를 일으켰는지를 탐구하는 것은 의미 있는 작업이다.

다음으로 여기서 사용하는 근대성modernity과 근대화modernization를 별도의 개념으로 분리시켜 고려하면 어떤 차이가 나타나는지를 토론해 본다.

칸트는 1784년 "계몽이란 우리가 마땅히 스스로 초래한 미성숙에서 벗어나는 것이며 미성숙이란 타인의 도움 없이 자신의 오성을 사용하지 못하는 상태이다"[5]라고 설파한다. 바꾸어 말하면 계몽과 주체적 자아의 성숙으로 표현되는 근대성이란 자신의 운명을 외부에 의존하지 않고 자신이 스스로 결정할 줄 알아야 한다는 의미이다. 아시아는 근대성에 관한 한

---

5 임마누엘 칸트, 2009, 이한구 편역, 〈계몽이란 무엇인가에 대한 답변〉, 《칸트의 역사철학》, 서광사, 13면.

칸트의 이러한 통찰을 재검토해야 한다. 이에 따르면 (동)아시아는 당연히 외부의 기준에 의존하지 않고 고유의 방식으로 사물을 이해하고 주체는 이러한 과정에서 내면화되는 것이다. 그러나 이러한 근대성의 보편적 기획인 계몽과 주체적 자아의 성숙은 타자화와 배제를 옹호하는 의미와는 거리가 멀다. 더구나 근대화의 힘을 바탕으로 군사력을 동원하여 타자를 폭력주의로 억압하는 것은 오히려 근대성에 위배되는 것이다. 칸트는 "완전한 시민적 정치체제를 확립하는 문제는 합법적인 국제관계의 문제에 의존하며 이 후자의 해결 없이는 해결될 수 없다"고 하였다. 나아가 "국가들이 모든 힘을 쓸데없이 무력 확장에만 낭비하고 있고, 내적 교육을 통해 국민의 사고방식을 서서히 계몽시키려는 노력을 계속해서 방해한다면, 또 국민으로부터 그러한 의도에 대한 모든 지지 기반조차 빼앗아 버린다고 한다면, 도덕성에 관해서는 아무것도 기대할 수 없다"[6]고 하면서 시민의 계몽이 국가와 국제관계의 성숙에까지 연결된 것이라고 주창한다. 이러한 원리는 동서양을 초월하여 적용될 수 있는 보편적인 가치이다. 칸트의 시민의 계몽과 주체적 자아의 성숙은 따라서 서구만의 것이 아니다. 이러한 의미에서 보면 서세동점 시대의 서구도 근대성으로 가는 성숙의 과정에 있었다고 볼 수 있다. 이제 21세기에는 우리 모두의 것이 된 근대성의 완성으로의 각성을 필요로 한다.

칸트는《영구평화론》(1795)의 영구평화 제3조항(세계시민권리는 보편적 우호의 조건들에 국한되어야 한다)에서 우호를 권리 문제로 보고 이 권리를 이른바 '낯선 손님'이 되는 권리와는 다른 '방문의 권리'라고 정의했다. "모든 사람이 누릴 수 있는 것은 일시적인 방문의 권리요, 교제의 권리이다. 즉, 사람들은 지구 땅덩어리를 공동으로 소유함에 의해 그런 권리를 갖는다. 사람들은 지구 위에서 영원토록 점처럼 흩어져 살 수 없는 까닭

6 위의 책, 34-38면.

에 결국 서로의 존재를 인정해야만 한다. 본래는 어떤 사람도 지구상의 특정 지역에 대해 남보다 더 우선적인 권리를 갖고 있지 않다." "이런 우호의 방식에 의해, 멀리 떨어진 지구상의 각 지역이 평화적으로 관계를 맺게 되고 이런 평화로운 관계는 마침내 공법에 의해 확립된다. 이에 따라 인류는 세계시민사회적 체제에 점차 가까이 다가설 수 있게 된다"[7]라고 했다. 그러나 서양의 방문자는 무역행위라는 이름으로 다른 나라, 다른 민족을 정복하면서 '낯선 외래자'의 권한을 뛰어넘었다. 즉, "그들이 아메리카의 흑인 거주 지역, 향료, 군도, 희망봉 등등을 발견했을 때, 그들은 원주민들을 전혀 사람으로 간주하지 않았기 때문에 그 지역을 주인 없는 땅으로 생각했다. 그들은 동인도에 상업적 사업을 도모한다는 미명하에 자신들의 군대를 데려와서 거주민을 억압하는 데 사용했으며, 또한 여러 국가 간의 전쟁을 확산시키고 기아와 폭동, 반목 등 인류를 괴롭혀 온 일련의 죄악상을 연출했다"고 서술한다.[8] 이러한 칸트의 논리는 보편적인 것으로서 동아시아와 서구의 특정한 가치에 편향된 측면이 있는 것인지를 찾기는 힘들 것이다.

이렇게 칸트의 논리로 근대를 사고한다면 동아시아가 서구와 근대를 접했을 때 근대성으로 대변되는 개인과 시민으로서의 주체의 발견과 의식의 계몽보다도 국가주의적 근대화, 즉 부국강병에 더욱 매력을 느끼고 모방의 길로 매진했을 것이라는 추론이 가능하다. 탈냉전이 되면서 동아시아가 자신과 세계를 바라보면서 자각하고 성찰한 것은 그동안 맹목적으로 서구적 근대화의 기획들—서구 중심의 지식·문화 위계의식, 대국주의, 국가주의, 부국강병—을 모방해 왔으며 개인이자 시민으로서의 주체의 발견에 대해 상대적으로 소홀해 왔던 사실이다. 즉, 동아시아는 지식과

7 칸트, 2008, 이한구 역, 《영구평화론—하나의 철학적 기획》, 서광사, 39-40면.
8 위의 책, 40면.

문화, 국가발전 이념과 전략 모든 방면에서 자신의 운명을 스스로 결정하지 못하고 서구에서 사고의 근거를 빌리고 의존해 왔다. 동아시아인은 서세동점에서부터 냉전시대까지 부국강병의 꿈을 키우며 대국주의에 순응적인 국가주체에 의해 억압당한 채 지내 왔다. 이것에 대한 동아시아의 성찰은 두 가지 작업을 동시에 수행하는 의식운동으로 발전한다. 하나는 근대성의 보편적 사고에서 유래하는 개인과 시민주체, 나아가 탈서구의 지역주체를 발견하는 일이고, 다음으로는 그러한 주체에 집착하여 타자화의 기제로 삼지 않고 그것을 다시 초극하는 것이다. 전자는 미완의 근대를 성찰하고 완성하는 일이고, 후자는 탈근대적 문제의식의 발현이다.

칸트와 비슷한 사고를 가진 서구 지식인들의 통찰에서 나타나듯이 근대성은 동서양 모두가 존중해야 하는 공통의 가치이다. 근대성의 민주와 자유가 서구만의 기준은 아니다. 그리고 비판의 자유도 서구만의 기준이 아닌 보편적인 것이다. 서구마저도 이 보편성에 의해 비판받아야 한다. 우리가 비판해야 할 것은 이러한 보편적인 가치를 이익을 위해 왜곡하여 사용하는 때이다. 기실 이에 대한 논란은 그 보편적 가치 자체의 의미가 아닌, 그것을 제기하는 주체들의 특수한 동기와 목적에 대해서인 것이다.

근대성을 보편적인 가치로 이해했던 인도의 시인 타고르(1861-1941)는 근대에 대한 동아시아의 초기의 태도를 날카롭게 파악하고 비판한다. 그는 근대화와 근대성을 구별하였다. 칸트의 가르침대로라면 동아시아의 근대성은 마땅히 '서구의 지도와 모방 없이 생각과 행동에 주체성을 지니는 것'이다. 즉, 근대성은 주체적 자아를 구축하는 것이며 그것은 자신이 누구인지 어떻게 살아가야 하는지를 스스로의 힘으로 자각하는 것이다. 게다가 평화주의자였던 타고르는 근대가 창출한 민족주의와 지나친 애국심을 일종의 우상숭배로 보는 지식인이었다. 심지어 조국인 인도의 독립운동이 국수적 민족주의로 빠져드는 것을 경계하였다. 자연히 간디Mohandas Gandhi(1869-1948)의 위대함은 인정하였으나 민족주의와 전통을 강조하는 보수주의적 성향에는 회의적이었다. 그의 사상에서는 서구 제국주의에 의한 인도 지배의 부당성에 저항의 목소리를 내면서도, 서구 문화에 깃들어 있는 자유, 비판정신 등에서는 개방성을 유지하고 있었다는 특징을 가지고 있다. 즉, 근대화가 생성한 팽창적 국가주의의 폭력성에 대해서는 저항하면서도 동시에 서구의 근대성에 내재한 주체 발견의 장점은 별개로 인정하고 배우겠다는 자세를 취하고 있었다. 따라서 그는 동양과 서양 문화의 상호보완성을 인정하는 융합적인 사상의 대표자였다.[9] 1916년 타고르는 일본을 방문하였다. 이때 그가 목격한 일본이 보여 준 부국강병 위주의 서구식 근대화는 자기 몸에 남의 것을 가져다 합성하는 것이었으며 근대성의 정수인 주체와 자유, 민주적 비판정신을 억압하는 체제였다. 그의 관점에서 일본은 분명 서구 근대화의 침략적인 측면만을 배웠지 근대성의 정수를 배우지는 못한 것으로 비쳐졌음에 틀림없다.[10] 그의 통찰에서 유래한 비판은 당시 일본에 대한 것이었지만, 이후 탈냉전이 될 때까지 동아시아의 발전 양상은 메이지 일본의 그것과 비슷한 길을 밟아 왔다는 것을 부인하지 못한다.

두아라는 칸트의 계몽론적 입장에서 콜브David Kolb를 인용하면서 중국의 근대사 서술 태도에 비판적으로 접근한다. 인간의 자유를 자각하는 주체는 근대성 개념에서 가장 중요한 것으로 보는 견해를 인용하면서[11] 두아라는 중국의 근대사를 논하는 시각에 있어서 서구중심주의에서 벗어나려

---

9 Amartya Sen, 2006, *The Argumentative Indian: Writings on Indian History, Culture and Identity* (London: The Penguin Books), pp. 89-93, 105-107; 아마티아 센, 2008, 이경남 역, 《아마티아 센, 살아있는 인도》, 청림출판, 109-138면.

10 위의 책, pp. 109-111.

11 프라센지트 두아라, 2006, 문명기·손승희 역, 《민족으로부터 역사를 구출하기—근대 중국의 새로운 해석》, 삼인, 138면; David Kolb, 1986, *The Critique of Pure Modernity: Hegel, Heidegger and After* (Chicago: University of Chicago Press), pp. 9-12.

는 움직임을 충분히 이해하면서도, 그렇다고 해서 중국의 민족주의적 역사서술에 정당성을 부여할 수는 없다고 비판한다. 그가 보기에 근대 초기 중국 지식인들—량치차오梁啓超, 량수밍梁漱溟, 마오쩌둥毛澤東 등—은 근대화와 서구화를 구분하였다. 그러나 이들은 1차 세계대전 이후에 서구의 지나친 물질주의와 제국주의적 행태에 대한 실망으로 인해 서구 근대성의 정수인 주체의 자각, 진보, 이성의 중요성에 대해서 동양적 정신문명의 우월이라는 모호한 논법으로 경시하였다. 이들은 근대성과 식민주의를 동일시하는 우를 범했다는 것이다.[12] 이런 견지에서 보면 서구의 식민주의가 파생한 인종차별과 비이성적인 폭력주의는 근대성의 진정한 가치와 인류의 보편적인 이상에 반하는 것이다. 특히 탈식민주의적인 시각에 따르면 식민주의는 유럽 열강의 국민들의 심리에도 악영향을 끼친 것으로 평가할 수 있다.

이 같은 근대성과 근대화의 분리적 사고와 양자의 부조화가 낳은 문제, 보편성의 가치가 서양 혹은 동양에서 온 것인가라는 경계 만들기 사고의 한계, 동아시아가 몰입했던 근대화의 편향적 역사와 관련된 이 책의 문제의식은 김덕영의 연구에서도 제기되고 있다. 그는 베버Max Weber 연구를 매개로 하여 이 세 가지 문제의식을 한국의 사례와 연결시키며 근대성과 근대화의 차별과 융합의 논리를 전개한다. 베버도 칸트와 비슷한 맥락에서 근대성의 두드러진 특징 중 하나는 사회의 신념과 태도가 개인의 선택에 근거한다는 점을 인정하고 있다. 가치란 스스로 선택하는 것이지 어떤 초월적 힘을 따르는 게 아니다. 게다가 베버는 근대화를 경제뿐 아니라 정치, 법률, 사회, 종교, 과학, 예술 등 다양한 삶의 영역을 포괄하는 보편사적 과정으로 파악했다. 경제가 발전하면 민주주의 등 다른 부분도 모두 따라간다는 건 잘못된 생각이며, 사회의 각 영역은 같이 가는 게 아니라 때

12 위의 책, 285-324면.

로는 갈등을 빚을 수도 투쟁할 수도 있다는 것이다.[13] 그 의미는 경제발전과 문화수준의 성숙이 동시에 수평적으로 이루어지는 게 아니며, 이런 관점에서 동아시아와 한국의 근대성과 근대화의 부조화 현상을 비판할 수 있는 것이다.

그에 따르면, 한국의 근대화는 오로지 경제개발과 동일시되었고 정치, 사회, 문화, 법률적 근대화는 도외시되었다. 경제적 근대화도 합리적 시장과 금융시스템, 기업문화, 노동조건, 노사관계 등을 포괄하는 개념인데 이러한 것들이 무시되었다. 따라서 경제는 발전했다고 하지만, 역설적으로 경제의 근본적 윤리를 망가뜨린 셈이 되었으며 근대화의 주체 역시 국가와 소수 재벌과 관료로 국한, 환원되었다. 근대화에 참여하고 싶은 다양한 개인들과 사회집단은 부속적 존재로 취급당하거나 심지어 반근대로 억압당했다. 권위주의 정권의 전략에 맞는 사람은 혜택을 주고, 반대하는 사람은 탄압하면서, 필자의 견해에 의하면 이 시대의 사회와 인간관계는 '봉건적 온정주의feudalistic paternalism'와 '기회주의opportunism'가 팽배하게 되었다. 근대성이 지향하는 주체적인 사회와 인간성을 말살한 것이다. 한국의 개발독재에서 근대화를 경제성장으로 근대화의 주체를 특권계층으로 환원시킨 논리는 이른바 뉴라이트 학자들의 '식민지근대화론'으로 이어진다. 그들은 일제시대 조선의 경제수치의 성장에 주목하면서 그것이 곧 조선의 근대화였다고 생각했다. 발전과 성장에서 가장 중요한 주체의 각성을 빼놓은 것이다. 김덕영은 이렇게 노예 상태에서 물질성장만 이루는 것은 근대화가 아니라 '노예화'이며, 결국 인간의 비주체화, 물화를 초래한다고 믿는다. 이런 한국의 환원적 근대화의 중요한 특성은 '경제적 근대주의'와 '문화적 전통주의'를 결합시킨 것이다. 즉, 경제는 근대화되는데 사회적 가치나 규범은 오히려 전통적인 권위주의를 조장하는 바람에 각

13 김덕영, 2012, 《막스 베버—통합과학적 인식의 패러다임을 찾아서》, 도서출판 길, 41-42면.

종 사회적 병리현상이 여기에서 발생했다고 비판한다. 근대적인 합리성은 다원화, 체계화된 분업사회의 자율적이고 주체적인 개인을 필요로 한다. 하지만 개발독재의 강제적 근대화는 그런 자율적 집단과 개인을 인정하지 않았고 오히려 탄압했다. 이러한 논리에서 한국 사회의 진정한 근대성과 근대적 합리성이 무엇인지를 제시하는데, 크게 사회적 차원과 개인적 차원으로 나눈다. 전자는 다원주의, 즉 다양한 사회적-문화적 분화와 다양한 체계적·기능적 분업이며, 후자는 개인주의, 즉 자율적이고 주체적인 인격체로서의 개인들의 존재와 행위이다. 이 두 차원은 상호 모순적이 아니라 진정한 근대의 두 축으로서, 다만 '환원적 근대화'에 의해 거부되고 억압되며 저지되었을 뿐이다. 따라서 이 두 축을 확보하는 것이 오늘날 한국 사회에 주어진 '사회철학적 정언명령'이다.[14]

이러한 김덕영의 논지는 본 연구와 관련하여 두 가지를 다시 확인시켜 준다. 첫째, 근대성과 근대화라는 근대가 낳은 두 개념은 마치 신유교사상의 이理와 기氣처럼 서로 다르지만 자기완성을 위해서는 분리시킬 수 없는 질료로써 '동아시아 근대'에 관한 사유의 경로를 생성하였다. 이 두 개념은 서구적인 것뿐만이 아닌 동서양 모두에게 통용될 수 있는 보편적인 것이다. 둘째, 근대성/근대화, 이理/기氣라는 양대 가치는 하나의 사고체계에 속한 것이지만 동시에 다른 속성을 가진다. 그러나 어느 한쪽에 편향된 발전은 많은 부작용을 발생시킨다. 즉, 정신과 육체의 성장, 문화와 물질적인 발전의 부조화에서 오는 문제점이다. 그렇다면 서세동점의 시대와 냉전시대를 통틀어서 동아시아가 과연 어떠한 근대를 추구하였는가를 반추해 보아야 한다. 근대화와 본토주의적 사조에 몰입하여 근대성의 보편적인 가치의 중요성을 망각하지 않았는가를 성찰하여야 한다는 것

14 위의 책, 896-900면. 그는 한국적 근대화의 특성을 '환원근대'로 정의 내린다. 김덕영, 2014, 《환원근대》, 도서출판 길.

이다.

서세동점의 시대에 이미 서구에서는 자신의 근대에 대한 문제의식이 드러나고 있었으나 일본과 아시아는 아직 이것을 간파하기에 충분히 성숙하지 못하였다. 서구에서도 근대적 사고에서의 우승열패의 사회진화론적 사고, 과학과 물질만능주의에 대한 숭배에 대한 비판과 함께 대안을 찾는 움직임이 있었다는 것을 잊지 말아야 한다. 이미 세기의 전환기에 베르그송Henri-Louis Bergson(1859-1941)의 '생명철학'과 윌슨Woodrow Wilson(1856-1924)의 '민족자결주의'의 등장이 이러한 사조를 대변한다. 따라서 동아시아 담론으로 찾아야 하는 주체는 단지 서구만의 근대성이라고 규정하고 범주화할 수 없는 '보편적'인 것이다. 즉, 근대성은 이미 서구만의 것이 아니다. 냉전이 종식된 후에 생성된 동아시아 담론은 이러한 부재했던 근대성을 자발적으로 완성시키자는 동아시아의 지적인 각성이자 운동이다. 그것을 위해서는 지역의 역사청산이 필요하다. 따라서 동아시아 담론은 중심부와 주변부 모두 역사에 대한 비판적 성찰에서 출발하여 제국-식민의 의식구조에 대한 자각과 해체를 지향한다. 그래야만 21세기 동아시아의 중심-주변이라는 양대 구조의 해체를 추구할 수 있는 것이다. 제국-식민의 왜곡된 의식구조의 해체를 통해 개인과 시민으로서의 주체 찾기와 지역에서의 탈대국주의, 탈국민국가주의로 대변되는 탈근대적인 '초국주의적 자아'를 꿈꾸고 있는 것이다.

근대성과 근대화의 차이에 대한 논쟁은 동아시아에 대한 비판적 사유에서 무시할 수 없는 주제이다. 동아시아에서 근대의 주체를 완성시키는 작업과 탈서구, 탈대국주의, 탈국민국가주의, 탈동서이원론, 중심-주변의 탈위계주의 등을 이루는 것은 같은 맥락의 작업이다. 대만의 비판적 지식인인 천광싱은 이것을 하나로 뭉뚱그려 '탈제국-탈식민-탈냉전' 의식운동으로 표현하기도 한다.[15] 이러한 총체적인 지적·문화적 의식운동은 근대의 국가주의적 주체에 압도당한 개인과 시민의 주체를 되찾으면서 그것을 다시 나와 너, 우리와 그들이라는 타자화의 논리에 구속시키지 않고 탈근대의 '초국주의적이고 초자아적인 주체'의 길을 모색할 것을 지향한다. 이것이 세기의 전환기에 등장한 동아시아 담론이 지향하는 지적인 프로젝트이다. 동아시아의 문제는 서구의 근대가 대외적으로 팽창적 국가주의로 타락하면서 그 내부에서는 비판적 탈근대의 사유가 싹트는 동안에 동아시아는 서구의 어두운 측면의 근대를 철저히 흠모하고 모방하고 있었다는 사실이다. 서세동점의 시대에 서구에서도 근대에 대한 내적인 성찰(반전평화주의와 탈식민주의)과 더불어 탈제국주의적 사고인 민족자결주의가 등장하고 있었으며 당시 동아시아 근대의 선두 주자인 일본은 이러한 근대의 어둡고 밝은 양 측면 모두를 사고할 수 있는 정신적 성숙이 결여되어 있었고, 여타 주변부는 일본의 근대화와 제국주의를 경외와 증오의 두 시각으로 쳐다볼 수밖에 없었다.

중국은 일본과 서구의 침략을 받으면서 제국주의를 최전선에서 경험하였다. 중화를 전복시키려는 내외부적 충격에 고통을 겪으며 정체성의 혼란과 쇠락을 겪는다. 한국 등 주변부의 정체성은 중국보다 더욱 철저히 파괴되었다. 그러나 일본은 신속하게 서구적 근대화를 모방하고 매진하면서 국가주체가 시민주체를 억압하는 과정에서 형성된 내적 부조화를 주변부를 침략함으로써 발산하였다. 일본의 '탈아론'은 서구로 진입하려는 자기정체성의 형성과 주변부의 타자화 기획이었다. 일본은 서구적 근대를 오로지 눈에 보이는 물질적인 것과 부국강병에만 연관시키고 무엇이 그런 표면적 우월성을 창출하였는지를 간과했다. 근대화보다는 근대성이

15 陳光興, 2008, 〈帝國之眼—〈次〉帝國與國族–國家的文化想像〉, 徐進鈺·陳光興 編, 《異議(上册)》, pp. 5-65(原載는 《臺灣社會研究季刊》第十七期, 1994年 7月); 陳光興, 〈去植民的文化硏究〉, 《臺灣社會研究季刊》 第二十一期, 1996年 1月, pp. 73-139.

더욱 본질에 가까운 것이라는 것을 놓치고 말았다. 일본의 동아시아사고가 억압적이고 침략적인 성격(대동아공영권이념 같은)을 가지고 있었다는 것은 이러한 일본의 편향적 근대의 한계를 반영한다. 이런 견지에서 동아시아를 침략하고 식민화했던 일본이 현재까지도 자유스러운 사고를 억압하는 방식의 근대화와 천황제로 대변되는 가부장제적 권위에 저항하는 개인의 주체적 자아에 대한 계몽을 이루었는가 하는 것은 아직도 의문이다.

서세동점의 시대 중국을 근대와 관련시켜 보면 일본에 의해서 타자화된 주변부와 다름없었다. 그러나 오늘날 부상하는 중국은 일본과 마찬가지로 편향적인 근대화에 몰입하고 있다. 중국에서는 개혁 이래로 빠른 속도로 지속되는 경제발전과 이에 따른 부작용, 그리고 국가주의적 정서가 나날이 강화되고 있다. 중국의 개혁은 국가주체와 물질적 번영에만 매달려 근대성의 시민주체와 비판정신을 간과하고 있다. 비판의 자유를 억압하는 순간, 이러한 물질주의적 발전은 대중의 소비주의로 출구를 찾게 되면서 뜻있는 자들의 허무주의는 팽배해지고 소수의 반체제 인사들에 대한 억압이 증대하는 사회가 된다. 이러한 권위주의체제는 근대성의 발전을 억압하고 지체시킨다. 동아시아의 소수자인 티베트와 대만에 대한 중국의 지배논리는 서구의 제국주의가 아니라 '중화민족 다원일체주의'이다. 그리고 이들 소수자의 억압적 통합을 서구 식민주의로부터의 해방으로 정당화한다. 그러나 '주변에서 보는 동아시아' 시각에서 평하면, 중국이 따르는 것은 서구의 나빴던 근대적 제국주의의 잔재일 뿐이다. 국가주의로써 시민적 주체를 억압하는 것은 결국 탈국가주의와 탈대국주의를 지향하는 동아시아 담론의 탈근대적 성찰의 시야에서 근대성의 완성과는 거리가 있다.

한국은 서세동점의 시대에 일본의 신속한 근대화와 동아연대론에 기만당하고 식민화되는 치욕을 겪는다. 그러나 해방이 된 후에도 미국 주도의 냉전체제에 복무하는 하위국가가 된 데 이어서 지속적으로 미국의 비호를 받는 개발독재정권에 의한 강압적인 근대화에 매진하면서 자연적으로 미국 의존의 국가주체는 개인과 시민주체의 성장을 억압하였다.[16] 이러한 상태는 지식과 문화, 시민의 생활 영역에서도 미국 의존성을 심화시켰으며, 따라서 근대성의 자각은 지체되었다. 탈냉전이 도래하면서 한국의 비판적 지식인들은 무엇보다도 이러한 현상에 대한 성찰을 하게 된다. 미국에 의존하던 행태를 초탈하기 위해서 동아시아의 지역의식의 각성과 탈대국주의를, 근대화의 부국강병에 매진하면서 시민주체를 억압했던 것에 대해서는 탈국가주의를 주창하게 되었다. 특히 중국과 일본과는 달리 주변부인 한국에서 생성되고 주로 전개되는 동아시아 담론은 탈대국주의, 탈국민국가주의, 무경계·탈중심적 지향이 더욱 분명히 나타나고 있으며 소수의 중국과 일본의 진보적 지식인들과 이러한 주제들에 대해서 토론을 벌이고 있는 중이다.

동아시아 담론은 이렇게 주체 찾기의 근대와 동시에 탈근대적 문제의식을 표방한다. 지구화와 정치경제적 다극화, 문화적 다원성의 세계에서는 주변부의 사고가 중심부와 동일하게 하나의 독립적 대안으로 등장한다. 지리적인 실체적 경계의식은 여전하지만 지식과 문화 영역의 상상의 경계의식은 탈중심·탈주변의 길을 가고 있다. 동아시아 담론은 이러한 근대적 주체의 완성과 동시에 주체의 집착으로 인한 부작용에 대한 탈근대적 문제의식을 동시에 사고하는 특징을 가진다.

이러한 이중적인 기획은 서구가 동아시아에 전수한 근대화의 사조를 일종의 동아시아인의 의식을 지배했던 '메타서사meta-narrative'로 규정하고 그것의 극복을 지향하는 운동인 것이다. 탈근대성(포스트모더니즘)의 사

16 미국에 의존하면서 국가 개발을 추진한 한국 군사정권에 대한 분석은 조희연, 2010, 《동원된 근대화—박정희 개발동원체제의 정치사회적 이중성》, 후마니타스.

상가 리오타르는 근대가 언어게임과 서사narrative의 규칙을 조직함으로써 진실과 허위를 판단하는 보편적인 기준으로 '메타서사'를 구축한 것에 대해 회의와 불신을 나타낸다. 이러한 메타서사는 '사변적 거대서사'와 '해방의 거대서사' 두 가지로 대별되며, 인간의 삶을 조직하고 통제하는 기제로 작용했다고 여긴다. 이러한 논리에 의하면 근대는 국가주의적 주체와 부국강병의 거대서사를 창출하면서 인간을 해방시킨 것이 아니라 오히려 억압하였다. 그의 논리에 따르면 탈근대성의 추구는 성장과 이익만을 우선시하는 가치 부재의 현대사회에서 시장경제의 거대서사의 억압을 비판하면서 세상을 좀 더 공명정대하게 만들 수 있는 가능성을 사유하는 것이다.[17] 이러한 근대의 거대담론을 비판하는 탈근대성의 비판적 문제의식은 인간 사회의 일상적인 삶을 중시하는 작은 서사를 복원시킬 것을 촉구한다. 동아시아 담론은 이러한 동아시아의 근대가 초래한 대국주의, 국가주의, 부국강병의 거대서사가 해방을 가져오기보다는 억압을 가져왔다는 것을 자각하고 개인과 시민, 지역주체를 찾으려는 작은 서사의 중요성을 강조하면서, 또한 이것이 새로운 타자화의 기제가 되지 않도록 '초자아적 주체'를 구성하려는 탈근대성의 문제의식을 표방하고 있다.

2. '동아시아'의 함의—저항의 서사에서 유연한 의식공간으로

미완의 근대를 완성하면서 탈근대적 문제의식을 담론에 반영하려는 노력

17 사이먼 말파스, 2008, 윤동구 역, 《장 프랑수와 리오타르—포스트모더니즘을 구하라》, 앨피, 50-55, 140면; Jean-Francois Lyotard, 1989, *The Lyotard Reader*, ed. Andrew Benjamin (Oxford: Blackwell), p. 409; Jean-Francois Lyotard, 1994, *The Postmodern Condition: A Report on Knowledge*, trans. Geoff Bennington and Brian Massumi (Manchester: Manchester University Press).

은 동아시아의 함의를 구하는 것에서부터 시작된다. 역사적으로 근대 초기에서부터 오늘날까지 동아시아의 함의가 생성되어 전개된 것을 살펴보면, 서구 근대의 메타서사가 규정한 동아시아의 고정적 개념은 그 서사들이 점차 유효성을 상실하면서 탈근대적 유동성의 동아시아로 재탄생하고 있는 것을 감지할 수 있다.

오늘날 동아시아 담론에서 표출되는 동아시아의 개념적 특성을 검토해보면 그 함의는 '유동하는 의식의 공간'으로 정의 내려질 수 있다. 이러한 정의에서는 마치 들뢰즈와 가타리Félix Guattari의 유동성의(혹은 유목의) 철학에서 동아시아가 탈영토화(기존 질서에서 일탈하는 일)되어 재영토화(질서를 재구성하는 일)되고 있다는 것을 나타낸다. 따라서 21세기 동아시아는 유동성, 무경계, 탈중심, 분산적, 무지도자성의 리좀rhizome적 구조로 생성되고 있다는 의미를 나타낸다. 근대의 위계적 질서를 상징하는 나무가 아닌 뿌리줄기인 리좀은 무질서로 보이지만 질서를 추구하면서 생성하는 동아시아의 모습을 상징한다.[18] 부연하면, 들뢰즈 철학에서 리좀 유형의 다양체는 계층도 중심도 없고 초월적인 통일도 없고 이항대립이나 대칭성의 규칙도 없으며 단지 끝없이 연결되고 도약하고 일탈하는 과정의 연쇄이다. 나무는 우리가 질서라고 부르는 여러 가시적 특징을 가지고 있다. 토대나 근간이나 중심과, 중심으로부터의 거리에 의해 정해지는 서열과, 중심으로부터 규칙적으로 본떠진 모양의 증식을 한다. 리좀을 통해 질서로는 정의될 수 없는 것들이 결코 단순한 혼돈이나 혼란이 아니라 이질적인 배열이나 연결에 의해 정의되는 다른 질서일 수 있다. 즉, 무질서는 질서를 활성화하고 새로운 질서를 낳는 기회를 제공한다. 또 모든 시공을 관

18 질 들뢰즈·펠릭스 가타리, 2003, 《천개의 고원》, 새물결, 924, 963, 981-982, 984면. 들뢰즈(1925-1995)와 가타리(1930-1992)의 유동성의 철학 혹은 유목철학(Nomadism)에 대해서는 이 책을 참조. 원저는 1980년 출간. 미셸 푸코는 21세기는 들뢰즈의 세기가 될 것이라고 예언한 바 있다.

통하여 리좀이라고 불리는 이질적인 질서를 발견하는데 이것은 언뜻 무질서 혹은 혼란으로 보이지만 긍정적인 생성을 지향하는 의미로 바라보아야 한다.[19] 이러한 리좀의 함의야말로 무질서로 보이지만 질서를 추구하면서 생성하는 오늘날의 동아시아의 모습이다.

이러한 인식론은 상상의 개념 혹은 '유동하는 사유공간'으로서의 동아시아의 함의를 잘 구현한다. 즉, 동아시아의 개념은 나무-리좀, 탈영토화-재영토화, 정주성-유동성의 변주를 나타낸다. 리좀의 나무성, 나무의 리좀성, 내부성의 외부성, 외부성의 내부성 등으로 항상 유동적이며 양의적인 동아시아는 안과 바깥이 항상 서로 침투하며 반전한다. 고정적이 아니라 유동적이기 때문에 창조적이고 생성적인 가치를 품고 있다. 변화의 동인으로서 변증법적이 아닌 차이의 반복은 지속된다. 즉, 하나의 영역에서 가장 멀리 일탈하는 일(탈영토화)이 변질된 질서를 다시 지배영역으로 되돌리려는 일(재영토화)로 이어지기 때문이다.[20]

이런 유동성의 인식론에서 추론해 보면 동아시아 담론은 '수평적인 관계망horizontal network'을 지향하는데, 이것은 일종의 '수평주의적 다양체horizontal manifold' 혹은 '무경계적 다양체borderless manifold'로 상상할 수 있다. 동아시아는 여러 개가 모인 것이지만 하나의 단위로서의 다양체가 되어야 한다. 그것은 크기의 다양체보다 질적인 다양체, 중앙 집중형 다양체가 아닌 탈중심적이고 무경계적인 다양체로서 운동하면서 생성 진화하는 것이다. 이것은 역사가 강요한 목적이 아니고 담론이 스스로 결정한 목표라는 면에서 동아시아는 '도약하는 생명élan vital'에 가까운 개념이 되어야 한다.[21] 이것은 동아시아 담론이 들뢰즈와 더불어 베르그송 철학에서 사유

19 위의 책, 981-982면.

20 위의 책, 984면의 서술을 참조하라.

21 앙리 베르그송, 2009, 황수영 역, 《창조적 진화》, 아카넷, 144-157면.

의 근거를 빌려 올 수 있다는 의미이다. 사실 들뢰즈는 베르그송의 철학에서 많은 영감을 받았고 높이 평가하고 있다. 양자의 철학은 '유동하는 생명'이라는 개념으로 하나의 연결선상에서 만난다. 베르그송의 사유에서는 근대적 사고와 다른 탈근대적 측면이 드러나 있는데, 그것은 이성/지성보다 감성/의지를 강조한다는 특성에서이다. 진화론에서 생명은 자연의 물질적인 환경에 적응하는 것이며 사회는 성장-분화-통합하면서 발전한다는 근대적 의미를 표방한다. 그리고 산업, 군사는 국가와 민족을 위해 존재한다. 그러나 탈근대의 생명철학에서는 자연과 물질적인 환경을 거스르면서 자유롭게 생명을 창조하는 의미를 주창한다. 이는 근대적 법칙을 거스르며 이성과 지성보다는 감성과 의지를 중시하며 진리는 한없이 변화하는 환경에 적응하는 능력을 제공하는 것이라고 주장한다. 즉 진리와 이론은 그 자체를 위해 존재하는 게 아닌 변화하는 환경에 적응을 쉽게 하는 도구이다. 따라서 담론의 이상과 현실 사이에서 간극이 존재하는 데, 이것을 해소하여 담론을 이론화하려면 담론을 새로운 현실을 구축하려는 게 아닌 현실을 '비판하는 방법'으로 삼는 게 적실하다. 베르그송의 탈근대적 문제의식에서 보면 인간생활을 한없는 적응과정과 흐름으로, 생명을 의식의 흐름으로 보아야 하며, 또한 역사, 의식, 생명의 흐름을 '지속적 흐름의 전체'로 보아야지 단절된 것으로 보면 안 된다는 것이다. 따라서 근대적인 기계적 인식론에서의 역사/인간/사회/국가/를 보는 태도는 죽은 생명을 보는 것과 같다. 동아시아 담론이 나오기 이전의 동아시아 개념은 근대적인 것이었다. 서구가 규정하고 동아시아가 모방했던 실체로서의 동아시아는 국가주의적 근대화에 매진했었다. 근대성의 내면화가 없는 맹목적 근대화는 영혼이 없는 육체와 같이 약동하는 생명의 활기가 없는 것이다. 생명은 항상 머무르지 않고 자신의 한계를 넘어서려고 하는데 이러한 유동성은 무경계-탈중심의 사유로 나타난다. 항상 새로운 형태를 창조하려고 하면서 지속적으로 탈영토화, 재영토화를 추구한다. 즉, 생명력은 기존의 상황에 머무는 힘과 항상 충돌하며, 진정한 자유는 욕망과 자연의 물질적 조건을 거스르게 된다. 남보다 우월해지려는 의지(중심주의)는 개체(국민국가, 중심국)의 '특수한 욕망'이며, '수평주의'의 의지는 복수의 주변부로 이루어진 다양체로서의 동아시아의 '일반의지'이다. 따라서 동아시아 담론이 상상하는 동아시아는 무경계와 탈중심의 수평주의로서 개체적이고 특수한 우월의지(중심주의, 대국주의)를 극복하는 지적인 상상과 운동을 지속하는 생명이자 유기체로 인식할 수 있다.

또한 근대의 비판가이자 탈근대의 선구자인 리오타르는 칸트의 '판단력 비판'에서의 '규정적 판단력'과 '반성적 판단력'논리를 탈근대론으로 가져온다. 그에 따르면 탈근대는 보편적인 기준이 주어진 상태에서 '규정적 판단력'이 아닌 생소하게 느껴지는 어떤 문화와 의식, 특수한 경험을 '반성적 판단력'을 사용하여 대상에 의미를 부여하고, 그 대상에 대한 우리의 반응을 이끄는 어떤 규칙을 찾고자 시도하는 것이다. 이것은 새로운 규칙을 찾아나서는 것이며 동시에 새로운 이론의 가능성을 여는 것으로 파악될 수 있다.[22] 즉 동아시아 담론은 근대의 거대서사를 떠나보내면서 보편적 기준이 부재한 가운데 탈냉전 이후 생성되는 지구화와 관련된 새로운 현상들에 대한 우리들의 반응과 그 의미에 대한 새로운 규칙을 찾아나서면서 새로운 이론의 가능성을 여는 탈근대적 작업인 것이다. 따라서 서세동점과 냉전시대에 근대적 메타서사의 맥락에서 '저항의 동아시아' 개념을 추구했다면, 21세기에 탈근대적 유동성의 맥락에서 새로운 동아시아의 개념을 찾는 노력은 자연스러운 일이다. 이제 새로운 '동아시아'의 함의를 찾는 여행을 떠나 보자.

'아시아'라는 개념은 너무 막연하다.[23] 이것은 지리적, 관념적 특성을

22 사이먼 말파스, 《장 프랑수와 리오타르—포스트모더니즘을 구하라》, 178-182면.

모두 내포한다. 지리적으로 아시아는 유럽의 동쪽으로 여겨지고 있으며, 따라서 유럽은 서양 혹은 서구(미국도 문화적으로는 유럽이기 때문에 서양에 포함된다)로 아시아는 동양이라는 통칭으로 불렸다. 아시아에서도 동아시아는 아시아의 동쪽 끝인 극동the Far East이라고도 불렸다. 이 호칭은 서구 중심적이다. 그러나 아시아에 대한 함의는 지리적으로 서구의 동쪽에 위치 한다는 단순한 차원에 머무르지 않는다. 즉, 관념적으로는 서구에 대한 비서구(서구가 아닌 모든 세계) 지역을 나타내며 여기에는 서구보다 열등한 비문명 지대라는 차별인식이 배어 있다.

서세동점의 시대에 서구 열강들은 거의 모든 아시아 지역을 식민화하였고 그들의 눈에 비친 아시아는 일종의 비서구의 통칭이었다. 그러나 아시아는 문화적 공통성을 거의 찾을 수 없는 다섯 지역으로 이루어져 있다. 회교권 국가들이 주로 있는 중동, 인도와 파키스탄을 중심으로 하는 서남아시아, 중국과 러시아 국경 지대에 걸쳐 존재하는 중앙아시아, 아세안ASEAN을 포함하는 동남아시아, 중국, 일본, 한국, 몽골, 러시아의 일부를 포함하는 동북아시아이다. 이 중에서도 중국은 이 모든 지역과 국경을 접하고 있으면서 어느 한 지역에만 속한다고 하는 단순한 분류가 힘든 위치에 있다. 이러한 사실은 동아시아 담론의 한 주체인 중국 지식인들의 논리가 한국, 일본 지식인들의 것과 구별되게 하는 요인이 되고 있다.

따라서 아시아는 '다양성의 공존'이라는 말로 그 특성을 표현할 수 있다. 즉, 언어, 종교, 인종, 문화 등이 지역마다 다채로운 요리만큼이나 다양하다. 그러나 아시아의 다양성을 논할 때 그 의미는 사고가 다양하다는 게 아니라 근대화의 양과 질적인 측면에서 서구와 비교해서 상호 불균등의 정

23 본 연구에서 '아시아'라는 호칭은 서구와 대비되는 전 아시아를 칭하는 경우를 제외하면 동아시아를 의미한다. 인용된 저작들의 아시아와 동아시아의 표기는 그 의미에 따라서 다르게 표기하였다. 동아시아 담론의 동아시아는 대체로 아세안+한·중·일을 나타낸다.

도가 심하다는 것이다. 이러한 사실은 우리가 논하게 될 동아시아에도 적용되는데, 이렇게 동아시아 국가들 간에 근대화의 양과 질적인 차이가 심대하다는 것은 우리에게 복잡한 사상과제를 안겨 주는 원인이 되고 있다.

위에서 언급한 아시아의 다섯 지역은 모두 역사적으로 근대 이전에는 시대와 왕조에 따라 산발적인 수준을 넘어서 역사적인 변동을 수반하는 문화, 정치, 경제적 상호관계가 거의 없었다. 아시아라는 상상의 집합체가 어떤 공동의 역사적 경험과 사상적 지향을 다 같이 공유해 본 적이 없었다는 의미이다. 따라서 역사적으로 보면 이들이 하나의 아시아로 통칭되어야 할 이유를 발견하기는 힘들다. 이러한 아시아가 하나의 통칭인 아시아로 불리는 이유는 한 가지, 아시아는 비서구라는 사실이다. 즉, 아시아는 서구의 대상으로 존재하는 비서구로 분류되었고, 그 안에 존재하는 차이와 다양성은 무시되었다. 서세동점의 시대에 서구는 아시아를 식민화하면서 근대화의 실험과 업적의 과시를 위한 대상으로 간주하고 일종의 자기정체성을 투사하는 거울로 인식하였다. 이렇게 서구인들의 인식에는 타자화된 아시아주의라고 하는 '오리엔탈리즘'이 형성되었다.[24] 따라서 서구인이 아시아라고 했을 때, 그것은 아시아의 적극적 정체성의 표현이 아닌 서구 정체성을 확인시켜 주는 대상 혹은 타자로서의 의미가 강하다.

사이드는 서구 제국주의와 아시아 정체성 형성 간의 연관성에 대해서 다음과 같이 적절하게 설명하고 있다. "정체성은 우리가 사회적, 역사적, 정치적 혹은 영적 존재로 살아가면서 스스로에게 부과하는 어떤 것이다. 문화의 논리와 가족의 논리가 여기에 더해져서 정체성의 위력을 증대시킨다. (…) 알제리와 팔레스타인 같은 장소를 볼 때, 정체성은 더 강력한 문화, 더 발전한 사회가 자신보다 못하다고 판단한 사람들을 짓밟고 그 위에 자신을 부과하는 과정이다. 제국주의는 정체성 수출이다."[25] 여기서 그

---

24 Edward W. Said, 1979, *Orientalism* (New York: Vintage Books).

가 지적하는 것은 프랑스 식민지 알제리와 미국의 지원을 받는 이스라엘과 팔레스타인의 입장에서 목격되듯이 강자의 약자에 대한 정체성 수출에는 억압적 방법이 사용된다는 것이다. 더구나 상업자본주의와 결탁한 문화 수출은 억압적 방법을 비억압적으로 보이게도 한다. 서구의 제국주의는 아시아를 침략하면서 자신의 정체성을 형성하고 아시아라는 식민정체성을 구성했다.

아시아는 서구에 대한 저항이라는 측면에서 공통적 지향을 가지고 있다는 것도 적실하지 않다. 서구에 대한 저항에서도 아시아의 분리된 지역 모두가 상대적이다. 중동은 저항하지만 인도와 동아시아에서는 저항이 중동에 비해 양과 질에서 다르고 국가마다 서로 상대적이다. 그래서 서구에 대한 저항은 공통의 배경과 지향이 되기 힘들다. 경제협력, 지적·문화적 교류라는 측면에서도 아시아의 다섯 지역은 미국, 서구와의 관계성이 양과 질적으로 차이가 있다. 이런 이유로, 우리가 통상적으로 서구에 대해 상대적인 개념으로 아시아라고 막연하게 통칭할 때는 여기에 동아시아와 다른 모든 아시아 지역을 포함하지만, 분석적으로 사용하게 되면 아시아와 동아시아를 같은 의미로 사용할 이유는 희박하다.

아시아와 마찬가지로 '동아시아'도 원래는 없었던 개념이자 호칭이다. 근대 초기에 일본의 창안으로 생성된 '동양'도 오늘날의 동아시아가 아니다. 동양은 서양과 대비되는 아시아를 포함하는 개념이었으나 오늘날 동아시아 담론으로 구체화된 동아시아가 아니라는 의미이다. 동아시아는 서세동점 이래로 국민국가, 민족주의와 함께 시간의 흐름과 공간의 유동이 연동되어 생성을 지속하고 있는 '상상의 공동체' 개념이다.[26] 그러나 이

25 에드워드 사이드, 2008, 장호연 역, 《말년의 양식에 관하여》, 마티, 128-129면; Edward W. Said, 2006, *On Late Style* (New York: Knopf Doubleday Publishing).

26 '상상의 공동체'라는 개념은 근대 민족주의의 탄생을 설명하기 위한 다음의 자료에서 빌려 온 것이다. Benedict Anderson, 2006, *Imagined Communities: Reflections on the Origin and Spread*

때에도 동아시아의 개념은 서구의 그것을 극복하지 못한 상태에서 막연하였다면, 탈냉전 이래 전개되는 동아시아 담론에서의 동아시아의 함의는 지적·문화적으로 정치·경제적으로 가장 구체적으로 생성되고 있다.

탈냉전으로 시작된 21세기 동아시아 담론에서의 동아시아의 함의는 서구의 대상적 존재에서 벗어난 '주체적인 동아시아'이다. 따라서 오늘날 우리가 사고하는 동아시아는 철저하게 탈냉전과 21세기의 산물이다. 즉, 동아시아 담론은 탈대국주의, 탈국가주의, 탈제국·탈식민·탈냉전의식, 미국 주도의 전 지구화·신자유주의에 대한 동아시아적 대안 찾기의 문제의식에서 생성된 지적인 지향이자 운동이다. 따라서 탈냉전 이전의 동아시아를 논하는 것은 오늘날의 동아시아사고로써 마치 과거에도 같은 개념의 동아시아가 있었던 것처럼 해석하는 것이다. 그러나 오늘날의 동아시아 담론에서도 서세동점의 시대에 생성된 동아시아의식과 논의에서 적지 않은 유산을 물려받은 것을 부인하지는 못한다.

예를 들어 이삼성은 동아시아의 역사와 문화, 정치와 경제 중심에 중국을 위치시키고 고대로부터 서세동점의 시대까지 다루고 있다.[27] 동아시아역사는 두 가지 경로를 매개로 형성된다. 하나는 중국의 중원 농경문화와 북방 초원 지대 사이의 갈등과 긴장관계이다. 다른 하나는 중국과 한반도, 일본, 베트남을 포함한 남방과의 관계이다. 그는 전자를 중국-북방 축으로, 후자를 중국-동남방 축으로 설정하여 서세동점의 시대 중화체제가 붕괴하면서 일본이 중화를 대체하는 시대까지를 서술하였다. 그의 연구는 동아시아의 정치와 국제관계의 역사를 이해하는 데 도움이 된다. 그러나 그 시대의 중국과 북방 유목민, 동남방인들이 21세기에 생성되고 있는 동아시아의식으로 자신들을 바라보았을 리는 만무하다. 따라서 그가 사

---

of Nationalism (London: Verso).

27 이삼성, 2009, 《동아시아의 전쟁과 평화》 I, 한길사, 86-116면.

용한 동아시아의 함의는 과거를 설명하기 위해 오늘날의 개념을 '이념형'으로 빌려서 사용하고 있는 것이다. 저자 자신이 이러한 과거 보기에 대해 민족주의를 예로써 두 가지 착각을 지적하고 있다. 첫째는 오늘날의 민족주의 개념으로 과거의 현실을 해석하는 것이다. 두 번째는 과거의 동류집단이 가지고 있던 정체성에서 오늘날 우리가 민족이라는 개념에 부여하는 의식이 전혀 존재하지 않았을 것이라는 주장이다.[28] 이러한 양극단의 착각을 동아시아의식에 적용하면 과거의 중국-북방 축과 중국-동남방 축을 오늘날 형성되는 동아시아와 같은 개념으로 생각할 수 없지만, 당시 양대 축에 존재하던 정체성을 오늘날의 동아시아와 완전히 동떨어진 것으로 생각할 수도 없다. 그렇다면 오늘날의 동아시아는 과거 양대 축의 정체성을 근거로 하면서 새로운 상황을 매개로 하여 새롭게 생성되어 나가고 있는 것이라고 가정할 수 있다. 이러한 설명에서 중요한 것은 동아시아는 시간과 공간의 연동과 변화로 인해 지속적으로 자신을 변화 생성시키고 있다는 것이다. 그리고 생성의 주체는 동아시아를 타자로 바라본 서구인이거나, 또는 자신의 모습으로 바라보았던 동아시아인이었다. 오늘날 동아시아 담론은 후자를 논의 주체로 삼고 전자를 참조 대상으로 바라본다.

21세기 동아시아 담론의 지적인 인식의 범주에는 아세안+3가 유력하게 등장하고 있는 추세이다. 즉, 새로 등장하고 있는 동아시아의 의미와 함께 지리적 경계 만들기는 일반적으로 한·중·일과 아세안 회원국으로 이루어진 동남아를 합쳐서 형성되고 있다. 근래에 동아시아공동체 구축에 대한 논의에서도 아세안+3가 주축이 되고 있다.[29] 그래서 여기서는 동아시아를 아시아와 혼용하여 표기하지 않고 하나의 분석 단위로 여겨 동

28 위의 책, 135-136면.

29 원래의 아세안+3에 인도, 오스트레일리아, 뉴질랜드 등이 합류하여 아세안+6가 탄생하였다. 여기에는 미국, 중국과 일본 간의 경쟁관계가 매개되어 있다.

아시아로 표기하고 지칭할 것이다. 서구 혹은 서양과 대비되는 개념으로 사용할 때에도 필요한 상황에서는 아시아와 동아시아의 구분을 분명히 할 것이다. 예를 들어 조선 말기의 지식인, 일본의 메이지시대의 지식인들의 아시아라는 개념과 표기는 특수한 경우를 제외하고는 사실 동아시아를 실제적으로 지칭하였기 때문이다. 그러나 이때에도 현재의 동남아를 포함한 것인지 아닌지는 모호하다. 단지 일본의 대동아공영권이념에서는 동아시아 3국과 동남아시아를 총괄한 함의를 지니고 있었다.

따라서 본 연구에서는 저작물의 표제, 직접 인용문에 나오는 아시아라는 표기는 그대로 사용할 것이다. 하지만 본문에서 인용하는 자료에서 나오는 아시아라는 용어는 그 내용과 의미를 추론하여 동아시아를 나타낸다면 필요에 따라 동아시아라는 용어로 대체할 것이다. 즉, 우리들의 논의에서 동아시아를 매개로 한 경우와 아시아를 매개로 한 경우를 확실히 구분하여야 한다. 모호하게 규정된 아시아보다는 세분하여 구분된 동아시아를 다루는 동아시아사고, 동아시아학, 동아시아 담론이라는 개념은 아세안+3에서의 지식계와 정부 주도의 실체를 확인하는 것이 가능하기 때문에 적절한 호칭이 될 수 있다.

이상과 같이 동아시아라는 호칭과 지리적 경계에서의 기표記標와 언표言表로서의 의미와 더불어 동아시아가 지니는 기의起意를 고찰해 보는 것도 의미가 있다. 동아시아 국가들에서 동아시아에 대한 인식과 의미는 일치하는 측면과 그렇지 않은 측면이 복합적으로 존재한다. 지역의 대표적인 지식인들이 동아시아를 어떻게 정의하고 이해하고 있느냐 하는 것에서 그들이 속한 국가의 동아시아 담론의 특성과 미묘한 상이점이 드러나고 있다고 해도 틀린 말은 아니다.

우선 상기의 논의대로 동아시아 자체에 의한 동아시아라는 개념이 등장하기 전까지의 개념은 일종의 서구의 창안물이라는 것이다. 예를 들어

딜릭Arif Dirlik은 '아시아·태평양' 지역이 하나의 지역으로 성립하는 과정을 살피면서 아시아가 유럽의 역사적 창안물이라는 사실을 보여 주고 있다. 특히 이 지역이 형성되는 과정에서 구축되는 모순구조를 강조하는데, 이 모순구조는 "지역 현실을 구성하는 인간 활동의 공간적 시간적 움직임들을 물리적인 범주들 속에 담아 들이고자 하는 하나의 추상적 표상"이라는 점을 감안할 때 포착이 가능하다는 주장이다.[30] 아태 지역이 역사적 산물이자 세계체제적 산물이며 더불어 아시아적 지향들이 뒤엉킨 구조라고 한다면 그 속에서 부단히 변화해 온 현실이 담겨져 있었으며, 그 경계와 구조가 끊임없이 유동적이었을 것으로 추론한다. 이 같은 맥락에서는 오늘날 지구상의 지역 구분은 오직 팽창하는 유럽의 지리, 문화적 부산물이며 제2차 대전 이후 미국 패권이 조성한 세계체제의 지정학적 구획화의 결과이다.[31] 이러한 논리에 의하면 '지역'은 강대국들의 '지적 범주'이거나, '정치적 고안' 아니면 '문화적 창안'이었으며 이런 용어들에는 공통적으로 이전에는 인식되지 않았거나 심지어 존재하지 않았던 세계의 일부가 새로 발견되었다는 서구중심주의적 사고가 강하게 배어 있다.[32] 따라서 2차 대전 이후 지역연구area studies가 학문 분야로 등장한 이래 미국이 세계적 패권국으로 부상하면서 특히 비서구 지역들은 미국의 지배와 통제의 필요에 따라 자의적으로 구획되고 정의되었다고 볼 수 있다. 결국, 이러한 서구 중심의 논리를 적용하면 '동아시아'라는 지역의 명칭과 개념도 일종의 오리엔탈리즘적 인식에서의 정의라고 할 수 있다.

그러나 탈냉전과 21세기가 도래하면서 등장한 동아시아 담론은 이렇게 수동적으로 정의 내려진 동아시아를 거부하고 동아시아에 의한 동아시아

30 아리프 딜릭, 〈아시아·태평양권이라는 개념〉, 《창작과 비평》, 1993년 봄, 291면.
31 이수훈, 2004, 〈동북아시대 신구상〉, 백낙청 외, 《21세기 한반도 구상》, 창비, 224면.
32 실제로 아프리카의 역사학자 V. Y. Mudimbe가 《아프리카의 발명》에서 이를 적절히 지적한 바 있다(위의 책, 225면).

의 함의를 모색하기 시작한다.

김명섭은 이렇게 새로운 동아시아 개념의 모색 과정을 잘 설명하고 있다. 그는 '동아시아'가 '극동'이나 '대동아'라는 개념을 밀어내고 정착되는 과정은 세계적 수준의 냉전 및 동아시아의 열전과 밀접한 관련을 맺고 있다고 설파한다. 즉, 극동에서 동아시아라는 변화는 서구중심적 권력구조에서 미국중심적 '지식권력구조로의 전이'를 의미하는데, 그 과정에서 서구가 만든 극동이라는 개념과 일본이 만들어 낸 대동아라는 개념은 사라지게 되었다. 지리적으로 동아시아는 동남아와 동북아를 포함하는 프로젝트로서 동아시아라는 개념은 앞으로 더욱 널리 사용될 것으로 본다. 따라서 민족이 상상의 공동체이듯이 동아시아 지역도 상상의 공동체일 수 있다면 동아시아는 궁극적으로 어떻게 하면 미국 주도의 제국적 평화를 넘어서 국제적 평화를 추구하는 동시에 국가주의라는 함정을 피해서 초국적 공동체를 만들어 낼 수 있을까 하는 문제에 대한 고민을 토로한다.[33] 이에 대한 답변은 결국 탈냉전시대의 동아시아 담론이 표방하는 탈국민국가주의적인 신질서 구상으로서의 동아시아공동체를 수립하려는 지적인 구상과 밀접하게 연관되어 있다. 동아시아 담론은 이러한 중심-주변 구도를 넘어선 '수평적 다양체'로서의 '동아시아에 의한 동아시아'의 함의를 새로 창출하는 작업을 수행하고 있다.

특히 한국의 동아시아 담론에서는 이러한 중심-주변의 탈위계주의적인 동아시아인식의 특징이 현저하다. 한국의 담론에서의 동아시아 개념은 역사적으로 중국 중심의 중화체제, 일본 중심의 대동아공영권, 2차 대전 이후의 미국 중심의 패권구조에 저항하고 극복하려는 특성이 잘 나타나고 있다.

민두기의 조망에 의하면 동아시아는 21세기의 "새로운 지적인 상상의

33 김명섭, 2005, 〈동아시아 냉전질서의 탄생〉, 백영서 외, 《동아시아의 지역질서》, 296-298면.

공간"이란 함의를 가지고 있다.[34] 즉, 동아시아는 단순한 아시아의 동부를 가리키는 지리적 명칭이 아니라 '지향을 가진 지역질서'라고 하는 신개념으로서 원래 서구의 고안이었던 지정학적인 개념을 대체하고 있는 것이다. 이러한 정의는 백영서가 "동아시아를 지역을 구성하는 주체의 행위에 따라 유동하는 역사의 공간"으로 파악하는 것과 같은 맥락이다.[35] 이러한 정의는 지역을 구성하는 인간의 의식적 활동에 비추어 지역의 경계가 정해진다는 것이다. 이에 따르면 동아시아 국가들이 지난날 영위해 온 역사적 경험과 현대에 들어와 두드러진 민주화와 경제발전, 사회변화, 이에 따른 지역정체성의 자각을 포함한 인간 행위가 복합적으로 작용하여 오늘날 동아시아에 의한 새로운 동아시아가 생성 중에 있다고 볼 수 있다.

이처럼 동아시아를 '유동하는 의식의 공간'으로 그려 보면 탈냉전시대 미국 패권의 퇴조와 중국의 부상이라는 세계사적 변화 움직임에 대응해 지역적 차원에서 대안을 모색한다는 의미를 가짐과 동시에 새로운 동아시아의 가치관과 역사인식을 세우려는 지적인 운동에 부합한다고 볼 수 있다. 이러한 발상은 서구적 근대에서의 지역 개념과 미국 주도의 동아시아의 냉전구도를 탈피하면서, 또한 중국과 일본의 중심부적 동아시아사고를 극복하려는 노력을 동아시아 담론에 연결시킬 수 있을 것이다.

중국의 동아시아인식은 서구의 창안으로서의 지역 개념을 거부한다는 면에서는 한국의 담론과 공감을 나타내지만 다른 면도 있다. 특히 중국 지식인들도 인정하는 바이지만 그들의 동아시아인식 형성과 나아가 동아시아공동체 구상에 구체적 관심을 가지게 된 동기는 한국 지식인들과의 교류에서 영향을 받은 바 크다.[36] 이러한 사실은 중국의 지식계가 '중국 대

34 민두기, 2002, 《시간과의 경쟁—동아시아근현대사논집》, 연세대학교 출판부, 39면.

35 백영서, 2004, 〈주변에서 동아시아를 본다는 것〉, 정문길 외, 《주변에서 본 동아시아》, 14면.

36 허자오티엔(賀照田), 〈중국혁명과 동아시아 담론〉, 《아세아연구》, 제 52권 1호, 2009년, 81-99면; He Zhaotian, "Chinese revolution and the discourse of Asia," *Inter-Asia Cultural*

서구China vs. the West structure'라는 이원론적 세계관에 사로잡혀 왔기 때문에 다른 동아시아 국가들에 대한 위계적 인식을 떨쳐내기가 아직도 힘들다는 것을 나타낸다. 이는 서구를 향한 정도에 비해서는 한국을 포함한 다른 동아시아 국가들의 존재에 대해서 그다지 주목하고 있지 않다는 중국적 세계 인식의 표현이다.[37] 최근에 한국(및 여타 동아시아 국가) 지식인들과의 교류가 빈번해지면서 동아시아에 대한 문제의식을 접하고 상호 토론을 전개하면서 드디어 그들도 아시아라는 막연한 통칭과 구분되는 동아시아를 인식하게 된 것이라고 생각한다.[38] 다음 같은 논의에서 이러한 사실을 간파할 수 있다.

중국의 '신좌파'이면서 자칭 '비판적 지식인'인 왕후이는 동아시아란 용어보다 중국에서는 아시아란 용어에 더 친숙하다고 밝히면서 양자는 지리적 개념이 아니라 역사 속에 형성된 개념이라서 서로 다른 역사적, 정치적 함의를 가지고 있다고 한다. 그는 아시아 개념의 역사적 생성 과정을 분석하면서 19세기 유럽중심적 사상에서는 유럽의 세계사라는 역사의 틀 안에서 아시아 개념을 세웠고 이로 인해 아시아란 범주를 유럽 중심의 역사적 목적론 속에 편입시킨 것을 지적한다. 러시아와 중국혁명은 사회주의운동과 민족자결권이라는 틀 속에서 아시아 혁명의 의의를 강조하고 있으며 일본의 제국주의 이념에서는 중국과 한반도 그 밖의 지역을 동양 혹은 동아시아란 범주에 넣어 이들 사회의 실체적 주체성을 제거하였다. 따라서 왕후이는 중국의 경험에서 보면 동아시아라는 용어는 흔히 일

Studies Vol.8, No.3 (2007), pp. 466-476.

37 Chen, Kuan-Hsing, "Why is 'great reconciliation' im/possible? De-ColdWar/decolonization, or modernity and its tears (Part II)," *Inter-Asia Cultural Studies* Vol.3, No.2 (2002), p. 241. 중국의 아시아 국가들에 대한 '대국주의'와 '위계적 인식'에 대해서는 백영서, 2000, 〈중국에 '아시아'가 있는가?—한국인의 시각〉, 《동아시아의 귀환—중국의 근대성을 묻는다》, 48-66면.

38 허자오티엔은 이를 인정한다(《중국혁명과 동아시아 담론》, 81-99면).

본의 대동아공영권의 역사를 상기시킨다고 지적하고 있다. 결국 분석이 없이 막연하게 아시아와 동아시아라는 개념을 사용하는 것을 반대하면서 중국은 지역이 광활하고 다민족, 다문화사회이므로 아시아라는 의미가 동아시아보다는 훨씬 알맞은 개념이라고 주장하고 있다. 그러면서도 그는 아시아라는 개념과 동아시아라는 개념을 서로 대립시킬 이유는 없다고 하면서 양자의 호칭을 명확하게 구분하여 사용해야 한다는 문제에 대해서 별로 중시하지 않고 있다.[39] 이러한 그의 사고가 대변하는 것은 중국 지식계는 여전히 동아시아라는 용어보다는 아시아라는 용어를 더 즐겨 사용한다는 사실이며 이 둘을 구체적으로 구분하여야 한다는 데 별로 문제의식이 없다는 것이다. 이는 두 가지로 해석이 되는데, 첫째, 상기에서 언급한 대로 중국의 지리적 광대함에 비추어 볼 때 역사적으로 아시아 전 지역에 걸쳐서 상호 교류와 갈등을 겪어 왔기 때문에, 오늘날 동아시아의 범주인 아세안+3만을 따로 떼어 내서 생각하기가 익숙하지 않다. 따라서 그들은 여전히 아시아와 분리된 동아시아라는 호칭과 개념에 생소함을 느끼고 있다. 둘째, 아시아라는 호칭과 개념에 동아시아를 함축적으로 포용하고 있기 때문에 굳이 구분을 할 필요성을 못 느끼고 있다는 의미로도 해석이 된다. 이러한 모호한 동아시아의식은 21세기에 전개되는 중국의 동아시아론에 중요한 전제를 던져 주고 있다.

중국에서 동아시아론을 구상하는 쑨거는 왕후이보다 상대적으로 구체적으로 동아시아를 사고하고 있다. 그녀는 '기능으로서의 동아시아'를 주장한다. 그러면서 "동아시아란 실체는 확실히 존재하고 있으며 탈냉전구조 속에서 동아시아인들은 긴급히 연대를 하지 않으면 미국에 대항할 수 없다는 엄중한 현실에 직면하고 있다"[40]고 주장하고 있다. 이러한 그녀의

39 왕후이, 2003, 이욱연 외 역, 《새로운 아시아를 상상한다》, 창비, 245-246면.
40 孫歌/丸川哲史, 〈東アジア越境する知〉, 《週刊讀書人》, 2002年 8月 30日.

논지는 동아시아를 일종의 미국에 대항하기 위한 수단이자 방법으로 인식하고 있다는 것을 나타내 주고 있다. 즉, 동아시아에 관심을 두면서도 '중국 대 서구'라는 이원적 세계관의 영향을 완전히 떨치지 못하고 있다는 것이 잘 드러나고 있다. 이러한 면은 중국의 동아시아 담론을 분석하는 데 중요한 변수로 작용하고 있다.

이렇게 중국의 동아시아에 대한 개념이 한국과 다른 것은 역사적 경험과 현재의 상황이 다르기 때문이다. 일반적인 중국 지식인의 사고대로 중국은 지리적으로 광대하여 동아시아를 중심으로 한 행동반경을 가진 한국과는 이웃을 보는 시각에서 동아시아를 넘어선다. 또한 중국은 오랜 기간 동안 동아시아뿐만 아니라 아시아 전체에 걸쳐서 중심국이었기 때문에 아시아의 한 부분인 동아시아에 대해서만 특별히 한정되고 집중된 인식을 가질 수 없었다. 이에 대해 쑨거는 중국인이 동아시아를 말하지 않는다는 것은 "잠재의식 속에서 중국을 아시아의 중심, 최소한 동아시아의 중심"으로 여기기 때문이라고 인정한다. 또한 "중국이 아시아를 논하지 않는 것은 탈아시아를 의미하는 게 아니라 아시아라는 모호한 말이 가리키는 바에 내재화되어 버린다는 것을 의미한다"[41]라고 하고 있다. 결국 서세동점 이래로 오늘날까지도 중국은 '중국 대 서구'라는 이원론적 인식이 내면화하면서 동아시아를 중국이 서구에 대항하는 이원적 구조에서 하위체제인 종속변수로 보는 경향을 탈피하지 못하고 있는 것이다.

반면에 한국과 일본의 지식인들이 중국과는 달리 아시아보다 동아시아를 더욱 강조하는 것은 근대 이후의 세계체제가 한국, 중국, 일본에 영향을 미칠 때 동아시아 구조 내에서 일어나는 경우가 많았고 전 아시아 지역구조에서 일어나는 경우는 드물었으며 그 성격도 다르게 나타났다고 보기 때문이다. 특히 한국의 국제관계에 있어서는 동아시아 구조 내에서 이

41 孫歌, 〈亞洲論述與我們的兩難之境〉, 《讀書》, No.2, 2000年, p. 57.

루어지는 경우가 일반적이었다. 따라서 한국의 지식계에서는 한·중·일 3국의 상호관계성은 동아시아라는 틀 안에서 보는 것이 의미가 있다고 본다. 이들은 한·중·일의 주요 무대에서 지속적으로 영위된 역사적 경험은 분명히 존재하였다고 보면서 그것을 문화적, 정치적, 경제적 측면에서 정리하여 접근하고 앞으로의 발전 전망을 탐구하고 있다.

일본 지식인들도 중국과 한국의 지식인들과 공통적으로 아시아라는 개념이 유럽에 의해 구성되어진 것이라는 사실을 인정한다. 그러나 다른 것은 일본이 근대국가 형성에 여타 동아시아 국가보다 앞서 나가면서 심지어 주변을 침략하면서 새롭게 일본적 시각에서의 개념을 만들어 내려고 한 것이다. 이러한 면에서 보면 사실은 중국과 한국보다 일본이 동아시아의 존재에 대한 인식이 앞섰다고 볼 수 있다. 한국과 중국은 서세동점의 시대에 미처 서구에 대해 조직화된 저항을 하지 못했고 동아시아사고를 이론화시키는 수준에 다다르지 못했다. 따라서 비록 후일에 침략이론으로 귀결되었으나 일본의 동아시아사고에 의해 긍정적이든 부정적이든 영향을 받은 측면은 부정할 수 없다.

일본은 아시아라는 개념에 앞서서 '동양'이라는 개념을 먼저 사용했다. 일본이 아시아라는 개념보다 '동양'이라는 개념을 먼저 사용하게 된 배경에 대해서는 다나카Stephen Tanaka의 연구에 잘 나타나 있다. 19세기 중엽에 사쿠마 쇼잔佐久間象山은 "도요 도도쿠, 세이요 게이"(東洋은 道德, 西洋은 藝, 즉 技術)라고 하면서 이 용어를 동양적 가치를 나타내는 말로 사용하였고, 이때의 '도요'는 동쪽의 문화를 칭하였다. 20세기에 들어와서는 이노우에 데쓰지로井上哲次郎, 도쿠토미 소호德富蘇峰, 시라토리 구라키치白鳥庫吉 등에 의해 동양의 문화와 평화와 연관된 특징을 포괄하는 반서양적 개념으로 사용되었다.[42] 이렇게 '동양'이라는 개념을 창안한 일본은 도쿠가와德川 막

42 스테판 다나카, 2004, 〈근대일본과 '동양'의 창안〉, 정문길 외, 《동아시아, 문제와 시각》,

부 말기의 변화들 즉, 중화체제의 몰락과 서세동점에 대해서 독자적인 이념체계로 사고할 수 있는 언어를 획득할 수 있었으며 자율적으로 사고하고 행동할 수 있는 질서와 능력을 확립할 수 있었다. 이 시기에 일본은 동양이라는 개념에서 자신의 근대적 정체성과 외부세계와의 관계를 설정하면서 '동양사'라는 학문 분야를 생성시킨다. 즉, 도쿄대학출판회東京大學出版會에서 나온《도쿄대학 백년사東京大學 百年史》1권(1986)에는 "동양사가 일본의 역사관을 수립했으며 도쿄대학 문학부 역사학과가 사실상 이에 결정적인 역할을 했다"[43]라고 호언하면서 일본이 '동양'이라는 개념에 부과한 자부심을 표현하고 있다.

일본은 중화체제의 주변이었기 때문에 중화주의 인식론의 극복과 탈피를 위해서 '동양'이라는 개념을 창안하는 게 필요했다. 그 후 동양이라는 개념은 그보다 우월한 서구의 창안인 '아시아'라는 개념에 의해 압도당한다. 곧 비서구를 가리키는 '동양'은 동도서기東道西器 같은 문화와 사상적 개념으로, '아시아'는 정치적으로 사용된다. 일본은 아시아에서 몰락하는 중심인 중화를 대체하는 중심이 되기 위해 중국과 주변 아시아 국가들을 부정하는 작업이 필요했다. 두 가지 입장, 즉 '탈아입구脫亞入歐'를 통해 서구라는 중심의 일원으로서 아시아를 초월하면서 아시아를 지배하려는 사고와, 일본 중심으로 새로운 '아시아일체'를 이루려는 아시아연대론이 생성된다. 그러나 현실적으로는 양대 사고가 '탈아와 흥아의 이중변주'로 변환하면서 아시아를 침략한 대동아공영권이념으로 개화하고 말았는데, 다케우치 요시미는 이러한 결말에 대해서 아시아사고가 '사상'의 차원으로 발전하지 못하고 '심정'의 차원으로 흐른 결과라고 비판하였다.[44]

170-175, 193면.

43 위의 책, 186-187면.

44 고성빈, 〈일본의 동아시아사고—脫亞와 興亞의 이중변주〉,《아세아연구》, 제53권 4호, 2010년, 221-261면; 고성빈, 〈다케우치 요시미(竹內好)의 동아시아론—역사의 구조와 현상

야마무로 신이치는 '아시아'라는 지역 개념에 대해서 서구인들은 역사와 문명은 진보하는 것이 정상이고 우월하다는 생각을 가지고 있는데 스스로의 그것을 진보적이라고 보면서 이에 대칭되는 세계를 아시아라고 부르게 되었다고 설파한다. 따라서 아시아라는 말은 원래 유럽에서 들어온 것이며 그들은 '동양적 전제주의', '아시아적 공동체', '아시아적 정체' 같은 관념을 만들어 내면서 아시아나 동양은 역사 발전의 정체이자 미개사회로 여겼다.[45] 즉, 지역으로서의 아시아는 우월한 유럽인들의 후진적인 타자로서 창출된 개념이라는 것이다. 이러한 야마무로의 논의에서도 유럽인의 시각에서 창출된 아시아라는 이해와 관련해서 한중 지식인들의 견해와 다를 바 없다. 그러나 이후 일본의 견해가 한국, 중국과 달라지는 과정에 대해서도 밝히고 있다. 그는 '주어진' 아시아와 '만들어진' 아시아를 구분하면서 주어진 아시아는 유럽인이 창출한 아시아이며, 일본은 이것을 자각하면서 스스로 만들려고 고투하였다고 논한다.[46] 그에 따르면 일본은 근대화 과정에서 주변의 아시아국들에 대해선 경쟁 및 적대관계였는데 반해 서구에 대해서는 일체화를 추구해야 할 지역으로서 이중적인 시각을 가지게 되었다. 즉, '아시아와 일본'으로 대자화되고, '아시아 속의 일본'으로 즉자화된 이중의 시각이 형성되었다는 것이다.[47] 야마무로의 논의에서도 알 수 있는바, 이러한 아시아에 대한 일본의 이중적 인식에서 출발하여 후쿠자와 유키치福澤諭吉의 '탈아론脱亞論'과 오카쿠라 덴신岡倉天心의 '아시아일체론'이 탄생하였다.[48] 그리고 이후에 이러한 양자의 아시

의 분리기획〉,《아세아연구》, 제55권 1호, 2012년, 193-230면.

45 야마무로 신이찌, 2003, 임성모 역,《여럿이며 하나인 아시아》, 창비, 35-36면.

46 山室信一, 2001,《思想課題としてのアジア》, 岩波書店, pp. 1-7.

47 야마무로 신이찌,《여럿이며 하나인 아시아》, 45면.

48 福澤諭吉, 〈脱亜論〉,《福澤諭吉全集》第10巻, 岩波書店, 昭和35年(1960年), pp. 238-240(원래《時事新報》, 1885年3月16日에 나옴); 岡倉天心, 〈東洋の理想〉,《東洋の理想-他》, 平汎社, 1983年, pp. 3-144; Kakuzo Okakura, 1903, *The Ideals of the East with special reference to*

아 조망은 점차로 일본 동아시아사고의 '탈아脫亞와 흥아興亞의 이중변주'를 형성하는 계기를 제공하였다.

상기의 한·중·일 지식인들의 논의를 종합해 보면 이들은 자국의 역사적 경험에서의 (동)아시아를 조망하고 있다고 볼 수 있다. '중국은 곧 아시아'라는 중화체제에서의 아시아 개념, 중화체제를 탈피하여 자신의 개념을 세우려는 일본의 '동양' 개념의 창출, 중화체제를 극복하지 못한 상태에서 식민화되면서 미처 독자적인 동아시아 개념을 생성시키지 못한 한국의 경험이 그것이다. 이렇게 동아시아의 조망과 개념에 대한 3국에서의 미묘한 차이가 21세기에 이르러서도 그들의 동아시아 담론의 특성에서 잘 드러나고 있다.

결론적으로 동아시아 담론에서의 동아시아 개념은 동아시아가 하나의 지역으로서 한·중·일 그리고 동남아가 포함되는 새롭게 생성되고 있는 '지적인 상상의 공동체'라는 의미가 강하다. 이것은 '지적인 상상'에서 출발하여 '구체적인 동아시아'를 창출하자는 '목적론적인 함의'를 띠고 있다. 딜릭Arif Dirlik이 '프로젝트로서의 동아시아'로 정의 내리자, 백영서는 '지적인 실천으로서의 동아시아'를 제창한다.[49] 또한 일본의 진보적 지식인인 고야스 노부쿠니子安宣邦는 동아시아를 내부의 문제와 외부인 서구를 대면하는 일종의 '방법'으로 삼자고 한다. 즉, 동아시아를 방법으로 삼음으로써 '자국 자민족 중심주의'를 '상대화하기 위한 수단이고 동아시아를 국가 간 관계로서 실체화하지 않고 생활세계의 상호적 교류를 가능하게 하는 관계 틀로서의 지역 개념'이 될 수 있다고 제안한다.[50] 이러한 개

the art of Japan (London: John Murray).

49 Young-seo Baik, "Conceptualizing 'Asia' in modern Chinese mind: a Korean perspective," *Inter-Asia Cultural Studies* 3(2) (2002), pp. 283-284; Arif Dirlik, "Culture Against History," *Development and Society* 28(2) (December 1999), pp. 186-188.

50 子安宣邦, 2003, 《アジアはどう語られてきたか》, 藤原書店, pp. 103-104. '방법'으로서의 동아시아를 주장한 학자와 자료는 竹内好, 1966, 〈方法としてのアジア〉, 《日本とアジア》, p.

념화의 시도에서는 동아시아를 일종의 '이념형'으로 설정하여 서구적 근대와 모방의 역사에 대한 비판과 성찰의 '방법론'으로 삼자는 의도를 읽을 수 있다. 이러한 이념형으로서의 동아시아라는 개념은 동아시아가 고정된 '실체'가 아닌 일종의 끝없이 만들어지고 진화하고 있는 유동성의 개념임을 나타내 준다.

앞에서 논한 바대로, 오늘날 동아시아의 지식인들은 '동아시아는 무엇인가'라는 개념 규정에 대한 문의에서 논의를 시작한다. 즉, 동아시아는 하나의 실체가 아니며(쑨거), 혼동과 다양성을 표방하며(야마무로 신이치), 일종의 서구를 상대화하는 방법(천광싱), 서구를 되감아 새롭게 하는 방법(다케우치 요시미), 지적인 프로젝트로서의 동아시아(백영서) 등등, 이들의 개념들에는 동아시아를 하나의 실체적인 것을 넘어선 일종의 유동적 흐름, 즉 지향으로 규정하려는 경향이 있는 것을 감지할 수 있다. 동아시아의 비판적 지성들은 거의 공통적으로 아시아 혹은 동아시아를 하나의 기표로 규정하는 게 부질없는 이유로서 동질적이지 않은 다양성의 문화와 경제적인 삶의 수준이 평등하지 않다는 것을 지각하고 있다. 여기에는 상대적으로 균질적인 서구와 그렇지 않은 아시아라는 차별적인 유비감각이 개입되어 있다. 따라서 동아시아를 정의 내리는 것은 마치 '진리가 무엇인가'를 찾는 것처럼 무의미한 일인 것처럼 보인다. 동아시아라는 현재의 개념은 의식의 흐름에서 나타났다가 다른 상황이 도래하면 사라질 수도 있는 것이기 때문이다. 그 예로 서세동점의 시대에 동아시아연대, 대동아공영권, 동아합방론, 탈아론, 동양주의, 범아세아주의, 아세아일체론, 냉전시대의 중간지대론, 제3세계론, 동아시아국제주의, 제3세계 비동맹주의 등등의 개념들이 당시의 맥락에서 나름의 의미를 가졌던 것처럼, 오늘날의 동아시아 담론에서의 동아시아도 과거와는 다른 흐름에서 다른 의미

420; 천광싱(陳光興), 2003, 《제국의 눈》, 창비, 286-287면.

와 지향을 가지고 있다.

따라서 많은 비판적 지식인들이 동아시아를 정의 내리는 작업의 어려움을 호소한다. 그런 연고로 동아시아의 개념을 진리처럼 추구하기보다는, 차라리 무엇이 진리가 아니라고 비판하는 게 유의미하지 않을까. 또한 니체의 논리처럼 동아시아(진리)가 무엇인지를 묻는 공허한 질문보다도, 누가 무슨 동기로 자신들이 주장하는 동아시아의 의미가 진리라고 고집하고 있는가를 탐구하는 게 더욱 유의미할지도 모른다. 이러한 사유의 끝에 도달하는 것은 우리가 동아시아를 무엇으로 규정하는 데 너무 사로잡히지 말아야 한다는 것이다. 특히 최악의 것은 서구의 타자로 규정하면서 근대적 사고에 스스로를 가두어 놓는 일이다. 예를 들어 서세동점의 시대 서구와 일본의 독단적인 동아시아 개념—이데올로기에 가까운—이 그것이다. 21세기 동아시아는 따라서 실체가 아닌 유동적인 흐름이며 무형적 주체의 개념으로 볼 필요가 있다. 그래서 유동적인 흐름으로서의 동아시아인식이 지향하는 비전과 문제점을 성찰적으로 바라보는 (동)아시아 담론이 전개되어 나왔다. 그렇다면 위에서 언급한 것처럼 동아시아와 서구 모두를 상대화하기 위한 '비판이론'으로서 동아시아 담론을 발전시킬 수 있지 않을까. 따라서 우리는 동아시아의 개념을 규정하는 데 집착하기보다 공정한 합의를 거쳐서 동의에 이른 동아시아의 인문학적 비전vision을 과거와 현재의 동아시아에 대한 비판의 준거로 삼을 수 있는지를 토론하는 게 더 현명하다고 인정할 수 있지 않을까.

3. 시민-지식인의 협력적 관계망과 공론장

동아시아 담론은 근대의 대국주의와 국가주의에 대한 불신을 나타내면서

21세기에는 '시민-지식인 관계망network'으로서의 협력적 지역연대를 주창한다. 이것은 사실 상당히 모호한 개념이다. 이 문제를 토론하기 위하여 우리는 하버마스의 비판이론에서의 개념—공론장public sphere, 의사소통행위론—을 접목하여 보완을 할 수 있을지 시도해 본다.[51] 이것은 유럽의 상황에서 나온 것이긴 하지만, 전 지구화 시대 국민국가주의가 상대화되는 상황에서 시민-지식인 관계망에서의 비판적 의사소통이 지역체계의 행위에 영향을 줄 수 있다는 동아시아 담론의 논리를 이론화하는 데 도움을 줄 수 있을지 검토해 보는 작업이다.

첫째, 우선 동아시아 담론에서 '지역연대'라는 지적인 상상의 개념은 실체로서의 '공동체'라는 기구와 지역의 '협력적 관계망cooperative network' 이라는 개념 사이에서 모호하다는 느낌을 준다. 아직까지도 지역연대의 형태에 대해서 담론은 그다지 상세하고 분명하게 정의 내리지 않고 있어서 혼란스럽다. 일종의 유럽 연맹같은 지역의 통합기구를 의미하는 것일 수도 있다. 그러나 유럽은 두 번의 대전을 경험하면서 독일의 반성을 기초로 탈대국주의와 탈국민국가주의에 대한 공감대가 형성되어 있으며, 정치경제적인 힘의 격차를 상대화시키는 동질의 지적, 문화적 수준을 공유하고 있다. 이에 비하면 동아시아는 아직도 국가주의가 강하고 지역국가간의 정치경제적, 문화적 역량이 불균등하다. 따라서 유럽연맹 같은 실체적인 공동체가 구축되려면 더 많은 시간이 필요하다는 사실을 무시할 수 없다. 그래서 '실체적인 공동체'로 가기 전에 '인식의 공동체'를 먼저 구축하자는 주장이 나왔다.[52] 이렇게 실체적인 것으로 가기 전에 인식이 먼저

---

51 이 부분은 다음의 저작을 독해한 것을 근거로 논의를 진행한다. 위르겐 하버마스, 2009, 한승완 역, 《공론장의 구조변동—부르주아사회의 한 범주에 관한 연구》, 나남; 위르겐 하버마스, 2007, 장춘익 역, 《의사소통 행위이론—행위합리성과 사회합리화》 1권, 나남출판; 위르겐 하버마스, 2007, 장춘익 역, 《의사소통 행위이론—기능주의적 이성 비판을 위하여》 2권, 나남출판.

52 백영서, 2008, 〈평화에 대한 상상력의 조건과 한계〉, 최원식 외, 《제국의 교차로에서 탈제

갖추어져야 한다는 현실인식에서, 또한 담론이 분명하게 탈대국주의·탈국민국가주의를 주창하고 있는 것을 고려하면, 21세기 협력적 지역연대는 실체로서의 공동체가 아니라 '협력적 관계망'으로 이해할 수 있다. 즉, 담론은 지구화의 부정적 측면을 비판하면서도 지구화의 산물인 초국적 관계망network을 적극적으로 활용하려는 의도를 가지고 있는 것으로 해석할 수 있다. 만일에 지식인들이 탈대국주의·탈국민국가주의를 주장하면서 국가라는 단위가 구성원이 되는 동아시아공동체를 주창한다면 이것은 논리적 모순이 될 것이다. 국가의 집합체로서의 실체적인 공동체는 유동하는 의식공간으로서의 동아시아 개념과도 모순되는 것이다.

'동아시아인식의 공동체'를 구축하자는 주장이 '시민-지식인의 협력적 관계망'과 밀접하다고 여길 수 있는 것은 다음에 근거한다. 즉, 프레이저는 관계망에 대해 일종의 사회조직 형태와 의사소통의 하부구조 모두를 지칭하는 것으로 본다. 그것은 규칙에 의해 지배되는 조직을 유연성, 확장가능성, 탈중심성, 공간적 분산성과 연결시키는 능력으로 운영된다. 따라서 지구화 시대의 관계망은 초국가, 탈중심, 공간적으로 분산된 것이며 탈국가적이고 무지도자적 통치 상태를 나타낸다. 흥미롭게 프레이저는 이러한 관계망의 개념을 들뢰즈의 '유동성의 철학'에서의 새로운 통치성의 수단으로 해석한다.[53] 이러한 해석은 '초국적 공론장'에서의 정의론을 전개하면서 정의 그 자체보다도 그것을 구하기 위한 합의 과정의 공정성을 중시하는 그녀의 논지를 고려하면 자연스러운 것이다. 이것을 유추하면 동아시아의 문제들에 대한 해결을 위한 기준 혹은 원리를 구하는 일

국을 꿈꾸다》, 233면.

53 Nancy Fraser, 2008, *Scales of Justice: Reimagining Political Science in a Globalizing World* (Cambridge: Polity Press), pp. 128-129; 낸시 프레이저, 2010, 김원식 역, 《지구화시대의 정의》, 그린비, pp. 216-217. 지구화 시대의 '관계망'은 푸코의 훈육적 기제라기보다는 들뢰즈의 리좀적(rhizomatic)인 것으로서 '포스트 포드적 통치성'(post-fordist govermentality)의 새로운 수단으로 등장하고 있다고 논한다.

은 공정한 과정을 통해 일종의 합의된 정의를 도출하는 작업인 것이다.

따라서 이러한 관계망의 시각에서 보면, 현재 진행 중인 국가 주도의 동아시아공동체는 논란이 있을 수 있는 구상이다. 담론을 주창하는 지식인들은 현재 진행 중인 동아시아공동체 논의에 대해 마치 국가가 그들의 논지를 받아들이기나 하는 것처럼 긍정적으로 여기는 것 같다. 그러나 현재 아세안+3(혹은 아세안+6)가 논의를 진행 중인 동아시아공동체구상은 철저히 국가가 주도하고 있으며 여기에 시민-지식인 관계망에서의 의견이 끼어들 여지도 없고, 참여하는 각국 대표들이 시민-지식인의 목소리를 고려하는 것 같지도 않다. 시민-지식인의 소리가 권력체계에 고려가 되었을 지라도 어떻게 그것을 파악할 수 있을지 너무나 추상적이다. 담론의 지향에 의하면 사실 국가 주도의 동아시아공동체는 저항의 대상이다. 즉, 담론이 지향하는 이상을 본질적으로 들여다보면 그것은 국민국가를 통하여 무엇을 구성하려는 것보다 지역의 문제를 접근하는 데 국민국가가 주도하려는 국가주의적 경향에 대해 시민-지식인의 협력적 관계망을 통한 비판작업을 수행하는 것이다.

둘째, 탈국민국가주의적 지향에서 시민-지식인 관계망을 형성하여 대국과 국가주의를 비판하고 견제하는 것은 이미 지구화 시대의 특징이다. 특히 주목이 되는 것은 국가가 아닌 시민-지식인의 관계망 형성은 지구화와 신자유주의가 서구의 주도로 이루어지는 것에 대한 동아시아의 대안을 모색하는 출발점이라는 것이다. 즉, 탈냉전과 함께 90년대 중반 이후 동아시아를 강타한 금융위기는 동아시아 국가들로 하여금 미국 주도의 금융자유화를 수용하게 하였으며, 지구화·신자유주의는 미국의 패권이 동아시아 국가들에게 강요하고 지도하고 있는 측면이 있다. 따라서 동아시아에서의 지구화·신자유주의는 민간부분이 아닌 국가가 주도하면서 확산되고 있으며, 전반적인 사회변화도 국가가 의도하는 방향으로 움직이는 경향이 강하다. 자연적으로 비판적 시민-지식인 집단은 이와 같이 대국과 국가가 주도하는 지구화에 대한 저항을 수행하면서 미국이 주창하는 신자유주의적 변화에 대한 대안을 추구하는 주요한 동력으로 등장하게 된 것이다.

셋째, 아직도 영토국가주권의식이 유효하긴 하지만, 지식과 문화, 환경, 인권, 반전평화운동, 핵 비확산 등의 국제적 사안에 대한 시민-지식인운동의 차원에서는 탈국경적인 토론과 운동이 가능할 정도로 영토국가주권은 절대적 위치에서 상대화의 길을 가고 있다. 그렇다면 시민-지식인 관계망을 동아시아에 구축한다는 것은 국경을 초월하여 공통적인 관심사로 떠오른 문제에 대한 비판적인 '의사소통행위'를 수행할 수 있는 '초국적 지역공론장'을 형성한다는 의미이다. 동아시아 담론이 지역공론장을 구축한다는 것은 공론을 정치화할 수 있는 장으로 가져간다는 의미이다. 그렇다면 우선 시민-지식인의 관계망을 구축하고 의사소통을 할 수 있는 초국적 매개를 확보하여야 한다. 이것은 동아시아 담론의 지식인들 간의 교류의 매개가 되고 있는 저널들이 그 역할을 할 수 있다. 대표적으로 한국의《창작과 비평》, 중국의《독서讀書》, 일본의《세계世界》, 대만의《대만사회계간臺灣社會季刊》등이 범주에 들어간다. 물론 이외에도 더 많은 매개들을 통해서 공론의 장을 마련하는 것은 그다지 어렵지 않은 듯이 보인다. 그리고 진보적인 시민과 지식인 단체들, 예를 들면, 일본의 평화헌법을 수호하려는 '9조회', 한·중·일이 주도하는 동아시아 공동역사교과서 편찬위원회, 환경단체, 인권단체 등이 지역의 문제를 제기하고 국가를 향해 요구하거나 하는 것은 언제나 가능하다.

넷째, 그러나 가장 중요한 것은 이렇게 협력적 관계망 구축의 형식적인 문제가 아니라, 내용적인 문제이다. 이것에 대해서는 오늘날의 동아시아 담론에서도 토론이 부실한 것 같다. 우선 어떤 의제를 지역적 차원에서 '초국적 지역공론'으로 채택할 것인가이다. 이에 대해서는 그다지 가치와 해석이 충돌할 가능성이 적은 환경이나 경제 등의 문제를 제외하고 지역의 소수자 문제를 포함한 민감한 문제에 대해서는 이견이 없을 수 있을까 하는 의문이 든다. 즉, 중국을 떠도는 탈북자, 대만 독립, 티베트 갈등, 오키나와의 자치 혹은 독립, 한·중·일 공동역사교과서 채택 문제 등은 국가, 지식인, 시민단체마다 가치가 충돌하고 있어서 초국적 공론장으로 가져가서 공론화할 것인가의 여부에 대해서마저 갈등을 일으키고 있다. 예를 들어 한국의 담론에서는 북한, 대만, 오키나와 문제 등이 주변부이자 소수자의 권리문제로 접근이 되고 있다. 대표적으로 유장근은 국가 내부의 또한 동아시아 지역의 소수자를 무시하는 동아시아 담론의 국가주의적 접근방식을 문제 삼는다.[54] 중국과 일본에서는 중심부의 시각에서 해석이 되고 있는데 왕후이는 최근에 나온 책에서 티베트와 오키나와 문제를 논하면서 오리엔탈리즘의 시각에서 아시아를 바라보는 서구가 문제를 야기하고 선동한다고 비판하고 있다.[55] 따라서 지역의 어떤 문제를 초국적 공론장에서 공론화할 것인가를 결정하는 것은 동아시아 담론이 논의해야 할 과제이다.

다섯째, 동아시아의 소수자 문제를 공론화했다면, 당사자들의 대표가 공론장에 참여할 수 있는가도 문제이다. 동아시아의 소수자인 대만, 티베트, 북한의 시민-지식인들이 의사소통을 할 수 있는 기회가 주어져서 초국적 공론장에 당사자로 참여할 수 있는가를 타진하여야 한다. 즉, 이들을 대표하는 시민-지식인들이 공론장에 참여할 수 있어야 한다. 리오타르의 탈근대성에 의하면 사회가 공정해진다는 것은 다른 이들로 하여금 "공정

54 유장근, 2004, 〈동아시아 근대사와 중국의 위상〉, 정문길 외, 《주변에서 본 동아시아》, 61-62면.

55 왕후이, 2011, 《아시아는 세계다》, 글항아리, 145-345면; 汪暉, 2010, 《亞洲視野—中國歷史的敍述》, 牛津大學出版社, pp. 89-235.

함에 대한 게임에 참여할 수 있도록 그들의 차이를 조정하고 그들 자신의 의견을 말할 수 있도록 허용하는 것"[56]이다.

여섯째, 이렇게 동아시아 담론이 지역에서 합리적으로 의사소통행위를 수행하기 위한 초국적 공론장을 구축하고 당사자들의 참여가 이루어진다면, 다음의 주제는 지역에서 공론장을 구성하여 얻으려는 정의는 무엇이며 어떻게 얻을 수 있는가이다. 즉, 이것은 다행히 소수자 문제를 포함한 특정의 문제를 공론화하여 공론장으로 가져갔을 때, 그 공론에 대해 어떤 입장을 취할 것인가에 대한 합의를 구할 수 있는가 하는 것과 연관된 문제이다. 동아시아 담론은 형식과 내용적인 측면에서 국가경계의 틀을 넘어서는 초국적인 담론이다. 따라서 문제를 바라보는 시각은 자연적으로 국가주의와 민족주의적 시각을 넘어서는 태도를 견지한다. 그렇다면 문제를 바라보는 주체는, 첫째, 보편적 '세계시민주의' 입장을 택할 수 있다. 이러한 관점에서는 모든 개인이 평등한 권리를 가진다. 둘째, 동아시아 국제주의적 입장이다. 여기에는 영토적인 경계를 가진 국가들 사이에서의 합의를 존중한다. 셋째, 동아시아 지역 내부에서의 초국주의적인 비판적 시민-지식인의 입장이다. 이것은 지역적 관계망을 가진 시민-지식인 단체가 집단의 합의로써 내세우는 견해를 따른다는 것이다. 예를 들어 동아시아를 관계망으로 가진 환경단체나 인권단체, 일본 평화헌법수호를 위한 '9조회' 등이 여기에 해당할 수 있다. 또한 상기의 입장들을 제외한 다른 입장도 있을 수 있다. 이렇게 열거한 바와 같이 지역의 공론을 대하는 주체가 상기의 입장에서 어느 쪽을 택하느냐에 따라서 그 결론은 달라질 수 있다는 것은 자명하다. 예를 들어 북한 핵 문제에 대해서 상기의 입장을 선택할 수도 있지만, 또한 반전평화주의적 입장에서 접근할 수도 있고, 진

56 사이먼 말파스, 2008, 윤동구 역, 《장 프랑수와 리오타르—포스트모더니즘을 구하라》, 앨피, 99면.

보좌파적 혹은 보수우파적인 입장에서 접근할 수도 있다. 이렇게 동아시아 담론은 다루려는 공론의 성격에 따라 선택하는 입장을 고정시킬 것인지, 혹은 유동적으로 선택할 것인지를 토론을 통하여 규정할 필요가 있다. 이 책에서는 '세계시민주의적 시각'을 비판의 원칙으로 내세우며 그 이론적 배경에 대해서는 마지막 장에서 자세히 논한다.

다음으로 동아시아 담론은 공론의 '정당성'과 정치적 '유효성' 문제를 사고하여야 한다. 프레이저는 초국적 공론장에서 공론이 비판적인 기능을 유지하려면 현재 제기되는 공론이 지역적 차원에서 공정하게 형성된 '정당한' 공론이어야 한다고 본다. 그 다음에 특정의 정당한 공론은 어떤 과정을 통해서 지역국가체계의 행위에 의해서 실천할 수 있는 정치적, 관료적 '유효성'으로 전환될 수 있는가를 따져야 한다. 여기서 문제 되는 것은 하버마스의 '의사소통행위'와 '공론장' 이론은 국가주의적 경계를 인식의 범주로 하고 있다는 점이다.[57] 그렇다면 어떻게 동아시아 지역이라는 초국가적 공론장에서 공론이 정치적 유효성을 가질 수 있을 것인가를 사고하는 작업이 필요하다. 즉, 지구화가 초래한 초국가적 시대에, 어떻게 지역의 시민-지식인의 협력적 관계망에서 이루어지는 '의사소통행위'가 지역국가 등의 입법적, 행정적 권력체계로 효과적으로 '번역'될 수 있을 것인가 하는 문제가 동아시아 담론을 실천하는 중대한 주제로 등장한다.

이러한 문제제기에 동아시아 담론이 고민해야 할 것은 많다. 우선 국내의 지식인과 시민사회에서 의사소통행위가 체계에 영향을 주는 것을 방

---

57 Nancy Fraser, *Scales of Justice: Reimagining Political Science in a Globalizing World*, pp. 78-85. 하버마스는 공론의 정치적 '유효성'에 대해서 법이 의사소통권력을 행정권력으로 번역하는 적당한 수단이라는 이론을 제시한다(2007, 한상진·박영도 역, 《사실성과 타당성—담론적 법이론과 민주적 법치국가 이론》, 나남). 그러나 프레이저는 하버마스의 공론장이론이 베스트팔렌적(영토적 국가주권) 상황에서의 논리라고 규정하면서, 지구화 시대에 초국적(post-Westphalian) 상황에서의 정의의 틀을 구상하려고 시도한다. 따라서 초국적 공론의 유효성에 대해서 하버마스의 이론을 참고하면서 하버마스를 비판하고 있다.

해하는 장애물이 무엇인가를 살핀다. 예를 들어 특수한 정치문화, 비판의 자유가 어느 정도 보장되고 있는가, 사회적 계급과 계층 간의 갈등의 정도, 시장은 공정한가, 허위의식의 지배이데올로기의 영향력 등이다. 그리고 이러한 국내적 요인을 국외로 외연시켜 동아시아 공론장에서의 의사소통행위가 지역체계에 영향을 발휘하는 것을 방해하는 요인도 고려하여야 한다. 예를 들면 문화적 차이, 대국주의, 국가주의, 중심부와 주변부 간의 위계주의, 경제력과 군사력의 불균형 등과 같은 요인들이 어떤 영향을 주고 있는가이다.

이론은 현실의 복잡함을 전부 포착하여 하나하나 해결책을 제시하진 못한다. 동아시아 담론을 이론화하는 데 많은 문제점들의 존재를 종합적으로 고려하면, 아직까지는 동아시아 담론이 어떤 실체적인 것을 구성하려는 이론으로서의 가능성보다도 일종의 '비판이론'으로서의 잠재력이 더 큰 것 같다. 그러므로 현실에서 불가능할 것 같은 어떤 것을 상상하고 그것을 이념형으로 삼아서 현재 안 되고 있는 것을 '비판하는 이론'으로 삼는 게 더 바람직하지 않을까. 그리고 비판적 사유에 내재한 방향성이 종국에 가서는 그것을 실천하는 구체적인 힘을 생산하기를 희망할 수 있지 않을까.

4. 주변부와 중심부 시각의 차이

동아시아 담론에서 보편적인 사조를 발견하여 이론화하려는 우리의 노력은 하나의 큰 장애를 피해 가지 못하는데, 그것은 중심부와 주변부에서 시각이 다르다는 측면이다. 동아시아라는 공통적인 출생배경에서 나온 담론을 세밀히 살펴보면, 지식계에서든 국가적 차원에서든 지역의 중심부와 주변부에서 공통적인 지향을 이루는 게 있지만, 그 구체적인 내용에는 차이도 존재한다. 이러한 분화는 서세동점의 시대를 거치면서 형성되어 21세기 담론에서도 나타나고 있다. 서세동점의 시대에 중심부(중국과 일본)와 주변부(한국과 아세안)가 동아시아를 인식하는 경향과 변화에 대처하는 방식은 서로 달랐다. 그 이후로도 동아시아사고는 차이점을 내면화하면서 전개되었으며, 그 결과 오늘날 동아시아 담론도 중심부와 주변부에서 다른 성향이 나타나고 있다. 동아시아라는 공통의 구조에서 유래하는 측면과 각국의 역사적 경험과 현재의 상황에서 오는 차별적인 측면이 동시에 존재한다는 것이다. 물론 동아시아사고가 중심부, 주변부로 나누어진 국가 단위로 분명히 구분되어 나타나고 있는 것은 아니라고 본다. 지식인 개인에 따라 중심국에서도 주변부적 사고를 가지고 있을 수도 있고 주변부에서도 희소하지만 중심부에 근접한 주장을 할 수도 있다. 그러나 대체로 동아시아 담론의 생성과 전개는 그 사고의 주체가 속한 공동체의 역사적 맥락을 떠나지 못하는 게 현실이다.

21세기 동아시아 담론에서 중심과 주변부에서 공통적인 것은 탈서구, 탈냉전적 사고를 지향하면서 동아시아의 주체성을 구성하려는 측면으로, 그에 있어서는 모두 공감하고 있다. 그렇지만 구체적으로 들어가면 다음과 같은 차이점을 보여 주고 있다.

우선 주변부에서 보이고 있는 것은 이중의 저항이다. 중심부와 비교해서 주변부에서 나타나는 가장 현저한 특징은 이들에게는 서구는 물론이고 중국과 일본 모두가 저항의 대상이었다는 점이다. 자연히 동아시아를 주도해 보려는 의사는 애초부터 보이지 않는다. 이러한 특징은 주변부 사고가 위계적인 지역구도를 거부하고 관계망을 중시하는 유동성의 사고를 지향하면서 상대적으로 더욱 적극적으로 탈대국주의와 탈국가주의를 주창하는 중요한 동인으로 작용하고 있다.

서구의 근대적 사상과 과학을 앞세운 서세동점에 대면하여 저항과 모방을 추구하던 시절, 주변부인 한국의 동아시아사고는 중국의 보호와 일본의 동아연대론에 협조를 하면서 국권을 수호하려는 것이었다. 그러나 초기의 이러한 의존적 동아시아사고는 중심부의 동아시아사고가 주변부를 배제시키는 특성을 가지고 있다는 것을 자각하지 못한 결과였다. 따라서 중심부 사고에서의 서구에 대한 저항과 주변부적인 저항은 성격이 다르다. 한국 등 주변부가 주창하는 담론에서는 서구에 대한 저항과 동시에 중국과 일본의 지역패권주의에도 저항하려는 측면이 복합적으로 나타나고 있다. 즉, 한국과 대만, 베트남과 오키나와 같은 동아시아 주변부는 서구, 중국, 일본 등 중심부의 영향력이 항상 복합적으로 작용하여 왔다. 따라서 주변부의 동아시아사고는 중심부와는 달리 서구와 중국과 일본에 대한 동시적이고 중층적인 저항을 전개하는 특징을 보여 주고 있는 것이다.

둘째, 중심부에서는 주변부에서 유래하는 지적, 문화적 자산에 대한 인식이 미약하기 때문에 상대적으로 지식과 문화적 다양성에 대한 사고가 제한적이다. 이러한 언급은 중국과 일본 사회에서 문화적 다양성이 없다는 의미가 아니라, 세계적 수준에서 '중국 대 서구', '일본 대 서구'의 이원론적 사고와 또한 지역 내부에서는 '중국 대 일본'의 이원론적 구도로써 지식과 문화의 위계구조를 획정하여 인식하려는 경향이 농후하다는 의미이다. 이러한 편향적인 태도는 자연히 동아시아 중심부가 주변부의 문화와 지식에는 별로 관심이 없을 뿐만 아니라 존재의식 자체가 미약하다는 것을 나타낸다. 반면에 주변부에서 출발하는 동아시아사고에서는 중심과 주변의 문화적 자산 모두를 의식하는 다양성을 보여 주고 있다. 주변부 한국의 지식인인 조동일은 한국문학을 연구해서 얻은 성과를 출발점으로 삼아 세계문학을 이해하고 제3세계의 다른 중심들과 밀접한 유대를 가지면서 세계에는 중심이 따로 없다는 '무중심의 원리'를 입증하고자 하였다.[58] 정재서도 동아시아의 신화를 연구하면서 중국의 신화가 동아시아에 일반화된 현상을 지적하면서 중화주의에서 무중심의 다원적인 문화 상황을 복원시킨다. 서구와 구별되는 동아시아의 특색을 되찾고, 다시 동아시아 내부에서 중국에 대한 주변의 위상을 되찾는 연속적인 탈중심의 작업을 통해 동아시아학의 가능성을 탐색한다. 이는 동아시아에서의 '탈중심의 문화적 사고'를 지향하려는 시도이다.[59] 이외에도 동아시아 주변부로 분류되어 논의하게 될 대만의 지식계에서도 탈중심의 문화적 다양성을 추구한다.

셋째, 주변부의 동아시아사고에서는 탈국가주의적 지향이 더욱 적극적으로 나타나고 있다. 이는 21세기의 동아시아 담론에서 중요한 함의를 지니고 있다. 근대는 국가주의와 함께 시작되었다. 서세동점의 시대에 동아시아는 서구에 대한 저항과 모방을 동시에 지향하였다. 즉, 동아시아는 서구식의 근대적 국민국가로 발전하려는 욕망을 실현하려고 하면서도 또한 동시에 서구의 팽창적 국가주의에는 저항하려고 하였다. 미·소 대국이 주도하는 냉전시대에는 하위체계로 복무하면서 대국을 모방하여 부국강병을 이루려는 욕망을 내면화하였다. 21세기 주변부에서 전개되고 있는 동아시아 담론은 이렇게 서구 근대의 팽창적 국가주의에 저항하면서도 그것을 모방하고 추구하면서 '대국의 꿈'에 사로잡혀 왔다고 자아비판하는 것으로 논의를 전개한다.[60] 특히 이러한 성찰은 중심부보다는 주변부의 담론에서 더욱 두드러지게 나타나고 있다.

넷째, 주변부의 담론에서 중요한 것은 국가 간의 교류와 상호관계의 맥

58 조동일, 1996, 《세계문학사의 허실》, 지식산업사, 40면. 조동일은 동아시아문학사를 서술하면서 특히 중국의 위계적인 측면을 비판한다(2010, 《동아시아문명론》, 지식산업사, 51-53, 60-61면).

59 정재서, 2011, 《중국신화의 세계》, 돌베개; 정재서, 2010, 《동양적인 것의 슬픔》, 민음사.

60 白永瑞, 〈世紀之交再思東亞〉, 《讀書》, No.8, 1999年, p. 3.

락에서보다 시민, 지식인들의 상호 협력적 연대를 중심부에서보다도 상대적으로 더욱 강조한다는 것이다. 물론 중심부에서 이에 대해서 무관심한 것은 아니다. 그러나 중심부에 의해 식민화되거나 오랜 세월 동안 억압을 받았던 주변부에서 시민-지식인의 저항의 역사적 전통이 아직도 더욱 많이 남아 있는 것을 간과하지 못한다. 서세동점의 시대에 민중을 저항의 주체로 등장시킨 것은 '사회주의적 국제주의' 운동이었다. 그러나 이러한 아시아 사회주의 운동은 2차 대전으로 인해 열매를 맺지 못하였다. 전후 동아시아에서 미국의 반공패권체제가 성립되면서 좌파적 입장의 시민-지식인의 저항운동이 다시 활기를 띠게 된다. 이때부터 공산화된 중국과 베트남을 제외한 주변부에서는 복합적인 저항이 나타나게 된다. 한편으로는 미국의 지지를 배후에 업은 권위주의 독재정권에 대한 반독재민주화운동이며 동시에 대외적으로는 미국의 신식민주의적 패권주의에 대한 저항이다. 그리고 미일 반공동맹체제로 인해 청산되지 못한 동아시아의 역사 문제와 관련한 반일사조이다. 탈냉전은 이러한 동아시아 주변부의 진보좌파적 전통에서의 근대 국가주의적 폭력과 대국의 패권주의에 대한 저항정신을 동아시아 담론의 논지로 전환하여 계승하게 되는 계기를 제공하였다. 특히 이러한 비판과 저항운동의 전통으로 주변부에서는 국가주의적 폭력과 억압에 대한 저항수단으로 진보적인 시민-지식인 연대를 주장하는 경향이 상대적으로 중심부보다 강하게 나타나고 있다. 이들은 21세기 탈국민국가주의적 지역연대를 위해서는 우선 시민-지식인의 협력적 관계망의 역할이 중심부의 위계적인 동아시아사고를 견제하는 가장 중요한 매개라는 것을 자각하고 있다.

이렇게 동아시아 담론의 내용을 분석해 보면 서구에 대한 대안의 추구라는 공통적인 지향과 동시에 지역 내부에서는 중심부와 주변부의 사고가 대조를 이루는 측면이 있다는 것을 부정하기 힘들다. 중심부의 지식계에서는 주변부적인 사고, 즉 탈국가주의와 탈대국주의적인 인식이 아직 내면화된 수준까지 미치지 못하고 있다. 게다가 동아시아 지역주의를 지향하는 국가적 차원에서도 아직도 국가주의적 그림자를 벗어나는 데 한계를 보이고 있다. 실제적으로, 동아시아공동체의 회원국 문제를 놓고 중국과 일본이 충돌했던 사례를 보면 중심부에서 특히 국가 주도의 동아시아사고의 한계를 알 수 있다.

중심부인 중국과 일본은 과거 동아시아의 패권국들로서 주변부이자 피식민지인 한국과는 다른 사고를 보여 준다. 사실 동아시아 담론은 한국에서 가장 적극적으로 전개되고 있고 지적인 상상의 주제들—탈대국주의, 탈국가주의, 수평주의적 다양체, 관계망으로서의 지역연대—도 주변부 입장에서 더욱 중요한 의미를 가지는 것들이다. 한국 지식인들이 표방하는 이러한 단순한 '상상imagination'이 아닌 '지적인 통찰intellectual foresight'에 근거한 '상상vision'의 주제들에 대한 인식과 자각이 중국과 일본 지식계의 담론에서는 아직은 미약하게 나타난다. 미국이라는 거대 패권국과의 경쟁을 의식하는 중국의 경우에는 '중국 대 서구'의 이원론적 세계관에 내면화되어 사회과학적 논리가 전개되는 경향이 있으며, 지역에서는 일본과의 경쟁의식도 국가주의에 대한 문제의식에도 불구하고 현실적으로는 오히려 강화되는 요인으로 작용하는 측면이 있다. 특히 중국이 최근에 부상하면서 미국과 세계적 패권지도국 지위를 놓고 각축을 벌일 것이라는 예상이 학계를 풍미하고 있는 가운데 '중국 예외주의사고'가 증대되고 있는 것을 발견할 수 있다. 이러한 중국 예외주의는 주로 세계적인 지도패권국가의 경우에 나타나는데 미국을 그 예로 들 수 있다. 미국은 세계의 경찰국가로서 질서를 잡는 역할을 하고 있다. 따라서 국제적 분쟁에 적극적으로 개입하게 되는데, 이러한 과정에서 때로 무력 사용을 하는 것은 일종의 국제사회의 윤리적, 사법적 질서를 세우기 위한 '정당한 전쟁'[61]이라는 사고를 가지고 있다. 9·11 테러 이후에 미국은 아프가니스탄과 이라크에 유엔 안보리 결의를 무시하면서까지 군대를 파견하고 '테러와의 전쟁'을 주도하면서 이러한 예외주의를 유감없이 발휘하였다. 물론 도덕적 정당성 문제를 논외로 치고 보더라도 이러한 예외주의는 강대국 특히 세계적 패권국의 경우에 나타나는 의식이다. 문제는 오늘날 중국이 부상하면서 특히 동아시아에서 이러한 예외주의적 사고를 점차로 증대시키고 있다는 것이다. 역사적으로 중화주의적 사고는 이미 이러한 예외주의를 내재하고 있다고 할 수 있다. 특히 한국의 지식계와 동아시아 담론을 주제로 교류를 빈번히 하고 있는 왕후이, 쑨거 같은 지식인들의 논리에서도 동아시아에서의 중국예외주의적 인식을 감지할 수 있다. 한국에서 주동적으로 생성 전개되고 있는 동아시아 담론에 중국 지식인들도 일부 참여하고 있지만, 이들이 선험적으로 가지고 있는 예외주의적 사고를 어떻게 협력적 관계망을 지향하는 동아시아사고로 발전시킬 수 있을지 두고 보아야 할 과제이다.

21세기 일본 지식인들의 경우에도 대국주의와 국가주의의 문제점에 대한 문제의식은 있지만, 그것을 탈피하려는 논리들이 그다지 강하게 나타나 있지 않다. 특히 과거의 침략의 역사에 대해서는 대부분 주변부인 피침략국과 이해가 다른 부분이 많다. 우선 다케우치 요시미의 동아시아론은 역사의 구조성과 현상을 분리시켜 바라보면서 동아연대론으로 서구에 대항한다는 당시의 구조성을 강조하면서 침략이라는 구체적 현상은 어쩔 수 없는 선택이었다는 논리를 편다.[62] 전후세대인 야마무로 신이치와 요네타니 마사후미는 동아시아의 역사에서 일본과 중국, 한국이 서구의 침략

---

61 Michael Hardt and Antonio Negri, 2000, *Empire* (Cambridge, MA: Harvard University Press), pp. 12, 34-38.

62 고성빈, 〈다케우치 요시미(竹內好)의 동아시아론—역사의 구조와 현상의 분리기획〉, 193-230면.

을 대면하면서 저항과 편승을 둘러싸고 일방적이 아닌 상호 폭력과 협력을 중층적으로 교환하였다는 분리적 사고를 보여 준다. 또한 일본의 사고에서는 탈아입구脫亞入歐로 표방되는 근대우등생의식에서 서구의 침략에 맞서서 동아시아를 보호하고 지배할 수 있다는 예외주의의식도 보이고 있다.

대체로 중심부의 동아시아사고는 동아시아 주변부에서도 존재하는 사상적 자원들을 보편적인 동아시아의 자산으로 받아들이려는 노력을 경시한 채, 서구와의 관계성의 맥락에서만 동아시아를 규정하면서 자국이 동아시아의 대표라고 하는 독점적 동아시아사고에 머무는 경향이 있다. 이러한 사고는 서구가 동아시아를 자의적으로 개념 규정하면서 우월적 위치에서 동아시아를 바라보던 태도와 유사한 대국주의적인 사고에서 유래한다. 즉, 중국과 일본의 중심의식은 서구에 대한 저항이 동아시아가 생성된 주요한 동기였다고 규정함으로써 지역 내에서의 중심부에 대한 주변부의 저항을 희석시킴으로써 주변부에서도 있었던 저항의식과 근대화에 대한 각성을 경시하고 있는 것이다. 이 논리에 의하면 서구만을 상대역으로 쳐다보면서 그에 대한 저항을 목적으로 하는 중심부의 동아시아사고만 존중받을 수밖에 없으며 이렇게 주변부 동아시아를 곁눈질하는 사고로는 편향적인 동아시아사고에 머무를 수밖에 없다. 또한 이러한 경향은 동아시아 담론을 오리엔탈리즘에 대항하기 위한 옥시덴탈리즘적 사고구조 속으로 집어넣고 단순화하는 것에 불과하다. 이는 동아시아 담론이 서구적 근대와 전 지구화 발전에 대한 동아시아적 대안을 모색하면서도 '서구 대 동아시아'의 이분법적 차별 구도의 틀에 스스로 가두지 않는다는 논리에 역행하는 것이다. 즉, 이분법적인 태도는 동아시아 담론이 서구에 대항하려는 국민국가들의 단순한 집합체의 연대주의가 아니며 탈국민국가주의와 탈대국주의를 지향한다는 논리에도 역행하는 것이다.

상기의 구분을 참조하면서 다른 방향에서 양자를 평가해 보면, 오늘날 주변부와 중심부에서 동아시아를 바라보는 사고의 차이를 구별하는 특징으로 전자는 '다원론적 지역주의', 후자는 '체계론적 지역주의'로 정의할 수 있을 것이다. 주변부는 다원성, 분산성과 원심성을 강조하면서 지역사에서의 작은 서사의 움직임을 강조하는 경향이 있다. 중심부는 지역의 다원성을 인정하면서도, 그 안에서 중심적인 흐름의 존재를 강조하려는 구심적 경향이 있다. 그리고 지역사의 작은 서사보다도 거대서사의 큰 구조성의 움직임을 강조한다. 따라서 일반적으로 주변부에서는 상대적으로 통합성보다도 분산성, 무경계성, 탈중심성, 무지도자성을 주장하는 경향이 있고, 중심부는 다원성 안에서도 통합성과 동질성의 근거를 발굴하여 그것을 강조하려는 경향이 있다.

다케우치는 역사의 구조성으로 현상을 분리시켜 바라보면서 일본의 침략적 동아시아론에 대한 구실로 삼았다. 왕후이는 '트랜스시스템사회론跨體系社會論'으로 동아시아의 작은 서사를 중국 중심의 장기지속의 거대서사에 포섭한다. 양자 모두 자신의 논리를 동아시아의 보편성으로 규정하려 하면서 각자의 역사를 지역사의 다양성 내부의 한 부분으로 상대화하지 못하는 결과를 가져왔다. 자신과 자국의 위치를 초탈한 입장에서 동아시아를 바라보지 못했다는 것이다. 왕후이의 동아시아론을 독해하면서 동아시아의 역사가 과연 중국과 지역이 하나의 시스템으로 구성되는 통합의 사고에 수렴될 수 있는지를 숙고해 본다. 이러한 차이가 보여 주는 것은 중국은 주변부와의 관계성으로 구심적인 동아시아구조를 상상하고, 주변부는 중국과의 관계성에서 원심성을 강조하려는 경향이 있다는 것이다. 특히 대만과 중국의 동아시아론은 이러한 차이를 상징적으로 잘 나타내고 있다. 대만의 동아시아론을 대표하는 천광싱의 다원주의적 지역주의와 소국주의 지향은 대륙을 대표하는 왕후이의 지역체계론과 대국주의 지향과는 주변-중심의 상반된 견해를 잘 보여 준다. 이렇게 지역 내부의 지식인들 사이에서 전개되는 담론이지만 논리적으로는 '체계론적 지역주의'와 '다원론적 지역주의'와의 차이와 갈등이 예상된다. 한국의 '비판적 지역주의'로서의 동아시아 담론이 이러한 지역의 갈등을 중재하고 완화할 수 있을지를 고민할 시점이다.

결론적으로, 이렇게 우리는 동아시아 담론이 보편이론화의 길을 가는 데 장애가 되는 요인들 중에서 가장 심각한 측면을 아직은 지적하는 정도로 그칠 수밖에 없음을 고백하지 않을 수 없다. 중심부와 주변부의 차별적인 시각을 뛰어넘어 모두가 동의하는 일반적인 사조를 아직은 찾을 수 없고, 서구가 두 번에 걸친 참혹한 대전을 통해서 깨달은 탈대국주의와 탈국가주의의 교훈을 동아시아가 체감하기에는 아직은 시기상조인 것 같기도 하다. 그럼에도 불구하고 본 연구가 강조하고 싶은 것은 21세기 동아시아는 주변부의 인식과 담론에 관심을 기울일 필요가 있다는 것이다. 무엇보다 중요한 것은 주변부 지식인들이 동아시아 담론을 지적인 상상vision이자 프로젝트로 규정함으로써 미래의 발전 형태에 대한 무한한 토론과 소통을 제안하고 있는 것이다. 이러한 지적인 상상은 실천을 위해서는 문명론적인 사고와 태도의 변화를 요구하는데, 이것은 지나치게 거대하고 사변적이라서 비현실적으로 보일 수 있다. 특히 중심부 국가들과 그 내부의 진보적이지 않은 지식인들과 소통한다는 것은 대단히 어려운 과제이다. 그럼에도 불구하고 인류의 역사는 처음에 누군가의 지적인 상상에서 출발하던 프로젝트가 다음에는 누군가의 실험으로 실천의 길을 밟아 왔다는 것을 부정할 수는 없다.

5. 동아시아 담론에 대한 비판론

동아시아 담론에 대한 비판의 논리를 보면, 대체로 그 내용을 향한 것이라기보다는, 담론이 기본적으로 동아시아 지역의 정체성에서 출발하기 때문에 그 과정에서 빠질지도 모르는 민족주의와 국가주의의 함정에 대한 우려를 표명하는 경우가 많다.[63] 즉, 담론은 인문학적인 상상의 개념들을 설정하여 지향으로 삼는데, 그 매개로서 동아시아라는 구체적인 지역을 설정하다 보니 동서이원론의 경계 만들기 방식으로 접근하는 것으로 보인다. 따라서 세계체제의 소수자를 상징하는 동아시아의 복원을 구상하는 인문학적 상상인데도, 마치 서구를 상대역으로 삼는 지역주의체제를 구축하려는 이론적 프로젝트로 오해받을 소지가 충분히 있다는 사실이다.

특히 오해를 증폭시키는 이유는 동아시아공동체를 제안하고 있기 때문이다. 탈국민국가주의와 시민-지식인 관계망을 상상하는 담론이 현 단계에서 국가가 단위가 되고 논의의 주체가 될 수밖에 없는 공동체를 구성하자는 논리는 자기모순으로 들릴 수 있다. 그리고 국가가 주도하는 동아시아공동체 구축을 희망하면서도 동시에 시민-지식인 관계망 혹은 지역연대를 주창하면서 이들의 차이가 무엇인지를 제대로 제시하지 않고 있다. 따라서 이론적으로 아직 모호하다. 그런데 담론이 지향하는 바가 국가 간의 위계구조인 공동체보다는 관계망으로서 수평적인 구조를 의미한다면 동아시아공동체는 탈국민국가주의를 주창하는 동아시아 담론의 저항의 대상으로 여겨지는 게 오히려 자연스럽다 할 것이다. 그리고 현실적으로 전 지구화로 인해서 세계는 점점 관계망의 성격을 확장시키고 있다고 하더라도, 국가 특히 대국의 의도가 아직은 동아시아와 세계에 큰 영향력을 발휘하고 있다. 따라서 동아시아공동체 구축을 주창한다는 것은 국가 간

63 이러한 비판론에 대해서는 '한국의 담론' 7절에서 더욱 상세히 논할 것이다.

의 조정과 거래를 당연시하는 시각으로서 21세기에도 대국주의와 국가주의적 경쟁구도를 승인하고 있다는 비판을 초래할 수도 있다.

그러나 다른 무엇보다도 동아시아 담론에 대한 가장 신랄한 비판은 담론이 아직 지적인 운동과 이론화의 사이에 머물러 있다는 점이다. 담론의 논리들은 현실적이기보다는 지적인 차원에서 이루어지면서 이상적인 비전을 제시하는 사조이다. 그러다 보니 자연적으로 일종의 규범론normative theory에 빠지게 되면서 동어반복tautology적인 구호 같은 개념을 남발하게 되는 특성을 부정하기 힘들다. 이렇게 보면 동아시아 담론은 아직은 지역의 지식인들의 의식계몽운동에 머무르고 있다고 볼 수 있다. 의식운동의 차원을 넘어서 동아시아학으로 성숙해지려면 이론화 혹은 사상화가 이루어져야 함을 여기에서 읽을 수 있다. 학문적으로 탄탄한 서구적 근대와 발전이론에 대해서 사상과 이론이 없이 단순한 동아시아지역주의 운동으로써 대항한다는 것은 비판론이 지적하는 것같이 국가주의와 민족주의의 맹목적인 열정에 의존할 수밖에 없기 때문이다. 서구적 근대와 발전을 포용하면서 동아시아의 대안적 발전을 추구하는 이론과 사상을 갖추는 작업이 담론의 지식인들이 해야 할 작업이다.

따라서 현 단계에서 동아시아 담론이 지향하는 거대한 지적인 상상의 기획은 인류사회의 문명적 차원에서 의식의 각성과 변화와 함께 이루어질 수 있는 것으로 구체적인 결과를 단기간에 보기는 힘들 것이다. 그럼에도 불구하고 그러한 과제가 지난하기 때문에 동아시아 담론은 철저히 미래에 대한 우리의 비전vision으로서 순수하게 지적이고 문화적인 비판과 토론으로 가는 게 현실적인 권력주체와 체계에 대해서 오히려 더욱 큰 호소력을 가질 수 있다고 본다. 즉, 동아시아 담론의 비판적 의식을 미래지향의 척도로 삼아 동서이원론적 사고의 문제점, 동아시아 내부의 지배의 불공정성과 발전의 불균질성의 인과관계를 성찰하고 비판하는 이론으로 개발하는 것이다. 본서의 결론 부분인 7장에서는 이러한 제안에 대한 연장선상에서 논리를 전개할 것이다.

제3장 한국의 동아시아 담론
비판사조의 종합과 인문학적 상상

1. 문제의 제기

내면적인 근대성보다는 외향적인 근대화에 매진했던 동아시아는 많은 문제를 노정시키면서 탈냉전시대에 이르러서는 자기성찰의 움직임에 휩싸이게 되는데, 이는 21세기 한국 동아시아 담론의 생성에 중요한 추진력으로 작용하였다. 중요한 것은 한국의 담론에서는 서세동점과 식민시대 지식인들의 좌절과 투쟁, 그 과정에서 온양된 비판정신이 냉전시대와 탈냉전시대에도 지속적으로 계승되는 측면을 발견할 수 있다는 점이다. 그 결과 근대 초기에서부터 오늘날까지 지속되는 문제의식과 비판운동에서 겪었던 경험이 오늘날의 동아시아 담론을 '인문학적 상상'과 '비판사조의 종합'으로 이끌고 있는 것을 발견할 수 있다. 그리고 또 다른 중요한 지향은 서구 주도의 문화와 지식체계에 대한 대안담론을 모색하려는 시도가 내면에 잠재해 있다는 것이다. 그러나 현재까지는 이러한 지향이 '인문학적인 상상'을 넘어서 구체적으로 이론화되지는 않았다.

한국의 동아시아 담론은 다음 같은 몇 가지 정신적 자원을 배경으로 이루어졌다. 이러한 점은 지역의 다른 나라에서보다 한반도에 더 집약되어 있다. 첫째, 서세동점의 시대 식민화의 경험에서 나온 탈식민 저항의식. 둘째, 전후 미국 주도의 냉전체제에 하위주체로 복무한 데서 나온 탈미자주의 성찰의식. 셋째, 친미반공 개발독재체제에 대한 반독재-민주화운동의 비판사조. 넷째, 내전과 분단체제로서의 문제의식 등이다. 이렇게 한반도는 이 책에서 제기하는 주변부로서의 문제의식이 가장 집약된 지역이다. 이러한 지적인 환경은 동아시아 담론이 한반도에서 가장 활발하게 전개되는 원인을 제공하였다. 사실상, 중국뿐만 아니라 일본, 대만에서도 한국 지식계와의 교류를 통해서 동아시아 담론에 대한 관심이 증폭된 측면이 있다.

서세동점의 시대 한국 동아시아사고는 그 생성과 전개 모든 면에서 비주체적이고 외세의존적이었다. 그 이유는 국내의 정치지도자와 지식인들이 중화체제에 너무나 길들여져 근대적 세계체제의 도래에 대한 이해가 부족하였고, 국내의 근대적 개혁에 대해서도 각성이 결여되어 있었기 때문이다. 지배층에서 반봉건, 반전통의 문화적 우상파괴사조는 너무나 미약했고, 민중의 역량에 대한 신념도 없었으며, 반면에 수구적 이념과 세력은 너무나 그 뿌리가 깊었다.

이러한 역사에 대한 문제의식이 가장 진솔하게 표출된 사례는 문학작품이다. 1970년대 민중문학의 대표작으로 떠오른 황석영의 《장길산》(1974-83, 《한국일보》 연재)은 한국 역사에서 진보좌파적 '민중성'을 상징하는 역사소설로 평가된다. 역사에서 민중의 저항을 그린 소설의 서문에서 작가는 "엄혹한 시대 가운데서 '민중성'이란 무엇인가를 돌이켜" 보고 싶다고 밝힌다. 따라서 이 작품의 21세기적 의미는 미국식 세계화 이행기에 동아시아와 주변부 국가들이 오래전부터 그려 오던 '민중적 문명관'에 대해 숙고해 보는 계기를 주는 것이다. 그리고 저항의 상징적 인물인 장길산이 사라진 후에 역성혁명과 민중운동의 사상이 어떻게 백성들 사이에서 전수되고 기억되고 있는가를 소설은 이야기해 준다. 따라서 대중적 문학작품의 주인공 장길산을 통해서 우리 역사의 시대정신을 '민중성'이라는 주제로 바라볼 수 있다. 황석영은 이러한 민중성이라는 주제를 전 지구화 시대인 21세기에 와서도 지속적으로 탐구하고 있다. 최근 작품에서도 구한말 격동기를 배경으로 민초들의 삶을 당시의 민요, 판소리, 패관稗官소설 등을 인용해 이야기체로 엮어 내고 있다. 이를 통해 근대화 초기 외세에 의한 강제적인 개방과 식민화라는 몰락의 역사 앞에서, 중인의 서얼 출신으로 신분의 한계를 깨닫고 세상을 방랑하게 된 한 이야기꾼이 '사람이 곧 하늘'인 새로운 세상의 도래를 꿈꾸며 동학혁명에 가담하여 생을 마감하는 과정을 생생하게 담아 내고 있다.[1] 이러한 작품들의 대중적 인기의 동기에는 아직도 한국 사회에 수구적이며 엘리트주의적인 역사의식에 대한 저항이 잠재하고 있다는 것을 반증해 준다.

또한 이문열의 소설《영웅시대》(1984)에서도 민중들이 가질 수 있는 역사의식이 나타나 있다.[2] 작품의 마지막 부분 주인공 동영의 노트는 틀림없이 그 자신의 한국사, 지성사, 정치엘리트들에 대한 비판적 해석인데 이는 한국의 서민들이 가지고 있는 일반적인 역사관을 반영하고 있다. 그는 한국사에 대한 짙은 회의론자이며 신랄한 문제의식을 가지고 있다. 조선의 성리학은 유일사상이 되어 다른 사상들의 가능성과 토론 자체를 배척하였는데, 그것의 더 큰 해악은 그 유일사상마저도 하루아침에 일본의 침략으로 무너져 내린 것이다. 그래서 다시 서구에서 유일사상을 찾았는데 또 조선처럼 이 하나의 유일만 빼놓고는 다른 것을 다 부정하는 교조주의를 생산하였다. 고조선의 멸망부터 고구려 멸망, 조선 말기에도 외세에 의존

1 황석영, 2004,《장길산》, 창비; 2012,《여울물 소리》, 자음과 모음.

2 이문열을 인용하는 것은 단순히 작품을 언급하려는 것에 불과하다. 한국 사회에서 학자나 작가들이 완숙기에 접어들 무렵, 본연의 작업보다는 사회활동에 집착하면서 저작의 수준이 정체 상태에 빠져드는 경향이 많다는 것을 비판적으로 바라보고 싶다.

적인 세력들이 나라를 망하게 하고 득세하는 외세의존주의—지정학적인 위치와 역사에서 길러진 대외의존성향—는 역사에서 너무나 그 골이 깊다고 한탄한다. 홍경래의 난이나 특히 동학운동은 민중운동이나 종교적 광신이라는 불합리한 열정에서 비롯되어 민중의식의 자각의 결정이라고 보기 힘들다고도 논한다. 즉, 한국의 지식인들은 민중 지도의 경험이 없으며 민중과 유리된 지적 전통에 빠져 있다고 진단하면서 그는 한국의 지성사에서 외부의존성과 민중의식의 결여로 인해 세계 문화의 중심이 되어 보지 못했다고 비판한다.[3] 심각한 문제는 오늘날에도 이러한 풍조가 여전히 지속되면서 정신적 냉소주의와 지정학적 운명에 대한 비관적인 전망에 쌓여 있는 현실을 부정할 수 없다는 것이다. 비록 근래에 진보와 보수 진영에서 논란에 휩싸이는 모습을 보여 주었지만, 이문열의 문제제기는 주로 한국의 진보적 지식인들이 공유하고 있는 것이며, 이들에게 봉건성과 교조적 이성의 극복은 중차대한 문화적 사명이라고 할 수 있다.

비주체적인 역사에서 형성된 봉건적 문화심리구조는 개화기의 지배계층, 지식인들이 일본의 동아연대론에 편승하는 과정에서 십분 반영되고 있는 것을 볼 수 있다. 즉, 일본발 동아연대론에 편승하면서 국체를 보존하고 부국강병을 구상하려 했지만 정작 자신의 내부는 개혁하지 못한 상태에서 민중경시와 외세의존적 타성으로 인해 식민화를 초래하고 말았다.

일제강점기 한국에서 봉건적 엘리트주의에 반발하고 민중의식을 지녔던 지식인들은 주로 진보좌파적인 사상을 견지한 인사들이었다. 이들은 해방정국에서도 외세의존적인 경향을 탈피하고 민중이 주도하는 자주적인 국민국가를 수립하려고 노력하였다. 그러나 비판적 지식인들의 희망과는 달리 미국 주도의 냉전체제에 편승한 권위주의독재체제는 한국의 진보적인 이상을 억압하면서 미국에의 종속과 분단체제의 고착화를 가져

3 이문열, 1991, 《영웅시대》 2권, 민음사, 600-654면.

온다. 따라서 식민시대와 냉전시대를 망라하여 한국 사회에서는 비판적 지식인의 반외세적 저항과 반독재투쟁이 지속되었다. 비판적 지식인들은 지속적으로 저항과 민주화운동을 전개하였다. 이러한 상황에서는 자연히 근대성보다는 국가 주도의 강압적인 근대화의 길이 다른 모든 다원적인 발전의 경로를 압도하면서 한국 사회는 좌절과 기복의 경험을 축적하게 된다. 비판적 지식인들은 냉전체제에서의 반미자주, 반독재민주화운동의 에너지를 그대로 유지하면서 탈냉전시대를 맞이하였다. 그들은 냉전체제를 조성한 대국의 패권주의와 이를 외부적 후원자로 삼은 개발독재정권에 대해서 민주화운동을 전개하면서 배양한 저항정신을 주체적 자아에 대한 각성으로 전화시키게 된다. 자연히 이러한 저항과 비판에서 축적된 에너지의 종합은 탈냉전시대에 이르러서는 진보적인 '시민-지식인 관계망civic-intellectual network'의 지역연대로써 탈대국주의와 탈국가주의, 탈국민국가주의 그리고 서구 주도의 발전에 대한 동아시아적 대안을 모색하게 이끌었다.

게다가 한국의 담론은 근대성에 대한 자각과 함께 '탈근대적 문제의식'을 표방하고 있다. 서구와 대국주의를 극복한다면서 빠지기 쉬운 민족주의와 지식/문화의 본토주의nativism, 동서이원론적 시각을 초탈한다는 지향은 탈근대성과 일맥상통하는 것이다. 즉, 근대의 경계 만들기에서 탈경계로, 중심-주변의 이원론적 시각에서 탈중심의 동아시아를 지향하고 있는 것에서 드러난다. 이러한 무경계-탈중심의 유동하는 의식공간으로서의 동아시아 담론은 자연히 제국주의와 냉전체제에 의해서 억압, 배제, 소외, 차별의 대상이었던 동아시아의 소수자 문제—대만, 티베트, 위구르, 오키나와 등—에 접근하기 위해 대국주의와 국가주의를 탈피하여야 한다는 논리로 발전하고 있다. 이러한 지역의 유동하는 정체성의 소수자 문제에 대한 각성은 서세동점과 식민화, 냉전으로 억압받았던 주변부로서의 문제의식을 가장 많이 가지고 있는 한국의 담론에서 가장 적극적으로 드러나고 있다.

이러한 배경에서 한국의 동아시아 담론은 서세동점에서 탈냉전시기까지의 진보좌파적 비판사조의 총화로서의 특징을 보이고 있다. 진보좌파적 담론을 주도하는 '비판적 지식인'들은 주로 개발독재시대에 탈외세의존-민족자주, 반독재-민주화운동에 참여하면서 박해받았던 지식인들이다. 이들은 냉전의 종식과 함께 근대 초기에서부터 발아한 내면화된 저항의식을 근대성에 대한 각성과 탈근대적 성찰로 전화시켜 '비판적 지역주의'로 발전시키고 있다.[4] 구체적으로는 현 동아시아 체제에 대한 주변부 입장에서의 성찰과 비판, 미래에 대한 지적인 상상vision을 추구하고 이론화하려고 시도한다. 21세기 동아시아를 지적인 상상의 프로젝트로 규정하면서 아직도 지역을 주도하는 미국의 패권주의, 중국과 일본의 예외주의에 대해 시민-지식인 관계망으로서의 수평적인 지역연대를 통해 저항의 목소리를 조직화하려는 노력을 기울이고 있다. 서구가 주도하는 전 지구화/신자유주의에 대한 동아시아적 대안모색, 탈대국주의, 탈국민국가주의, 동아시아공동체구상을 제의하면서, 또한 미국과 중국, 중국과 일본, 중-일과 아세안 사이에서 중재역할을 자처하기도 한다.

한국의 담론은 전반적으로 다른 지역 국가들과 공유하는 특성도 있지만 일본과 중국의 그것과는 다른 차별적 측면도 있다. 우선 근대 초기 동아시아사고가 생성된 역사적 배경이 다르다. 제국주의의 전초가 된 일본의 동아시아사고, 중국의 '범아론Pan-Asianism'적 사유가 생성된 배경과는

4 '비판적 지역주의'는 서구적 근대화와 패권지배에 대한 비서구의 저항으로 등장한 지역주의 담론에 대한 자기성찰의 의미를 가진다. 다음을 참조. 임우경, 〈비판적 지역주의로서 한국 동아시아론의 전개〉, 《中國現代文學》 第40號, 2007년 3월, 5-7면; 한경구, 2000, 〈동아시아의 경영문화—가능성과 한계의 모색〉, 정문길 외, 《발견으로서의 동아시아》, 367-371면; Arif Dirlik, 1994, *After the Revolution: Waking to Global Capitalism* (New England: Wesleyan University Press), pp. 105-113.

다른 조건을 가지고 있다. 그리고 바라보는 대상이 다르다. 일본은 서구를 바라보면서 동아시아의 저항을 사고했고, 중국은 서구와 일본에 저항하면서 동아시아사고가 생성되었다. 양국은 지역에서의 패권적 위치를 두고 서로에 대한 경쟁의식을 가지고 있다. 따라서 중국과 일본의 그것은 동서이원론적인 사고와 (동)아시아대표의식이 짙게 배어 있다. 중국의 범아론적 사고와 일본의 탈아론Deserting-Asia Perspective적 의식에는 이러한 경향이 내면화 되어 있다. 한국의 담론에서는 서구와 더불어 같은 동아시아 중심부인 중국과 일본에 대해서도 중층적 저항을 해야 한다는 상황이 부가되어 있다. 이러한 특성은 같은 주변부인 대만의 담론에서도 마찬가지로 드러난다. 그래서 동아시아에서 대만과 한국의 예외주의적인 사고는 희박하다. 중국과 일본의 사고에서는 아직도 미국과의 관계성에서 동아시아를 바라보는 대국의식을 읽을 수 있지만, 한국의 담론에서는 이러한 의식의 극복을 논하는 게 다른 점이다.

다음에서는 시대의 흐름에 따라 세 단계로 비판사조를 나누어 전개하였다. 우선 초기에 생성된 동아연대론이 좌절을 겪으며 식민화로 귀결되는 과정과 그로 인해 생성된 진보좌파적 비판사조의 생성에 대해 서술하였다. 다음 단계는 냉전시대의 비판적 지식인들이 반외세와 반독재-민주화논리를 정리하면서 탈냉전시대 비판사조와의 연관성을 발굴하려 하였다. 마지막으로 탈냉전시대에는 이전 단계의 비판사조들이 동아시아지역주의와 접목되어 동아시아 담론으로 발전된 과정과 그 논리를 분석하였다. 이 책의 연구 목적상 앞의 단계는 단지 탈냉전시대의 동아시아 담론을 설명하기 위한 정도로만 간단히 요약하여 서술하였다.

2. 비판사조의 생성과 발전

1) 동아연대론의 좌절

조선왕조가 쇠퇴기에 접어들 무렵, 근대화에 대한 각성된 의식을 가지고 국제사회의 변화와 외세의 특성을 간파한 지식인이라면 분명 근대화개혁과 민중계몽 혹은 체제혁명을 추구하여야 했다. 그러나 근대성에 대한 자각과 외세에 대한 주체적인 저항의식을 가진 지식인들이 거의 없었으며, 자발적인 개혁을 주창하는 개명된 엘리트의 세력도 미약했다. 또한 반전통적이고 자주적인 민중혁명의 성격을 띤 동학혁명이 기득권세력과 외세의 타협으로 실패로 끝나면서, 아래로부터의 근대화혁명을 추동하는 힘도 와해되고 말았다. 이러한 주체성 부재의 상황에서 당시 지배계층의 이익을 수호하기 위해 외세의존이라도 불사하려는 봉건적 체제수호주의가 여전히 근대화사조와 민중계몽을 압도하였다. 따라서 이러한 한계가 반영된 초기의 동아시아사고는 좌절을 겪게 된다.

이 시기 한국의 동아시아사고를 형성한 배경은 서구의 침략에 대한 동양인으로서의 인종주의적 저항에 수동적으로 동참하는 것이었다. 서구에 대한 인종주의적 저항은 근대화에 앞선 일본이 주동하였는데, 한국에서는 일본 주도의 동아연대론에 기대어 구체제를 수호하고 동시에 서구의 침략에 대항하려는 의존적인 민족주의와 어설픈 동아시아사고가 형성되었다. 이렇게 의존적인 동아시아사고가 생성된 가장 근본적인 이유는 봉건적인 사고와 구체제를 초극할 능력이 없었던 양반 지배계층이 근대성의 주체적 사고보다도 근대화의 물질적인 힘을 숭배하면서 민중경시의 엘리트주의, 외세의존, 부국강병의 모방을 자원으로 삼게 된 데서 비롯된다. 따라서 한국에서는 소수의 개화주의자와 기득권 양반 관료들이 일본의 동아연대론에 자발적으로 동조하거나, 혹은 후에 있게 될 침략의도를 모르고 이용당하거나 하는 형식으로 호응하는 현상이 일어났다. 그러나 주체성의 자각이 없는 상태에서 구체제와의 타협하에 민중을 소외시킨 상태로 부국강병을 이루려고 하는 시도는 큰 곤경에 처하게 된다. 즉, 동아시아 침략을 합리화하려는 일본의 연대주의라는 가면과 침략주의의 현실 사이에서 부화뇌동하며 표류하게 된다.

동아시아의식이 처음으로 한국을 포함한 동아시아 지식인들의 사고에서 중요한 의미로 등장하게 되는 사태는 러시아의 남진에 처한 상황에서 일본을 대표로 하여 대항하자는 동아연대론이었다. 즉, 동양 3국의 지식인들이 힘을 모아서 서양에 대항해야 한다는 주장이 힘을 얻었다. 특히 다루이 도키치樽井藤吉(1850-1922)의 '대동합방론'(1893)은 근대를 인종들 간의 생존경쟁으로 규정하고 적극적으로 일본이 대등하게 조선과 합병하면서 청국과 합종하고 안남安南(베트남)을 자주독립시키며 시암Siam(타이)과 미얀마, 말레이반도를 백인의 지배에서 해방시키자는 주장으로, 최종적으로는 '아시아 황인국의 일대연방'을 만든다는 기획이었다. 또한 오카쿠라 덴신이《동양의 이상》(1903)에서 '아시아는 하나'라고 주장한 것도 당시 일본의 연대론적 사조를 잘 나타내는 것이었다.[5]

흥아회興亞會의 활동으로 시작된 일본발 아시아연대운동은 당시 한국의 상황에서는 매력적인 측면이 있었다. 이승만은 1898년경 서울에서 있었던 만민공동회에서 활동하던 시절에 '대동합방론'에 관심이 컸다고 회고하기도 하였다.[6] 이렇게 구한말 시절 한국의 적지 않은 개화지식인과 관

---

5 樽井藤吉, 1963, 〈大同合邦論〉, 竹內好 編輯 解說, 《アジア主義》, 筑摩書店, pp. 106-129; Kakuzo Okakura, 1904, *The Ideals of the East: with special reference to the art of Japan* (New York: E.P. Dutton & Co.). 다케우치 요시미는 오카쿠라의《東洋の理想》과 더불어 타루이의《大東合邦論》이 침략주의와 무관한 초기 아시아주의의 원형原型으로 보았다. 한국 근대화와 서구 침략에 대한 공동방위를 위해 양국의 합방은 탁월한 견해라고 찬양하였다. 竹內好, 1963, 〈アジア主義の展望〉, 《アジア主義》, p. 36.

6 이정식, 2005, 《이승만의 구한말 개혁운동》, 배재대학교 출판부, 80, 296면.

료들이 일본에서 유래한 동양 3국의 제휴에 흥미를 느끼고 연대에 의해서 동양평화가 가능하다고 믿었다.[7] 따라서 초기의 개화주의자, 사이비개화주의자, 정치적 기회주의자들이 흥아회의 아시아연대운동에 관심을 나타냈다. 미약한 자체의 국력으로 의존할 것이 없었던 조선 양반 관료들에게는 일종의 대안으로 보였다. 그러나 자체의 개혁이 부재한 상태에서 외세의존적인 동아연대론에 기대는 것이 얼마나 어리석은 것인가를 러일전쟁 이후 일본의 합병 기도를 보고 깨닫게 된다.

김홍집金弘集(1842-1896)은 1880년 수신사로 일본에 갔을 때, 설립된 지 5개월이 된 흥아회와 접촉하는 기회를 가졌다. 그는 고종에게 올린 보고서에서 유럽에 대항하는 동아시아삼국연합을 위한 흥아회의 노력에 대해서 긍정적으로 언급하였다.[8] 이에 대해 고종도 동의했음인지 수신사의 수행원이었던 강위姜瑋(1820-1884)로 하여금 수구적 유림의 반대에 대해 반박문마저 쓰게 하였다. 여기서 강위는 러시아의 위협을 한·중·일 삼국연합의 근거로 제시하게 된다.[9] 이 무렵 유길준俞吉濬(1856-1914)과 김윤식金允植(1835-1922)도 러시아의 남진을 저지하기 위하여 동아연대론에 관심을 표명하였다. 그러나 이들의 주요 협력대상은 일본이 아니라 중국이었다. 이렇게 1884년에서 1894년 사이에 조선에서는 온건개혁파들이 동아연대를 중국에 대한 전통적 의존관계를 유지시키는 데 이용한 측면도 있었다. 급진개화파의 지도자였던 김옥균金玉均(1851-1894)은 1882년 일본 여행에서 돌아와 고종에게 〈흥아지의견興亞之意見〉을 제출하였다고 알려져 있다.[10] 이러한 그의 사고를 '삼화주의三和主義'라고 하는데, 그 함의는 동양

7 李光麟, 1989, 《개화파와 개화사상연구》, 일조각, 138-154면; 정희석, 〈제정러시아 말기의 아시아연대론〉, 《중소연구》, 제29권 1호, 2005년, 167-203면; 현광호, 〈안중근의 동양평화론과 그 성격〉, 《아세아연구》, 제46권 3호, 2003년, 155-261면.

8 김홍집 일행이 일본에서 흥아회와 접촉하게 되는 과정에 대해서는 李光麟, 《개화파와 개화사상연구》, 140-141면.

9 주승택, 〈강위의 개화사상과 외교활동〉, 《한국문화》, 제12집, 1991년, 152-168면.

3국이 단결하여 서양의 침략에 대항하자는 내용이다. 이에 대해서는 재일사학자 강재언의 주장에 의하면 '삼화'의 함의는 일본을 중심으로 한·중·일 3국이 단결하고 문명화하여 서양의 침략에 대항하여야 한다는 후쿠자와 유키치의 견해인데, 이를 김옥균이 추종하였다는 것이다.[11] 원본이 전해지지 않아 구체적 내용은 알 길이 없으나 일본의 동아연대론은 메이지개혁 모델을 한국에 이식하고자 했던 김옥균과 개화당의 시도를 합리화시켜 준다는 측면에서 분명 흥미를 불러 일으켰을 것이다. 일본에 망명 중이던 그는 1894년 리훙장李鴻章과 만나기 위해 상해에 갔는데 연대를 위한 논의를 하기 위한 것으로 알려져 있다.[12] 물론 면담이 이루어지기 전에 살해당하고 만다.

독립협회를 조직하는 데 주동적 역할을 한 윤치호尹致昊(1865-1945)는 김옥균보다는 온건한 방식의 근대화를 옹호하고 인종주의에 입각한 동아연대를 주장한다. 그는 조선과 청의 후진성에 대해서 자기비하적인 태도를 가지고 있었으며 러시아보다는 일본을 더욱 신뢰할 수 있다고 일기에 적고 있다. 미국 유학에서 멸시를 받은 경험을 떠올리면서, 서구에서는 단지 백인만이 자유를 누리고 있다는 분노를 표명하기에 이른다. 이는 당시 서구문명에 대해서 동경과 회의를 동시에 가지게 되었다는 것을 나타내는 것이다. 이러한 모순된 감정은 근대화 우등생이던 일본에 대한 흠모로 전이되어 일본 중심의 동아연대에 대한 주장을 더욱 굳히게 하는 원인이 되었다. 그러면서도 그의 동아시아사고는 엘리트의식으로 인한 민중경시

---

10 박노자, 2007, 《우승열패의 신화》, 한겨레출판, 216면.

11 박은숙, 2011, 《김옥균 역사의 혁명가 시대의 이단아》, 너머북스, 184-186면; 조재곤, 〈한말 조선 지식인의 동아시아 삼국제휴 인식과 논리〉 〈http://www.koreanhistory.org/publish/down/37-07.hwp〉; 姜在彦, 〈甲申政變의 좌절과 金玉均〉, 《思想과 政策》, 1984년 가을호, 51면; 김현철, 〈개화기 한국인의 대외인식과 '동양평화'구상〉, 《평화연구》, 제11권 1호, 2003년 겨울, 22면; 李光麟, 《개화파와 개화사상연구》, 144-145면.

12 李光麟, 《개화파와 개화사상연구》, 144-145면.

의 정서를 내포하고 있었다.[13] 그가 국가와 개인을 분리시킨 최초의 인물이라는 평에 대해서는 의심할 여지가 있다.[14] 그는 엘리트주의자로서 조선의 문명수준과 민중의 개혁역량에 대한 각성이 부족한 상태에서 외세 의존의 근대화론자이다. 따라서 그가 인권과 자유를 사고했다면 그것은 지배계층인 엘리트의 인권과 자유이지 민중의 그것이 아니다. 이렇게 그는 인종주의적 열등감과 일본과 서구에의 흠모와 의혹의 이중적인 감정을 가지고 있던 백성을 경시하는 당시 한국 엘리트들의 전형을 대변하고 있다.

이 밖에도 독립협회 회장직(1896-1898)을 역임했던 안경수安駉壽(1853-1900)는 '동양삼국연대'를 구체화하는 데까지 나아갔다. 그는 자본가, 개혁적 고급관료의 입장에서 일본에 의존하는 동아시아사고를 조선에 적용하고자 하였다.[15] 이렇게 독립협회의 개화지식인들마저 일본의 동아연대론에 경도된 동기와 비슷하게 1890-1900년대 온건 개신유학파도 동양 3국의 유교문화적 전통을 강조하면서 백인의 위협에 저항하기 위한 공통의 개혁 필요성을 내세웠다. 이들의 주된 언론기관인《황성신문皇城新聞》은 1890년대 후반부터 인종주의를 바탕으로 백인의 침략으로부터 동양을 지키기 위해 동양 맹주인 일본이 조선과 청국을 지원하고 계도해야 한다는 제안을 하게 된다.[16] 이러한 논조는 인종적 근거를 배경으로 러일전쟁

---

13 김경일, 2011,《제국의 시대와 동아시아연대》, 창비, 75-89면.

14 우정열,〈윤치호 문명개화론의 심리(心理)와 논리(論理)—근대 자유주의 수용과 노예의 길〉,《역사와 사회》Vol. 33, 2004년 겨울, 151면; 김경일, 앞의 책, 86면.

15 安駉壽에 대해서는 宋京垣,〈韓末 安駉壽의 政治活動과 對外認識〉,《한국사상사학》, 제8집, 1997년, 201-275면. 그의 유고논문인〈日淸韓三國同盟論〉은《日本人》잡지에 7회에 걸쳐 연재되었다(安駉壽,〈日淸韓三國同盟論〉,《日本人》, 116-123호, 1900年, 6월 5일-9월 20일). 이 논문들에 대해서는 金允嬉,〈삼국공영론의 경제발전방안과 경인지역 대자본가의 경제적 지향(1894-1905년)〉,《한국근현대사연구》, 제26집, 2003년, 7-35면(특히 11-15면); 李光麟,《개화파와 개화사상연구》, 145-148면.

16 《皇城新聞》, 1899년 4월 12일, 5월 13일, 5월 24일 자 논설을 참조. 4월 12일 자 논설은 李光麟,《개화파와 개화사상연구》, 148면을 참조.

때 일본을 지지하는 것으로 연결된다. 그러나 이들은 일본을 추종하는 동아연대를 논하였으나 독립협회의 인물들처럼 주권을 포기하지는 않고 있다. 따라서 1905년 11월 17일 장지연張志淵(1864-1921)의 〈시일야방성대곡是日也放聲大哭〉이 실리게 된 것은 러일전쟁 후에 일본이 순수한 동아연대론을 배신하고 주권을 넘보게 된 데 대한 분노의 표출이었다.

이렇게 청일전쟁에서 러일전쟁에 이르기까지 조선의 개화파 지식인들 중에는 일본이 주도하는 근대화 과정에서 동아 3국 제휴를 통한 동아의 자립과 발전을 주장하는 사고와 세력이 출현하였다. 1900년대에 들어서면서 일본에서 교육을 받은 개화주의자들이 러-일의 각축과 전쟁에 이르는 과정에서 일본을 지지하는데, 그 주요 수단으로 동아연대론을 적극적으로 이용하였다. 이러한 사실을 진지하게 고려하는 일본 학계에 의하면, 이 시기에 일본이 동아연대와 근대화라는 이름으로 행사한 폭력 과정에서 한국인도 일정 부분 관여하였다는 주장이 서게 된다.[17] 당시 한국의 엘리트들 중 상당수가 흥아회가 주장하는 이론, 즉 서구를 배워서 그들을 앞지르고 동양 3국이 연합하여 서구의 침략에 맞서자는 논리를 1880년대 이래로 개혁의 모토로 삼았다는 것은 사실이다. 결국 이러한 상황에서 일본의 동아연대론을 분석적으로 접근하지 못하고, 대외의존적인 타성에 젖어 추종하면서 큰 화를 자초했다고 볼 수 있다. 그러나 이러한 조선의 무지보다도 일본이 순수한 의도에서의 동아연대를 버리고 서구 근대의 폭력적 제국주의를 모방하는 길로 들어선 것이 동아시아에서는 더 큰 불행의 원인이라고 볼 수 있다.

박노자는 당시의 한국 개화지식인들의 동아시아사고에 대해서 민족주

---

17 일본 학자 요네타니는 일본의 아시아 침략과정에 조선에서도 참여하는 인사들이 있었으며, 이로 인해 착종된 형태의 아시아주의가 전개되었다는 논리를 편다. 요네타니 마사후미, 2005, 〈포스트 동아시아, 새로운 연대의 조건〉, 우카이 사토시·천꽝싱·쑨꺼·권혁태 외, 《반일과 동아시아》, 85-86면.

의 형성과 관련하여 비판적으로 논한다. 즉, 개화사상가들의 민족주의사상은 사회적 진화론의 영향을 받은 량치차오나 일본의 선각자들에게 배우면서 생성되었으며, 이들은 서구와 일본의 근대화의 힘에 저항하면서도 모방하려는 이중심리의 지배를 받으면서 자기 문명과 사회를 비하하고 우민愚民사상과 엘리트주의를 내면화하게 되었다는 것이다.[18] 일본에서 유래한 동아연대론을 적극적으로 추종한 개화지식인들이 나오게 된 것은 이러한 배경에서이다. 물론 러일전쟁 이후에 일본이 한국을 병탐하려는 것을 목격하면서 동아연대론이 허망한 식민주의의 전주곡이었음을 알고 나서 저항으로 방향을 선회하게 된다.

당시 한국의 개화적 엘리트들마저 이렇게 할 수밖에 없었던 이유는, 확실한 국가개혁의 이론과 실천철학이 전근대적인 사고에 의해서 압도당했으며, 자신들도 동아시아를 포함한 근대적 국제정세에 대해서 분석적이지 못하였기 때문이다. 따라서 내부적인 개혁도 없이 단순하게 일본에 기댄 동아연대로써 서세동점에 대응하려는 자세로 일관하였다. 특히 반개화적인 양반 관료들은 그렇게 하는 것이 체제개혁을 하지 않고 자신들의 기득권을 유지할 수 있는 길이라고 여겼다. 이러한 심리구조를 가장 잘 대변한 것이 이 시대에 조선의 권세가였던 이용익李容翊(1854-1907)의 '개혁무용론'이다. 그는 미국, 프랑스 등 조약국들이 조선을 보호해 줄 것이기 때문에 개혁이 필요 없다고 확언하였다. 러일전쟁이 일어나기 전야에도 그는 이러한 사고를 유지하고 있었고 당시의 기득권 관료들은 대부분 이러한 사고방식을 고수하고 있었다.[19] 이렇게 조선은 의존적이고 근대 세계체제의 우승열패의 특성에 대해서 거의 이해가 부족했다. 지배계급은 오

18 박노자, 2007,《우승열패의 신화》, 한겨레출판.

19 이정식, 2003,《구한말의 개혁—독립투사 서재필》, 서울대학교 출판부, 186-187면; 이정식, 2005,《이승만의 구한말 개혁운동—급진주의에서 기독교 입국론(立國論)으로》, 배재대학교 출판부, 175-177면.

랜 세월 동안 중화체제에 길들여진 탓에 새로운 변화에 대해서 개혁적으로 적응하는 것은 기득권 상실을 초래한다는 우려를 가지고 있었다.

이러한 조선의 보수적인 상황은 개명적인 엘리트들마저도 민중의식이 결여되어 있었고 여전히 엘리트적 우월의식에 사로잡혀 있었던 특성에서 잘 드러난다. 이른바, 독립협회의 서재필, 유길준 같은 당시로서는 진보적인 개혁인사들마저 동학혁명을 비판하고 일본의 무력 진압을 고마워할 정도로 민중이 주도하는 자주적인 체제개혁에 대한 믿음과 의지가 미약했다.[20] 독립신문에 한글을 사용하면서까지 당시로서는 진보적인 태도를 견지하고 있었으나, 여전히 공화제를 주창하는 데까지는 이르지 못하였다는 것도 이를 반증한다. 따라서 군주제하에서의 엘리트 중심의 체제유지를 위한 개혁과 민중에 대한 계몽운동의 수준에 머물러 있었다고 볼 수 있다.[21] 이러한 상황에서 일본의 위압적 태도에 분개하면서도 메이지유신을 조선개혁의 모델로 삼고 인종주의에 근거한 동아연대론에 호응하면서 근대화개혁을 꿈꾸는 사고가 나타났던 것은 자연스러운 귀결이었다. 처음에는 동아연대론을 주창한 일본의 주요 단체인 '흥아회'[22]에 관심을 기울이다가 러일전쟁 직전부터는 한국 침략의 주구가 되는 '일진회一進會'를 설립하기에 이른다.

러일전쟁을 지원하면서 1904년 설립된 일진회와 그 인사들의 행적은

20 윤치호, 유길준, 서재필 등은 동학혁명을 비판하면서 진압하는 데 도움을 준 일본에게 감사하였다. 당시 진보적이라는《독립신문》도 동학을 '동비東匪'라고 비판했으며, 고종에 대한 충성을 강조하면서 혁명적 개혁과 민중보다는 온건개혁과 엘리트주의에 사로잡혀 있었다. 박노자,《우승열패의 신화》, 252, 263, 273, 266-355면.

21 서울대 정치학과 독립신문강독회, 2004,《독립신문, 다시읽기》, 푸른역사, 286-290면; 이민원, 2003,〈독립협회·《독립신문》의 민족주의적 성격〉,《한국민족운동사 연구》, 나남출판, 81-105면.

22 흥아회는 1880년 3월 10일 동경東京에서 결성되었다. 1883년에는 '아세아협회亞細亞協會'로 개칭되었고 1900년에는 '동아동문회東亞同文會'에 흡수되었다. 흥아회가 결성되는 과정에서의 정치적 배경과 주요 인물에 대해서는 李光麟,《개화파와 개화사상연구》, 139-144면.

굴절된 한국 동아시아사고의 발아기의 상황을 잘 나타낸다. 흥아회에 관심을 느낀 지식인들은 한국의 주권에 대해서는 한 치의 양보도 없었으나, 일진회에 이르러서는 상황이 달라진다. 일진회의 동아연대론은 19세기 이래 계속된 서구 열강의 압력으로부터 아시아를 해방하고, 나아가서 동양의 평화와 질서를 아시아인 스스로가 확립하며, 동아시아 민족들이 누릴 수 있는 공영의 생활권을 설정하고 운영하기 위해 동아시아 3국은 서로 긴밀한 연대관계를 이루어야 한다는 것이 표면상의 대의명분이었다. 전쟁 위기가 고조되자, 일본에 망명해 있던 일부 개화파들과 유학생들이 중심이 되어 결성된 일진회는 러일전쟁에 일본군을 적극적으로 지원했다. 전쟁 후에는 한일합방을 목적으로 일련의 활동을 전개했다. 이렇게 이들의 동아연대론은 서구의 침략으로부터 아시아가 해방되어야 한다는 미명하에 일본의 침략주의를 은폐하고 정당화하는 수단으로 전락하였다.

한국 개화파의 소박한 동아연대론과는 달리 일본은 러일전쟁에서 승리하자마자 초기의 논리를 배신하고 한국과 중국에 대한 합병과 침략의 길을 선택하면서 오히려 연대론이 저항의 대상으로 삼았던 서구 근대의 제국주의적 폭력의 길에 매진하게 되었다. 여기에 한국 연대론자들은 적지 않은 좌절을 겪게 되었다. 즉, 연대를 지지하면서 일본의 한국 침략에 결과적으로는 도움을 주었거나, 후에 일본의 합병 야욕을 알아채고 저항하면서 연대론을 비판하거나 하는 복잡한 상황이 도래하였다. 그리고 그러한 상황이 전개되면서 한국에서는 친일파, 민족주의자, 사회주의자 등 다양한 사조들이 동아시아사고와 맞물려 전개되면서 부침을 거듭하게 되었다.

한국의 엘리트들이 근대에 대한 주체적 사고와 이해가 부족했다는 것은 전근대적 대의명분론에 입각한 중화체제의 단순한 대외인식을 이때에도 지속하고 있었다는 것이다. 이러한 천진난만한 사고는 당시 중국 엘리트들의 흥아회에 대한 태도와 대조해 보면 잘 알 수 있다. 흥아회에는 당시의 중국 공사인 허루장何如璋(1838-1891)도 참여하고 있었는데, 이러한 사실은 김홍집이 수신사로 일본을 방문 시에 흥아회에 대한 관심을 증폭시키는 데 큰 기여를 하였다. 그러나 중국은 금방 이 단체의 동아연대론에 대한 의도를 의심하여 그 관계를 단절하였다. 예를 들어 당시 홍콩의《순환일보循環日報》발간인이었던 왕타오王韜(1828-1897)는 1879년 일본에 초빙되어 문인들로부터 환영을 받았다. 그러나 홍콩에 돌아간 뒤에 흥아회 설립의 소식을 듣고, 〈흥아회 폐단근절의 당위론題興亞會宜杜其弊論〉(1880년 10월)이라는 논설에서 흥아회의 동아연대론을 음모라고 비판하였다.[23] 이렇게 중국의 엘리트들은 흥아회가 동아연대론을 주창하는 것은 일본의 간계라고 의심하고 있었다. 반대로 한국의 엘리트들은 이후에도 빈번하게 흥아회의 인사들과의 교류를 추진하면서 일본의 진정한 의도를 분석적으로 파악하려는 노력을 소홀히 하고 동아연대론에 단순하게 공감을 표시하였던 것이다.[24]

박노자는 그 결과야 어떻든 흥아회의 동아연대론의 확산 노력이 한국에서 성공적으로 수행되게 된 요인을 다음같이 분석하고 있다. 첫째, 단체의 주요 인물들이 일본 정부를 대변하지 않았고, 따라서 일본 정부의 외교전략으로 비추어지지 않았다. 그래서 김옥균 같은 망명개혁가도 흥아회의 인물들이 마치 일본의 재야 개혁인사들인 것처럼 자신과 같은 처지로 여기기도 하였다. 둘째, 이들의 동아연대론은 근대화 담론을 현지화한 경향으로 비추어져 한국의 전통문화에도 호소력을 지닐 수가 있었다. 셋째, 특히 러시아위협론은 3국이 공통으로 느끼는 우려였다. 넷째, 이들의

23 李光麟, 〈開化期 韓國人의 아시아連帶論〉, 288-289면; 李光麟, 《개화파와 개화사상연구》, 142면.

24 한국의 인사들과 흥아회 간의 교류에 대해서는 李光麟, 《개화파와 개화사상연구》, 142-144면.

동아시아사고는 다양한 해석이 가능했는데 유길준은 중국을 중심으로 한 연대를, 안경수는 일본에 의존하는 연대를 추구하는 해석이 열려 있었다. 이 같은 유연함은 인종주의적 호소가 동아시아 3국에 공통적으로 효력을 지닐 수가 있었던 결과로 여겨졌다. 마지막으로 한국의 동아시아사고가 이렇게 '서양 러시아 대 동양 3국 연대'의 인종주의를 띠게 된 사실에서 추론할 수 있는 것은 당시 한국의 지식계에 사회진화론적인 사상의 도입이 큰 역할을 했다는 점이다.[25] 이러한 역사의 해석이 가르쳐 주는 것은 당시 동아 3국의 연대로써 러시아의 침략에 대항한다는 인종주의적 대결의식은 동아시아의 개화사상가들과 관료들마저 모두 사회진화론의 영향을 보편적으로 받고 있었다는 사실을 뒷받침한다는 것이다. 단지 한국의 연대론자들이 실패한 원인은 일본이 이미 서구의 제국주의를 모방할 의도를 가지고 있었다는 것을 무지로 인해서 놓치고 말았기 때문이다.

상기의 좌절의 역사를 바라보면서 김경일은 다른 방향에서 동아연대주의를 중심으로 한국 동아시아사고의 형성과 일본에 의한 배신과 붕괴 과정을 분석하였다. 그는 서세동점과 일본 제국주의시대에 등장한 한국 동아시아사고의 지류를 연대운동과 반식민지운동과 연결시켜 상세히 분석하고 있다. 당시의 동아시아를 사고할 때 '전제와 정체의 아시아 대 해방과 변혁의 아시아'라는 이분법적 인식이 개입되었다고 본다. 전자는 서구가 아시아를 타자로 규정할 때의 인식이며 후자는 서세동점의 시대 아시아가 자신을 규정하는 인식이다.[26] 이렇게 보면 동아연대를 일종의 독립을 위한 '방편'으로 삼았던 게 드러난다. 당연히 초기의 동아시아사고는 서구와 일본의 제국주의에 대한 투쟁을 강조하면서 동아시아의 정체성을 확인하는 동서이원론의 지향을 보일 수밖에 없었다.

---

25 박노자, 《우승열패의 신화》, 224-225면.
26 김경일, 《제국의 시대와 동아시아연대》, 18-19면.

주목할 것은 김경일의 분석에서도 근대성과 근대화를 분리하여 바라보려는 시각을 보여 주는 것이다. 즉, 초기의 동아시아사고는 오늘날의 그것과는 다르다. 왜냐하면 당시의 동아연대론은 일본의 지도로 근대화를 이루자는 지향과 반서구제국주의 운동의 방편으로 이용된 측면이 농후하기 때문이다. 따라서 이러한 근대적 사조의 영향으로서의 민족주의에 대한 헌신은 동아시아가 오랫동안 근대화 물신주의와 민족지상주의, 국가주의에 집착하게 만드는 원인이 되었다는 것이다. 그는 동아시아에서 근대화에 성공한 일본조차 1920-30년대에 들어선 후에도 자주적인 개인과 시민의 주체의식이 각성되지 않았기 때문에 연대주의가 출현함과 동시에 침략의 길을 걷게 되었다고 설명한다.[27] 즉, 이렇게 보면 근대성에 대한 내면적 성찰이 없었던 일본의 침략적 근대화의 전초적인 역할을 한 동아연대론에 한국 지식인들이 부화뇌동하면서 좌절은 이미 예견되었던 것으로 볼 수 있다.

결론적으로, 한국의 초기 동아시아사고가 좌절하면서 주체적인 근대화도 이루지 못하고 식민지로 전락하고 만 이유를 다음같이 성찰할 수 있다. 첫째, 근본적으로 지식인, 관료 등이 특권 유지에 몰두하고 내부개혁을 거부하면서 자립의 기반을 갖추지 못하였다. 수구 기득권세력의 방해와 개혁세력의 역량 부족으로 근대화개혁에 실패하면서 끝없이 외세에 의존할 수밖에 없었다. 자신의 주체적인 견해를 가지고 국가개혁과 그에 기반한 동아시아사고를 가질 수가 없었다. 당시 조선의 말기적 상황은 외국 선교사들의 여행기에서도 잘 드러나 있다.[28] 인종주의에 근거한 일본의 동아연대론에 경도되는가 하면 아관파천을 단행한 후로는 러시아에 기대는 등 전혀 주체적인 외교정책도 없었다.[29] 조선의 비주체적인 외교정책, 근본적

27 위의 책, 369-375면.
28 대표적으로 다음을 참조. 신복룡, 2008, 《이방인이 본 조선 다시 읽기》, 풀빛.

으로는 근대적 세계관의 부재, 내적인 개혁과 자각이 없는 상태에서의 부화뇌동이 어떠한 결과를 낳는지를 알 수 있는 사례이다. 둘째, 당시의 개화지식인마저 개혁을 논하면서도 민중의 역량을 경시하고 엘리트주의에 침잠하여 특권의식을 떨쳐 버리지 못하였다. 소위 독립협회의 진보적인 개혁인사들마저 민중이 주도한 동학혁명을 비판하고 일본의 무력 진압을 고마워 할 정도로 반민중적, 반민주적이었으며 자주적인 이념과 체제개혁의 의지와 철학이 없었다. 이러한 엘리트주의적 풍조는 20년대 이래 좌파사상의 도래와 함께 민중에 대한 진보적 사조가 생성되면서 전기를 맞게 된다. 셋째, 역사적으로 일본의 침략을 당해 본 경험이 있음에도 불구하고 동아연대가 내포할 수 있는 부정적인 측면에 대한 경계와 준비가 없었다. 일본은 이미 임진왜란때 한국을 침략했으며, 다시 1870-1873년경에는 '정한론征韓論'이 대두되었다. 회고하면 임진왜란과 정한론이 나온 시기는 일본의 국내 체제의 변혁기라는 역사적 교훈을 양반 지배자들은 간파하지 못했다. 메이지시대 일본에서는 체제변혁이 일어나면서 사무라이 계급의 불만과 사회 혼란으로 인해 내부 안정을 위해서는 적절한 대외적 출구를 필요로 하였다. 일본의 많은 낭인과 모리배들이 동아연대라는 새로운 대외적 배출구에 매달려 그들의 무지몽매한 소영웅심을 발휘하는 수단으로 사용하였다.[30] 결과적으로 흥아회에 이어서 일진회의 친일모리배들의 한일합병운동으로 일본의 동아연대론은 제국주의침략의 전초적 기능을 성공적으로 수행하였던 것이다.

---

29 다음을 참조할 것. 현광호, 2002, 《대한제국의 대외정책》, 신서원, 45, 149-157면.

30 이는 우익낭인의 아시아주의와 조선 침략과의 연관성에 대한 연구에 잘 나타나 있다. 강창일, 2002, 《근대일본의 조선침략과 대아시아주의—우익낭인의 행동과 사상을 중심으로》, 역사비평사.

2) 주변부 시각의 비판사조의 생성

러일전쟁 이후 일본이 조선을 보호국화하면서 메이지 초기 일본 주도의 동아연대론은 그 빛을 잃었다. 한국의 연대론자들은 드디어 침략의도를 깨닫고 동아연대론을 아무런 주체적 분석이 없이 모방하던 것이 얼마나 허망한 것인가를 깨닫게 된다. 그리고 지역의 중심으로 등장한 일본의 동아연대주의는 한국 같은 주변부에는 전혀 맞지 않는다는 것도 드러났다. 이렇게 동아시아사고는 중심부와 주변부 간의 차이를 드러내기 시작하였다.

이러한 배경에서 드디어 일본 중심적 동아시아사고에 대해 주변부 입장에서의 비판사조가 싹트기 시작한다. 즉, 한국의 지식인들은 주변부에서 바라보는 서구와 지역 중심인 일본에 대한 복합적 저항으로서의 동아시아사고를 추구하게 된다. 주변부의 동아시아사고는 중국이 중심이 되는 중화사상, 일본이 중심이 되는 동아시아사고와는 다를 수밖에 없다. 당시 초기의 외세의존적인 동아연대론을 후회하면서 성찰적 동아시아사고를 제창했던 대표적인 지식인들은 평화주의자이자 민족주의자인 안중근, 사회주의를 자원으로 삼은 신채호와 김명식 등을 통해서 살필 수 있다. 본서에서 중요하게 여기는 것은 비록 좌절은 맛보았지만, 당시 등장한 비판사조가 탈냉전시대의 오늘날까지 영향을 미치고 있다는 사실이다.

안중근의 동양평화론—민중주의, 보편적 평화주의

대부분의 개화론자들이 엘리트주의를 견지하고 있던 것에 비해서 안중근安重根(1879-1910)은 한국의 민중과 다른 동아시아 국가 민중들의 역량을 신뢰하는 태도를 보여 주고 있다.[31] 그리고 자신도 직접 반일의병운동

31 김경일,《제국의 시대와 동아시아연대》, 89-102, 378-380면.

을 통해서 '동양평화론'을 추구했다는 면에서 실천론자였다. 그는 동아연대를 통해 인종주의에 호소하면서도 인종대립이나 서구와의 이분적 대립에 빠지지 않았다. 즉, 당시 연대의 동기가 민족의 독립과 해방을 위한 수단에 불과한 측면이었다는 점과는 달리 그의 동아연대론은 열린 민족주의에 기반을 두고 동양평화를 제시한 것이다. 러일전쟁 이후에 일본의 조선 침략의도가 노골화되면서 안중근은 초기에 일본의 동아연대론을 지지한 것을 후회하면서 그가 평소에 사고하던 '동양평화론'을 옥중에서 주장한다.[32] 여기에는 오늘날 한국의 동아시아 담론에서 진보적 지식인들의 논조와 연관된 면이 많이 발견되고 있다. 즉, 당시 중심부로 등장한 일본과는 다른 주변부로서의 의식과 동아시아 3국의 수평주의를 주장하는 특성이 드러나고 있는 것이다.

이런 견지에서 보면 안중근은 민족주의자이면서 동아연대를 주창했고, 동양평화를 주창하면서 동시에 세계시민주의적 사고를 가질 수 있었던 개명된 인물이었다고 평가할 수 있다. 그의 사상은 민중을 강조하면서도 좌파의 계급의식은 나타나 있지 않다. 자서전과 진술서, 동양평화론에 나타난 사상에는 보편주의적 세계주의와 평화사상이 짙게 드리워져 있는 것을 감지할 수 있다. 러일전쟁 이전의 동아연대론에서 보이는 단순한 동서양의 대항적 인종주의와 엘리트가 주도하는 국가 간의 연대주의를 탈피하고 있다. 민중의 참여를 중시하는 3국 간의 수평주의적 동양평화회의체 구상, 3국 황제가 로마교황으로부터 인정받는 등의 진일보된 동아시아 사고를 지향하고 있다. 특히 일본의 호혜적 협조를 구하면서도 일본이 배

32 안중근, 2008, 〈동양평화론〉, 최원식 외, 《동아시아인의 '동양'인식—19-20세기》, 205-215면. 원전은 1910년 옥중에서 한문으로 쓰인 것인데 1979년 발굴되어서 동아일보(東亞日報), 1979년 9월 19-21일, 24일판에 번역문이 게재됨. 분석적인 논문으로 현광호, 〈안중근의 동양평화론과 그 성격〉, 《아세아연구》, 제46권 3호, 2003년, 155-261면. 안중근이 1910년 2월 17일 광동도독부 고등법원장과의 면담에서 밝힌 내용에도 동양평화사상이 잘 드러난다. 안중근, 1996, 〈청취서〉, 《21세기 동양평화론》, 국가보훈처.

신하면 서구를 우방으로 삼을 수도 있다는 국제정치적 현실주의의 식견도 보이고 있다. 그리고 로마교황, 국제공법, 동양 3국의 공동군단의 청년들에게 2개 국어 이상을 가르쳐야 한다는 언급에서 보면 당시로서는 상당히 국제적인 의식을 가졌으며 편협한 민족주의의 테두리에 묶이지 않았다는 사실도 나타난다.[33] 오늘날 동아시아 담론의 시각에서 보게 되면 그의 사상은 탈민족주의와 탈동서이원론, 보편적 평화주의의 가치를 이미 의식하고 있었다고 볼 수 있다.[34] 따라서 그의 동양평화론은 오늘날의 무경계-탈중심, 탈국민국가주의를 지향하는 동아시아 담론에도 계시를 주고 있다.

특히 동양평화를 위한 민중참여론은 좌파적 입장에서의 민중혁명론과는 달리 민중을 강조하면서도 그 논리적 근거는 달리한다. 그의 글에서 여러 번 고종황제를 언급하는 대목이 있으며 동학혁명을 비판하는 측면도 있는 것으로 보아서 한국의 주권과 국체의 보존을 기초로 민중의 참여를 옹호하고 있는 것으로 판단된다. 그러나 그가 국체를 보존하는 것은 기득권을 수호하는 차원이 아니라 개혁주의적 의식을 가진 엘리트로서 주장하는 것이라는 사실은 자서전에서 난신적자를 비판하고 나라를 바로잡아야 한다는 구절에서 분명히 드러난다.[35] 그러므로 민중이 참여하는 동양평화를 논하지만 국체를 흔드는 동학혁명을 부정하면서 혁명적이 아닌 개혁적인 민중을 그리고 있다. 그가 천주교도이며 보편적 평화주의자라는 사실을 여기서 이해할 수 있다. 이는 신채호의 사회주의적 무정부주의와

---

33 안중근, 〈청취서〉, 《21세기 동양평화론》, 55-57면; 현광호, 〈안중근의 동양평화론과 그 성격〉, 177면.

34 안중근은 세계의 여론과 로마교황의 지지를 추구하면서 탈인종주의적 측면을 보여 준다. 이는 동서를 초탈한 세계시민사상을 가지고 있었다는 사실을 대변한다. 신운용, 2009, 〈안중근의 동양평화론 연구와 실천을 위한 방안〉, 안중근의사 기념사업회 편, 《안중근과 그 시대—안중근 의거 100주년 기념논문집1》, 경인문화사, 505면.

35 안중근의사 숭모회, 1990, 《안중근의사 자서전》, 41, 53면.

민중연대혁명으로써 동아시아의 강대국을 무너뜨리고 동아시아의 평화를 추구하자는 사고와는 다른 면이다.

신채호의 동아시아 민중연대혁명

초기 동아시아사고가 인종주의에 근거하여 일본에 의존하는 것이었다면 러일전쟁 이후에 나온 사회주의국제주의는 기존의 봉건적 권위, 대국의 압력에 대한 인민-지식인 연대적 저항을 추구하고 있다. 일본의 동아시아침략에 대해서 국제주의로써 국가와 민족을 초월하여 저항하려 했던 사고에서는 동아시아 약소국을 하나의 저항주체로서 인식하였으며, 이런 면에서는 동아시아 주변부의식의 생성이라고 여길 수 있다. 이 책에서는 한국 사회주의운동의 선구 역할을 한 신채호申采浩(1880-1936)와 김명식金明植(1890-1943)의 사상에서 대표적인 주변부의 시각을 발굴해 본다.

신채호의 사상의 전변은 몇 단계로 구분된다. 1880년에서 1897년까지의 조선의 전통적 양반의 입장, 1898년부터 1910년대까지 민족부르주아지 입장, 1919년 하반기에서 1926년 전반기까지 민중의 시각, 셋째, 1926년 후반기부터 1936년까지 세계무산대중의 입장에서 반제국주의를 설파한 시기이다.[36] 이러한 그의 사상적 전변은 주변부 지식인으로서의 이중의 저항—세계의 중심인 서구와 지역 중심인 일본—을 자각하는 과정을 잘 나타내는 것이다. 이렇게 민족주의자에서 사회주의적 무정부주의자로의 전변하는 과정은 중국의 루쉰에게서도 보이고 있는 조국의 현실에 대한 짙은 절망과 회의, 그리고 외세에 대한 분노를 읽을 수 있다. 말기의 사회주의적 무정부주의로의 전변은 조국의 식민화로 인한 절망으로 인한 짙은 비애와 회한, 그러면서도 국권회복에의 의지를 담고 있는 치열한 고민

36 그의 사상의 시기구분은 다음을 참조. 안태정, 2006, 〈신채호의 반자본주의 사회혁명론〉, 임경석·진재교 외, 《근대전환기 동아시아삼국과 한국—근대인식과 정책》, 456면.

의 정서를 읽을 수 있다.

영국, 프랑스, 일본 등 제국주의국가들에서 일국적인 혁명이 일어나도 세계자본주의가 존재하는 한 무산대중의 생존이 핍박받을 수 있으므로 그는 '동방의 각 식민지 무산대중'이 연합하여 세계자본주의를 타도하는 세계혁명의 주체가 되어야 한다고 역설하였다.[37] 이는 그가 주로 세계자본주의의 착취 대상으로서의 동아시아의 약소국식민지와 또한 그 식민지의 무산대중으로서의 의식을 자각한 주변부의 동아시아사고를 보여 주고 있는 대목이다. 이 같은 신채호의 동아시아 무산대중의 혁명사상은 안중근의 동양평화론과는 다른 좌파적 입장에서의 동아시아사고를 보여 주고 있다. 그는 초기의 민족주의에서의 국가보다도 만년으로 가면서 민중과 무정부주의에로 사상적 전환을 이루었다. 그러면서 동아시아가 서구제국주의국가에게 식민화된 것을 목도하면서 동아시아 식민지 무산대중들이 사회주의 계급의식으로 단결하여 혁명을 수행해야 한다고 주장하면서 주변부적 동아시아사고 형성의 초기단계를 보여 주고 있다. 우선 일본중심의 동아연대론의 한계를 지적하고 있다. 즉, 러일전쟁 이후 일본의 조선병탄야욕을 비판하면서 국내외의 동아연대론을 격렬하게 비난한 적이 있었던 사실에 비추어 보면, 그도 동아시아 약소국들의 서구와 일본에 대한 저항으로서의 주변부의식을 자각하였다고 볼 수 있을 것이다. 게다가 외국에 의존하는 '외교론'(이승만)과 개량주의적 '준비론'(안창호)에서와 같이 자본주의와 타협하는 민중을 경시하는 엘리트주의적인 방법으로는 약소국이 강대국통치로부터 해방을 획득하기란 현실적으로 불가능하다고 주장하면서 사회주의혁명론을 제창한다. 그가 보기에 일부의 엘리트들이 주창하는 '외교론'은 외국에 의지하여 그들의 도움을 바라는 것에 불과하여 오히려 한국 민중의 의기를 망치고 있는 논리이다. 그리고 '준비론

37 안병직 편, 1983, 《신채호》, 한길사, 199면.

자'들은 그저 교육을 외치면서 직접적인 투쟁과 관련 없는 공허한 일에 매달리고 있다고 한다. 여기에 더하여 그는 안중근의 하얼빈 의거도 민중과의 연대가 부족하였다고 비판하였다.[38] 이런 면에서 그의 사회주의적 동아시아사고는 안중근의 온건한 개혁을 기반으로 한 동양평화론과는 최종적 지향은 비슷하지만 방법은 다르다고 볼 수 있다.

즉, 그의 사상은 강대국들에게 식민화된 지역이 대부분 동아시아 전 지역에 걸쳐서 존재하기 때문에 이들의 각성을 촉구하고 있는 측면에서 광범위한 동아시아 주변부에서의 민중연대혁명사상이라고 볼 수 있다. 그의 사상에서는 철저히 민중의 직접혁명을 주장한다는 면에서 안중근이 동양평화회의체를 주장하면서 자본주의체제와 타협하려는 사고와는 가장 큰 차이를 보이고 있다. 그리고 초기의 일본중심주의적인 동아연대론에서 국가가 중심이 되면서 민중을 소외시킨 측면을 비판하는 무정부주의적 사고도 비치고 있다. 이는 탈국민국가와 시민-지식인 연대를 주창하는 21세기 주변부에서 발아한 동아시아사고와도 자연적으로 연결되는 측면이 있는 것을 보여 준다.

그러나 현실적으로는 국제주의적인 연대혁명론은 불가능했다. 특히나 일국을 넘어서는 민중연대는 당시 식민화된 약소국들에게 주권을 회복하고 민족주의적 국민국가를 건설하는 과업이 다른 어떤 것보다 더 큰 목표였기 때문에 초국주의적인 연대가 실현되기는 힘들었다. 단지 그가 초국적이고 무정부주의적인 민중연대혁명을 주창한 것은 일국혁명이 불가능할 것 같은 식민화의 상황에서 실천적인 출구를 모색한 결과로 해석된다. 차라리, 그의 초국적 민중연대론의 실천적 함의를 고려하면, 세계 대전과 냉전을 거치면서 팽창적 국가주의의 폐해를 충분히 겪은 오늘날 동아시아 담론에서 주장하는 탈국가주의와 탈국민국가주의에서 그 의미가 복

38 위의 책, 189-191, 193-194면.

원되고 있다고 볼 수 있다. 근대 초기와는 달리 이미 그 폐해에 대한 경험과 지식이 실질적이기 때문에, 특히나 지적인 측면에서의 공감을 쉽게 얻을 수 있다는 것이다. 그리고 한국은 일제의 직접적인 식민통치와 미국의 간접적인 패권지배, 중국의 부상에 따른 동아시아의 패권전환의 과도기를 겪고 있기 때문에 탈대국주의, 탈국민국가주의에 대한 필요성을 자각하면서 주변부적인 동아시아사고가 성장할 수 있는 좋은 조건을 가지고 있다.

김명식의 초지역적 평화주의와 사회주의국제주의

위에서 소개한 안중근, 신채호 등과는 달리 김명식松山 金明植(1890-1943)은 한국 사회에 잘 알려지지 않은 사회주의사상을 가진 독립운동가이자 비판적 지식인이있다. 김명식은 와세다대학 동창인 친일지식인 이광수와는 서로 다른 인생 역정을 거치며 살았다. 빈한한 출신의 이광수는《조선일보》편집국장으로 있으면서 자신의 사상을 인종주의적 민족주의와 엘리트주의에서 찾았다. 따라서 그는 비루한 조선 문화와 민중을 비하하고 일본 문화를 흠모하면서 입신영달의 길을 간다. 모순적으로 명문가에서 태어난 김명식은《동아일보》창간을 하고 논설위원으로 있으면서, 민중을 위해 문필을 휘둘렀고 제국주의와 지식인들의 엘리트주의와 우민사상을 비판하였다. 일제에 협력하며 기득권계층으로 입신한 이광수와는 달리, 사회주의자로서 독립투쟁을 하다가 옥고를 치르고 고문 후유증으로 지체장애에 시달리다가 낙향하여 병중에 사망하였다.[39] 범상치 않았던 양인의

39 허호준, 〈시대를 앞서 산 언론인 김명식〉,《제주저널》한국기자협회 제주도지부 제1호, 1993년 12월 24일, 234-235면; 오성찬, 〈불운한 시대의 선각자—松山 金明植〉,《섬에서 부는 바람》, 1996년 7월 1일 창간호, 나라출판, 58-61면; 오성찬, 〈동아일보 창간 축시 쓴 언론인, 김명식(金明植)선생〉,《감귤원예》, 2004년 11월 1일, 제주감귤 농업협동조합 통권 제169호 1227-7312, 66-68면.

상반된 삶의 궤적을 바라보면서, 이들에 대한 한국 사회의 상반된 대우는 왜곡된 한반도 근대 인물사의 자화상이라는 생각이 든다. 냉전과 분단체제가 부과한 하나의 '비극적 희극이거나 희극적 비극'이 아닐 수 없다.

친일엘리트주의자인 이광수는 〈민족개조론〉(1922), 〈우덕송牛德頌〉(1925), 〈지도자론〉(1931) 등의 글에서 우매한 조선 민중은 집단과 지도자에게 봉사하는 정신을 배워야 하고, 그것이 민족의 발전을 가져온다는 논리를 편다. 이러한 논지에 대해서 김명식은 피착취 민중의 입장에서 신랄한 비판을 행한다. 즉, 이광수의 논리는 지배자, 자본가를 위한 논리이며 대다수 민중의 이익과는 무관한 것이라고 비판한다. 그러한 논리는 소수의 지배자들에 의한 국가주의적 폭력을 합리화시킬 뿐이라고 하면서 인민의 권리와 자유를 짓밟는 힘은 반역사적 폭력일 뿐이라고 주장하였다.[40] 이 같은 논조에는 메이지시대 서구 중심의 우승열패적 제국주의에 대항을 촉구했던 일본 중심의 기만적 동아연대론에 부재했던 약소국 민중들에 대한 해방과 배려가 담겨 있다. 물론 민중의 국제적 연대가 실현될 가능성을 지나치게 낙관한 측면을 지적할 수도 있지만, 한국의 엘리트주의적 지식인들의 신조가 된 우승열패의 사회진화론적인 교리를 논박한 것도, 전쟁을 부추기는 민족주의의 폭력성을 비판한 것도 그의 공로일 것이다. 이 같은 김명식의 논리는 신채호와 같은 맥락에서 제국주의에 의해 자행된 폭력에 고통을 받고 있었던 식민화된 주변부 동아시아 민중을 해방의 대상으로 삼고 있으며, 따라서 주변부로서의 비판의식의 각성을 촉구했다는 면에서 21세기 동아시아 담론의 숨겨진 자산으로서 평가받을 만하다.

오늘날의 동아시아 담론의 시각에서 김명식의 사상은 사회주의자이지

---

40 김명식, 〈이광수 파시즘〉, 《삼천리》, 1931년 9월; 〈영웅주의와 파시즘〉, 《동광》, 1932년 3월, 박노자, 2007, 《우리가 몰랐던 동아시아》, 한겨레출판, 223-224면.

만 국가와 계급을 초탈하는 특징을 표방하면서 동양적인 것도, 서양적인 것도 아니면서, 또한 동양적이면서 서양적인 세계성의 세계를 지향하는 바로서의 '초지역적 시대의식'을 가졌다고 평할 수 있다.[41] 즉, 김명식의 사상은 동서를 대립시키거나 동아시아를 특권화하는 데서 벗어나 세계성과 보편성의 시각에서 탈동서이원론적인 시대의식을 수립하려 하면서, 오늘날의 동아시아 담론에서 보아도 손색이 없을 만큼 당시의 시대적 한계를 넘어선 것으로 평할 수 있다.

그에 대한 역사적인 평가와 관련하여 박노자는 한국의 근대사를 논하면서 세상에 많이 알려지지 않은 '잊혀진 공산주의자의 향기'로 표현하면서 진정한 의미에서 '국제주의적 사회주의'를 추구했던 '동아시아인'이었다고 평했다. 이광수의 파시즘적인 사상과 문장에 대한 그의 비판은 21세기인 오늘날에도 그 시의성이 살아 있는 것이라고 극찬하고 있다.[42] 오늘날의 동아시아 담론에서도 김명식의 주장들은 여전히 생명력을 가지고 있다. 놀라운 것은 '동아신질서'에 대한 구체적인 대안을 모색하면서 일본과 중국 사이에서 '조선 민중이 조화역으로 나타나야 한다'는 21세기 '한국의 중재자 역할'을 이미 창안하고 있는 측면이다. 그러나 일본의 국가주의지배와 민족배타관념에 입각한 파시즘적 사고가 배경이 되는 동아신질서도 일종의 상황을 수습하려는 편법에 불과하다고 비판한다. 쑨원孫文의 민족주의와 자본주의적인 사고를 비판하면서 민주주의, 집산제collective, 인문주의humanism의 세 요소를 결합한 동아신질서를 상상하고 있다.[43] 일본에서 나온 '동아신질서론'에 대한 김명식의 화답은 일본 중심적인 동아시아론에 대한 주변부 지식인으로서 사회주의적 국제주의를 표방하는 전

---

41 김경일, 《제국의 시대와 동아시아연대》, 380면.

42 박노자, 《우리가 몰랐던 동아시아》, 13-16, 222-228면.

43 김명식, 〈건설의식과 대륙진출〉, 《삼천리》, 1939년 1월호, 51면, 김경일, 《제국의 시대와 동아시아연대》, 285-286면.

형적인 논리전개이다. 오늘날 주변부에서 발생한 동아시아 담론의 초기 자산으로서의 논리가 나타나 있다. 즉, 엘리트주의를 배제한 민중주의, 자본주의를 개량한 집산제, 인문정신으로 대변되는 비판정신이 그것이다. 이러한 초기의 요소들은 오늘날의 한국의 동아시아 담론에서 전 지구적 자본주의와 신자유주의에 대한 동아시아적 대안모색, 탈대국주의, 탈국민국가주의의 비판정신으로 발전되고 있다.

3) 초기 비판사조와 동아시아 담론과의 연관성

초기 동아시아사고의 비주체적인 경향을 비판적으로 성찰한 것은 안중근의 동아시아의 평화사상도 계기가 되었지만 결정적으로 20년대 사회주의 사조의 도래 이후에 전개되었다고 볼 수 있다. 신채호와 김명식의 사상에서는 제국주의침략의 우승열패주의와 인종주의, 엘리트의 민중계급차별에 대한 비판의식이 나타나면서 냉전-탈냉전시대 비판적 지식인들의 비판사조와 21세기 동아시아 담론의 논리와 연결되고 있다. 그리고 서구와 일본, 잠재적 지역대국인 중국에 대해서도 지역의 주변부와 소수자에 대한 존재인식을 명백하게 드러내고 있다.

회고해 보면 개화지식인들의 근대화와 민족주의적 동기에서 일본과의 협력을 기대하면서 추종했던 동아연대론보다도 사회주의적 지식인들의 논지가 오늘날의 동아시아 담론과 논리적으로 더욱 밀접한 관련이 있다고 볼 수 있다. 이는 한·중·일 사회주의자와 아나키스트들이 협력하여 소외받는 민중과 계급 개념을 원용하여 동아시아에서 민족과 국가의 경계를 초월한 민중연대의 계급혁명을 주장했고, 계속하여 냉전시대를 거치며 진보좌파적인 비판사조로 계승되면서 탈냉전시대에 이르러 탈대국주의, 탈국민국가주의 색채의 동아시아사고를 생성시키는 데 중대한 자원이 된 것에서 드러난다. 오늘날의 동아시아 담론이 비판적 지식인에 의한 진보좌파의 색채를 띠게 된 우생학적인 이유가 여기에 있다.

따라서 한국의 경우 우파적 민족주의와 좌파인 사회주의자와 무정부주의자들도 모두 독립이라는 민족주의적 목표는 동일했지만 동아시아사고와 관련해서는 사회주의자들이 더 진보적이었다고 볼 수 있다. 근대화에 대해서도 민족주의자들은 서구와 일본의 국가주의적 근대화를 선망하면서도 그들의 근대화의 총화인 제국주의에 저항을 해야 하는 역설에 빠지곤 하였다. 이러한 모순과는 달리 사회주의국제주의를 기반으로 한 동아시아 민중연대론은 대안적 근대화를 제시했다는 의미가 있다.[44] 따라서 이들에 의해서 동아시아 주변부 국가들의 주권과 민중의 생존권에 대한 각성이 시작되었으며, 서구와 일본의 제국주의적 폭력에 대한 저항의식을 동반하는 주변부시각의 동아시아사고가 배태되는 계기가 되었다.

일본의 아시아주의를 추종하면서 근대화를 추구했던 구한말의 개화론자, 미국식 민주주의를 숭상했던 독립협회의 개화론자 모두가 서구와 일본의 침략에 저항하면서도 역설적이게도 그 사상적 무기인 서구와 일본의 국가주의를 숭배했다. 이러한 사회진화론적인 민족주의 흐름은 한편으로는 한국 같은 열등한 민족은 우수한 일본과의 일체를 통해서 더욱 계몽된 민족으로 거듭나야 한다는 이광수, 최남선 유의 사상적 친일주의를 낳았다. 그들은 세속적 사회진화론의 숭배자들로 강한 힘을 가진 민족과 국가를 숭배하였기에 그러한 힘을 가질 수 있는 가능성이 없어 보이는 한국의 독립을 포기하고 힘센 일본에 편승하여 살려고 하였다. 또 다른 편으로는 지배자와 엘리트 중심의 민족독립과 계몽을 주장하는 민족주의 우파—유길준, 서재필, 윤치호, 안창호 등—를 형성하였다.[45] 이들이 민중보

44 동아시아의 대안적 근대화에 대한 대표적인 논리가 중국의 왕후이의 '반근대성의 근대성'론이다. 중국의 담론 부분에서 논한다.

45 박노자, 《우승열패의 신화》, 229-265면.

다는 지배계층을 옹호하고 엘리트적이란 측면은 동학혁명을 비판한 데서 잘 드러난다. 결국 우파 민족주의자들은 러일전쟁 전에 일본이라는 근대화우등생을 모방하여 인종주의에 입각한 동아연대론에 편승하였으나 러일전쟁 후에는 일본이 도리어 한국을 침략하면서 동아연대를 주장할 근거를 상실하였다. 따라서 우파 민족주의자들의 동아연대운동은 좌절하고 말았으며 3·1운동 이후 사회주의사조가 본격적으로 도래하고 나서야 주변부시각의 동아시아사고가 본격적으로 전개하게 되는 것이다.

한편, 해방 이후에는 우파적 민족주의 조류에 국가주의와 반공이념이 결합하면서 남한에서는 친미반공 개발독재정권이 형성되었다. 민중경시의 엘리트주의자이면서 동시에 자기모순적인 외세의존의 민족주의자들은 대국 주도의 냉전체제에서 부속 역할을 수행하고 내부 민중의 자주적인 사상의 발전과 인권을 억압하였다. 따라서 외부적으로는 미국에 의존하고 내부적으로는 맹목적 반공엘리트 중심의 개발독재를 비호하는 한국의 보수주의자들은 동아시아 담론과는 사상적, 문화적 측면에서 대치상태에 있다. 냉전체제가 붕괴하면서 좌우 대립적 지배이념 구도에 편승하는 국가발전전략이 한계에 부딪히자 보수우익 지식인들은 신속히 미국의 신자유주의/세계화에 편승하면서 탈서구-탈냉전의 대안적 발전을 모색하려는 동아시아 담론과는 다른 길을 가고 있다. 한국의 보수우익이 동아시아 담론과 어울릴 수 없는 이유는 이들은 동아시아보다는 미국을 바라보고 있으면서도 모순적으로 민족주의자라는 가면을 쓰고 실제적으로는 국가주의를 추종하고 있다는 사실에서 오고 있다. 또한 지식-문화적으로 엘리트주의적이며, 상대적으로 신자유주의/세계화에 적극적이다.

결론적으로 초기의 피상적이고 비주체적인 동아연대론의 좌절의 결과로 생성된 성찰과 저항정신은 해방 이후 한국의 진보좌파의 '비판적 지식인'들에 의해 계승되고 새로운 이론적 경향—특히 탈근대적 문제의식—이 접목되면서 지속적으로 발전하고 있다. 서세동점의 시대 지식인들의 비판사조는 냉전시대에도 전승되어 반독재, 민주화운동에 이론적 기반을 제공했다. 그리고 21세기 한국의 비판적 지식인들에게도 동아시아 담론의 논리적 자원을 제공하고 있다.

3. 21세기 동아시아 담론—비판사조와 인문학적 상상의 결합

21세기 동아시아 담론은 한국에서 가장 역동적으로 전개되고 있다. 사실 중국과 일본의 지식인들은 한국 지식계와의 교류에서 동아시아사고에 대한 많은 자극을 받고 있다고 해도 과언은 아니다. 위에서 서술한 것처럼 한국의 동아시아사고는 질곡의 역사를 겪었다. 서세동점의 시대 초기 동아시아사고의 좌절에 대한 경험, 냉전과 권위주의체제에 대한 비판적 논리는 21세기 동아시아 담론의 전개에서 주변부에서 보는 동아시아시각이 생성되는 추진력으로 작용하였다.

탈냉전 이래 한국 지성계의 특징으로서 손꼽을 수 있는 것은 과거에 대한 성찰과 비판적 사조가 동아시아 담론의 전개에 큰 영향을 주고 있다는 것이다. 서세동점의 시대 일본의 동아연대론에 부화뇌동하면서 반서구적 저항으로 시작된 동아시아사고는 제국주의에 대한 저항과 안중근의 동양평화주의, 신채호와 김명식의 사회주의적 동아시아국제주의 사상으로 발전하였다. 그리고 흥미로운 것은 냉전시대 리영희와 박노자 등의 비판적 사고에도 이러한 식민시대의 비판적 사상들이 계승되고 있으며, 탈냉전 시대의 유동하는 세계체제에서도 이전의 비판사조와 새로운 현상에 대한 비판을 종합한 측면이 동아시아 담론에서 보이고 있다는 것이다. 이렇게 한국의 동아시아 담론은 서세동점의 시대부터 시대의 흐름과 함께 지속적으로 논리의 계승과 발전이 이루어져 전개되고 있다.

구체적으로 한국의 동아시아 담론은 서세동점의 시대 이래로 영향을 미쳐 온 서구 근대의 거대서사들—대국주의, 국가주의, 부국강병—이 탈냉전과 함께 효력이 소실되면서 동아시아는 내부적으로 그것을 대체할 무엇을 찾아야 한다는 필요성을 고민하면서 생성되었다. 그러나 문제는 근대적 거대서사의 모방에 따른 부작용과 잔재들—소수민족, 역사분쟁, 분단체제, 미국의 패권지배—에 대한 해결이 여전히 과제라는 점이다. 따라서 근대와 그것을 받아들인 동아시아 방식에 대한 성찰의 측면을 강조하면 담론은 성찰적 근대론이며 동시에 그 동안의 비판사조를 종합한 새로운 비판사조이다. 만약 탈냉전 이후에 서구의 전 지구화/신자유주의적 발전에 대한 동아시아의 자주적인 발전방식을 모색하기에 중점을 둔다면 동아시아적 정체성과 대안담론을 추구하려는 의미가 강하다. 그렇지만 동아시아 담론은 양자를 결합한 특성을 가지고 있다. 서세동점과 냉전시대에 전개되었던 비판사조를 계승하여 탈냉전의 새로운 상황에서 등장한 성찰적 근대론이면서 비판사조이자 동시에 대안담론을 모색하자는 것이다.

특히 한국에서는《창작과 비평》을 중심으로 활동하는 지식인들이 주로 담론을 전개하고 있다. 이들은 사상적 측면에서 근대화 초기와 일제강점기, 개발독재시대에 저항과 비판에 앞장섰던 지식인들의 비판사상을 계승하고 있다고 보아도 무방할 것이다. 이들에 의해서 탈대국주의, 탈국가주의, 시민-지식인관계망으로서의 지역연대구상이 추진되고 있다. 또한 이러한 지역협력의 프로젝트를 통해 한반도 통일에 도움이 되는 길을 모색하기도 한다. 예를 들어 백낙청은 한반도를 '분단체제'로 규정하고 동아시아사고와의 결합으로 북한 문제와 통일이슈에 접근한다. 최원식은 역사적으로 한반도 문제가 동아시아 문제의 결절점이라고 정의하면서 동아시아라는 매개를 통하여 분단체제의 극복을 주장하고 있는데, 그는 이것이 자본주의-사회주의 간의 대립을 초극하는 새로운 문명의 창출이라고 설파한다.[46] 백영서는 동아시아가 '실체적인 공동체'로 가기 전에 '인식의 공동체'를 먼저 구축하자고 제안한다.[47] 이들은 한국에서뿐만 아니라 대만, 중국대륙, 일본의 진보적인 지식인들—천광싱, 왕후이, 쑨거, 사카모토 요시카즈坂本義和, 야마무로 신이치, 와다 하루키和田春樹, 고야스 노부쿠니子安宣邦, 강상중, 요네타니 마사후미 등—과의 교류를 통해서 담론의 확산과 발전에 대해 토론하고 있다. 특히, 아직은 미진하지만 주변부인 동남아 지식인들과의 교류에도 적극적이다.

1) 전환시대의 비판사조와 동아시아사고의 태동

탈냉전시대에 등장한 동아시아 담론은 냉전시대까지 지속되었던 근대의 거대서사가 효력을 다하면서 이에 몰입했던 자신에 대한 성찰과 동시에 이들을 대체할 수 있는 작은 서사들에 대한 자각을 반영한다. 그런데 중요한 것은 냉전시대에도 이미 진보좌파적인 지식인들의 논리에는 근대적 거대서사가 초래한 작은 서사(사회의 다양한 주체들의 다원적 삶의 가치)의 희생에 대한 비판이 나타나고 있었다는 사실이다. 즉, 동아시아 담론은 한 순간에 나타난 것이 아니라 이전까지 이미 많은 비판적 지식인들이 품었던 근대와 대국이 주도하는 냉전체제에 대한 문제의식이 탈냉전시대에 등장한 새로운 사조와 결합하여 발전한 것이다. 아래에서는 오늘날 동아시아 담론에 계시를 주고 있는 전환시대(냉전해체기-탈냉전)의 비판사조를 추출해 본다.

46 최원식, 1995, 〈탈냉전시대와 동아시아적 시각의 모색〉, 정문길 외, 《동아시아, 문제와 시각》, 73-103면.

47 백영서, 2008, 〈평화에 대한 상상력의 조건과 한계〉, 최원식 외, 《제국의 교차로에서 탈제국을 꿈꾸다》, 233면.

리영희의 체제 외적 비판적 중국학, 탈냉전적 시각

대표적으로 리영희의 비판에서는 미국 주도의 냉전체제가 내재하고 있던 대국주의와 국가주의, 부국강병과 반공이데올로기를 수단으로 삼은 권위주의독재에 대한 비판정신이 담겨 있다. 여기에 한국과 동아시아가 전후에 내재화한 미국 의존을 탈피하려는 지향도 담겨 있다. 즉, 냉전시대 진보좌파의 대표적 논객으로서 리영희는 탈미자주, 반독재-민주화논리를 펼치면서 탈냉전시대 비판적 지식인들의 동아시아 담론에 이념적 자원을 제공하였다.[48] 냉전체제와 개발독재시대에 그의 비판논리를 접한 젊은 지식인들은 성장한 후 탈냉전시대에 이르러 단순한 차원의 탈미자주, 민주화운동의 사조를 지역주의와 결합시켜 주변부시각을 출발점으로 하는 동아시아 담론의 발전에 힘을 쏟게 된다. 따라서 21세기 한국의 동아시아 담론은 이전의 비판적 사조의 종합이며, 여기에 인문학적 상상이 가미되어 전개되고 있는 것이다.

전후 미국 주도의 냉전적 지식체계의 지배하에 들어간 한국 사회는 미국의 세계관과 지식체계를 모범으로 탈미국적 지식과 세계관을 열등한 것으로 규정하였다. 따라서 베트남전에서의 반미독립항쟁, 중국의 사회주의혁명은 모두 악마적 일탈행위로 규탄받았다. 그러나 미국 중심의 냉전적 지식체계에 의문을 제기하는 리영희는 오히려 중국혁명과 베트남의 반미항쟁에서 탈서구, 탈제국, 탈식민의 역동적 에너지를 발견하였으며, 중국의 문화대혁명에서도 파괴적인 측면 이면에 유토피아적인 요소를 인정하면서 탈냉전적 시각에서 긍정적인 가치와 계몽의 측면을 부각하였다. 백영서는 이러한 견해가 오늘날 대륙의 신좌파의 논리와 비슷한 시각이라고 여긴다.[49] 특히 학술적으로 어떤 평가를 받든지 간에 당시 리영희

48 李泳禧, 2002(1974년 초판), 《轉換時代의 論理—아시아·중국·한국》, 창작과 비평사; 1980(1977년 초판), 《偶像과 理性》, 한길사; 리영희, 1983, 《10億人의 나라》, 두레.

의 '체제 외적'이고 탈냉전적인 견해는 한국 사회의 지식인과 학생들의 진보적인 사고를 형성하는 데 큰 영향을 미쳤다. 그리고 이러한 측면이 당시 군사정권에 의해서 탄압을 받게 된 배경이 되었다.

또한 반식민주의 투쟁으로 시작된 베트남전쟁이 미국의 반공패권체제 구축과 한국 개발독재정권의 경제발전을 위한 기회로 이용당하는 현실을 신식민주의적 제국주의의 부활로 바라보면서 동아시아 주변부 지식인의 자주적인 탈제국 · 탈식민의 논리를 제기하였다.[50] 이러한 그의 비판은 제3세계의 탈식민주의론에서 제기하는 신식민주의 논리와 비슷한 맥락이며, 촘스키Noam Chomsky의 미국 패권주의 비판과 맥을 같이하는 것이다. 즉, 미국이 세계를 지배하기 위해 언론을 이용한 '조작된 동의'[51]의 구축과 같은 맥락에서, 리영희는 미국 정부가 베트남전에 대한 '강요된 권위' 전략으로 전쟁을 합리화하려는 행태와 이를 폭로한 뉴욕타임스NYT의 용기를 찬양하고 있다.[52] 이것은 베트남전에 용병으로 동반 참전한 한국의 친미개발독재정권에 대한 비판과도 같은 것이다.

이러한 그의 비판적 견해들은 냉전시대에 이루어진 것으로 탈냉전시대인 오늘날에는 상식이 되었다. 그러나 진보좌파 지식인들에게는 지속적으로 한국 사회에 잔존하고 있는 냉전적 사고, 미국 주도의 동아시아를 비판하는 선구적인 작업으로서 많은 영감을 주고 있다. 말년에는 좌우의 편

49 李泳禧,《轉換時代의 論理》, 67-93면;《偶像과 理性》, 83-210면; 리영희-백영서 대담, 〈비판적 중국학의 뿌리를 찾아서〉,《중국의 창》, 2003년 창간호, 149-150, 156-157면. 중국 문화대혁명이 관료주의 철폐와 절대적 평등을 추구하는 측면에서 이상적인 면이 있음을 인정하는 학자도 있다. 문혁을 단순히 독재주의적 폭력으로 평가하기에는 복잡한 사상적 근원이 숨어 있다는 것이다. 이에 대해서는 李澤厚, 1990,《現代思想史論》, 風雲時代出版公司, pp. 233-252.

50 李泳禧,《轉換時代의 論理》, 273-361면;《偶像과 理性》, 213-294면. 대만의 진보좌파 지식인인 천광싱의 탈냉전·탈제국·탈식민 의식운동도 같은 맥락에서 전개되고 있다. 이 책의 대만 부분을 참조.

51 드니 로베르, 2002,《촘스키 누가 무엇으로 세상을 지배하는가》, 시대의 창, 178-206면.

52 李泳禧,《轉換時代의 論理》, 9-36면.

향을 넘어서는 초탈적인 태도로써 한반도의 급진적 흡수통일을 경계하는 논리를 펴기도 하고, 또한 동서이원론적 사고를 초탈하는 사회주의적 휴머니즘을 표방하기도 하였다.[53] 이러한 비판정신은 후세대 지식인들에게 영향을 주어 오늘날 이들에 의해서 동아시아 담론이 전개되고 있는 것이다. 즉, 냉전시대 리영희의 비판론은 탈냉전시대에도 한국의 진보좌파적인 비판적 지식인들에게 지속적으로 자양분을 제공하고 있다.

오늘날의 동아시아 담론에 리영희의 비판작업이 주는 유산은 다음 같은 것이다. 냉전시대 리영희의 작업은 '비판적 중국학의 뿌리'라고 정의내릴 수 있다. 그 의미는 냉전시대 공산권에 대한 비평이 통제된 상황에서 '체제외적인 시각'을 표방한 점이다. 이러한 점은 탈냉전시대 중국학의 두 흐름을 예고하는데, 하나는 '제도로서의 학문체제'로써 이루어진 중국학이고, 둘째는 제도나 체제 밖에서 이루어지는 '운동으로서의 중국학'이다.[54] 그의 논의는 중국에 한정된 것이기는 하지만, 당시 냉전적 사고구조와 체제 내적인 시각을 탈피하여 탈냉전적이고 성찰적인 중국학을 표방함으로써, 오늘날 진보좌파적인 비판적 지식인들의 중국과 동아시아시각의 형성에 도움을 주었다. 사실, 그의 이러한 비판적 사고는 오늘날 백영서 등의 창비진영 비판적 지식인들이 전개하는 동아시아 담론에서 추구하는 세계 인식의 기초가 되었다고 볼 수 있을 것이다.

박노자의 동아시아 재발견

냉전시대에 비판적인 논리를 전개한 리영희에 이어서 탈냉전시대에도 근대적 우승열패의 국가주의와 식민적인 사고가 잔존하고 있는 한국 사회에 대해서 비판적 논리를 전개한 지식인은 박노자이다. 리영희의 논리는

---

53 리영희, 2006, 《새는 '좌·우'의 날개로 난다》, 한길사, 107-116, 304-322면.
54 리영희·백영서 대담, 〈비판적 중국학의 뿌리를 찾아서〉, 143면.

미국 주도의 냉전과 국내의 개발독재체제에 대한 비판을 전개하는 것이었고 동아시아사고는 아직 잠재적인 것이었다. 그러나 박노자는 탈냉전시대에 주로 학술활동을 전개하면서 진보좌파적인 사상을 근거로 삼아 구체적으로 21세기 동아시아사고에 대해 많은 지적인 자극을 주는 논리를 전개한다. 특히, 그는《우리가 몰랐던 동아시아》에 '근대 망령으로부터의 탈주, 동아시아의 멋진 반란을 위해'라는 긴 부제를 달고 있는데, 여기서 보듯이 아직도 한국 사회에 남아 있는 근대의 유산인 사회진화론적인 우승열패주의, 민족주의와 국가주의, 그리고 민중경시의 엘리트주의를 통렬하게 비판한다.

그는 진보좌파의 사상을 기본으로 한국 사회의 보수주의적 사고를 비판한다. 그에 따르면 근대화 초기 한국의 개화지식인들은 중국의 량치차오 에게서 많은 영감을 얻었다. 량치차오는 사회진화론적인 논리를 받아들이고 백성을 계몽시켜 부국강병의 길로 나아가야 한다고 주장하였다. 그는 서구와 일본의 근대를 중국식의 방식으로 이해하면서 한국의 지식인들—특히 신채호, 문일평, 최남선 등—에게 민족주의를 고양시키는 데 큰 감화를 주었다. 그러나 그가 근대화를 이루려면 우매한 백성을 국민으로 교화시켜야 한다고 주창하게 된 것은, 결국 생존을 위해서는 제국주의에 저항하면서도 그들에게서 배워야 한다는 것을 의미하였다. 박노자는 이러한 모순적인 민족주의사조가 동아시아에 뿌리내린 것을 서구 근대에 대한 '지적인 항복'이라고 표현한다.[55] 반면에 착취와 억압을 생성시킨 서구의 근대화와 자본주의 발전에 대한 동아시아적 대안은 탈서구, 탈제국, 탈엘리트주의적인 좌파사상의 도래와 함께 가장 적절히 모색되었다는 것을 지적하고 있다.

따라서 박노자의 시각에서는 일본의 동아연대론은 파시즘의 전조이며

55 박노자,《우승열패의 신화》, 89-168면; 박노자,《우리가 몰랐던 동아시아》, 62-68면.

이것을 찬양하고 선전했던 이광수와 최남선 류의 친일지식인들은 파시즘의 부국강병주의, 엘리트주의와 선민의식의 심부름꾼이다. 이에 반해 민중의식과 동아시아의 제국주의세력에 대한 저항과 착취계급의 철폐를 주창했던 김명식의 사회주의적 비판사상을 재발굴하고 높게 평가하고 있다. 그러나 이러한 20-30년대의 사회주의사조는 중국을 제외하고는 정치운동에서는 성공적으로 실현되지 못하였다. 단지 동아시아에서 미국 패권주의 지배기제와 개발독재정권의 동맹지배구조를 비판하기 위한 방법론으로 사용되었다. 그 결과 탈냉전시대에는 진보좌파의 비판적 담론이 《창작과 비평》을 중심으로 '온건한 색깔'의 동아시아서사로 연결되고 있다고 진단하고 있다.[56] 결론적으로, 이러한 그의 논리를 추론하면 한국에서는 냉전시대에 진보좌파사상이 혁명을 동반한 정치운동화를 이루지 못하고 비판의 방법론으로서의 역할을 했기 때문에, 역설적으로 탈냉전 후에는 동아시아 담론으로 재탄생하여 사회비판의 방법론으로서의 생명력을 잃지 않은 것으로 평가할 수 있다.

리영희, 박노자, 박종홍의 유비에서 보는 비판의 의미

현재의 관점에서 리영희와 박노자의 비판논리를 이해하려면 그들과는 다른 사유를 했던 지식인을 비교하면 더 잘 파악할 수 있을 것이다. 리영희와 동시대의 지식인들 중에서 박종홍(1903-1976)은 군사정권의 개발독재에 부역하면서 서양식의 근대화를 실현하는 것을 목적으로 삼았다. 그러나 형식적인 주장 너머에서 그가 모방하고자 했던 것은 서구 근대의 어두운 측면의 근대화를 모방한 메이지시대 일본의 국가주의발전모델이었던 것이 진실에 가깝다. 그는 대국 주도의 냉전체제에서 독재정권의 부국

56 박노자, 《우리가 몰랐던 동아시아》, 13면.

강병과 국가 주도의 자본주의 발전을 적극적으로 지향했다. 그가 주도적으로 참여한 '국민교육헌장'의 기본정신—민족사적 정통성, 새 역사의 창조, 총화단결, 국난극복 등—은 온통 부국강병의 구호로서 국민을 훈육discipline의 대상으로 삼으려는 국가주의적이고 엘리트주의적 정신이 잘 구현되어 있다.[57] 나아가 박종홍은 '부정否定과 인간人間의 창조적 참여創造的參與'에서 헤겔철학의 명제인 '자연은 인간에 있어서는 인간이 고쳐 만들어야 하는 출발점에 불과하다'를 인용하면서 한국의 현존을 변혁하기 위해서 우리의 주체적인 활동이 필요한 상태라고 강조한다. 즉, 인간이 스스로의 자각에 의한 주체적인 부정성에 의해서만 새로운 문화의 형성과 진리의 파악이 가능하다는 것이다.[58] 이렇게 그는 절대정신의 구현으로서의 새로운 민족국가와 한국적 민주주의 건설을 사유하면서 개발독재정권의 부국강병이념을 구축하는 데 종사하였다. 그러나 헤겔철학의 국가이성의 주체 개념을 실제 한국 정치에 접목한 결과 개체(시민과 개인)의 실존과 타자에 대한 존재인식도 모두 집단과 국가주체에 귀속되는 결과를 낳게 된다. 이것은 서구의 근대화만을 모방했던 메이지시대 일본의 국가주의이념을 해방된 한국에 모방을 위해 재도입하였다고 해도 과언이 아니다. 그렇다면 메이지 일본의 국가주의가 수행한 맹목적 서구 근대의 모방이 가져온 폐해를 그대로 답습할 수 있다는 의미가 된다. 이러한 점은 한국의 비판적 지식인들의 국가주의와 민족주의비판에서 신랄하게 지적된 바 있다.

또 다른 특징으로서 개발독재시대 박종홍과 다른 협력자들은 일제시대의 이광수, 최남선 등이 일본의 근대와 문화를 존숭했던 것과 같은 태도

57 朴鍾鴻, 1982, 〈새 歷史의 創造—維新時代의 基調哲學〉, 《朴鍾鴻全集》 III, 螢雪出版社, 673-686면.

58 朴鍾鴻, 1982, 〈否定에 관한 硏究〉, 《朴鍾鴻全集》 II, 680-685면.

로 미국 의존을 내면화하고 있었다는 점이다. 따라서 이들은 미국 주도의 냉전구도와 사고에 철저히 편승하면서 중심대국과 주변부의 위계주의에서 생성된 하부오리엔탈리즘sub-orientalism의 구현자들이다. 이러한 국가주의적, 엘리트주의적 지식인들의 사유는 리영희와 박노자의 비판적 사유와는 다른 노선을 따르고 있다. 중요한 것은 동아시아 담론의 논리는 근본적으로 우익보수적 엘리트주의 역사관, 오리엔탈리즘의 내면화, 국가주의와 반공구호를 수단으로 삼은 통치기제의 '이데올로기의 허위의식false consciousness'을 비판하는 '비판이론'의 사유선상에 있다는 사실이다. 이는 이 책의 동아시아 담론을 21세기 동아시아에서 출발하는 비판이론으로 발전시키자는 제안에 논리적 동기를 제공하는 것이다. 이 주제에 대해서는 이 책의 마지막 장에서 자세히 논할 것이다.

상기의 리영희와 박노자 등의 비판적 논리와 동아시아 담론과의 연관성은 다음같이 요약할 수 있다. 근대 초기에 방향을 잡지 못한 외세의존의 민중경시와 엘리트주의적인 민족주의가 좌절을 겪으면서 대안을 찾는 데 실패하자, 동아시아의 사회주의적 국제주의와 민중주의에서 새로운 출로를 찾기 시작했다. 진보좌파의 비판적 시각을 대표하는 리영희와 박노자의 탈대국·탈식민·탈냉전의 비판논리는 탈서구의 지역주의와 지역 소수자의 자존심과 권리를 확보하려는 비판적 시각과 연결되면서 오늘날의 동아시아 담론이 형성되는 밑거름이 되었다. 또한 양인의 논리는 자연적으로 대국 주도의 냉전적 정치경제체제가 조성한 허위의식의 지배기제에 비판을 가하고 있다.

이외에 탈서구적이고 탈근대적인 지식과 사고를 중점적으로 강조하는 지식인과 그 사조도 동아시아 담론의 형성에 참조가 되었다. 즉, 한국의 동아시아 담론은 서구의 지식체계와 발전모델이 역사의 궁극적 목표라는 사고에 의문을 제기하는 자주적이고 탈근대적인 지적 정향을 가지고 있다. 서구의 지식과 문화적 지향에만 몰입했던 태도를 벗어나 자주적인 지식과 문화의식을 추구하려는 정향을 함유하고 있다. 따라서 국내적으로 전 지구적 자본주의와 신자유주의적 발전을 그대로 추수하는 사조와 정책은 비판의 대상이 되고 있다.

조동일의 인문학적 성찰로서의 동아시아론

동아시아 담론에는 사회과학적 비판사조와 더불어 인문학적 자기성찰의식도 담겨 있다. 대표적으로 조동일의 인문학적인 자기성찰의식은 사회과학적 비판사조와 인문학적 동아시아상상을 연결시켜 주는 가교의 역할로서 의미가 있다.

서양문학을 넘어서 독자적이고 공통적인 동아시아의 문학과 문명을 연구하는 조동일은 제국과 식민, 냉전의식에 몰입하여 자신만의 사고를 하지 못하는 현상을 비판한다. 즉, "잘못된 과거를 미화하고 두둔하면 혁신이 불가능하다. 무엇이 잘못되었는가를 밝혀야 획기적인 전환을 마련할 수 있다. 반역의 정신을 키워야, 역사를 바꾸어 놓을 수 있다"라고 하였다. 계속하여 그는 지금까지 한국의 교육은 위인전 읽히기 방식으로 이루어졌는데 이제는 위인을 숭배하라고 가르치지 말고 스스로 위대하게 될 수 있도록 도와주어야 한다고도 논한다. 그래야 식민지 시대의 잔재인 낡은 교육의 '교훈주의'를 청산하고 의식의 각성을 촉발하는 가르침을 펼 수 있다는 것이다.[59] 이러한 자기존재의 각성으로 출발하여 동아시아시대를 상상하는데, 동아시아를 하나의 문명권으로 삼고 동아시아 여러 나라가 상호작용하면서 특히 중세시기 이룩한 문명권을 되살려야 한다는 주장도 펼친다.

---

59 조동일, 2003, 《우리 학문의길》, 지식산업사, 15-19면.

특히 그는 동아시아문학사와 학문론의 관점에서 대국주의를 비판한다. 구체적으로 동아시아문학사를 접근하는 태도와 관련하여 중국중심주의적 서술태도를 비판하면서 주변국에서도 독자적인 문학과 철학이 있었다는 것을 강변하고 있다. 즉, 사마천은 중국의 고대 역사에서 수많은 민족집단이 독자적인 문화를 지키면서 자기역사를 창조하고자 하는 노력을 인식하지 못했다고 하면서, 강력한 군사력으로 한제국을 위협했던 흉노를 폄하하고 축소하는 서술을 사례로 들고 있다. 이렇게 사마천은 "대국주의와 패권주의의 편견을 만든 장본인" 노릇을 했다고 해도 지나치지 않다는 것이다. 그러면서 "제국 주도의 역사관에 맞서서 민족국가의 역사를 서술하기 위해 노력한 동아시아 각국의 선례를 검토해야 한다"고 역설한다. 따라서 역사가로서의 사마천을 찬미하는 것만 계승하지 말고, 그가 남긴 어두운 유산을 극복하기 위해 "제국과 민족, 문명과 민족을 동아시아는 물론 세계 전체의 범위에서 통괄해서 논하는 역사관을 마련해야 한다"고 충고하고 있다.[60] 이렇게 중국중심주의를 탈피한 동아시아시각을 근거로 하여 "역사가 시작된 이래로 줄곧 있어 온 우세집단과 열세집단, 중심부와 변방, 다수민족과 소수민족 사이의 불평등, 근대 이후에 세계를 제패한 유럽열강과 그 피해지역의 불행한 관계에 대해서 반론을 제기"[61]하는 것을 21세기 성찰적인 동아시아문학사의 목적이라고 정의 내리는데, 이것은 동아시아 담론의 지향과 일치를 이루고 있다. 이러한 비판적 동아시아문학사론은 주변부 동아시아 담론에서의 탈대국주의, 탈국가주의에 대한 자각과 맥을 같이하는 것이다. 특히 중국의 지식과 담론패권이 동아시아에 구축되고 있는 것에 대한 경계와 성찰을 촉구한 것으로 이해할 수 있다. 이러한 인문학적 분야에서의 탈대국주의적 자각은 한국뿐만이 아니

60 조동일, 2010, 《동아시아 문명론》, 지식산업사, 114-115면.
61 조동일, 2012, 《학문론》, 지식산업사, 170면.

라 중국과 일본의 진보적 지식인들에게서도 마찬가지로 전개되면서 동아시아 담론의 주체들이 수행하는 성찰과 공감을 이루고 있다.

조동일이 대변하는 인문학과 윤리적 측면에서의 비판이 내면화하고 있는 '성찰성'은 한국 사회가 서구를 모방하면서 21세기에도 전반적으로는 지식과 문화의 식민의식을 벗어나지 못하고 있다는 점을 강조하고 있다. 이는 아직도 동아시아인들이 오리엔탈리즘과 함께 옥시덴탈리즘에도 스스로 내재화되어 주체적 자의식이 열리지 않았다는 의미도 된다. 이러한 논리를 확대해 보면 동아시아의 중심부인 중국, 일본과 주변부인 한국과의 상호관계성에도 적용될 수 있다. 한국의 지식계에서 생성되는 지식은 중심부 지식계의 관심과 존중을 받지 못하고 있으며, 이러한 면은 중심부와 주변부의 동아시아 담론의 상호 차별적 특성에서도 잘 드러나고 있다.

이러한 배경에서 보면, 한국의 담론은 출발부터 냉전과 탈냉전시대의 진보적인 사조들을 종합하여 발전하였다는 것을 감지할 수 있다. 즉, 탈서구-탈식민적 지식과 문화의식을 지향하며, 또한 이는 탈근대적인 문제의식과도 상통한다. 따라서 한국에서의 동아시아 담론은 냉전과 탈냉전시대의 모든 문제에 대해 성찰하고 비판하는 사조들이 결합하여 새로운 비판사조이자 대안담론으로 등장한 것이며, 여기에 인문학적 상상의 개념이 더하여져 미래의 비전을 제시하는 성격을 띠게 되었다.

2) 탈냉전시대의 불확실성과 대안으로서의 동아시아 담론

비판적 지식인들은 탈냉전시대를 유동적인 상황으로 보면서, 이에 대한 대안을 모색해야 한다는 인식을 가지게 되었다. 탈냉전시대는 미국 패권구조의 상대적 퇴조가 초래되고 있기 때문에 세계체제는 과도기적인 변화와 발전의 가능성을 가지고 있다고 판단한다. 냉전시대를 근대적 전통의 연장이라고 규정한다면, 탈냉전시대의 변화는 '탈전통적'이다. 즉, 근대적 전통의 동서이원론, 좌우이념, 국가주의적 사고와 지식체계를 넘어서는 새로운 탈근대적 접근이 필요한 상황이다. 동아시아 담론이 진정한 근대, 즉 근대성의 완성을 도모하면서 동시에 탈근대적 문제의식을 지니고 출발한다는 의미가 여기에 있다.

구체적으로, 탈냉전시대 동아시아의 변화는 서구와는 다른 특징이 있다. 담론이 서구식의 발전에 대한 대안을 구상하는 데 더욱 복잡한 사고가 필요한 게 이 때문이다. 1) 동아시아는 서구와는 달리 탈냉전시대임에도 냉전의 그림자가 남아 있다. 소위 냉전시대에 근대화의 최종 목표였던 '대국주의'와 '부국강병'이라는 유령이 아직도 동아시아를 배회하고 있다. 구체적으로 분단체제, 제국이 초래한 소수자 문제가 아직도 존재하고 있다. 2) 게다가 역사갈등이 아직도 미해결인 채로 남아 있어서 초국주의적 시민-지식인 연대운동에 큰 장애가 되고 있다. 3) 이렇게 서구와는 다른 상황인데도 서구가 주도하는 전 지구화/신자유주의적 발전주의가 수입되어 상기의 추세와 혼합하여 존재한다. 이렇게 근대가 조성한 문제와 탈근대적 변화의 압력이 동시에 영향을 미치면서 담론의 지향(탈대국주의, 탈국가주의, 무경계-탈중심주의, 탈국민국가주의)이 제한을 받고 있다. 즉, 국가주의를 지향하는 요인들이 아직도 남아 있는데, 탈국민국가주의적 접근을 필요로 하는 변화의 힘도 증대되고 있다. 4) 또한 동아시아는 서구에서 보이는 균질적인 발전수준이 아닌 국가 간의 상호불균형이 상대적으로 크다. 단지 경제-군사력 측면에서뿐만 아니라 지적-문화적 수준에서도 그렇다. 5) 이러한 복합적이고 중층적인 문제들은 동아시아적 대안을 추구하는 동기로 작용하지만 방해작용도 하고 있다. 즉, 탈서구를 강조하다 보면 지역 내 중심부의 힘이 상대적으로 강화되어 주변부와의 위계주의가 강화된다. 중심부와 주변부 간의 국력불균형이 서구보다 상대적으로 크기 때문이다. 6) 중심부와 주변부의 수평적 사고를 전제로 하는 시민-지식인 관계망은 서구 주도의 전 지구주의/신자유주의적인 발전의 결과이거나 그것에 기초한다. 따라서 지역의 문제를 접근하는 동아시아의 대안을 위해서는 순수한 동아시아의 담론이 필요하지만, 서구를 참조하는 지식의 그림자를 떨쳐 내기 힘들다는 것도 동아시아 지식계의 고민으로 남아 있다.

이러한 동아시아적 상황은 기든스의 용어를 빌리면 동아시아의 근대적 전통에서 오는 '고정적 경관들fixed landscape'로 표현할 수 있을 것이다. 동아시아의 냉전적 잔재와 서구 근대성의 유산은 일종의 지역차원의 고정적 구조로 유추할 수 있으며, 이들은 탈근대적인 변화의 압력과 맞물려 동아시아에 '제조된 불확실성manufactured uncertainty'을 증대시키고 있다.[62] 이러한 환경이 지역의 불확실성을 증대시키고 있고, 전 지구화시대의 동아시아 발전의 방법론에 대한 논란을 촉발시키고 있는 것이다. 이제 전통적인 근대의 사고방식, 즉 정통적 좌-우이념, 사회주의-신자유주의, 동-서 이원론, 중심-주변의 위계주의적 인식체계로는 문제에 접근조차 힘들고, 따라서 이원대립적인 사고방식을 넘어서는 '제3의 길'을 찾아야 한다는 것은 시대적 요구이다.[63] 물론 동아시아의 상황과 기든스의 개념이 나온 사회적 맥락은 다르지만 정통적 좌우이원론에 근거한 대안적 방법을 성찰하고, 이것을 초탈한 새로운 방식과 경로를 모색해야 한다는 문제의식에 대해서는 동아시아인들도 공감할 수 있다.

탈냉전의 전환시대에 나타난 불확실성은 부정적인 표현이다. 그러나 사실 탈냉전은 부정적인 변화가 아닌 긍정적인 변화이다. 따라서 탈냉전과 함께 도래한 불확실성은 일종의 미래의 가능성을 가진 유동성으로 받

62 Anthony Giddens, 1994, *Beyond Left and Right: the Future of Radical Politics* (Cambridge: Polity Press), pp. 6, 4.

63 Anthony Giddens, 1998, *The Third Way: The Renewal of Social Democracy* (Cambridge: Polity Press).

아들일 수 있다. 이러한 상황은 비판적 지식인들로 하여금 식민시대와 냉전시대의 비판사조를 계승하면서도 유동성의 국면에 적극적으로 응답하려는 대안을 추구하게 만들었고, 이는 동아시아 담론이 생성되는 계기가 되었다. 이렇게 탈냉전의 동아시아는 냉전시대의 고정성을 탈피하여 불확실성이 증대되면서 유동성을 띠게 되었는데, 이러한 유동성은 동아시아 담론을 가까운 시일에 실천 가능한 사회과학적인 접근보다도 인문학적인 상상과 미래의 비전으로 이끌고 있다. '창비'를 중심으로 비판적 지식인의 역할을 하는 백낙청, 최원식, 백영서의 논리에서는 이러한 동아시아 담론의 동기를 확인할 수 있다.

냉전시대에 민주화운동에 참여했던 백낙청은 탈냉전시대를 맞이하면서 동아시아의 유동성이 생산한 창조적 역동성을 긍정적으로 평가하고 있다. 그는 동아시아를 지금까지의 '개발주의 패러다임'을 넘어서는 '대안적 패러다임'이 가능할 수도 있는 거대한 실험장으로 전망하면서 탈냉전시대가 초래한 세계체제의 위기국면에 대한 동아시아의 창조적 대응을 촉구한다. 즉, 동아시아가 가장 활발한 자본축적지역인 데다가 지역 내에 합의된 모델이 없어 유동적이며, 종전의 개발패러다임으로는 생태계 재앙의 위험이 크고 문명의 유산까지 풍부하다는 점에서 세계의 위기에 대한 대안적 패러다임의 모색에 유리한 조건을 갖추었다고 진단한다.[64] 나아가 딜릭의 '전 지구적 근대'가 근대의 최종단계라는 가정을 인용하면서, 그 대안적 패러다임 모색에 동아시아사고가 적당한 이유를 밝히고 있다.[65] 즉, 기존의 정치경제적 지배양식이 흔들리고, 오히려 더욱 나쁜 방식으로

---

64 백낙청, 2004, 〈21세기 한국과 한반도의 발전전략을 위해〉, 백낙청 외, 《21세기 한반도 구상》, 24-25면.

65 딜릭은 세계화로 대변되는 자본주의 근대의 최근 단계를 '전 지구적 근대'로 규정할 것을 제안한다. 구미(Euro/America)의 지배가 좀 더 명백하던 앞 시기를 그는 '유럽중심적 근대'로 규정한다. Arif Dirlik, "Global Modernity?-Modernity in an Age of Global Capitalism," *European Journal of Social Theory*, No.6, Vol.3 (2003), pp. 275-292.

변할 위험마저 있는 단계이기 때문에, 더 나은 방식을 창안할 틈새인 동아시아를 최대한으로 활용해야 한다는 주장이다. 구체적으로 몇 가지를 들고 있다. 첫째, 한·중·일과 동남아를 포함하는 동아시아는 오늘날의 세계경제에서 가장 활발한 자본축적이 이루어지는 지역이고, 둘째, 유럽이나 북미와는 달리 지역 내의 합의된 모델이 없다는 조건은 지역에 많은 발전의 '유동성'을 제공한다. 셋째, 중국의 개혁 이래로 종전의 국가주의패러다임에 의거한 거대한 개발은 지역과 지구 전체 생태계에 재앙이 될 것이다. 넷째, 기존의 패러다임은 단순히 경제제도나 개발방식의 문제가 아니라 우주관과 진리관의 문제이기 때문에 동아시아문명 전래의 사유와 정서의 유산은 그 자체로 해결책은 못 되지만 대안모색의 소중한 자산이 될 수 있다고 보고 있다.[66] 이러한 그의 제안에서 중요한 것은 동아시아의 상황을 열거하면서 다른 지역들도 새로운 발전방식의 개발과 문명의 탄생에 기여할 수 있지만, 유동성의 측면을 고려하면 동아시아가 서구식의 발전에 대한 대안을 창조하는 데 더 많은 가능성을 가지고 있다고 본 것이다. 한국 지식계에서 백낙청은 반독재-민주화운동과 한반도 통일 문제에 천착하여 왔다. 이제 한반도의 주제를 확장하여 동아시아의 역동성을 강조하는 것은, 이 책의 논지대로, 그동안의 비판사조를 종합하고 탈냉전 이후 넓어진 지식계의 사고체계를 활용하여 동아시아사고를 새로운 대안담론으로 설정하려는 의도를 보여 주고 있는 것이다. 단지 그의 논리에서는 아직은 구체적인 방법론을 제시하기보다는 대안을 모색해야 한다는 선언적인 의미에 그치고 있는 측면이 있다.

비슷한 동기에서 동아시아 담론을 제창하는 최원식은 '우리는 왜 동아시아를 말하는가?'를 자문하는데, 이에 대한 자신의 응답은 상술한 유동적인 시대의 대안모색으로서의 성격을 잘 나타내고 있다. 그는 동아시아

66 백낙청, 2006, 《한반도식 통일, 현재진행형》, 창비, 256-257면.

담론의 필요성에 대해서 남북의 적대적 공존을 화해적 공생으로 바꾸는 일을 고려하는 공동의 작업을 위해서라고 밝힌다. 이것은 동아시아를 자각하면서 자신의 문제와 지역의 평화 모두를 향한 문제의식을 가지고 있음을 설파하려는 의도이다. 탈냉전시대의 동아시아 담론은 한반도, 중국(그리고 대만, 홍콩, 마카오), 일본, 오키나와를 '하나의 사유단위'로 설정하면서 민족주의 혹은 국제주의—세계주의—를 횡단하는 중도中道의 길, 즉 탈민족주의와 탈세계주의인 지역주의를 의미한다는 것이다. 여기에 미국과 소련의 냉전체제에 반목과 갈등을 거듭한 20세기 냉전이 구조화한 동아시아로부터 탈주하는 평화의 기획으로 담론을 설정한다.[67] 이렇게 그가 제기하는 동아시아 담론은 일본이 걸었던 동아시아의 배타적 지역주의와 대국들이 주도한 냉전적 사고를 극복하려는 탈냉전-탈대국주의의 특성이 함축되어 있는 것을 감지할 수 있다. 나아가 그가 제창한 담론에서는 동아시아를 이야기하면서도 동아시아 자신의 내외부를 포함하는 모든 지역과의 무경계-탈중심을 탐색하는 탈근대적 문제의식을 읽을 수 있다. 특히 그는 아래에서 논술하게 되는 동아시아에서의 '소국주의'를 제안하면서 인문학적 상상의 특성을 보여 준다.

동아시아 담론을 가장 적극적으로 주창하는 백영서는 1990년대 초부터 탈냉전시대로 접어든 동아시아의 유동적 상황은 균열이 아닌 신질서의 등장을 예고하는 것이고 동아시아 질서의 미래가 당분간 미국의 일극적 주도권과 동아시아의 다극적 지역통합 노력이 타협 경쟁하는 과정에서 결정될 것으로 전망한다.[68] 그는 한국의 동아시아 담론을 주도하면서 중국, 일본, 동남아 지식인들과의 교류를 통하여 동아시아의 새로운 문

67 최원식, 2009, 〈동아시아 공동어를 찾아〉, 《제국이후의 동아시아》, 55-56면.
68 백영서, 2005, 〈제국을 넘어 동아시아 공동체로〉, 백영서 외, 《동아시아의 지역질서》, 25-26면.

명 창출의 가능성을 주변부의 입장에서 탐색하고 있다. 이러한 활동은 그의 공언대로 동아시아의 많은 지식인들에게 21세기 새로운 대안으로서의 동아시아사고라는 자각을 심어 주고 확산시키는 데 큰 역할을 하고 있다. 즉, '마르크스주의와 민족주의에 대한 반성'에서 나온 '변혁이론으로서의 동아시아'라든가, '민족주의와 민족담론, 통일운동의 후속물로 출현한 성찰적 동아시아론', '실천과제로서의 동아시아', '비판적 지역주의', 또는 '온건한 색깔의 동아시아'라는 사유의 방향들이 창출되고 있는 것이다.[69]

이렇게 한국의 비판적 지식인들은 동아시아를 지배했던 냉전시대의 고정적인 환경에서보다도 탈냉전시대의 유동성에서 동아시아시각에서의 대안담론을 추구하려는 시도를 하고 있다. 다만 아직은 담론이 동아시아의 정체성을 강조하는 운동의 선언적인 의미에서의 개념으로 비추어지는 측면이 있다. 이러한 경향을 하나의 이론으로 정리하여 연결시켜야 하는 필요성이 절실하다. 이런 사실을 인식하고 동아시아 담론을 제창하는 그룹에 속하지는 않지만 관찰자의 입장에서 이광호와 조희연은 이론화의 길을 촉구하고 있다.

일본의 진보적 지식인들이 기획한《아시아신세기》에서 양인은 유동성이 지배하는 탈냉전의 시대에 등장한 동아시아 담론이 가야 할 밑그림을 제시하고 있다. 우선 동아시아는 유동성의 시대에 나온 상상의 산물임을 인정하면서 다양한 문화, 언어, 종교, 다양한 정치경제집단이 존재하는 지역이기 때문에 '타협 불가능한 원리적 단절'과 더불어 또한 쉽게 용서

69 이 개념들은 다음의 자료들에서 순서대로 참조할 것. 백영서, 2007, 〈동아시아론과 근대적응·근대극복의 이중과제〉, 이남주 편, 《이중과제론—근대적응과 근대극복의 이중과제》, 76면; 하세봉, 2001, 《동아시아역사학의 생산과 유통》, 아세아문화사, 18면; 장인성, 2005, 〈한국의 동아시아론과 동아시아정체성〉, 《세계정치》, 제26집 2호, 2005년, 9면; 馬場公彦, 2003, 〈ポスト冷戦期東アジア論の地坪〉, 《アソシェ》, No.11, pp. 51-52; 임우경, 〈비판적 지역주의로서의 한국 동아시아론의 전개〉, 《중국현대문학》 제40호, 2007년 3월, 1-50면; 박노자, 《우리가 몰랐던 동아시아》, 13면.

할 수 없는 역사기억이 있다는 것을 전제한다. 그렇다면 동아시아사고는 많은 파편화된 역사적 기억의 조각들에서 하나의 원리를 찾는 작업으로 귀결된다. 특히 한국에서 동아시아를 발견하려는 의도는 자신의 잃어버린 다중적 정체성을 재발견하고 국민국가적 정체성을 재구성하는 과정이다. 즉, 냉전시대의 동아시아 전체가 서구에 통합되고 주변화된 상태와 모방의 내재화를 성찰하는 탈냉전시대에 우리 내부에 잠재하던 동아시아인의 정체성을 재발굴하려는 작업은 '역사를 다시 보는 노력'이자 '정체성의 탈식민화와 재구성'의 과정일 것이다. 따라서 이들은 현 상황에서 동아시아를 반드시 고정적인 공간이자 실체로 받아들일 이유는 없다고 설파하면서 '지구화의 상황에서 아시아라는 것이 그 자체가 절대적 차원은 아니며 글로벌한 차원, 국민국가적 차원, 지역적 차원이 다층적으로 상호작용하면서 존재하는 상대적인 것임'을 강조한다.[70] 이처럼 동아시아의 유동적 상황을 제시한 후에 동아시아의 '초국경화' 추세는 이제 찬반의 문제가 아니기 때문에, 단순히 (동)아시아를 재발견하는 것만이 아니라, '어떤 성격의 (동)아시아'를 구성하고 어떻게 자기정체성화할 것인가가 중요하다고 강조하고 있다. 다시 말해 이들이 중요하게 여기는 것은 탈국민국가주의적 사고를 추구하는 동아시아 담론이 대안으로 떠오른 사실을 인정하느냐의 문제가 아닌, 동아시아를 어떻게 새로운 대안으로 구성해 내느냐 하는 것이다. 이런 의미에서 한국에서 아시아학이 '지역연구'에서 '인문사회과학' 연구의 중심에 진입하게 되었다고 평가한다.[71] 결국, 양인은 상기의 지식인들과 마찬가지로 유동성의 동아시아에서 어떠한 세계적이

70 아오키 다모쓰 외, 2007, 황영식 외 역, 〈한국어판 발간사〉, 《아시아신세기》 1, 한울, 5-8면; 青木保, 2003, 《アジア新世紀》, 岩波書店. 일본의 진보적 지식인들이 주도한 저작이다. 여기에는 각권의 주제와 관련한 한·중·일 3국의 지식인들이 참여하였다. "아시아의 공간, 역사, 정체성, 행복, 시장, 미디어, 파워, 구상"의 8개의 세부적 주제를 나누었다.

71 아오키 다모쓰 외, 〈한국어판 발간사〉, 9-10면.

고 보편적인 대안을 새롭게 구성해 내야 한다는 가치지향적인 목표 설정에 공감을 나타내면서, 그것을 실현하기 위한 이론화작업을 재촉하고 있는 것이다.

상기 지식인들의 견해에서 의식적이든 무의식적이든 공통적으로 드러나는 것은 우선 탈냉전의 유동성은 지식계의 사고범주의 확장을 조성하면서 근대 초기로부터 유래한 비판사조의 종합을 통하여 새로운 대안담론을 탐색하고 있는 측면이다. 지식인들은 기존의 근대적 사고체계를 넘어서 한반도와 지역문제를 바라보는 데 동아시아시각이 적절할 수 있다는 것을 발견하면서, 특히 탈냉전과 함께 찾아온 전 지구화-신자유주의는 이들로 하여금 동아시아적 발전의 대안을 모색하게 하고 있다. 즉, 상상의 의식공간으로서의 동아시아, 대국과 국가를 초월하는 관계망의 인식에서 국가와 개별직 사건들을 바라볼 수 있다는 변화된 시각을 제시하는 언어들이 많다는 것이다. 비판적 지식인들은 동서이원론을 초탈하는 보편적인 대안으로서의 동아시아를 주창하고 있으며, 따라서 동아시아 담론은 단순한 지역연구의 차원에 머무르는 게 아닌, 인문사회과학의 보편적인 학문 분야로 떠올랐다고 평가할 수 있다. 따라서 동서이원론적 사고체계에서의 동아시아시각을 성찰하고 극복하려는 탈근대적 문제의식이 내재화되어 있다고 볼 수 있다. 이러한 탈냉전의 유동성과 근대에서 탈근대적 영역으로의 사고체계의 확장은 비판사조의 종합이자 동시에 대안으로서의 동아시아 담론의 생성을 추동하면서 인문학적 상상에 근거한 미래의 비전을 제시하고 있다.

결론적으로 현재까지는 체계적인 이론적 특성과 방향이 정리되지 않은 가운데 상호 교류의 장에서 나타난 선언적이고 수사적인 언어, 산발적으로 제시된 많은 개념과 지향들을 나름대로 정리하여 이론화하려는 게 본 연구의 의도이다. 이 책은 다음에서 지속적으로 비판적 지식인들의 견해들을 수집하여 정리하면서 동아시아 담론이 21세기 동아시아에서 생성된 '비판이론'으로 발전하는 게 적절하다는 생각을 가지게 되었다.

3) 전환시대의 인문학적 상상—무경계, 탈중심의 동아시아인식

한국 동아시아 담론의 특성을 추출해 보면 근대 초기의 좌절로 인해 생성된 비판적 사조가 거대한 흐름에서는 연결되면서도 세세한 측면에서는 다른 속성도 발견할 수 있다. 초기에는 주권이 위기에 빠진 상황에서 민족주의적인 동기를 내포하고 있었다. 따라서 저항을 위한 동아연대, 아시아 약소국의 민중계급연대 등등이 주된 개념으로 사용되었다. 새로운 동아시아를 상상하기보다는 현실적인 필요에 의해 독립을 위한 전략적인 측면이 농후하였다. 이러한 초기 동아시아사고는 지속적으로 비판사조를 접목시키면서 탈냉전기에는 인문학적 상상의 개념을 많이 제시하는 성격을 띠게 된다. 그러나 저항에서 상상으로 변화한 아이러니는 단절된 사고의 표현이 아니라 하나로 연결된 선형적인 발전의 결과이다. 인문학적인 상상의 개념에서도 내면의 본질을 들여다보면 저항과 비판의 언어들이 은유적으로 함축되어 있다.

21세기 동아시아 담론이 사회과학적인 실천이론으로서보다도 인문학적인 상상과 미래의 비전의 성격이 짙게 드리워진 것은 위에서 논한 대로 좌절의 역사를 지내 왔던 뼈아픈 경험이 있기 때문이다. 주변부로서의 좌절의 역사에서 나온 비판사조의 계승은 한국의 비판적 지식인들로 하여금 현실비판과 미래의 비전을 더욱 추구하게 만들었다. 즉, 한국의 동아시아 담론에서 가장 많이 사용되는 어휘들은 '동아시아상상', '동아시아연대', '탈대국주의', '탈국가주의, '탈국민국가주의', '수평주의적 관계망(네트워크)'으로서의 동아시아연대 혹은 공동체, '시민-지식인 관계망 혹은 연대', '소국주의', '인식의 공동체', '프로젝트로서의 동아시아' 등이다.[72] 이 같은 개념들은 공동체와 프로젝트인 경우를 제외하면 모두 사회과학적이라기보다는 인문학적인 개념들이다. 공동체인 경우에도 탈국민국가주의의 틀에서 시민-지식인 관계망으로서의 공동체를 상상한다면 정치경제적인 틀에서의 공동체와는 달리 인문학적 상상의 범주에 속한다. 사실 담론의 논의와 토론들이 거의 실증적인 의미로서가 아닌 미래에 대한 비전으로서의 색채를 띠고 있다고 해도 과언은 아니다. 그리고 논리의 성격과 전개방식이 현실적이라기보다 '도덕적-규범적-예언적'이다. 따라서 당장 인문학자가 아닌 사회과학자와 정책결정자가 보기에는 구체적으로 이론화하기에는 막연하고 상상의 세계를 여행하는 느낌이 들 수 있다.

이렇게 한국에서의 동아시아 담론은 주로 사회과학적인 경험과 실천을 지향하는 논리보다는 인문학적인 상상에 의해 주로 전개되면서 동아시아의 개념도 유동하는 의식의 공간으로 자리매김하였다. 따라서 담론의 '동아시아'는 철저히 '의식의 운동'과 '변화의 흐름'을 반영하는 지적인 상상의 개념이다. 동아시아는 과거나 현재에도 실체가 없이 상상 안에서 생성becoming을 지속하면서 자신을 나타내고 있다. 그러나 아직은 이러한 지향성이 이론화가 되지 않았을 뿐이다.[73] 그러므로 동아시아 담론은 이론적인 구조를 가지지 않고 단지 지향만을 가진 허구적인 '의식의 궁전'일 수 있으며, 그 지향은 주체-대상, 중심-주변, 대국-소국, 민족 혹은 국가-관계

72 최원식, 《제국이후의 동아시아》, 13-32면; 백영서, 〈평화에 대한 상상력의 조건과 한계〉, 《제국의 교차로에서 탈제국을 꿈꾸다》, 233면.

73 앞의 장에서 언급한 대로 필자의 동아시아에 관한 사유와 비평은 들뢰즈의 '유동성의 철학,' 베르그송의 '생명철학', 화이트헤드의 '생성'의 철학에서 많은 계시를 받았다. 질 들뢰즈·펠릭스 가타리, 2003(원저는 1980), 《천개의 고원》; 앙리 베르그송, 2009(원저는 1907), 《창조적 진화》; A.N. 화이트헤드, 2007(원저는 1929), 《과정과 실재》, 민음사. 사상화의 필요성을 강조한 자료는 쑨꺼, 〈동아시아시각의 인식론적 의의〉, 《아세아연구》, 52권 1호, 2009년, 13-56면.

망, 내부-외부, 동-서양의 구별과 위계를 소멸시킨다는 것이다.

이러한 추상적 논리의 전개에서 유추할 수 있는 것은 한국 동아시아 담론이 들뢰즈의 유목철학적 사유를 떠오르게 한다는 점이다. 이러한 특성에 대해서 우리는 긍정적, 부정적인 비평 모두의 가능성을 열어 놓고 열띤 토론을 전개할 수 있다. 이러한 사유에서는 근대적인 경계 만들기(영토화)가 아닌 탈근대적인 경계 허물기(탈영토화)를 지향한다. 따라서 헤겔의 국가이성의 변증법적 역사운동에서보다는 들뢰즈의 노마디즘nomadism, 즉 유목의 철학에서 동아시아를 추상하기에 가깝다. 유목성은 유동성과 거의 같은 개념이며, 따라서 담론의 논지들은 거의 예외 없이 무경계, 탈중심, 탈위계적 인식론을 출발점으로 삼고 있다. 담론은 기존의 동아시아 구조—동서이원론, 중심과 주변, 경계 만들기, 오리엔탈리즘, 옥시덴탈리즘, 차별과 소외, 착취와 배제—를 해체하는 탈영토화를 주창하면서, 끊임없이 새로운 비전에 의한 재영토화를 지향한다. 이런 인식론에서 추론해 보면 동아시아 담론은 21세기 수평적인 관계망의 동아시아를 지향하는데, 이것은 앞 장에서 논의한 대로 일종의 '수평주의적 다양체' 혹은 '무중심적 다양체'로 상상할 수 있다. 즉, 동아시아는 여러 민족, 국가, 주체로 이루어진 단위들이 모인 것이지만 담론에서는 하나의 단위로서의 다양체를 상상하고 있다.

따라서 상기에서 언급한 담론의 내면에 숨어 있는 인식론적 특성을 고려하면, 동아시아는 정치경제적 '공동체'가 아닌 끝없이 의식의 세계를 형성하는 '관계망network'이 더욱 적합하다. 따라서 구체적인 국민국가의 공동체가 아닌 '시민-지식인 관계망'이 한국의 담론에서 나타나는 동아시아의 모습이며 바람직한 것이다. 즉, 한국의 담론에서 지향하는 국민국가가 논의하는 공동체는 구체적 조직으로서 동아시아에 위계적 질서를 도입하려는 시도에 굴복할 가능성이 크다. 이는 무경계-탈중심, 탈국민국가주의라는 인문학적인 상상과는 거리가 있기 때문에 동아시아 담론에서는 오히려 배척되어야 한다. 들뢰즈 철학에서 보면 동아시아는 국민국가주의의 습관과 욕망으로부터 끝없이 탈주하는 유동하는 의식공간으로, 일종의 '기관 없는 신체'로 인식할 수 있다.[74] 이것은 '사람처럼 동아시아도 유기체이면서 유기체가 가진 형식화된 기능들에 머물지 않고 기능화된 자신으로부터 끝없이 탈주하여 항상 유동하는 존재로 살아가는 유기체'라는 의미이다.

이러한 인식론에서 보면, 한국의 담론이 일본과 중국에서보다 의식적이든 아니든 더욱 적극적으로 '유동성'(들뢰즈)과 '약동하는 생명'(베르그송)의 철학을 사유의 근저에 함유하고 있다는 사실을 유추할 수 있다. 즉, 이론 부분에서 논한 대로 탈근대의 사유는 근대적 사고에 대한 성찰과 비판을 함유하고 있는데, 그것은 21세기 동아시아 담론이 상상하는 지향들을 인류 발전의 합목적적인 것으로 정당화해 주고 있다. 따라서 한국의 담론에서 나오는 개념들—탈대국주의, 탈국민국가주의, 무경계 · 탈중심, 탈동서이원론—은 탈근대적이면서 인문학적 상상의 성격이 짙다.

이렇게 한국의 담론이 현실적인 사회과학보다는 인문학적 상상과 미래의 비전으로서 더욱 발전하게 된 이유는 다음 몇 가지로 정리할 수 있다.

첫째, 동아시아 담론은 서세동점 이래로 외면적인 근대화에 맹목적으로 몰입했던 행태를 성찰하고 근대성의 내면화를 지향하는 사고이다. 따라서 개인과 시민의 주체의식에 대한 자각이 생성되면서 대국과 국가의 통치기제를 벗어나 진정한 주체를 찾으려는 시도에서 출발한다. 따라서 속박당하지 않는 진정한 주체를 찾기 위해 탈서구의 동아시아 정체성을 모색하지만 다시 동아시아를 타자화의 기제로 삼는 모방적 태도를 초탈

74 '기관 없는 신체'의 개념에 대해서는 들뢰즈, 《천개의 고원》, 287-317면; 이진경, 《노마디즘 1》, 423-491면.

하기 위해 탈동서이원론으로 나아간다. 나를 찾기 위해 동아시아 정체성에 의존하지만, 결코 동아시아에 머물지 않는 유동하는 동아시아의식을 지향한다. 따라서 유동성의 철학적, 인문학적 사유는 동아시아 담론의 인식론적 근거를 제공한다.

둘째, 한국의 담론은 서세동점에서부터 냉전과 탈냉전시대의 비판사조를 계승하고 종합하여 새로운 제3의 비판사조를 창출하고 있다. 비판은 현재보다 미래의 변화 가능성과 대안담론의 필요성을 염두에 둔다. 따라서 현실에서 안 되는 것을 비판하고 그 비판의 틀을 미래의 새로운 지향으로 설정하여 건설하려는 희망을 제시하는 측면이 강하다. 이러한 특성과 관련하여 필자는 마지막 장에서 서구의 '신비판이론'과의 연관성을 사유하고 있다.

셋째, 한국은 상대적으로 주변부이자 약소국으로서 자신의 운명을 결정하는 실천 과정에서 대국들의 각축으로 인해 국제체제의 힘의 벽을 넘기가 대단히 힘들다는 것을 인지하고 있다. 따라서 지식인들은 소수자의 입장에서 다른 소수자들을 대변하고, 정치적 실천이론보다는 비현실적으로 보이지만 소수자의 이상을 논하는 경향을 짙게 보이고 있다.

넷째, 한반도의 분단체제라는 현실은 민족주의(국가주의)의 완성을 사고하게 하면서도, 대국주의에 의해 억압받는 소수자의 현실인식과 탈근대적인 문제의식을 접목하여 탈국가주의(탈민족주의)와 탈국민국가주의를 동시에 사고하게 하고 있다.

마지막으로, 담론을 전개하는 주체들의 개성과 경험의 측면이다. 한국에서 '비판적 지식인'이라 함은 대부분의 경우에 진보적이고 자유주의적 좌파의 이상을 가지고 있다는 것을 의미한다. 그리고 권위주의 통치기제에 대해서 비판적인 태도를 가지고 있기 때문에 현실에 대해 순응적이기보다는 이상에 기초한 저항정신을 더 견지하고 있다. 따라서 담론에서도 현실의 극복을 위한 미래의 지향을 논하는 경우가 일반적이다.

이렇게 네 가지 동기에서 생성된 인문학적 사고경향은 한국의 비판적 지식계에서 가장 농후하게 드러나는 문제이긴 하지만 중국과 일본의 지식인들도 내면으로는 어느 정도 공유하고 있는 특징이다. 특히 한국의 담론은 상기의 네 번째 이유가 이중과제를 형성하는 가장 큰 동기로 작용하고 있다. 그렇게 된 중요한 이유 중 하나로서 현실적인 문제해결을 직접적으로 시도하면서 국가주의 간의 충돌을 야기하기보다는, 문제들을 장기적인 미래의 비전으로 전화시켜 현재의 갈등의 가능성을 상쇄시키려는 의도를 보이는 측면도 있다. 따라서 담론은 사회과학적인 혹은 정치적인 용어보다는 인문학적인 상상과 비전을 제시하는 성향이 강하다. 이렇게 담론이 인문학적인 상상의 길을 지속적으로 추구한다면 어떤 것을 구성하는 것보다 동아시아의 과거와 현실에 대한 '비판이론'의 방향으로 발선하는 게 더욱 자연스러울 수 있다.

4) 근대완성과 탈근대적 문제의식의 결합

동아시아 담론은 서구의 발전모델이 역사의 목표이며 국민국가가 궁극적인 발전의 지표였던 근대화에 대해 의문을 제기하는 일종의 근대성에 대한 각성과 탈근대적인 성찰의 성격을 나타내고 있다. 특히 한국의 지식계는 식민 상태에서 해방이 된 후에도 미국 주도의 냉전체제에 복무하면서 부국강병의 이념적 패러다임과 지식-문화의 지배기제를 극복하지 못했던 상태를 탈냉전의 도래와 함께 성찰적으로 돌아보게 되었다. 근대의 일면에 불과한 경제적 근대화와 군사력 증대, 단일민족의 단일 영토경계를 추구하는 국민국가주의에만 몰입했던 태도를 벗어나 사회의 다원적 주체들이 공존하는 생활세계의 다문화주의, 초국주의적 시민-지식인 관계망, 비판의 자유의 중요성을 자각하게 되었다. 따라서 탈냉전시대 주로 대국과 국가가 주도하면서 다양성을 하나로 표준화하려는 전 지구화/신자유주의를 그대로 추수하는 사고와 정책은 비판의 대상이 되고 있다. 시민사회, 국가, 지역이 각자의 특성을 유지하고 발전시키는 것이 가장 세계적인 것이라는 생각, 다원적 주체가 발휘하는 다양한 개성의 차별 없는 수평주의적 사고를 배경으로 한국의 동아시아 담론은 근대가 생성한 문명의 서구와 야만의 동아시아라는 이분법을 탈피하고, 중심부와 주변부의 위계주의를 초극하는 무경계-탈중심의 다원적 사고를 지향하고 있다.

이렇게 동아시아 담론은 근대적 중심-주변의 경계 만들기와 타자화의 사고를 해체하고 동아시아 주변부와 시민사회의 다양한 주체들의 다양한 목소리를 되살리려는 시도를 발전시킨다. 이것은 부국강병이라는 근대의 최고 목표에서 상대적으로 불리했던 약한 비서구의 주변부 민족과 국가, 사회의 소수자들의 존재를 부각시키는 것으로 연결된다. 문제는 이러한 다양하고 수평적 인식을 배양하는 탈근대성의 사고체계가 중심과 주변을 막론하고 아직은 산발적인 수준에 머물러 있으며, 동아시아 시민사회와 지식계에서 보편적으로 받아들여야 할 가치로 내면화되지는 않았다는 것이다. 이러한 사실은 동아시아의 문제의식을 담아 낸 한·중·일 3국의 진보적 지식인들이 편찬한 공동역사교과서가 아직도 국가주의에 의해 견제를 받고 있으며 보편적으로 수용되지 않고 있다는 사실에서 드러난다.

이러한 지적인 정향에서 담론이 출발하고 있기 때문에 서구적 근대에 대한 맹목적 모방에 대한 거부와 대안 찾기가 자연스레 사고의 핵심을 이루고 있다. 한국에서의 근대는 곧 국가 주도의 경제적 근대화와 군사력 증대로 이어졌다. 그러나 모순적으로 강력한 국가주의자들이 외부의 대국주의에는 가장 순종적이었다. 탈냉전시대가 도래하면서 비판적 지식인들에 의한 맹목적 근대화와 대국 의존에 대한 성찰이 따르게 된다. 개인이자 시민으로서의 주체의식이 부재한 상태에서 국가주의와 경제적-군사적 근대화는 자기상실의 정신적 황폐와 서구와 대국 의존만을 가져왔다. 그리고 외형적인 성장도 대국 의존에 힘입은 것이며 국가주의는 민중의 자아를 억압하는 근대적 통치기제였다는 것임을 자각하기에 이른다. 이러한 행태에 대한 성찰은 탈근대적 문제의식의 특성이다. 즉, 근대화와 국가주의에 억압당해 잃어버린 개인/시민의 주체성을 되찾고, 외세의존을 극복하되 배타적 국가주의(민족주의)와 동서이원론적 사고체계의 극복을 지향하는 것이다. 이것이 한국의 비판적 지식인들이 주창하는 '근대적응과 극복의 이중과제the double project of adapting to and overcoming modernity'[75]가 표방하는 중요한 문제의식 중 하나이다.

구체적으로 이러한 이중과제 논리는 한국의 '분단체제'라는 특수한 상황에서 나온 것인데, 현무암은 이러한 한반도의 현실을 사회과학적으로 분석한 후에 인문학적인 비전을 해결책으로 제시한다. 즉, 한반도는 '진정한 국민국가'를 이루기도 전에 탈민족주의라는 새로운 조류에 휩쓸리고 있어서 민족주의에 대한 내재적인 비판이 제기되는가 하면, 다른 한편에서는 동아시아공동체라는 지역통합의 움직임도 대두되고 있다. 이러한 중층의 모순적인 상황은 일방적인 단일국민국가로의 통일을 향한 우리의 욕망을 극복할 필요성을 제기하는데, 그것은 일방적인 통일이 야기할 세계체제에 적응치 못한 북한이 '내부 식민지'가 될 우려가 있기 때문이라고 진단한다. 그는 북한 문제를 고려하여 '한민족 네트워크공동체'라는 인문학적인 상상의 개념을 미래의 비전으로 제시하고 있다.[76] 이렇게 한국의 분단체제적 상황은 미완의 민족국가적 통합과 탈국민국가주의 지향의 사이에서 논리적 블랙홀을 생성시키는데, 담론의 지식인들은 이러한 논리적 곤경을 사회과학적인 실천적 기획보다도 인문학적인 상상의 개념을

75 이남주 편, 2009, 《이중과제론—근대적응과 근대극복의 이중과제》, 창비.

76 현무암, 〈동아시아와 코리안 디아스포라〉, 《창작과 비평》, 2006년 봄, 258-267면.

사용하여 타개하는 게 더욱 갈등을 줄일 수 있다고 생각하는 것 같다. 즉, 미완의 근대를 완성하고 여기에 탈근대적 문제의식을 접목한 '이중과제론'이라는 인문학적인 상상의 개념을 미래의 비전으로 제시하고 있는 것이다.

대표적으로 백낙청은 한반도에서의 '분단체제'를 극복하고 단순한 논리로서의 탈국민국가주의에서 벗어나 더 적합한 국가구조의 창안으로 나아가는 것을 근대극복과 적응으로 여긴다. 또한 이러한 도전은 탈서구중심주의적 사고로서 새로운 진리의 사고체계를 세우는 근본적인 기획과도 연관이 있다고 논한다.[77] 그는 인문학적인 상상의 개념으로 한반도 '복합국가'[78]라는 새로운 국가형태를 제안하는데, 이것은 분단체제극복과 동아시아 담론의 탈국민국가주의 지향을 접목시킨 것으로 해석된다. 이는 국민국가주의를 극복한다면서 '반'국민국가주의라는 단순논리에 빠지지 않는 새로운 한반도 국가구조를 창출하자는 의미이다. 이러한 논리에는 분단체제의 극복은 곧 근대적 국가 통합의 완성이지만 결코 국가주의가 낳은 폐해를 답습하지 않겠다는 탈근대적인 문제의식이 담겨 있다. 즉, 그의 '분단체제론'과 '근대적응과 극복의 이중과제'의 핵심은 한반도와 동아시아가 서구에 의해서 규정되고 지배되는 상황을 극복하되 동서이원론에 의존하지 않는 새로운 대안적 사고체계를 구성하자는 것이다.

백영서는 동아시아 담론에 이중과제의 문제의식을 접합하려는 의도를 가장 구체적으로 표명한다. 그에 따르면 근대에 대한 문제의식은 원래부터 동아시아 담론의 핵심이며 근대적응과 극복은 두 가지 성격을 가진 단일과제이다. 이것은 근대와 탈근대의 단순한 이분법을 넘어서 '동시과제'

---

77 백낙청, 〈한반도에서의 식민성 문제와 근대극복의 이중과제〉, 이남주 편, 《이중과제론—근대적응과 근대극복의 이중과제》, 29-50면.
78 백낙청, 1998, 《흔들리는 분단체제》, 창비, 172-208면.

라는 문제의식을 제시하는 데 그치는 게 아닌 세계사적 근대에 대한 냉정한 자기비판과 분단체제 극복이라는 실천적 지향이 결합한 복합적인 사고라는 것이다. 나아가 그는 백낙청이 제안한 이중과제론에서의 한반도 복합국가 건설, 동아시아 담론의 이상과 세계사적 차원의 대안담론의 창출은 다층적 시공간의 과제로서 상호 연관되는 것이라고 인식하고 있다. 이러한 사고는 70-80년대의 민족민중문화론의 자기성찰에 의한 새로운 활로를 모색하는 가운데 생성된 것이라고 평한다. 즉, 민중의 입장에서 당면한 과제는 민족에 국한된 것만이 아닌 전 세계의 과제임을 깨닫게 되면서 생성된 문제의식의 결과라는 것이다.[79] 이러한 언급에서는 동아시아 담론이 비판사조의 종합이면서 근대극복과 탈근대의 문제의식을 모두 품에 안고 대안담론을 지향하면서 등장한 것이라는 사실을 명시한다.

이중과제론은 전 지구화/신자유주의에 대한 지식인들의 비판으로 연결되고 있다. 비판적 지식인들은 탈냉전시대에 등장한 전 지구화/신자유주의도 서구가 지속적으로 세계를 주도하기 위한 지식과 문화의 사고체계이자 시장지배의 기제라고 여기고 있다. 따라서 전 지구화/신자유주의를 동아시아가 맹목적으로 추종하는 것은 과거의 근대화에 맹목적으로 집착했던 태도와 같은 서구의 모방이자 근대성의 상실이라고 본다. 따라서 '근대적응과 극복의 이중과제'는 '근대화 초극과 근대성 완성의 이중과제'와 같은 의미이며, 또한 '탈서구적 동아시아 발전의 대안'을 개발한다는 지향과도 이념상으로 일치하는 것이다. 이렇게 근대에 대한 성찰에 탈근대적 문제의식을 접목하여 이루어지는 비판은 논리상 분리된 것 같지만 동일선상의 인문학적 지향이라고 볼 수 있다.

구체적으로 동아시아적 대안을 모색하는 동기는 탈냉전기에도 서구의

---

79 백영서, 〈동아시아론과 근대적응·근대극복의 이중과제〉, 이남주 편, 《이중과제론—근대적응과 근대극복의 이중과제》, 78, 96면.

이념과 논리인 전 지구화/신자유주의가 다시 냉전적 사고체계와 같은 동아시아에 대한 지배기제로 등장하는 것에 대한 우려 때문이다. 전반적으로 동아시아 지식인들도 전 지구화 추세를 완전히 거부할 수는 없는 것으로 받아들이고 있다. 그러나 전 지구화와 신자유주의적 발전의 부정적인 효과들과 영향을 억제하기 위해서는 동아시아적 방식의 대안을 모색해야 한다는 것이다. 특히 비판적 지식인들은 이러한 전 지구화/신자유주의 정책을 국가가 주도하는 추세에 대해서 근대화를 맹목적으로 모방했던 과거의 태도와 같은 것으로 인식하고 비판을 멈추지 않는다.[80] 그들은 전 지구화가 조성하는 자유시장경제의 확산이 서구의 주장과는 달리 부국과 빈국의 차이를 더욱 심화시키고, 따라서 새로운 국제정치경제구조의 독점구조를 생성한다고 주장한다. 이는 전 지구화를 주도하는 미국과 서구의 주장과는 달리 전 지구화가 지구촌문화의 다양성보다는 문화의 독점현상을 심화시킬 것이라는 우려를 표명한 것이다. 이러한 문화의 독점현상은 유럽에서조차 미국 문화의 무분별한 침투에 대한 우려가 크다는 사실에서 알 수 있다. 동아시아의 문화도 신자유주의 시장경제에 편입되어 치열한 경쟁을 해야 되며, 결국 미국과 유럽의 경쟁력에 뒤처지고 쇠퇴할 수밖에 없다. 따라서 전 지구화/신자유주의에 대해서 비판적 지식인들은 근대 제국주의의 폐해와 함께 서구의 새로운 경제와 문화의 독점과 패권주의라고 비판한다. 전 지구화/신자유주의로 대변되는 서구 중심의 새로운 형태의 문화/지식/정치/경제의 패권구도에 동아시아가 다시 종속되는 결과를 낳을 수도 있다는 것이 이들의 우려이다. 따라서 구체적인 의미에서의 한국 동아시아 담론의 '이중과제론'은 서구 주도의 발전에 대한 저항이자 전 지구화/신자유주의 발전모델에 대한 대안 찾기의 노력과도 연결된다.

---

80 이남주, 〈전지구적 자본주의와 한반도 변혁〉, 《창작과 비평》, 2008년 봄호, 24면.

5) 탈대국 · 탈냉전 · 탈국민국가주의

동아시아 담론의 성찰적 문제의식에서 볼 때, 자연스럽게 근대화의 최고 발현이었던 냉전적 사고에 대한 해체를 주요 과제로 삼게 된다. 냉전시대는 여러모로 서구적 근대의 밝은 면과 어두운 면 사이에 극단적 갈등을 노출시킨 시기였다. 미소 양국이 개발한 지구를 파괴시킬 수 있을 정도의 대량살상무기는 근대 '과학주의'가 낳은 걸작이었다. 세계적 수준에서 형성된 좌우이념진영 간의 편가르기(타자화)에 기초하여 부패한 제3세계 독재정권을 지원하고, 또한 그들 사이에 대리전proxy war을 부추겼던 냉전체제의 운영자들은 대국주의의 대표자였다. 이러한 근대의 어두운 유산에는 이성-반이성, 서구-비서구, 문명-야만의 이분적 사고가 숨겨져 있었으며, 이에 대한 비판적 성찰을 통해서 밝은 측면의 자각(보편적 가치, 비판의 자유)을 동력으로 삼아 많은 시식인과 민중들의 저항이 끊임없이 이어졌다. 베트남전 반대, 미국 중성자탄의 유럽배치 반대, 소련의 아프간침공 비판, 제3세계의 진보좌파지식인-학생들의 반독재-민주화운동, 60년대 이래 미국 사회의 문화신좌파운동 등이 그것이다.

냉전이 종식되고 권위주의정권이 몰락한 동아시아에서 비판적 지식인들은 앞서 논한 대로 냉전시대에 대국의 패권주의와 이에 의존하여 운영되던 국내의 권위주의독재정권에 저항했던 진보좌파 지식인의 사상적 유산을 계승하고 있다.[81] 이들의 논지에서 보면, 유럽과는 달리 탈냉전시대의 동아시아가 순조로운 번영을 하는 데 장애가 되는 것은 아직도 냉전을 지배했던 사고구조가 잔존하고 있다는 점이다. 구체적으로 1) 지역에서의 정체성의 분열, 2) 대국주의와 국가주의, 3) 제국-식민관계가 낳은 역사

81 물론 이러한 서술을 지역의 모든 국가들에 적용하는 것은 이견이 있을 수 있다. 특히 중국은 일본, 한국, 대만, 베트남과는 달리 비판적 지식인이자 신좌파들이 개혁시대에야 등장하였으며 또한 대체로 현 권위주의체제에 동조적이다.

갈등의 미청산 등이 해결해야 할 중요한 과제로 존재한다.

첫째, 냉전은 동아시아 국가들로 하여금 근대의 바람직하지 않은 측면인 부국강병의 국가주의기획에 매진하게 하였고 이러한 추세는 정신적인 미성숙(근대성의 지체)을 초래하고 '정체성 분열split identity'을 가져오게 하였다. 2차 대전이 종식되면서 동아시아에서는 많은 국민국가가 탄생하자마자 곧바로 새로운 미소 주도의 냉전체제로 진입하게 된다. 유럽에서의 전후처리와는 달리 동경재판에서의 전후처리는 소련과 중국의 공산권을 견제하기 위한 미국의 의도대로 흐지부지되면서 동아시아의 제국-식민의 역사는 청산되지 못하였다. 이에 동아시아에 도래한 냉전체제는 '좌우이념의 이원론'이 '국민국가정체성'에 간섭하면서 지역과 국내의 중층적 갈등구조를 형성하였다. 즉, 미국과 공산권의 영향력이 극대화된 냉전체제에서 동아시아 국가들은 민족국가적 정체성을 넘어 이념적 선택을 강요당한 형국이 되었다. 특히 이념의 차이를 기준으로 분단된 중국과 대만, 한국과 북한은 이러한 정체성분열의 갈등구조를 잘 나타낸다. 국민국가적 정체성과 이념적 정체성이 혼재하는 바람에 국내와 지역에서 제국-식민관계가 형성한 역사청산 문제가 뒤로 밀리게 되는 결과를 낳았다. 또한 미국의 후원으로 등장한 개발독재정권의 민주주의 탄압으로 민주-독재의 국내적 갈등구조도 동아시아 주변부 국가들을 괴롭히는 문제이다. 내부 정파 간의 이해관계에 따라서 동아시아를 패권지배하는 미국에 대한 태도(반미, 친미)가 이분적으로 나타나면서 갈등구조의 한 요인을 형성하였고 지금도 지속되고 있다. 또한 미국은 이러한 친미-반미 정파들 간의 모순을 이용하고 있기도 하다. 이렇게 중국과 대만 그리고 한국과 북한은 냉전이 가져다 준 민족국가정체성, 이념정체성의 혼재로 인해 자신의 정체성 분열을 해결하고 미국과의 상호관계를 정립하면서 통일을 이루어야 하는 어려운 과제를 안고 있다. 또한 동아시아공동체 구상에서도 대만과 북한 문제는 넘어야 할 과제이자 장애로 여겨지고 있다.

일본은 동아시아의 공산화를 우려하는 미국과 동맹관계를 맺으면서, 침략사의 반성보다도 중국과 소련과의 대결을 우선시하는 냉전구도에 편입되었다. 따라서 일본은 전전의 탈아입구脫亞入歐에서 전후의 탈아입미脫亞入米로의 의식구조의 전환을 이루면서 미국-천황제의 상호연동구조에 의해 미국패권체제에 종속되었다. 그 결과 일본의 지식, 문화, 정치경제는 미국의 하위체계로 변질되어 독자적인 입장을 발휘할 수가 없었다. 이러한 상태에서 일본의 진보적 지식인들은 일본이 '미국의 용병국가'로 전락하였다고 자아비판하기까지에 이르렀다.[82] 자연히 일본은 아세안과 한국, 중국에 대한 침략사에 대한 성찰이 부족한 상태에서 탈냉전시대를 맞이하게 되었다.

냉전시대는 국가주의가 최고조에 이르러 동아시아에서의 양극의 갈등구조가 첨예해졌고 또한 중심국과 주변국 간의 안보와 정치경제적인 측면에서의 지배-의존관계가 심화되었다.[83] 따라서 서세동점의 시대에 이어서 냉전시대에도 근대의 세속적 국가 목표였던 부국강병으로 표현되는 국가주의적 사고가 계속 동아시아를 지배하였다. 이러한 국가주의적 대결구도는 21세기에도 사라지지 않고 지역의 중심부와 주변부 간의 역사청산 문제와 중층적으로 얽혀서 위계적 관계를 영속시키고 있다. 그리고 이러한 상황은 전 지구화/신자유주의 추세와 혼재하여 동아시아의 자주

---

82 사까이 나오끼(酒井直樹), 2003, 이규수 역, 《국민주의의 포이에시스》, 창비, 239-242면.

83 냉전구도에 대한 개념은 월러스틴의 견해를 수용한다. 즉, 냉전은 이데올로기적으로 동서 양 진영 내부의 통제를 통해 기존 세계질서의 위협세력을 억압하고 세계전역에서 안보국가체제를 이루었다. 이로써 냉전은 범세계적으로 모든 국가에 의한 국내억압체제를 정당화시켰다. 냉전으로 인한 공산권의 봉쇄를 통해 미국은 부담을 줄이면서 자본주의 세계경제의 팽창을 주도했고 동맹국들을 하위에 둔 패권체제를 확립하였다. 이런 의미에서 냉전의 적대적 긴장은 강대국들에게는 다중적인 효과를 가지는 전략기제로 기능하였다. Immanuel Wallerstein, 1995, *After Liberalism*(New York: The New Press), pp. 180, 183.

적 발전의 대안추구에 걸림돌이 되고 있는 것이다.

냉전은 또한 동아시아 국가들이 서구 식민주의와 오리엔탈리즘이 낳은 지식과 문화에의 무분별한 의존에 대한 해법을 찾기도 전에 다시 미국 중심의 사고에의 종속을 이어 나가게 하였다. 동아시아에서의 일본에 의한 '내부 식민주의'와 미국에 의한 '외부 식민주의'가 가져온 제국-식민의 잔재를 청산하고 자주적인 국민국가정체성과 동아시아의식을 건설하는 대신에 다시 미소 주도의 이념대결구도에 압살당하고 말았던 것이다. 이로 인해 동아시아 내부의 역사적 문제들이 미해결인 채로 남아 있게 되어 탈냉전 이후 지역 국가들 간의 분쟁의 요인으로 재등장하고 있다. 이는 지역의 연대운동이라는 담론의 지향에 큰 장애물이 되고 있다. 이러한 역사 문제에 대한 갈등을 의식하면서 최근에는 동아시아 3국의 진보적인 지식인들이 모여서 동아시아의 공동역사서를 집필하려는 운동의 결과물을 편찬하였다.[84] 그러나 일부 진보적 지식인과 시민들을 제외하면 아직도 일반적으로는 역사 문제에 대한 왜곡된 인식이 지배적이다.

이상과 같은 냉전시대의 유산들은 짧은 기간에 극복될 수 있는 게 아니다. 탈냉전시대인 오늘날에도 동아시아에서는 냉전적 사고의 타성들이 여전히 남아 있으며 국내 정파들의 이해관계와 맞물려 내부적 갈등을 영속시키고 있다. 동아시아 담론은 이렇게 지역의 묵은 것을 해체하고 새로운 것을 구상하려는 움직임이다.

또한 한국의 담론은 탈대국주의와 탈국민국가주의 지향을 표방한다. 담론은 동아시아가 과거에 '강대국의 꿈'(대국주의)에 사로잡혀 세속적인 목표인 부국강병에 몰입하였다고 자아비판한다.[85] 이러한 국가주의를 극

84 한중일3국공동역사편찬위원회, 2012, 《한중일이 함께 쓴 동아시아 근현대사》 I · II, 휴매니스트.

85 白永瑞, 〈世紀之交再思東亞〉, 《讀書》, No. 8, 1999年, p. 3.

복하는 노력이 실질적 내용을 갖추려면 우선 '대국주의와 소국주의의 긴장'이란 발상을 견지해 부국강병을 추구하는 대국주의를 해체하는 작업이 선행되어야 함을 논한다.[86] 20세기 동아시아의 역사에서 패권주의를 반대하고 이를 목적으로 한 내정개혁을 추진하는 '소국주의'의 유산을 다시 되살리자고 하면서, 그 행위주체로서 민족이나 국가라는 근대적인 단위를 배제시켜야 한다.[87] 따라서 이제는 국가주의를 초월하여 주변부(약소국)에서 제기하고 중심부(강대국)로 진행하는 연대 혹은 공동체를 창출해야 한다. 이같이 주변에서 시작하는 동아시아연대론은 과거의 중화제국이나 일본의 동아연대론과 대동아공영권과 같이 강력한 중심국에 의해 주도되는 연대론과는 완전히 다른 개념이다.[88] 따라서 이러한 논의에는 탈대국주의와 함께 탈국민국가주의를 발전시켜야 지역의 평화와 연대가 가능할 것이라고 하는 한국 동아시아 담론의 특징이 잘 드러나고 있다. 즉, "동아시아에 대한 관심이 위장된 자민족 중심으로 전락하지 않으려면 국가 중심으로 치우치지 않는 긴장이 요구된다. 그러기 위해서는 사회의 다양한 세력과 집단의 경험에 기반해 동아시아를 조망하는 일 또한 중요하다"[89]라는 언급은 주변부 한국에서 출발하는 동아시아사고의 특징을 잘 요약하고 있다.

이러한 탈국민국가적 맥락에서 백낙청은 민족주의적 통일과 국가형태에 반대하면서 '단일형 국민국가unitary nation-state'를 고집하지 않는다. 하나의 민족 또는 종족이 반드시 하나의 국가에 모여 살아야 한다는 구상은 지구상에 재앙만 초래한다고 예측하면서 한반도에서는 민중의 이익에 최

86 최원식, 〈세계체제의 바깥은 없다〉, 《창작과 비평》, 1998년 여름, 20-27면.
87 백영서, 〈제국을 넘어 동아시아 공동체로〉, 《동아시아의 지역질서》, 33면.
88 위의 책, 10-34면; 백영서, 2004, 〈주변에서 동아시아를 본다는 것〉, 정문길 외, 《주변에서 본 동아시아》, 13-36면.
89 백영서, 〈진정한 동아시아의 거처〉, 최원식 외, 《동아시아인의 '동양'인식—19-20세기》, 12면.

대한 부합하는 국가형태를 창안해 가는 과정으로서의 통일을 강조하고 있다. 한반도에 거주하는 것이 불가능한 흩어져 사는 동포들이 하나의 국가에 모여서 살고 싶다는 염원과 일맥상통하는 방법으로서 한반도의 단일형 국민국가보다 다민족사회를 향해 개방된 '복합국가compound state'가 더욱 바람직한 국가형태일 수 있다고 하면서, 그는 국적과 거주지역을 달리하는 느슨한 '범세계적 민족공동체' 내지 '네트워크로서의 한인공동체'를 건설하는 작업이 어떻게 가능한가를 진지하게 검토할 때라고 제의한다.[90] 이렇게 그가 주창하는 것은 단일국가로의 통일에 집착하려는 태도를 초탈하려는 매우 추상적인 인문학적인 개념으로서 온갖 형태의 연방국가와 국가연합들을 다 고려한다고 할 수 있으며, 그중 어떤 게 우리에게 적절한 것인지를 고민해야 할 과제로 또한 미래의 비전으로 제시하고 있다.

이러한 인문학적 상상에서의 대안적 개념들은 기본적으로 이론적인 정밀성과 현실성을 고려하지 않는다면 단일민족과 영토경계에 집착하는 강력한 국가주의의 폐해가 동아시아에 상당히 크다는 것을 반증하고 있다. 즉, 서세동점의 시대와 미국-소련이 주도하던 냉전체제에서의 대국주의적 대결구도가 동아시아의 순조로운 정체성의 확립을 억압해 왔었다는 것이다. 자연적으로 탈냉전에 이르러 이러한 근대의 폐해에 대해 성찰하는 탈근대적 문제의식은 탈국가주의와 동시에 탈국민국가주의를 상상하게 하는 동인이 되었다. 서구 근대의 발현으로서의 국가주의와 국민국가를 초탈한다는 상상은 다음 같은 논리에 근거한다. 탈냉전시대의 전 지구화는 외면적으로는 두 가지 상반된 현상을 동시에 발생시키고 있다. 세계의 '파편화fragmentation'와 '통합integration'이 그것이다. 즉, 파편화는 각 국가들로 하여금 주체적인 정체성에 대한 각성을 가져오게 하고 있다. 냉전시대의 국가주의는 국내적으로는 중앙집권체제의 강화를, 국외적으로는

90 백낙청, 《한반도식 통일, 현재진행형》, 80-84면.

대국을 중심으로 패권구조를 생성하였다. 그러나 탈냉전과 함께 진행되고 있는 전 지구화는 이러한 국내외의 중심주의를 해체시키고 있다. 전 지구화의 중요한 동력인 정보와 기술의 확산으로 주변국가들의 중심국가에 대한 주체적인 인식과 정치경제적 종속에 대한 저항을 강화시키고 있는 중이다.[91] 따라서 탈냉전시대의 세계는 냉전체제에서의 양극체제에서 다극체제로, 좌우이념의 이원적 사고에서 다원적 사고로 변화하고 있다. 그러나 전 지구화/신자유주의는 미국과 서구 등 선진국에게 유리한 정치경제환경을 조성시키려는 지배의 속성도 가지고 있는데, 이에 대해 동아시아는 저항의 거점으로서 또한 대안적 발전으로서 국민국가가 아닌 지역의 시민-지식인 관계망으로서의 지역연대를 구상하고 있다. 이렇게 동아시아 담론이 국민국가를 초극한다는 함의는 국가주권을 거부한다는 것이 아닌 그것에 대한 상대화를 도모한다는 것이다.

4. 주변부시각의 동아시아—소수자의 역사와 소국주의론

근대에 대한 성찰과 탈근대적 문제의식은 탈대국-탈냉전-탈국민국가주의의 구체적인 의식운동과 논리를 생성시켰다. 그리고 이러한 의식의 각성은 서구와 동아시아의 중심부시각을 넘어서 주변부시각을 생성시키는데 공헌하였다. 논리적 귀결로서 근대화의 맹목적 모방으로 일관하면서 이제까지 경시했던 역사의 소외된 단면을 다시 발굴하는 비판적 동아시아역사론이 전개되는 변화를 가져왔다. 비판적 동아시아역사론은 동아시

91 세계화시대의 국가주권의 변화현상에 대해서는 다음을 참조. Jessica T. Mathews, "Power Shift," *Foreign Affairs*, 76(1) (January/February 1997), pp. 50-66; Anne-Marie Slaughter, "The Real New World Order," *Foreign Affairs*, 76(5) (September/October 1997), pp. 183-197.

아 담론을 구성하는 핵심적인 자산으로서 양자는 서로 호응하는 측면이 많다. 이렇게 발굴된 주변부시각의 동아시아 담론은 대국과 국가의 경계에 서 있는 주변부의 소수자를 역사의 중요한 토론 주제로 등장시켰다. 그리고 '소국주의-문화국가'라는 인문학적인 개념을 미래의 대안으로 제시하는 데 이른다.

1) 주변부시각의 발굴

한국은 동아시아에서도 주변부이다. 서세동점의 시대에 일본과 중국의 패권주의에 저항하면서 동시에 서구의 침략에도 저항하여야 하는 이중적이고 복합적인 저항을 했었다는 면에서 주변부이다. 일본은 단지 서양에 대해서만 저항하였다. 중국의 경우는 근대 초기에 주로 서양과 일본에 대해 저항하면서 전후에는 미국과 소련에 대항하는 새로운 지역대국으로 부상하였다는 면에서 중심부이다. 따라서 한국의 담론에서는 일본, 중국과는 달리 주변부에서 바라보는 동아시아시각이 강조되고 있다. 탈냉전과 함께 전 지구적 자본주의와 신자유주의로 대변되는 미국과 서구의 발전방식이 동아시아를 다시 지배하려는 것에 대한 동아시아의 저항의 움직임은 탈서구적 의식을 추동하였다. 근대의 세계는 서구의 눈으로 해석되어 왔다. 이제 담론은 동아시아가 서구의 그림자로부터 벗어나야 한다고 제안한다. 동아시아를 동아시아의 눈으로 보아야 한다는 것을 말하고 있다. 이러한 움직임은 또한 과거 일본제국의 망령과 돌아온 대국인 중국에게도 휘둘리지 않는 동아시아를 구상하려는 주변과 중심부가 공존하는 수평적 다양체를 추구하게 하고 있다.

이렇게 주변에서부터 중심을 조망하자는 주제는 한국에서 상당히 중요한 의미를 가지고 있다. 동아시아는 세계체제의 주변부이다. 게다가 한국은 그 동아시아에서도 주변부이다. 그렇다면 세계체제에서는 주변부이면서도 지역에서는 중심부인 중국과 일본보다도 주변부로서의 문제인식은 한국이 더욱 심각하게 가질 수 있다. 백영서는 한국을 '소중심 혹은 반주변부'로 정의하고 한국이 중심-주변 관계를 변화시키는 적극적 역할을 맡을 수 있을 것이라고 보고 있다.[92] 즉 한국은 동아시아에서 중국과 일본의 경쟁관계, 한·중·일 3국과 동남아와의 불균형관계에 대한 중재자 역할을 수행하면서 동아시아연대와 협력의 관계망을 만들어 갈 수 있다는 것이다. 한국의 동아시아 담론은 이렇게 세계체제에서 주변부였던 동아시아의 역동성과 다시 그 안에서 한반도의 중재적 역할을 강조하고 있다. 이렇게 주변부의 조망과 한반도의 역할에 대해서 백영서는 다음같이 정리한다.

> 지금 동아시아의 주요부분인 동북아시아는 미국의 일방주의에 대한 최대의 도전이랄 수 있으므로, 일본/중국의 동반패권은 '세계체제를 흔들 충분한 가능성'이 있을지 모른다. 그런데 이것이 패권국을 교체하는 결과를 낳는 데 그치지 않으려면, '주변의 눈'으로 동아시아의 안팎을 전망하는 게 필수적이다. 여기서 전통적 중화세계의 주변(내지 소중심)이었고 지금 동아시아에서 (소)중심으로 발돋움하려고 하는 한국의 역할이 중요해진다. 먼저 한국의 중재역할 없이 일본과 중국이 원활한 협력관계를 이룰 수 없고, 더 나아가 동아시아의 협력체제를 만들어 가기가 어렵다는 것을 지적하고 싶다.

92 한국의 비판적 지식인들은 월러스틴의 세계체제론에서 많은 영향을 받고 있다. 월러스틴은 '중심-반주변부-주변'이라는 세계체제의 삼중구조를 창안하였다. Immanuel Wallerstein, 1979, *The Capitalist World-economy* (Cambridge: Cambridge University Press), pp. 95-118. 그런 맥락에서 백영서는 한국을 '반주변부'와 비슷한 용어인 '소중심'으로 정의한다(《주변에서 동아시아를 본다는 것》, 19-20면). 그러나 필자는 한국에서의 동아시아는 일반적으로 아세안+3(한·중·일)로 받아들이고 있다는 사실에 착안하여, 동아시아에서 한국은 중-일과 상대적으로 '주변국'으로 정의하며 동남아에 비해서는 '반주변부' 혹은 '소중심'으로 볼 수 있다고 여긴다.

> 한국은 '중국위협'을 실감하며 중화세계라는 '새로운 (오래된) 세계질서'의 도래를 우려하는 중국 주위의 동남아 여러 나라와 협력을 이끌어내기 위해 유리한 위치에 있을 뿐만 아니라 대동아공영권의 망령을 떠올리게 하는 일본 패권의 역사적 정당성에 질문할 수 있는 자격을 가졌다. 따라서 필자가 보기에, 이미 아세안이란 지역 협력체를 작동시키고 있는 동남아와 동북아의 몽골을 포용해 주변 세력을 연결시킬 수 있어야 동아시아에서 한국이 중재역할을 할 수 있는 공간은 넓어진다. 그럴 때 미국이나 중국, 일본이 아닌 '주변의 눈'으로 그리는 새로운 동아시아의 윤곽이 뚜렷해진다.[93]

최원식도 "동아시아가 주변이로되 세계체제를 흔들 충분한 가능성을 품은 역동적 지역, 다시 말하면 대체로 중심과 주변 사이에 둥지를 틀고 있다"고 하면서 동아시아 담론이 지역의 주변부인 '한반도 분단체제의 변혁이라는 실험적 작업'을 계기로 동아시아평화체제로 가는 출구를 발견하자고 제안하고 있다. 이러한 탈중심적인 시각에서 생성된 '한반도 중재자역할론'은 '중심에서 억압당했던 주변의 시각을 의식화'한 결과이다. 이렇게 한국의 주변부시각은 철저하게 중심과 주변 사이의 '위계적 인식'을 초탈하고 '수평적 인식'으로 발전시키자는 의미로 해석할 수 있다. 더욱 중요한 것은 세계체제의 중심과 지역의 중심을 배척하자는 것이 아니다. 주변의 시각을 강조하는 한국의 담론은 기존의 중심부 의식을 비판하고 새로운 중심을 세우려는 것이 아니라 중심주의 자체를 해체함으로써 복수의 중심들 사이에 균형을 잡으려는 의미를 강조하고 있다.[94] 이것은

93 백영서, 앞의 책, 33-34면.

94 최원식, 〈주변, 국가주의 극복의 실험적 거점〉, 정문길 외, 《주변에서 본 동아시아》, 313-333면; 최원식, 2001, 〈한국발 또는 동아시아발 대안?〉, 《문학의 귀환》, 창작과 비평사, 381면.

무경계-탈중심의 인문학적인 상상으로서 특히 한국에서 전개되는 담론의 중요한 특징이다. 그리고 동아시아 담론의 비판론자들과 사회과학자들로부터 비현실적인 상상이라는 비판을 받고 있는 측면이다. 즉, 한국의 담론은 인문학적인 상상을 새로운 동아시아연대운동과 연결시켜 현실화를 꾀한다. 그러나 필자는 이러한 상상의 지향들이 현실세계에서 무엇을 구성하려는 것보다 '현실을 비판하는 이념형으로서의 기준'으로 활용되는 게 더욱 적실하다고 보고 있다.

2) 비판적 동아시아역사론

동아시아 담론의 등장은 지역사에 접근하는 우리의 태도에도 시각의 변화를 가져왔다. 서세동점 이래로 지역 대국들의 상호관계(서구를 포함하여)를 중심으로 서술되어 온 동아시아역사를 주변부의 시각을 기초로 수정하고 복원시키려는 동기는 다음같이 정리할 수 있다. 즉, 자국중심주의를 상대화하고, 세계사의 서구중심주의를 상대화한다. 그 함의는 서구의 진화론적인 인식론에서 국민국가 수립을 역사의 도달점으로 삼는다는 헤겔적인 국가이성의 역사론을 상대화한다는 의미이다. 즉, 서구 중심의 단선론적이고 목적론적인 역사를 설정하고 그에 순응하지 않는 타자를 억압하는 지배기제를 무의식중에 정당화하는 역사관을 극복하려는 것이다. 그동안 이러한 서구 중심의 헤겔적 역사관을 추종한 결과 동아시아인이 자신의 이웃을 경시하는 '자기경시의 역사인식'이 생성되었다. 그리고 이것은 서구 근대의 모방이면서, 또한 동아시아역사의 전통에서도 그 기원을 찾을 수 있다. 즉, 중국 중심의 화이사상華夷思想을 공유하면서 중화를 모방하고 이웃을 야만족으로 경시하는 풍조가 내면화되었다는 것이다. 따라서 동아시아 국가들은 모두 중국처럼 조공국을 거느리고 싶은 아亞중화주의 욕망에 사로잡힌 역사를 보여 준다. 전형적인 사례는 한국 역사에서 존재했던 '소중화주의' 사상이다. 이러한 전통적 중화사상의 모방심리와 서구 근대의 대국주의가 상승작용을 일으켜 오늘날 동아시아에서는 자국중심주의와 상호멸시풍조가 다른 지역보다 심각하게 나타나고 있다.[95] 즉, 비판적 동아시아역사론은 서구 근대에 대한 비판만이 아닌 동아시아에 대해서도 자기반성적 시각에서 접근하려는 동아시아 담론과 맥을 같이하고 있다. 이러한 자기성찰적 비판은 서구 근대의 제국주의의 폐해만을 지적했던 태도를 넘어서, 자신의 역사에서도 오늘날의 자신의 문제에 대한 기원을 찾을 수 있다는 의미를 가진다. 즉, 국민국가시대를 상대화하면서 동아시아사고가 생성되었지만, 동아시아를 다시 특수화하려는 사고에 젖어서는 안 된다는 통찰이 담겨 있다. 이러한 '성찰적 시각에서의 동아시아역사론'은 동아시아 담론을 어떤 정치경제적인 실체를 구성하려는 목적성을 띤 것이 아닌 동아시아의 과거와 현재를 바라보면서 '비판이론'으로 삼으려는 이 책의 논지와 상통하는 것이다.

또한 동아시아의 지역사가 팽창적 국가주의인 제국주의를 상대화하려는 시도를 해야 한다고 하면서도 동시에 자신의 아亞제국의식sub-imperialism에 대해서도 저항해야 한다는 인식을 주창한다.[96] 이는 근래에 일본의 독도 도발과 한국 대통령의 독도 방문, 일본이 댜오위다오釣魚島(일본명 尖閣島)를 국유화하면서 벌어진 한일, 중일 간의 영토분쟁을 통해 드러난 일본과 중국의 대국주의를 경계하는 의미로 받아들여진다. 특히 비판적 역사론자들은 주변부시각에서 동아시아역사에서의 대국과 국가 간의 임계지점에 존재하는 소수자의 문제를 성찰적으로 회고한다.

이른바, 각 시기의 동아시아 민족이나 국가들은 각기 독자성을 지니고 서로 영향을 주고받으며 부침하다가 특정 제국이 등장하면 주변의 소국

95 유용태·박진우·박태균, 2012, 《함께 읽는 동아시아근현대사 I》, 창비, 17-21면.
96 위의 책, 22면.

들이 정복·합병되어 사라졌다가 이윽고 그 제국이 약해져 분열하면 다시 여러 왕조가 분리·독립하곤 하였다. 이 과정에서 국가를 형성하지 못했거나 빼앗긴 민족들도 국가를 가진 민족들과 마찬가지로 동아시아 지역의 한 구성원으로 활동하였다. 이러한 역사의 흐름이 보여 주는 것은 대전 후에 탈제국화가 진행되면서 '역외의 제국화'가 종말을 고한 후에 다시 '역내의 제국화'로 흡수되었는데, 이때에 합병된 일부 민족과 국가는 여전히 억압상태를 벗어나지 못하고 있다는 것이다.[97] 특히, 대만, 오키나와, 티베트, 위구르 등의 소수민족들에 대한 차별과 배제의 역사가 동아시아에서의 대표적인 소수자 문제이다. 비판적 역사론은 이들 억압당하는 소수자에 대해서 "'국민국가'와 '국민'의 경계는 고정불변의 실체가 아니라는" 오구마 에이지小熊英二의 주장을 적용하여 비판하고 있다. 즉, 일본이 제국주의시대에는 다민족국가를 제기했지만, 전후에는 단일민족국가를 주장하고 있다. 따라서 국민국가와 국민은 부동의 실체가 아니라 시기와 상황에 따라서 변동하는 유동하는 개념에 불과하기 때문에, 대국이 그 경계에 존재하는 소수자들을 상황에 따라 제멋대로 흡수합병할 수 없다는 논리가 성립된다. 중국도 마찬가지다. 쑨원은 '멸만흥한'을 주창하며 혁명을 이끌었으나 이후에는 '오족공화'를 주창하였고, 오늘날 사회주의 중국에서는 '중화민족 다원일체구조'의 통합적 국가주의를 내세우고 있다. 그러나 서구의 많은 국가들과 한국에서는 '단일민족국가' 신화를 거두어들이고 오늘날은 '다문화사회'를 시대적 가치로 내세우고 있다. 따라서 성찰적인 역사관에서 소수민족 문제를 사고할 때, 규모가 크고 번성했던 민족국가만이 역사의 유일한 상속인이자 근대의 유일한 담당자이며, 그 내부의 차이는 후진성의 산물이라고만 인식해 오던 과거의 세계관을 극복할 것을 강조한다. 즉, 다양성을 수용하기 위해서는 다양한 역사적 자원의 수용

97 위의 책, 26-28면.

이 수반되어야 한다. 예를 들면, 아이누와 같은 소규모 사회 안에서 선입견이 만들어 낸 유사 이전의 모습이 아니라, 근대의 미지의 모습을 발견할 수 있을 때, 20세기 제국과 국민국가의 변경에서 부침하면서 유동하는 정체성의 존재양상을 비로소 극복할 수 있다는 것이다.[98]

이러한 성찰적인 동아시아역사론이 지적하는 것은 서구 근대의 진화론적 사고가 조성한 억압과 차별과 더불어 동아시아 자체의 전통에서도 각종 억압과 차별의 기제가 존재한다는 것이다. 즉, 그러한 사례로서 대만, 티베트, 위구르, 오키나와 등의 소수민족이 당하고 있는 중심제국에 의한 '내부 식민주의'적 통치기제의 문제이다. 아울러 지역 내부에서의 차별 문제도 심각하다. 예를 들어 동남아 출신의 공장노동자, 가정부와 농촌신부들이 한국과 일본, 홍콩 등지에서 받는 각종 차별과 억압이다. 또한 동아시아에서의 한반도 분단체제는 전후 냉전이 조성한 구조적 지배와 억압적 체제이다. 한반도 분단체제와 북한 문제는 냉전, 제국-식민구조의 위계적 지식-문화체계를 존속시키고, 또한 미-일동맹 대 중-러협력 축 간의 경쟁구도를 조성하여 대국주의 패권주의를 영속화하고 주변부에 내면화되는 지배효과를 창출하고 있다.

이러한 면을 종합적으로 고려하면 21세기 비판적 동아시아역사론은 동아시아의 제국의식과 자국중심주의를 상대화하는 의미를 가지고 있다. 이러한 지역사론은 서구 중심으로 쓰여졌던 동아시아역사를 다시 동아시아인들이 쓰는 역사로 복원시키려는 의미도 가진다. 그러면서도 동서이원론적 사고를 초탈하여 보편적인 가치에서 서구와 동아시아 모두를 성찰적으로 바라보려고 한다. 따라서 서구 근대의 팽창적 국가주의를 비판하면서도, 그것을 모방했던 태도와, 동아시아 내부에서도 원래 가지고 있었던 상호위계주의, 중화주의, 소중화주의, 제국과 국가 간의 경쟁으로 배

98 위의 책, 289-313면. 오구마의 논지는 小熊英二, 1995, 《単一民族神話の起源》, 新曜社.

제당하는 소수자의 역사와 존재 문제를 토론의 공론장으로 등장시키려는 것이다.

3) 소국주의-문화국가론

주변부의 시각과 동아시아 소수자역사의 복원은 동아시아 담론이 과거의 비판사조를 종합하여 이루어진 새로운 비판사조라는 것을 말해 준다. 그리고 비판사조인 담론에 인문학적 상상의 개념이 결합하면 새로운 대안담론을 구성할 수 있는 길이 열리게 된다. 담론은 탈대국주의와 탈국민국가주의를 상상하는데, 이것은 최원식의 '소국주의론'에서 잘 나타나고 있다. 소국주의는 인문학적 상상의 개념이라 모호하지만 대국주의와 소국주의 사이의 긴장은 그만이 아닌 21세기 비판적 지식인들의 문제의식에 분명 존재한다. 그리고 민족지도자 백범선생의 '문화국가론'을 소국주의 지향으로 본 것과 일본의 평화헌법 수정기도를 대국주의라고 비판하는 것은 시사하는 바가 크다. 특히 근대의 국가 중심의 시대에서 사회의 다양한 주체들의 생활세계로 중심의식이 해체되는 오늘날에는 더욱 의미심장하다.

그는 이 개념에 대해 도가道家와 유가儒家를 유비하면서 전개한다. 도가는 반패도와 무명無名의 아나키즘과 유토피아를 추구하는 의미에서 소국주의이며, 유가는 유명有名과 부국강병의 패도覇道와 인정仁政에 근거한 왕도王道, 대일통大一統을 추구하면서 대국을 추구한다. 단, 유가도 패도를 반대하면서 왕도를 추구하면 대국주의를 거절하는 것으로서 도가의 무명과 일맥상통할 수 있다고 본다. 즉, 맹자를 인용하면서 원래 유가도 사대事大가 아닌 사소事小를 주창하였고 국제질서에서도 대국이 소국을 잘 섬기면 소강小康에서 대동大同으로 가기 전에 과도적인 단계로서 패도적 대국이 왕도적 대국으로 변화할 수 있다. 즉, 유가가 꿈꾸던 것은 도가적인 소국주의에 기반한 사소주의라는 것이다. 그러나 현실에서는 진秦의 패도적 대국주의가 승리하면서 맹자가 꿈꾼 사소의 아름다운 꿈은 이루어지지 못했다. 여기서 최원식은 오늘날 중국의 부상, 평화헌법을 개정하려 하면서 보통국가로 가려는 일본, 통일지향의 한국 등이 대국주의의식에 물든 동아시아의 상황이라고 진단하면서 인문학적인 상상으로서어떻게 하면 사라진 동아시아의 소국주의를 실천할 것인가라는 고민을 제기한다. 그는 중국과 일본의 탈냉전 이후의 상황을 언급하면서 한국이 소국주의의 '우등생'이라는 점을 부각하고 있다.[99] 대표적으로 민족의 지도자인 백범白凡의 자서전《나의 소원》에서 '소국주의'사상의 근원을 찾아내면서 표본으로 삼으려는 시도를 한다.

> 나는 우리나라가 세계에서 가장 아름다운 나라가 되기를 원한다. 가장 부강한 나라가 되기를 원하는 것은 아니다. 내가 남의 침략에 가슴이 아팠으니 내 나라가 남을 침략하는 것을 원하지 아니한다. 우리의 부력富力은 우리의 생활을 풍족히 할 만하고 우리의 강력强力은 남의 침략을 막을 만하면 족하다. 오직 한없이 가지고 싶은 것은 높은 문화의 힘이다. 문화의 힘은 우리 자신을 행복하게 하고, 나아가서 남에게 행복을 주겠기 때문이다.[100]

이렇게 백범의 '문화국가론'을 인용하면서 주변부 국가들의 탈식민주의의 희망을 상징하는 논리로 받아들인다. 최원식은 이러한 문화국가론을 소국주의와 연결시켜 '대국주의를 반성하고 소국주의를 재평가하되, 국제분업의 주변부에 안주하는 소국주의로 전락하지 않는 것', 즉 '소국주

99 최원식, 〈대국과 소국의 상호진화〉,《제국이후의 동아시아》, 16-25면.
100 김구, 2002,《백범일지》, 돌베개, 431면.

의와 대국주의의 내적 긴장을 견지하는 일'을 강조한다.[101] 이러한 것은 한국이 소국주의를 추구하되 내면의 대국주의를 의식하고 견제하면서, 그 중간의 중형국가로서의 자기존재를 견지하고 '소국주의의 고갱이'의 슬기를 지향한다는 의미라고 밝힌다.[102] 이러한 논리는 인문학적인 상상으로 피상적인 규범론으로 들리지만 담론에 영감을 제공하고 있다는 것은 틀림없다.

최원식의 사상적 접근과는 다른 방향에서 조동일도 '소국주의-문화국가론'을 제기한다. 그는 동아시아문학사를 서술하면서 동아시아인의 자기성찰을 촉구하는 동시에 문학의 영역에서 탈대국주의, 탈국가주의적 지향의 의미를 강조한다. 즉, 대국주의가 개입되는 정치경제적인 동아시아의 현실적인 한계를 극복하기 위해서 정치경제와 구별되는 문화와 학문을 우선으로 하는 문화공동체 또는 학문공동체가 더욱 실현가능한 지혜로운 길임을 제시한다.[103] 나아가, 사마천의 '제국지향의 학문'을 이어받은 중국 학계의 특징을 '계급모순에 대해서는 진보적이지만 민족모순에 대해서는 보수적인 것이 중국 학자의 한계'라고 지적하면서 '국대학소國大學小'라고 비판한다. 유추하면 필자의 견해대로 국내문제에서는 사회주의적이고 진보적인 지식인이 세계적 문제와 동아시아역사에 대해서는 보수적(중국 중심적)이라는 것이다. 그만큼 대국주의적 사고와 권위주의체제의 영향 때문에 학문은 오히려 폭과 깊이가 작아졌다고 볼 수 있다. 그는 이러한 대국주의적 역사관과 학문적 지향에 대해 '국소학대國小學大'로써 대안을 삼을 것을 제안하는데,[104] 이것은 작은 국가이지만 문화적으

101 최원식, 〈세계체제의 바깥은 없다〉, 《제국이후의 동아시아》, 102면.

102 최원식, 〈대국과 소국의 상호진화〉, 《제국이후의 동아시아》, 29면.

103 조동일, 《학문론》, 218면; 조동일, 《동아시아 문명론》, 19면.

104 조동일, 《학문론》, 113-116, 120-121면. 조동일은 마오쩌둥이 계급모순을 혁명으로 해결하려고 했는데, 탈냉전 후에 들어난 민족모순은 다수가 소수를 괴롭히면서 생긴 것인데, 어떤 해결의 길을 모색하여야 할지 아직은 오리무중이라고 말한다(《동아시아 문명론》,

로는 대국을 지향한다는 소국주의-문화국가의 다른 표현인 것이다.

상기와 같은 탈대국주의에 대한 문제의식에서 생성된 소국주의-문화국가론은 대국과 국가주의가 우월적 지배를 수행할 수 있는 정치경제적인 공동체보다는 지식인-시민의 공론장으로서의 관계망을 중시한다는 사고와 일맥상통한다. 이러한 인문학적인 상상의 동아시아사고를 접하면서 감지되는 것은 앞에서 언급했듯이 동아시아를 사고하는 연구자들이 대부분 무경계, 탈중심의 인식론을 근거로 삼아 자신들의 논리를 전개하려는 경향이다. 즉, 조동일의 '문화-학문공동체', 최원식의 도가적 무명의 철학을 소국주의로 전화시키려는 사고뿐만 아니라, 다음 장에서 논하게 될 대만 지식인 천광싱의 '부서진 국가들의 절합정치학'에서 생성된 '국족주의 없는 국가nations without nationalism'의 개념에서도 이러한 탈국민국가주의-소국주의 상상을 읽을 수 있다. 물론 이러한 인문학적인 상상의 개념들은 피상적, 규범적이거나, 또한 자의적인 측면이 있는 것도 사실이다. 그렇더라도 이러한 인문학적인 상상이 어떻게 사회과학적인 실천이론으로 발전할 수 있을지는 지켜볼 만한 일이다. 그리고 이러한 지적인 과제들이 너무 추상적으로 보이기 때문에 필자는 '실천적인 구상 혹은 운동' 이전에 우선은 지역 내외부의 많은 문제들에 대한 '비판이론'으로 발전시킬 것을 제안하고 있다.

탈냉전시대에 대한 인문학적인 진단과 통찰에서는 불확실성도 존재하지만, 그 안에 무한한 역동성을 가진 동아시아에 대한 자부심과 상상력도 함께 느낄 수 있다. 이러한 지적인 자각과 성찰에서 담론이 출발하고 있기 때문에 서구적 근대에 대한 비판과 대안 찾기가 사고의 출발을 이루고 있는 것이다. 바로 이 지점에서 동아시아 담론의 탈근대적 문제의식에서 나온 지향과 시대적 고민을 파악할 수 있다. 즉, 근대 초기 외세의존의 동아

60-61면).

시아사고에서 잃어버린 주체성을 되찾되 배타적 민족주의와 국가주의, 동서이원론적 타자화와 경계 만들기가 아닌 문화와 지식, 상호인식에 있어서의 경계 허물기를 동시에 추구한다는 것이다.

5. 동아시아 지역연대의 논리—공동체 vs. 관계망

동아시아 담론은 근대에 생성되고 냉전시대에 최고조에 달했던 대국주의와 국가주의가 동아시아에서 중심부-주변부 간의 위계구조를 낳았다고 비판한다. 이런 성찰은 지역의 위계구조를 초탈하기 위해 '주변부에서 중심부를 바라보는 시각'을 제기하게 되고, 전 지구화 시대가 도래하면서 영토적 국가주권의 틀에서 작동하는 국민국가를 초극한 '지역연대운동'을 주창하는 것으로 발전한다. 특히 이러한 논리는 중국과 일본보다도 한국의 담론에서 상대적으로 더욱 두드러지게 나타나고 있다. 그 이유는 주변국이었던 한국은 역사적으로 중심국인 중국, 일본에게 또한 지역 밖의 대국인 미국에게 여전히 피해자이자 동시에 수동적인 위치에 처해 있다는 한계에 대한 극복을 추구하려는 이유에서이다. 그러나 한국의 담론에서는 배타적 주권을 주창하는 국민국가들의 공동체, 혹은 초국적인 시민-지식인의 협력적 연대 사이에서 뚜렷하지 않고 모호한 입장이 나타나고 있는 것을 읽을 수 있다. 따라서 정치경제적인 실천적 프로젝트인 동아시아 공동체 구상으로 가기 전에 우선적으로 '인식의 공동체'[105]를 추구하자는 주장은 이러한 모호함을 잘 반영하고 있다.

즉, 담론에서의 지역의 협력적 연대론과 공동체구상은 동아시아 담론

105 백영서, 〈평화에 대한 상상력의 조건과 한계〉, 《제국의 교차로에서 탈제국을 꿈꾸다》, 233면.

의 이상과 현실의 괴리를 가장 잘 보여 주고 있다. 첫째, 동아시아의 지역 협력을 위한 연대라는 개념은 너무 모호하다. 필자가 앞의 장에서 제안했던 초국적 '시민-지식인 관계망'으로 이해할 수 있는 것이라면, 국가 주도의 공동체구상과는 다르고 논리적으로도 상호연결이 안 된다. 둘째, 동아시아공동체구상은 현실적으로 국가가 주도할 가능성이 크며, 이것은 우선적으로 경제와 안보 분야의 협력기구를 지향할 개연성이 크다. 이렇게 국가가 주도할 가능성이 큰 과제는 담론의 인문학적인 지향, 즉 무경계-탈중심의 수평적 다양체로서의 동아시아사고와 일치하기보다는 상충되는 측면이 크다. 셋째, 인문학적인 상상에서 수평주의적 연대를 지향하는 시민-지식인 관계망이라면 어느 정도 가능하지만 법적-제도적 규범과 강제력을 갖추기 힘들고, 지역국가들의 공동체라면 국가 간의 위계적 관계로 인해서 수평적인 연대가 거의 불가능하다. 따라서 동아시아 담론은 지역의 수평적인 연대로서의 시민-지식인 관계망과 국가를 단위로 하는 동아시아공동체 사이에서 어정쩡한 논리를 전개하고 있다.

필자가 보기에 동아시아 담론은 주로 인문학자들에 의해서 지적인 프로젝트로 전개되고 있어서 국가가 주도하면서 전개되는 동아시아공동체 건설의 프로젝트와는 논리적, 실천적 측면에서 큰 차이가 있다. 비판적 지식인들의 주장은 국민국가를 초탈한 지적, 문화적 관계망으로서의 수평적인 협력적 연대의 의미가 크고, 국가 주도의 공동체구상은 우선적으로 경제적인 협력기구를 추구하면서 정치와 안보 측면으로 확대 발전할 것을 기대하고 있다. 실제로 아세안+3는 동아시아공동체를 결성하기 위한 협상을 진행 중인데 정치경제적인 이해관계 때문에 아직은 현실화되는데 많은 어려움과 선결과제가 있을 것으로 예상된다.[106] 현재까지의 상황으로는 지식계의 동아시아 담론에 영향을 받아서 국가들이 공동체구상에 나선 것인지는 확실치 않으나, 어떻든 대화가 시작된 것만으로도 의미가

있는 것은 사실이다.[106]

이러한 논리적인 방향의 허점과 현실화의 어려움이 있지만 비판적 지식인들은 시민-지식인 관계망의 지역연대와 더불어 공동체구상에도 적극적인데, 이는 동아시아 지역에서 중심-주변이라는 구도를 허물고 수평적인 다양체를 건설해야 한다는 기본적인 인식이 있기 때문이다. 따라서 지식계에서는 중심국가—중국, 일본, 미국 등—의 주변국에 대한 위계적 인식에 대한 진지한 비판과 토론이 진행되고 있다. 수평주의적인 조망에서의 동아시아의 신질서 구상, 즉 지역연대를 위한 노력은 지역에서의 패권국가 등장의 견제, 시장통합의 실천을 포함하는데, 또 다른 한편으로는 지역국가 간 발전의 불균형, 환경오염 문제 등에 대한 난제를 공동으로 토론하고 해결책을 모색하려는 지역의 진보적 변화에 효율적이다. 그러나 미국의 일방주의, 일본의 우경화, 중국의 예외주의로 나타나는 중심국들의 위계적 인식은 수평적 지역연대와 공동체구축에 가장 어려운 해결과제이다. 즉, 협력적 연대든지 공동체든지 동아시아 지역협력이 제대로 진전이 되기 위해서는 동아시아가 냉전시대처럼 민족주의/국가주의에 기대어 지역문제를 해결하려 드는 경향, 미국의 지속적 패권구도, 중-미·일 패권경쟁의 격화 같은 상황이 완화되어야 하는 것이 필수불가결하다.

또한 이렇게 주변부에서 출발하는 저항적 의미에서의 동아시아 신질서 구상은 전 지구화/신자유주의에 대항하는 자주적인 대안의 의미도 함축되어 있다. 그러나 비판적 지식인들은 이러한 지역연대가 강대국과 서구에 대항하기 위한 '약소국들의 연맹'을 구축하는 것은 아니라는 데 의견을 같이한다. 만약 그렇다면 지역은 다시 탈냉전시대에도 강대국 혹은 국가들간의 편 가르기와 민족주의적 갈등이 재현될 것이기 때문이다. 그들은

106 아세안+3에서 중국과 일본의 회원국에 대한 분쟁으로 인도, 오스트레일리아, 뉴질랜드가 새로 가입하여 아세안+6가 되었다.

동아시아라는 하나의 집체적 개념에 너무 집착하면 동서이원론적 세계관에 사로잡히게 되고 동아시아라는 단위에 특권을 부여하게 된다고 경계하고 있다. 이러한 사고에서는 무경계, 탈중심의 탈근대적 문제의식이 잠재해 있다는 것이 드러난다. 즉, 동아시아연대 혹은 공동체는 근대화의 동력인 국민국가주의와 대국주의를 극복하려는 의미에서 출발했지만 비판과 극복 대상인 국민국가주의를 매개로 한 집체적 개념이 아니라는 데 공감하고 있다. 이런 의미에서 담론의 탈서구 지향은 동아시아의 발전을 방해했던 과거의 봉건적 제도와 이념을 고유의 정체성이라는 명목으로 되살리려는 노력과도 아무 연관이 없다. 따라서 담론은 지역의 정체성을 세우려 하면서도 그것을 타자화와 구별하기의 수단으로 삼는 것을 거부하는 태도를 견지한다.

한국 지식인들이 주장하는 대로 국민국가의 국경과 주권의 의미와 중요성이 과거와는 달리 많은 도전을 받고 있으나 국민국가의 존재는 아직까지 지역의 문제들을 접근하는 데 큰 역할을 하고 있다. 따라서 전 지구화, 정보화현상이 진전되고 있음에도 불구하고 아직도 동아시아인들이 국민국가이념을 극복하는 데는 많은 세월과 노력이 소요될 것이다. 그러나 바로 이러한 현실적인 한계 때문에 '지적인 실천으로서의 동아시아', '프로젝트로서의 동아시아'[107]로 표현되는 동아시아 담론은 의식운동이면서 동시에 미래의 비전으로서 의미가 있는 것이다.

동아시아공동체 구상과 관련하여 전개되는 이상과 현실적인 측면 간의 차이와 그로 인한 비판론을 의식하면서 백영서는 그것을 마치 동아시아의 유토피아로 상상하는 경향도 있지만, 특정한 역사적 조건에서 나타

---

107 Young-seo Baik, "Conceptualizing 'Asia' in modern Chinese mind: a Korean perspective," *Inter-Asia Cultural Studies*, 3(2) (2002), pp. 283-284; Arif Dirlik, "Culture Against History," *Development and Society*, 28(2) (December 1999), pp. 186-188.

난 사회현상으로 파악하려고 한다. 이런 의미에서 탈냉전의 조건에서 현실적인 구상이 나타난 1997년 아세안+3체제가 출범한 이래, 특히 2001년 아세안+3 정상회의 때 '평화, 번영, 발전'을 추구하는 '동아시아공동체East Asia Community' 구상이 채택되면서 다양한 논의가 전개되고 있는 현 단계를 평화의 관점에서 바라보아야 한다고 설파한다.[108] 이것은 아마도 탈냉전의 유동적인 시대적 현상에서 '평화'의 주제가 가장 중요하다는 문제의식에서일 것이다. 또한 최장집의 사회과학적 진단에 근거한 '동아시아평화공동체'가 되어야 한다는 비판마저도 의식한 것으로 추측된다.[109] 그러나 필자가 보기에는 현재 논의되는 아세안+3 공동체는 국가 간의 타협이 필수적인 조건이며, 따라서 순수한 담론의 지향인 탈국민국가주의와는 상충된다. 이러한 모순이 야기하는 부정적인 사례를 백영서는 노무현 정부의 EU를 모델로 하는 '21세기 평화와 번영의 동북아 지역구상'에서 찾고 있다. 이 기획은 안보공동체로서의 지역통합을 목적으로 동아시아가 아닌 동북아를 내세우면서 아세안을 소외시키는 결과를 가져왔다. 그러다 보니 한국이 자임하는 대국 간의 중재역할을 위해서는 주변국의 협력이 필요한데도, 이것을 스스로 무시하는 출발을 보였다. 결국 한국 정부의 동북아구상이 일본의 보통국가론, 중국의 화평발전론, 북한의 강성대국론에 대한 대응으로 나온 것이라는 측면을 이해한다고 해도 국가가 주도하는 전략적인 공동체나 지역통합 구상이 탈국민국가주의를 상상하는 담론과 상충되는 것을 보여 주는 사례로 성과도 없이 끝나고 말았다.[110] 이러한 국가 주도의 공동체 추진이 난관에 부딪치는 실례가 보여 주는 것은 탈국민국가주의 실천이라는 인문학적 상상을 사회과학적 실천으로 전화시

---

108 백영서, 〈평화에 대한 상상력의 조건과 한계—동아시아공동체론의 성찰〉, 《시민과 세계》, 2007년 제10호, 103면.

109 최장집, 〈동아시아공동체의 이념적 기초〉, 《亞細亞硏究》, 47권 4호, 2004년, 94면.

110 백영서, 앞의 자료, 112-113면.

키는 데는 근본적으로 지역 차원에서 시민, 지식인들의 의식의 각성과 거대한 문명의 전환이 동시에 진행되어야 한다는 사실이다.

백영서는 이러한 이상과 현실의 차이가 생성하는 한계를 의식해서인지 국가 간의 공동체로 가기 전에 일반적으로 실감할 수 있는 단계로서 자유무역협정의 체결을 언급하고, 다음에 동아시아라는 '인식의 공동체'가 생성되기를 언급한 것이다. 이러한 인문학적인 개념은 논리 부분(2장)에서 제시한 대로 동아시아를 '수평주의적 다양체'로 상상하고 싶은 희망적 인식이 내재해 있는 것을 반영하는 것처럼 보인다.

한국의 담론에서 이러한 구체적인 공동체 프로젝트와 지적인 상상의 지역연대 사이에서의 망설임은 앞에서 논했듯이 동아시아 담론이 탈국민국가주의를 모색한다는 측면에서 당연한 귀결이 아닌가 싶다. 인문학적 상상에서의 '인식의 공동체 혹은 시민-지식인 관계망'은 사회과학에서 구상하는 '경제와 안보 통합의 공동체'와는 성격이 다르기 때문이다. 시민-지식인 관계망에서의 인식의 공동체를 넘어서는 구체적인 수준의 국가주의 간의 타협으로 생성된 동아시아공동체구상은 사실 탈국민국가주의에 역행할 개연성이 크다. 이러한 점은 탈냉전시대 지역의 추세를 반영한 것이다. 따라서 평화를 위한 공동체의 형성이 현실적으로는 국가 주도의 산물일 수밖에 없다는 점을 인정하면서도, 시민-지식인 관계망의 의식운동의 공간을 확보하기 위해서 양자의 간극을 좁히는 방법을 찾는 시도도 현명하다고 볼 수 있다. 이를 위해 백영서는 정부 차원의 국제적인 협력과 시민사회 차원의 초국주의적 연대라는 두 경로를 '민주적인 책임'을 매개로 해서 연결하려는 사카모토의 시각에 주목한다.[111] 이러한 이중의 경로를 연결시키는 시도는 인문학적인 인식의 공동체론과 사회과학적인

111 위의 자료, 117면; 坂本義和, 1998, 〈세계시장화에 대한 대항구상—동아시아지역협력과 시민국가〉, 《翰林日本學硏究》, 제3집, 11월, 6-22면.

공동체론과의 절충과 타협의 경로를 말함이다. 이를 통해 국가와 시민-지식인 연대가 상호 견제와 협력을 유지한다는 것이다.

그러나 이런 타협적인 견해를 내세우면서도 인문학자 답게 시민-지식인의 연대와 비판활동의 중요성을 국가주의에 대한 견제역할보다 더 중요하게 평가하는 것을 잊지 않는다. 즉, 대국에 의한 지역통합의 주도권의 유혹을 언급하면서 지역이익과 국가이익을 비교할 때 국가이익을 선택할 가능성이 높기 때문이다. 따라서 지역에서는 국력의 격차가 크기 때문에 동아시아 시민사회가 국가 중심의 지역전략을 규율하고 견제하는 가능성에 기대를 걸어야 한다는 생각을 가지고 있다. 이런 배경에서 '비판적 지역주의' 사고를 통해 국가 중심적 사고를 초탈하고 동아시아로 인식의 지평을 넓혀 다양한 형태의 '비판적 연대활동'을 수행해야 한다는 비판적 지식인으로서의 요청을 하고 있다.[112] 이러한 제안은 시민-지식인 관계망과 국가 주도의 동아시아공동체의 차이에서 나오는 간극을 지식인으로서 심각하게 감지하고 있기 때문으로 보인다.

이러한 이상과 현실의 차이를 고려하더라도 만일에 한국의 인문학자들의 담론이 지적인 연대에서 출발하여 구체적인 공동체로 가는 것이 종착역이라고 생각한다면, 양자의 사이에 다리를 놓을 수 있는 방법론으로서 박명림의 주장이 참조할 만하다. 즉, 그는 '예컨대 2단계적 또는 이중적 지역협치governance 형태의 동아시아 통합'을 지름길로 제시한다. 첫 단계는, 우선 경제나 안보, 역사, 인권, 환경, 노동, 시민단체 등 분야에서 영역별로 개별 국민국가들이 참여하는 연대기구를 만들고, 두 번째 단계에서는 이들 영역별 연대기구들과 역내 국민국가들이 함께 통합적 지역연합기구 혹은 정상 조직을 구성하는 것이다. 이것은 국민국가와 지역연합 사이의 새로운 형태인데, EU 수준에 아직은 미치지 못하지만 국민국가적 지평을

112 위의 자료, 116-117면.

뛰어넘는 중위中位수준의 통합으로서의 의미가 있으며, 이 단계를 거쳐 최종적으로 공동체를 건설할 수 있을 것이라고 제안하고 있다.[113] 필자가 보기에 박명림의 '공동체구축 2단계론'이 매력적으로 다가오는 이유는 시민-지식인 관계망과 국가 주도의 공동체 사이에서 가장 절충적이고 현실성이 있는 방법론이라는 점이다. 여기에는 담론의 인문학적인 개념의 핵심인 탈대국주의, 탈국민국가주의 사고가 적용될 수 있는 여지가 상당히 많다. 특히 첫 단계의 영역별 연대기구 구성에서는 시민-지식인의 비판의 목소리가 적용될 여지가 많고, 국가 주도가 아닌 공통의 관심을 가진 시민-지식인 관계망에서 출발할 수 있기 때문에 국가와 대국의 영향을 벗어날 수 있는 공간도 열린다. 그러면서도 최종적인 통합으로 가는 도중에 현실적으로 국가가 주도하는 힘의 개입역량을 인정도 하고 있다. 인문학적인 상상력과 사회과학적인 실천력의 상호 견제와 협력이 이루어질 수 있는 공간이 상당히 열려 있다는 의미이다.

결론적으로 근래 동아시아 국가들이 주도하는 공동체 논의는 기본적으로 이면에 부국강병의 목적도 가지고 있는 것을 부인하지 못한다. 이는 담론의 지향과는 배치되는 것이다. 이러한 이해의 차이를 잘 보여 주는 사례가 정치학자 하영선의 연구에서 나오는데, 책의 부제인 '신화와 현실'은 공동체 담론이 얼마나 이상과 현실의 양극단에 모두 다리를 걸치고 있는가를 잘 나타낸다. 그는 19세기의 부국강병론으로 21세기 미래를 구상하기 어렵다는 것을 인정하지만 동아시아공동체론은 현실의 어려움을 과소평가하고 '동아시아 한마음 모임의 미래 가능성'을 과대평가하고 있다고 논평한다.[114] 이 책에서 그와 함께한 사회과학자들은 냉엄한 현실을 분석

113 박명림, 〈좌담—탈중심의 동북아와 한국의 '균형자' 역할〉, 《창작과 비평》, 2005년 가을호, 35-36면; 백영서, 위의 자료, 주석 24, 117-118면.

114 하영선 편, 2008, 《동아시아공동체—신화와 현실》, EAI, 15-39면.

한 후에 동아시아 담론의 신화적이고 정서적인 측면을 밝혀내고 있다.

동아시아 담론을 주창하는 지식인들의 면모를 보면 대부분 인문학자들이 중심이 되고 있다. 그들의 공동체구상은 여전히 탈국민국가주의와 탈대국주의를 이상적 자원으로 삼아 모호하게 들리는 동아시아의 수평적 지역연대와 시민-지식인 관계망을 구성할 것을 제안하고 있다. 그래서 이 책은 현 상태에서 동아시아 국가 간의 공동체논의는 이러한 담론의 이상과는 동떨어지는 것이라고 진단하며, 차라리 담론을 국가 주도의 공동체 구상의 반이상적인 측면을 비판하는 이론으로 발전시켜야 한다고 주창한다. 그들의 주장은 실용적이며 정책적으로 구체화될 수 있는 가능성보다도, 인문학적인 상상과 비전으로서 비판의식을 가지고 토론을 전개하려는 특징이 더 농후하다는 것을 부정할 수 없다.

그러나 이러한 필자의 제언이 동아시아 담론을 관념에만 미물러 있는 비현실적인 공상이라고 거부하는 것으로 해석되어서는 안 된다. 즉, 아무리 불가능하다고 생각되어지는 일들도 처음에는 상상과 비전만으로 인간의 사고를 자극한다. 중국의 추이즈위안崔之元은 불가능할 것처럼 보였던 EU가 처음에는 이상적이고 유토피아적인 상상으로 보였으나, 오랜 기간의 고통스러운 대화과정을 통해서 종국에는 실현될 수 있었다고 하면서, "지금 바로 이 시점, 아시아 각국의 협력에 걸림돌이 되는 것은 물질적인 면에 있는 것이 아니라, 정신적인 면에 있다. 우리는 아시아의 모네가 나오길 기대한다"[115]라고 하면서 동아시아의 각성을 촉구하였다. 이렇게 EU를 만들어 낸 모네의 예처럼 누군가에 의해서 긴 시간에 걸쳐서 고통과 인내를 수반하는 실험이 시도되고, 결국은 현실화되는 과정을 우리는 인류

115 추이즈위안, 2003, 장영석 역, 〈모네의 유럽통합 구상과 아시아협력방안〉, 《중국은 어디로 가고 있는가》, 창비, 174면. 장 모네(Jean Monnet, 1888-1979)는 유럽 통합의 개척적인 인물이며 오늘날의 EU의 기초를 놓는 데 공헌하였다. 이러한 언급에도 불구하고 추이즈위안은 기본적으로 중국의 예외주의를 옹호하는 신좌파에 속한다.

역사의 전개과정에서 무수히 보아 왔다.

6. 동아시아 담론에 대한 비판론

한국의 동아시아 담론은 서구적 근대를 맹목적으로 모방해 왔던 것에 대한 성찰과 비판을 종합하고 탈근대적 문제의식을 더하여 생성된 것이다. 중요한 특성으로서 서구가 주동하는 전 지구화/신자유주의에 대한 동아시아적인 대안 찾기를 모색하고 있다. 따라서 근본적으로는 지역정체성에 대한 각성에서 출발한다. 이러한 각성과 저항의식의 유산은 지역과 국민국가의 이중적 정체성을 모두 강화시키고 있는 측면을 부정할 수 없다. 냉전이념을 전 지구화/신자유주의로 대체하며 지속되는 미국 주도의 동아시아 패권주의에 대한 저항의 의미로서의 지역주의는 자연적으로 국민국가의 민족주의적 정서와 상호 연동되어 표출되는 경향을 부정할 수는 없다. 또한 동아시아공동체 구상도 미국에 대한 저항에서 생성되는 지역주의운동으로 오해받을 수 있는 소지도 크다. 이러한 측면은 필연적으로 몇 가지 방향에서 비판을 생성시키고 있다.

비판들 중에는 참조해야 할 것도 있지만 담론의 발생 배경과 개념에 대한 이해가 다른 데서 오는 것들도 있다. 여기서는 세 가지 경로의 비판에 대해 토론하려고 한다. 첫째, 지역주의적 정체성에서 출발하다 보니 탈민족주의/탈국가주의 시각에서 비판을 받고 있다. 임지현과 사카이 나오키酒井直樹, 송주명의 비판이 대표적이다. 둘째, 인문학적 상상의 성격을 짙게 가지고 있는 연유로 실천적인 함의에 대한 비판이 자연적으로 따라오고 있다. 최장집의 사례를 상기할 수 있다. 셋째, 탈국민국가주의적 시각을 지향하면서도 여전히 담론의 주체들이 논의를 시작하는 최초의 단위로써 국가를 내세우고 있는 태도를 비판하는 논리이다. 이러한 비판은 세계시민주의 시각으로써 동아시아의 제국-국가의 변경에 존재하는 소수자의 입장을 강조하고 있다.[116] 이러한 비판들은 의미가 있으며 동아시아 담론만이 아닌 인문사회과학의 영역에서 연구 가치가 있는 주제들이다. 그러나 정리해 보면, 필자가 보기에 비판론자들은 동아시아 담론이 자신들이 내놓은 비판논리를 포함하는 '비판사조의 종합'이라는 사실을 무시하는 상태에서 전개되는 경향이 있다.

첫째, 탈민족주의 경로에서 비판론을 전개하는 임지현은 좌파지식인들의 민족주의지향을 부정적으로 서술하면서 간접적으로 동아시아지역주의를 비판하고 있다. 그는 월러스타인I. Wallerstein을 인용하면서 좌파에 의해 추동되는 국민적/지역적 집단들의 정체성에 근거한 저항의 노력은 결과적으로 제국의 발전을 지지하는 결과를 초래하였다고 비판한다. 이러한 시각에 의하면 좌파의 변혁적 논리들이 개별국가 단위에 갇혀 있었고 민족운동 또한 국가성에 대한 어떠한 역사적 대안도 제시하지 못한 채 오히려 체제의 제약들 안에 포섭되고 말았다. 즉, 좌파와 결합된 민족주의와 국민국가주의는 결국, 중심-반주변부-주변부의 세계체제를 조성하는 데 도움을 주었으며, 민족주의를 근거로 한 체제에 어떠한 변혁을 일으키는 데도 공헌하지 못했다는 것이다.[117] 이렇게 그의 비판은 좌파지식인들에 의한 근대의 생산물인 민족주의/국가주의를 극복하려고 하는 시도가 또 다른 근대주의의 발현으로 전락하고 말았다는 것을 폭로한다. 결국 임지현의 탈민족주의적 시각에서 보면 국민적/지역적 집단들의 정체성에 기초하여 저항의 거점을 만들고자 하는 노력은 반동적이며, 따라서 대안으

116 세계시민주의에 대해서는 이 책의 마지막 장에서 자세히 서술한다.

117 임지현, 〈다시, 민족주의는 반역이다〉, 《창작과 비평》, 2002년 가을호, 185면; I. 월러스틴·G. 아리기·T. 홉킨즈, 1994, 송철순·천지현 역, 《반체제운동》, 창작과 비평사, 41, 46, 156면; A. 네그리·M. 하트, 2001, 윤수종 역, 《제국》, 이학사, 80-82면.

로 "개별주체들의 고유성을 견지하면서 소통적 사회성을 구성해 나가는 다중multitude, 자본주의의 식민화에 대항한 소통적 사회성, 탈근대적 공화주의, 자율주의 운동 등"을 고려할 수 있다고 제안한다.[118]

이러한 탈민족주의적 비판논리는 네그리Antonio Negri의 사상을 참조하는 듯이 보인다. 즉, '제국'이 독주하면서 억압하는 국제적인 부르주아세력이 미국이라면, 그것을 견제하려는 국제적인 프롤레타리아는 '다중'으로 설정된다. 같은 맥락에서 동아시아를 민족주의 관계망이 구축한 지역 '제국'으로 보고, 이에 대한 대안으로서 '자율주의'적 시민-지식인 '다중' 관계망의 적극적인 역할을 제안하고 있는 것이다.[119] 또한 임지현은 동아시아공동체구상에 의혹을 가지고 있는데, 그가 보기에 유럽연합의 논리와 동아시아 담론은 국가주의가 지역 차원으로 확장된 것에 불과하다. 그는 전 지구화가 곧 미국화라는 등식을 설정하고 동아시아가 블록을 형성함으로써 이에 대항한다는 논리로 동아시아 담론을 이해하고 있다. 그러면서 동아시아공동체를 구성하는 것이 효과적인 무기가 될 수 있다고 하지만, 이것은 결국 탈국민국가를 논하면서 국민국가의 논리를 동아시아라는 넓은 지역으로 확장시킨 것에 불과하다고 폄하하고 있다. 이를테면 유럽의 공동역사 만들기 과정에서 '국가영웅 만들기'가 '유럽영웅 만들기'로 변질된 것처럼 동아시아도 공동체가 구성되면 이러한 공동의 역사 프로젝트가 탄생 할 가능성이 큰 것으로 진단한다.[120] 즉, 국민국가의 배제와 억압의 논리를 극복하는 게 아닌 배제와 억압의 주체를 지역공동체로 그 외연을 넓힌 것에 불과하다고 보고 있는 것이다. 이러한 그의 논리에 의하면 동아시아는 민족국가주의의 극복의 지향이 아닌 복수의 민족국가

118 임지현, 위의 자료, 185, 201면.

119 Michael Hardt and Antonio Negri, *Empire* (Cambridge, Mass.: Harvard University Press, 2000); Michael Hardt and Antonio Negri, *Multitude* (London: Penguin Books, 2004).

120 임지현·사까이 나오끼, 2005, 《오만과 편견》, 휴머니스트, 427-428면.

집합체에 불과하다.

일본의 진보적 지식인 사카이 나오키는 임지현과 함께 진행한 공동대담에서 인간은 혼자 살 수 없기 때문에 동아시아연대 자체는 부정할 수 없으며 공감한다는 의견을 표명하고 있다. 그러나 같은 문명, 종교, 국가라는 요인을 중심으로 연대할 것이 아니라, 다소 모호하게 언급하고 있지만 다른 형태의 공동체가 이루어질 것을 희망한다. 특히 과거 일본의 대동아공영권같은 파괴적인 연대와는 다른 형태의 공동체가 모색되어야 한다고 피력하면서 국민국가주의의 연장으로서의 지역공동체 담론에 경계의 눈길을 보내고 있다.[121] 일본의 대표적인 진보좌파 지식인으로서 전쟁 책임 문제를 흐지부지해 버린 미일 반공동맹체제를 통렬히 비판하는 사카이의 사고에서 볼 때, 동아시아공동체는 마치 러일전쟁 전후의 '아시아연대론'이 점차 대동아공영권이념으로 변질된 사례를 상기시켜 주는 것일 수 있다. 이는 과거 일본에 의해 자행된 동아시아 침략의 역사적 악몽에 대한 경계심에서 중심부가 주변부를 주도하는 위계적인 동아시아의 등장 가능성을 경계하는 의미로 해석할 수 있다. 이러한 그의 비판은 따라서 이론적이라기보다 일본제국의 역사적 경험에서 오는 우려에 기인하는 것이다.

송주명은 다소 선언적인 논문에서 탈냉전기의 동아시아사고에 대한 몇 가지 부정적인 특징을 지적하고 그에 대한 대안을 제시하고 있다. 임지현의 탈민족주의적 비판론과 비슷한 맥락에서 지역정체성에 의지하여 경쟁을 하려는 것은 세계체제에 적대적 분열을 초래한다는 견해를 표명한다. 즉, 동아시아지역주의는 이상주의적 지역결합이라는 주장에도 불구하고 실질적으로는 지역국가의 경제발전정도에 따라 내부의 수직적 계층화를 초래할 수도 있으며, 지역 간 대결의식에 기초한 민족주의적 대응의 확장 형태가 될 가능성이 크기 때문에 지역현상을 용인하는 보수성을 가질 수

121 위의 책, 429면.

밖에 없을 것이라는 진단이다. 따라서 태생적으로 이상주의적 논리에 기초하고 있어서 기존의 강대국중심체제의 위험성을 통제하기 힘들며 도리어 국가체제 중심의 제국주의적 책동에 통제될 가능성이 크다고 본다. 이러한 진단에 대한 대안으로 "민중적 관점에 입각한 근본적인 국제질서의 재편의 상"을 모색함과 동시에 현상에 개입해야 한다고 하면서 "양심적이고 진보적 세력들에 의한 대중운동"과 국제적 사안에 대하여 "이슈영역에 따르는 다양한 국제조직"이 필요하다고 역설한다.[122] 그의 비판은 동아시아지역주의가 국제사회의 현실적인 위계와 경쟁주의에 의해 무력할 것이라고 지적하고 있지만, 제시하는 대안은 '민중주의'를 내세우면서 다소 좌파적 이상주의의 색채를 띠고 있는 듯이 보인다.

그러나 상기의 비판론은 경청할 만하다. 임지현은 동아시아지역주의에 대한 비판에 초점을 둔 게 아니라, 좌파들의 식민지해방운동과 세계체제 개혁운동, 이후의 국내적인 좌파적 개혁운동이 민족주의/국가주의의 한계를 벗어나지 못하고 있다고 여기고 있다. 사카이는 일본의 진보좌파지식인답게 과거 침략의 역사를 떠올리면서 어떤 형태의 연대는 필요하지만 과거의 동아시아연대가 일본의 침략주의로 귀결된 역사에 대한 극도의 경계심을 나타내면서 동아시아 지역연대에 대한 의구심을 감추지 못하고 있다.

그러나 이러한 비판들을 다시 비판적으로 토론한다면, 이들의 비판의 근거가 되는 문제의식에서 동아시아 담론은 출발하였다는 것이다. 동아시아 담론은 이들이 지적하는 바대로 그렇게 단순하게 민족주의와 지역주의 정체성을 중시하는 지향을 가지는 것은 아니다. 위에서 언급한 담론의 논지에 이미 이들의 비판대상이 되는 문제점들에 대한 극복이 언급되

122 송주명, 〈탈냉전기 동아시아 태평양의 안보·경제체제와 한반도〉, 《역사비평》, 2000년 겨울호, 72-74면.

고 있다. 임지현은 한국의 비판적 지식인이자 동아시아 담론 주체들이 세계체제론의 원조인 월러스타인의 좌파비판을 인용하면서 민족주의/국가주의의 한계에 머물러 있다고 하고 있다. 하지만 백영서가 특히 언급한바, 동아시아가 과거 '강대국의 꿈'에 사로잡혀 왔다는 것을 성찰하면서 담론이 출발하고 있다는 것을 간과하고 있다. 즉, 임지현의 비판의 출발점이 사실상 동아시아 담론의 근본적 문제의식과 거의 일치한다. 왜냐하면 민족주의와 국가주의에 대한 탈국민국가주의적 시각, 저항의 거점이 아닌 대안추구로서의 동아시아, 중심부의 시각이 아닌 주변부의 시각에서의 동아시아상상이 곧 동아시아 담론의 주요 논지이기 때문이다. 따라서 담론을 주도하는 비판적 지식인들이 좌우이데올로기, 동서 경계 만들기의 단순한 이원적 구분을 극복하려 했다고 언급한 이유가 여기에 있다. 송주명은 동아시아지역주의가 지역 간 경쟁을 초래한다고 하지만 담론의 비판적 지역주의정신에서 이러한 국가 간, 지역 간 경쟁의식과 구조를 초월하려는 노력을 강조하고 있는 것을 간과하고 있다. 그는 동아시아지역주의가 민족주의적 저항의 확장된 의식에 불과하다고 비판하면서, 지역국가보다 민중의 의지에 의한 대중운동과 이슈에 따른 국제적인 조직이 더욱 효과적이라고 전망한다. 이렇게 그는 국가가 주도하는 지역주의에는 비판적이지만 대중운동을 지역의 문제들에 접근하는 효율적인 방법이라고 함으로써 시민-지식인 관계망을 구상하는 동아시아 담론과 공감을 이루는 측면도 보여 준다. 또한 의식이 각성된 대중운동론의 측면에서는 임지현도 국제적인 '다중'의 역할을 지적하면서 사실 동아시아 담론이 바라보는 시민-지식인 관계망의 역할에 간접적으로 공감하고 있다.

즉, 대중의 참여에 대한 문제의식은 이미 김경일의 동아시아론에 나타나 있다. 그는 임지현의 '다중', 송주명의 '대중운동과 이슈영역에 따르는 다양한 국제조직'이 필요하다고 역설하는 것과 비슷한 관점에서 동아시아의 활발한 교류와 연대를 위해서는 시민사회와 민간이 주도하는 '수평적 연대'를 아무리 강조해도 지나치지 않다고 주장하고 있다.[123] 또한 동아시아 역사를 통해서 보면 지식인들이 상호 교류와 이해를 위한 수평적 연대의 필요성을 역설해 왔지만 오늘날에도 중국이나 일본 지식인들은 한국, 대만 같은 약소국들을 인식의 비평에서 제외한다고 하면서 동아시아 지역의 시민의 역량과 자율성을 결집하여 다양한 차원의 연대와 관계망의 형성이 필요하다고 강조한다.[124] 이러한 동아시아 담론에서의 시민-지식인 관계망이 주도하는 운동은 지역의 주변부와 중심부의 동아시아사고의 차이, 지역 소수자의 권리에 대한 접근에서 국가보다도 더욱 효율적인 매개가 될 수 있다는 함의를 언급한 것이며, 그 안에 이미 탈민족주의/탈국가주의적인 시각에서의 자기비판이 함축되어 있는 것이다.

상기의 비판론에 비해서 사회과학자인 최장집의 비판은 다른 방향에서 진행된다. 우선 그는 실천적인 관점에서 담론을 바라보면서 인문학적인 상상의 개념들보다는 동아시아공동체구상에 대해서 상대적으로 많은 평가를 하고 있다. 임지현, 송주명 등과는 달리 동아시아공동체론에 대해서 탈민족주의적인 접근이 오히려 동아시아평화에 위협이 된다고 진단하면서 '평화와 공동안보'의 관점에서 평화지향적 공동체를 구상할 것을 주문한다.[125] 따라서 인문학적인 상상에서 출발한 담론과는 달리 대외정책적 차원에서의 논평 및 미래에 대한 진단을 하고 있다.

그는 동아시아 담론이 등장한 기본취지에는 공감을 나타낸다. 즉, '동아시아'라는 말은 두 가지 의미를 내포하는데, 첫째, 냉전으로 분할된 지역임을 부정하고 어떤 가치를 공유하는 지역이 되었다는 것을 의미하고,

---

123 김경일, 《제국의 시대와 동아시아연대》, 18-19면.
124 위의 책, 381면.
125 최장집, 〈동아시아공동체의 이념적 기초〉, 94면.

둘째, 미국이라는 지역패권 국가가 필요에 따라 부여한 명칭이 아니라 동아시아 자신이 갖는 내적 요구와 필요의 산물이라는 것이다. 즉, 이는 미국에서 나온 동아시아의식이 아닌 자신이 동아시아라는 지역의식을 창출함으로써 수동적으로 무엇에 대항하는 의미가 아닌 자신의 평화를 능동적으로 창출하기 위한 공동체를 상상할 수 있게 되었다는 의미이다. 그가 이러한 주체적인 동아시아의 등장에 따른 공동체론에 대해서 실천적인 관점에서 논평을 하게 된 것은 무엇보다도 동아시아가 여전히 탈냉전기이면서도 냉전적 요인이 사라지지 않고 있음을 인식하고 있기 때문이다. 이러한 배리적인 측면 때문에 인문학자들이 냉전적 요인을 극복하기 위한 방편으로 인문학적인 상상의 개념을 비전으로 내놓는 경향과는 달리 사회과학적인 시각을 발휘하고 있는 것으로 파악할 수 있다. 그는 이렇게 현실적인 입장을 취하면서 유럽과는 달리 일본과 중국의 근래의 움직임을 고려하면 동아시아는 여전히 신냉전적 구조가 유지되고 있다고 진단한다. 따라서 동아시아공동체는 '동아시아평화공동체'를 의미하며 이것은 지역의 평화를 안정적으로 관리하는 체제로서, 특히 한반도의 평화와 북한 문제를 평화적으로 해결하는 과제로 시작되어 이를 제도화하는 것을 의미한다고 정의내리고 있다.[126] 이러한 문제의식에서 한국이 취해야 할 대외정책의 방향에 대해서 '합성적 접근compositive approach'을 제시한다. 이것은 과거 국내외의 냉전구조에서는 한국의 대외정책에서 이성적 추론과 대화는 없고 흑백논리의 일방통행만 존재하였으나 탈냉전-민주화시대에는 외교전략적으로 관련된 요소들을 '재구성-분해 접근decompositive-compositive method'하는 게 가능해졌다는 판단에서 나온 것이다. 예를 들어, 네오콘에 반대하면서 국무성과 협조할 수 있고, 미 정부를 상대하면서도 동시에 미국의 시민단체, 싱크탱크와 한미관계를 협의하고 외교전략

126 위의 자료, 99면.

을 추진할 수 있다는 의미이다. 이런 합성적 접근의 논리를 근거로 한국은 한-미관계를 주축으로 유지하면서도 중국-일본과 동아시아평화공동체를 추진할 수 있다고 단언한다. 따라서 그의 동아시아사고는 정치적이며 평화와 공영을 추구하는 실천적인 공동체론으로 나타나고 있다. 그러면서도 평화공동체는 외부적 환경변화—중국의 부상, 일본의 보통국가화, 미국의 패권전략—와 함께 국내의 기득권 구조의 변화를 필요로 하기 때문에 힘들고 어려운 과제라고 전망한다.[127]

이러한 최장집의 견해는 탈냉전 시대의 동아시아 담론에 대해 사회과학적인 시각에서 접근하고 있는 것을 보여 준다. 민족주의의 활용에 대해서 인문학자들의 사고와는 다른 접근을 보이고 있는데, 이것은 그가 간접적으로 동아시아 담론에서의 탈국가주의/탈민족주의적 접근이 비현실적이라는 인식을 가지고 있는 것을 나타낸다. 기본적인 담론의 이상은 초월적 공동체를 미래지향적인 것으로 인정하지만, 그 실현은 철저히 현실에서 출발해야 한다는 것이다. 따라서 그의 동아시아연대에 대한 이해는 현실적인 평화공동체론이며 그것에 대한 접근법은 철저히 대외전략과 외교론이다. 이러한 태도는 직접적으로 언급은 안 했지만 사회과학자의 현실인식에서 인문학적인 상상을 향한 회의적 태도를 충분히 읽을 수 있는 대목이다. 현실을 대면하여 해결하려고 하지 않고 보편적 정신만 강조하면서 미래를 상상의 지평에 놓아두기만 해서는 곤란하다는 것이다.

그런데 흥미로운 것은 그의 문제해결은 인문학적 상상과 사회과학적 실천의 중간 지점에서 타협하고 있다는 점이다. 그는 실천을 위한 '의미지평'의 확산과 수렴을 강조한다. 그 함의는 시민들의 평화의 가치에 대한 목적의식적 행위에 대한 공감, 평화를 실현하려는 핵심적 가치와 수단에 대한 인식이 공유되는 공간, 담론, 공동행위, 집단적 해결책을 얻고자 하

127 위의 자료, 110-114면.

는 정부들 간의 협력 등을 포함하는 공간을 말함이다. 이것을 통해 바라본 동아시아평화공동체 형성 노력은 오늘날 탈냉전시대의 안보와 공영의 실현에 더 잘 부응한다는 현실적 전망을 갖게 한다. 이런 의미에서 최장집의 동아시아평화공동체에 대한 접근은 공백 속에서 만들어지는 것이 아니라 미래의 불확실성에도 불구하고 그것이 정의롭고 도덕적이기 때문에 현실의 폭력성과 지배를 극복하려는 지역인들의 노력이 결집된 상태에서 가능하다는 논리를 편다.[128] 여기서 보여 주는 것은 현실적인 실천의 힘의 발동은 힘의 주체 간의 협상이 아닌 주체들의 가치지향적인 태도가 중시된다는 것이다. 즉, 그의 타협은 가치지향이 우선이며, 다음에 그것을 위한 실천은 철저히 사회과학적이다. 이러한 인문-사회과학 쌍방향의 종합적 논리가 보여 주는 것은 최장집은 담론의 이상에는 동의하지만, 그 실현의 구체적인 방법으로서의 인문학적 개념에 대해서는 의구심을 가지면서도 동시에 희망도 가지고 있다는 것이다.

마지막으로 임지현과 사카이가 동아시아 담론을 복수의 국가주의의 통합운동으로 우려한 것과는 다른 방향에서 유장근은 동아시아 담론이 국민국가를 출발점으로 삼으면서 필연적으로 나타나는 지역 내부 비국가적 존재인 소수자의 배제현상을 당연시한다고 비판한다. 이러한 소수자의 '인정recognition'문제에 대해서는 상기의 비판적 동아시아역사론에서 소수자문제를 복원시키려는 작업이 중요한 주제로 등장했다는 것과 같은 맥락에서 이해할 수 있다.

동아시아 담론에서 소수자 문제는 네 가지 차원을 고려할 수 있다. 첫째, 동아시아 자체가 그동안 서구 중심의 세계체제에서 소외당하고 배제당했던 소수자의 상징이다. 둘째, 동아시아 내부에서도 제국 간의 경쟁에서 소외당하면서 존립을 인정받지 못하는 소수자 문제, 즉 대만, 티베트, 위구

128 위의 자료, 220-221면.

르, 오키나와가 존재한다. 셋째, 내부의 차별 문제도 있는데, 지역의 중심부가 주변부를 차별하는 현상 외에도 주변부가 중심부만을 바라보면서 같은 주변부를 차별하는 현상이다. 넷째, 지역 내부의 인종과 국적차별 문제이다. 동남아 혹은 다른 제3세계 노동자들이 일본, 중국, 한국 등에서 받는 차별 문제이다. 전반적으로 한국과 대만의 담론에서는 소수자 문제가 내면화되어 전개되고 있다. 즉, 주변부를 대표하는 양국의 지식계는 동아시아연대를 위해 지역국가들의 국민국가주의에 의해 배제당하는 소수자뿐만 아니라 제국-국가의 경계에 존재하는 비국가적인 소수자들의 존재에 대해서도 탈국민국가주의적 접근으로 포용해야 한다고 제안하고 있다.

이 같은 맥락에서 유장근은 비록 주변부시각을 강조하더라도 동아시아 담론이 한국, 중국, 일본이라는 단일한 국가주체들을 사고의 단위로 내세우게 되면 동아시아 국민국가 내부와 경계에 존재하는 소수의 존재를 홀대할 수밖에 없다고 한다. 예를 들어 중국 내부에 존재하는 소수민족의 분리운동에 대해서는 단지 소수자들의 반란정도로 치부해 버릴 것이다. 또한 대만 원주민, 티베트인, 몽골인이나 서남부의 소수민족들 심지어는 연해주나 동부시베리아에 흩어져 살고 있는 퉁구스 계통의 원주민들의 존재마저도 무시하게 된다고 지적한다. 이들의 분리주의를 한족 중심의 중앙정부에 대한 일시적인 저항으로 단순화하여 보기보다는 세계사적인 시각을 적용하여 동아시아 내부에서 전개되는 민족주의의 한 유형으로 보아야 한다고 주장한다. 이렇게 본다면 중국대륙의 한족은 '내부 식민주의'의 주체로 등장하게 된다. 특히, 그는 한국의 담론에서 자민족 중심주의와 국민국가주의를 경계하고 있으면서도 모순적으로 논리의 범주를 여전히 한·중·일 국가중심으로 잡고 있다고 비판한다. 이렇게 되면 역사적으로 다양성을 가진 동아시아의 여러 민족과 문화가 들어갈 자리가 없어지거나 그 위상들이 폄하될 수밖에 없을 것이라고 보고 있다.[129] 이러한 지적은 무경계-탈중심의 동아시아, 탈국민국가주의를 주요 논지로 삼는 동아시아 담론에 의미심장한 것이다.

이러한 비판이 계시를 주는 것은 동아시아에는 국민국가 내부와 혹은 대국의 역사경계에 존재하는 소수자 문제가 아직도 존재하고 있다는 사실이다. 대표적으로 중국대륙에 의해 소외당하고 있는 대만과 티베트, 위구르, 일본제국에 의해 강제병합당한 오키나와, 심지어 한반도에서의 북한도 동아시아 담론이 포용해야 할 소수자 문제들이다. 이러한 문제들을 감추어 놓고 동아시아를 논할 수는 없다. 그렇게 되면 앞으로 구축될 동아시아공동체는 대국과 국민국가들만의 무대가 될 공산이 크다. 이것은 대국주의와 국민국가주의의 한계를 극복하고 다양한 인종, 소수민족, 분단국이 모두 참여하는 지역의 협력적 연대와 관계망 구축을 모색하고 있는 주변부에서 바라보는 동아시아 담론의 기본정신에 역행하는 것이다. 즉, 이것은 결과적으로는 중심부와 주변부가 타협하여 국민국가연합의 동아시아를 생성하는 것이다. 그렇다면 내부에 존재하는 소수의 문제를 미봉하는 격이 될 것이며 중심부가 정점에 위치하는 위계적인 국민국가연합체로서의 동아시아가 될 가능성도 있다.

이러한 성찰적 비판을 의식한다면 우리는 한걸음 더 나아가 국민국가로 인정받지 못하면서 또한 중심부와 주변부 어디에도 속하지 않거나, 중심부의 경계에 존재하는 소외지대마저도 포용하는 데까지 나아가야 한다. 즉, 동아시아 담론은 중심과 주변의 차별을 극복하고 다양성을 인정하면서 수평적인 연계망을 이루려는 노력인데, 정작 국민국가 중심의 담론이 되어 버리면 그 안에서 정체성이 유동하는 소수자 문제, 분단국 문제를 덮어 버리는 결과를 낳게 되고 마는 것이다. 나아가 지역의 초국적 시민-

129 유장근, 2004, 〈동아시아 근대사와 중국의 위상〉, 정문길 외, 《주변에서 본 동아시아》, 61-62면, 주석 54.

지식인 연계망을 구축하는 데도 걸림돌이 된다. 이러한 비판을 고려하면, 국민국가를 사고의 중심에 위치시키는 동아시아 담론은 지역의 주변부와 국민국가 내외부의 소외지대를 포함하는 동아시아상상에서 아직은 과정적이며 방편적인 연구단계에 있다는 사실을 인정할 수밖에 없다. 그만큼 동아시아는 다양하며 그 다양한 측면들을 다 포용하기 위해서는 회피하지 말고 직시해야 할 문제들이 산적해 있다.

7. 비판론에 대한 토론—미완의 과제

비판에 직면한 동아시아 담론이 우려할 만한 상황을 몇 가지 설정해 본다면 다음과 같다. 첫째는 비판적 지역주의가 동서이원론적 사고에 의해 왜곡되는 현상이고, 둘째는 지역 내부에서의 국가주의적 갈등의 심화로 인해 담론의 이상들이 '꿈속의 꿈'으로 전락하는 상황이다. 셋째, 담론이 국민국가를 사유단위로 하는 수준에 머무는 경우이다. 즉, 국민국가의 경계에 존재하는 유동하는 정체성의 소수자의 존재를 현실주의적인 관점에서 미루거나 경시하는 것이다. 마지막으로 담론의 논지 중에 동아시아연대론이 논리적 블랙홀에서 출구를 찾지 못하는 경우이다. 즉, 동아시아의 협력적 연대가 과연 어떤 것인가 하는 것이다. 회원국 간의 수평주의적 공동체, 초국적 시민-지식인 관계망, 동아시아평화공동체, 동아시아경제공동체 중에서 과연 어떤 것인지 모호하다. 이렇게 논리적으로 모호한 공간이 존재하기 때문에 담론은 비판을 자초하고 있다.

상기의 비판론들에 대해서는 다음 같은 토론을 할 수 있다. 탈민족주의적 사고범주에서의 비판적 논리는 지나치게 동아시아 담론을 단순하게 바라본 것이다. 이들은 담론이 단순히 지역의 정체성을 강조하면서 새로운 확장된 형태의 민족주의와 국가주의를 결집하여 서구에 대항하자는 논리를 생산하는 것으로 여기고 있다. 그러나 기본적으로 동아시아 담론은 탈민족주의-탈국가주의, 탈대국주의, 무경계-탈중심의식을 이상적 목표로 삼고 있다. 또한 서구의 오리엔탈리즘의 극복을 추구하면서 적극적으로 동아시아의 옥시덴탈리즘에 대한 성찰까지도 시도하고 있다. 즉, 미국과 서구를 극복하려는 동아시아 담론은 다시 근대가 조성한 특징인 (동)아시아-서구라는 이원대립적 사고에 빠지는 것을 거부하고 동아시아와 서구의 차이성을 인정하면서도 공존하는 새로운 다원주의적 대안담론을 모색하고 있다. 만일에 동아시아가 서구와의 차이를 강조하면서 자기정체성 찾기로 흐른다면, 그것은 근대의 국가적 주체 찾기에 머무는 것이며, 그것은 경계 만들기와 타자화 인식에 머무는 것이다. 동아시아의 탈근대적 문제의식이라는 것은 주체성 찾기이면서 그 주체성을 타자와의 대결적 차원이 아닌 타자 혹은 서구와 동아시아와의 차별성을 인식하면서 다원적인 주체성으로 서로 인정하고 공존하자는 의미이다. 전 지구화 추세 속의 동아시아 담론은 큰 하나를 이루는 여럿 중에서의 나의 발견이다. 하나의 세계에서 차이를 찾고, 그 차이는 다원성을 존중하는 의미로 존중되어야 한다. 즉, 다원성은 세계 속의 나를 발견하고 중시한다는 함의를 나타낸다. 전 지구화 추세에서 동아시아 정체성 찾기는 큰 세계에서 차이로서의 나와 타자를 발견하고, 그 차이를 배척의 근거로 삼지 않으면서 다원성 안에서 상호 존중하는 사고를 배양한다는 것이다.

이런 의미에서 동아시아 신질서구상에서의 연대 혹은 공동체는 전 지구적 자본주의/신자유주의적 사고에 대항하는 자주적인 대안으로 제기되고 있으나 지역연대가 강대국과 서구에 대항하기 위한 약소국들의 연맹을 주장하는 것은 아니라는 데 의견을 같이하고 있다. 만약 그렇다면 21세기에도 비판의 목소리가 지적하는 바대로 대국 혹은 국가들끼리 편가르기와 헤쳐 모이기가 재현될 것이기 때문이다. 동아시아 담론은 동아시아라는 하나의 단위라는 개념에 너무 집착하면 동아시아와 비동아시아(서구)라는 이원적 세계관에 사로잡히게 되고 동아시아라는 단위에 특권을 부여하게 된다고 자아비판마저 하고 있다.[130] 여기에 '비판적 지역주의' 논리의 특징이 배어 있다. 서세동점의 시대에 생성되고 냉전시대에는 잠재했었으나 탈냉전과 함께 새롭게 고개를 내민 미국, 일본, 중국에 대한 저항을 단순히 보복의 정서가 아닌 대만의 천광싱이 제창한 탈제국-탈식민-탈냉전 의식운동을 수행하는 '방법'으로 삼아 새로운 탈위계적인 동아시아 질서를 상상한다는 함의를 내포한다. 이러한 수평적인 질서에 대한 지향은 지역의 진보적 지식인들과 특히 주변부인 한국과 대만의 비판적 지식인들에게서 두드러지게 나타난다. 그래서 이러한 모든 복합적 문제들의 대안으로서 주변국과 중심국을 포함하고 상호 연결하는 '시민-지식인 관계망'이 국민국가를 견제해야 한다는 논리를 내세우는 것으로 볼 수 있다.

그리고 소수자 문제에 대한 비판에 대해서 논하자면 동아시아 담론이 이 문제에 귀를 닫고 있는 게 아니다. 사실 21세기에 등장하는 동아시아의 새로운 역사론과 탈근대적인 문제의식, 소국주의 구상에는 이러한 소수자 문제에 대한 배려가 담겨 있다. 비판적 지식인들의 소수자 문제에 대한 배려는 '주변부에서 출발하는 담론'에서, 그리고 제국-식민의 역사와 냉전시대 대국 간의 갈등관계에서 고통 받았던 지역인 호치민(베트남), 타이베이(대만), 오키나와(일본), 티베트(중국)에 대한 문제의식에 나타나 있다.[131] 단지 담론의 개념들이 소수자보다는 국가를 토론의 출발점으로 삼

130 이남주, 〈동아시아 협력론에 대한 비판적 검토—국민국가의 협력인가, 국민국가의 극복인가〉, 《동아시아의 지역질서》, 395-423면.

131 이에 대한 토론은 다음을 참조. 최원식 외, 《제국의 교차로에서 탈제국을 꿈꾸다》; 고성빈, 〈티베트분쟁—중국의 담론패권 vs. 티베트인의 자유의지〉, 《국제지역연구》, 2014 가을,

고 있기 때문에 우선순위에서 밀리고 있는 것이다. 그리고 이들 소수자 문제에 대한 언급은 대국 간의 이해관계가 가장 첨예하게 충돌하고 있어서 섣부른 문제제기는 더 큰 갈등의 원인이 될 수 있기 때문에 더욱 세밀한 이론적인 검토와 관련 당사자 시민들의 의식 각성이 필요하다. 따라서 동아시아 담론의 철저한 이론화와 시민-지식인 관계망의 연대운동이 선행되어야 하는 필요성을 환기시켜 주고 있는 주제이다.

일반적으로 비판론자들이 무시하는 것은 동아시아 담론은 동아시아의 정체성을 강조하는 이념이 아니라 동아시아를 단지 '사유의 방법'으로 삼아 동아시아에서 출발하는 탈동서이원론의 '대안적 사고체계'를 창출하자는 동기가 있다는 것이다. 동아시아지역주의는 단지 동아시아와 서구를 초탈하는 방법으로 삼은 것에 불과하다. 동아시아 담론을 민족주의의 확장 형태로 비판하는 것은 단지 서구에 대한 저항의 담론으로 오해한 데서 비롯된 것이며, 따라서 동아시아 담론을 비판의 틀로 삼아 자신에 대한 성찰과 탈서구를 동시에 수행하는 비판이론으로 발전시키자는 논지는 이래서 의미가 있다. 그런 맥락에서 보면 탈민족주의 관점에서의 비판보다도 탈국민국가주의-소수자의 관점에서의 비판이 동아시아 담론이 가장 경청해야 할 내용이다. 소수자 문제에 대한 배려는 담론에 대한 탈민족주의 지식인들의 비판을 공감으로 전화시킬 수 있는 주제이다. 즉, 동아시아 담론은 제국과 국가의 변경에서 유동하는 정체성을 가지면서도 분명히 존재하는 소수자 문제에 대해서 탈제국-탈식민-탈국민국가주의의 목소리를 이론화하여 '비판이론'으로 발전할 수 있는 잠재력을 가지고 있다.

그러나 탈냉전시대임에도 동아시아에서 중심부와 주변부 간의 국가주의적 충돌 요인이 여전히 잠재해 있다는 것은 담론의 설득력을 감소시키는 요인 중의 하나이다. 지식계의 논의와는 달리 한·중·일 3국에서 국가

95-129면.

주의적 정서가 식지 않는 현상이 전개되고 있다. 공동체 구성에 대한 초기단계의 회원국 구성에서부터 국가주의적인 의견 충돌이 벌어지고 있는 것을 보면 '지식계의 담론'은 '수평주의적 연대'를 외치고 있지만 '국가 주도의 현실'은 '위계적 공동체'로 나가고 있는 것이다. 아세안과 달리 동아시아 3국 사이에는 인적, 경제적 교류의 증대와 함께 정치군사적 견제도 동시에 증대되고 있는 것이 현실이다. 즉, 동아시아에서는 전 지구화 시대에 필연적으로 증대되는 교류로 인해 사회부문의 네트워크화와 다원화가 진행이 되면서 영토경계가 상대적으로 무력화되는 현상이 전개되는 반면에, 다른 한편으로는 정치군사적인 견제와 경쟁도 동시에 심화되고 있다. 이러한 사실은 동아시아 국가들이 국가주의와 대국주의를 넘어서 역사적 대타협과 화해의 경험이 부족하기 때문에 아직도 지역 차원의 수평적인 관계망으로서의 공동체를 구성할 정도로 의식이 성숙하지 못하다는 것을 나타낸다. 이러한 측면은 EU와 대비하면 더욱 두드러진다.[132] 또한 동아시아가 극복하지 못하는 중요한 변수로는 미국을 들 수 있다. 미국은 한국, 일본, 대만과 우호관계를 유지하면서 중국, 북한과 대립하고 있다. 그러나 이러한 정치, 군사적 대립과 경쟁관계를 넘어서 지식, 문화적으로는 동아시아에서 패권적 지위를 누리고 있다. 문제는 이러한 미국의 지식과 문화, 정치적 헤게모니를 극복한다는 지향에서 생성된 동아시아 담론의 지적인 프로젝트만으로 과연 동아시아에서 가장 현실적인 미국의 영향력을 극복할 수 있는가 하는 것이다. 결국 순수한 지적인 프로젝트가 실질적으로는 국가주의의 전략적 행위에 압도당할 가능성이 상존하고 있다. 중국의 부상과 중국위협론, 북한의 핵 도전, 일본의 평화헌법 개정 움직임, 동아시아에서의 도서 영유권분쟁 같은 문제들과 미국의 동아시아 패권전략이

132 유럽에서 두 번의 전쟁을 일으킨 독일은 프랑스, 폴란드와의 화해를 위해서 공동역사교과서를 편찬하였다. 이러한 화해는 EU의 구축으로 열매를 맺는다.

상존하는 가운데 수평적인 관계망으로서의 동아시아연대를 논하는 것은 비현실적일 뿐만 아니라, 그것은 결국, 국가주의, 대국주의, 동서이원론적 사고에 의해 압살당할 우려가 커질 수 있다는 것을 경계해야 한다.

이런 맥락에서 보면 비판론에 대해서 담론의 주체들이 반론을 제기할 수 있다고 하더라도 비판은 동아시아 담론의 취약성을 잘 집어낸 것이다. 이 같은 비판은 지식계의 인문학적 상상과 정치경제적 현실과의 괴리에서 생성되는 것이다. 동아시아 담론은 미국과 서구에 대한 저항과 대안 추구로서의 지적인 프로젝트라는 명분에서 시작된 것으로, 그 저변에 잠재한 기본적인 에너지는 국민국가의 주체성과 동아시아지역주의 정체성이다. 이러한 면은 공동체 건설의 전개과정에서 공통적인 이해도 있지만 상호 이견의 요인도 생길 수 있다는 것을 암시하고 있다. 따라서 비판대로라면 다수의 국민국가가 함께 모인 공동체는 형성과정에서부터 갈등적인 요인이 지배할 가능성이 크고, 형성이 되더라도 중심부가 주변부를 주도하는 위계주의적 기구가 될 것이다. 그리고 담론의 지향과는 달리 중심부인 중국과 미-일동맹 간의 양대 세력의 경쟁구도[133]로 인해서 '동아 대 서구'의 이원적 경쟁체제의 매개가 될 가능성도 부정할 수 없다. 문제는 담론의 상상의 개념들은 이상적이지만 이러한 실제적 현상을 견제할 수 있는 실제적인 수단을 가지고 있지 못하다는 것이다.

또 다른 차원에서 결코 무시할 수 없는 문제의식 중 하나는 한국의 지식계에서 일반적으로 나타나는 주변부가 중심부만을 쳐다보면서 같은 주변부를 차별하는 경향에 대해 토론과 고민을 하여야 한다는 점이다. '주변부에서 바라보는 동아시아'라는 주제를 표방하는 한국의 담론에서도 수평

133 중국은 동아시아를 자국의 세력권으로 인식하면서 미국을 견제하는 보루로 삼는 경향이, 일본은 전통적으로 탈아입미로써 중국을 견제하면서 동아시아를 바라보려는 경향이 있기 때문에 양대 세력의 대치는 결국 '동아 대 서구'의 이원론으로 설정할 수 있다.

의식의 부재하다는 비판에서 자유로울 수 없다. 한국은 동아시아 중심국인 중국/일본에 대항하려는 과정에서 또한 미국의 동아시아지배와 한국의 운명을 좌지우지하려는 힘에 대한 저항의 의미로 동아시아 담론을 전개하고 동아시아연대를 구성하려 한다. 그러나 이러한 과정에서도 비슷한 주변부인 대만과 동남아에 대한 관심을 키우지 못한다면, 단순히 반미, 반일, 반중국으로 대변되는 반대국주의의 저항담론으로 전락할 것이다.

이런 면에서 한국의 동아시아 담론은 지역에서는 중심-주변 간의 탈위계주의를, 세계적으로는 탈서구를 지향하지만 아직도 사회와 지식계에서는 대국의존주의와 서구지향을 극복하지 못하고 있다. 일반적으로 한국사회는 미국, 중국, 일본을 주로 바라보면서 같은 동아시아 주변부인 대만, 아세안을 경시하고 소홀히 하고 있다. 이러한 편협성은 대국의존과 함께 하위제국의 모방심리를 영속시키고 있다. 냉전시대에는 미국의 용병으로 베트남에 파병하였고, 탈냉전시대에도 이라크와 아프가니스탄에 군대를 파병하였다. 그리고 논란이 많은 미국과의 FTA를 체결하였다. 이러한 사례는 물론 미국의 유무형의 압력의 결과이기도 하지만 국내의 미국의존주의에 힘입은 바도 무시할 수 없는 정도로 컸다. 사실 한국 사회와 지식계에서의 미국 의존을 어떻게 극복하느냐 하는 것이 담론의 이상들을 실현하는 출발점이라도 해도 과언이 아니다.

이러한 현상은 일종의 과거 제국인 일본과 중국을 비판하면서도 우리가 그들을 모방하고 싶은 하위제국주의sub-imperialism에 빠져 있다는 것을 나타낸다. 동아시아의 중심부의식을 비판하면서도 한국이 그들과 같은 중심이 되지 못하는 것을 원망하는 의식을 가지고 있는 것이다. 그래서 한국보다 가난한 아세안을 무시하면서 소중화적인 비뚤어진 자부심을 가지려는 행태이다. 이것이 우리 안에 있는 제국-식민의식이다. 마치 미국의 남미/아프리카/중동에 대한 위계적 인식과 중국/일본이 동아시아 주변부를 경시하는 사고행태가 다른 약소국들을 향한 우리의 의식과 무의식 안에 내재화되어 있는 것을 나타낸다. 따라서 이들 중심부와 같이 우리도 인도, 남미, 아프리카, 중동을 천시하는 인식을 가지고 있다. 대만의 비판적 지식인이자 동아시아 담론의 이론가인 천광싱과 한국에서의 담론의 주창자인 백영서와의 대담에서 이러한 상호 인식과 경험에 대해 서로 담백하게 술회하고 있다.[134] 즉, 같은 주변부이면서 중심부 편향의 동아시아시각과 대국주의를 비판하면서도 대만과 한국의 지식계가 서로에 대해 이해하려고 노력하지 않으며 심지어 경시하고 있다는 것이다. 천광싱은 이러한 경향에 대해 과거 식민지 간의 관계성에서도 탈제국-탈식민의식이 성숙되지 않았다고 평하고 있다. 이런 면을 고려하면 중심국 지식계에서도 내면화된 대국주의를 극복하는 게 과제가 되고 있지만, 역설적으로 주변국의 지식계에서도 식민의식과 아울러 대국주의를 모방하려는 왜곡된 문화심리구조를 극복하지 못하고 있다는 논리가 성립된다.

또 다른 문제는 한국의 동아시아 담론의 주체들은 담론을 지나치게 지역의 모든 문제를 해결할 수 있는 만병통치약으로 여기는 경향을 보이고 있다는 것이다. 지역에서의 탈대국주의, 탈국민국가주의, 탈서구, 탈냉전, 동서이원론의 극복, 미국이 주도하는 서구식의 발전방식에 대한 동아시아식의 대안추구, 근대적응과 근대극복, 심지어 한반도 분단체제론의 문제까지도 모두 망라하여 접근하고 있다. 주된 이유는 비판적 지식인들이 국내의 의식운동campaign의 차원에서 접근하거나, 또한 동시에 인접한 중국과 일본 지식인들과의 교류를 통하여 담론의 취지에 대해 공감을 얻어내려는 노력을 우선시하고 있기 때문으로 보인다. 그러다 보니 마치 한반도에서의 모든 진보의 목소리들이 담론에 모두 내포되어 있다는 착각이 들 정도이다. 이러한 문제설정의 범주와 내용의 지나친 포괄성은 이론적

134 천광싱, 2003, 《제국의 눈》, 창비, 293-296면.

인 엄밀성과 실천의 가능성을 떨어뜨리는 요인으로 작용하고 있다.

그러므로 사실상 동아시아 담론의 가장 취약한 측면은 지나치게 지적인 상상에 머물면서 구체적인 영역 특히 정치사회적 부문으로의 실천과제와 연관되기가 힘들다는 것이다. 이에 대해 비판적 지식인들은 담론의 기본적인 발상들이 추진력을 얻으려면 무엇보다 동아시아인들의 일상생활에서 변화 가능성이 나타나야 한다고 강조하고 있다. 즉, 지식인의 담론에 한정되지 않고 부국강병을 추구하는 국가지상주의에 몰입했던 '20세기형 문명'을 넘어서려는 문명론 차원의 변화가 있어야 한다는 것이다.[135] 그러나 이러한 거대한 접근은 지나치게 추상적이라 구체적인 실천의 장에서 가시화된 결과를 보기가 힘들다는 것이 여전히 담론의 과제로 남는다. 이러한 맥락에서 담론은 단순히 지적인 상상에서의 규범적이고 사변적인 연구를 넘어서 지역에 현재하는 구체적인 정치, 경제, 사회적 문제들과 연관시키는 노력을 지속적으로 시도하여야 한다.

이러한 상황을 고려하면 한국의 동아시아 담론은 아직은 정서적 단계에 있으며 '이론화'와 '실천'적 단계로 넘어가야 하는 과제를 안고 있다. 인문학적 상상의 개념이 실천이라는 사회과학적 주제를 만났을 때 생성시키는 논리적 블랙홀을 벗어나려면 하나의 사상과 이론의 체계에 담론의 개념들을 수렴하는 작업이 필요하다. 그러나 이러한 측면이 한계라고 해서 이론으로 설명할 수 없는 상상vision이 가치가 없다는 의미는 아니다. 오히려 미래의 실현을 위해 노력해야 하는 상상들이 더욱 의미가 있는 것이다. 한국 동아시아 담론에서의 상상의 지향들은 중국, 일본, 아세안까지도 반드시 논리적은 아니더라도 적어도 심정적으로는 충분히 긍정할 수 있는 많은 계시적 주장들을 내포하고 있다. 이러한 것들이 당장 비현실적

135 백영서, 2000, 〈20세기형 동아시아문명과 국민국가를 넘어서〉, 《동아시아의 귀환—중국의 근대성을 묻는다》, 창작과 비평사, 13-47면.

이며 이론화가 안 되었다고 해서 중요하지 않은 것은 아니다. 단지 앞으로도 주변부의 비전이 상상을 위한 상상, 꿈속의 꿈의 상태에만 계속 머물러서는 안 된다는 것이다.

제4장 대만의 동아시아상상
탈제국·탈식민·탈냉전과 소국주의상상

1. 문제의 제기

대만의 동아시아사고를 중국대륙의 그것과 별도로 논하는 이유는 무엇보다도 대륙이 전형적인 중심부의 동아시아의식을 가지고 있다면 대만은 주변부적인 사고를 하고 있기 때문이다. 대륙과 대만이 이렇게 다른 사고를 하고 있다는 사실은 양안관계에 유동성과 복잡함을 더해 주고 있으며, 지역 차원에서 동아시아 담론의 지향을 실현시키는 과정에서 쉽지 않은 도전이 되고 있다.

대륙에서 대만 문제는 동아시아사고의 대상이 아닌 국내의 통합 문제로 대하는 게 주류이다. 대만에서는 통일·독립이원론이 내부 갈등의 원인이 되고 있으며 이로 인해 생성된 '국족주의國族主義'는 유력한 통치기제로 작용하고 있기도 하다.[1] 그러나 문제를 보는 시각을 더욱 확장하면 양안문제는 통일-독립이라는 주권, 지정학과 공간적 지평 외에 동아시아 지역의

---

1 대만이 통일된 단일민족국가가 아닌 특수한 상황에서 나온 개념인 '國族主義'는 '민족주의(nationalism)'와 비슷한 의미이며, 또한 비슷한 맥락에서 '국족-국가'(nation-state)도 '민족국가' 개념과 유비적으로 사용된다. 다음을 참조. 王超華, 〈國族主義在臺灣〉, 《臺灣社會研究季刊》 第五十六期, 2004年 12月, pp. 257-270.

제국주의·식민주의·냉전체제의 역사와 문화적 잔재가 집약된 곳이다. 동아시아의 진보적이고 비판적인 지식인의 관점에서 보면 아직도 대만에서는 네덜란드, 일본, 국민당에 이어서 미국의 신식민주의 지배가 지속되고 있다.[2] 이런 상황에서 비판적 지식인들이 탈제국·탈식민·탈냉전의 지적인 프로젝트를 지향하는 동아시아 담론에 관심을 가지게 된 것은 자연스러운 일일 것이다. 특히 동아시아 담론이 주변부에서 출발하는 시각을 기본원리로 주창하는 상황에서 일본의 오키나와, 한반도 분단체제 문제와 함께 대만도 동아시아 담론이 포용해야 하는 과제임에는 틀림없기 때문이다. 더욱 중요한 것은 21세기 동아시아공동체구상에서 대만의 존재를 어떻게 접근할 것인가 하는 것은 동아시아 담론의 실험에 대한 척도가 된다는 사실이다.

대륙의 지식계가 표방하는 범아론적인 사고는 동아시아 주변부의 존재에 대한 무의식 내지는 경시의 결과이다. 이와 대조적으로 대륙의 통합 압력에 직면하여 존립을 추구하기 위해서 주변부시각에서의 동아시아 담론은 대만에게 적절한 출로를 제공할 수도 있다. 그러나 대만의 지식인은 대만에게 "동아시아론은 사치"[3]라는 자조 섞인 표현으로 첫 비평을 내놓는다. 이 말은 대만이 과연 버젓한 국민국가로서의 존재를 인정받으며 동아시아의 토론의 장에 참여할 수 있을까 하는 것에 대한 회의와 비애를 표현한 것이다.[4] 대륙중국과의 관계에서 생성된 이러한 의구심에서 출발하는

---

2 17세기부터 400년 동안의 대만 역사를 식민사의 관점에서 서술한 자료는 史明, 1980, 《臺灣人四百年史》, 蓬島文化公司. 저자는 대만 독립운동가로서 1962년에 본서(원래는 일문(日文)인데 이후에 중문(中文)으로 번역됨)를 완성하였다. 문헌과 사료분석보다도 사회경제적인 관점에서의 사유방식에 중점을 두었다. 대만인의 관점에서 외래통치자들에 의한 식민통치역사를 서술하면서 대만인 의식의 형성과정을 논술하고 나아가 대만 민족의 역사발전과 출로를 탐색하였다.

3 우루이런(吳叡人, 대만 中央研究院의 연구원)의 발언이다. 백영서, 〈대만에게 동아시아론은 사치〉, 《서남포럼 뉴스레터》, 2007년 9월 27일.

4 우루이런은 대만의 주권이 불명확한 현실에 대해 비애를 토로하고 있다. 우루이런(吳叡

대만의 동아시아사고는 대륙이라는 제국에 용해되어 형체가 없어져 버릴지도 모르는 바람 앞의 등불 같은 운명에 대한 저항과 체념의 함의가 짙게 깔려 있다.

따라서 대만의 동아시아론은 한편에서는 동아시아의 일원으로서의 국민국가인 자신의 존재를 상상한다는 의미에서, 또한 실체가 없는 동아시아를 상상하면서 그에 기대는 것이 자신의 존재를 확보할 수 있다는 희망을 반영하다는 의미에서 '동아시아상상'이라고 하는 것이 더욱 현장감이 있을 것 같다. 만일에 대만에서 동아시아를 '논論'하는 게 비현실적인 '사치'에 불과하다면, 그것을 '상상'하는 것은 "지적인 프로젝트"[5]로서의 동아시아 담론의 지향과는 잘 어울릴 수 있을 게 아닌가. 대만의 동아시아 '상상'(담론이 아닌)이라고 표현한 연유가 여기에 있다.

그러나 이러한 냉소적인 회의론에도 불구하고 천광싱의 논지를 추적하면 대만이 적극적으로 동아시아사고를 모색해야 하는 이유와 대만 동아시아사고의 가장 주요한 특징이 나타나 있다. 그가 제기하면서 대만 사회에 큰 파문을 일으켰던 국족주의 통치기제와 '남진南進' 담론에 대한 내부 비판 논리가 대만의 존립 문제와 연관된 양안관계로 확장되게 되면, 비판의 근거가 되는 이원론적 인식론을 넘어서는 새로운 인식의 틀이 필요해진다. 아래에서 자세하게 논의하게 되지만, 천광싱은 내부의 국족주의 통치기제, 형식적이고 제도적인 차원을 넘어서는 진정한 민주화의 지체현상, 양안의 관계성, 탈제국·탈식민·탈냉전 문제들을 동시에 초극하기 위해서는 이원론적 사고(대만-대륙, 통일-독립, 본성인-외성인, 탈중국분리주의-대중국통합주의)가 아닌 동아시아사고가 매개로써 중요한 의미를 가지

人), 2008, 〈천민선언, 혹은 대만 비극의 도덕적 의의〉, 최원식 외, 《제국의 교차로에서 탈제국을 꿈꾸다》, 293-307면.

5 Arif Dirlik, *Culture Against History*, Development and Society 28(2)(December 1999), pp. 186-188.

고 있는 것을 발견한다. 즉, 그는 통상적으로 동아시아에서 양안관계로 표현되는 '분단체제'의 분석을 위해서는 중국대륙을 이슈화해야 하지만, 대륙을 문제화하는 과정에 제3세계와 같은 매개가 개입하지 않으면 논의는 '자아(대만)-타자(대륙)'의 이원구조를 극복지 못할 것이라고 설파한다. 그리고 이러한 이원론은 대륙을 타자화하면서 구축된 대만의 자기정체성을 비판적으로 해체하는 작업마저 결국은 '중국인'이라는 '수퍼-자아'로 귀착하고 만다는 면에서 본질적으로는 같은 일원론이라고 규정한다. 이러한 딜레마에 빠지지 않기 위해서는 "제3세계적 상상과 연대를 중요한 정신적 축"으로 삼아야 한다는 견해를 제시한다.[6] 또한 통일-독립의 문제를 고립시키지 말고 사회의 진정한 민주화, 제국주의 및 자본주의의 극복이라는 맥락 위에 둘 때 더 큰 시야를 확보할 수 있다고 말한다. 통독 문제라는 이슈 하나에만 집착하기보다도 그것을 대만 사회의 탈제국과 탈식민, 전 지구적 자본주의 착취의 해소로 가는 하나의 연결선상의 과정으로 보자는 것이다.[7] 이러한 논지에서는 대만 동아시아사고의 가장 핵심적인 특징을 유추할 수 있다. 즉, 대만 사회 내부의 국족주의 극복과 형식적인 차원이 아닌 진정한 민주화, 양안관계의 화해, 탈제국·탈식민·탈냉전 작업은 분리되지 않고 연속선상에서 동시에 진행될 수 있다는 것이다. 동아시아상상이라는 사고의 틀 안에 대만이 가진 중층적으로 엉킨 내외부의 문제들을 위치시킨다면, 그 실타래를 풀어 나가는 작업이 이원론적인 대결구도를 벗어나기 때문에 조금은 수월할 수 있다는 생각에서이다.

비슷한 문제의식이지만 조금 다른 각도에서 동아시아사고의 필요성을 논하는 장쿤장張崑將은 그동안 대만에서 동아시아사고가 부재한 이유

6 陳光興, 〈白樂晴的 '超克 "分斷體制"'論〉, 《臺灣社會研究季刊》 第七十四期, 2009年6月, p. 16.

7 위의 자료, pp. 36-37.

를 대륙중국의 거대한 존재감 때문으로 본다. 그의 분석에 따르면 민진당民進黨의 적극적인 탈중국정책에도 불구하고 대만인 다수는 대만인-중국인이라는 이중정체성을 가지고 있다. 대륙에 대한 친근감近鄉과 두려움情劫의 양자가 오늘날 대만인의 모순적인 중국대륙의식이며 이것이 동아시아사고의 출현을 원천적으로 봉쇄하고 있다고 논한다. 그는 피해의식과 두려움을 극복하면서 정치영역보다는 민간/문화적 차원에서 대륙과 대화를 확대 지속함으로써 동아시아사고를 증진시키는 작업이 의미가 있다고 본다.[8] 이러한 주장은 아래에서 논하게 될 비판적 지식인들의 양안관계에 접근하는 태도와도 거의 일치하는 것인데 대만의 동아시아사고에 중대한 계시를 주고 있다.

종합해 보면, 대만의 동아시아상상은 성적省籍정체성에서 유래한 국족주의통치기제에 대한 내부의 비판에서 출발한다. 이러한 비판운동은 다시 양안관계로 범위가 넓혀져 자체의 성찰을 불러일으키고, 이는 국족주의를 넘어서 국제주의적 입장에서 동아시아라는 프리즘을 통해 양안문제를 바라보는 게 현명하다는 사고로 발전되고 있다. 이렇게 동아시아상상을 제안하거나 모색하는 견해들은 공통적으로 대만의 고립적 존재에 대한 불안이 고조되는 가운데 동아시아 담론으로써 출로를 모색하려는 동기를 나타내고 있다. 결론적으로 대만의 동아시아상상이 함축하는 중요한 특징은 동아시아사고를 방법으로 삼아 소수자로서 유동하는 정체성, 탈제국·탈식민·탈냉전, 소국주의상상, 탈국민국가주의, 동아시아공동체 구상 등의 문제들을 분리하여 접근하지 않고 하나의 연결선에 위치시켜 동시에 접근하고 있다는 점이다.

---

8 張崑將, 〈如何從臺灣思考東亞〉, 《思想》, 第3期, 2006年 10月, pp. 181-201.

2. 소수자의 유동하는 정체성

동아시아에서 대만이 처한 상황과 특성을 정의해 보면 '정체성이 유동하는 소수자'라는 것이다. 17세기 이래로 대만의 역사에서 가장 두드러진 측면은 통치주체가 자생적이 아닌 외부에서 왔으며 따라서 현재도 대륙중심의 정체성통합에 정서적 공감을 느끼기 힘들다는 사실이다. 네덜란드의 식민통치에서부터 시작된 저항의 역사는 청조에 의한 정치적 통합이 이루어진 후에도 변방민족 왕조인 청조의 정체성에 자신을 일치시키지 못하였다. 이후에도 일본의 식민통치, 국민당 계엄통치를 거치면서 대륙에 대해 정체성을 일치시키지 못하고 유동하는 정체성으로 인해 분리주의가 일어나고 있다. 이렇게 '정체성의 유동'과 함께 대만의 처지를 가장 잘 나타내는 용어는 저항과 갈등의 역사에서 항상 억압당하고 배제되었던 '소수자minority'라는 것이다. 즉, 네덜란드, 명과 청조, 일본의 지배, 그리고 국민당 통치와 미국의 냉전패권체제, 현재의 대륙에 의해서도 대만은 언제나 억압받고 배제당하는 소수자이다.

이러한 역사적 배경에서 대만은 자연적으로 내외부적 갈등과 저항이 중층적으로 얽혀 있으며 그 의식적 잔재에서 자유롭지 못하다. 즉, 이민족(만주족) 통치에 대한 저항, 제국주의(일본)에 대한 저항, 내부(국민당)의 독재에 대한 저항, 중국대륙의 통합지향의 대국주의에 대한 저항, 지구화와 신자유주의에 대한 저항이 있으며, 여기에 대만 내부에서 본성인과 외성인, 대만 원주민[9] 간의 갈등이 존재한다.

17세기 초 네덜란드인이 대만을 통치하다가 정성공鄭成功에게 축출되면서 대만은 정씨鄭氏가 지배하게 된다.[10] 정씨 지배자들은 청에 항거하면

---

9 본성인(本省人)은 국민당의 통치 이전에 명청(明淸) 대에 대만에 정착한 대륙인, 외성인(外省人)은 국민당과 함께 오면서 정착한 대륙인, 원주민은 원래의 대만 주민이다.

서 약 22년간 대만을 다스리다가 청의 공격에 밀려서 항복한다. 이때부터 청의 지배가 지속되지만 한인의 입장에서 외래정권이라고 여겨지던 청조에 대한 대만인의 저항운동이 지속적으로 일어났다. 청조가 1895년 청일전쟁의 패배 결과로 일본에 대만을 넘겼을 때, 일부 대만인은 '대만민주국臺灣民主國'이라는 독립국을 선포하여 저항했으나 실패하고 말았다. 이러한 대만의 역사적 전개과정에서는 오늘날 정체성의 유동과 분리주의가 일어날 수 있는 인과성을 읽을 수 있다.

대만의 역사에서 정체성의 유동현상을 더욱 심화시킨 결정적 원인은 일본 식민통치에 이어 등장한 국민당의 통치가 대만인들의 지지를 받지 못한 것이 가장 컸다. 국민당의 통치는 초기부터 인사 차별과, 경제정책의 실패를 거듭하여 인심을 잃는 방향으로 나아갔다. 급기야 1947년 2·28사건이 발생하였다. 이것은 대만인들이 해방과 함께 자신들의 정착지에서의 주인의식이 대륙인들에 의해 배반당했다는 인식으로 바뀌면서 더욱 탈중국화 정서를 품게 되는 결과를 가져왔다. 국민당은 2·28사건을 반국가(반중국)적인 독립운동으로 규정하고 냉전시대의 반공정책을 강화하는 명분으로 내세우면서 1949년 5월부터 1987년 7월까지 무려 38년간 지속된 계엄통치를 정당화하는 계기로 삼았다. 이러한 상황에서 대만 본성인들은 외성인들과는 달리 국민당 통치에 대한 원한을 크게 품게 되고 분리주의를 내면에 키우게 된다. 독립의 정서는 '대만민주국'사건에서 나타났고 대만공산당의 정강에서 구체적으로 주장되었는데, 2·28사건 이후로는 대만인들의 정서에 깊이 내면화되게 되었다. 1995년 2월 28일 타이베이의 신공원(新公園)에서는 국민당 정부를 대표한 대만인 출신 리덩후이李登輝 총통이 공식적으로 과거의 비극적인 2·28사건에 대해서 사죄하였다. 그

10 17세기 이래로 현재까지 간략한 대만 민주화의 역사는 다음을 참조했다. 민두기, 2002, 《시간과의 경쟁》, 연세대학교 출판부, 225-270면.

러나 지금도 대만에서는 대륙인과 본성인 사이에 갈등이 이어지고 있으며 중국대륙이 하나의 중국 원칙을 내세우면서 추진하는 흡수통일전략에 대항하여 분리독립을 지향하는 흐름이 여전히 지속되고 있다.

이렇게 대만의 역사는 네덜란드와 이민족 외래정권인 청조의 지배에 대한 저항, 청조에 의해 일본의 제국주의통치에 떠맡겨진 후의 소외의식과 식민주의유산, 국민당이 반공과 반일을 내세우면서 대만을 통치하고 차별하면서 생성된 탈중국화 정서, 중국의 부분이라는 중화민족주의, 중국대륙에 의한 대국주의통합에 대한 저항, 또한 미국과 일본에 기대어 대륙의 통합주의에 맞서려는 의존심리와 분리독립주의 등이 복합적으로 한 지점에 작용하면서 '정체성이 유동하는 소수자'로서의 긴장을 보여 주고 있다.

이러한 역사를 반추해 보면 동아시아의 소수자인 대만은 중국의 고아나 다름없는 상태로 지냈다. 우줘류吳濁流의 《아세아의 고아》라는 소설은 대만의 유동하는 정체성의 처지가 가장 잘 나타나 있는 대표적인 문학작품이다. 대만으로 상징되는 주인공은 식민지모국인 일본인도 아니고 대륙에서는 중국인으로 받아들여지지도 않는다. 결국 대만으로 돌아오지만 식민지의 천대받는 신민에 불과한 자신의 처지를 비관하여 실성해 간다.[11] 이 내용이 상징하듯이 대만은 자기를 차별대우하다가 급기야는 남에게 버리고 떠맡긴 생부모(청조), 학대하고 차별하면서 길러 준 부모(일본과 중국 국민당), 정서적 일체감은 희박하지만 혈통이 같다는 이유로 강제로 입양하려고 하는 부모(대륙중국)들 중에서 누구에게 정체성을 일치시켜야 할까. 누구도 아니라면 스스로 자수성가하여 자신의 정체성을 스스로 키

11 Zhuoliu Wu, 2006, Ioannis Mentzas(trans.), *Orphan of Asia* (New York: Columbia University Press). 원래는 1946년 대만에서 출판. 이 소설에 대한 자세한 소개는 양태근, 〈대만 민족주의를 통해 본 중국〉, 《제국의 교차로에서 탈제국을 꿈꾸다》, 262-267면.

울 수밖에 없을 것이다. 이 소설은 이렇듯 대만의 유동하는 처지를 잘 표현해 내고 있으며, 또한 고아의식을 극복하는 것이 얼마나 어렵고도 의미가 있는 작업인지를 일깨워 준다.[12] 대만의 고아의식은 국민당과 민진당의 통치시기에 성적 정체성 갈등을 이용하는 국족주의 통치기제를 생성시키고 활용되는데, 아래에서 분석하게 될 비판적 지식인들의 거센 도전을 받게 된다.

저항의 역사에서 정체성이 유동하는 현상은 문화담론의 전개에서도 잘 드러나는데, 70년대의 '향토鄕土담론'과 80년대의 '본토本土담론'이 대표적이다. 이 운동에서는 국가 주도의 반공문학과 이에 대한 소극적 저항으로서의 모더니즘운동 모두 대만의 사회현실을 외면하고 있다고 비판하고 민중과 향촌으로 돌아가야 한다는 민족의식과 좌익의식이 모두 나타나고 있다. 즉, 특유의 전통과 역사를 만들어 내면서 대만민중의 의식공간을 새로 생산해 낸다는 의미를 함유하고 있다. 초기에 '향촌'이 지칭하는 의미가 대만과 중국 사이에서 모호하였으나 점차로 이러한 문화담론은 대만의 자주성을 모색하려는 움직임으로 전환된다.[13] 자연적으로 이러한 사조의 흐름에는 '중국의식 대 대만의식'이라는 정체성의 이원구조가 형성되고 전개되는 경과가 나타나고 있다. 또 다른 측면에서 이러한 흐름은 일본식민통치와 국민당 계엄통치에 의해서 형성된 지배적 문화담론에 대한 지식인과 민중들의 저항담론으로서 일종의 민중의 주체적인 정체성을 찾으려는 운동이라고 볼 수 있다. 그러나 이러한 운동의 사회적 함의가 과연 무엇인가는 각자의 입장과 견해에 따라 달리 표출되고 있다. 대륙과의 통

12 1943에서 45년 사이에 쓰여진 이 소설이 던져 주는 대만의 고뇌와 탈식민주의 논쟁에 대한 자료는 荊子馨·鄭力軒 譯, 2006, 〈在濁流中《亞細亞的孤兒》中的三重意識與植民歷史學〉,《成爲 '日本人' —植民地臺灣與認同政治》, 麥田出版.

13 70-80년대의 문학담론에 대해서는 呂正惠, 〈戰後臺灣知識分子與臺灣文學〉, 《中國現代文學》, 제7호, 1993년 5월, 208-212면.

일을 지향하는 중화민족주의와 분리를 지향하는 대만국족주의 간의 갈등이 여기에 가로놓여 있는 것이다. 아래에서 논의하게 될 민주좌파이자 비판적 지식인들은 이렇게 첨예하게 대립하는 양자의 담론을 넘어서 민중들이 추진하는 주체적이고 자발적인 "다양한 차원에서의 문화적 본토화" 운동이야말로 대만 내부의 화합과 양안 민중 간의 평화적 공존에 더 기여할 것이라고 논하고 있다.[14] 그들은 이러한 운동을 제국(일본, 미국, 국민당, 대륙중국)에 의해 억압되었던 대만 민중들의 주체적 정체성을 부흥하려는 '탈식민 문화기획'으로 발전시키려고 한다. 즉, 국족주의 통치기제와 양안의 갈등으로 인한 정체성의 유동과 억압을 극복하려는 새로운 대만의 다원적 문화기획을 구현하려는 것이다.

대륙의 신좌파 지식인인 왕후이는 근대 중국인에게 새로운 자기 확인(정체성)은 개인의 성장과정에서 자연스런 사건이 아닌 일종의 집단적 운명이라고 말한다. 아편전쟁 이래로 중국 문화가 자신을 실천하는 제도적 기초를 상실한 이후 지식인들은 돌이킬 수 없는 비극적 운명으로 빠져들었다는 것이다. 이 무렵 중국인에게 정체성을 확인하는 길은 자신과 세계를 동시에 파악하면서 생존의 의의를 획득하는 방식이었으며 왕궈웨이王國維(1877-1927)의 자살과 루쉰의 방황은 이러한 고뇌에 찬 작업을 상징적으로 나타내는 것으로 보고 있다. 그러나 왕후이 자신은 "오늘날 나는 누구인가를 묻기 위해 어떠한 사회적 실천을 하고 있느냐"고 성찰적으로 자문하면서 안타깝게도 그들 같은 처절함이 부족하다고 고백한다.[15] 물론 그의 고백은 총체적인 중국을 사고하면서 나온 것이며 대만의 특수한 처지를 염두에 둔 것은 아니다. 그의 독백은 급부상하는 조국인 중국이 미국과

14 王曉波, 〈臺灣本土運動的異化–評陳昭瑛'論臺灣的本土化運動'〉, 《海峽評論》, 53期, 1995年 5月, p. 56. 이것은 다음에 대한 답변논문이다. 陳昭英, 〈論臺灣的本土化運動 —— 一個文化的攷察〉, 《中外文學》, 23 第九期, 1995年, pp. 6-43.

15 왕후이, 2005, 〈현대사상의 배리〉, 《죽은 불 다시 살아나》, 삼인, 382-383면.

서구에 의해 견제당하고 있다는 사실, 그리고 아직도 미완의 정치민주화와 경제발전 지상주의가 남긴 사회적 불평등과 차별구조 등을 바라보면서 여전히 갈 길이 멀다고 하는 지식인의 국가발전주의적 정서에서의 자기성찰로 들린다. 이러한 고민을 듣다 보면 그가 대만에서 안 태어난 것을 다행으로 생각할 수도 있겠다는 생각이 든다. 국권이 위기에 빠졌던 루쉰의 시대보다 강대해진 중국대륙의 지식인들과는 달리 대만 지식인들은 선거혁명에 의해 민주화를 거친 후에도 정체성에 대하여 왕궈웨이와 루쉰이 겪었던 자기학대적 번민에 여전히 침잠해 있다.[16] 즉, 21세기에도 대륙과 달리 대만은 정체성의 유동과 자신의 존재를 억압당하는 소수자의 위치만큼은 여전히 변하지 않고 있는 것이다.

결론적으로 주변부인 대만이 중심제국에 동화되기를 거부하고 독립을 꾀하려는 이유는 무엇인가. 그것은 그들이 중심제국으로부터 소외받고 고통을 받았으며 그 때문에 정체성을 일치시키지 못한다는 반증이 아닌가. 제국이라는 거대한 세력에게 차별과 압제를 받았던 주변부는 그것을 참으면서 식민지로 살든지 아니면 자신의 정체성에 대한 자부심을 가지고 독립을 추구하려고 할 것이다. 대만이 독립을 추구하려는 것은 대륙이라는 제국의 존재가 대만에게 행복보다도 고통을 더 주고 있기 때문이다. 그리고 대만에 패권의 그림자를 펼친 제국은 대륙만이 아니라 미국도 있다. 미국과 중국의 패권경쟁은 대만의 저항을 더욱 외롭게 하고 있다. 대륙은 미국과의 패권적 대결차원에서 접근하면서 대만의 독립을 절대적으로 저지하려고 하면서 미국의 대만에 대한 군사적 보호를 더욱 조장하고 있다. 그리고 일본제국의 식민통치라는 역사적 음영도 여전히 영향을 미

16 대표적으로 우루이런은 주권국가로 인정받지 못하는 대만의 절박한 상황을 비관적으로 토로하고 있다. 우루이런, 〈천민선언, 혹은 대만 비극의 도덕적 의의〉, 《제국의 교차로에서 탈제국을 꿈꾸다》, 293-307면.

치고 있다. 이처럼 주변부인 대만은 일본, 미국, 중국대륙 등의 중심제국과 상호 정치적 의도와 원한이 얽혀 있는 임계지점에서 외로운 입장에 처해 있다.

21세기에도 대만은 정체성의 유동을 겪고 있고 소수자로서의 저항을 지속하고 있다. 그리고 대만의 국족주의정치가 조성하는 양안관계의 갈등구조에 대한 비판적 분석은 그 비판을 주도했던 지식인들로 하여금 동아시아를 방법으로 삼아 대만의 존재를 모색하게 하고 있다. 즉, 대만 지식인들의 동아시아상상은 대만의 내외부적 곤경에서 출로를 모색하려는 과정에서 생성되었다고 볼 수 있다.

3. 비판적 지식인의 국족주의정치 비판

비판이론에서 '지배'의 함의는 억압할 수 있는 힘, 즉 인간의 어떤 욕구에 거스르는 행동을 강요함으로써 그 욕구를 좌절시킬 수 있는 힘으로 정의된다.[17] 그렇다면 대만은 오랫동안 외부 통치자들로부터 자주적 사고와 욕구를 좌절당해 왔다고 할 것이다. 따라서 오늘날 분리주의가 증대되는 이유는 역대 외부자의 통치와 대륙의 존재가 대만에게 행복보다도 고통을 더 주고 있기 때문이다.

계엄통치가 해제되면서 등장한 '비판적 지식인'들은 대만 사회에서 '통일 · 독립'의 이원론이 모든 문화와 지식의 다양성을 압도하고 '지배'하는 상황을 비판하면서 진보적 논의를 전개하게 된다. 이들의 문제의식은 '국족주의'에서 유래하는 문화패권과 통치기제라는 은폐된 억압구조

17 Raymond Geuss, 1981, *The Idea of Critical Theory* (Cambridge: Cambridge University Press), p. 34.

를 비판하면서 나온 것이다. 국족주의와 국족-국가라는 거대서사의 통치기제는 대만 사회의 모든 작은 서사들을 압도하여 그 안에서도 세세한 존재의미를 갖추고 있는 계급, 성별, 원주민, 다양한 문화적 기호의 소수 그룹 등의 문제를 제기하지 않는다. 그러한 문제를 토론하는 공론장 public sphere은 국족주의통치자들과 자본가들에 의해 배제당하고 있다. 이렇게 거대서사에 의해 배척당하는 소수의견을 복원하려는 지식인 그룹이 민주좌파이자 비판적 지식인이다. 이러한 관점은 민주좌파 지식인들이 서구의 비판이론을 대만화시켜 적용하고 있는 것이다. 즉, 알튀세르Louis Althusser(1918-1990)의 논리를 인용하면, 국족주의 이데올로기라는 지배기제가 억압적인 국가장치(경찰과 군대)에 의해 유지되고 있다고 볼 수 있다.[18] 민주좌파는 국족주의 지배이데올로기가 은폐하는 교묘한 통치술수를 간파하고 지배자(권력-자본의 연맹)의 주장에 어떻게 봉사하고 있는가를 극복할 수 있도록 의식의 계몽과 해방을 추구하고 있다.

그러나 점차로 그것을 극복하는 데는 대만 내부의 문화-지식적 논의만으로는 부족함을 느끼게 되었다. 따라서 원래는 우회하려던 문제, 즉 양안관계에서의 통독이원론과 정체성 문제에 직접적으로 진입하게 되면서 비판기획으로서의 대만 사회 자체의 존립 문제와 부딪치게 된다. 결국 그들은 내부비판의 논리에 동아시아 담론을 접목하면서 대만의 존립근거를 모색하게 되는 것이다.

계엄령이 해제된 1988년 비판적 지식인들에 의해서《대만사회연구계간臺灣社會硏究季刊》(이하 타이서臺社라고 약칭)이 창간되면서 '민주좌파'[19]적

18 진태원, 2011,《알튀세르 효과》, 그린비, 86-101면. 특히〈이데올로기와 이데올로기적 국가장치〉를 참조.

19 2003년 창간 15주년 기조논문에서 그들은 스스로를 '민주좌파'로 정의하였다. 그 의미에 대해서는 鍾瀚樞,〈十五週年基調論文回應之二 — 民主左派意味著什麼〉,《臺灣社會硏究季刊》第五十三期, 2004年 3月, pp. 211-218. 기조논문은《臺灣社會硏究》編委會, 2008,〈邁向公共化, 超克後權威 — 民主左派論述的初講〉, 徐進鈺·陳光興 編,《異議(下册)》, 臺灣

입장의 공론장이 탄생하였다. 이들은 창간사에서 대만 학계가 구미의 현대화이론, 행태과학, 신고전경제학 이론의 시각에 젖어서 여전히 대만 특유의 발전을 보편적 발전과정에서의 정도 차이로만 보는 정태적인 연구에 머물러 있다고 자아비판한다. 이러한 조망을 출발점으로 하여 '우리는 무엇인가?'(정체성)과 '미래의 역사는 어디로 가야 하는가?'(소수자의 존립)라는 의문을 제기하고 해답을 모색하려는 토론의 장을 제공하고 있다.[20] 타이서의 성원들은 본성과 외성 출신이 혼합되어 있고 통일과 독립파 모두 존재하고 있다.[21] 따라서 정치적으로 어느 한쪽에 치우치기보다는 주로 통독이원론에 근거한 국족주의 통치기제를 비판하고, 열려진 토론을 통해서 진정한 다원화와 민주화를 지향하고 있다.

그들의 비판은 이전의 저항과는 다른 의미를 갖는다. 이전의 저항은 국가의 탄압을 받는 상황에서의 반독재-민주화투쟁이었다. 타이서의 비판은 탄압에서 자유로운 상태에서 국가와 자본, 지식계 모두를 대상으로 삼으면서 과거의 저항 자체도 분석하는 태도로서 민주화시대의 은폐된 억압기제를 파헤치려는 순수한 지적 활동이다. 따라서 전자는 저항의 대상과 표방하는 논리와 결과 모두 비교적 명백하였다. 반면에 후자는 비판과 저항의 대상과 이론적 근거가 복잡하고, 그 결과도 사회와 지식계, 자본과 정치권력 모두에게서 불분명하게 나타난다. 그러나 이들의 비판활동은 기존 사고의 틀에서 벗어난 주체적이고 진보적인 운동이자 학술활동으로

社會研究雜誌社, pp. 162-167(原載는《臺灣社會研究季刊》第五十三期, 2004年 3月). 이 논문의 번역은《臺灣社會研究季刊》편집위원회, 〈공공화를 향하여, 탈권위주의를 넘어서〉, 《아세아연구》, 제52권 2호, 2009년, 60-95면.

20 《臺灣社會研究》編委會, 2008, 〈《臺灣社會研究》季刊發刊詞〉, 徐進鈺·陳光興 編, 《異議(上册)》, 臺灣社會研究雜誌社, pp. 2-3.

21 쉬진위(徐進鈺)·천광싱(陳光興), 〈비판적 지식인의 사회적 책임과 현실개입—《대만사회연구계간》편집동인의 지식 실천을 중심으로〉, 대만 世臣大學에서 2008년 9월 27일-28일 발제 논문, 《아세아연구》, 제52권 3호, 2009년, 110면.

서 자리매김을 하게 되었다.

비판적 지식인들은 대만이 세 단계의 권위주의를 거쳐서 탈권위주의에 도달했다고 분석한다. 즉, 고전적 권위주의, 개혁적 권위주의, 대중적 권위주의 시기를 거쳐 탈권위주의로 이행하는 역사를 분석하고 성찰하는 태도로써 접근하고 있다.[22]

고전적 권위주의 시기는 장제스蔣介石 국민당 계엄통치기다. 이때는 냉전체제하에서 미국의 패권지배에 추종하던 시대로 지식인과 민중의 정치참여를 억압하고 순종적인 국족건설이 주요한 시대의 특성이었다. 국민당은 대륙에서의 참패를 거울삼아 토지개혁, 국민교육 등을 통해서 물질적 성장을 계엄통치의 정당성으로 삼았다. 이때에 자유주의적 지식인들은 구미식의 근대성을 거울로 삼아 권위주의를 비판하였다. 예를 들어 주간지《자유중국自由中國》[23]은 국민당의 강권통치에 불만을 품고 1957년에는 야당의 결성을 주장하였다. 대만대학臺灣大學 교수인 인하이광殷海光은 1957년 8월의 논설에서 국민당이 대륙탈환을 국시로 삼으면서 국민을 통제하는 수단으로 활용하고 있다고 비판하고, 이는 국제정세와 실질적 조건으로 보아 상당 기간 이루어지기 힘든 것임을 인정하여야 하며, 국가는 영구하지만 정부는 바꿀 수 있다고 하면서 민주화를 주창하였다.[24] 이러한 비판은 1971년 대만이 유엔에서의 중국 대표성을 상실하고 퇴출당하면서 현실화되었다. 이에 국민당은 유화책으로 대만 인재를 등용하고 제한된 현실정치비판을 허용하는 방향을 채택하였다. 그러나 1971년 10월에 15명의 지식청년이 연명으로 '국시쟁언國是諍言'을 발표하여 다원적 가치

22 이하 네 단계의 역사전개에 대한 서술은 15주년 기조논문을 참조하였다.《臺灣社會研究》編委會,〈邁向公共化, 超克後權威—民主左派論述的初講〉, pp. 148-162.

23 주간지《자유중국(自由中國)》은 대륙에서 자유주의 사상가인 후스(胡適), 국민당 비주류인 레이천(雷震) 등이 국민당과 공산당의 전제정치에 대안을 제시하자는 뜻에서 반공과 민주화개혁을 주장하면서 1949년 11월에 대륙에서 조직한 것이다.

24 인하이광, 1957년 8월의 논설, 민두기,《시간과의 경쟁》, 246면.

와 개방사회를 이루자는 열망이 점차 격렬해지기 시작하였다. 지식인들이 1971년에 창간한 잡지인《대학大學》은 1972년 1월에 다수가 연명으로 민주화개혁을 주장하는 '국시구론國是九論'을 발표하였다. 1975년 8월에는《대만정론臺灣政論》잡지가 창간되어 황신제黃信介, 캉닝샹康寧祥, 장쥔훙張俊宏, 야오자원姚嘉文 등이 참여하였는데 이들은 후일에 야당인 민주진보당民主進步黨을 창당한 인사들이었다.

당시의 기준에서 보면 이러한 자유주의적 지식인들의 저항은 국민당의 일인독재와 국족주의문화 만들기에 대한 직접적인 도전이었다. 이들의 체제비판에 대해서 비판적 지식인들은 당시의 자유주의적 저항의 지식인들이 국민당에 의한 '비스마르크식의 근대화' 노선의 특성을 간과하는 것이었다고 평한다. 특히, 그들은 단순비교의 시각에서 전통과 근대, 서구의 근대성과 중국의 봉건성, 자유와 독재라는 이분법적 대립구조에서만 논의를 진행하여 대만 특유의 근대화가 사유될 수 없었다는 것을 지적한다.[25] 단순한 이분적 논법으로는 일본식민주의가 철수한 후에 새로 도래한 제국-식민의 위계구조인 냉전체제의 작동방식에서 미국이 대만의 국민당 반공노선과 권위주의적 근대화 노선을 지원한 사실을 충분히 이론적 조망에 고려하지 못했다는 의미이다.

개혁적 권위주의시기는 장징궈蔣經國의 개발독재기에 해당되는데 상당한 정도로 대만은 세계자본주의에 편입되어 본격적으로 성장을 하던 시기이다. 이때는 서구에서 유학을 마치고 돌아온 지식인들이 체제 밖에서의 비판보다도 '체제 내에서의 혁신'을 선택한 시기이다. 이들은 교조적 반공이념과 체제의 경직성을 비판하는 태도에 머물면서 역설적으로 정권의 정당성을 옹호하게 되고 그럼으로써 '정권의 본토화'를 지향하는 결과

---

25 《臺灣社會研究》編委會, 〈邁向公共化, 超克後權威—民主左派論述的初講〉, pp. 149-150.

를 가져온다. 자연적으로 체제 내로 진입한 외부참여자의 성적과 국민당 통치자의 성적이 차이가 부각되면서 성적정치가 더욱 중요하게 등장하게 되었다. 따라서 반체제운동도 더욱 성적 정체성, 역사의 기억, 정서에 호소하는 형태로 나아가게 된다. 이런 전개에 대해서 비판적 지식인들은 당시의 자유주의 지식인들이 반체제적인 저항의 논리를 발전시키지 못하고 도리어 현실과 타협한 채 '경박한 자유주의'로 전향했다고 비판한다. 이것은 기존권위와 그 반대파들이 일종의 '적대적 공범관계'를 형성하는 것이며 이는 자유주의적 근대성의 전제인 복수집단 간의 상호 존중을 인정하는 가치다원주의에 역행하는 것이라고 평한다.[26] 개혁적 권위주의시기는 1987년의 계엄 해제와 함께 막을 내리고 1993년까지는 대중적 권위주의로 가는 과도기를 겪는다.

국민당원이면서도 대만 본성인 출신 리덩후이의 과도기를 거쳐 새로운 대중적 권위주의체제가 안정기를 찾기까지 대만 사회는 각종 사회운동—환경, 노동, 소비자, 여성운동—이 활발하게 일어났다. 그러나 점차로 이러한 사회운동이 가진 다원적 가치가 쇠퇴하고 국족주의정치에 의해서 압도당하는 현상이 강화되었다. 비판적 지식인들은 이러한 현상을 "다원적인 정체성과 권익추구가 구성할 수 있었던 공론장의 대화공간은 이로써 통일-독립 문제에 길을 내주게 되었다"[27]고 평한다. 이렇게 사회의 다양성이 국족주의정치에 흡수되면서 양안관계는 다시 냉각되고 세계화가 진행되면서 자본의 힘이 국가와 시민사회를 압도하기 시작했다.

리덩후이는 직접선거를 통하여 당선된 후, 국민당 조직을 본토화(대만화, 즉 탈대륙화)하는 데 힘을 기울였고 효과를 거두었다. 위에서 아래로 주도되는 국족정체성 강화와 본토화정책은 중국대륙을 봉건적 타자로 상

26 위의 자료, pp. 150-154.
27 위의 자료, p. 154.

정하고 대만의 독자성을 더욱 명백하게 만들려는 시도였으며 분리주의를 촉진시키기 위한 정지작업이었다. 이 시기에 표면적으로 민중은 권력에 의해 존중받았으나, 그것은 대륙에 대한 증오를 조장하여 여론을 '조작된 동의'[28]로 몰고 감으로써 제도화된 정치투쟁을 조성하는 통치전략이었다.[29] 이 시기에 실질적으로 민중을 대신한 것은 자본가세력과 그 대리인이었는데 세계화가 진행되면서 권력층과 함께 가장 큰 수혜를 받은 계급이었다. 자연히 사회의 불공정, 불평등은 점점 심각해졌다.

'남진南進담론'은 이러한 국족주의와 자본이 결탁한 통치기제가 드러난 사례이다.[30] 이 정책은 탈대륙-대만본토화의 국민당으로 전화하는 과정에서 새로운 국가건설의 총체적 전략이었다. 리덩후이와 그에 호응하는 지식인들은 이 프로젝트를 통해서 탈대륙을 의도하고 새로운 대만 역사와 국가이념 만들기를 시도하였다. 이들에 따르면 고고학과 인류학적으로 대만은 원래 동남아문화권에 속해 있었는데 명말 이후 한인의 침략으로 강제로 중국대륙에 편입되었다. 이러한 논리에 따르면 자연히 일본제국주의의 대만 통치는 발전에 긍정적인 역사경험으로 치부된다. 결국 남진 담론은 일본제국주의에서 대만으로, 그리고 동남아로 이어지는 제국의 기억을 부활시켜 새로운 대만 국족-국가 건설의 이념적 상징으로 삼는다는 권력의 요구에 부응한 지식이 결탁하여 생산한 '대만-동남아제국'

---

28 미국의 보수주의자와 언론을 비판하는 개념으로서 국가이념을 언론을 통해서 지속적으로 민중의 사고에 주입하여 비판의식을 말살하고 그에 순종하는 태도를 만들어 낸다는 의미이다. 드니 로베르, 2002, 강주헌 역, 《촘스키 누가 무엇으로 세상을 지배하는가》, 시대의 창, 178-206면.

29 《臺灣社會研究》編委會, 〈邁向公共化, 超克後權威—民主左派論述的初講〉, pp. 154-155.

30 이 정책을 문화담론으로 전개한 자료는 楊長鎭·劉克襄·吳密察·楊照·楊波, 〈來自南方的黑潮—南向特輯〉, 《中國時報—人間副刊》, 1994年 3月 2-4日. 이에 대한 비판은 陳光興, 2007, 《去帝國-亞洲作爲方法》, 行人出版社, pp. 41-76; 陳光興, 2008, 〈帝國之眼—〈次〉帝國與國族-國家的文化想像〉, 《異議(上册)》, pp. 17-45.

거대서사 프로젝트이다. 의도적으로 중국대륙이 아닌 동남아로의 남진을 향한 자본의 진출이 적극 타진되었다. 그야말로 자본과 국족주의의 결합으로 새로운 대만역사와 정체성을 건립하려 한 프로젝트였다.

그러나 비판적 지식인들은 문화제국주의와 신식민지 제국주의론의 시각에서 남진 담론을 비판하였다. 냉전시대의 반세기에 걸친 경제발전으로 대만은 하위제국으로 변모하여 과거 일본의 대동아공영권의 행태를 복제하고 있다는 것이다. 리덩후이 정권과 일부 지식인들의 야합에 의해 "대만이 하위제국의 주체로서 목표인 동남아 식민지를 포용하여 우려의 대상인 사회주의와 대륙중국을 분리 배척함으로써 새롭지만 애초에 존재했던 자신의 정체성을 더욱 강화"하려고 시도하고 있음을 고발하고 있다.[31] 천광싱의 논리에 따르면 남진 담론이 압축적으로 보여 주는 것은 바로 국족건설nation-building, 국가재건state-(re)making, 하위제국형성subempire-reforming이라는 세 축이 하나로 결합하여 '중공'을 가상의 적으로 삼고, '중화민국', '중화국족주의', '대중국의식'을 건설하려던 장제스 국민당 전략의 연속선상에 있다는 사실이다. '중공'이라는 거대한 적을 상상하면서 계급, 성차별, 종족모순 등의 작은 서사들을 은폐 내지는 억압함으로써 대만을 통합한 다음, 미국패권체제를 중심으로 하여 신식민구조의 틀 안에 대만을 위치시킨 연후에 전 지구적 자본주의구조 안에서 후진지역인 동남아의 자원을 착취한다는 거대구상인 것이다.[32] 이 책에서 중요하게 여기는 것은 이러한 국족주의, 하위제국주의에 대한 비판에는 동아시아 담론과 접목이 될 수 있는 지향이 발아하고 있다는 점이다. 즉, 진정한 탈제국, 탈식민, 탈국족주의, 주변부의 시각에서 보는 미국패권체제에 대한 문

31 陳光興, 〈帝國之眼—〈次〉帝國與國族-國家的文化想像〉, p. 26.(原載는《臺灣社會研究》季刊第十七期, 1994年7月).
32 위의 자료, p. 52.

제의식이 들어나고 있다. 다음같이 그가 언급하는 '신국제지역주의'는 동아시아 담론의 지향과 연결선을 이루고 있다.

> 바로 이러한 맥락에서, 민중민주주의의 대화적 동맹을 기초로 하는 신국제지역주의는 이러한 딜레마를 충분히 풀어 나갈 것이다. 그것은 인식론적 차원에서는 강화된 국족·국가의 경계를 무너뜨리고, 방법론적 차원에서는 지역local, 국제international 간의 부단한 변증법적 관계를 강조할 것이며, 또 정치적 차원에서는 일체의 패권작용에 대항하고, 윤리적 차원에서는 타자를 내화시키며, 욕망의 차원에서는 '원시정감primordial sentiment'이라는 신화를 해체할 것이다. 다시 말해 그것은 국족주의·제국주의의 패러다임을 넘어 존재하는 대안적 가능성이 될 것이다.[33]

천광싱의 비판은 많은 반향을 일으키면서 같은 해(1994년) 6월 11일 개최된 '문화비판 연구토론회'에서 '남진 담론'을 주제로 한 심화된 토론이 전개되었다. 여기에서는 타이서臺社의 비판적 지식인들이 한자리에 모여 좌파-반제국주의적 입장에서 국족주의와 세계화된 자본권력이 결합한 하위제국주의적인 남진팽창정책을 비판하였다. 그리고 이러한 비판은 국족주의 정치영역에 한정된 것이 아닌 문화와 의식의 식민성을 망라한 것이었다.[34] 이듬해인 1995년 타이서 창립 7주년 회의에서는 공동발표논문

33 위의 자료, p. 65.

34 비판자료는 다음을 참조. 于治中 等, 〈對〈帝國之眼:〈次〉帝國與國族一國家的文化想像〉[陳光興著]之回應〉, 《臺灣社會硏究季刊》第十八期, 1995年 2月, pp. 215-263. 각 논문은 于治中, 〈對〈帝國之眼〉回應之一: 主體性的建構與國族的文化想像〉, pp. 215-224; 王振寰, 〈對〈帝國之眼〉回應之二: 由南向政策, 我們可以看到什麽?帝國主義, 資本國際化, 或不知名的新現象一兼論對勞工的影響〉, pp. 225-230; 丘延亮, 〈對〈帝國之眼〉回應之三: 工害輸出, 一〈國〉左派與民主否思——個國際一歷史的〈臺灣次帝國〉對話〉, pp. 231-243; 鄭文

을 통하여 대만이 이미 자유화, 민주화되었다는 담론을 반박하고 리덩후이 정권을 '대중적 권위주의'로 규정하였으며 그의 통치기획이 분리독립을 통한 신국가건립에 있다는 것을 폭로한다.[35] 이러한 비판이 주는 함의는 타이서의 지식인들이 진보좌파의 탈제국주의적 입장에서 처음으로 집단행동을 통해 민중을 소외시킨 체 국가권력의 주도로 기획되는 국족주의와 자본권력의 결합을 통한 왜곡된 민주화의 지배기제를 비판하였다는 것이다.

'탈권위주의시기'는 2000년 3월 선거를 통한 정권교체가 이루어지면서 시작되었다. 이러한 극적인 변화를 두고 각 정파와 지식계는 민주화의 완성 혹은 본토화의 승리라고 하면서 각자의 입장에 따라 해석하였다. 그러나 비판적 지식인들은 형식적 민주화로 과거의 권위주의독재가 사라지긴 했지만 표면적인 단절 이면에는 과거와는 다른 은폐된 형태의 지배기제가 새로 등장한 것을 지적한다. 또한 탈권위주의시대가 도래했다고 해서 중국이라는 총체적 존재에 대해서 그 부분적 존재인 대만이 던지는 의미가 단순해지기보다도 오히려 냉전시대보다 더욱 복잡해지고 유동적이 되었다고 논한다.

良, 〈對〈帝國之眼〉回應之四 : 想像〈破國家〉〉, pp. 244-256; 瞿宛文, 〈對〈帝國之眼〉回應之五 : 經濟帝國之神話〉, pp. 257-263.

35 《臺灣社會研究》編委會, 〈由新國家到新社會—兼論基準的臺灣社會研究〉, 《異議(上冊)》, pp. 67-79.(原載는《臺灣社會研究季刊》第二十期, 1995年 8月). 동일한 문제의식을 제기한 것으로 다음을 참조. 王振寰·錢永祥, 〈邁向新國家?—民粹權威主義的形成與民主問題〉, 《異議(上冊)》, pp. 81-111.(原載는《臺灣社會研究季刊》第二十期, 1995年 8月). 자오강은 국족주의에 대한 지식계의 영합적 태도를 비판하고 대안으로 '민주지향적 민족주의'라는 새로운 노선을 제시하였다. 趙剛, 〈新的民族主義, 還是舊的?〉, 《異議(上冊)》, pp. 135-195.(原載는《臺灣社會研究季刊》第二十一期, 1996年 1月). 취완원은 경제자유화를 앞세워 국민당에 의해서 직접 통제되는 소위 "당-국가"자본주의에 반대하면서 권위주의적 통제에 대한 저항이 무분별한 경제자유화 및 국유자산의 사유화를 찬성하는 것과 같을 수 없다는 점을 호소하였다. 瞿宛文, 〈國家與臺灣資本主義的發展—評論《解構黨國資本主義》〉, 《異議(上冊)》, pp. 113-133.(原載는《臺灣社會研究季刊》第二十期, 1995年 8月).

타이서가 주장하는 이전의 권위주의시기와 다른 점은 신자유주의의 진행으로 자본이 정권에 진입하여 정책결정의 영향력이 커졌다는 점이다. 따라서 세계화로 인해서 과거에는 어느 정도 형성되었던 상대적인 평등이 붕괴되면서 빈부격차가 심화되었다. 이에 비판적 지식인들은 선거에 의한 정권교체라는 호조건에서도 정책의 선택은 '긍정적인 단절'보다도 '부정적인 단절'이 이루어졌다고 비판한다. 여전히 과거와 단절이 되지 않은 측면은 이미 반세기 이상 지속되어 온 국족주의 지배기제이다. 고전적 권위주의시기에는 한적漢籍불양립이었다. 즉, 중화문화를 앞세워 거짓 중국인인 공산당 반대였다. 개혁적 권위주의시기에는 근대적인 중화민국이념(질서와 안정, 시장자유, 근대화된 선진사회의 구성원)과 봉건적 공산당정권(독재정치, 사회주의, 낙후한 제3세계의 구성원)의 이원적 비교를 근거로 하였다. 대중적 권위주의시대에 들어서 "근대-민주-대만"과 "낙후-독재-중국"의 대립으로 대체되었다. 더불어 한적漢籍불양립은 '대만-중국 불양립'으로 변환하였다.[36] 즉, 탈권위주의시대의 정치에서도 여전히 성적 정체성을 통한 동원과 배제의 정치가 진행되면서 신자유주의와 국족주의가 사회의 다원화 발전을 억압하고 있는 것이다.

이렇게 이원론적 사고와 갈등이 비등한 가운데 천광싱은 배제와 억압의 국족주의 통치기제에 도전한다. 그는 국족주의가 어떻게 동원정치의 기제로 작용하는지 역사적 시각에서 분석할 필요성을 지적한다. 대만의 역사에서 일본식민주의를 통해 형성된 본성인의 체험과 냉전의식에서 형성된 외성인의 체험이라는 두 가지 상이한 정서구조가 충돌의 근원임을 주장한다. 그러나 이 문제의 해결로서의 사회적 화합은 탈제국·탈식민·탈냉전이라는 다차원, 다영역, 전면적인 역사구조에서 이루어질 수밖에

36 《臺灣社會研究》編委會, 〈邁向公共化, 超克後權威—民主左派論述的初講〉, pp. 157-160.

없는 문제라고 결론 내린다.[37] 특히 그의 논리에서는 남진 담론을 비판했던 태도와 같이 동아시아에서의 일본식민주의 역사청산을 중요한 화합의 계기로 삼는 측면, 일본의 배후에 있는 미국의 냉전적 패권구조에 대한 성찰, 중국의 중-서 이원론적 세계관 등을 비판하면서 탈대륙-분리주의 정서와 동아시아 담론의 주변부시각과 공감하는 부분이 많음을 보여 준다. 이러한 측면은 이후에 동아시아 담론의 지향과 접목될 수 있는 계기를 보여 주고 있다.

타이서의 비판운동은 탈권위주의시대에 이르러서도 이원론적 통치기제가 야기하는 총체적인 난국을 타개하기 위한 노력의 소산이었다. 2003년 10월에 발표한 공동논문은 탈권위주의시대 민진당 정권의 문제점을 총체적으로 정리한 것이었다. 여기서는 국가자원의 파당적 전유현상과 사회경제적 자원의 불공정한 분배가 자행된 것에 대해 신랄하게 비판했다. 탈냉전시대임에도 국족주의정치를 부추기며 양안의 대결 분위기가 조성되는 가운데 사회의 불공정과 양극화는 더욱 심각해지는 현실을 비판한 것이다.

이들의 비판이 표방하는 의미를 분석해 보면 국족주의정치는 다수의 동원과 소수의 배제를 수단으로 정권 유지를 위한 지배기제로 운용되고 있다는 것을 말해 준다. 이렇게 공공화의 정치가 실종되고 국족주의가 문화와 지식을 지배하는 한 대만의 진정한 민주화는 아직 이루어지지 않았다고 본 것이다. 더욱 안 좋은 상황은 성적정치와 양안관계가 서로 연동되면 대만과 대륙에서 여전히 정치가 민중을 압도할 수밖에 없는 새로운 형

37 陳光興, 2008, 〈爲什麽大和解不/可能?〉,《異議(下册)》, pp. 1-57(原載는《臺灣社會研究季刊》第四十三期, 2001年 9月). 이에 대한 화답논문도 특집으로 나오면서 대만 사회에서의 성적 정체성의 모순과 국족주의정치에 대한 비판적 성찰을 통한 극복이 타진되었다. 宋澤萊·朱天心·丘貴芬·鄭鴻生·陳映眞, 〈《大和解?》回應之一, 二, 三, 四, 五〉,《臺灣社會研究季刊》第四十三期, 2001年 9月, pp. 111-152.

태의 국가주의적 지배기제가 지속될 수밖에 없다는 것이다. 그렇게 되면 자연히 대만과 대륙 모두에게 진정한 민주화는 더욱 더디게 올 수밖에 없다. 이렇게 대만에서의 탈권위주의시대는 권위주의시대보다도 오히려 민중에 대한 통치기제가 더욱 교묘하여졌으며 양안관계도 더욱 불안해지고 유동성이 증대되고 있다는 것을 감지할 수 있다.

이러한 국족주의정치를 파헤치는 비판적 지식인들이 끈질기게 주장하는 대만 사회 비판기획논리를 종합하면, '양안 민중관계의 진정한 대화합, 정치의 공공화, 다양한 정체성의 평등, 분배정의'라는 4대 목표로 요약된다. 즉, 일체의 형식적 착취와 차별을 거부하고, 신자유주의적 시장만능주의와 형식적 민주주의, 문화적 패권주의에 도전하며, 사회정의와 개성해방을 추진하는 것이다.[38] 나아가 이러한 사고와 경험을 대륙의 민중과 공유하고 그들을 변화시키는 노력이 곧 양안관계에 대한 큰 공헌이라고 자부심을 나타내고 있다.[39] 이러한 진보적 제언에서는 두 가지 중요한 사실을 간파할 수 있다. 첫째는, 양안민중의 화합을 주장하면서 대륙의 변화를 희망하고 있다는 의미에서 무의식적으로 대만의 경험을 중심으로 양안문제를 바라보는 본토주의적 시각을 여전히 드러낸다. 둘째, 점차적으로 대만 사회의 비판논리를 양안문제에 대한 사고로까지 넓히려는 의도를 가지고 있는데, 결국은 이것이 동아시아 담론과의 접목을 시도하게 되는 동기가 되었다. 이 문제는 아래에서 더욱 상세히 논의할 것이다.

비판적 지식인들의 민주화에 대한 기준이 지나치게 높다는 비판도 있다. 타이서의 참여자였던 푸다웨이傅大為는 타이서 지식인들이 민주화에

38 《臺灣社會硏究》編委會, 〈邁向公共化, 超克後權威—民主左派論述的初講〉, p. 166; 《대만사회연구계간》 편집위원회, 〈공공화를 향하여, 탈권위주의를 넘어서〉, 93면; 쉬진위(徐進鈺)·천광싱(陳光興), 〈비판적 지식인의 사회적 책임과 현실개입—《대만사회연구계간》편집동인의 지식 실천을 중심으로〉, 98면.

39 《臺灣社會硏究》編委會, 〈邁向公共化, 超克後權威—民主左派論述的初講〉, p. 167.

대해서 지나치게 높은 수준을 요구하는 것이 아닌가 하는 의문을 제기하며 정치적 민주화가 어느 정도 완성되었다고 주장한다. 계엄 해제 이후의 국족주의민주화는 과거 50-60년대의 권위적인 국족주의와는 다른 것이라고 강변하면서 하나의 보편적 논리를 잣대로 민주화의 모든 문제를 재단하며 비판만 할 게 아니라, 많은 이질적인 문제영역에 깊이 들어가 바라보는 태도가 바람직하다고 한다. 사회권력관계는 수많은 이질적인 영역의 미시권력 간의 상호 연동과 결합으로 이루어지는 것이지, 결코 하나의 보편적 이론구조로 감싸 안아서 설명할 수 있는 게 아니라는 것이다.[40] 즉, 국족주의비판이라는 하나의 시각으로써 대만이 이룬 많은 이질적 영역들의 민주화의 수준을 다 비판하는 것은 불합리하다는 지적이다.

그러나 이러한 역비판이 놓치고 있는 사실은 사회가 민주화되면서 과거의 권위주의적 억압의 기제가 약화될 수 있지만, 변화와 함께 새로운 억압의 기제들이 항상 생성된다는 것이다. 비판적 지식인들의 비판은 탈권위주의시대에 새로운 형태의 은폐된 억압, 착취, 배제, 소외의 통치기제를 파헤치려는 영속적 노력으로 이해할 수 있다. 이러한 통치기제는 형식적 민주화 이면에 교묘히 민중의 의식을 조종하면서 새로운 지배권력의 목적 달성을 지향한다. 대만이 민주화되면서 탈권위주의 통치는 표면상으로는 민중의 의사를 존중한다는 측면이 있는 반면, 그 이면에는 여전히 민중의 옳은 판단을 저해하는 국족주의를 통한 의식의 조작이 교묘하게 지속적으로 행해지고 있다. 비판적 지식인들은 국족주의가 전 지구화/신자유주의 추세와 결합하면서 새롭게 은폐된 억압과 배제의 통치기제로 작용하는 것을 간파하였다. 그리고 이러한 왜곡된 현상이 양안의 대화와 진정한 민주화를 저해하고 있다고 생각하고 있다.

---

40 傅大為, 〈20031003對臺社'民主左派'論述的一個回應〉, http://dispatch2.blogspot.com/2005/01/2003.html(2010년 12월 20일 검색).

종합적으로 이러한 논리는 서구의 비판이론에서 영향을 받은 측면이 보인다. 비판철학자인 하버마스와 타이서 지식인들의 비판논리를 연결해 보면 '체계system'의 확장(국족주의통치기제의 강화, 권력과 자본의 결탁에 의한 통치기제)이 진전되면서, 그 영역이 식민화되고 왜소화되어 가는 민중의 '생활세계Lebenswelt'의 복원(사회적 공론장의 확대, 사회·문화의 하위체계, 의사소통적 합리성의 확대, 생활세계의 다원화)을 기획하고 있는 것이다.[41] 그러나 여기서 여전히 대만(분리주의)과 중국(통일) 사이에 정체성의 선택의 문제가 남는다. 왜냐하면 하버마스의 논리에는 국민적 정체성의 문제가 고려 대상이 아닌 상태에서 출발하였기 때문이다. 따라서 중국의 소수자인 대만성臺灣性을 포기하고 중국성中國性에 대한 편승과 추종은 결국 거대서사인 체계(다원일체의 통합)의 힘에 소수자의 생활 영역(대만의 자주적 존립)을 포기하는 결과가 되기 때문이다. '체계통합적 합리성'의 압제가 '의사소통적 합리성'으로 유지되는 생활세계를 파괴시킬 것이라는 우려에서 비판적 지식인들은 대만의 실질적 민주화 과제를 양안 지식인-민중 간의 소통과 교류의 확대로 찾으려 한다. 이것은 정체성과 존립의 문제를 정치경제영역으로 접근하여 대륙정권에게 직접적으로 요구하는 길보다도 사회-문화적 영역에서 접근하려는 태도인데, 이런 접근은 자연적으로 동아시아 담론과의 접목으로 이어지는 배경이 된다.

4. 비판논리와 동아시아 담론의 접목

민주좌파 지식인의 비판운동은 통독이원론이 지배하는 국족주의 사회를 초탈하여 다원주의 사회를 지향한다는 의미에서 진보적 사회기획이라고

41 위르겐 하버마스, 《의사소통행위이론》 2권, 187-307면을 참조.

볼 수 있다. 그러나 대만이 처한 가장 중대한 문제인 통일-독립 문제와 이것이 생성하는 정체성의 유동 문제를 제쳐 놓고 비판만 하면서 진정한 민주화를 이룰 수 있을까 하는 의구심을 피할 수 없다. 진정한 민주화가 통독이원론과 국족주의 지배기제에 의해 지체되는 현상을 비판하고 있으나 다원성과 공론장의 확대는 양안갈등의 극복이 없이는 이루기 힘들다. 마치 5·4운동기 '문제와 주의논쟁'에서 표방되듯이 다원주의가 내포하는 많은 '문제problems'는 양안문제와 관련된 '주의-ism' 문제의 해결과 직결되어 있어서 대만 내부의 이원론적 억압기제에 대한 비판만으로 이룰 수 있는 게 아니다. 더욱이 대륙의 통합 압력에 처하여 대만의 존립 자체를 고민하지 않을 수 없는 상황이라면 더욱 그렇다.

이러한 문제를 직시하기 위해서, 비판적 지식인들은 1997년 대륙을 집단으로 방문하여 대륙의 지식계와 최초로 접촉하면서 교류를 시작했다. 이는 "대만이 안정적이며 자주적이라는 분석틀에 익숙해져 있었고, 게다가 대륙의 실제 상황에 대한 무지로 인해 현재의 양안문제를 어떻게 분석해야 하는지도 몰랐다"[42]라는 각성의 결과 이루어진 진전이다. 즉, 그들은 대만 자체의 분석틀에 무의식적으로 내재화되어 있었기 때문에 양안의 상호관계성에서 도출되는 사유방식에 대해서는 무관심했었다고 성찰하고 있는 것이다.

이러한 각성에 따라서 양안의 긴장관계 해소를 도모하면서 사상적 측면에서의 관계설정을 시도한 연구들이 나왔다. 대만 지식인들에게 필요한 것은 대륙의 현 상황에 대한 심층적인 이해이며 미국식의 지식과 문화에 입각한 사고로써 대만의 현대화와 민주화에 대한 우월감을 가지거나, 냉전적 사고방식으로써 대륙에 대해 부정적인 입장으로 접근하는 것은

---

42 쉬진위(徐進鈺)·천광싱(陳光興), 〈비판적 지식인의 사회적 책임과 현실개입—《대만사회연구계간》편집동인의 지식 실천을 중심으로〉, 118면.

편파적이고 경솔하다는 견해도 나왔다.[43] 또한 탈국족주의적 관점에서 양안의 문제의식을 바라볼 것도 논한다.[44] 이러한 양안의 상호 인식에 대해 정훙셩鄭鴻生은 학술적인 논리를 떠나서 일반대중들의 일상생활에서의 정서를 정치사와 거대한 역사흐름에 연관 짓는 방식으로 오늘날까지 대만민중들이 대륙을 어떻게 상상해 왔는지를 반추하였다. 그러면서 이미 망각되었거나 마치 단절된 선처럼 보였던 연결점을 새로이 잇는 작업을 수행했다. 지난 세기 동안에 정치상황의 변화에 따라 양안민중들의 일상적인 상호 인식의 차이를 서술한 후에 그는 오늘날 양안의 젊은 세대들은 지난 기간에 벌어졌던 역사적 상처들에 대한 인식보다는 각자의 생활세계에만 치중하고 있다고 진단한다. 따라서 오늘날 진정으로 우려되는 것은 그동안 양안의 정파와 정권들이 자신의 입장대로 해석하고 주조해 낸 대륙, 대만, 그리고 동아시아를 포함한 200년의 근대화 역사를 진지하게 성찰하는 작업과정을 거쳐야 올바른 역사의식을 가질 수 있을 것인데, 실상은 그렇지 못하다는 것이다.[45] 이들은 이렇게 모두 어느 한쪽의 시각 또는 냉전적 시각을 초탈한 태도로써 양안과 동아시아의 역사를 직시하고 성찰할 것을 제안하고 있다.

무엇보다도 이러한 열려진 견해들이 지적하는 것은 우선 양안민중 사이의 상호 적대감과 무지에서 비롯된 모호한 인식이 정권의 정치적 동원과 통치기제에 의해 지속되고 있다는 것이다. 이에 당장의 정치적 교류는 힘들지만 우선은 지식계의 논의를 발판으로 대중적 공론장을 포괄하는 양안민중 간의 평등한 대화를 제시한다. 즉, 대만독립파가 내세운 문화

43 趙剛, 〈和解的堡壘—評龍應臺的“你不能不知道的臺灣—觀連宋訪大陸有感〉, 《異議(下册)》, pp. 259-267(原載는《臺灣社會研究季刊》第五十八期, 2005年 6月).

44 陳宜中, 〈後國族的兩岸思考〉, 《異議(下册)》, pp. 241-258. (原載는《臺灣社會研究季刊》第五十八期, 2005年 6月).

45 鄭鴻生, 〈臺灣的大陸想像〉, 《臺灣社會研究季刊》 第五十六期, 2004年 12月, pp. 283-284.

와 역사발전의 선험적 우월감과 상대를 후진으로 규정하는 차별의식에서 벗어나 문화적 정체성 차원에서의 평등한 민중주체 간의 대화를 추진한다는 것이다. 이를 위해서는 상호 이념적 차이와 정치 문제에 대해서는 비판적인 거리를 유지하고 보편적이고 공통적인 문제, 즉 전쟁과 평화, 생태문제, 시장규제 문제, 사회보건 문제 등에 대해 공동토론을 벌일 것을 주장한다.[46] 결국, 이렇게 지식계와 민중 간의 수평적인 대화를 강조하는 방식은 대만의 국족주의정치(분리주의 지향)와 대륙의 중화주의적 통합정치(통일 지향) 사이의 직접적인 충돌을 피하고 어떻게 양안의 화해를 도모하면서 전 지구화/신자유주의의 파도에 대처할 것인지, 또한 어떻게 진보주의를 대륙에도 전파시킬 수 있을 것인지를 고민한 결과 나온 방안이라고 볼 수 있다. 이렇게 지식인들이 국족주의를 초탈한 태도로써 대륙 지식계와의 대화를 강조하는 것은 그동안 이론과 분석방법에서 대만본토주의에 여전히 침잠해 있었다는 것을 성찰한다는 의미이다. 그럼에도 불구하고 양안 지식계의 교류와 민중과의 수평적인 대화라는 방법은 사실 기존의 사상적 패러다임을 깨는 실질적이면서 새로운 주장은 아니라고 볼 수 있다. 이러한 추상적인 접근은 여전히 양안관계에서 대만본토주의라는 인식론적 제약을 초탈하지 못하고 있는 것을 나타낸다.

이러한 문제를 자각하면서 비판적 지식인들의 시각이 아직도 협소함을 비판하는 중요한 지적이 있었다. 지식계 좌파원로인 진바오위金寶瑜교수는 그동안 타이서가 제국주의에 대한 비평에 소극적이었다고 지적한다. 대만을 세계사나 지역사의 역동적 범주에 위치 지어 분석하거나 미국의 대만에 대한 신식민주의적 통제방식에 대한 연구가 충분치 않았다는 것이다. 이러한 비판에 따르면 비판적 지식인들은 동아시아에서 대만의 정

46 《臺灣社會硏究》編委會, 〈邁向公共化, 超克後權威—民主左派論述的初講〉, pp. 163-164;《대만사회연구계간》 편집위원회, 〈공공화를 향하여, 탈권위주의를 넘어서〉, 89면.

치적 위상에 대한 분석이나 대만의 지식과 문화가 미국에 종속되는 메커니즘에 대한 연구에 소홀하였다는 것을 나타낸다. 이러한 분야에 대한 학술적 관심이 결여되어 있어서 국민당과 민진당 그리고 대만 독립을 주장하는 근본주의 진영의 친미반공노선에 대한 이론적 도전 역시 그 한계가 뚜렷했다.[47] 또한 천이종은 2004년 대만을 방문했던 앤더슨Perry Anderson의 대만의 독립가능성을 시사하는 논문에 대한 답변을 통해 양안문제는 그리 간단히 단기간에 해결되지 않는다고 회의적 입장을 견지한다. 그는 대만, 대륙 모두가 국족주의를 넘어 갈등을 해결할 수 있는 정치적 방안으로 동아시아의 화해적 분위기가 발전하여 점차로 공동체가 결성되면 가능해질 것이라고 예상한다. 따라서 대만은 국족주의에 빠져 선부르게 분리주의를 적극 추진하지 말고 우선 장기적으로 동아시아의 평화를 위해 노력을 해야 할 것이라고 역설한다.[48] 결론적으로 양자의 논지는 대만 사회에 국한된 비판적 분석의 지평을 국경 밖으로 확장해야 하며 이를 통해 양안문제에 관한 보다 폭넓은 이해에 도달할 것을 주문한 것이다. 이러한 분위기는 천광싱의 〈제국의 눈〉에 나타난 '신국제지역주의' 시각과 비슷한 논리이며 점차 동아시아 담론과 연결되는 지적인 동기가 되었다.

이렇게 대만 사회 위주의 협소한 비판논리만으로는 양안관계 분석에 직접적으로 적용하기가 힘들다는 것을 자각하는 가운데, 이미 탈냉전시대인 90년대 중반부터 한국에서는 동아시아지역주의가 담론으로 발전하고 있었다. 이런 추세가 대만의 입장에서 중요한 의미를 갖는 것은 한국의 동아시아 담론이 특히 주변부의 시각에서 중심부를 바라볼 것을 주문하

---

47 쉬진위(徐進鈺)·천광싱(陳光興), 〈비판적 지식인의 사회적 책임과 현실개입—《대만사회연구계간》편집동인의 지식 실천을 중심으로〉, 122-123면.

48 安德森(Perry Anderson), 王超華 譯, 〈南中國海上的藍與綠〉, 《臺灣社會研究季刊》第五十五期, 2005年 9月, pp. 225-242; 陳宜中, 〈後國族的兩岸思考〉, 《異議(下册)》, pp. 241-258(原載는《臺灣社會研究季刊》第六十三期, 2006年 9月).

고 있다는 점이다. 이런 의미에서 동아시아 담론이 동아시아의 소수자인 대만의 문제의식에 접목되는 것은 자연스러운 흐름이었다.

2004년에 동아시아에 관심을 갖는 지식인들이 결성한 '인터-아시아문화연구협회Inter-Asia Cultural Studies Society: IACSS'에 비판적 지식인들이 참여하고 비슷한 성향의 동아시아 학자들과 폭넓은 토론을 개시한다.[49] 다음 해인 2005년부터 지식인들은 타이서를 대만의 발판으로 삼아 양안의 현실을 적극적으로 대면하며 동아시아에 뿌리내리는 중국어 국제간행물로 새롭게 규정한다. 편집위원회를 개편하여 중국대륙, 홍콩, 한국, 일본, 싱가포르, 영국, 미국 등지의 학자들을 편집위원으로 초청하고 여러 지역에서 기고된 글들을 적극적으로 신기로 하였다. 현지화localization, 전 지구화 추세 속에서 자신을 상대화하여 이전까지의 대만본토주의적 지평을 동아시아지역으로 열어젖히게 된 것이다. 이미 '90년대 중반부터 아시아학에서 동아시아 지식인의 주체적 지위 회복을 주제'로 하여 아시아에 관한 논문들이 자주 실려 왔는데 2005년의 편집위원회 재편은 이러한 추세를 의식적으로 더욱 강화한 것이다.[50]

동아시아 담론에 대한 관심은 상기에 지적한 대로 비판적 지식인들이 대륙과 교류를 진행하면서 감지하는 한계를 극복하기 위해 기존의 대만적 시각에서의 비판논리에 동아시아 담론의 지향을 접목한 결과이다. 구체적으로 그들이 대륙과 교류하면서 확인한 것은 대만 정체성의 유동성과 소수자의 입장, 대륙중국의 통합에의 압력, 그리고 국제사회의 고립이 대만의 존립 자체를 위험하게 만들고 있다는 사실이다. 이런 상황에서 비판적 지식인들이 동아시아 담론에 관심을 기울이게 된 것은 대만의 주권

49 비판적 지식인 천광싱(陳光興)은 이 저널의 편집인이다. 저널의 지향과 활동, 참여 인물에 대해서는 다음을 참조: http://www.inter-asia.net/.

50 쉬진위(徐進鈺)·천광싱(陳光興), 〈비판적 지식인의 사회적 책임과 현실개입—《대만사회연구계간》편집동인의 지식 실천을 중심으로〉, 123면.

문제에 대해서만은 경직된 자세를 견지하는 대륙과의 직접적인 대면보다도 동아시아지역주의에 기대는 것이 새로운 존재의 근거를 추구하면서도 동시에 그들의 비판논리를 실현하는 가장 효과적인 방법임을 자각한 결과이다. 그럼에도 불구하고 이렇게 유동하는 정체성과 소수자로서의 존립 문제에서 출발한 대만의 동아시아상상은 미래에 많은 고난을 예고하고 있다.

5. 방법으로서의 동아시아상상

1) '방법'으로서의 동아시아

21세기 동아시아 담론의 주요한 지향들은 대만의 현존하는 상황과 미래의 전망에 짙은 관련을 맺고 있는 것을 발견할 수 있다. 특히 주변부에서 중심부를 바라보는 시각이라는 의미에서는 대만의 존립 문제와도 연관이 있어서 앞으로 이 주제에 대한 양안 지식인의 상호 교류와 대화가 어떻게 전개될지 대단히 흥미롭다. 상기에서 설파한 대로 비판적 지식인들의 성찰적 내부비판은 대륙과의 관계성에 대한 사고로 확장되면서 자연히 탈제국·탈식민·탈냉전의 사상적 운동과 접목하게 된다. 나아가 소국주의 상상, 탈국민국가주의, 동아시아공동체구상을 근거로 대만의 존립과 새로운 위상도 모색하려고 한다. 특히 주목이 되는 것은 이러한 지향들이 각자 분리되어 있지 않고 모두 유기적으로 하나의 선상에 연결되어 있다는 것이다. 그리고 동아시아를 매개로 하여 이 문제들에 접근하려 한다는 의미에서 '방법으로서의 동아시아상상'[51]이라고 할 수 있다. 대만의 상황을

---

51 대만의 비판적 지식인이자 동아시아 담론 주창자인 천광싱의 논의에서 참조한 것이다. 그는 미조구치 유조(溝口雄三)의 '방법으로서의 중국'에서 암시를 받은 것이라고 하면서 다

추적하다 보면 동아시아를 방법으로 삼으려는 논리가 하루아침에 등장한 것이 아님을 알 수 있다. 이 모든 것은 하나의 논리선상에서 출발하여 전개되고 성숙하게 된 것이다.

대만의 탈식민성에 대한 연구에서 애국적 본토주의와 국족주의경향을 표방했던 독립파 지식인 천팡밍陳芳明의 견해가 전변하는 과정은 대만 동아시아론의 성장 동기와 전개를 파악할 수 있게 해 준다. 그는 대만의 역사를 1895-1945년 동안의 일제식민시대에 이어서 등장한 국민당 통치기인 1987년까지를 국민당에 의한 '제2의 식민'으로 규정하였다. 리덩후이가 집권한 1989년을 기점으로 탈식민 단계에 진입하였다고 주장한 그는 지난 세기의 잃어버린 언어와 기억을 회복하는 것이 탈식민의 주요 과제라고 주창하면서 국족주의의 이론적 기반을 뒷받침한다.[52] 비판적 지식인의 논리에 따르면 이러한 반제국-반식민을 외치는 탈식민 방식은 피식민자였던 자신을 제국과의 이원적 대결구도에 가두어 애국적인 본토주의와 세속화된 국족주의에 빠져드는 결과를 가져온다. 결국 이러한 논리의 연결선상에서 남진 담론이나 국족국가 건설이라는 하위제국주의의식의 발전으로 귀결된다는 것이다.

그러나 21세기에 들어서 천팡밍의 자기변화는 이러한 한계에 대한 성찰을 보여 준다. 그는 대만문학계가 성찰해야 할 중요한 과제로서 '중국공포증恐中症'과 '외국공포증恐外症'을 들면서 그것의 극복을 논하고 있다. 중국공포증은 과도하게 본토화에 집착한 결과로 이전에는 학술활동의 제한이 생성한 무지로 인해 대륙에 대한 자신감의 결핍이 생성되었는데, 근래

케우치 요시미(竹內好)의 '방법으로서의 아시아'와 비슷한 함의라고 밝힌다. 천광싱, 2003, 백지운 역, 《제국의 눈》, 창비, 286-287면.

52 陳芳明, 〈後現代或後植民—戰後臺灣文學史的一個解釋 (Post-colonial or post-modern: An interpretation of the postwar history of Taiwan literature)〉, paper delivered at the Conference "Writing Taiwan: Strategies of Representation," Columbia University, New York, 30 April-2 May 1998.

에 대륙에 진출한 문학작품의 예에서 볼 때 자신감을 가지고 대륙과의 교류를 추진해야 할 때가 도래했다고 역설한다. 또한 외국공포증은 무조건 외국(특히 서구)의 것이 우월하다는 생각에 집착하면서 식민화의 경험을 수치로 여기면서 그것도 훌륭한 문화적 자산임을 망각한 결과라고 한다. 즉, 백인이건 제국이건 그들에게도 존재하는 야만적인 면목을 기꺼이 직시하고 있는 것과 같이 대만의 식민경험도 귀중한 문화적 자산이자 계시로 인식되어야 한다는 것이다.[53] 이러한 그의 주장은 그동안 마치 서구의 오리엔탈리즘을 비판하면서 본토주의와 옥시덴탈리즘에 빠진 제국-식민의 이원적 구조에 갇히면서 문화심리구조의 탈식민을 이루는 데 실패하여 왔음을 자인한 것이다. 즉, 남진 담론, 탈중국화 본토주의, 국족주의 등은 일종의 문화적 열등감의 표시이며, 또한 동시에 과거의 제국인 일본과 미국에 대한 끝없는 증오와 동시에 모방하려는 심리에 지배당해 왔다는 것을 폭로하는 것이다. 그 예로 민진당이 탈중국-국족주의 건설구상을 가속화하면 할수록 양안관계는 더욱 긴장이 고조되면서 미국 주도의 신냉전구도를 더욱 심화시키는 결과를 가져온 것을 들 수 있다. 즉, 제국과 국민당의 결탁에 의한 권위주의를 비판하면서 등장한 민진당이 그 비판의 무기로 본토주의와 국족주의를 조장함으로써 제국-식민의 구도에 스스로 갇히고 만 것이다. 이러한 상황은 과거의 식민주의에 대한 비판을 하면서도 제국에 대한 의존과 모방의 논리적 배리구조에 자기 스스로 함몰하고 마는 현상을 반영한다.

이러한 현상을 자각한 천팡밍은 정태적인 본토화 지향에서 대륙과 외국문학에 대한 동태적인 포용적 자세를 가질 것을 제안하게 된다. 루쉰을 포함한 중국대륙의 신문학을 대만이 어떻게 흡수해 왔는가를 높게 평가

53 陳芳明, 2007, 〈東亞作爲一種方法〉, 《臺灣文學的東亞思考》, 行政院文化建設委員會, p. 12.

하면서, 자신감을 가지고 대륙을 대면할 것을 주장한다. 바로 이 지점에서 동아시아사고가 방법으로 등장한다. 대만문학을 고립적 자세로 바라보면 그 의의와 지위가 어디에 있는지를 파악하는 게 쉽지 않다. 그러나 동아시아시각에서 대만문학을 바라보면 "대만문학이 어느 신성한 영역의 일부인가"라는 정체성 문제가 해결될 수 있다. 여기서 동아시아사고는 "동아시아역사 및 서구 식민사의 재인식"이라는 큰 틀에서 대만문학의 위치를 측정하는 중요한 방법으로 등장한다.[54] 이렇게 천팡밍이 동아시아사고로 눈을 돌리게 된 것은 대만의 본토주의가 가져온 정태성의 한계에 대한 성찰에서 기인하기도 하며, 또한 대만의 고립적 상황에 대한 불안을 해소하기 위한 필요성에서이기도 하다. 말하자면, 대만이 자신의 위치와 정체성을 획득하기 위해서는 우선 고립의 상태에서 벗어나야 하고, 그러기 위해서는 중국과 대화하지 않을 수 없는 상황에서 동아시아사고를 방법으로 삼게 된 것이라 할 수 있다. 즉, 동아시아를 방법으로 삼는다면 대만의 경계를 넘어 지역범위로 확장된 시각으로써 대립 위주의 양안관계를 상대화시킬 수 있으며, 따라서 더욱 동태적이고 포용적인 사고로 중국공포증과 외국공포증을 상당 부분 치료할 수 있을 것이라는 발상의 전환이다.

이렇게 대만의 동아시아상상은 다목적이고 복합적인 지향의 담론으로 등장하고 있다. 동아시아상상은 국족주의와 통독이원론의 대립적 갈등에서 다원적 사고로의 발전, 고립을 탈피하고 존립공간을 확보, 탈제국 · 탈식민 · 탈냉전, 소국주의, 탈국민국가주의의 논리적 근거를 확보하는 동태적인 역할을 할 수 있다. 그리고 구체적으로는 동아시아공동체와 그 논의에 참여할 수 있는 이론적 근거도 제공해 준다. 그러나 양안관계에 있어서 대만의 동아시아상상이 모든 것을 해결해 주지는 않는다. 주변부인 대만에게 동아시아는 존립을 추구하기 위해 다원적 정체성을 확보하기 위

54 위의 책, pp. 13-14.

한 매개, 즉 '방법'이다. 그러나 중심부인 대륙의 지식계에서 동아시아는 중국에게 다원적 정체성을 확보하는 매개가 아닌 미국을 대면하는 데 중국의 존재를 더욱 강하고 크게 보이게 하는, 쑨거의 논리대로라면 '기능'의 역할을 하는 작은 존재들의 집합에 불과하다.[55] 이같이 동아시아를 방법으로 보는 대만의 수평적 논리와 기능으로 보는 대륙의 위계적 논리의 차이를 앞으로의 상호 토론에서 어떻게 해결할 것인가 하는 것이 문제로 등장할 것이다. 아래에서는 동아시아상상이 방법으로서 어떻게 구체적이고 지적인 과제들과 연관을 맺고 있는지 분석하고 사유해 본다.

2) 탈제국 · 탈식민 · 탈냉전

대만 내부의 국족주의 통치기제를 비판하는 범위를 넘어서 양안문제까지 주제를 확장하게 되면 대만 자체의 존립 문제와 닿게 된다. 그렇게 되면 자연적으로 대륙의 통합 압력과 미국의 동아시아 패권지배구조를 의식하게 된다. 대만의 안보를 위해서 미국과의 협조는 필요하지만 지나친 집착으로 양안의 냉전구도가 더욱 고착화되는 현상도 피해야 한다. 더욱 중요한 과제는 지식-문화의 미국의존구조가 심화되는 것에서 탈피해야 한다는 탈제국·탈식민·탈냉전의 문화적 기획을 실현하는 것이다. 이는 동아시아 담론을 전개하는 주변부의 지식인들과 공감을 하고 있는 사상적 과제이다.

저항의 역사에서 보듯이 대만은 정체성이 유동하는 소수자이다. 대륙과 대만 사이에는 '중심제국'과 '내부 식민지'[56]로서 배제와 소외, 애증으로 얼룩진 역사 문제가 아직도 해결되지 않았다. 천팡밍은 대륙중국도 대

55 중국 부분에서 더 자세히 논한다.

56 임지현의 '내적 식민주의'(internal colonialism) 표현에서 인용함. 임지현·사까이 나오끼, 《오만과 편견》, 257면.

만에 대해서는 제국이라고 여긴다. 그는 일본의 식민통치를 대체한 냉전기의 미국패권지배를 21세기에는 대륙이 대신하면서 정치, 경제, 군사적 위협을 가하고 있다고 설파한다. 특히 대륙은 대만문학을 해석하면서 마치 서구가 오리엔트의 텍스트를 생산하듯이 '대만의 오리엔트화'를 기도하고 있으며, 이는 대륙이 바라는 대만 이미지를 제조하고 있는 것으로 평하고 있다.[57] 이렇게 대만에서는 탈냉전 이후에도 대륙의 통합주의와 대만의 국족주의 간의 충돌, 전 지구적 자본주의와 신자유주의에 대한 저항, 중국대륙과 미일동맹 간 패권 대결의 틈바구니에서 겪는 미일에의 의존주의와 주체적 사고 간의 갈등 등의 문제들이 중층적으로 얽혀 있다. 이러한 문제를 단순화시켜서 표현하자면 아직도 형식적 의미(법적, 제도적 측면)를 떠나서 진정한 의미의 탈제국·탈식민·탈냉전의 문화심리구조가 내면화되지 않았다는 것이다.

뤼샤오리呂紹理의 논의에서는 탈제국과 대만의 동아시아사고는 분리된 과제가 아니고 오히려 밀접하게 연결되어 있다는 것을 밝혀 주고 있다. 과거 제국들에 의한 패권 담론으로서의 동아시아사고는 단순한 '정리식'의 탈제국이 아닌 새로운 정리와 자리매김이 동시에 되어야 한다고 주장한다. 즉, 동아시아 담론은 제국의 담론에서 벗어나야 가능한데, 그러기 위해서는 제국과 동아시아 사이에 '기억, 감정, 가치'를 지워 버리는 게 아닌, 세 가지가 조화될 수 있는 관계를 창출하여야 한다.[58] 이런 논리에 의하면 동아시아는 과거와 현재의 제국—중국, 일본, 미국—의 그림자에서 벗어나지 못했다는 것이며 대만은 그 언저리에 존재하면서 동아시아를 사고하려면 반드시 먼저 제국의 그림자를 털어 내야 가능하다는 논리이다. 그

57 천팡밍(陳芳明), 〈동아시아의 미래와 대만의 현재〉, 《제국의 교차로에서 탈제국을 꿈꾸다》, 287-292면.

58 뤼샤오리(呂紹理), 〈정보와 담론—대만에서 '아시아'에 대한 사고와 인식의 가능성〉, 《제국의 교차로에서 탈제국을 꿈꾸다》, 308-319면.

렇다면 대만에서 동아시아사고와 탈제국의식은 각각 서로를 방법으로 삼아 극복을 추구하여야 한다. 즉, 탈제국 의식을 가지지 못하면 동아시아론을 전개하기가 어렵고, 또한 역으로 동아시아를 사고하지 못하면 탈제국의 자각을 가지기 힘들다. 그의 탈제국-동아시아 담론 양자의 관련성에 대한 논의는 동아시아는 방법이라는 천광싱과는 접근이 조금 다르지만 탈제국-동아시아 담론의 상호관련성에 대한 문제의식만큼은 공유하고 있다.

비판적 지식인인 천광싱은 국민당과 민진당 정권에서 모두 국족주의로 인해 탈제국 · 탈식민을 이루지 못하고 있는 상황을 신랄하게 제기하면서 대만 사회에 대한 비판으로부터 논의를 개시한다. 그의 비판은 비판에 머무르지 않고 동아시아를 방법으로 이러한 의식이 생산한 하위제국-식민화를 극복하는 대안의 제시로까지 나아가고 있다.[59] 그는 국족주의가 극적으로 발화한 남진 담론을 탈식민주의이론을 적용하면서 비판한다. 이제는 거의 상식이 되어 있는 서구의 탈식민이론을 대만에 적용시킨 그의 논문을 독해하면, 아직도 그 이론들의 의미가 결코 사그라지지 않았다는 사실을 우리는 확인할 수 있다.

대표적 탈식민주의자인 파농Franz Fanon은 라캉Jacques Lacan의 '거울이론'과 융Carl Gustav Jung의 '집단 무의식' 이론을 인용하면서 피식민자인 흑인의 정체성을 논한다. 즉, 어린이는 자기 외부의 어느 한 가지 이미지와 자신을 동일시하게 된다. 거울에 비친 자기의 진짜 이미지건 혹은 다른 아이의 이미지건 상관없다. 따라서 백인이 투사하는 이데올로기구조에 의해 어린이인 흑인의 정체성이 형성되며 흑인의 목표는 거울 속의 백인이 되

59 천광싱의 두 편의 논문은 이 주제에 관한 대표적인 연구이다. 陳光興, 〈帝國之眼—〈次〉帝國與國族-國家的文化想像〉, 《異議(上册)》, pp. 5-65면.(原載는 《臺灣社會硏究季刊》第十七期, 1994年 7月); 陳光興, 〈去植民的文化硏究〉, 《臺灣社會硏究季刊》第二十一期, 1996年 1月, pp. 73-139.

는 것이다.[60] 식민지 원주민들은 과거의 제국의 행태를 보고 자랐고 해방 후에는 이를 동일시하는 심리에 사로잡힌다. 선진-후진, 문명-야만, 우등-열등, 제국의 시민-식민지 원주민 간의 차별과 위계구조를 내재화하면서 자라게 된다. 따라서 근대화의 어린이인 식민지는 제국과의 동일시 충동에서 벗어나기 힘들다. 왜곡된 제국-식민 의식구조에 대한 통찰은 역시 프로이드와 라캉의 정신분석학을 이론의 축으로 삼는 호미 바바Homi Bhabha의 탈식민 연구에서도 나타나고 있다.[61] 이러한 제국-식민 관계의 상호 인식은 레비스트로스Claude Lévi-Strauss의 구조주의의 논리에서 표방되는 것처럼 인류역사에서 의식적으로 지각되지 않는 상징적인 구조들이 어떻게 개인의 사고뿐만 아니라 사회와 국가의 행태까지도 사실상 조직하며 지배하고 있는가 하는 것을 잘 설명해 주는 사례이다.[62]

천광싱의 남진 담론에 대한 비판적 연구에서 표방된 주요한 문제의식은 이러한 이론들의 참조를 그대로 보여 준다. 그의 비판에 의하면 대만의 국족주의 남진 담론에서 나타나는 하위제국의 논리는 식민성을 극복하는 게 아니고, 제국-식민의 이원론적 사고구조에 스스로 종속되어 제국과 같은 논리로써 약자들을 착취하는 행태를 모방하는 것이라고 볼 수 있다. 이는 제국에 의한 '외부의 식민'이 종식된 후 '내부의 식민주의'가 등장한 셈이다.[63] 이에 따르면 대만의 국족주의정치는 통치자의 성적만 바뀐 것일

60 Franz Fanon, 1986, *Black Skin, White Masks* (London: Pluto Press), pp. 50-51, 140-145, 149-150, 163-173; 프란츠 파농, 2003, 이석화 역, 《검은 피부 하얀 가면》, 인간사랑.

61 Homi K. Bhabha, 1994, *The Location of Culture* (London: Routeledge); 호미 바바, 2002, 나병철 역, 《문화의 위치》, 소명출판.

62 클로드 레비스트로스(Claude Lévi-Strauss, 1908-2009)는 인간의 사회와 문화를 이해하는 방법으로서 구조주의를 개척하고 문화상대주의를 발전시켰다. 문화는 나라마다 달라도 더 우월하거나 열등하고 야만적인 문화는 없다고 함으로써, 서구중심주의와 인종주의적 편견을 깨는 데 기여했다. 대표작은 레비스트로스, 1998, 박옥줄 역, 《슬픈 열대》, 한길사. 원저인 *Tristes tropiques*는 1955년 출간.

63 다음 같은 자기고백에서 잘 나타난다. Altaf Gauhar, 1987, "Asia: the Experience of the Subcontinent," in Bruno Kreisky and Humayun Gauhar eds., *Decolonisation and After: the Future*

뿐 압제와 배제의 통치기제는 여전히 변하지 않고 있는 것이다. 남진정책은 일본의 제국주의를 대만이 복제하려는 일종의 하위제국주의적 국족국가건설기획이며 이것은 아직도 제국 · 식민의 이원적 의식구조를 초탈하지 못하고 있는 증거이다.

천광싱의 비판에서 특기할 것은 탈제국-탈식민의 논리를 대만 사회의 내부비판과 연결시키고 있는 점이다. 즉, 남진 담론의 하위제국주의는 국족주의 거대서사의 외부진출로서 사회 내부의 수많은 다원적 정체성을 하나로 통합하거나 단순화시키는 작용을 하고 있다. 이는 장제스의 국민당 권위주의-국족주의 통치기제가 일본의 식민문화를 근절한다고 하면서도, 다른 한편에서는 미국의 냉전구조에 편승하면서 친미반공독재를 수행하면서 왜곡된 집단주의적 문화심리구조를 구성한 것과 비슷한 방법이다. 이런 현상을 인식하면서 오늘날의 대만 사회에서 통상적인 의사소통방식, 상호 질시와 소외, 가부장적 권위주의, 중상모략, 흑백논리, 색깔론, 봉건적 온정주의 등과 같은 파시스트적 문화양식이 여전히 야당이나 반체제운동을 포함하여 광범위하게 작용되고 있다고 비판한다.[64] 다음같이 국민당의 반일과 친미반공을 표방한 권위주의통치, 리덩후이와 천수이볜陳水扁의 국족주의건설, 대만 사회의 왜곡된 식민문화의 잔재 사이의 연동구조를 잘 지적하고 있다.

> 한편 억압과 탄압 일변도의 문화정책 역시 상대적으로 대만인의 의식 속에 있던 반항심리를 축적하여 폭발시켰고 대만 국족주의 속에 든 피식민·피압박 콤플렉스를 강화했다. 그리하여 개인적·심리적 차원에서 점으로 존재하던 반항은 점차 선으로 결집되어 마침내

---

of the Third World (London: Southern Publications), pp. 51-61, 천광싱, 〈탈식민과 문화연구〉, 《제국의 눈》, 135면.

64 陳光興, 〈帝國之眼—〈次〉帝國與國族-國家的文化想像〉, pp. 49-50.

> 공공공간으로 확산되었다. 대중국 쇼비니즘의 대립체로서 대만 국족주의 진보성은 통치집단의 파쇼에 대항한다는 점에 있다. 그러나 동시에 그것은 대중국의 잠재의식구조에서 자아의 이미지를 복제해 옴으로써, 약소집단에게 더 많은 자주적 공간을 부여하여 국족주의 주체에 대항할 문화주체를 건설하게 하기보다 국가기구를 통해 위에서부터 대항하는 방식으로 새로운 국족문화를 건설하는 데 매진했다.[65]

그의 논의에서 무엇보다 중요한 것은 이러한 제국-식민의식은 사회 내부의 다양한 주체성과 정체성을 배제하고 억압한다는 것이다. 이에 따르면 남진 담론은 오직 국족주의 주체세력인 남성-이성애자가 사회의 위계구조의 정점에서 다른 소수자들, 즉 동성애자, 여성, 소수종족, 사회의 이질적인 소수자 계급, 비주류 담론가들 위에 군림함으로써 과거 피식민자의 위치가 반전되고 새로운 하위제국 주체로서 자기정체성을 인정받고 투사하고 싶은 뒤틀린 열망을 상징하고 있다. 이렇게 "제국주의, 피식민주의, 종족중심주의, 남성쇼비니즘, 자본주의 간의 교차적 절합관계는 남진 담론의 욕망 형성이라는 층 속에서 상당히 솔직하게 자기의 속내를 열어 보이고" 있는데, 바로 이렇게 왜곡된 정신구조에 '대만인의 비애'가 있다고 천광싱은 탄식하고 있다.[66]

역사적으로 제국과 식민의 관계에서 생성된 왜곡된 정신구조는 냉전의 경험과도 분리되어 있지 않고 하나의 연결선상에 같은 역사적 함의를 나타낸다. 이 세 개념은 대만과 한국 등의 동아시아 주변부에게는 거의 같은 역사적 의미와 사고체계를 생성하였다. 주변부인 대만이나 한국에서

---

65 위의 자료, p. 50.

66 위의 자료, pp. 43, 50.

는 식민주의에서 해방되자마자 미국의 냉전체제에 종속되면서 새로운 형태의 식민지배를 받게 된다. 이러한 신식민주의는 영토에 대한 직접적인 지배가 아닌 주변국가의 외교, 군사, 경제정책을 지배하기 위해 문화와 의식, 국가이데올로기를 패권중심국이 바라는 방향으로 조종하고 이끌어 나가는 것이다. 이렇게 주변부와 그 사회에서는 통치자와 민중 모든 층위에서 중심국이 짜 놓은 냉전적 사고에 의식화되고 조종되었는데 이러한 의식화에 의해 구성된 사고체계를 해체하고 초탈하는 것도 탈제국 · 탈식민과 함께 대만이 추구해야 할 중요한 과제이다. 제국의 식민지배는 형식적 해방으로 초극이 된 게 아니었다. 이어서 동아시아에서는 미국의 패권지배구조인 냉전체제가 성립되었는데 좌우대립구도의 냉전적 사고에 일본과 한반도, 대만이 모두 여기에 종속되어 미국에 대한 의존주의가 오랫동안 지속되고 있다. 전후의 냉전체제로 인하여 제국과 식민의 역사 문제는 청산되지 못하였고 냉전적 사고가 문화와 의식의 영역에서 우월적 위치를 점하면서 사실상 국족주의 모순과 갈등구조도 그 영향으로 생성된 것이라는 점을 비판적 지식인들은 신랄하게 지적하고 있다.

예를 들어 천수이볜 정부는 국족주의와 통독이원론을 정권을 강화하는 수단으로 삼으면서 양안의 긴장관계를 조장하는 결과를 가져왔다. 국민당의 권위주의통치기보다 더욱 친미-친일 구조를 형성하여 탈냉전시대임에도 모순적으로 양안의 냉전구도가 오히려 강화된다. 결국 동아시아에서 일본과 한국이 수행하는 미국의 중국 견제에 대한 대리자 역할을 자임하고 동참하는 격이 되고 말았다. 천수이볜 정부는 나아가 대만과는 아무 관계없는 미국이 주도하는 '테러와의 전쟁'이라는 미명으로 행해진 침략전쟁에 군대를 파견하겠다는 제의를 하기도 하였다. 이와 같은 현상은 비판적 지식인들이 파농의 경고를 재검토하게 해 준 사태였다. 즉, 제3세계가 독립한 후에 탈식민운동의 과정에서 소위 민중과 분리된 민족부르주아지가 권력을 장악하여 구식민주의와 신제국주의 세력과 결탁이 이루어지는 경우이다.[67] 리덩후이의 남진 담론과 이러한 천수이볜의 탈중-친미 국족주의건설은 스스로 하위제국주의를 자임하면서 탈냉전시대에 신냉전을 조성하는 결과를 가져오고, 결국은 탈제국·탈식민·탈냉전운동을 지체시키는 억압기제를 구축하고 말았다.

천광싱의 〈대화합은 가능한가?〉라는 논문은 이렇게 냉전체제와 결탁한 국족주의정치가 대만과 양안 모두에게 얼마나 왜곡된 의식구조를 형성하고 거기에 사로잡혀 주체성이 잠식당하고 있는가를 파헤친 것이다. 이러한 미국 주도의 냉전체제라는 신식민주의에 의해 훼손된 의식구조를 바로잡기 위해 과거 역사를 직시하는 태도가 필요하며, 원한과 증오를 초탈한 문화적 다원성을 인정한 가운데 초국적 공론장에서 대화와 소통을 통한 새로운 동일시의 상징을 찾는 작업을 수행한다. 국가의 영역을 초탈한 초국적 공론장을 찾는다는 작업의 의의는 대만과 대륙의 지식인들이 양안이라는 닫쳐진 공간에서만 접근하는 것을 넘어서 문제를 동아시아라는 초국적 공론장으로 이동하여 대화를 전개한다면 양안정치체제 간의 직접적인 대립구도를 우회하여 대화할 수 있는 효율적인 방법이 될 수 있다는 것이다. 이렇게 국족주의가 조성한 대만의 왜곡된 하위제국의식과 그에 따른 양안관계의 갈등구조를 극복하기 위해서는 분석의 시각을 동아시아로 이동하여 진정한 의미의 탈식민-탈냉전을 모색하는 게 현명하다. 이는 앞서 천팡밍의 사례에서 언급이 되었듯이 동아시아로 눈을 돌려서 정체성을 투사하는 대상을 다원화함으로써 식민주의와는 다른 유형의

67 Franz Fanon, 2001, *The Wretched of the Earth* (London: Penguin Books), pp. 119-165; 프란츠 파농, 2007, 남경태 역, 《대지의 저주받은 자들》, 그린비. 특히 '3장 민족의식의 함정'을 참조. 파농은 라틴아메리카의 예를 들고 있는데, 동아시아에서는 한국의 이승만, 박정희 정권하에서 미국, 일본의 친미반공을 모토로 삼는 보수세력과의 결탁으로 민중을 소외시키고 매판자본에 의한 독점적 개발이 이루어진 것을 상기할 수 있다.

참고 모델을 설정하여 과거의 제국과 현재 중심부인 대륙중국에 대한 뿌리 깊은 질투와 원한으로부터 벗어난다는 것이다. 또한 대결의 정치를 초탈함으로써 정치에 얽매인 여러 형태의 제약을 넘어 새로운 정세를 구축하고 연대를 이룰 수 있는 좋은 방법이다. 이것이 동아시아를 '방법'[68]으로 삼아 양안과 동아시아에 존재하는 역사분쟁과 지정학적인 사고구조의 한계를 극복하여 탈제국 · 탈식민 · 탈냉전을 이룬다는 '동아시아상상'의 논리이다. 이러한 조망에서는 대만과 대륙의 상호관계성을 동아시아에서의 중심과 주변의 관계성으로 외연시킴으로써 서로를 상대화하여 바라볼 수 있는 시간과 공간의 여유를 제공한다는 장점이 있다.

상기한 대로 비슷한 제국과 식민의 경험을 공유한 대만과 한국의 탈식민의식 운동이 동아시아적 시각에서 전개되는 것이 효과적이며 더욱 중요한 의미를 가진다는 것은 같은 주변부인 양국의 진보좌파이자 비판적 지식인들과의 토론에서 더 분명하게 드러난다. 대만과 한국의 진보좌파이자 비판적 지식인들이 모여서 한국발 '분단체제론'을 동아시아에 확장시켜 토론을 전개하였다. 물론 한국과 대만의 분단 이후의 상황은 다른 게 있지만 동아시아의 탈제국·탈식민·탈냉전이라는 조망에서 보면 같은 문제의식을 공유하고 있는 것을 보여 준다.[69] 여기에서 천광싱은 대만의 통

68 대표적인 자료는 陳光興, 《去帝國-亞洲作爲方法》. 이 자료의 내용을 한국어로 요약한 것은 천광싱, 〈세계화와 탈제국, '방법으로서의 아시아'〉, 《아세아연구》, 제52권 1호, 2009년, 57-80면.

69 한국에서도 대만의 남진 담론과 같은 하위제국주의심리가 존재한다. 미국 주도의 냉전구도에 의식화되어 반공주의 시각에서 북한의 모든 것을 폄하하고 있다. 마치 제국(일본과 미국)에 의해 멸시당한 경험을 북한을 향해 투사하는 태도로 보인다. 또한 미국의 강권으로 베트남과 이라크 침략에 파병하였고, UAE가 발주하는 원자로 공사를 수주하는 대가로 군을 파병키로 하였다. 이러한 행태의 동기는 국익이라는 이름으로 자본과 권력이 결탁하여 국외로 진출하는 제국주의적 행태의 복제이다. 즉, 미국의 패권에 기대어 하위제국주의를 수행하면서 국가적 단결을 고취하고 경제적 이익마저 도모함으로써 과거의 식민화의 열등감을 자신보다 약한 대상에게서 보상받으려는 심리이다. 한국은 일본의 식민주의를 비판하지만, 미국의 패권주의에 편승하여 약소국에 동반파병하고, 미국 유학과 영어 사용이 창출한 사회

독이원론의 문제를 양안문제의 범주에서 직접적으로 접근하여 해결하려 하기보다는 사회의 진정한 민주화와 탈제국의식운동 그리고 자본주의를 극복하는 과정으로 접근하자고 주장한다.[70]

이들의 토론에서 보면, 대만과 한국의 분단상황은 식민 상태에서 해방되었으면서도 다시 미국 주도의 냉전체제에 강제로 편입되면서, 동아시아 지역에서의 제국-식민 간의 역사 문제의 해결이 이루어지지도 않으면서 탈식민의 자각운동도 미완의 상태로 흐지부지되고 말았다는 공통성을 창출하였다. 이러한 상황에서 대만에서는 국족주의갈등과 양안의 냉전적 갈등구조, 한국에서는 내부의 좌우이념갈등과 북한과의 냉전적 대립구도가 지속되고 있으며, 이러한 갈등구조는 탈냉전시대임에도 불구하고 양안과 한반도에서 모두 미-중제국의 대결구도와 중층으로 얽혀져 지속되고 있는 것이다. 이럴 때 대만과 한국이 직접적으로 대륙과 북한을 향하여 문제해결을 추구한다면 국가주의적 대립구도에 파묻히고 말 것이다. 따라서 이러한 동아시아의 양대 분단체제에 대해서 당사자 간의 체제경쟁과 중심국 간의 패권대결의 차원으로 접근하기보다는 동아시아의 탈제국·탈식민·탈냉전운동의 차원에서 접근한다면 직접적인 정치경제, 군사적인 대결구도를 떠나서 동아시아의 지적, 문화적 의식운동으로 전환시킬 수 있다는 추론이 가능하다.

이렇게 탈제국·탈식민·탈냉전운동은 중심-주변 관계에서뿐만 아니

의 위계구조, 학문적 업적평가에 미국식 기준을 도입, 문화적 기호의 미국화 현상 등의 제국문화의 복제에 열광하고 있다. 그러면서 사회의 약자들과 한국보다 가난한 주변부 국가들을 차별하고 있다. 결국 '거울단계론'적인 모방의 수준에 머물면서 진정한 의미의 탈제국-탈식민-탈냉전을 이루지 못하고 있다.

70 陳光興, 〈白樂晴的〈超克《分斷體制》〉論 : 參照兩韓思想兩岸〉, 《臺灣社會研究季刊》 第七十四期, 2009年 6月, pp. 3-47. 2008년 9월 《臺灣社會研究季刊》 20주년에 "분단체제극복"이라는 주제로 양국의 학자들이 세미나를 진행하였다. 양국 지식인의 논문은 《臺灣社會研究季刊》 第七十四期, 2009年 6月호에 실림. '분단체제'에 대해서는 백낙청, 1994, 《분단체제 변혁의 공부길》, 창작과 비평사; 백낙청, 1998, 《흔들리는 분단체제》, 창작과 비평사.

라 주변부 간에도 중요한 과제로 등장하고 있다. 그러나 이렇게 양국의 지식인들이 모여서 토론하고 있는 시점에도 제국-식민의 왜곡된 의식구조는 주변부 간에도 위계의식을 무의식적으로 내면화시키고 있다. 대만의 지식인들은 비슷한 식민주의의 역사적 경험을 공유하는 한국을 참조 대상으로 삼지 않으며, 역으로 한국의 지식인들도 대만에 대해서 마찬가지이다.[71] 대만의 경우는 다른 동아시아 주변부를 바라볼 때에 문화적으로는 중국(중화문화)의 시각에서, 정치적으로는 소국에 불과한 대만의 시각으로 보는 불균등한 경향을 내재화하였다. 반면 한국은 대만을 볼 때에 정치적으로는 소국으로 문화적으로는 중국으로 본다. 게다가 냉전인식의 지배를 받아 과거의 중화문화에 대해서는 경외를, 냉전시대의 중공(중국)에 대해서는 멸시를 나타낸다. 이러한 왜곡된 상호 인식의 가장 근본적인 이유는 대만도 한국도 서구의 문화와 지식만을 참조와 모방의 대상으로 삼으면서 같은 주변부의 지식과 문화에 대해서는 존중보다는 멸시를 하고 있기 때문이다. 따라서 경제관계 이외에는 서로를 이해하려고 하지 않으며, 지식계 간의 참조와 연구의 대상으로 삼으려는 관심이 결여되어 있다. 결국, 제국에 의한 식민의 역사를 공유하고 냉전체제하에서 미국에 복무했던 주변국들은 오히려 과거의 제국이면서 동시에 오늘날의 중심국을 여전히 숭배하면서 같은 피해자인 이웃 나라를 경시하고 있는 것이다. 이런 가운데 양국의 비판적 지식인들이 '분단체제'라는 공통 주제를 함께 토론한 것은 상당히 의미 있는 사건이다. 주변부의 동아시아 담론이라는 공동의 지향이 만들어 낸 진전으로 보인다.

이렇게 동아시아에서의 탈식민의식은 중심-주변의 상호관계성뿐만 아니라 주변 간의 상호 인식에서도 적용되는 원리이다. 대만의 국족주의가 '중국의 주변에서 동남아의 중심이 되려는 욕망'과 타협하였다면, 천광

---

71 천광싱, 〈대담〉, 《제국의 눈》, 293-296면.

싱의 남진담론비판이 동아시아 담론에 주는 함의는 '주변부시각에서 중심부'를 바라보는 담론이 '주변에서 중심이 되려는 욕망'과 타협하려는 열망이 나타나는 것을 경계하는 의미를 가진다. 따라서 동아시아 담론에서 주변부시각에서 중심을 바라보는 조망을 강조한다면, 주변부 상호 간의 질시와 경시의식도 극복하여야 한다. 이웃 국가를 중심제국이 아닌 주변이라 하여 경시한다면, 결국은 제국을 모방하려는 제국-식민의 이원론을 초탈하지 못하고 있다는 증거가 아닌가. 이런 의미에서 대만의 동아시아상상에서의 탈제국-탈식민 운동은 중심과 주변 사이에서만이 아니라 같은 주변 간에도 적용되는 중요한 과제이다.

주변부인 대만의 탈식민운동은 중심국에 의한 탈제국운동과 하나의 연결선상에서 연동되어 추진되어야 한다. 푸코의 지식의 계보학과 그람시Antonio Gramsci의 헤게모니이론을 결합한 논리로 서구의 제국주의적 사고를 고발하고 전복시키는 사이드는 제국과 식민의식이 사실상 연동되어 있다고 지적한다. 제국과 식민의식은 상호관계를 맺으면서 각자의 정체성을 확인하고 있다는 것을 폭로한다. 여기에서 중요한 것은 제국의 문화상상이 사실상 식민지의 의식을 형성하는 데 도움을 준다는 것이며, 제국과 식민은 이러한 사실을 직시하는 데서 출발해야 진정한 탈제국-탈식민이 의미를 획득할 수 있다는 것이다.[72]

미국, 일본과 더불어 동아시아제국으로서의 중국의 주변부에 대한 관계성에서의 탈제국 운동은 동아시아 담론을 매개로 한다면 탈중심-탈냉전 운동이라고 정의 내릴 수 있다. 이와 같은 탈제국운동은 과거의 식민주의를 비판하고 성찰하면서 단순히 주변부를 향한 '온정주의paternalism'에 머문다면 진정한 의미에서의 탈제국운동이 아니다. 헐리우드 영화에

72 Edward W. Said, 2003, *Orientalism* (London: Penguin Books); Edward W. Said, 1993, *Culture and Imperialism* (New York: Alfred A. Knopf Inc.).

서 단골처럼 등장하는 서양인의 제3세계 원주민들에게 베푸는 박애주의를 주제로 한 영화들은 일종의 '오리엔탈리즘'이 지적하는 서구인의 정서와 일맥상통한 것이다. 역설적이지만 같은 맥락에서 중국이 미국을 견제하기 위한 목적으로 왜곡된 서양이미지인 '옥시덴탈리즘'[73]을 고취하면서 동아시아에서 소프트파워 증진정책을 수행한다면 이는 진정한 의미의 탈대국주의적 자각이라고 볼 수 없다. 이것은 오히려 중심-주변의 관계를 내재화하여 자신의 정체성을 강화하는 전략적인 사고에 불과하다. 물질적인 원조와 외교 차원에서의 소프트파워 증진정책은 일종의 탈중심-박애주의를 백화점에 진열하여 약자에게 보여 주는 온정주의의 상징적인 기호에 불과하다. 개인적인 인도주의자들의 도덕적인 동기를 절대로 폄하할 수는 없지만, 강자가 위에서 아래를 향한 동정심에서 나오는 박애주의는 진정한 의미의 성찰에 의거한 탈제국적 사고로 볼 수는 없다.

탈식민운동과 더불어 탈제국운동도 중심부의 자기성찰과 자각이 절실히 필요한 과제이다. 그리고 구체적인 행동이 필요하다. 사르트르Jean-Paul Sartre(1905-1980)는 알제리와 베트남 문제에 대한 프랑스 정부의 식민정책을 비판하고 그들의 독립을 주장하였다. 그가 파농의《대지의 저주받은 자들》(1961년)에 쓴 서문은 착취하는 제국의 지식인으로서 진정한 의미에서의 탈제국-탈식민의 문제의식에서 피억압자의 소외에 대한 성찰적 자각을 보여 준 사례이다.[74] 사르트르의 철학적, 정서적 차원 이외에 탈식민주의의 대표적인 소설로 꼽히고 있는 노벨문학상 수상자인 르 클레지오J.M.G Le Clézio의《아프리카인》[75]에서는 제국과 식민의 정서적 일체감이 탈

---

73 Xiaomei Chen, 1995, *Occidentalism: A Theory of Counter-Discourse in Post-Mao China* (Oxford: Oxford University Press).

74 Franz Fanon, 2001, *The Wretched of the Earth* (London: Penguin Booka), pp. 7-26. 탈식민 이론가인 호미 바바는 파농의 사후에 출판된 책에서 그를 추모하는 글을 썼다. Homi Bhabba, "Foreward: Remembering Fanon by Homi Bhabba," in Franz Fanon, 1986, *Black Skin, White Masks*, pp. vii-xxvi.

제국-탈식민에 이르는 길임을 보여 주고 있다. 작품은 오랫동안 그리워하던 아버지가 머물던 아프리카를 진정 하나로 여기면서 자신과 피식민자의 구분을 소거하는 정서적 일체감을 보여 주고 있다. 이 작품에서 보여 주는 것은 탈제국-탈식민에 이르는 길은 단지 국가 간의 법적-제도적 차원에서나 또한 박애주의자들의 연민에 의거한 온정주의를 넘어서 나와 그들을 일치시키는 '하나 됨'의 경지임을 보여 주고 있다. 제3세계를 생활의 터전으로 삶으면서 서구문명으로부터 자발적으로 탈주하려는 삶을 살아가는 작가 자신의 삶의 방식에서도 이러한 일체의식을 엿볼 수 있다.

위와 같은 다소 장황한 서술에서 우리가 결론으로 도출할 수 있는 것은 그다지 복잡하지도 어렵지도 않다. 그것은 제국과 식민이 서로의 역사적 경험과 진실들을 회피하지 않고 직시하면서 서로의 존재를 서구-비서구, 과학-주술, 문명-야만, 현대-봉건, 이성-비이성, 대국-약소국이라는 이분법적 위계구조에 위치시키지 않고 다양성과 다원주의적 사고에서 각각의 주체성을 인정하는 것이다. 역사적으로 제국은 필연적으로 식민지역에 '문화적 혼종성hybridity'[76]을 생산하는데, 이러한 것을 거부하기보다는 자연스러운 현상으로 받아들이는 탈식민 문화기획은 천광싱에 의하면 '비판적 혼합'으로 시도되어야 한다. 이러한 관점에서 제국과 식민이 모두 '타자 되기becoming others'를 시도하여야 하는 게 요구된다. 이러한 모두가 자신을 상대화하는 과정을 통하여 결국은 모두가 '하나 됨becoming one'을 추구하는 것은 제국과 식민이 서로를 일치시키고 동일시하는 시도이자

---

75 르 클레지오, 2005, 최애영 역, 《아프리카인》, 문학동네.

76 네스토르 가르시아 칸클리니(Nestor Garcia Canclini), 2011, 이성훈 역, 《혼종문화—근대성 넘나들기 전략》, 그린비. 아르헨티나 태생의 인류학자인 저자는 1989년에 문화적 '혼종성'(hybridity) 개념을 통해 서구를 통해서는 이해될 수 없었던 라틴아메리카 근대의 문화적 맥락을 설명한다. 라틴아메리카의 근대에는 전통적 요소와 근대적 요소, 민족과 민족, 계급과 계급이 뒤섞이며 복합적인 문화현실을 만들어 내는데 이것이 혼종성이다. 그의 개념은 탈서구, 탈식민주의 이론의 핵심 개념으로 정착되었다.

문화적 기획이다. 이러한 것이 곧 제국과 식민이 전부 다원적 주체성 내부에서 평등한 일원으로 거듭 태어나는 비판적 혼합인 것이다.

> 여성, 원주민, 동성애자, 양성애자, 동물, 가난한 사람, 흑인, 아프리카인 등을 내면화하고, 다양한 문화요소들을 주체성 속에 함께 혼용하여 체제가 구획지어 놓은 정체성의 위치와 경계를 넘어서며 계급, 가부장제, 이성애, 인종쇼비니즘에 의해 강요된 '식민'의 핵심 관계들을 제거하는 것이다. 따라서 비판적 혼합은 피식민 약소 주체들 간의 문화적 동일시 전략이라 할 수 있다.[77]

탈식민의 과정에서 피식민자의 자각과 주체성의 탈환은 원한과 모방이 아닌 제국과의 역사적 은원관계를 직시하면서 새로운 수평적인 의식과 관계설정을 모색하는 데 달려 있다. 이러한 자아의 회복과정은 제국과 식민의 주체들 모두에게 상당한 정신적 고통과 인내, 자기부정과 성찰을 필요로 한다. 그동안 냉전으로 인해 지식인의 개인적인 차원을 제외하고는 지역적이고 국가적인 차원에서 탈제국과 탈식민 운동은 답보상태를 면치 못하였다. 구체적으로 미국에 의한 냉전패권체제에 동아시아가 편입됨으로써 동아시아의 역사청산은 철저히 이루어지지 못했다. 냉전이 와해되면서 비로소 탈제국-탈식민의 문화기획은 새로운 출발의 계기가 생성된다. 전 지구화 자체는 또 다른 형태의 미국에 의한 패권주의적 통치기제의 형태이지만 전 지구화가 가져온 탈중심-지역화(블록화)와 다원화 추세는 전 지구적 차원에서 사회의 소수자의 자각을 가져온 것도 사실이다. 포스트모더니즘의 문화비평은 피식민지에서 기존의 구미 중심의 지식과 문화의 담론권력을 완전히 허물지는 못했으나 그에 대한 심각한 문제의식을

77 천광싱, 〈탈식민과 문화연구〉, 《제국의 눈》, 153면.

생산하는 데는 큰 공헌을 하였다. 특히 동아시아에서는 이러한 각성과 문화기획이 복합적으로 작용하면서 21세기의 탈제국·탈식민·탈냉전은 상호 연동적으로 전개되고 있다. 이러한 과정은 동아시아의 주체와 역사를 재탈환하고 재영토화하는 추세를 고무하고 있다. 따라서 대만과 다른 주변부도 마찬가지로 탈제국·탈식민·탈냉전은 동시적으로 전개되고 있다. 이러한 점은 동아시아 주변부의 비판적 지식인의 논지에서 중요하게 다루어진다. 즉, 동아시아에서 냉전이 완화되면서 전 지구화를 가능케 한 동력은 동아시아 주변부의 민주화운동에 유리한 조건을 제공하였는데 이것은 법적, 제도적 측면만이 아니라 의식상에서의 진정한 탈제국·탈식민·탈냉전의 출발선이라고 해석하고 있는 것이다.

이러한 해석에 따르면 대만 사회의 국족주의 비판, 탈제국·탈식민·탈냉전운동은 냉전의 완화를 가져온 유리한 국제적 환경에서 시작된 민주화추세와 같은 연결선상에서 이루어지고 있는 중이다. 대만의 식민성과 냉전적 사고체계의 극복은 동아시아상상의 논리와 서로 연관을 맺고 있다. 즉, 탈국족주의·탈제국·탈식민·탈냉전의 사고는 서로 긴밀히 하나의 선으로 이어져 연동되어 있기 때문에 동시에 전개되는 게 자연스럽다. 제국과 식민, 냉전구조가 낳은 병리현상, 즉 "식민적 정체성의 틀을 철저하게 벗어나려면 스스로를 한계 짓는 자기정체성(국족주의)에 머물러서는 안 되며 반드시 자아를 벗어나 다원적인 동일시 대상을 찾아야 한다. 문제는 그 대상이 누군지에 있다. 만약 비판적 혼합이 구체적인 주체의 위치를 전제한다면 좌파의 관점에서 그 욕망이 투사되는 동일시 대상은 누구이어야 할까?"[78] 결국, 이러한 고민에서 대만이 스스로 헤쳐 나오기 위해 동아시아를 '방법'으로 상상하면서 그 상상의 사고구조에 대만을 재영토화시키려는 과제는 성공적인 결과를 가져올 수 있을 것인가.

78 위의 자료, 153면.

3) 소국주의상상

대만의 동아시아상상에서 또 다른 주요한 특징을 추출하면 그것은 소국주의 실험이다. 소국주의를 상상하는 것은 주변에서 중심을 바라보는 시각을 강조하는 동아시아 담론의 논리와 일맥상통한다. 동아시아에서 중국이 주변부에 미치는 존재감은 대국적이다. 대만이나 티베트, 위구르 등에 대한 통합정책과 고구려 역사 담론에서는 대국주의적 지향이 잘 나타나 있다. 반면에 한국의 동아시아 담론에서는 최원식의 '소국주의-문화국가론'에서 소국주의상상의 특징이 나타나 있다. 중국과는 달리 상대적으로 주변적인 존재로서 대만이 대륙 중심의 통합에서 분리하여 독립을 추구하려는 경우에도 이러한 소국주의상상이 잘 나타나 있다. 동아시아 지역에서는 탈제국·탈식민·탈냉전의식의 자각과 전변이 이루어져야 소국주의상상이 더욱 현실적일 수 있다. 소국주의상상은 국가주의 심지어 국민국가주의에도 비판적이며, 대국과 약소국, 중심과 주변부의 구분 없이 국가권력에 의해 소외당하는 민중과 소수자를 존중하는 사회를 건설하려는 지적인 프로젝트이다. 따라서 이는 근대화 역사에서의 서구 제국주의와 더불어 동아시아에서도 있었던 대국주의의 역사(중화주의와 대동아공영권)를 성찰할 것을 주문한다. 구체적으로 국가주의를 외부에 투사하려는 집착에서 벗어날 것과 동아시아의 소수자적 존재-북한, 대만, 티베트, 위구르, 오키나와 등-들의 목소리를 존중할 것을 주장한다. 최원식의 인문학적인 표현을 사용하면 '패도적 대국주의'보다도 '왕도적 소국주의'를 상상한다는 의미이기도 하다. 정치적 대국지향(쑨원의 오족협화론, 개혁기 중국의 대국굴기론, 일본의 대동아공영권과 평화헌법을 수정하려는 제국적 행태)이 아닌 주변부인 한국의 '문화국가론'이기도 하다.[79]

---

79 최원식, 《제국이후의 동아시아》, 13-32면. 소국주의에 대해서는 한국의 담론 부분에서 더 상세히 논함.

이 책의 2장에서 언급한 동아시아 담론의 공통적인 논리적 특성 중에 탈근대적 문제의식과 리오타르의 논리를 소국주의와 연결시켜 사유할 수 있다. 포스트모더니즘의 사상가 리오타르는 근대가 언어게임과 서사narrative의 규칙을 조직함으로써 진실과 허위를 판단하는 보편적인 기준으로 '메타서사'를 구축한 것에 대해 회의와 불신을 나타낸다. 이러한 메타서사는 '사변적 거대서사'와 '해방의 거대서사' 두 가지로 대별되며, 인간의 삶을 조직하고 통제하는 기제가 될 수 있다고 여긴다. 그에 의하면 포스트모더니즘이 해야 하는 것은 가치 부재의 현대사회에서 성장과 이익만을 우선시하는 시장경제의 거대서사의 억압을 비판하면서 세상을 좀 더 공명정대하게 만들 수 있는 가능성을 사유하는 것이다.[80] 이러한 논리는 타이서 지식인들의 국족주의 비판과 소국주의상상에 도움을 주는 것처럼 보인다. 즉, '국족주의정치와 대만정체성 창출하기의 국가주의기획'은 일종의 '해방의 거대서사'로서 민중들의 수많은 '작은 서사'로 이루어지는 삶을 억압하는 기제이다. 따라서 그들은 국족주의정치와 자본의 결합으로 인한 왜곡된 민주화는 시장을 자유화하면서 도리어 자본에 의한 착취를 조장하고 민중들의 빈부격차를 확대하는데 이러한 전 지구적 자본주의/신자유주의를 반대하고 분배와 공정성을 담보로 하는 경제정책을 지지한다. 그들이 주장하는 사회에서의 '공론장'의 확대는 거대서사에 의해 억압당한 작은 서사를 살리는 길이며, 이렇게 그들이 추구하는 것은 탈근대적 '다원화의 기획'으로 정의 내릴 수 있다.

국족주의가 상징하는 것은 가부장제적 권위주의사고로서 그것은 사회의 다원적 사고를 제압하고 하위제국주의로 표출되는 강력한 국가주의적 통치기제이다. 이러한 지향은 대국주의를 비판하면서도 그와 비슷한 대

---

80 Jean-Francois Lyotard, 1994, trans. Geoff Bennington and Brian Massumi, *The Postmodern Condition: A Report on Knowledge* (Manchester: Manchester University Press).

국을 추구하려는 국가주의적 심리를 나타내는 것이다. 이러한 국족주의 정치이념은 대륙과의 적대감을 증폭시키면서 대륙의 반격을 자극하고 결과적으로 동아시아에서 패권적 대국 간의 긴장을 촉진시킬 뿐이다. 따라서 중심부의 대국주의와 주변부의 모방적 대국주의는 지역에서의 갈등의 악순환만 부추길 뿐이다. 이러한 국족주의에 은폐된 모방심리를 넘어서 그들은 사회 소수자들의 권리에 더욱 관심을 기울이면서 국가와 시장이 사회에 봉사하는 체제를 구상하는데, 이것이 곧 비판적 지식인들이 상상하는 소국주의의 함의이다.

우선 국족주의로 상징되는 지배적 담론영역에서 배제되는 다양한 정체성과 소수담론 간의 불평등이 시정되어야 한다. 예를 들어 성性차별, 인종차별, 생활방식 및 기호의 차이에서 오는 차별, 특정한 소외집단, 즉 농민, 원주민, 이주노동자, 외국인 신부, 정신지체인, 결손가정, 트랜스젠더 및 성노동자, 에이즈환자, 동성애자, 각종 사회문제에 대해서 소수의견을 표명하는 자 등에 대한 배제 담론과 사회구조에 도전한다. 이러한 소수자들을 끌어안기 위해서는 제도적 형식을 넘어선 진정한 의미에서 탈권위주의와 민주화가 이루어져야 한다. 사회의 주류담론과 국가주의적 가치를 우선시하기보다도 사회의 다양한 부문에서의 소수자들의 다양한 정체성을 인정하는 사회에 봉사하는 국가를 지향해야 할 것이 요구된다. 국족주의와 신국가건설이라는 거대서사 풍조가 지배할 당시, 사회적 소수자의 권리에 대한 사상적 실천을 주장한 글들은 이러한 소국주의지향을 잘 나타내고 있다.

주웨이청朱偉誠은 해학적인 설법으로 동성애국가 건설이라는 다소 기발한 이상향을 제시하였다. 이는 국족주의와 남성-이성애 우월주의로 상징되는 주류담론의 보수적인 권위주의를 우회적으로 비판하면서 대만의 국가주의가 은폐한 사회의 소수자에 대한 억압과 배제를 비판하는 논리로 볼 수 있으며, 국가에서 사회의 생활세계로 눈을 돌려 소수자의 다양한 가치를 옹호할 것을 주창한 것이다.[81] 호췬쥐이何春蕤는 성전환자transgender 민간조직에 대한 실태를 직접적으로 취재하면서 연구를 수행하였다. 그는 이들에 행해지는 공권력과 주류담론의 차별과 억압을 규탄하면서 신분상의 불이익을 철폐하고 의료, 직업, 교육 등에서의 권익이 보호되어야 한다고 주장한다.[82] 닝잉빈甯應斌은 마르크스주의적 관점에 근거하여 성노동을 노동으로 인정하지 않는 주류 페미니즘의 반매춘 입장을 반박한다. 성노동의 사회적 주체성을 존중하고 매춘여성의 권리를 옹호하는 논리를 과감히 주장하였다.[83] 이렇게 사회의 터부를 과감히 파괴하고 소외되고 무시당하던 사회의 다양한 주체들의 존재를 인정하려는 지식인들의 문제제기는 국족주의라는 획일적 사고구조의 족쇄에 묶인 사상의 다양성을 복원하려는 도전이다. 또한 사회복지이론의 논리를 자원으로 다양한 생활주체들에게 경제적 분배distribution도 중요하지만 인정recognition이라는 요소도 같은 정도로 주어져야 한다는 것을 상기시킨다.

이러한 국가주의와 국족주의에 억압받고 소외당하는 보통사람이자 소수자들의 삶의 무대인 사회, 즉 생활세계를 복원하려는 문화기획은 하나의 국가주의색채로 다원적인 가치들을 덮어 버리지 않는 지향을 의미한다. 탈냉전이 되면서 새롭게 등장한 제국의 패권이념인 전 지구적 자본주의와 시장자유화는 주변부에서 권력과 자본이 결합하여 '시장을 주요 동력으로 하는 국가발전지상주의'라는 새로운 형태의 억압적 통치기제를 만들어 냈다. 이들은 시장자유화가 곧 인간의 행복을 증대시킬 것이라고

81 朱偉誠,〈建立同志〈國〉?—朝向一個性異議正體的烏托邦想像〉,《異議(上册)》, pp. 197-237.(原載는《臺灣社會研究季刊》第四十期, 2000年 12月).

82 何春蕤,〈〈'性/別壓迫〉—跨性別主體在臺灣〉,《異議(下册)》, 59-97면.(原載는 何春蕤 編,《跨性別》, 臺灣中央大學性/別研究室, 2004年).

83 甯應斌,〈性工作是否爲工作?—馬克思的商品論與性工作的社會建構論〉,《異議(下册)》, pp. 99-142.(原載는《臺灣社會研究季刊》第四十六期, 2002年 6月).

하였지만, 오히려 사회적 불평등을 합리화하고 심화시켰다. 권력가와 자본가 그리고 사회적 다수를 점하는 주류들의 혜택만을 보장하였을 뿐이었다. 여전히 민중과 소수자들의 형편은 냉전시대나 탈냉전시대나 달라진 것이 없었다. 이러한 시장 중심의 국가발전지상주의는 사회의 공익적인 기능을 마비시켜 사회적 공간에 널리 존재하는 다양한 민중주체들의 다양한 욕구를 배제하고 억압하는 결과를 가져왔다. 따라서 비판적 지식인들의 논리에서 간파되는 것은 사회의 다원적 정체성 사이의 평등을 추구하면서 국가주의와 다수자의 주류담론에서 배제당하는 소수자들도 인정받는 권력가와 민중의 정서적 거리감이 가까운, 국가가 자본과 결탁하여 사회를 지배하는 게 아닌 사회에 봉사하는 작은 국가의 건설이다. 즉, 국가와 자본 중심이 아닌 보통사람들이 살고 있는 사회의 역동성을 더욱 우위에 두어야 한다는 지향이다.[84] 이를 위해 비판적 지식인들이 주장하는 것은 우선 국가가 주도하는 국족주의와 시장권력보다도 사회의 공론장이 더욱 활성화되어야 한다는 것이다.

앞서 논한 비판적 지식인들의 사회비판은 국가주의가 조종하는 이념과 정책의 거대서사가 일반시민들의 다원적인 작은 서사들을 압도하여 권력이 원하는 대로 사회를 움직이고 있다는 것이었다. 국족주의와 남진 담론으로 상징되는 거대서사는 민중의 작은 서사를 배제하고 지배하려는 대국주의의 복사판인 것이다. 따라서 이러한 국족주의와 복제된 대국주의 모두를 초탈하기 위한 제3의 길은 소국주의이며 이는 사회의 공론장에서 민중들의 토론의 장을 부활시키면서 국가의 힘을 견제하는 새로운 대안이다.

---

84 이러한 서술은 폴라니를 참조한 것이다. 자기조정의 자유시장논리의 허구성을 밝히면서 또한 시장의 억압에 대한 대안으로 국가개입보다도 사회의 개입의 길이 인간의 행복을 증진시킨다는 논리이다. Karl Polanyi, 1944, *The Great Transformation: The Political and Economic Origins of Our Time* (Boston: Beacon Press).

소국주의상상은 다음 같은 우화적인 사례에서도 그 중요한 함의를 일깨워 준다. 필자가 우연히 대만을 방문했던 기간에 시청한 바에 따르면, 2009년 8월 17일 대만의 마잉주馬英九 총통이 TV에 각료들과 출연하여 홍수 대비와 사후처리에 소홀한 것을 허리 굽혀 사과하였다. 그리고 홍수피해를 입은 마을의 주민들 앞에서 여론을 청취하면서도 다소 '냉막冷漠한 표정'을 보인 것에 대해서도 직접 사과의 말을 하였다. 이러한 에피소드가 우리에게 주는 함의는 무엇일까.

여기서 확인할 수 있는 것은 작은 향촌의 주민들에게도 최고지도자가 지근거리에 존재한다는 '정서적 거리감emotional distance'이다. 이러한 장면을 직접 목격하면서 대륙중국과 미국의 최고지도자가 과연 저렇게 지근거리에서 작은 마을의 주민들에게 허리를 굽히면서까지 사과할 수 있을까 하는 생각이 들었다. 무엇보다 대국과 소국에서의 국가와 민중 양자 간의 정서적 거리감의 차이이다. 소국주의상상이 그리는 것은 국민과 국가의 거리이며, 국민들에게는 이렇게 가까이 있는 지도자에게서 더 많은 혜택을 받을 수 있다. 대국에서는 지도자와 국민 간의 정서적인 거리가 멀다. 그래서 양자 사이는 감성적인 배려를 서로 느끼기가 힘들다. 소국주의는 지도자와 민중 간의 이성적인 논리보다는 감성적인 거리를 강조한다. 21세기 정보화기술의 발달은 민중들의 정치지도자들과 소통하는 데 시간과 공간의 간극을 상당히 단축시켰다. 모든 정치인들의 행위와 발언을 나날이 발전하는 손바닥 안의 핸드폰에서 확인하고 평가할 수 있다. 이러한 현상은 긍정적이든 부정적이든 국가의 통치방식에 큰 영향을 미치고 있다. 한국과 대만의 소국주의지향은 대국(미국, 중국, 일본)에 둘러싸인 지정학적 조건에서 존립을 추구하기 위한 필요에 의해서이기도 하지만, 또한 21세기 과학기술의 발전이 낳은 사회에서의 민중들의 새로운 삶의 행태와 조류를 반영한 것이기도 하다. 소수자의 권리와 민중을 대변하는 비판적 민주좌파 지식인들의 인식론과 논리에서 이러한 소국주의상상은 내면화되어 있다.

소국주의상상은 대만뿐만 아니라 21세기의 동아시아의 발전에 중요한 의미를 내포한다. 특히 대만의 소국주의 상상은 주변부시각을 중시하는 동아시아 담론을 매개로 근거를 찾을 수 있다. 대만의 상황은 현실적으로는 독립 상태지만 형식적으로는 독립을 인정받지 못하고 있다. 따라서 대만과 대륙에서 동아시아를 매개로 삼아 문제해결의 대안을 추구하려 한다면 대국주의와 소국주의 사이의 갈등과 조정은 필수적이다. 이런 의미에서 대륙의 지식계가 주변부의 동아시아사고를 이해하고 탈대국주의에 대한 주제를 놓고 대화와 토론을 벌인다면 그것은 동아시아 미래의 발전을 위한 좋은 징표이다. 따라서 대만의 소국주의상상에서 우리가 주목할 수 있는 것은 동아시아 담론은 국가가 주도하는 것보다 지식인이 주도하는 것에서 더 많은 계시를 발견할 수 있다는 사실이다. 대만이든 대륙이든 국가 주도의 동아시아사고로는 국가주의와 대국주의를 포기하지 못할지도 모른다. 그러나 지식인 주도의 동아시아 담론에서는 탈대국주의와 소국주의가 의미 있는 토론의 주제이며 지향이 될 수 있다. 그리고 지식인들의 지적인 프로젝트에서 미래의 실천적 프로젝트로 변화하는 데는 국가를 설득할 수 있는 정도의 긴 시간과 민중의 자각이 필요하다.

4) 탈국민국가주의

대만의 탈국민국가주의는 동아시아에서의 지적인 실험이자 프로젝트로서 중요한 의미를 지닌다. 탈국민국가주의는 지난 세기 근대화와 국가발전지상주의적 발상이 성행한 것에 대한 성찰과 탈냉전 이후의 전 지구화 과정에서 동서이분법적인 세계관을 떠난 무경계-탈중심적인 다원성을 추구한다는 지향이다. 전 지구화 시대의 문제들은 배타적인 국가주권을 상대화시키고 있으며 국민국가의 경계적인 사고방식으로는 해결이 어려운 것들이 많다. 환경, 생태문제, 국제적 테러리즘, 국제적인 노동력의 이동, 국제결혼, 다국적기업 등등 모두 탈국경의 차원에서 접근할 수 있는 문제들이다. 이렇게 탈국민국가주의는 전 지구화와 지역화의 공동전개, 정보화와 네트워크화를 특징으로 하는 21세기에 영감을 주는 지적인 연구과제이다.

대만의 역대 권력은 내부의 성적갈등을 이용하여 근대적 지향인 국족-국가 만들기를 시도하였으나 비판적 지식인들의 비판은 신랄했고, 결국 대만의 국족-국가프로젝트는 많은 난관에 처해 있다. 비판활동이 시도하는 것은 국족주의정치와 자본의 결탁으로 생성된 억압성과 양극화현상에서 사회의 다양한 문화와 지식의 주체들을 복원시키려는 작업이다. 대만의 국족-국가기획은 내부 소수자의 억압을 일상화하고 대륙과의 국가주의적 충돌만을 부추겨 오히려 대만의 존립 문제를 악화시킬 뿐이라고 믿는다. 이러한 탈국족주의기획은 내부적으로는 작은 서사를 복원시키는 소국주의상상, 외부적으로는 국가의 경계인식을 탈피하는 탈국민국가주의 상상과 통한다. 특히 중국의 대국굴기가 상징하는 국가주의의 직간접적인 통합 압력으로부터 존립을 모색해야 하는 대만의 상황에서 탈국민국가주의는 국가주의적 충돌을 회피하면서 자신의 다양한 목소리를 동아시아를 매개로 표현할 수 있는 문화적 기획으로 작용할 수 있다. 따라서 그들은 순수한 지적인 조망에서 그리고 현실적 필요에 의해서 국족-국가 이데올로기의 지평 밖에서 대만의 존재를 추구하는 탈국민국가주의를 구상한다.

구체적으로 국족주의가 허물어진 후에 이들이 다시 한 차원을 넘어서 상상하려는 것은 단순한 무정부주의가 아니라 자본주의적 계급구조, 이성애 우월주의가 상징하는 가부장제, 종족쇼비니즘을 철저하게 전복할 수 있는 크리스테바Julia Kristeva의 '국족주의 없는 국가nations without nationalism'에서 '세계인a cosmopolitan'으로 사는 것이다. 이러한 개념들의 연원을 천광싱은 '부서진 국가들의 절합정치학articulation politics'[85]이라고 명명하고 있는데, 그 자신과 비판좌파들은 서구적인 상황에서 변화하는 국민국가관(탈국민국가주의, 주권의 상대화시대)을 배경으로 대만의 국족주의로 상징되는 경계의 정치를 허무는 무경계-탈중심의 동아시아관계망의 한 단위로서의 대만을 그리고 있는 것이다.

정체성이 유동하는 소수자라는 존재에서 출발하면 탈국민국가주의는 비판적 지식인의 '국제주의'로 치환될 수 있다. 천광싱에 의하면 국제주의는 원래 국가의 존재를 설정한 개념이지만 대만의 특수한 상황을 고려하면 국가를 중심으로 삼지 않고 통일과 독립파라는 두 국가주의의 대립적 입장을 벗어난 동아시아 지역의 역사공간에서 운행될 수 있는 '제3의 입장'을 모색한다는 의미이다.[86] 이는 현실적으로 대만에 존재하는 성적갈등 문제로 인해서 국가정체성이 모호한 상태에서 강압적으로 어느 한쪽을 강요하는 국면은 바람직하지 않다는 문제의식에서 비롯된 대안이라고 볼 수 있다.

구체적으로 그 함의를 추론해 보면, 국족갈등으로 유동하는 국가정체성을 강압적으로 규정하여 그것을 발판으로 국가 간의 교류만을 우선시하기보다는 사회의 다양한 정체성을 가진 다양한 주체들 간의 교류를 모색하면서, 국경 내외부의 연결을 시도하면서 동아시아의 역사와 의식의 공간을 십분 활용하려는 구상이다.

역사 다시 쓰기와 지도 다시 그리기는 제3세계 국족주의 상상을 구

85 Julia Kristeva, 1993, *Nations Without Nationalism* (New York: Columbia University Press), pp. xii, 15; 천광싱, 〈탈식민과 문화연구〉, 《제국의 눈》, 108면.

86 천광싱, 〈대담〉, 《제국의 눈》, 288-289면.

> 축하는 중요한 전략이다. 그러나 (문화연구를 포함한) 제3세계의 비판성 담론은 국족국가기구라는 한계선 안에 갇혀 역사를 다시 쓰거나 지도를 다시 그릴 필요가 없다. 그들은 계급, 성별, 소수민족, 동성애라는 부서진 국가의 주체위치에 서서 제3세계의 공통경험을 연결하고 각자의 역사를 펼쳐 내어 제각기 다른 지도를 그려 내면 되는 것이다. 대안적 아시아지역교류ARENA, 21세기 인민방안PP21, People's Plan for the 21th Century의 조직적 실천은 확실히 국족경계의 허위성을 증명하고 있으며 또한 국족국가라는 것이 제3세계의 피압박주체들이 상호 소통하는 데 반드시 거쳐야만 하는 매개가 아님을 입증해 보였다.[87]

이러한 구상에서는 탈제국 · 탈식민 · 탈냉전, 국족주의 비판, 소국주의 상상의 논리가 모두 한 연결선상에 집약되어 있는 것을 알 수 있다. 어느 하나가 빠진다면 전체가 완성될 수 없는 일종의 체계화된 문화-정치기획을 이루고 있다. 즉, 대만의 동아시아상상은 외부적으로는 대륙과의 직접적인 국가주의적 충돌을 회피하면서 자신의 존재를 확인하고, 또한 내부적으로는 대만 사회의 다양한 정체성을 국족주의의 사고범주에 가두지 않고 동아시아의 역사의식공간에 널리 산포되어 존재하는 다양한 주체들과의 소통을 추구하려는 방법이자 실험과제로 정의 내릴 수 있다.

5) 동아시아공동체구상과 대만 참여의 딜레마

대만의 동아시아상상은 마지막으로 동아시아공동체 실험에 참여하는 방도를 추구해야 한다. 위에서 언급한 다른 기획들은 지적-문화적인 성격이 강하며, 따라서 지식인들이 주도하는 토론으로서 추상적이다. 그러나 동

---

87 천광싱, 〈탈식민과 문화연구〉, 《제국의 눈》, 109-110면.

아시아공동체구상은 지식인보다는 국가가 주도하는 프로젝트로서의 경향이 강하며, 따라서 가장 구체적이다. 그래서 형식상 국민국가로서 주권을 인정받지 못하는 대만이 동아시아공동체에 참여할 수 있을 것인가 하는 점이 큰 과제로 등장한다. 동아시아 담론은 지역의 중심부가 아닌 주변부의 시각에서 출발하는 것을 모토로 삼고 있다. 지적인 측면에서 말하면 주변부인 대만의 존재를 무시하는 공동체구상은 결국 그것이 원래 내세우는 원리를 스스로 저버리는 것이 된다. 그러나 현실은 중심부인 대륙의 의도가 어떠한 방향을 선택할지가 관건이 될 수 있다. 지적인 프로젝트로서의 대만의 동아시아상상이 가장 큰 현실의 벽에 부딪치는 상황이 여기에서 나타난다. 몇 가지 가능성과 문제점이 동시에 존재한다.

위에서 언급한 기획들은 지적-문화적 측면에서 지식인들의 운동으로 전개될 수 있다. 따라서 그 결과도 비구체적이며 어쩌면 반드시 가시적 결과가 중요하지 않을지도 모른다. 사회의 다양한 주체들의 목소리가 장기적으로 대만 사회와 결국엔 권력에 영향을 주어 변화를 유도하려는 문화적 상상이자 기획이기 때문이다. 그러나 공동체의 경우에는 지식인들이 아닌 국가권력이 주도하게 될 것이며 지적-문화적 기획이라기보다도 정치경제적인 기획의 측면이 강하다. 그만큼 지식인들의 국제주의적인 수평주의보다도 각국의 국가주의 간의 권력배분의 조정과 위계주의가 우세한 영향을 미칠 것이다. 이렇게 된다면 지식인들의 지적-문화적 이상으로 시작된 동아시아 담론의 지향들이 공동체구축의 과정에서 현실주의정치에 무력화되는 상황에 처하게 될지도 모른다. 즉, 국가 간의 위계주의가 여전히 지배하는 공동체가 아닌 지역협력의 관계망으로서의 공동체에서 대만의 참여를 이룰 수 있는가 하는 동아시아 담론과제의 실험이다. 참여한다 하더라도 국가주의가 여전히 강한 중국의 견제로 어떤 형태의 참여방식을 보장받을 수 있을까 하는 의문이 남는다.

또한 이 문제가 주목이 되는 것은 대륙의 지식인들이 동아시아 주변부인 대만의 존재를 어떻게 인식하느냐에 따라서 그들의 다른 주변부 동아시아에 대한 인식을 추론할 수 있다는 것이다. 그들의 동아시아사고가 아직도 자기중심적이라는 것은 소수자인 대만 문제를 공개적인 토론의 장에서 논하지 않는다는 점에서 추론이 가능하다. 대만으로 하여금 동아시아론을 '사치'로 만들고 표류하는 정체성과 국제사회의 '고아'로서의 소외감을 느끼게 만드는 주체는 대륙의 지식인들이며 그들은 그것에 책임을 져야 한다. 대륙에서는 탈서구, 탈식민을 활발히 사고하면서, 미국과 일본 그리고 국민당에 의해 식민화되었던 소수자인 대만의 존재에 대해 고민하지 않는 것은 대단히 역설적이다. 대만이 대륙의 내부 식민지적인 지위에 머물고 있다는 것을 스스로 인정하는 것이다. 일본의 다케우치 요시미는 1960년대에 아무도 감히 꺼내지 않는 동아시아 문제를 논의하면서 용감히 일본근대화와 전쟁 책임 문제에 대한 토론을 제기하였다. 그의 논리에 대한 평가를 논외로 치고, 대륙의 지식인들이 이러한 금기사항에 도전할 수 없을까. 국가 주도의 일방적 대만 담론에 무조건적으로 추종할 것인가 아니면 새로운 동아시아상상을 시도하면서 대만의 존재에 대해 새로운 상상을 추구할 것인가.

사실 대만이 국가적으로 동아시아에서의 위상을 획득하기 위한 노력은 처절하다. 비판적 지식인들은 지적-문화적 시각에서 리덩후이의 '남진 담론'을 '하위제국주의기획'이라고 비판하였지만, 정치경제적인 시각에서 보면 대만의 동아시아에서의 존립을 추구하려는 처절한 노력이라는 면도 부정할 수 없다. 여기에 지식인들의 담론과 현실과의 괴리를 엿볼 수 있고 대만이 처한 고립적 현실을 비판적 지식인들이 지나치게 과소평가하고 있는 게 아닌가라는 의구심도 들 수 있다.

비판적 지식인들에게 비판받았던 남진정책은 천수이볜과 심지어 마잉주 정부에서도 지속되고 있는 기본적인 대외발전전략이다.[88] 중국대륙과의 통상과 투자를 강화하는 서진西進정책은 대륙에 대한 의존을 가속화하여 정치에 앞서서 경제통합을 당할 수도 있다는 불안감을 안겨 주고 있다. 따라서 전략적으로 대만은 동남아 국가들과 무역과 투자를 증대함으로써 아세안과의 경제 및 나아가 공식적 관계를 강화하는 데 목적을 두게 된 것이다. 그러나 그 결과는 기대처럼 그다지 좋은 것으로 나타나지는 않고 있다. 동남아에 대한 막대한 투자에도 불구하고 아세안의 경제통합에 대해서 별다른 영향력과 발언권을 확보하지 못하고 있기 때문이다. 예를 들어 대만은 지속적인 접촉을 통해서 아세안과의 FTA에 적극적으로 참여하고자 노력을 했으나 대화과정에 초대도 받지 못한 것이다.[89] 아직까지도 아세안과 미국, 일본을 포함한 동아시아 국가들과의 FTA에서도 결실을 맺지 못하고 있는 실정이다. 여기에는 당사자들의 경제적 이해뿐만 아니라 대륙의 대만고립화전략이 큰 작용을 하고 있는 게 사실이다.

결국, 대만에서는 동아시아 지역공간에서 존립의 가시적인 전시효과를 확보하려는 국가 주도의 정치경제적인 노력이 별다른 결실을 맺지 못하고 있다. 이러한 상황을 고려할 때 정치적 차원에서 대만이 동아시아공동체구상의 토론과정에서 지분을 확보하는 것은 현실적으로 어려운 실정이다. 그러나 문제는 지적인 프로젝트로서의 동아시아 담론의 시각에서 보면 대만이라는 지역의 소수자를 배제한다면 그것은 스스로 지향하는 원리를 포기하는 것이 된다는 것이다.

동아시아공동체가 지역 경제협력의 동기를 중시하게 되면 APEC처

88 Linjun Wu, "Taiwan and the ASEAN Economic Community: A Context for Economic Statecraft in Asian Regional Trade Area," *Issues & Studies*, Vol. 44, No.4 (December 2008), pp. 99-128.

89 Tain-Jy Chen and Ku Ying-hua, "Taiwan and East Asian Integration," in Peter C.Y. Chow (ed.), 2007, *Economic Integration, Democratization and National Security in East Asia: Shifting Paradigms in US, China, and Taiwan Relations* (Cheltenham, UK: Edward Elgar), pp. 182-183.

럼 대만의 참여가 가능할지 모른다. 그러나 최근에 양안의 경제교류가 날로 확대되면서 대륙경제에 대한 의존도가 커지고 결국은 대륙경제에 통합될지도 모른다는 우려가 커지고 있다. 특히 마잉주 정부가 야심차게 추진하고 2010년 6월에 체결한 '양안경제협력기본협정Economic Cooperation Framework Agreement: ECFA'[90]은 사실상의 양안의 FTA나 다름없는 것으로 무역장벽을 최소화하고 투자를 활성화하는 것이다. 이에 대해 대만 내부에서는 '하나의 중국 원칙'을 수용하는 ECFA가 아닌 양안이 동등한 WTO 회원국으로서 FTA가 체결되어야 한다고 비판하고 있다. 그러나 FTA는 주권국가 간의 협정이기 때문에 대륙이 받아들이지 않는다는 현실이 있다. 이러한 상황이 대변하는 것은 이렇게라도 대륙과의 시장통합이 이루어져야 동아시아의 경제통합에 편입될 수 있고, 다른 지역 국가들과 있을지도 모르는 FTA협상에서 유리한 고지를 점령할 수 있다. 그러나 동시에 대륙으로의 경제통합은 미래에 정치적으로 어려운 상황을 대만에 줄 수도 있다는 우려도 있다. 대륙정권은 경제적으로 대만을 그들에게 묶어 놓고 외교적 고립화와 정치적인 통합의 공세를 지속할 수도 있다는 것이다.

지적-문화적 시각으로는 공동체에 참여하여 자신의 목소리를 낼 수 있어야 하지만, 현실적으로 대륙에의 경제적 의존이 가속화되어 정치적으로도 그러한 통합적 지향으로 가게 될지도 모른다는 우려가 대만이 처한 현실이다. 그렇다고 공동체에 참여를 안 하거나 대륙의 방해로 못하게 되면 동아시아 지역에서 입지가 좁아지게 되고 대륙에 통합이 가속화될 지도 모른다. 이런 측면에서 보면 대만으로서는 아세안+3가 구상하는 동아시아공동체가 정치경제적으로는 위기이기도 하다. 따라서 동아시아공동체 혹은 지역통합에 대한 논의의 과정에서부터 대만의 비판적 지식인들은 상당한 딜레마에 빠질 수 있다. 그들의 지적-문화적 동아시아상상이

90 臺灣經濟部,《兩岸經濟合作架構協議(ECFA)構想及推動重點》, 2009年 4月 13日.

어떻게 구체적인 열매를 맺을 수 있는가에 대해서는 단기간의 예측이 불가능하다. 우루이런에 따르면 양안문제는 제국(대륙)-식민(대만) 간의 역사와 정치 문제인데 지식인들의 '주지주의intellectualism'적 시각은 이렇게 역사가 남긴 정치 문제의 해결에는 한계를 보이고 있다.[91] 그러나 이것은 대만 혼자만 겪는 딜레마가 아닌 탈국가주의를 주창하는 지적인 프로젝트로서의 동아시아 담론의 한계이기도 하다.

6. 대만과 한국의 동아시아 담론—비판이론의 출발선

위에서는 대만의 국족주의정치의 한계를 넘어서고자 하는 민주좌파 지식인들의 비판의 전개, 대륙의 통합 압력에 처한 소수자 대만의 상황을 동아시아 담론의 인문학적 지향과 연결시켜 논의해 보았다. 한국에서 출발한 주변부에서 바라보는 시각을 대만의 사례에 비추어 보면, 대만은 담론의 인문학적 상상의 개념들의 진열장임을 알 수 있다.

대만의 상황에 대한 대륙 지식인인 왕후이의 다음 같은 평가는 천광싱 등의 대만 민주좌파와 비슷하다.

> 대만 초기의 종족 정치는 대만 사회의 민주주의 문제와 밀접한 관련이 있다. 초기 민진당에는 좌익적인 경향이 있었다. 그러나 대만의 종족 정치가 전형적인 민족주의 운동과 정체성 정치로 타락했을 때, 원주민과 외지인이라는 서술은 완전히 극단화, 즉 탈정치화했다. 이는 한편으로 민주주의 운동의 탈정치화이다. 모든 사회문제는 종족 간 대립과 양안대치라는 틀 속에서 형성되었다. 이에 따라

91 우루이런(吳叡人), 〈천민선언, 혹은 대만 비극의 도덕적 의의〉, 300면.

> 정치공간은 제대로 운용될 수 없었다. 이는 다른 한편으로 근대제국주의가 만들어낸 민족주의 논리의 복제이다.[92]

이는 대만의 상황에 대한 제대로 된 평가이긴 하나, 문제는 이에 대한 해법의 논리는 대만과 대륙의 지식계의 질적인 차이를 나타내고 있다는 것이다. 하버마스의 이론을 기초로 추론해 본다면, 대만 민주좌파의 해법은 비판적 공론장의 생성과 사회의 다양한 주체들의 생활세계의 활성화이다. 그러나 왕후이는 중국 본토의 국가발전주의를 이론적으로 옹호하는 지식인답게 체계의 지도력과 역할을 더욱 중시하는 사유의 경향을 표방하고 있다. 이는 유동하는 정체성의 소수자라는 측면에서 대만과 입장이 비슷한 티베트문제를 다루는 논문에서 '공공왕래와 평등한 대화'를 언급하면서도 국가가 주도하고 시행하는 소수민족제도의 장점을 더욱 강조하는 데서 알 수 있다.[93] 이러한 그의 처방에서는 대륙사회에서 아직은 '역동적인 다양한 주체들의 생활세계'보다도 '사회를 통합하는 체계의 힘'을 더욱 강조하는 사조가 큰 영향력을 가지고 있다는 사실을 반증해 준다. 무엇보다도 왕후이의 사고는 자신에게 붙이는 '비판적 지식인'이란 칭호와는 달리 대륙과 대만 사회의 다양한 주체들의 생활세계의 민주화보다는 중국이라는 다원일체의 통합체로서의 체제수호와 안정이라는 사고를 충실히 반영하고 있다.

대만 민주좌파의 동아시아상상을 대륙 지식계의 범아론적 사고와 비교하면 각자의 입장에서의 고통과 불안을 내포하고 있는 것을 알 수 있다. 대만의 불안은 끊이지 않았던 제국의 통치에서 생성된 정체성의 유동과 소수자로서 대륙에 통합당하여 다양한 주체들의 생활세계의 민주주의가

92 왕후이, 2010, 송인재 역, 《아시아는 세계다》, 글항아리, 284-285면.
93 위의 책, 265면.

압살당할 수도 있다는 피해의식이다. 대륙의 범아론적 사고는 '그것이 강하면 강할수록 내재화된 논리적, 정서적 통합체가 세포분열이 이루어진다면 어떻게 될까'하는 불안감에 항상 시달린다. 대만 독립은 티베트, 위구르 등의 독립으로 이어지고 결국 범아론적 사고의 중심체인 중국의 몰락을 상징한다고 그들은 믿는다. 이러한 중화체제의 역사적 기억은 결국 항상 그것의 몰락에 대한 불안과 그에 대한 대응적 사조의 추구로 뒷받침되고 있다. 중화사상의 현재 반영사조인 범아론의 해체를 곁에서 바라보는 미국과 일본의 존재를 중국은 서세동점의 시대적 정서로 주시할지 모른다.

대만의 독립은 범아론적 사고의 자기해체이고 그것은 중국이 동아시아의 예외적 존재에서 하나의 단위로 전락한다는 불안감을 수반한다. 중국은 문화심리구조에서 동시아의 일원이었던 적이 없었다. 언제나 그 자체였기 때문이다. 이것이 범아론적 사고가 다른 동아시아와 수평적 일원으로서 공존하는 동반자의식을 중국이 가지기에 힘들게 하는 문화심리구조이다. 이것이 예외주의이자 대국주의이다. 중국은 대만의 자유의사를 허용하면 동아시아의 대국이 아닌 일원으로 전락하는 데 대한 두려움을 가지고 있다. 따라서 대만 문제는 중국의 탈제국, 탈대국, 탈식민주의 실험의 리트머스시험지이다. 범아론적 사고의 자기치유, 즉 동아시아 그 자체라는 인식에서 그 일원으로 자기변화를 하는 것은 이렇게 자신의 신체를 절단하는 고통을 수반하는 것이다.

상기의 이유들로 인해서 대만이 표방하는 존재의 의미는 동아시아 담론이 지향하는 인문학적 비전의 진열장showcase이자 그 실현을 측정하는 바로미터barometer라고 볼 수 있다. 21세기 동아시아 담론은 대만 문제에 이르러 큰 시험을 받고 있다. 대만이라는 주변부이자 소수자의 존재를 어떻게 인식하고 규정하느냐에 따라 담론의 실천 여부를 검증할 수 있다. 그리고 21세기 중국이 대만과의 관계설정을 어떠한 방식으로 추구하느냐 하는 것을 보면 중국의 부상이 동아시아 지역에 어떠한 의미를 투사할 것인가 하는 것도 전망해 볼 수 있다. 또한 한국의 주변부적 담론의 시각과 비슷한 맥락에서 출발한 대만의 비판사조가 주는 큰 함의는 우리가 동아시아를 조망하고 구상하는 비판이론의 형성에 어떤 중대한 암시를 주고 있다는 사실이다.

최근의 한국-대만의 지적인 교류를 중간 결산한 저작에서 백영서는 초기에는 자신이 냉전적 지식의 영향으로 대만이 중국의 일부분에 불과하다는 막연한 인식을 가진 상태에서 출발하여 점차 대만 의식이 성장하면서, 동아시아 담론의 문제의식을 접목시키는 과정으로 발전한 것을 서술하고 있다. 그는 무엇보다도 부상하고 있는 대륙의 지식계가 '내재적 시각'으로 동아시아 주변부와 대만의 식민경험을 이해하려고 노력한다면 성찰적인 굴기를 수행할 수 있을 것이라고 제언한다.[94] 또한 한국과 같은 주변부인 대만에 대한 이해가 국력이나 시장의 크기가 아닌, 좀 더 '사람다운 사회'를 만드는 길을 찾는 관심에서 조망할 때 양안관계는 동아시아적 맥락을 중시하면서 민주화와 본토화의 이중주를 효과적으로 수행할 수 있을 것이라고 전망한다.[95]

천광싱은 같은 책에서 한국과 대만의 지식계 교류의 역사를 회고하면서 제도적인 민주화의 수준은 이제 비슷하여 별로 참조할 것이 없지만, 한국사회에서 방출하는 시민운동의 활력과 민중운동의 에너지는 아시아와 세계에 강렬한 인상을 남기고 있다고 평가한다. 그리고 한국 사회에서는 비판적 사고로써 대화할 수 있는 지식인들이 대만보다도 많다는 사실에

---

94 趙剛, 〈兩岸與第三世界—陳映眞的歷史視野〉, 《人間思想》 夏季號 第一期, 2012-08-15, pp. 217-218; 백영서, 2012, 〈우리에게 대만이란 무엇인가〉, 최원식 외, 《대만을 보는 눈》, 창비, 41면.

95 백영서, 위의 자료, 45면.

편안함마저 느낀다고 술회한다. 그가 이러한 한국과의 교류에서 깨달은 것도 백영서의 '자신의 상대화'라는 논리와 비슷하다. 즉, '경계 넘기와 교류'는 자신이 처한 곳을 더 잘 보고 제대로 해석할 수 있게 해 준다는 것이다. 자신의 생활환경에 오래 갇혀 있으면, 그 내재적 논리를 말할 필요가 없거나 말하는 것이 불가능할 경우가 많다. 오히려 경계를 넘고 나면 상황을 더욱 명백하게 분석할 수 있게 된다. 그는 이러한 상호 참조의 유용성과 관련하여 백낙청의 한반도 분단체제의 극복을 양안관계에 적용하려는 토론을 사례로 들면서 자신의 깨달음을 입증하는 것으로 여긴다.[96]

이러한 한국과 대만의 동아시아사고의 주체들의 교류에서 나온 언급은 자신의 존재를 '상대화'하는 태도가 동아시아 담론이 지향하는 비판의 원칙인 탈대국주의, 탈국민국가주의를 사고하는 데 필수적이라는 의미로 해석할 수 있다. 즉, 페이샤오퉁費孝通이 창안하고 왕후이가 지지하는 '중화민족 다원일체구조'—중국의 동아시아사고 부분에서 상세히 논의 함—가 아닌, 유동성의 철학적 사유가 제시하는 '수평주의적 다양체'로 표현되는 진정한 다원성을 이룰 수 있다는 것이다. 여기에는 대국과 주변부 모든 곳에서의 탈대국주의와 탈식민주의 의식 각성이 포함된다. 정체성이 유동하는 소수자인 대만이라는 하나의 사회과학적 정의에는 단순히 통일 문제를 넘어서는 제국과 식민의식의 단층선, 공산당과 국민당의 갈등의 역사, 냉전과 탈냉전의 변환점, 대국과 비국가적 소수자의 내부 식민주의를 둘러싼 갈등이 생성하는 지식과 문화의 모순과 왜곡이 집적되어 있다. 그리고 이러한 특성에서 한국과 대만을 동아시아시각에서 사유하는 것은 우리에게 무한한 인문학적 상상의 재료를 제공하고 있다.

---

96 천광싱, 〈경험으로 본 한국-대만의 지적교류와 연대〉, 《대만을 보는 눈》, 275-278면. 인용한 자료는 陳光興, 〈白樂晴的〈超克《分斷體制》〉論參照兩韓思想兩岸〉, 《臺灣社會硏究季刊》 第七十四期, 2009年 6月, pp. 3-47.

그러나 한국과 대만의 지식계 간의 교류에서 우리가 감지할 수 있는 엄연한 사실은 주변부 간의 교류가 너무나 희소하다는 현실과, 따라서 주변부 동아시아 담론이 가야 할 길이 멀다는 것이다. 한국과 대만 등의 주변부 지식계가 이제까지도 상호 이해를 위한 교류보다는 미국과 중국, 일본의 지식계만을 쳐다보고 모방하는 일종의 역설적인 주변부 간의 '상호 홀대의 대국주의'(주변부의 대국 쳐다보기)에 빠져 있는 현상을 부정할 수 없다. 이러한 태도는 담론이 국가 간의 프로젝트보다는 우선은 지식과 문화적인 측면에서 주변부 간의 협력적 시민-지식인 관계망을 구축하는 노력을 강조하는 논리에 분명히 역행하는 것이다. 동아시아 담론 혹은 동아시아학이 지식과 학문의 영역에서 아직은 주변에 불과하다는 사실은, 중심부 위주의 세계에서 대국을 중심으로 삼는 지식권력이 위계적 질서를 구축하는 이유도 있지만, 또한 이러한 질서에 주변부 스스로도 내면화되고 있는 게 아닌가라는 성찰을 상기시킨다. 따라서 동아시아의 같은 주변부인 한국-대만 간의 교류가 우리에게 주는 계시는 탈근대의 문제의식에서 발생한 무경계-탈중심의 인식론에서 탈대국주의, 탈국민국가주의, 소국주의-문화국가론을 표방한 동아시아 담론을 새로운 동아시아발 비판이론으로 발전시키는 계기로 삼자는 것이다.

제5장 일본의 동아시아사고
탈아와 흥아의 이중변주

1. 문제의 제기

일본의 근대화, 동아시아와 미국에 대한 침략과 패배의 역사는 동아시아 사고의 전개와 밀접한 관련을 가지고 있다. 일본의 엘리트들은 동아시아에 대한 인식이 여타 동아시아 국가들에 비해 빨랐다. 초기 근대화가 앞섰던 일본은 동아시아를 향한 서구의 침략 위기를 자각하면서 조선과 청에 대해서 연대를 구성하여 서구에 대항할 것을 외쳤으나, 시간이 지나면서 제국주의를 모방하는 길로 들어서고 말았다. 일본에게는 동아시아를 가르치고 주도하려는 우월심리가 있었다. 따라서 연대와 침략은 한 동전의 양면으로서 배리하면서도 일치하면서 근대화사고에 내재화되었다. 이후 형성된 일본의 동아시아사고는 침략을 합리화시키는 이데올로기로도 이용되었다. 자연히 이 같은 출발은 동아시아 역사논쟁에서 아직도 미해결의 상처와 분쟁의 불씨를 남기고 있다.

앞에서 언급한 대로 동아시아사고는 중심과 주변부에서 공통적인 것도 있지만 다른 지향을 보이는 측면도 있다. 이러한 판단을 근거로 일본의 동아시아사고에서 보이는 중심부의 지향성이 어떻게 형성되었고 어떤 형태로 지속되고 있는가를 추적해 보려고 한다. 그리고 전후에 일본의 지식계와 사회는 전전과 전후의 일본과 동아시아 상황을 다른 것으로 분리시켜 자신이 상상으로 제조한 전후의 일본과 동아시아를 자기인식의 근거로 삼으면서 과거사에 대한 성찰적 자세를 회피하고 있다.

야마무로 신이치의 논리에 의하면 일본은 아시아에 속하면서 아시아가 아니라는 배치된 위상을 근대 초기에 추구했다. 바꾸어 말하면, 일본은 자신이 아시아에 있다는 것과 자신이 곧 아시아라는 것 사이에서 분열되어 '자가중독'을 일으켜 왔다는 것이다. 이러한 정서는 점차 복합적이면서도 단순한 지향으로 발전하는데, 즉 서구를 가장 빨리 모방한 근대화의 우등생으로서 아시아의 맹주가 될 수 있다는 이념을 온양하게 되었다.[1] 이러한 이념의 내면화의 결과로 생성된 아시아침략주의는 이후 일본이 하부오리엔탈리즘의 시각으로 아시아주의를 구성하였다는 비판을 맞게 된다. 또한 이러한 결과는 오카쿠라 덴신이 아시아의 특수성과 일본을 일치시키고 '아시아일체론'을 주창하면서도, 결국 일본의 근대는 서구의 가치에 경도되어 왔다는 것을 나타낸다. 이렇게 일본의 근대화는 아시아의 일부분에 불과한 일본의 원래 얼굴에 서구의 것을 덮어씌우는 성형수술의 방법으로 전개되어 온 것인데, 전전에는 나쓰메 소세키夏目漱石(1867-1916)의 고독과 문제의식에 투영되었고, 전후에는 이러한 모방적 근대화에 대해서 다케우치 요시미, 마루야마 마사오丸山眞男, 고야스 노부쿠니, 사카이 나오키 등이 비판을 전개하였다.

이러한 일본의 동아시아사고와 한국이 대표하는 주변부의 동아시아사고의 차이가 가장 단순하고도 극단적으로 들어난 사례는 안중근安重根(1879-1910)과 이토 히로부미伊藤博文(1841-1909)의 충돌이다. 안중근은

1 야마무로 신이치, 2003, 임성모 역, 〈다즉일(多卽一)의 질서원리와 일본의 선택〉, 《여럿이며 하나인 아시아》, 창비, 158면.

《동양평화론》에서 러일전쟁 이전에는 일본을 중심으로 한 동양평화를 주장하면서 지지하였으나 전후에 조선을 합병하려는 시도를 목도하면서 일본의 동아시아연대론이 결국은 조선을 식민화하려는 속임수였음을 깨닫고 그 주모자인 이토를 징계했다고 밝힌다. 그는 어디까지나 주변과 중심이 수평적인 연대로서 근대화에 앞선 일본의 지도하에 연대를 이룰 것을 주장하였다.[2] 그러나 이러한 연대는 주변부의 주권을 유지한 상태에서의 상호 협력을 지향하는 수평주의적 사고였다. 일본의 동아연대론은 침략주의를 근저에 담고 있었던 것이 전후 주권 침탈의 의도를 노골적으로 드러내면서 드러났다. 즉, 하얼빈에서의 안중근의 '의거'는 그의 저항이 상징하는 '주변부의 동아시아사고'와 이토를 대표로 하는 '일본 중심의 동아시아사고'[3]가 극단적으로 충돌한 사건이라고 해석할 수 있다.

이렇게 동아시아사고는 주변부와 중심부가 처한 역사적 상황과 맥락에 따라 분기되어 다른 논리가 나타나고 있다. 일본의 동아시아사고도 그 전체적인 흐름은 중심부의 특징을 표방하고 있다. 그러나 본고는 탈냉전 이후에 일본에서 소수의 진보적 학자들이 근대화 초기에 동아시아 침략에 대한 분석에서 성찰적 동아시아 담론을 전개하고 있다는 사실을 중시하려 한다. 탈냉전시대 일본에서는 소수의 진보적 지식인들이 동아시아에서의 일본의 위치를 상대화하면서 과거 일본에 의해 피해를 입었던 주변부를 고려하는 진보적인 동아시아를 구상하려는 시도를 하고 있다. 이들은 일본의 동아시아사고에서 침략에 대한 모호한 성찰을 지적하면서 과거의 중심주의적 사고를 초탈한 새로운 동아시아사고를 생성시키려고 노

2 안중근은 거사 동기가 일본의 동양평화에 대한 배신이라고 재판과정과 자서전에서 상세히 밝힌다. 최홍규(崔洪奎), 1979, 《安重根事件公判記》, 정음사, 13-14면; 안중근, 1990, 《안중근의사 자서전》, 안중근의사 숭모회, 65-72면.

3 이토의 일본중심주의적인 동양연대주의와 조선 침략과의 연관성에 대해서는 현광호, 〈안중근의 동양평화론과 그 성격〉, 《아세아연구》, 제46권 3호, 2003년, 158-162면.

력하고 있다. 예를 들어 일본의 대표적인 진보적 지식인 사카모토 요시카즈坂本義和는 냉전의 종결 후에 양극을 상실한 세계의 상황을 '상대화의 시대'로 정의하고 그 지침으로 '시민사회'를 상정하고, 이를 근거로 국가와 시장을 역시 상대화하면서 규제할 길을 찾자고 제안한다. 시민사회는 국가로부터 자립하려는 보편성을 가지고 있으며 개인주체의 자립을 또한 목적으로 하고 있어서 원점이 될 수 있다는 것이다.[4] 또한 '동북아 공동의 집'을 건설하려는 와다 하루키, '포스트동아시아'를 상상하는 요네타니 마사후미가 있다. 이들의 논지는 근대적 사고에서의 중심-주변의 이분법적 경계를 극복하고 제국주의의 피해자들과 소통을 증대시키려는 것으로 해석할 수 있다.

2. 근대성과 근대화의 부조화와 분절의 인식론

서세동점의 시대 일본은 이중의 도전, 즉 아시아를 탈피하면서 서구를 모방하고, 동아연대를 추구하면서 서구에 도전하기를 시도했지만 모두 실패한다. 근대화를 열심히 모방하면서 서구를 따라갔으나 근대성에 있어서는 큰 자각을 하지 못했다. 일본의 근대성과 근대화의 부조화에서 생성된 동아시아사고는 심대한 피해와 문제를 일으켰다.

흥미롭게도 이러한 시각에서 인도의 시인 타고르는 일본에게 큰 가르침을 베풀었으나 일본은 그 정수를 이해하지 못하였다. 흥미로운 것은 타고르마저도 원래는 러일전쟁에서 일본이 승리한 것을 찬양하였다는 사실이다. 당시에는 서구 제국주의의 침략으로 식민화된 인도와 아시아를 염두에 두면서 이러한 서구의 제국주의침략을 넘어뜨린 아시아 선두주자

4 坂本義和, 1997,《相對化の時代》, 岩波新書.

일본의 승리를 인종주의적 관점에서 찬양한 것이다. 그러나 이후에 일본이 서구 근대의 어두운 측면인 제국주의를 그대로 모방하면서 이웃에 대한 침략국으로 변질되는 것을 목도하자 이를 비판하게 된 것이다.[5] 1916년 일본을 방문했을 때의 연설에서 그는 일본이 서구에 도전하던 정신을 초기에는 흠모했으나 점차 동양의 희망을 저버리고 서구 제국주의를 따라 아시아의 다른 나라들을 위협하게 되면서 비판하게 되었다고 피력한다. 일본이 군사력에만 기대어 서구의 근대화를 모방하고 무력으로 이웃을 해치고자 하는 것은 나쁘다고 일본인에게 충고하였다. 그는 인도 독립운동가인 보세Rash Behari Bose의 편지에 대한 답장에서 다음같이 일본관을 토로한다.

> 일본의 새로운 역량이 서양의 이익에 맞서서 동양의 문화를 보호하는 데 모아지기를 기대하였다. 그러나 일본은 얼마 안 가 그 떠오르는 희망을 배신하였으며, 일본의 훌륭함 속에서, 우리에게는 상징적이고 계몽적인 것으로서 의미 있게 보이는 모든 것을 부정하였다. 그리고 이제는 방어능력이 없는 동양인들에게 그 스스로 더 나쁜 위협이 되었다.[6]

이러한 그의 편지에는 일본이 단지 서구 근대화의 특징인 군사력과 우승열패의 진화론적 사고만을 모방하고 있는 것을 간파한 것이 드러나 있다. 나아가 근대의 진정한 정수는 주체적 자아로 대변되는 개인의 자유에 대한 존중과 민주주의로 대변되는 근대성에 있는데, 이것을 일본은 배우지 못했다는 것이다. 스미스Patrick Smith는 이러한 일본의 근대에 대한 태도

5 Amartya Sen, 2006, *The Argumentative Indian* (London: The Penguin Books), pp. 109-111.
6 위의 책, p. 110.

를 익살스럽게 묘사한다. 즉, 미국의 페리Matthew C. Perry(1794-1858) 제독이 프랜시스 베이컨, 르네 데카르트, 임마누엘 칸트, 토머스 제퍼슨을 들이댔기 때문이 아니라 로버트 풀턴(증기선), 새뮤얼 모스(전신), 새뮤얼 콜트(총기류) 등의 발명품 때문에 미일친화조약에 서명했다는 것이다.[7] 어쨌든 타고르의 강연은 일본을 실망시켰으며 지식인들은 인도라는 일본이 모방하려는 영국의 보잘것없는 식민지에서 온 지식인의 원망의 소리 정도로 평가절하하고 만다.

뒤에 상술하게 될 전후세대인 요네타니 마사후미의 연구를 살펴보면 1920년대에 들어서 일본은 맹목적인 모방의 근대화에 대해서 문제의식이 조금은 생성되었던 것으로 보인다. 그런 경향이 가장 잘 드러난 것이 전간기의 '제국개조론'이다. 여기서는 일본 제국체제 내부에서이긴 하지만 제국과 식민지에서의 문화와 사회의 동질화를 도모하려는 움직임에서 제국 개편을 주장하는 지식인의 움직임이 있었다. 당시에는 민족자결주의가 나오면서 식민지에서도 주체성과 저항에 대한 자각이 생성되고 있었던 시기였다. 더욱 흥미로운 것은 이때에 제국 개편을 주창한 지식인들도 미국의 식민정책을 모방하려 했다는 것이다. 이것은 제국통치 중에도 어느 정도 근대성의 자유와 민주를 자각하는 움직임이 일었다는 의미이다. 그러나 이러한 타협적 추세는 중일전쟁기에 생성되는 대동아공영권이념이 모든 상황을 강압하면서 사라진다. 흥미로운 것은 전쟁기에는 상대적으로 유럽의 기준에서 보면 민주주의가 후진적인 독일식 국가사회주의를 모방하려는 사조가 생성되어 좌파의 동아협동체라고 하는 압제적인 동아시아사고로 변질되었다는 것이다. 독일과 동맹체제를 결성하면서 미국과의 전쟁을 수행하던 시기에 이러한 동아시아 사조의 변화는 자연스러운 것이라고 할 것이다.

---

7 패트릭 스미스(Patrick Smith), 2011, 노시내 역, 《다른 누군가의 세기》, 마티, 75면.

일본이 초기 근대화를 경험하고 있을 당시에도 이미 나쓰메 소세키는 일본식 근대화에 대해 비판적인 문제의식을 내면에 품고 있었으며 근대적 자아의 미성숙에 대해서 고민하고 있었다. 그는 동양적 근대의 창출을 모색했던 작가로서 동시에 시대적 고민, 즉 서구적 근대로의 변화의 길목에서 대부분의 동시대인들과는 달리 맹목적 모방성을 벗어 버리고, 근대화의 어두운 면과 근대성의 미완성과 봉건성의 잔재 사이의 경계에 서서 끊임없이 성찰하였다.[8] 그 시대정신을 대표하는 소세키와 중국 지식인 루쉰 양인은 모두 일본과 중국의 근대에 대한 해답을 찾지는 못했다. 그러나 이들은 전통과 타협하지도, 그렇다고 맹목적인 모방에 안주하지도 않았다. 서세동점을 맞이한 근대 초기 일본과 중국의 시대적 문제의식을 대표하는 이들은 비판의식에서의 글쓰기에서 출로를 찾았다.

1960년대에 이르러 필연적 우연이겠지만 루쉰 연구가이자 중국문학평론가인 다케우치 요시미는 이들과 비슷한 문제의식에 사로잡혔다. 타고르의 통찰에 입각한 비판을 일본 언론이 식민화된 약소국 시인의 푸념이라고 비판했던 것을 성찰하고 있다. 중국이 타고르의 비평을 아시아인의 내면에 숨어 있는 분노의 발로로 이해한 것과는 달리 일본 사회가 이를 냉소적인 태도로 받아들인 사례에서 중국의 주체적 근대와 일본의 주체성 부재의 근대라는 양자의 근본적인 차이를 잉태하였다고 한탄한다.[9] 그러나 아래에서 서술한 대로 자신의 동아시아론에서는 이러한 자각을 구체화하여 사고하지만 여전히 메이지시대의 국가주의적 인식론의 한계를 완전히 탈피하는 경지에까지는 이르지 못한 것을 보여 주고 있다.

엄밀히 말하면 타고르의 경우는 근대성에서의 '주체의 발견'이라는 관

---

8 檜山久雄, 1977,《魯迅と漱石》, 第三文明社; 히야마 히사오, 2000, 정선태 역,《동양적 근대의 창출》, 소명출판.

9 다케우치 요시미, 2004,〈방법으로서의 아시아〉, 서광덕·백지운 역,《일본과 아시아》, 소명출판, 158면.

점에서 일본의 근대화를 평가하고 경고를 준 것이었다. 또한 그의 비판에는 '평화주의'의 함의도 내포되어 있었다. 두 메시지 모두 아시아와 서구의 가치를 융합하거나 또한 초월한 보편주의적 관점을 함축하고 있었다. 이러한 교훈은 보편적이기 때문에 서구에게도 마찬가지로 적용된다. 이런 평화주의와 반제국주의적 사상을 견지하던 타고르는 인도 내에서 일본제국과 협력하여 영국의 식민통치에 저항하려던 움직임마저도 비판하였다.

근대성과 근대화의 불균형으로 특징지어지는 일본 근대사에 대해서 지식계의 이론적 사고를 넘어서 일반사회와 대중의 광범위한 정서를 대변하는 작가인 무라카미 하루키村上春樹는 부조화의 일본식 근대에 대해서 다음같이 문제를 제기한다.

> 노몬한에서 목숨을 잃은 일본군 병사는 2만 명 정도였지만, 태평양 전쟁에서는 실로 2백만 명이 넘는 병사들이 전사했다. 그리고 가장 중요한 것은 노몬한에서도 뉴기니아에서도 대부분의 병사들이 거의 의미없는 죽음을 당했다는 것이다. 그들은 일본이라는 밀폐된 조직 속에서의 이름도 없는 소모품으로서 아주 운 나쁘게 비합리적으로 죽어 갔던 것이다. 그리고 이 '비합리적인 죽음', '운 나쁜' 혹은 '비합리성'을 우리는 '아시아성性'이라고 부를 수 있을지도 모른다.
>
> 전쟁이 끝난 뒤 일본인은 전쟁을 증오하고 평화를(좀 더 정확히 말하자면 "평화롭게 지내는 것을") 사랑하게 되었다. 우리는 일본이라는 국가를 결국에는 파국으로 이끈 그 '비합리성'을 전근대적인 형태로 타파하려고 노력해 왔다. 자신의 내부에 있는 비효율성의 책임을 추궁하는 것이 아니라 외부로부터 강요당한 것으로 생각하고,

> 외과수술이라도 하는 것처럼 단순히 그것을 물리적으로 배제했다. 그 결과 우리는 분명히 근대 시민사회의 이념에 따른 합리적인 세계에 살 수 있게 되었으며, 그 합리성은 사회에 압도적인 번영을 가져다주었다.
>
> 그럼에도 불구하고 나를 비롯한 많은 사람들은 역시 지금까지도 많은 사회적 국면에서 우리들이 이름도 없는 소모품으로서 조용히 평화적으로 말살되어 가고 있는 건 아닐까 하는 막연한 의혹에서 좀처럼 벗어날 수가 없다.
>
> 우리는 일본이라는 평화로운 '민주국가'에서 인간의 기본적인 권리를 보장받으며 살고 있다고 믿고 있다. 하지만 정말 그럴까? 표면을 한 껍질 벗겨 내면, 그곳에는 역시 이전과 비슷한 밀폐된 국가조직이나 이념 같은 것이 면면히 숨 쉬고 있지는 않을까?[10]

이러한 그의 언급은 어느 누구의 학술적 논리에서보다도 가장 일본적 근대와 주체성 부재, 아직도 여전히 시민주체를 압도하는 국가주의 지향의 일본 사회라는 특색을 잘 짚어 내고 있다.

근대의 문제와 연결된 일본의 동아시아사고에서는 동아시아역사와 근대화를 연결시켜 총체적인 흐름을 추출해 내려고 하기보다는 시간, 공간, 사건전개를 '분절적'으로 바라보려는 경향을 간파할 수 있다. 일본 지식인들은 통상적으로 자국의 역사가 침략으로만 점철된 게 아니라는 것을 나타내기 위해서 많은 노력을 기울인다. 그 노력으로, 첫째, 동아시아사고에서 연대주의와 침략주의를 분리시킨다. 즉, 일본의 동아시아 침략에서 그 동기(흥아와 연대주의)를 구체적인 행태(탈아와 침략)와 분리시킨다. 연대주의는 일본적인 것이며 일본적 주체성과 순수성을 나타내는 증거가 된

10 무라카미 하루키, 1998, 김진욱 역, 《하루키의 여행법》, 문학사상사, 129-130면.

다. 동아시아 침략으로 대변되는 제국주의는 서구적 근대의 맹목적 모방으로 생성된 것이며 이는 일본의 원초적인 주체성과는 관계가 없는 일시적인 현상이다. 또한 시간의 전개에 따라 동아시아사고가 미묘하게 변화하는 것을 추적한다. 러일전쟁이나 혹은 다른 한 사건을 두고도 지역(전 아시아 혹은 동아시아)과 주변국마다 다른 인식을 갖는 현상을 발견하려고 애를 쓰는 것도 볼 수 있다.

이러한 분절적 사고의 주된 동기는 동아시아 근대화라는 주제와 관련해서 일본의 침략과 여타 주변국가의 대응관계만으로 해석하는 것을 거부하고, 또한 일본의 근대화 역사를 침략과 패배라는 하나의 총체적 흐름으로 보기를 거부하기 때문이다. 또한 분절적 사고에서 보면 근대사에 있어서 일본은 동아시아에 대해서는 침략자였지만, 동시에 서구와의 관계성에서는 피해자로 자처하기도 한다. 태평양전쟁은 동아시아의 지배권을 둘러싼 제국주의국가 간의 상호 침략전쟁인데 여기서 일본이 패배했다고 해서 근대화역사 전체를 실패의 역사로 규정하는 것은 우익의 입장에서는 '자학사관'으로 여겨진다. 이러한 근대화의 총체적 역사관에 대한 반동으로 분절적 사고가 자연적으로 등장하였다고 볼 수 있다. 그리고 지식인들이 근대화의 역사를 거대서사로 단순화시키기보다는 그 안에서의 작은 서사를 찾아내는 분석적인 태도도 이러한 분절적 조망을 사용하는 동기이다. 예를 들어 일본의 침략에 대응하는 주변부의 대응적 폭력을 입증하는 자료를 발견하고, 이것을 일본의 폭력과 같은 수준으로 해석하려는 태도이다. 이러한 자료 중심적 사관에 의하면 식민화 이후에 식민지에서 생산력이 증대된 통계자료를 가지고 식민통치가 근대를 심어 주었다고 하는 '식민지근대론'(특히 한국에서의)으로 발전한다.

이 같은 구체적 시도는 다케우치가 일본의 동아시아사고를 연대와 침략의 두 사조의 흐름으로 분리하려고 시도하는 데서 가장 극명하게 드러난다. 즉, 침략은 서구적 근대의 표현이고 연대는 일본적 주체성의 표현으로 분리시킨다. 야마무로 신이치의 동아시아론에서는 일본, 중국, 한국의 3국으로 이루어진 동아시아와 서구와의 관계성을 '평준화, 동류화, 고유화'라는 '삼중주'의 분절로 나누고, 또한 연쇄連鎖, 기축基軸, 투기投企라는 개념으로 분리시켜서 각각의 역사적 과정과 결과를 논하고 있다. 요네타니 마사후미는 메이지 시기, 전간기와 전쟁기의 동아시아사고를 각각 분리시켜 사고한다. 그는 각 시기를 통해서 동아시아 사조의 변화를 추적하는데 서로 다른 특징을 가지고 있는 것을 추출하려고 노력한다. 그리고 양자가 공통적으로 주창하는 것은 일본에 의한 폭력주의만으로 동아시아 근대를 설정하는 게 아닌 주변국 엘리트들과의 착종된 폭력의 교환관계, 상호주의적 폭력을 분석 대상으로 삼고 있다.

그러나 이러한 접근이 모순적인 것은 일본이 서구에 의한 동아시아의 피해자의 입장에 서면 신속히 분절적 사고에서 벗어나 근대화의 과정을 총체적으로 관찰하고 거기에 어떤 변함없는 저항정신, 연대에 의한 동아시아 해방의 원리를 강조하고 싶은 의도를 표방한다는 것이다. 반면 주변부에 대한 가해자의 입장에 서게 되면 일본은 근대화에 대한 긍지와 실패의 측면을 분리시키고 싶어 한다. 동아시아에 대한 사고와 구체적 행위에 대해서도 다면적인 동기를 강조하면서 침략의 결과 하나로만 일본의 동아시아사고를 정의내리는 것을 거부한다. 일본은 주체성과 긍지를 잃고 싶지는 않기 때문에 어떻게든 자학사관에 빠지지 않고 과학적이고 분석적인 논리로써 동아시아에서 가장 신속했던 근대화에 대한 긍지를 확보하고 싶은 것이다. 나아가 그렇게 찾아낸 일본의 긍지를 일본이 사유하는 '아시아의 원리'와 일치시키고 싶어 한다. 이러한 일본의 분절적 방법론을 고려하면 일본이 서구에서 배운 것으로 가장 두드러지는 것은 '환원주의 reductionism'적 사고이다.[11] 아마도 이런 측면에서는 일본이 가장 효과적으로 '탈아입구'를 이루었다고 보아도 무방하다.

분절적 방법론은 일본지식인들의 고민이 가장 잘 드러난 사례이다. 그들은 패망으로 종결된 근대화의 과정에서 일본의 자존심을 세워 줄 방법을 찾으려고 끊임없이 시도한다. 그래서 동아시아 침략의 역사에서 순수했던 동아시아연대주의를 분리시켜 사고하고 싶은 것이다. 아래에서 논하게 될 탈아와 흥아의 이중변주도 이러한 분절적 조망의 연속선상에서 논할 수 있다. 일본 아시아사고의 큰 흐름인 탈아는 서구 근대의 모방의 측면과 침략주의를 대변한다. 흥아는 아시아의 맹주인 일본의 주도로 연대를 이루어 서구에 대항한다는 일본 주체성의 측면을 상징한다. 양자가 합성된 일본 동아시아사고는 동아시아를 침략했지만, 그러한 결과적 행위를 단순히 하나의 흐름으로 보지 않고 서구의 침략에 대항하는 연대와 공동번영의 동기적 측면과 침략이라는 수단을 채택한 현실을 분리시켜서 사고하려고 한다. 이러한 일본 지식인들의 분리적 태도는 오늘날 동아시아 담론을 논하는 주변부의 지식인들이 중요한 토론주제로 삼을 만하다.

분리적 접근은 일본 지식인들의 근대화의 역사를 바라보면서 자부와 회한이 교차하는 심정이 잘 드러나고 있다. 다케우치의 동아시아론에서는 이러한 상반된 심정과 논리가 잘 나타나 있다. 전후에 다케우치는 침략과 연대를 분리시키면서 일본적 주체성의 근원을 되찾고자 시도하였다. '근대의 초극' 논문에서 "상징, 사상, 사상의 이용자라는 삼자를 구별하고 체제로부터 상대적으로 독립적이며 비이데올로기적인 모습으로 표현된 사상을 발견하고 그 속에서 일본의 사상적 전통을 형성하기 위한 사상자원"을 찾기 위한 시도를 수행한다.[12] 즉, 다케우치는 일본 동아시아사고

11 철학에서 복잡하고 높은 단계의 사상이나 개념을 하위단계의 요소로 세분화하여 명확하게 정의할 수 있다고 주장하는 견해이다. 한편 이와는 반대되는 경향이 통섭(通涉, Consilience)이론이다. 이는 환원주의와는 반대로, 전체를 각각의 부분으로 나누어 연구하는 경향으로 '지식의 통합'이라고 부르기도 한다.

에서 침략과 연대를 분리시켜 바라보고, '근대의 초극' 좌담회에서 사상과 사상의 이용자, 상징으로서 작용한 전쟁이데올로기를 분리시켜 바라보려고 하였다. 그 논리적 의도는 침략으로 전락한 동아시아사고에서 연대의 측면을 강조하면서 일본적 주체성의 근거를 확보하고, 다시 이를 아시아의 원리와 연결시키려 한 것이다. 이러한 '지적인 분리기획'의 궁극적인 목적은 침략의 측면을 소거한 순수한 일본 중심의 동아시아사고를 재건하려는 의도라고 추론할 수 있다.

이러한 분리기획은 메이지 이래로 패전까지의 일본 동아시아사고의 특징, 즉 근대성과 근대화의 부조화가 내면화된 문화심리구조와 탈아와 흥아의 이중변주가 연동구조를 이루고 있는 상태를 탈영토화/재영토화하려는 시도로 읽혀진다. 또한 주목되는 것은 21세기 일본의 동아시아론을 주도하는 야마무로와 요네타니의 연구에서도 이러한 분절적 조망을 사용하여 비교 분석하려는 의도가 나타나고 있다는 사실이다. 일본의 동아시아사고는 한국과 중국보다 생성된 시기도 빠르고 사조도 다양하며, 따라서 자료의 양도 많다. 그렇지만 이 책에서 제한된 지식인의 논리만을 분석 대상으로 선택한 것은, 이들의 동아시아론만이 중요하다는 의미가 아니라, 이 책에서 논술하고 싶은 일본 동아시아사고의 특징을 전형적으로 반영하고 있다고 보기 때문이다.

3. 탈아와 흥아의 이중변주의 생성

메이지 이래 일본의 지식인들은 두 가지 지향을 근거로 동아시아문제를 접근했는데 이것이 일본 동아시아사고의 큰 특성을 형성하였다. 후쿠자

12 竹內好, 1966, 〈方法としてのアジア〉, 《日本とアジア》, 筑摩書房, pp. 141-203.

와 유키치福澤諭吉로 대표되는 '탈아론脫亞論'과 오카쿠라 덴신岡倉天心의 '아세아일체론亞細亞一體論'에서 표방하는 '흥아론興亞論'이다. 이 두 논리는 표면상 상반되는 것처럼 보이지만 실은 일본중심주의적 동아시아사고의 출발로서 같은 함의를 내재하고 있다.

첫째, 근대화의 수준과 문명론적으로 아시아를 초탈하여 이미 서구와 동등한 위치에 있다는 것을 자부하면서 동아시아에서 일본 문명의 독자성과 우월성을 의식한다. 이러한 정서가 '탈아론'으로 나타난다. 둘째, 자국이 중심적 위치에서 동아시아를 주도하면서 서구에 대한 저항의식을 표방하고 있다. 이것은 연대론, 즉 '흥아론'으로 나타난다. 셋째, 이러한 탈아와 흥아의 논리는 상반된 지향이 아니라 같은 동전의 양면으로서 동아시아사고의 이중변주 형태로 상황에 따라 분리되거나 일치되면서 나타나고 있다.[13] 그러면서도 양자의 지향은 내면적으로는 일본이 동아시아의 주도적 존재라는 중심주의를 표방하고 있다. 넷째, 이 같은 이중변주는 전후에도 동아시아사고에서 연대주의와 침략주의의 분리를 시도하면서 서구 근대의 제국주의적 사고에 착색당했던 근대화를 정당화하려는 논리를 반영하고 있다. 다섯째, 이러한 이중변주는 탈냉전 이후에도 '탈아입미脫亞入米'를 지향하면서 미-일동맹에 편승하여 동아시아를 자국이 주도하여야 한다는 의식을 직간접적으로 표방하는 행태에서 잘 나타나고 있다. 이러한 미완의 성찰은 일본 사회에서 동아시아에 대한 침략을 반성하지 않고 경시하면서도脫亞 동아시아의 주도적 위치興亞를 갈망하는 이중변주가 심정화된 형태의 '합성주의적 정서'를 온존시키고 있다.

13 흥아와 탈아, 동아시아주의와의 상호연관성에 대해서는 米谷匡史, 2007, 《アジア/日本》, 岩波書店, pp. 6-13; 山田昭次, 1969, 〈自由民權期における興亞論と脫亞論—アジア主義の形成をめぐって〉, 《朝鮮史研究會論文集—〈明治百年〉と朝鮮》 6, pp. 40-63; 山田昭次, 1972(昭和47年), 〈《脫亞》か,アジア連帶か〉, 《近代日本の爭點—上》, 每日新聞社, pp. 338-347.

1) 후쿠자와 유키치의 탈아론

일본은 근대적 국민국가체제로 진입한 후 자국과 동아시아가 서구의 침략위협에 놓여 있는 상황을 인식했다. 이때에 일본 또한 서구의 시각에서 보면 후진국이었으며 국제사회에서 서구와 평등한 지위를 누리는 것은 불가능하였다. 이런 상황에서 근대화에 대한 열망과 논의가 전개되었고 대표적인 것이 후쿠자와의《문명론의 개략》(1875)이다.[14] 여기에는 약육강식의 논리가 정당성을 획득하여 서양문명은 진화론적 결과물로 인정되었다. 한편으로는 진화론적 사고에 대한 의문도 등장했는데 서양의 물질문명과 우승열패의 논리를 동양의 정신문명으로 극복한다는 논리도 있었다. 이러한 시대적 상황에서 그는 마침내 '탈아론'을 제창한다.[15] 이는 일본이 문명론적으로 동아시아의 후진국에서 벗어나 서구열강의 대열에 진입하자는 주장이다. 직접적인 계기는 당시 서세동점에 위기의식을 느끼고 조선 개혁을 후원하면서 일으켰던 갑신정변이 청국의 개입으로 실패하자 후쿠자와는 조선의 개혁가능성에 절망하게 된다. 그는 근대화 열등생인 조선과 청과의 관계단절을 주창하면서 후진적인 동아시아에서 탈피하여 선진문명권인 서양의 일원으로 들어가야 한다고 주장하게 된다.

이러한 그의 논리에는 이후의 일본의 발전과 연관하여 두 가지 특징을 독해할 수 있다. 첫째는 진화론적인 영향에서 국제사회에서의 우승열패의 원리이다. 둘째, 서구적 근대화를 모방하는 길이 진보의 길이라는 것이다. 결국, 그의 논지에는 메이지일본이 가야 할 길의 전조가 이미 나타나 있다. 서구 근대를 모방하여 동아시아에서 우월한 국가가 되는 것이고, 그렇게 갖춘 힘으로써 서구열강들처럼 동아시아주변부를 지배해도 그것은

14 福澤諭吉, 2001,《文明論之概略》, 岩波書店.

15 福澤諭吉, 1960(昭和35年),〈脱亜論〉,《福澤諭吉全集—第10巻》, 岩波書店, pp. 238-240(원래는《時事新報》, 1885年 3月 16日에 나옴).

역사발전의 자연스러운 현상으로 여길 수 있다. 그 후 탈아론은 청과의 군사 대결을 부추기는 색조를 띠면서 마침내 청일전쟁이 일어나자 후쿠자와는 이를 문명과 야만의 충돌로 규정하고 세계문명의 진보를 방해하는 세력을 타도해야 한다고 전쟁을 열렬히 지지하였다.[16] 이렇게 후쿠자와의 논리에 나타난 메이지시대의 정신과 근대화의 전조는 점차 일본 중심의 동아시아사고의 흐름을 형성하게 된다.

중국의 쑨거는 후쿠자와의 탈아론에 대해 이후 일본의 동아시아사고에 준 영향과 발전보다도 그 동기에 대해서 중점적으로 평하고 있다.[17] 즉, 그가 탈아론을 발표하기 전에 실제로 주장한 것은 순수한 의미에서의 '동양연대론'이었다는 것을 지적한다. 연대론은 국가를 전제로 하지 않고 문명을 기준으로 한 것이며 아시아인종이 연대해서 백인의 열강에 맞서자고 한 것이었다.[18] 따라서 그의 동아시아사고는 이론적이면서도 실천적인 운동이었으며 당시 일본에서 '시시'(志士)라고 불렸던 행동가들이 이웃 국가의 혁명이나 근대화운동에 참여하였는데 조선의 갑신정변과 중국의 신해혁명이 대표적이다. 이렇게 탈아론적인 사고의 시대적 함의는 역사적으로 중화체제를 기축으로 하는 동아시아 관계를 근대 세계체제라는 새로운 구조로 재배치하려 했던 것으로 해석하고 있다. 또한 서세동점의 시대에 중국에서는 위기의식을 '문화적 내부조정'을 지향함으로써 탈피하려고 한 반면에, 일본은 중국과는 달리 신속히 내부의 개혁을 수행하면서 새로운 동아시아 국제관계를 탐색하려 했다는 의미로 볼 수 있다는 것이다.[19] 그러나 이러한 평가는 이후의 일본 동아시아사고의 전개양상과 후

16 福澤諭吉, 1960, 〈日清戰爭は文野の戰爭なり〉, 《福澤諭吉全集—第14巻》, 岩波書店, pp. 491-492.

17 쑨거, 2003, 〈아시아는 무엇을 의미하는가〉, 《아시아라는 사유공간》, 창비, 70-71면.

18 福澤諭吉, 1960, 〈朝鮮の交際を論ず〉, 《福澤諭吉全集—第8巻》, 岩波書店, pp. 28-31.

19 이러한 중국의 '내향초월형문화'는 서양의 '외재초월형문화'와 대비된다. 余英時, 1984, 《從價值系統看中國文化的現代意義》, 時報文化出版公司; 위잉스, 2007, 김병환 역, 《동양적

쿠자와의 탈아론을 별개로 분리시키면서 연속적인 상관성을 무시하는 단편적인 것이다. 즉, 탈아론을 일본 동아시아사고의 생성과 전개라는 큰 틀 속에서 조망하면 중심부와 주변부의 동아시아사유가 차이를 드러내는 양상을 목격할 수 있다.

쑨거와 같이 탈아론에 대해 이후에 전개되는 일본의 동아시아사유와 연관시키지 않고 그 자체만을 독립적으로 평한 학자로는 마루야마 마사오가 있다. 그는 탈아론이 일본 근대화의 궤적을 분석하는 유력한 개념이 되는 것에 의문을 제기한다. 발표된 연후에도 그 개념 자체가 일본에서는 거의 사용된 적이 없었다고 평한다. 그리고 후쿠자와가 논한 것은 동서문화의 조화와 융합이라고 강조하고 있다.[20] 그러나 이러한 해석은 주변부의 존재를 경시한 중심부적인 경향을 나타내고 있는 것이다. 시민의 주체성(작은 서사)을 중시하면서 국가주의 거대서사의 상징인 천황제와 결별하고 있는 자유주의자인 마루야마이지만,[21] 그가 일본 전쟁지도자들의 '억압이양'의 심리를 비판하고 전쟁의 패배에 대한 회한을 보여 주면서도 동아시아 주변부의 식민화에 대한 반성에는 소극적이었던 것을 고려하면 일본 중심적인 동아시아사고를 하고 있다는 논란에서 자유롭지 못하다.[22]

이러한 마루야마의 후쿠자와 독해를 감지한 고야스 노부쿠니는 비판적이다. 그는 마루야마의 표제를 패러디한 책《후쿠자와 유키치의 〈문명론의 개략〉을 정밀하게 읽는다》에서 마루야마와 달리 후쿠자와의 탈아론이

가치의 재발견》, 동아시아.

20 丸山眞男, 1986,《文明論之概略を讀む》, 岩波書店, p. 16; 마루야마 마사오, 2007, 김석근 역,《〈문명론의 개략〉을 읽는다》, 문학동네, 28면.

21 가루베 다다시, 2011, 박홍규 역,《마루야마 마사오-리버럴 리스트의 초상》, 논형, 137-138면; 苅部直, 2006,《丸山眞男—リベラリストの肖像》, 岩波書店.

22 이러한 서술은 나카노의 비판에 근거한다. 中野敏男, 2001,《大塚久雄と丸山眞男—動員'主体'戦争責任》, 青土社; 나카노 도시오, 2005, 서민교, 정애영 역,《오쓰카 히사오와 마루야마 마사오-일본의 총력전 체제와 전후 민주주의 사상》, 삼인.

일본 근대화에 대한 사상을 대변하는 논리이며 서구문명과 비문명인 아시아와의 이원대립을 자각한 데서 비롯된 것이라고 해석한다. 그리고 탈아론은 이후 일본 근대화의 방향을 설정하는 논리로 깊은 영향을 주었다고 강조한다. 이러한 급진적 근대화사고의 전개는 결국 1945년 '거대한 결말'을 맞이했다고 하면서 마루야마의 후쿠자와 독해는 일본의 근대화 과정에 대한 '변명'이라고 혹평한다. 고야스는 탈아론적 사고가 지금 서구 선진국의 일원이 된 일본이 국가발전의 진로를 여전히 친미주의로 잡으면서 지속되고 있다고 비판한다.[23] 그의 이러한 후쿠자와와 마루야마에 대한 재해석은 쑨거와는 달리 일본의 근대화 과정을 한 시점에 고정시키지 않고 오늘날까지 전체를 고려하는 동태적인 특성을 나타내고 있다. 그리고 탈아론이 근대화 과정에 미친 영향, 일본의 서구 따라잡기에 대한 냉소적인 태도를 읽을 수 있다.

주변부인 한국 지식인의 평가도 정태적인 면을 보충하고 있다. 함동주의 견해에 따르면 민족주의자로서의 후쿠자와의 탈아론은 동아시아사고의 관점에서가 아닌 일본의 국익이라는 관점에서 바라보아야 한다.[24] 당시 사건을 중심으로 그의 동아시아사고의 전개를 살펴보면 동아시아사고와 탈아론적 주장이 그 사건을 둘러싼 일본의 국익의 선택적 방향을 표현하고 있을 따름이다. 즉, 1880년대 이전 시기에는 서구를 주시하고 근대화를 모방할 것과 동시에 열강의 위협에의 저항을 주장하면서 열등한 동아시아 주변부에 대한 불간섭주의와 소극적 탈아를 표방하였다. 임오군란 전후의 시기에는 탈아시아적인 불간섭주의에서 적극적인 개입주의로 돌아서는 시기이다. 일본이 적극적으로 중국과 한국을 도와서 서구에 저항해

---

23 고야스 노부쿠니(子安宣邦), 2007, 김석근 역, 《후쿠자와 유키치의 〈문명론의 개략〉을 정밀하게 읽는다》, 258면, 274-275면.

24 함동주, 〈福澤諭吉의 아시아론〉, 《梨大史苑》 제28집, 1995년, 61-62면.

야 한다고 하면서 동아연대론을 표방한 시기였다. 이 무렵에는 중국과 조선보다 근대화에서 앞선 일본이 자부심을 가지고 이들을 교화하여 주도적으로 문명화시켜야 한다고 주장하기 시작하면서 후에 나오는 오카쿠라의 논지를 비슷하게 닮아 가고 있다. 청불전쟁을 전후한 시기에는 프랑스보다 중국을 비난하면서 탈아로 다시 입장이 변화하는 시기이다. 그는 중국의 낙후성을 비판하면서 서구와 같이 일본이 중국 분할에 참여하기를 바라면서 서구에의 저항을 위한 본래의 연대론을 저버리고 있다. 갑신정변을 전후해서는 1885년에 탈아론을 발표하면서 초기의 동아연대론을 완전히 청산하고 낙후한 동아시아를 버리고 서구로 진입할 것을 주문한다. 그러나 1894년 조선에서 동학혁명이 발발하자 다시 낙후한 조선을 일본이 적극적으로 개입하여 개화시켜야 하며 이를 방해하는 중국을 문명의적으로 비판하고 있다. 연이어 발생한 청일전쟁과 선후처리에서는 중국을 서구와 같이 분할하는 데 일본이 적극적으로 참여하여 손해를 보지 말아야 할 것도 주장한다.[25] 이렇게 후쿠자와의 동아시아사고를 사건별로 정리해 보면 변화가 감지될 수 있다는 주장은 상기의 쑨거와 마루야마의 해석에 비해서는 동태적인 것이다. 특히 탈아와 흥아의 이중성에서 전자를 대표하는 사상가로서의 단면적인 평가를 거부하고 연대주의를 주장하기도 하는 흥아론의 측면도 있었다는 사실을 지적한 것은 이후 일본의 동아시아사고가 탈아와 흥아의 이중변주를 띠면서 전개되었다는 논리에 설득력을 더하고 있다.

함동주는 이렇게 시기별로 후쿠자와의 논지가 아시아주의와 탈아론이 변동을 겪으면서 나타났던 이유는 단지 당시의 국익에 따른 입장의 변화에 불과하며 전반적으로는 문명론적인 탈아론을 견지하고 있다고 논한

25 위의 자료, 44-56면.

다.[26] 이러한 해석에 본고는 문명론적인 탈아론은 중심부적 동아시아사고의 출발이라는 해석을 부가하고자 한다. 즉, 탈아론에서는 최초로 서구와 같은 수준으로 근대화를 이룬 일본이 중심에 서서 동아시아의 열등국가들을 지도하고 위계적인 연대(흥아)로써 서구에 대항한다는 논리가 맹아하고 있다. 또한, 탈아론은 동아시아를 떠난다는 논리가 아닌 흥아론과 같이 동전의 양면으로서 일본이 위계적 정점에서 동아시아 주변부를 바라보며 연대를 이루자는 동아시아사고의 중심주의적인 표현이다.

상기의 중국과 일본의 지식인들의 해석은 탈아론이 발표된 시점과 동기를 고정시켜 그 이후에 일본의 근대화와 동아시아 주변부와의 관계변화를 의식하지 않은 상태에서의 해석이다. 이런 의미에서 후쿠자와의 탈아론은 뒤에 나오는 오카쿠라의 '아시아일체론'과 함께 일본 중심주의적 탈아와 흥아의 이중변주의 생성을 예고하는 출발점으로 볼 수 있다. 이후에 러일전쟁과 조선의 식민화, 중일전쟁, 태평양전쟁 등 일련의 역사적 사건을 거치면서 일본중심논리의 전개양상을 반추해 보면 이러한 논지는 자명해진다.

2) 오카쿠라 덴신의 아시아일체론

후쿠자와의 '탈아론'과는 달리 1903년 오카쿠라 덴신은 '아시아일체론'을 주장하였다. "아시아는 하나다. 히말라야산맥은 아시아가 두 개의 강대한 문명으로 나누어진다는 점을 강조하는 것뿐이다. 거기에는 유교적 공동체주의적 중국문명과 베다vedas의 개인주의적 인도문명이 포함되어 있다"라고 하는 그의 논리에 따르면 아시아 민족은 서양문명에 없는 '궁극과 보편에 대한 사랑'을 공통적인 유산으로 가지고 있기 때문에 서양인들의 인생의 목적보다 수단을 추구하는 '특수성' 경향과는 구별된다.[27] 이렇게 그

26 위의 자료, 61-62면.

의 논리에서는 마치 중체서용中體西用, 화혼양재和魂洋材, 동도서기東道西器와 같이 아시아가 서구에 비해서 정신적인 가치의 측면에서 앞서고 있다는 것을 강조하고 있다. 나아가 아시아는 복잡하지만 하나의 아시아적 가치를 발견하고 이를 발전시키는 역사적 사명을 진 것이 일본이라는 논리로까지 발전시킨다.[28] 즉, 오카쿠라에게 있어서는 이미 근대화에서 우등생이 되면서 아시아적 정신문명의 대표가 된 일본은 서구와 같은 수준에서 아시아를 주도할 자격이 있다는 것이다.

야마무로는 아시아일체론이 최초로 아시아적 가치를 추출한 논리라고 본다. 아시아는 다양하기 때문에 하나가 아니면 서구에 대항할 수 있는 아시아의 힘은 분산이 될 것이라고 보고 아시아는 다양하지만 하나의 존재라는 명제를 오카쿠라가 창출해 냈다고 평한 것이다.[29] 쑨거에 따르면 오카쿠라의 논리는 동양에도 서양의 아시아관념과는 전혀 다른 방식의 자기인식과 평가방식이 존재한다는 사실을 서양에게 자부하였다는 데서 의미를 가진다. 그의 사유방식은 세계의 기본문제를 판단하는 기준이 서구에서만이 아닌 아시아에서도 나올 수 있다는 것이다.[30] 그 무렵 일본의 이런 시각은 새로운 동아시아질서를 세우려고 하는 상황에서 지역 내부의 자신의 우월성을 확정하고자 하는 욕망과 부합할 수 있었다. 이러한 양인의 해석은 오카쿠라의 논리가 후일에 대동아공영권이라는 침략이데올로기로 발전하였다는 결과론적 조망이 아니라 당시 동아시아가 일체가 되어 러시아의 침략을 막아 내야 한다는 순수한 심정적 동기가 그 발로였다는 사실을 수긍하는 자세를 보여 준다. 비슷한 시기에 전략적인 동아연대

27 Kakuzo Okakura, 1904, *The Ideals of the East: with special reference to the art of Japan* (New York: E.P. Dutton & Co.), p. 1. 원저는 岡倉天心, 1983, 〈東洋の理想〉, 《東洋の理想-他》, 平凡社, pp. 3-144.

28 위의 책, pp. 5-6.

29 야마무로 신이치, 〈다즉일(多卽一)의 질서원리와 일본의 선택〉, 161면.

30 쑨거, 〈아시아는 무엇을 의미하는가〉, 74면.

를 주장한 경우와는 구별되어야 한다는 의미이다. 그러나 이러한 야마무로와 쑨거의 평가는 정지된 시점에서의 평가에 불과하다.

주변부의 시각에서 보면 오카쿠라가 주장한 것은 아시아일체론이라는 외피 안에 일본의 주도하에 서양에 저항하자는 일본 중심적 동아시아사고의 내피를 입고 있다고 해석할 수 있다. 즉, 그는 서구문명에 비해서 아시아문명을 찬양하면서도 그중에서 일본이야말로 아시아의 다양성 안에 통일성을 인식하는 '위대한 특권'을 가진 민족이며, 중국과 달리 유일하게 아시아에서 정복당하지 않으면서 전통사상을 보존하고 있다고 다소 격앙된 톤으로 강조하고 있다.[31] 이러한 언급에서는 아시아문화의 위대성을 주장하면서 상대적으로 중국의 아시아 대표성을 폄하하고 일본의 대표적 지위를 염원하는 의도를 충분히 읽을 수 있다. 즉, 서양과 비교해서도 아시아문화가 결코 열등하지 않다는 논리보다도 일본이 아시아를 대표할 수 있다는 논리를 지나치게 비논리적으로 강조하는 데 목적이 있는 것을 어렵지 않게 확인할 수 있다. 즉, 서양이 가지지 못한 아시아의 정신문명을 강조하면서, 그러한 아시아에서 가장 독특하고 위대한 일본이 중심이 되어 아시아를 지도하는 게 역사적 사명이라는 논리를 창출하려고 애쓰는 것을 독해할 수 있다.[32]

이러한 주변부적 관점에서의 비판논리는《동양의 이상》이 나온 지 불과 1년 후인 1904년에 발간된 후속편 격인《일본의 각성》에서 더욱 자명해진다. 이 책은 일본의 급속한 성장을 자부하면서 아시아문화를 찬양하고 서구의 아시아 비하를 비판한다.[33] 여기까지는《동양의 이상》에서와 같은 논조를 유지하고 있으나 놀랍게도 일본과 한국의 관계를 비논리적으

---

31 Kakuzo Okakura, *The Ideals of the East*, pp. 4-7.

32 위의 책, pp. 5-7.

33 Kakuzo Okakura, 1904, *The Awakening of Japan* (New York: The Century Co.).

로 설명하면서 일본중심주의를 합리화하고 있는 것이다. 한국은 선사시대부터 일본에게 식민화되었다고 하면서 학문적으로 검증이 안 된 가설을 진실같이 주장하고 있다. 이를테면 외국이 한반도를 지배하게 되면 일본에게 단검이 될 것이라고 주장하면서 한국과 아시아의 평화를 위해서 일본이 러시아에 대항하는 것이라고 한다. 그리고 한국은 3-8세기에 이르는 500년 동안 일본의 지배하에 있던 고유의 속주였기 때문에 일본이 러일전쟁에서 승리를 거두고 한국을 식민지배해도 그것은 침략이 아니라 역사적 원상복귀일 뿐이라는 논지를 펴고 있다.[34] 이러한 오카쿠라의 비논리적이고 기만에 가까운 주장은 분명 주변부의 존재인식을 결여한 일본 주도의 동아시아를 사고하고 있는 징표로 해석된다. 그의 논리에서는 아시아문명을 유럽의 것에 못지않은 위대한 문명이라고 자부하면서 동시에 아시아 내부에서는 일본이 다른 주변부보다도 우수하므로 지배해도 된다는 위계주의를 표방하고 있는 것을 독해할 수 있다. 그럼으로써 근대화에서 앞서는 일본이 동아시아 주변부를 근대화로 이끌어야 하는 역사적 사명이 있다는 사실을 강조하고 있는 것이다. 즉, 주변부의 역사와 존재인식을 결여한 일본 주도의 위계적 동아시아사고를 창출하려는 의도가 잘 드러나고 있다.

이러한 견지에서 보면 야마무로와 쑨거 양자의 오카쿠라에 대한 평가는 주변부의 상황과 입장을 경시한 중심부적 사고에서 호의적으로 해석하고 있다는 혐의를 벗기 힘들다. 주변부의 존재를 중심부의 주도하에 두면서 서구에 저항한다는 위계주의적 동아시아사고에 대해 문제의식이 결여되어 있는 것이다.《일본의 각성》이 러일전쟁 전야에 출판된 것이고 종전이 되자마자 그 내용이 정당화하려고 한 대로 한국이 식민화된 사실은 지식인으로서의 의도가 순수하게 아시아일체론을 주장하였다고 하더라

34 Kakuzo Okakura, *The Ideals of the East*, pp. 202-218..

도, 당시 일본 국가주의가 지향하는 일본 중심의 동아시아사고의 방향성을 추종하고 있는 것으로 볼 수 있다. 즉, 오카쿠라의 목적은 서구에 못지 않은 아시아문화의 우수성을 강조하면서 아시아일체론을 주장하고 과거 아시아의 패자였던 중국의 자리에 일본을 앉히려는, 일본 중심의 아시아를 재구성하려는 것이었다.

3) 이중변주에 대한 평가

일본의 대표적인 사상가 마루야마 마사오가 탈아론으로 일본의 아시아사고를 규정하기에는 근거가 부족하다는 입장을 밝힌 데 비해 여타 많은 일본의 지식인들은 다른 견해를 가지고 있다. 전후에 일본의 근대화와 동아시아사고를 성찰하면서 다케우치는 "태평양전쟁은 탈아가 흥아를 흡수하여 흥아를 형해화하고 이용한 구극점"[35]이라고 정의 내린다. 이렇게 메이지 이래 근대화의 결말로서의 태평양전쟁에 대한 최종적인 평가에서 탈아와 흥아의 양자는 결코 분리하여 생각할 수 없다는 것을 다케우치마저 인정하고 있는 것이다. 탈냉전시대 새로운 동아시아사고를 추구하는 요네타니도 탈아론에는 동아시아 주변부를 타자화하는 서구와 일본에 의한 오리엔탈리즘과 식민주의가 내재화되어 있으며, 흥아론에서는 우월의식으로 주변부를 문명화하는 데 일본의 선도적 지위를 강조하고 있다고 뜻풀이를 하고 있다.[36] 야마무로는 탈아와 연대의 개념의 생성은 일본의 정치적, 전략적 필요에 의한 시야확장의 과정에서 형성된 결과로 해석한다. 즉, 근대 일본에게 아시아는 국경 획정과 통상, 안보 등을 해결하기 위하여 철저히 조사연구가 필요한 근접하는 공간이었기 때문에 패전에 이르

35 竹内好, 1966, 〈日本人のアジア観〉, 《日本とアジア》, 筑摩書房, p. 91.

36 米谷匡史, 《アジア/日本》, pp. 6-13; 요네타니 마사후미, 2010, 조은미 역, 《아시아/일본》, 그린비, 30-37면.

기까지 일본의 아시아에 대한 시야확장과정은 지역의 일체성과 귀속의식에서 나온 것이라기보다는 정치적, 전략적 지향성이 앞섰다는 것이다. 그러다 보니 동아시아는 경쟁하는 외부임과 동시에 구미를 대할 때는 내부세계로 여기고 일체화를 진행해야 하는 이중적인 이웃이 되었다. 따라서 그의 시각에서 탈아와 흥아라는 구호가 생성된 원인은 일본과 동아시아와의 관계성이 때로는 '동아시아와 일본'으로 대자對自화되고, 때로는 '동아시아 속의 일본'으로 즉자卽自화되는 과정이 나타났기 때문이다.[37] 이렇게 탈아와 흥아의 이중변주로써 일본의 동아시아사고를 설명하는 야마무로는 자신의 동아시아론에서 이것의 극복을 시도한다. 즉, 탈아와 흥아를 형성하는 일본의 동아시아사고는 이원론—동아시아 대 서구, 동아의 대표인 일본 대 서구, 동아시아 근대화의 우등생이며 주도국 일본 대 여타 주변부 동아시아—에 기초해 있다고 보면서, 그것을 허물고 새로운 수평적인 동아시아론을 시도하는 노력을 보여 준다. 이에 대해서는 아래에서 더 자세히 논한다.

마루야마는 비록 탈아론이 일본의 동아시아사고와는 연관성이 희박하다고 했지만, 필자는 그의 다른 개념에서 일본 동아시아사고의 특성을 설명하려고 한다. 즉, 시간을 거슬러 올라가 장기적인 관점에서 바라보면, 탈아와 흥아의 이중변주는 일본의 국가와 사회적 '억압이양'의 심리에서도 바라볼 수 있다.[38] 메이지시대 일본은 서구를 바라보면서 느끼는 열등

---

37 야마무로 신이찌, 2003, 〈공간아시아에 대한 인식의 확장과 변용〉, 《여럿이며 하나인 아시아》, 창비, 44-55면.

38 丸山眞男, 1995, 〈超國家主義の論理と心理〉, 《丸山眞男集—第3巻》, 岩波書店, pp. 17-36(원래 《世界》, 1946년 5월호에 실림); 丸山眞男, 1995, 〈軍國支配者の精神形態〉, 《丸山眞男集—第4巻》, 岩波書店, pp. 97-142(원래 《潮流》, 1949년 5월호에 실림). 이 자료의 한국어 번역은 마루야마 마사오, 1997, 김석근 역, 《現代政治의 思想과 行動》, 한길사. 영역본은 Maruyama Masao, 1963, *Thought and Behaviour in Modern Japanese Politics* (Oxford: Oxford University Press).

감을 탈아입구로 타개하려 하였고, 아시아를 바라보면서 느끼는 우월감은 연대를 주도함으로써 그 지위를 증명하려고 하였다. 즉, 서구에게서 받는 억압된 감정과 그로 인한 열등감을 동아시아를 향해서 우월감을 배양하면서 억압된 감정을 이양하고 분출시키려고 한다. 서구 제국주의로부터 당하면서 배운 폭력주의를 동아시아를 향해 이양시킨다. 또한 일본의 근대화는 엘리트의 주도로써 대중의 자유의지를 억압하고 소외시키는 경로를 선택하면서 급작스런 서구 근대화의 외면적 모방으로 치닫다 좌초한 특징을 가지고 있다. 위로는 천황제를 떠받들고 아래로는 민중의 자발적 참여를 억압하면서 철저하게 엘리트 주도로 행해진 권위주의적 근대화의 과정에서는 국가주의에의 순종을 최고의 가치로 숭앙하면서 근대성에서의 보편적 가치들—개인과 시민의 주체성, 비판의 자유와 사회의 다원성—은 근대화의 과정에 내재화되지 못한 결과를 가져왔다.

4. 이중변주의 합성—대동아공영권이념과 좌담회의 논리

후쿠자와, 오카쿠라의 논리는 결국 비슷한 동기와 맥락에서 표현방법만을 달리한 일본 동아시아사고의 흐름을 표현해 낸 것이다. 겉에 들어난 언어와는 달리 공통적인 내면인식은 일본이 아시아문명의 가치를 대표하고 있으며, 따라서 아시아에 대한 사명을 자각하고 연대를 주도함으로써 서구에 대항해야 한다는 것이다. 따라서 일본 동아시아사고의 생성단계에서 이 양대 개념은 본질적인 동기의 관점에서는 서로 대립적인 것이 아니다. 그러므로 탈아론과 흥아론은 이중변주의 형태로 이후의 동아시아사고에 깊이 내면화되어 전개되었다.

이렇게 이중변주가 내재화된 동아시아사고는 서구에 저항하려는 수단으로서의 연대주의와 침략주의 욕망이 표면적으로는 배치를 이루면서도 내면적으로는 일치하면서 극단으로 달려간다. 러일전쟁 이후 조선을 합병한 일본은 동아시아에서 벗어나 서구 제국주의를 모방하는 길을 선택하면서 동아시아는 일본 앞에 놓인 대상적 존재가 되었다. 1930년대에 이르러 대동아공영권이념이 형성되었다. 당시의 대표적인 지식인의 논리를 살펴보면 이중변주가 극명하게 동아시아침략주의와 일체가 되어 나타난 측면을 읽을 수 있다. 나아가 지식인들의 '근대의 초극 좌담회'의 논리에서는 이러한 침략사상이 일본 주도에 의해 서구적 근대를 초탈하는 동아시아 발전의 '역사적 결정론historical determinism'으로 미화되고 있는 것을 읽을 수 있다.

1) 동아협동체론과 비판적 동아협동체론

1930년대에 '동아협동체론'의 주창자 중에 미키 키요시三木清가 있다. 그는 20년대 프랑스와 독일 유학에서 나치의 국가사회주의운동에 동조한 실존주의 철학자 하이데거Martin Heidegger에게서 배우고 영향을 받았다. 사회주의자였던 미키는 대동아공영권의 이념 설계에 관여한다. 그는 사회주의-자본주의 간의 대립을 넘어선 협동주의시스템을 구상하면서 자본주의를 극복하고자 하였다.[39] 이러한 방식은 나치독일이 선전했던 국가사회주의체제와 비슷한 형태의 것이었다. 결국 당시 일본제국이 동아시아를 침략하면서 일본 중심의 동아시아제국을 구축하려던 구상에 이론적으로 봉사하고 있다. 미키의 논리는 후쿠자와나 오카쿠라보다 한층 더 일본

39 이러한 이유로 공산주의단체에서 축출되거나, 공산주의자라는 명목으로 수감당하기도 하였다. 그의 활동과 동아협동체론의 배경에 대해서 咸東珠, 〈미키철학과 동아협동체론〉, 《梨花史學硏究》, 1999년 25-26 合輯, 107-113, 118-125면; 咸東珠, 〈미키 키요시의 동아협동체론과 민족문제〉, 《人文科學》, 2000년 30집, 339-356면; 咸東珠, 〈中日戰爭과 미키 키요시(三木清)의 東亞協同體論〉, 《東洋史學硏究》, 1996년 56집, 157-188면.

중심의 동아시아사고를 직접적으로 표방하고 있다. 그는 동아협동체의 기반을 '동양적 휴머니즘'에 두고 그것을 "게마인샤프트"(공동사회)적인 동양문화를 구미의 "게젤샤프트"(이익사회)적인 문화와 비교하면서 찾고 있다. 또한 일본 중심의 위계를 연상시키는 동아시아의 '왕도'체제를 언급하기도 한다.[40] 이러한 그의 논리에서도 일본적 (동)아시아사고를 독해할 수있다. 즉, 일본은 서구에 대한 아시아문화의 특이성, 나아가 우월성을 강조하면서 다시 아시아의 대표로 일본을 규정하고 일본 중심의 동아협동체로 대표되는 동아신질서 건설이 일본의 사명이라고 주장하고 있는 것이다.

한 가지 특이한 것은 그가 민족주의를 논하면서 동아협동체는 민족 협동을 의미하기 때문에 탈민족주의를 추구해야 한다고 하는 상반되는 주장을 동시에 하고 있는 것이다. 이러한 모순된 논조는 서구에 대항하기 위해서 동아시아의 단결과 협력을 호소한 것이지만, 사실은 일본 중심의 제국주의침략을 옹호하려는 기만성을 감추려는 것이다. 그의 논리에서 왕도의 강조는 중국에서 쑨원이 1924년 고베神戸에서 행한 '범아시아주의' 연설에서도 나타난 바 있다. 왕도관념을 동아시아 국제관계로 외연해 보면, 중심국이 주변국을 속방으로 여기면서 선의로서 대한다는 것인데, 이는 위계적인 관계를 벗어나지 않는 것이며 진정한 의미에서 주권국가 간의 수평적 관계를 의미하지 않는다. 따라서 그의 목적은 일본 중심적 동아신질서의 정당성을 구축하기 위해 일본의 독자성과 동아시아에 대한 사명, 즉 지도자적 위치를 각인시키려는 것이다. "새로운 동아문화와 일본문화"에 대한 논조가 이를 말해 주는데, 일본문화의 유일무이한 특색과

---

40 미키 키요시, 2005, 〈신일본의 사상원리〉, 최원식 외, 《동아시아인의 '동양'인식》, 56-57면. 원전은 《三木清全集》, 제17권, 岩波書店, 1968. 속편은 〈新日本の思想原理續編-協同主義の哲學的基礎〉, 《三木清全集》, 제17권, 岩波書店, 1968.

동아시아 모든 문화에 대한 포용성과 함께 진취적인 특색이 신속히 근대화를 이루고 중일전쟁을 승리로 이끌었던 원인이라고 자부하고 있는 것이다. 그러나 이런 과대포장의 자부심은 중일전쟁의 의의를 논하면서 그 기만성이 들어난다. 즉, 동아가 통일되어야만 중국이 서구의 제국주의 속박에서 벗어날 수 있기 때문에 일본이 동아시아를 통일하기 위해 중국이 일본에 협조해야 한다는 황당한 논리를 펴기에 이른다. 이렇게 침략으로 인한 중국과 다른 식민화된 주변부의 고통을 무시한 그의 논조는 오카쿠라의 일본 문명의 아시아대표론과 일체론을 넘어서 일본의 동아시아 식민화 프로젝트를 동아협동체라는 미사여구로 포장하는 것이다. 이러한 논리가 결국은 모두 대동아공영권이념 만들기의 과정들이며 1945년 패전까지 일본이 모색했던 동아시아사고였다. 그의 논리가 독단적인 것은 대만, 만주, 한국을 식민화한 상황에서도 "동아협동체가 일본의 지도 아래 형성되는 것은 일본의 민족적 에고이즘에 의지하는 것이 아니라 반대로 중일전쟁에 대한 일본의 도의적 사명에 의거하는 것이며 이러한 도의적 사명을 자각하는 것은 중요하다"[41]라고 외치면서 주변부에 대한 침략과 식민화가 정복이 아닌 일본의 지도자적 사명이라고 주창하고 있는 것이다. 즉, 그의 동아시아사고는 선배격인 후쿠자와와 오카쿠라의 동아시아사고에서 표방되고 있는 동아시아 문명의 위대성, 일본의 신속한 근대화에 대한 자부와 그러지 못한 동아시아 주변부에 대한 지도적 위치와 대표성이 더욱 구체적으로 동아협동체라는 전쟁구호로 체현되고 있는 것이다. 더구나 미래에 대한 자성예언이었던 탈아론과 아시아일체론은 미키에 의해서 연이은 전쟁의 승리로 인해 현실화를 눈앞에 두고 있는 것도 현장감을 더하여 주고 있다.

이렇게 주변부의 존재인식이 결여된 중심주의적 동아시아사고는 결국

41 미키 키요시, 〈신일본의 사상원리〉, 52-70면.

탈아와 흥아의 이중변주를 띤 일본 동아시아사고의 특색을 잘 대변하고 있다. 전후의 다케우치는 이러한 근대화와 동아시아사고 전반에 걸친 회고와 더불어 성찰을 하고 있는데 주변의 시각에서 여전히 중심주의적 흔적을 완전히 소거하지는 못하였다.

중심부와 주변부 간의 차별적인 동아시아사고라는 조망으로 일본의 동아시아 담론을 규정하는 것과는 다른 각도에서 일본의 동아협동체론을 해석하는 논리도 있다. 임성모는 동아협동체론에 내장된 양의성을 강조하는 경향을 분석하였다. 즉, 동아협동체론과 대동아공영권을 선험적으로 일치시키지 않고, 두 구상 사이에 단층이 있었다는 것을 지적하면서 전자가 일정 정도의 제국주의에 대한 저항의 의도를 가졌다는 사실을 재조명하고 있는 것이다. 이런 견지에서 그는 동아협동체론이 대동아공영권이라는 침략주의로 고착되기 전의 사상사적 측면의 연구에 주목하면서 대표적인 인물로서 동아협동체론의 '비판적 지지자'로 분류되는 오자키 호츠미尾崎秀實를 추적하고 있다.[42]

오자키의 논리에는 상기의 일본 중심적인 동아시아사고에 대해서 주변부의 시각을 적용한 정도는 아니지만 문제의식을 가지고 비판한 측면이 있었다.[43] 그러나 이 책은 동아협동체에 내재한 제국주의를 비판하는 논리와 그것이 대동아공영권이념으로 전화되는 논리를 하나로 보지 않고 둘을 구분하는 일본의 분리적 사고에는 곧 탈아와 흥아의 이중변주가 숨겨져 있는 것이라고 논한다. 즉, 흥아의 논리를 일본 학자들은 순수한 사상으로 간주하고 있으나, 그 자체가 역시 주변부에 대한 존재인식이 결여된

42 임성모, 2005, 〈'동아협동체'론과 신질서론의 임계〉, 백영서 외, 《동아시아의 지역질서》, 167-206면.

43 위의 자료, 178-198면; 오자키 호츠미, 1997, 〈동아협동체의 이념과 그 성립의 객관적 기초〉, 《동아시아인의 '동양'인식》, 36-51면. 원전은 《尾崎秀實著作集》 第2卷, 勁草書房, 1977.

위계적인 사고이다. 오자키의 동아협동체론에서 비판적 시각이라는 게 기껏 중국의 민족주의를 고려해야 한다는 것이며, 서구 제국주의와는 다른 형태의 동아협동체를 구축해야 한다는 구체적이지 않은 모호한 언변으로 일관하고 있다. 중국과 일본의 협력의 논리를 내세우고 있으나 주변부로 식민화된 한국과 대만 등에 대한 존재인식이 없다. 그리고 모순적이게도 침략의 대상인 중국에게 동아협동체구상에 대한 협조를 바라는 '침략과 동시에 협조도 구하는'[44] 위선적인 자세를 보이고 있다. 즉, 일본이 제국주의적으로 중국을 대하는 것을 비판하고, 중국의 민족주의 문제에 대하여 이해와 강압적인 정책을 동시에 펼칠 것을 주문하고 있고, 중국이 동아협동체에 대해서 자발적으로 침략자에게 협조할 것을 촉구하고 있다. 그런데 이것은 침략자와 피침략자 사이의 정서적인 갈등의 측면을 완전히 무시하고 있는 태도이다. 침략전쟁 중에 피침략국의 협조를 구하는 논조에서 추론할 수 있는 것은 일본이 동아시아를 주도해야 한다는 것인데, 이러한 논리는 얼마나 당시의 일본의 동아시아사고가 자기기만적이었는가를 보여 준다.

이러한 오자키의 '비논리적인 논리'를 유추해 보면, 첫째, 중국의 민족주의에 대해서 이해하는 태도를 취하면서 당시 일본 내각의 정책을 비판하는 인상을 주고 있다. 중국에서도 류스페이劉師培(1884-1919)는 주변부의 존재의식을 가지고 동아시아사고를 전개했는데 오자키의 경우에는 중국에 대한 약간의 배려가 보이고 있다. 그러나 류스페이의 경우는 아시아 주변부의 인민들이 중심부의 인민들과 단결하여 중심국들을 전복해야 한다는 구체적이고 반대국주의적인 경향이 뚜렷이 나타나는데[45] 오자키의

44 오자키 호츠미, 〈동아협동체의 이념과 그 성립의 객관적 기초〉, 43-44면.

45 류스페이, 2005, 〈아시아 현정세와 연대론〉, 《동아시아인의 동양인식》, 135-159면.(원전은《天義》11-12 합책, 1907. 11). 류스페이의 동아시아사고가 주변부적이라는 평가는 이 책의 중국 부분을 참조.

경우는 단지 일본의 동아협동체구상에 대해서 중국의 협조를 구하는 정도에 불과하다.[46] 둘째, 그러나 결국 중국에 대해서도 강제력을 사용하여 동아협동체를 이루어야 한다는 의지도 비치고 있다. 셋째, 동아협동체의 구상에 대해서 역사적으로 동아시아의 중심국인 중국의 협조가 중요하다는 것을 지적하면서도, 한국과 대만 같은 식민지의 존재에 대해서는 전혀 고려가 없는 중심부적 사고를 보여 주고 있다.[46]

결국 오자키의 동아협동체론에서 나타난 사상사적 측면의 '순수성'과 대동아공영권이념이라는 '침략성'을 분리시켜서 보려는 견해[47]는 전후에 다케우치가 시도하는 동아시아사고의 순수성과 침략성을 분리시키려는 논리에서도 재현되고 있다. 미키의 경우와 같이 오자키의 논리에서도 확인 할 수 있는 것은 서구 근대의 침략주의를 모방하고 문명론적으로 동아시아를 경시하면서(탈아) 일본 주도하의 동아시아와의 연대(흥아)로써 서구에 대항하려는 일본 중심적 탈아와 연대의 이중주인 것이다. 그리고 이러한 흥아와 탈아의 '표면적 분리와 내면적 합성'이 후쿠자와, 오카쿠라에서 시작되어 일본에 내재화된 동아시아사고의 특징이다.

2) '근대의 초극' 좌담회의 논리—역사적 결정론의 기만성

동아시아침략주의의 논리가 지식인들에 의해서 완성된 모습으로 드러난 사례가 개전한 이후 열렸던 일련의 좌담회에서이다. 1942년 7월에 '근대의 초극'이라는 주제로 좌담회가 있었다. 교토학파에 의해서 개전 직전 '세계사적 입장과 일본'(1941년 11월 26일), 개전 후에는 '동아공영권의 윤리성과 역사성'(1942년 3월 4일)과 '총력전의 철학'(1942년 11월 24일)을 주제로 연달아 좌담회가 열렸다.[48] 이것은 메이지 이래의 제국주의적 발전의

46 오자키 호츠미, 앞의 자료, 42면.
47 이러한 시각을 가진 자료들은 다음을 참조할 것. 임성모, 앞의 자료, 199면의 주석 8.

결과와 미국과 영국에 대한 개전을 근대라는 주제와 연결시켜 정리한 토론이다. 즉, 메이지 이래로 서양을 모방하면서 근대화를 전개해 온 일본의 지식인들은 미국에 대한 개전을 서양을 모방했던 근대의 청산과 극복으로 받아들이면서 근대의 재인식과 초극, 동아시아 지배의 이론적 정당성을 토론하고 그 결과를 책으로 발표하였다.

좌담회는 당대 일본의 대표적 지성들이 일본에 아시아의 지도자 자격을 부여하고 태평양전쟁을 유럽 제국주의에 맞서는 아시아 민족의 성전으로, 대동아의 모든 민족이 총력을 기울여야 하는 총력전으로 승화시키는 모습을 그려 낸다. 그러나 그들이 주창했던 '근대의 초극'이 서구가 제창하고 서양을 모방했던 근대를 뛰어넘어 동아시아에 '공영'과 '세계의 새로운 질서'를 창출하였는지 여부는 패전 이래로 오늘날까지 '반일정서'가 동아시아사고의 한 흐름으로 자리 잡은 사실을 직시하면 간파할 수 있다. 좌담회에 대한 비판과 분석을 행한 자료는 수없이 많지만 여기서는 동아시아사고와 관련하여서만 분석해 보기로 한다.

이들이 주창하는 근대의 초극은 '서구의 근대'라는 일원적인 세계관을 부정하고 동아시아를 저항주체로 등장시키면서 그것을 주도하는 일본적인 새로운 세계관을 그려 내려고 한 결과이다. 참석자들은 동아시아에서 일본만이 훌륭하게 근대를 거쳤다는 데 공감한다. 근대적인 것은 서구적이며 그것은 단지 서구일 뿐 아니라 좀 더 보편적이라는 의미의 서구라는 가설을 설정하였다. 그러나 '제국주의적 투쟁'에서 비롯된 1차 대전은 이러한 보편적인 '서구 근대의 원리'가 파탄에 이르게 된 증거이며 베르사유 체제도 새로운 게 아닌 전전의 세계질서를 답습한 것에 불과하다고 규정

48 좌담회의 글을 모두 번역하여 모은 것은 나카무라 미츠오·니시타니 게이지 外, 2007, 이경훈·송태욱·김영심·김경원 역, 《태평양전쟁의 사상—좌담회, '근대의 초극'과 '세계사적 입장과 일본'으로 본 일본정신의 기원》, 이매진. 이에 대한 분석은 다음을 참조. 盧相來, 〈근대의 초극, 아직 끝나지 않은 공영권 총력전〉, 《東亞人文學》, 2006년 제10집, 733-766면.

한다. 따라서 좌담회의 논리는 서구적인 것, 즉 근대적인 것을 비판과 극복의 대상으로 규정한다. 이러한 논조는 미국/영국에 대한 전쟁과 동아시아에 대한 제국주의침략을 정당화하기 위한 목적에 부합하고 있다. 즉, 전쟁은 서구의 근대를 초극하기 위한 것이며, 서구적 근대의 구제국주의 지배에서 동아시아를 해방시키기 위한 일본의 새로운 세계질서를 추구하는 성전으로 정당화되고 있다. 그러나 새로운 세계질서라고 등장시킨 대동아공영권은 서구에 저항하는 동등한 주체로서가 아닌 일본의 노예에 다름 아닌 것이 근대의 초극 담론이 은폐한 진실이다.

대동아공영권이념을 '의사擬似사상'으로 규정한 전후 일본 동아시아론의 제창자인 다케우치는 '근대의 초극'좌담회와 교토학파의 세 번의 좌담회 모두 하나로 묶어서 생각할 수 있는 것이며, 지식인의 전쟁협력을 탄핵할 수 있는 전형적인 사례로 바라본다.

> 전쟁과 파시즘의 이데올로기를 대표하는 것으로 언급할 때는 '악명 높은'이라는 형용사가 붙어 다니는 것이 거의 관례화될 정도로 악옥惡玉으로 취급되었지만, 지금 다시 읽어 보면 그것이 어떻게 그토록 위세를 휘두를 수 있었을까 하는 의아심이 들 정도로 거기엔 사상적으로 아무 내용이 없다.[49]

> 나는 근대의 초극의 최대의 유산은 그것이 전쟁과 파시즘의 이데올로기였다는 점이 아니라, 전쟁과 파시즘이의 이데올로기조차도 되지못했다는 점, 다시 말해 사상 형성을 목표로 삼았지만 사상 상실이라는 결과를 낳았다는 점에 있다고 생각한다.[50]

49 竹内好, 1966, 〈近代の超克〉, 《日本とアジア》, 筑摩書房, p. 142.
50 위의 자료, p. 155.

그런데 이러한 혹평에도 불구하고 다케우치는 사상 상실의 좌담회에서도 단 하나 '구제의 여지'는 남아 있다고 하는데, 그것은 가와카미가 '영광의 날'에서 말한 '지적 전율'이다.[51] 문제는 자신의 개전 초기의 글인 〈대동아전쟁과 우리의 결의(선언)〉(이하 '선언'으로 통칭)[52]에서도 바로 이러한 '지적 전율'이 짙게 배어 있다는 것이다. 이러한 모순적인 비판은 뒤에서 분석하게 될 자신의 동아시아론과 연결시켜 보면 결코 간단치 않은 복잡하게 해석될 여지를 남겨 주고 있다. 어쨌든 다케우치는 좌담회의 논리가 전쟁을 위한 것임에는 틀림없으나 일본이 메이지 이래로 품고 있는 근대와 관련한 문제의식의 표현으로 받아들인다. 이렇게 지식인으로서 전쟁에 대해 선-악이라는 단순한 이분법적 평가를 거부하고 근대화 역사의 전 과정과 연관시켜서 그 의미를 해석하려고 하는 태도는 일면 분석적이고 객관적으로 보일 수 있다. 그러나 그러한 태도가 침략의 역사를 직시하고 성찰하려는 게 아닌 전쟁 책임을 희석시키려는 목적으로 사용되고 있다는 게 문제이다.

다케우치가 약간의 유보적인 태도를 보이면서 비판한 것과는 달리 고야스는 좌담회의 논지에 대해서 추호도 예외 없이 신랄한 비판을 전개한다. 특히 교토학파 철학자들의 세 번에 걸친 좌담회는 처음부터 마지막 발언까지 '악명 높은'이라는 형용사로 표현될 수 있는 '철학적 요설'로서, 그것은 '전쟁을 위해서, 전쟁을 수행하는 일본을 위해서' 이루어진 지적인 '분식粉飾embellishment'이라고 비난한다. 참석자들에 의하면 근대화된 일본이 서구 제국주의국가들과 같은 근대를 초극한다면 태평양전쟁은 '근대를 넘어선 역사의식'에 의한 것이어야 한다. '근대전이 아닌 현대전'이 되

---

51 위의 자료, p. 162.

52 竹內好, 〈大東亞戰争と吾等の決意(宣言)〉, 《竹內好全集》 第14巻, 筑摩書房, 1981年, pp. 294-298.

어야 할 뿐만 아니라 탈근대적인 현대의 역사의식을 가져야만 한다. 따라서 태평양전쟁은 근대는 곧 서구세계 역사라는 인식을 재구성하는 새로운 세계사적 입장이라는 것이다.[53] 즉, 좌담회의 논리는 그러한 서구의 근대를 초극한 탈근대보다는 오히려 그들의 제국주의를 열심히 흉내 내면서도 그렇지 않은 척 교묘한 위선적 언설로 일관하고 있다는 것이다.

예컨대 '세계사적 입장과 일본' 좌담회의 논조를 요약하면 다음과 같다. 고야마 이와오高山岩男(1905-1993)는 일본의 주도성과 '근원적 주체성'은 러일전쟁 때 벌써 명료하게 드러났으며 서구 제국주의의 공세를 좌절시킨 일본의 승리는 아시아 민족에게 커다란 자극을 주었고 이로써 아시아를 대표하는 지도자로서의 주체성을 발휘한 것을 강조한다. 랑케Leopold von Ranke(1795-1886)가 언급한 '도의적 생명력'moralische-energie(모랄리셰 에네르기)을 인용하면서 구질서에 대한 건강한 생명의 반격으로 침략전쟁을 미화한다. 이러한 파시즘적인 논조로써 청일전쟁 후에 대만, 러일전쟁 후에 한국을 병탐한 것을 일본 주체성에 의한 서구제국주의로부터의 해방이라고 선전하고 있다. 니시타니 게이지西谷啓治(1900-1990)는 서구를 비판한 후에 대동아 건설을 위해 세계와 국가와 개인을 연결시키는 '도의적 생명력'이 필요하다고 역설하면서 전체를 위해 개인의 일방적 희생을 정당화하는 파시즘 이데올로기를 주창하고 있다. 고사카 마사아키高坂正顯(1900-1969)는 서구 제국주의에 대항하기 위한 일본의 '세계사적 책임'을 강조한다. 이어 일본은 정체성에서 깨어나 대동아 건설에 매진하여야 하며, 이러한 일본의 세계사적 책임의 내용이야말로 대동아 여러 민족들로 하여금 자기 자신의 역사를 지금부터 창건한다는 자각을 갖게 하는 것이라고 덧붙인다. 이러한 동아시아의 주도자로서의 일본 우월주의 논리를

---

53 고야스 노부쿠니, 2007, 김석근 역, 《일본 근대사상비판—국가, 전쟁, 지식인》, 역사비평사, 181, 187-188면; 子安宣邦, 2003, 《日本近代思想批判——國知の成立》, 岩波書店.

종합하여 스즈키 시게타카鈴木成高(1907-1988)는 일본은 주체적으로 근대의 세계사적 추세에 대응해 근대 일본이 형성되었고, 지나(중국)처럼 수동적으로 반식민지적 노예로 전락한 것이 아니라, 능동적으로 근대화를 추진해 왔다는 점에서 일본의 주체성을 확립하였다고 자부한다. 나아가 정치에서는 민주주의를, 경제에서는 자본주의를, 사상에서는 자유주의를 '일본적 특수성'으로 초극하자고 주창한다.[54]

고야스는 스즈키 시게타카, 고야마 이와오, 니시타니 게이지, 고사카 마사아키 등이 '근대의 초극, 총력전, 공영권이념'을 연동시키면서 계속하여 전쟁의 정당화 논리를 구축하는 것을 인용하면서[55] 이들의 언설들이 얼마나 기만에 불과한 것인지를 밝힌다. 이러한 논리는 전쟁을 위한 담론이 '가져야만' 하는 역사의식이었으며, 당시에 일본과 서구를 포함한 근대국가의 일반적인 위기와 세계사의 전환을 간파한 역사의식과는 거리가 멀었다고 비판한다.[56] 서구의 근대와 그것의 초극을 논한다면 이미 일본은 근대화되었으므로, 근대의 초극은 곧 자신의 초극이라는 면을 그들은 말하지 않는 위선을 보였다. 다케우치에 의해 좌담회 지식인들 중에서 비교적 합리주의적 입장을 신중하게 견지했다고 평가받는 시모무라 도라타로下村寅太郎(1902-1995)만이 근대는 일본 자신이라는 논지를 폈다.[57] 그에 따르면 근대란 이미 일본 자신이 되었으며 근대의 초극이란 일본 자신의 초극이므로 타자를 비평하는 것처럼 비평한다면 그야말로 자기기만적이 된다.[58] 따라서 진실은 유럽의 근대가 초극되어야 하며 대동아전쟁이 그것을

54 나카무라 미츠오(中村光郎)·니시타니 게이지(西谷啓治) 외, 《태평양전쟁의 사상—좌담회 '근대의 초극'과 '세계사적 입장과 일본'으로 본 일본정신의 기원》, 139-399면.

55 고야스 노부쿠니, 《일본 근대사상비판—국가, 전쟁, 지식인》, 192-193면; 高坂正顯 外, 1943, 《世界史的立場と日本》, 中央公論社, pp. 335-337; 盧相來, 〈근대의 초극, 아직 끝나지 않은 공영권 총력전〉, 740면.

56 고야스 노부쿠니, 《일본 근대사상비판—국가, 전쟁, 지식인》, 191면.

57 다케우치 요시미, 〈근대의 초극〉, 《일본과 아시아》, 80면.

실천하는 것이라면 일본은 유럽의 근대를 넘어서는 역사의식을 가지고 있어야 하는데, 오히려 일본은 유럽의 근대화와 제국주의를 가장 맹목적으로 추종하면서 전쟁을 도발하게 되었다는 사실에 대해 좌담회는 궤변으로 은폐를 시도하고 있는 것이다.

또한 주목되는 것은 좌담회의 논리에서 지식인들이 표방하고 있는 중국에 대한 침략적 현실과 동시에 정서적 연민을 나타내는 심리가 자기기만적이라는 것이다. 서구는 곧 근대이며 근대의 초극은 서구의 초극이다. 동아시아에서 일본만이 근대화에 성공하였고 서구와 대등하게 되었다. 그러한 우등생 일본이 열등생 중국을 침략하는 것은 서구 근대의 제국주의를 아직도 모방하는 수준에 머물러 있다는 것을 자인하는 것이 된다. 또한 일본은 서구의 동아시아 침략에 대한 해방의 논리를 내세우고 있었는데 중국침략은 이를 정면으로 위배하는 것이 된다. 이렇게 자기모순적인 중국 침략을 정당화하기 위해 좌담회는 동아시아에서의 '일본의 특수지위' 논리를 날조해 낸다. 대표적으로 스즈키는 일본의 중국에 대한 태도는 제국주의적인 것과는 근본적으로 다르다고 논한다. 즉, 단순히 이권추구가 아닌 동양보위를 위해 만주국을 창설한 일본의 동아에서의 특수한 지위를 서구에게 상기시키고 있다.[59] 이러한 중국 침략의 구실 찾기와 더불어서 니시타니는 '공영권 총력전'을 논하면서 조선에 대한 기만적인 언설을 내뱉는다. "조선민족이라는 것이 완전히 주체적인 형태로 일본이라는 테두리 속에 들어올 경우, 곧 주체적으로 일본인으로 될 경우, 지금까지 고정된 것으로 생각되던 조선민족관념은 큰 관념 속으로 융합되었다고

---

58 고야스 노부쿠니, 앞의 책, 185면. 시모무라의 원전은 下村寅太郎, 1979, 〈近代の超克の方向〉, 《近代の超克》, 富山房百科文庫.

59 나카무라 미츠오·니시타니 게이지 외, 《태평양전쟁의 사상—좌담회 '근대의 초극'과 '세계사적 입장과 일본'으로 본 일본정신의 기원》, 245면; 《東亞共榮圈の歷史性と倫理性-座談會》, 中央公論, 1942年 4月, p. 134.

할 수 있지 않겠습니까"[60]라고 '내선일체'의 논리를 날조하고 있다.

이러한 좌담회에서 사용되고 있는 기만적인 언설, 즉 중국 침략에 대한 일본의 동아시아에서의 '특수지위', 조선의 '자발적 식민화'와 같은 '비논리적인 논리'에는 탈아와 흥아의 이중변주가 교묘하게 합성되어 있다. 서구가 곧 보편적 근대이며 일본만이 아시아에서 근대를 성공적으로 이루었다고 하는 데서 일본은 아시아가 아닌 서구라는 탈아의 사고가, 서구 근대를 초극하고 동아시아를 지배하는 것이 곧 새로운 세계사의 창출이라는 흥아의 지향이 교묘하게 합성되어 나타나고 있는 것이다.

이러한 궤변적인 대동아공영권이념에 따르면 중국 침략은 해방전쟁이며 조선의 식민화는 침략의 결과가 아닌 해방이다. 태평양전쟁은 동아시아의 해방을 위한 것이며 서구적 근대를 초극하는 길이다. 그러나 아시아의 지도자, 서구를 극복한 유일한 일본이 자신보다 열등하고 지도를 받아야 하는 중국을 침략한 것은 아시아일체론(흥아)의 근거가 되는 또한 아시아의 원리의 구현자인 일본의 주체성을 스스로 부정하고 서구 근대의 모방자(탈아)에 불과하다는 것을 스스로 인정하는 것이다. 그러나 좌담회의 논객들은 아무리 합리화하려 해도 중국을 침략한 것은 서구 근대의 초극을 자부하는 자신들의 논리와 충돌하는 것을 의식한다. 왜냐하면 침략은 곧 서구식 근대인 제국주의의 표현이기 때문이다. 따라서 좌담회는 중국 문제에 이르러 모호한 언설로 얼버무릴 수밖에 없다. 그리고 중국은 일본에의 편입을 끝까지 저항하고 있다는 부정할 수 없는 상황도 당황스럽게 바라볼 수밖에 없다. 이들은 중국 침략에 대해서 제국주의정책인지 아닌지 '일종의 불투명함'이 있을 것이라고 애써 얼버무리고 있는 태도를 보인다.[61]

---

60 高坂正顯 外, 《世界史的立場と日本》, pp. 337-338; 나카무라 미츠오·니시타니 게이지 외, 위의 책, 340-341면.

좌담회의 중국 문제에 대한 '무논리의 궤변'에 대해서 고야스는 지나와 지나사변은 전쟁을 위한 그들의 담론인 근대의 차원을 넘어서는 현대의 전쟁이라고 장식한 담론의 허구성을 폭로하는 것이라고 한다.[62] 이렇게 중국침 략은 서구 근대를 모방한 일본의 제국주의화한 사실을 드러내는 부정하고 싶은 치부로 여겨졌다. 이는 좌담회의 논리인 동아시아의 해방과 일본의 주체성의 발현인 세계의 신질서구상을 송두리째 뒤엎는 진실인 것이다. 따라서 앞서의 미키와 오자키의 '동아협동체론'에서 보는 대로 중국에 대한 침략과 동시에 일본의 동아시아구상에 대한 협조도 구하는 이상한 논리의 연장선을 이루고 있다. 교토학파의 좌담회 참가자들 스스로가 대동아전쟁은 메이지유신 이래로 러일전쟁과 중일전쟁으로 이어지는 기간에 걸쳐서 일본의 '주도성, 주체성의 존재를 확인하고 그것의 완성'을 나타내는 것이라고 자부하고 있는 것이다.[63] 이렇게 이들은 좌담회의 전체주의적인 사상으로 대동아전쟁을 서구적 근대에 도전하는 일본적 근대완성으로 사고하면서, 부정하고 싶은 중국 침략에 대해서는 분절적인 방법론을 적용하여 중일전쟁과 대동아전쟁(태평양전쟁)을 분리시켜서 생각하고 있다. 좌담회의 '정책의 불투명함'이라는 교묘한 언설로도 이는 설명이 부족한 논리이다.

21세기 동아시아 담론의 시각에서 보면 좌담회의 논리는 실소를 금할 수 없는 '과대망상과 궤변'으로 가득 차 있다. 비판론을 종합하면 좌담회의 비논리적 논리, 미사여구와 수사의 나열은 철학도 사상도 아닌 그저 선동적 '언어의 유희'에 불과하다. 이 같은 비판이 적실한 이유는 좌담회의 '무사상의 사상'의 내면에 은폐하는 인식론이 기만적이라는 것이다. 즉,

---

61 고야스 노부쿠니, 《일본 근대사상비판—국가, 전쟁, 지식인》, 193-194면.
62 위의 책, 193면.
63 竹內好, 〈近代の超克〉, 《日本とアジア》, p. 183.

이들의 논리는 포퍼Karl Popper가 신랄하게 비판했던 '역사적 결정론historical determinism'의 시각으로서 역사는 일종의 어떤 미리 정해진 목적을 향해 끊임없이 전진해 나가는 것이며, 그 과정에서 수단의 선택은 문제될 것이 아니며, 소수자/약자의 희생이 발생하더라도 그것은 총체적 진보를 위해서는 불가피한 것으로 치부한다는 인식이 은폐되어 있다. 포퍼는 20세기 파시즘과 스탈린식의 독재적인 공산주의사상이 일종의 원시시대의 집단주의collectivism의 향수nostalgia와 집단의 일정한 방향으로의 발전을 기원하는 역사적 결정론이 부정적으로 나타난 것이라고 비판하고 있다.[64] '근대의 초극' 좌담회의 논리는 이렇게 '일본식의 역사적 결정론—천황 중심의 원시적 집단주의사회의 유토피아니즘—의 부정적인 형태'를 보여 준다. 이러한 논리는 미국과 유럽의 근대를 극복한다고 하면서도 사실은 그들의 제국주의를 정당화시켜 주는 기본원리인 국제사회의 진화론적 우승열패주의가 짙게 배어 있다. 이러한 은폐된 인식론에 따라 좌담회는 대단히 흥미롭게도 전후의 지식인들이 분절적인 방법론으로 침략과 연대를 분리시키려는 태도와는 달리, 일본의 근대화 과정에서 발생했던 폭력과 지배, 침략주의와 연대주의, 탈아론과 흥아론을 분절시키지 않고 모두 합성시켜서 사고하는 태도를 보여 주고 있다. 즉, 이러한 상반적인 지향들을 하나의 방향성으로 통합시키면서, 동아시아에서 일어난 모든 사건들을 이 방향성에 수렴시켜 어떤 하나의 총체적 목적을 향해 나아가는 '단선적인 역사관'—역사적 결정론—에서 해석하고 있다. 따라서 '근대의 초극' 좌담회의 논리가 오로지 전쟁을 위한 '방편적 논리'라는 게 여기서 드러난다. 좌담회 이전과 이후의 동아시아사고의 특징인 분절적 논리에서 분석되던 동아시아론이 전쟁기에 들어선 후로는 모든 세밀한 분절과 변화들이 '근대의 초극'이라는 하나의 원리로 합성되어 표현되고 있다.

64 Karl R. Popper, 1945, *Open Society and Its Enemies* (London: Routledge & Kegan Paul Ltd).

이 책에서 주창하는 대로라면 일본의 지식인들은 동아시아의 근대화 역사를 분석하면서 분절적인 태도를 보여 주는 게 일반적이다. 그런데 기묘하게도 좌담회에서만은 분절적인 것들을 모두 합성한 총체적인 사고를 보여 주고 있다. 이에 따라 메이지이래의 모든 작은 서사들이 하나의 원리, 즉 일본에 의한 '근대의 초극'과 새로운 역사와 체제의 창출이라는 거대서사에 의해 묻혀 버리고 말았다. 이러한 사고에는 동아시아의 근대화 역사에 있어서 개인부터 국가에 이르기까지의 희생과 그를 초래한 폭력과 억압을 모두 하나의 목적 달성—근대의 초극이라는 미사여구—에 압도당하는 결과를 가져오게 된다. 참으로 편리한 강자 중심의 독단적 철학인 것이다.

근대의 역사상 이러한 궤변과 그에 대한 허망함은 몇 차례의 사례가 있다. 독일인들이 패전의 잔재를 바라보면서 깨달은 것은, 왜 그렇게 내용도 없고 알맹이도 없는 나치스의 독단적인 선전에 광분하였을까 하는 것이었다. 중국의 문화대혁명 이후, 온갖 집단적 열광과 파괴의 동원정치에 참가했던 홍위병세대가 개혁시기에는 밀려오는 허탈감과 상실감에 시달려야 했다. 독일과 중국의 경우는 그 막대한 허탈감을 조장했던 세력들이 퇴조하고 새로운 개혁세력이 주도하여 역사적 정리와 청산이 이루어진 경우이다. 그러나 일본은 전후에도 전쟁을 주도했던 보수우익세력이 잔존하여 지속적으로 미국의 반공패권주의전략에 편승한 동맹세력으로 재등장하였다. 일본 국민들도 전시기에 그들이 열광했던 천황과 보수주의정치를 아무런 성찰없이 무표정하게 바라보고 있다. 당연히 전후에 있었어야 할 국가주의에 이용당했다는 자기박탈감과 침략에 대한 반성을 '비논리적인 국가적 자부심'이 대체하였고, 동아시아 역사청산은 아직도 요원하다.

5. 초기 동아시아사고에 대한 비판(메이지-태평양전쟁)

위에서 살펴본 탈아론과 아시아일체론, 그리고 대동아공영권과 좌담회의 논리들은 메이지 이래 태평양전쟁까지 초기 동아시아사고가 하나의 연속선을 그리며 성숙해 가는 궤적을 그리고 있다. 따라서 탈아와 흥아는 상반된 경향인 것 같지만 사실 한 동전의 양면처럼 모순적이면서 상보적인 정향이다. 왜냐하면 서구에 대한 저항의식이 양자의 공통적인 동기이면서 일본의 아시아에 대한 예외주의를 내면화한 것이기 때문이다. 그리고 이 양대 논리는 체계적 이론이 아니라 일종의 정서적 아시아사고이다. 그렇기 때문에 체계적인 동아시아의 근대화사상으로 발전되지 못하고 결국 대동아공영권이라는 극단적인 정서로 발현할 위험성을 애초부터 가지고 있었다. 체계적 이론이 아닌 극단적 정서의 표현인 대동아공영권이념에는 탈아의 동아시아 경시가 제국주의침략과 타협하고, 흥아의 아시아일체론이 무력적 수단에 의해서 추구되고 있다. 또한 탈아와 흥아로 이루어진 일본의 동아시아사고는 분절적으로 해석할 수도 있고, 합성되어 총체적인 흐름으로 해석할 수도 있다는 것을 일본 지식인들의 동아시아론에서 확인 할 수 있다.

일본의 근대화와 동아시아사고가 이렇게 독단적으로 전개된 사유는 '근대성'의 본질인 '민주와 비판의 자유'를 내면화하기 전에, 표면적인 '근대화'인 부국강병을 내세운 제국주의에 대한 저항과 모방을 동시에 수행하였기 때문이다. 마루야마는 일본군의 잔인성과 군부 지도자들의 책임회피적인 태도의 근원에는 '억압이양의 심리'가 작용했다는 것을 비판했다. 또한 다케우치는 주체성을 상실한 상태에서 서구적 근대에 대한 일본의 맹목적인 '전향'적 모방행태를 지적하였다. 양자의 논리는 일본이 근대의 본질을 내면화하지 못한 채 얼굴만을 성형하는 식의 근대화 방식을 성찰한 것이다. 이러한 논리들이 주장하는 양상은 메이지시대 이래 21세기에서도 지속되고 있다. 일본은 서구식의 근대화의 가면을 얼굴에 쓰고 있는 것에 불과하며, 따라서 표면적인 근대화 이면에는 아직도 근대성의 본질인 주체적인 자아를 천황제로 상징되는 '국가주의에 이양'하는 행태를 보이고 있다. 위에서 언급한 오늘날 일본을 대표하는 작가 하루키의 역사와 사회비평은 이러한 측면을 잘 반영하고 있다.

이러한 비평은 실제로 근대성의 핵심인 주체적인 자아에 대한 깨달음과 내면화보다도 페리제독이 이끌고 온 군함으로 상징되는 근대화의 물질적 측면을 지고지순의 가치로 삼고 신속하게 모방하는 길을 걸었다는 역사적인 사례에서 추론한 것이다. 서구 근대의 특징에는 산업화와 과학기술이 사회적 진화론과 결합하면서 생성된 팽창적 국가주의의 측면이 있지만, 그것보다 더 본질적인 것은 인간의 주체적인 자아발견이라는 측면이다. 이것은 집단보다는 개인, 복종보다는 자유스런 비판정신을 중시하면서 현대 민주주의의 기초가 되었다. 따라서 서구의 근대에는 밝은 측면과 어두운 측면이 동시에 존재한다. 그러나 일본은 밝은 측면의 자각보다도 어두운 측면을 즉각적으로 모방하면서 제국주의의 길을 걷게 되었고, 주체적 자아의 자기표현에서 오는 비판정신은 메이지시대의 국가주의와 천황제에 의해 억압되었고, 그 억압된 자아는 대외침략으로 출구를 찾게 되고, 결국 침략주의에 대한 비판과 성찰마저도 국가와 천황에 대한 맹목적인 충성심으로 '이양'(마루야마 마사오)되고 '전향'(다케우치 요시미)하였다.

메이지 근대화 지도자들의 원조 격인 요시다 쇼인吉田松陰(1830-1859)에게서 이러한 일본식 근대의 방향성이 이미 드러나고 있는 것을 볼 수 있다. 1853년 페리 함대가 통상을 요구하려고 무력시위를 앞세워 내항했을 때, 요시다는 군함의 위력을 목도하고 미국의 힘을 배울 필요성을 통감하고 유학을 결심한다. 1854년 3월 '미일화친조약'의 체결을 위해 다시 내항한 미국 함대로 용감하게 헤엄쳐 가서 밀항을 기도했으나 실패하고 자수하여 투옥되었다. 출옥한 뒤에는 고향에 내려가 사설학교인 '쇼카손주쿠松下村塾'를 열고 하급무사들을 가르쳤다. 주목할 것은 그의 문하에 기도 타카요시木戸孝允, 이토 히로부미伊藤博文, 이노우에 가오루井上馨, 야마가타 아리토모山縣有朋 등의 메이지 지도자들이 배출되었다는 사실이다. 그의 제자들은 이후에 바쿠후幕府를 전복시키고 왕정 복고를 실현한 메이지유신의 주역으로 활동하게 되었다. 이렇게 당시 미국 함대가 상징하는 서구 근대의 군사기술의 위력을 목격한 요시다는 부국강병의 근대가 곧 일본이 가야할 길이라고 가르쳤다. 그는 서구적 근대의 내면적 가치보다도 외면적인 근대화만을 숭배하였다. 당시 일본의 국방을 위해서는 아시아 일대를 징복하고 맹주가 되어야 한다고 호언한다. 즉, 류큐를 일본에 편입시키고 홋카이도를 개척하며 조선을 속국화한 뒤 만주, 대만, 필리핀을 영유할 것을 주장하였다.[65] 중요한 것은 이러한 문하생들에 대한 가르침이 대외정책에서 거의 그대로 실험이 되고 동아시아론과 접목하여 흥아와 탈아의 이중변주로 발전이 되었고 지금도 일본의 동아시아사고의 근저에는 그 흔적을 찾을 수 있다는 것이다. 요시다의 사상 자체는 동아시아론이라고 하기보다는 차라리 중화체제를 일본이 대체하기 위해 서구와 같은 제국주의국가로 발전하여 새로운 일본 중심의 동아시아 체제 건설을 주문하였던 것인데, 이것이 이후 점차로 일본 중심의 동아시아사고로 자연스레 연결되었다고 할 만하다.

요시다의 제자였던 야마가타 아리토모는 1890년 대외관계연설에서 일

65 吉田松陰, 1934, 〈幽囚錄〉, 《吉田松陰全集一第一卷》, 岩波書店, pp. 350-351, 353-354; David Magarey Earl, 1964, *Emperor and Nation in Japan: Political Thinkers of the Tokugawa Period* (Seattle: Univ. of Washington Press), pp. 173-174, 이정식, 2008, 《여운형—시대와 사상을 초월한 융화주의자》, 서울대학교 출판부, 248면.

본의 국경선 개념을 '주권선主權線과 이익선利益線'으로 분류하여 설명하였다. 주권선은 일본의 국경을 지칭하는 것으로, 일본의 생명선이기도 하며 절대로 지켜야 한다는 말이다. 이익선은 주권선과 밀접한 관계가 있으며, 이익선이 침범되면 주권선도 위험해진다는 개념이다. 당시 야마가타는 한국을 이익선으로 생각하고 있었다. 전쟁으로 일본의 영토가 넓어지면서, 주권선과 이익선도 더불어 확대되었다. 한일합방 이후에는 만주와 태평양이 이익선이 되는 것이다. 1898년 7월 7일에 미국이 하와이를 서둘러 합병한 이유가 일본이 먼저 하와이를 합병할 것을 우려했기 때문이다. 이러한 주권선-이익선 개념은 실로 주변 동아시아 국가들에게는 일방적이고 위협적인 것이었다.

이러한 메이지 일본의 대외인식은 이전의 역사적 경험에서도 유래했을 것이라고 본다. 특히 1592년 임진왜란壬辰倭亂에서 노렸던 대륙 침략이 미완으로 종결된 경험은 메이지시대에 이르러 청과 조선이 허약한 상황에서 다시 침략을 시도해 보려는 의식을 잠재적으로 키우게 되었다. 그 예로 바쿠후 체제가 무너지면서 야기된 국내의 혼란을 조선 침략으로 타개해 보려는 정한론征韓論이다. 이것은 당장에는 실행되지 않았으나, 그러한 의도는 지속적으로 온존하여 러일전쟁 이후에 결국 한반도를 병합하고 만주를 침략함으로써 실현되었다.

이러한 일련의 메이지시대 일본의 근대화와 제국주의적 발전과정에서 나타난 특징을 고야스는 일본이 서구를 모방하면서 동아시아에 대한 일종의 오리엔탈리즘의 의식을 자신의 내부에 형성하는 과정으로 설명하고 있다. 후쿠자와의《문명론의 개략》에 나타난 아시아인식, 일본의 '동양'인식, 거대한 타자로서의 중국관, '일본 일국문명사' 등의 논리를 분석하면서 일본이 어떻게 동아시아에서 자신과 열등한 타자의 이분법을 구성하여 자신의 우월한 정체성을 확립하려고 했는지를 비판한다.[66] 또한 다나카는 동아시아사고와 연동시켜 총체적으로 평하고 있다. 그는 사이드의 '서양과 동양의 주체 대 객체 관계'를 적용하면서 근대 일본이라는 주체를 구성하는 과정이 정치군사역량에만 있는 것이 아니라 스스로를 주체로 인식하고 그러한 인식을 뒷받침하는 타자로 아시아의 존재를 상정하는 것을 통해서 이루어졌음을 일본의 동양사학의 형성과정을 통해서 설명한다. 이에 따르면 일본의 동아시아사고가 표면적으로는 객관성을 강조하면서도 일본의 아시아선도론과 지배를 정당화하는 '하부오리엔탈리즘'으로 작용하였다.[67] 요네타니도 메이지시대 일본이 주변부인 동아시아를 바라보는 탈아론적인 시각에는 그들에게 선진문명을 심어 주어야 한다는 서구의 오리엔탈리즘적 색채가 있었다고 논한다.[68] 이러한 견해들에 따르면 후쿠자와의 탈아론으로 대변되는 일본의 근대화 초기의 동아시아사고는 약자인 동아시아를 대변하는 서구모방행위의 표출이라고 볼 수 있다. 또한 오카쿠라의 아시아일체론도 표면적으로는 '아시아는 하나'라고 하면서도 내면으로는 일본의 아시아의 대표성을 확보하려는 의도를 내포하고 있을 뿐이다.

이러한 일본의 동아시아사유 방식과 이중변주는 현재까지도 영향을 주고 있다. 즉, 일본의 동아시아사고는 전전의 탈아입구(서구적 근대화에 대한 과잉적응)나 전후의 미일동맹(미국적 구도에 대한 과잉적응)과 같이 구미에 대해서는 모방을 지속하면서 동아시아 주변부는 무시하는 태도를 보여 주고 있다. 이는 일본이라는 국가정체성의 '경계성'을 나타내 주는 것으로서 서구에 비해서는 주변부인 자가 중심인 서구에 동화하려고 열망

66 子安宣邦, 2003, 《〈アジア〉はどう語られてきたか—近代日本のオリエンタリズム》, 藤原書店; 고야스 노부쿠니(子安宣邦), 2005, 이승연 역, 《동아·대동아·동아시아—근대 일본의 오리엔탈리즘》, 역사비평사.

67 Stephen Tanaka, 1993, *Japan's Orient: Rendering Past into History* (Univ. of California Press).

68 米谷匡史, 《アジア/日本》. 아래에서 자세히 논할 것임.

하게 되면서, 여타 주변부에 대해서 경시의 태도를 보이는 현상이다.[69] 이러한 일본의 동아시아 경시의 정서에는 모순적이게도 동아시아를 자국이 주도하려는 흥아론적인 사고도 잠재되어 있다.

상기의 동아시아사고와 그 결말로서의 참담한 패배와 편향적 근대화에 대한 성찰은 1960년대 다케우치 요시미에 의해서 이루어진다. 그러나 이 책은 그의 논리에서도 동아시아사고를 연대주의와 침략주의의 양대 조류로 분리시켜 바라보면서 이중변주를 완전히 극복하지 못하고 있는 것을 발견하였고, 또한 분절적인 인식론을 근거로 일본 중심의 동아시아사고를 재건하려는 시도를 하고 있다고 분석한다.

6. 다케우치 요시미의 동아시아론
—역사의 구조와 현상의 분리기획

1) 문제의 제기

일본과 동아시아 주변부는 미국 주도의 냉전체제에 주체가 아닌 타자로서 복무하였기 때문에 냉전이 덮어 버린 역사 문제에 대해서 자신의 목소리를 낼 수가 없었다. 이 시기 일본은 미일동맹체제에 철저히 편승, 지식과 문화, 정치경제적으로 '탈아입미脫亞入米'를 지향하면서 동아시아 침략의 책임을 망각하게 된다. 냉전적 사고와 미일동맹의 고착화에 대하여 비판적인 진보적 지식인, 정치인들도 동아시아를 언급하는 것은 대동아공영권으로 상기되는 침략의 역사와 책임을 논해야 하는 성가신 일이었다.

69 도사 히로유키, 〈아시아 지역주의 속의 타자〉, 우카이 사토시·천꽝씽·쑨거·권혁태 외, 2005, 연구공간 '수유+너머' 번역네트워크 역, 《반일과 동아시아—반일이라는 사상과제》, 소명출판, 364면. 일본의 《現代思想》, 2005년 6월호 특집, 〈'반일'과 마주하다〉라는 주제로 쓰인 일본의 진보적 지식인들의 글을 한국어 번역으로 출판한 것임.

여기에 보수적인 자민당의 장기 집권이 지속되면서 일본 사회는 과거를 정당화시키려는 우익적 역사의식이 만연하게 되었다.

이때에 동아시아론을 전개한 지식인이 다케우치 요시미竹內好다. 그는 원래 중국문학 평론가로서 루쉰 연구가이기도 하다.[70] 중국의 근대와 대비되는 일본의 근대를 아시아사고라는 주제와 연관시키면서 침략과 패전에 이르기까지의 과정과 결말에 대한 논의를 재개하였다. 메이지 이래의 근대화에 대한 성찰을 하면서 동시에 아시아사고의 전개에 대한 분석을 통해서 '일본적 정체성'을 복원하고 이를 '아시아의 원리'와 결합시키려고 시도하였다. 다케우치는 최근까지도 한국에 거의 알려지지 않은 인물이었으며 따라서 연구 결과도 희소하다. 그의 동아시아론은 중국의 동아시아 연구가인 쑨거에 의해서 한국에 알려지게 되었다.[71] 쑨거의 평에 의하면 다케우치는 일본에서 '현대중국문학연구'라는 영역을 개척한 인물이다. 그러나 그의 저작은 학술적이기보다는 평론의 성격이 짙으며 중국을 지나치게 이상화하여 객관성을 잃은 측면도 없지 않다. 그러면서도 쑨거는 '학문의 평론화'라는 다케우치 저작의 성격을 '상상력'의 측면에서 옹호하고 있다. 즉, "역사적 통찰력을 수반하지 못하는 '객관적 연구'가 자료의 흥미에 기대어 사고의 빈약함을 가리는 경우가 적지 않다"[72]고 하면서 그가 풍부한 상상력을 동원해 통찰력 있는 동아시아론을 남기고 있다고 전반적으로 공감을 나타내고 있다.

전후 50-60년대에 주로 이루어진 다케우치의 동아시아론은 엄밀히 말해 체계적인 사상과 이론이 아니라 일본의 근대에 대한 회고적 성찰과 함께 새로운 동아시아사고를 모색하는 시론적인 성격이 강하다. 중국 지식

70 다케우치 요시미, 2003, 서광덕·백지운 역,《루쉰》, 문학과 지성사.

71 孫歌, 2005,《竹內好的悖論》, 北京大學出版社; 孫歌, 2007,《竹內好という問い》, 岩波書店; 쑨거, 2007, 윤여일 역,《다케우치 요시미라는 물음》, 그린비.

72 쑨거,《다케우치 요시미라는 물음》, 39-40면.

인 쑨거에게 있어서는 다케우치의 논의가 중국의 주체적인 근대와 동아시아를 연결시켜 논한다는 면에서 흥미를 주는 것이었다. 한국에서는 탈냉전 이래로 동아시아 담론이 전개되고 있는 가운데 국내에 소개된 다케우치의 동아시아론이 메이지 이래로 태평양전쟁과 전후에 이르기까지를 모두 정리하고 성찰하고 있다는 측면에서 관심을 일으키고 있다. 물론 상세하게 분석해 보면 동아시아 주변부 지식인들이 동의하기 어려운 부분이 있지만 냉전시대에 일본에서 아무도 언급하려 하지 않는 주제를 용감히 제기하였다는 데 그 의의를 과소평가할 수는 없다. 필자는 최근에 다케우치의 동아시아론에 대한 연구를 참조하면서, 그의 담론이 던지는 함의에 대해서 기존의 평가와는 조금 다른 해석을 시도하려고 한다.

쑨거는 일본 체류 시에 루쉰을 연구한 다케우치의 저작을 접하면서 그의 동아시아론에 관심을 가지게 되었다.[73] 특히 쑨거가 관심을 가지게 된 이유는 다케우치가 루쉰의 문학사상은 곧 '저항'이라고 하면서 중국의 근대를 주체적인 저항의 근대로 규정하였고, 일본의 근대는 저항이 결여된 노예적인 모방의 근대라고 비판한 사실에서였다.[74] 이렇게 저항이라는 아시아의 정신을 방기한 일본의 동아시아사고는 결국 패망으로 종말을 고하였다고 한탄하는 다케우치를 바라보면서 쑨거는 중국의 동아시아사고를 유추하게 된다.[75] 중심부인 중국 지식인으로서의 쑨거와는 달리 주변부인 한국의 함동주는 다케우치의 동아시아론이 동아시아 국가 간의 균등한 지위 문제나 또한 연대를 이루기 위해 침략주의에 의존했던 행태에 대한 문제의식이 결여되어 있다고 여긴다. 이렇게 된 주요한 원인은 그가 주창한 연대의식을 중심으로 일본의 동아시아사고를 이해하는 경향이 근대

---

73 쑨거, 〈아시아라는 사유공간〉, 《아시아라는 사유공간》, 49-53면.

74 竹內好, 〈中國の近代と日本の近代〉, 《日本とアジア》, pp. 38-39; 다케우치 요시미, 〈근대란 무엇인가-중국의 근대와 일본의 근대〉, 《일본과 아시아》, 49-50면.

75 쑨거, 《다케우치 요시미라는 물음》, 7-23면.

극복이라는 과제에서 출발하면서 역사에 대한 '변론'이 되고 만 것에서 찾고 있다.[76] 이러한 평가는 주변부의 시각으로서 다케우치와 쑨거의 견해로 대변되는 중심부의 해석과는 차이를 보이고 있는 것을 간파할 수 있다.

서광덕은 다케우치의 사상에 대해 '오해'가 많다고 진단한다.[77] 특히 다케우치가 '근대의 초극'(1959)이라는 논문을 발표하면서 '근대의 초극' 좌담회가 표방한 사상과 그 상징으로서의 전쟁이데올로기의 양면을 분리시켜서 바라보아야 한다는 논리를 펼쳤는데, 이 때문에 본래의 의도와는 상관없이 전쟁기에 있었던 좌담회의 전쟁논리를 옹호한다는 오해가 생성되었다는 것이다. 또한 일본 아시아주의에 대한 논지에서도 연대주의와 침략주의를 분리시켜서 바라보려는 시도를 하면서 침략을 정당화한다는 오해도 있었다고 본다. 가장 큰 오해는 전쟁이 발발하면서 쓴 문장인 〈대동아전쟁과 우리의 결의(선언)〉(1941, 이하 '선언'으로 통칭)에서 전쟁을 열정적으로 찬양한 입장이다.[78] 쑨거는 이에 대해 다케우치가 강자인 미국과 서구에 도전한다는 역사적인 사건에 대한 감동이 앞선 것이었다고 변호하고 있는데, 어쨌든 이러한 점들이 그에 대해서 많은 오해를 불러일으키고 있다는 것이다. 서광덕은 이러한 오해들이 주로 다케우치가 전개한 글의 의도를 제대로 이해하지 못하는 데서 오는 것이라고 변론하는 입장을 표방하고 있다.

이렇게 오해라고 여겨지는 다케우치에 대한 독해의 차이는 다음 같은 원인에서 기인한다. 특정 지식인의 동아시아론을 해석하는 데 있어서 저

76 함동주, 〈전후 일본 지식인의 아시아주의론〉, 정문길 외, 《동아시아, 문제와 시각》, 213-219, 227면; 함동주, 〈다케우치 요시미—'이상'으로서의 아시아, '실재'로서의 아시아〉, 《문화과학》, 27호, 2000년 9월, 211-224면.

77 서광덕, 〈타케우치 요시미(竹內好)가 지핀 '루쉰'(魯迅)이란 불〉, 《진보평론》, 제16호, 2003년 여름호, 234-240면.

78 1941년에 탈고하고 1942년 《中國文學》 1월호에 무기명으로 발표되었다. 竹內好, 1981, 〈大東亞戰爭と吾等の決意(宣言)〉, 《竹內好全集》 第14巻, 筑摩書房, pp. 294-298.

자의 전반적인 사고를 중시하는 태도와 특정한 저작의 의미로 해당 인물의 전반적인 사고를 정의 내리려는 태도와의 사이에서 연구자에 따라 해석상의 차이를 가져올 수도 있다. 또한 연구자가 특정 지역에 대한 연구자이기 때문에 그 지역에 특별한 애착을 가지고 서술할 경우도 있다. 쑨거의 경우 일본의 루쉰문학 연구가였던 다케우치에 대해 각별한 관심을 가지고 있다는 것은 저작을 통해서 어렵지 않게 확인할 수 있다.[79] 이러한 경향이 도를 넘으면 특정인을 연구한다고 해서 그를 무조건 위인화하는 경향에 빠지거나, 중국(혹은 일본)을 연구한다고 해서 중국을 항상 연민의 눈으로 바라보려는 관념에 빠질 수 있다. 이러한 경향은 연구자가 최대한 피해야 할 것이다. 그러나 필자가 보기에는 도를 넘지 않는 한에서 연구자가 어떤 선호하는 조망을 사용하여 문제를 바라보는 것은 당연한 것이고 피할 수 없는 것이다. 다케우치에 대한 오해나 편향적인 해석이 어떤 것이든 그것은 연구자가 바라보는 시각의 차이에서 기인하는 것이라고 생각된다.

이러한 논리를 배경으로 필자가 시도하는 것은 다케우치의 동아시아론을 일본 혹은 중국의 시각에서가 아니라, 동아시아 주변부의 시각에서 바라보고 싶다는 것이다. 그에 대한 논란이 있다면, 그 원인은 다케우치의 '분리기획'에서 나오는 작위적 동아시아론 때문이라고 생각한다. 그는 동아시아 역사에서 구조적 흐름과 현상으로 나타난 침략을 분리시켜서 사고한다. 즉, 단순히 현상만을 나타내는 침략에 대해서 사죄하는 것으로 그쳐버리면 역사의 거대한 흐름의 구조성을 이해할 수 없다고 본 것이다. 그는 이런 시각으로 일본의 동아시아사고에서 서구에 대항하려는 흐름, 즉 구조성인 연대주의와 현상으로서의 침략주의를 분리시켜 바라보았다. 이렇게 '작위적으로' 시도된 '지적인 분리기획'은 자연스럽게 동아시아 주

79 자신이 이러한 면을 고심하면서 집착의 감정에 빠지지 않으려고 노력하는 모습을 보인다. 쑨거, 〈아시아라는 사유공간〉, 56면.

변부의 입장에서는 적지 않은 논리적 허점을 생성시킨다. 쑨거의 것을 포함한 기존의 연구들은 다케우치의 이러한 분리기획을 단순한 서술에 그칠 뿐, 그 내면에 담겨 있는 의도를 지적하지는 못하고 있다. 따라서 필자는 주변부의 조망에서 다케우치가 '지적인 분리기획'을 통해 편향적인 동아시아론을 재건하려는 시도에 대해 비판적으로 토론하려고 한다.

이러한 필자의 다케우치 독해는 푸코의 마네Édouard Manet(1832-1883) 보기를 참조하고 있다. 푸코는 마네의 그림이 왜 자신의 관심을 끌었는지를 다음과 같이 설명한다. "문학적 담론의 법칙을 작가의 사유 속에서 찾지 않고 오로지 순수하게 그 문학적 담론이 어떻게 구성되었는지를 알아보려는 것과 마찬가지로 나는 한 주어진 그림에서 사용된 기법보다는 '그것이' 어떻게 그림으로서 존재할 수 있는지를 찾아보려 한다. 어떤 하나의 선, 또는 특정 방식으로 표현된 하나의 얼굴은 왜 그림으로서 기능할 수 있는가?"[80] 이러한 사유를 근거로 필자는 다케우치의 동아시아론에서 표현되는 텍스트의 의미에 중점을 두기보다도 그의 담론을 탄생시킨 역사와 사회가 담론을 사전에 어떻게 구성하고 있는지, 그리고 그가 어떻게 그에 호응하고 있는지를 파악하는 방식으로 이루어졌다. 즉, 그의 텍스트의 정확한 의미보다도 그것을 구성하는 역사와 사회의 내적 동력과 그의 대응방식을 추론하여 비판하고 싶었다. 따라서 다케우치의 텍스트에 중점을 두는 독자라면 동의하지 않는 부분이 생길 수 있다는 지적에 대해서 동의한다.

2) 역사인식론—구조와 현상의 분리

다케우치의 평론은 쉽고 논리도 단순하다. 이론적이라기보다는 차라리 상식적인 지식과 논평의 모음에 가깝다. 그리고 표현 방법도 직관적이고

80 디디에 에리봉, 2012, 박정자 역,《미셸 푸코, 1926-1984》, 그린비, 315면.

정서적이며 때로는 규범적이라서 치밀한 분석과는 거리가 멀다.[81] 그는 일본이 중국을 바라보는 시각을 이론화시키지도 않았고, 동아시아를 바라보는 시각을 이론화하지도 못했다. 종종 안타까울 정도로 일본을 한탄하고 루쉰 이미지의 확대경으로서의 중국을 지나치게 과대 포장한다. 쑨거가 찬미하고 중국에 적용하는 다케우치의 역사로 진입하는 방법도 이 시대의 시각에서는 그리 새롭지 않다. 역사에서 나의 타자를 설정하여 바라보면서 그것으로 나를 부정하고, 그러면서도 타자를 따르는 게 아닌 새로운 긍정으로서의 나를 다시 창조해 나가는 것이다. 이렇게 나와 타자를 지속적으로 서로 참조의 대상으로 삼으면서 상대화하고 새로운 나와 타자를 만들어 나가는 연속적인 과정으로서의 역사는 고정된 게 아닌 유동하는 것이다. 이렇게 역사는 고정적인 게 아니라 중층적으로 얽힌 과정이며 유동적인 것이라는 쑨거의 다케우치 독해와 깨달음에서는 다음을 추론할 수 있다.

다케우치는 일본의 근대화와 침략의 역사를 고정된 사건이나 실체적인 것으로 여기면서 현상으로서 바라보지 않고, 그 역사의 심층으로 진입하여 항상 움직이는 에너지의 흐름을 찾아내려고 하였다. 따라서 침략과 전쟁은 유동하는 에너지 흐름의 일시적인 분출에 불과하고, 그 저변에 흐르는 에너지의 성질은 반드시 침략과 전쟁이라는 현상과 일치하는 성질이 아닐 수도 있다는 해석이 가능하다. 그렇다면 현상에 불과한 과거의 사건과 전쟁에 대한 단순한 사죄만으로는 역사흐름의 진정한 모습을 은폐할 수도 있다. 다케우치는 단순히 과거에 대한 사죄 이후에 비평의 작업을 착수했다면, 그에 대한 비판을 쉽게 피할 수도 있고, 모든 것을 털어 버린 입

81 이 절에서는 쑨거의 다케우치 독해에 대한 필자의 해석과 비평을 정리하였다. 쑨거의 다케우치 비평은 다음 자료의 한국어, 일본어, 중국어판 서문에 서술되어 있다. 세 편의 문장이 한국어판 한 권에 다 실려 있다. 쑨거, 《다케우치 요시미라는 물음》, 7-66면.

장에서 새로 시작할 수 있었겠지만, 역사의 심부에 흐르는 현상과는 분리된 에너지 흐름의 참모습을 벗겨 낼 수 없었을 것이라고 생각했다. 역사의 심부에 흐르는 에너지는 일종의 '시대의 구조성'일 수 있다. 현상에 불과한 사건에 대한 단순한 사죄로는 그 구조성의 존재와 성격을 시간이 흘렀다는 이유만으로 역사에 묻어 버리고 망각하는 결과를 가져온다. 따라서 이러한 구조성에 대한 전반적인 분석과 성찰 없이 현상에만 집착하는 태도는 과거의 구조성을 넘어서는 새로운 구조성의 역사를 창출할 수 없게 만들 수 있다.

물론 이러한 역사철학으로 다케우치가 새로운 일본의 동아시아사고를 창조했는지는 아래에서 천천히 논하기로 하자. 그러나 이렇게 역사를 직시하는 태도는 오늘날의 관점에서 딱히 새로울 것은 없다. 그런데 다케우치를 논하는 쑨거의 해석은 복잡하고, 산발적인 정서적 '서사narrative'들을 일관된 어떤 것으로 논리화, 사상화하려고 하면서, 정서적인 경탄을 멈추지 않는다. 독자들은 아마도 다케우치의 저작은 읽기 쉬운데 쑨거의 다케우치론은 독해하기가 어렵다는 것을 느낄 것이다. 이것을 한국의 속담에서는 '꿈보다 해몽이 좋다'고 하던가.

필자는 다케우치의 유동적인 역사흐름의 구조성과 사건으로서의 현상을 분리시키는 인식방법이 분리기획의 출발점이라고 본다. 그는 이러한 역사의 해석에 있어서 복합적이고 다층적인 의미를 분리시키는 방법으로 일본 역사에서 많은 것을 분리시켜서 바라보았다. 특히 역사인식에서 전개되어 나오는 동아시아사고의 논리는 분리기획을 통해서 일본의 주체성과 아시아의 원리를 다시 찾으려는 목적에 종사하고 있다. 그러나 이러한 다케우치의 역사인식론에는 오늘날의 동아시아사고에서 특히 주변부의 입장에서 동의하지 못하는 부분이 발생한다. 역사의 구조성이라는 '거대서사grand narrative'에 의해서 희생당했던 식민지와 피침자의 '작은 서사little narrative'를 지나치게 무시하게 된다. 서세동점의 시대에 제국주의의 폭력과 전쟁으로 희생당한 '작은 서사'의 다양하고 자질구레한 '현상(실)'에서 눈을 떼고 '거대서사'의 유동적인 흐름에만 집중한다면 가해자(대부분 강국들이다)는 편하겠지만 피해자(대부분 약소국들이다)는 이중의 피해를 입는 것이다. 피해자에게 역사의 개별적인 현상보다는 거대한 흐름의 구조성을 바라보라는 논리만큼 독선적인 게 있을 수 있을까. 역사의 거대서사의 흐름이 야기한 작은 서사의 희생에 대한 성찰을 망각하고, 곧바로 새로운 역사의 거대서사를 모색한다는 다케우치의 사고는 결국 메이지 국가주의의 음영에 여전히 젖어 있는 모습을 보여 주고 있고, 오늘날의 동아시아 담론에서 보면 주변부의 '작은 서사'의 희생을 경시하는 중심부의 시각에 침잠하여 있는 것이다.

이러한 다케우치의 작위성은 사실 일본의 역사인식에 광범위하게 나타나는 특징이다. 다케우치 이후 오늘날 일본 지식인들의 동아시아 담론에서도 동아시아의 역사를 여러 각도로 분절시켜 논리를 전개하면서, 일본에 의해 조성된 국가주의적 폭력의 사례들을 다른 여러 요인들과 주체들이 중층적으로 참여한 결과로 분석을 시도한다. 그러나 이러한 역사인식의 태도는 가해자가 구체적인 현상들에 대한 철저한 성찰도 없이 일방적으로 피해자에게 강요하는 식이어서는 설득력을 가질 수 없다. 더욱 중요한 것은 구조와 현상의 역사분리기획은 중심부와 주변부가 반성과 화해가 이루어진 상태에서 서로의 존재를 상대화하면서 새로운 미래의 역사구조를 창출해 나가는 데 오히려 효력이 클 수 있는 조망이다. 반면에 과거에 일어났던 강자의 침략주의를 희석시키는 수단으로 사용되어서는 설득력이 약하다.

마지막으로 다케우치의 분리기획에서 가장 근본적인 문제점은 역사에 대한 '성찰적 비판정신'을 상실한 것이다. 국가적 주체성을 잃어버리고 서구적 근대화를 맹목적으로 모방하면서 초기의 연대주의에서 침략으로 매진하게 된 것에 대한 한탄으로 인해 구조와 현상을 분리시키면서 역사를 바라보려고 하였다. 이것은 결국 서세동점이라는 역사의 구조성, 연대주의와 침략이 서로 연쇄를 이루면서 일본이라는 국가가 선택할 수밖에 없었던 거대서사를 부각하면서 침략이라는 가시적 현상만을 비판대상으로 삼는 반일사조에 대응하는 태도이다. 자연적으로 이러한 접근은 일본이 조성한 동아시아의 구체적인 현상뿐만 아니라, 당시 서세동점에 처해질 수밖에 없었던 동아시아 역사의 구조적 특징에 대한 비판적 시각마저도 상실하게 된다. 이러한 사고가 초래하는 해석의 예를 들면 이렇다. 즉, 일본이 백인종인 러시아의 침략을 막지 않았다면 한반도와 주변의 동아시아는 러시아의 식민지가 되었을 것인데 일본이 동아연대를 주창하고 전쟁에서 승리하면서 동아시아를 수호하였다는 것이다. 이러한 논리에서는 한국의 식민화, 중국 침략, 태평양전쟁까지 모든 현상은 일본이 동아시아가 처한 역사의 구조성을 어깨에 짊어지고 간 것이라는 인식이 배어 있다. 전후의 다케우치의 분리기획에서는 일본과 침략이라는 연결고리보다도 일본과 역사의 구조성이라는 고리를 중시하면서, 서세동점과 일본제국주의의 총체적 역사의 구조성과 더불어서 구체적 현상인 침략에 대한 비판정신을 모두 방기했다. 결국 다케우치의 사고에서는 제국주의적 역사구조와 침략현상에 대한 비판정신보다는 역사의 구조에 대한 순응주의conformity와 마루야마의 개념인 '책임이양'의 정서가 나타나 있는 것이다.

마루야마는 군국주의 지도자들이 동경재판에서 보여 주었던 비겁한 태도를 '책임이양'의 심리로 비판하였다.[82] 그에 따르면 군부 지도자들이 전쟁을 일으키게 된 동기를 자신들의 의지가 아닌 천황과 무언지 모르지만

82 丸山眞男, 〈超國家主義の論理と心理〉, 《丸山眞男集―第3巻》, pp. 17-36. 丸山眞男, 〈軍國支配者の精神形態〉, 《丸山眞男集―第4巻》, pp. 97-142.

그렇게 할 수밖에 없었던 역사분위기로 이양시키고, 전시 군인들의 잔학행위의 동기도 또한 당시의 전쟁분위기와 상관들에게 이양시키고 있다고 비판하였다. 이것은 다케우치의 역사의 구조성과 현상을 분리시킨 태도와 같은 맥락이다. 그가 찬미했던 루쉰의 저항정신은 기존의 체제와 사고에 대한 소외된 민중의 입장에서의 순수한 비판인데, 다케우치는 일본 제국주의침략 현상을 역사의 구조적 지향으로 책임을 이양시킴으로써 구체적 침략행위에 대한 비판정신을 상실하고 있다. 자연적으로 인류사의 근대에 나타난 서세동점이라는 역사의 구조성 자체의 문제점에 대해서도 비판논리를 방기하는 결과를 가져왔다. 따라서 그는 일본의 국가주의적 주체성 상실을 한탄하였으나, 그렇게 된 일본정신의 구조적인 원인을 비판하지 못했다. 따라서 그는 전전 일본의 연대주의와 침략주의를 분리시키는 동아시아사고를 주창하면서 외형적으로는 새로운 듯이 보이지만 근본적으로는 메이지시대의 국가주의적 인식론의 틀을 벗어나지 못했다.

전후세대인 무라카미 하루키의 예루살렘 문학상 수상 연설에서는 전쟁세대인 다케우치의 구조와 현상의 분리기획이 21세기에는 어떻게 달리 받아들여져야 할지 잘 보여 주고 있다. 하루키는 '시스템'(국가)에 의한 억압과 폭력이라는 현상에 대해서 '알'(계란)에 불과한 우리가 힘을 합쳐 저항할 것을 주문한다.

> 내가 이 자리에서 여러분에게 전하고 싶은 것은 단 한가지입니다. 국적과 인종과 종교를 넘어서서 우리는 모두 개개의 인간입니다. 시스템이라는 굳세고 단단한 방벽을 앞에 둔, 하나하나의 알입니다. 우리는 도저히 이길 가망성이 없어 보입니다. 벽은 너무나 높고 단단하며, 또한 냉혹합니다. 혹시 우리에게 조금이라도 이길 가망이 있다면 그것은 우리가 우리 자신의 그리고 서로의 영혼이 더할

> 나위없이 소중하다는 걸 믿고, 그 온기를 한데 모으는 데서 생겨날 뿐입니다. 생각해 보십시오. 우리 한 사람 한 사람에게는 실감할 수 있는 살아 숨 쉬는 영혼이 있습니다. 시스템에는 그것이 없습니다. 시스템이 우리를 이용하게 놓아 두어선 안 됩니다. 시스템이 홀로 작동하게 놓아 두어선 안 됩니다. 시스템이 우리를 만든 게 아닙니다. 우리가 시스템을 만들었습니다.[83]

하루키의 연설에서 인상적인 것은, 다케우치가 열심히 전쟁 책임을 이양하려는 대상인 우리를 둘러싼 구조의 표상인 시스템이 사실 주어진 것이 아니라 우리가 만든 것이라는 충고이다. 그리고 역사의 구조와 현상이 모두 비판의 대상이 되어야 한다는 보편적 평화주의정신이다.

쑨거는 다케우치의 역사비평을 접하면서 공감을 나타내고 있지만, 그의 분리기획이 의미하는 것을 지적하지는 못하고 있다. 만일 일본의 중국 침략이라는 현상을 서세동점에 대한 동아시아 해방이라는 역사의 구조성을 따르는 과제 수행으로 사고한다면 그녀는 다케우치에게 어떤 평가를 내릴까. 근본적으로 쑨거의 시각은 다케우치와 마찬가지로 동아시아를 중심부에서만 바라보고 있으며, 주변부의 시각을 체감하고 이해하지는 못하고 있다. 그리고 다케우치에 대한 오해가 많다고 하는 평가에서도 다케우치의 분리기획이 의미하는 바를 감지하지 못하고 있다.

3) 주체성 부재의 근대화에 대한 성찰

다케우치는 〈방법으로서의 아시아〉 강연(1961)에서 동서양의 지식인들을 인용하면서 근대화와 관련하여 중국에는 있었으나 일본에서는 부족했

83 무라카미 하루키, 2011, 이영미 역, 〈벽과 알〉, 《무라카미 하루키 잡문집》, 비채, 93-94면. 하루키가 예루살렘 문학상 수상식(2009년 2월)에서 한 연설이다. 당시 이스라엘의 공격으로 인한 팔레스타인 민간인들의 희생에 대해 비판이 고조되던 시기였다.

던 측면을 성찰적으로 서술한다.[84] 그가 인용한 유일한 그리고 일본 근대의 문제점을 자각한 최초의 지식인 나쓰메 소세키는 일본의 근대화는 뿌리가 깊지 않아서 이대로 가면 패망할 것이라고 예언을 한다. 그의 〈마음〉, 〈산시로〉 같은 작품에서는 일본의 근대가 외발적이며 급조된 것으로서 내발적이 아닌 것을 한탄하는 암울한 전망을 내놓고 있다. 그는 이러한 외발적인 근대화를 내면화시킬 수 있는 방법을 모색하였으나 명확한 해답을 찾지는 못했다. 듀이John Dewey(1859-1952)는 5·4운동기에 중국의 밑바닥에 흐르는 중국문명의 본질을 통찰하면서 중국이 머지않아 다시 부상할 것을 예언한다. 그는 5·4운동의 저항을 보면서 중국의 근대화는 내발적인 반면에 일본의 근대화는 표면적인 것이라 기반이 약해 언제 붕괴할지 모른다고 전망한다.[85] 비슷한 시기에 러셀Burtland Russell(1872-1970)도 중국기행문에서 일본과 중국을 비교하고 있는데, 듀이와 비슷한 견해를 보이면서 중국에서 오히려 자발적 근대화의 희망을 발견하고 있다.[86] 그는 중국의 문제를 지적하면서도 중국에서 세계문명의 희망을 발견하고 있다. 서구의 팽창적 국가주의와 전쟁마저 비판하는 반전평화주의사상을 가진 철학자로서 러셀이 당시 일본이 제국주의의 길로 나아가는 것을 비판의 눈길로 바라보는 것은 논리적으로 당연한 것이었다.

이렇게 다케우치가 인용한 서구의 저명한 지식인들의 기행문상의 지적보다도, 일본의 근대화에서 가장 심각하면서도 구체적인 문제점에 대한 비판은 인도 시인 타고르에게서 나온다. 타고르는 개인의 주체적 자아의 발견으로 대변되는 근대성과 물질적 발전으로 표방되는 근대화를 구분하였다. 그가 보기에는 일본이 서구의 근대성보다는 물질적 근대화를 맹목

84 竹内好, 〈方法としてのアジア〉, 《日本とアジア》, pp. 396-420; 다케우치 요시미, 2004, 〈방법으로서의 아시아〉, 《일본과 아시아》, 140-169.

85 다케우치 요시미, 위의 책, 150, 152면.

86 위의 책, 152-153면; 버트런드 러셀, 2009, 이순희 역, 《러셀 북경에 가다》, 천지인.

적으로 모방하여 기른 힘으로 이웃을 해치고자 하는 것은 나쁘다고 충고하였다.[87] 그런데 일본의 언론은 약소국 시인의 푸념이라고 비판했다고 타고르 자신이 술회하고 있다. 그러나 중국은 이러한 타고르의 비평을 일본같이 냉소적으로 받아들이지 않고 감추어진 아시아인의 분노로 이해하였는데 이것이 일본과 중국의 근본적인 차이점을 드러내는 것이라고 다케우치는 지적한다.[88]

이러한 동서양 지식인들의 중국과 일본의 근대화라는 주제에 관한 사유는 독자적인 근대를 창출하려 했던 나쓰메 소세키의 '문제의식', 루쉰의 '저항정신'과 함께 다케우치에게 가장 큰 자극을 주었다고 볼 수 있다.[89] 특히 루쉰이 즐겨 사용하던 '쩡짜掙扎'[90]라는 용어에서 루쉰 문학사상의 정수를 발견하는데, 이 용어에 가장 근접한 일본어는 '저항'이라고 해석한다. 이렇게 그가 '저항'으로 함축되는 루쉰의 문학정신을 중국의 근대화와 일치시키고 대조적으로 이러한 저항이 결여된 일본의 근대화를 성찰하고 있는 것은 논리적인 귀결이다.

이런 맥락에서, 다케우치가 보는 아시아의 존재인식은 서구에 대한 저항에서 생성되었다. 따라서 아시아는 항상 서구와 대면할 때 존재하는 것이며 자발적으로 생성되고 스스로 존재하는 것이 아니다. 즉, 동아시아의 존재와 근대화를 논할 때, 서구에 대한 '저항'[91]이라는 조망에서 규정하려고 한 것이다. 이런 맥락에서 그는 일본의 근대화 과정에서 생성된 동아시

87 인도의 노벨경제학상 수상자인 센은 타고르의 일본비판론을 잘 정리하고 있다. Amartya Sen, *The Argumentative Indian*, pp. 110-111.

88 다케우치 요시미, 〈방법으로서의 아시아〉, 158면.

89 다케우치는 일본의 근대에 대한 논의에서 루쉰과 나쓰메 소세키의 문제의식을 공유하면서 동아시아사고를 접목하여 비평을 전개하고 있다. 루쉰과 나쓰메의 근대에 대한 문제의식에 대해서는 히야마 히사오(檜山久雄), 《동양적 근대의 창출—루쉰과 소세키》.

90 漢語大詞典編輯委員會, 1993, 《漢語大詞典》 第6卷, 上海: 漢語大詞典出版社, p. 586; 다케우치 요시미, 《루쉰》, 7-19면, 주석 12.

91 竹內好, 〈中國の近代と日本の近代〉, 《日本とアジア》, pp. 12-13.

아사고는 서구에 대한 저항을 목적으로 하는 동아시아연대주의에서 출발했으나 결국 침략으로 귀결되었다고 본다. 우선 그는 일본이 근대화 과정에서 주체성을 망각하면서 서구의 폭력적 근대를 맹목적으로 모방하였기 때문에 내면적 근대를 이루지 못하고 메이지 이래로 법률적, 정치적 독립을 넘어서는 실질적 독립, 즉 문화적 독립을 이룬 적이 없다고 한탄한다. 독립이란 형식일 뿐 결국 서구의 노예였다고 진단하고 있는 것이다.[92] 우월감과 열등감의 공존이라는 주체성을 결한 노예의식의 근원이 동양이라면 일본은 가장 동양적이면서 저항이 없었다는 측면에서는 일본은 동양적이지 않았다.[93] 따라서 그는 서구에 대한 저항을 출발점으로 하는 근대화를 같은 동아시아인 중국의 경우와 비교하면서 일본을 성찰하고 있다.

다케우치는 일본과 중국의 근대를 비교하면서 일본의 근대는 구조적으로 구래의 구조를 지니면서 그 위에 서양에서 취한 문명을 덧씌운 것으로 규정하고, 반면에 중국의 근대는 외부에서 들어온 자극에 대응하면서 자기비판을 통해 자기를 철저히 파괴하고 자기변혁의 힘을 자신 속에서 만들어 냈다고 하였다.[94] 이렇게 그는 중국을 동아시아의 근대화 모델로 제시한 것인데, 일본의 근대가 안일한 '전향轉向'에 머물렀다면 중국의 근대는 진정한 자기변혁을 초래한 '회심回心'으로 파악하였다.[95] 양자에게 이러한 차별이 생성된 것은 서양문명을 흡수하는 태도에서의 주체성의 유무에 따라 설명된다. 가장 근본적인 문제점으로 일본의 근대화가 주체성이 결여된 노예의식에서 진행되었다는 사실을 지적한다. 주인이 되면 노예의 신분에서 자유로울 수 있다고 믿었던 루쉰의 소설에 나오는 어느 노예의 이야기를 인용하면서 그는 바로 이러한 사고방식을 일본의 노예의식

92 위의 책, pp. 9-50.
93 위의 책, p. 23.
94 竹內好, 〈方法としてのアジア〉, 《日本とアジア》, pp. 412-413.
95 竹內好, 〈中國の近代と日本の近代〉, 《日本とアジア》, pp. 40-42.

이라고 규정했다.[96] 즉, 일본은 근대에의 전환점에 있어서 서구에 대해 열등의식을 가졌으므로 맹렬히 서구를 모방하기 시작하면서 스스로가 서구가 되는 것, 보다 잘 서구화하는 것이 탈각의 길이라고 여겼다. 문제는 이러한 주체성의 결여는 곧 일본문화의 우수성을 계승 발전시키는 것을 포기한 것이다. 우매한 노예에게도 독특한 우수성이 있고 그 위에 타자의 우월성을 받아들여야 함에도 불구하고 일본은 자주성을 포기하고 서구의 근대를 맹목적으로 추종하며 내면화시키지 못했기 때문에 서구 제국주의 침략을 모방하는 우를 범하게 되었다는 것이다.[97] 결국 메이지 이래의 맹목적인 서구 흉내 내기의 근대화는 지적·문화적 주체성의 기초 위에서 성립된 것이 아니기 때문에 결국은 패착으로 귀결되었다고 성찰하고 있다.

이렇게 그는 중국의 근대를 바라보면서 일본의 근대에 부재했던 '저항'을 찾아내어 그것을 주체성의 근원으로 지적하고 있다. 60년대 당시에는 냉전이 최고조에 이르면서 일본을 포함한 동아시아에 미국의 패권지배가 한창 힘을 떨칠 때이다. 또한 1960년에는 미일안보동맹이 더욱 강화되어 동아시아에서 반공전선이 구축된 것을 고려하면, 당시 다케우치가 공산화된 중국을 주체성 있는 모범적인 근대화 사례로 제시한 것은 파격적인 것이었다.[98]

그러나 중국의 근대에 내재한 저항을 주체성을 갖춘 근대의 표지로 삼는다는 그의 사고는 다음 같은 문제점을 내포한다. 서구에 대한 저항을 매개로 생성된 아시아의 주체성을 강조하면서 서구적 근대를 단순화하는

96 위의 책, pp. 34-38; 魯迅, 1991, 〈聰明人和傻子和奴才〉, 《魯迅選集》 第二卷, 人民文學出版社, pp. 216-218.

97 竹內好, 위의 책, pp. 37-39.

98 다케우치의 성찰적 근대론을 잇는 진보적 학자인 미조구치 유조(溝口雄三)는 비슷한 논리로서 일본과 중국의 근대를 비교한다. 일본 사회가 여전히 이분법적 사고—문명 유럽/야만 아시아—로 탈아의 일본이 다른 아시아보다 앞서 문명화를 이루었다고 보는 태도를 비판한다. 미조구치 유조, 2004, 서광덕 외 역, 《중국의 충격》, 소명출판.

경향에 빠지고 있다. 다시 말하면 다케우치는 서구의 근대가 팽창적 국가주의 측면보다도 주체적 자아의 발견과 민주주의라는 측면이 더욱 본질적이라는 것을 도외시하고 있다. 그가 인용한 반전평화주의자인 러셀의 경우에서와 같이 서구인들 중에서 제국주의와 전쟁을 비판하는 경향은 바로 이러한 근대성의 자각의 측면으로 설명할 수 있는 것이다. 러셀이 1차 대전기에 반전평화를 외치면서 교수직에서 물러나고 투옥되기도 했다는 것은 유명한 일이다. 즉, 서구의 근대에서는 그것이 생성하고 있는 부작용—제국주의, 인종차별, 식민주의의 억압과 착취 등—을 비판할 수 있는 사상도 동시에 내포하고 있으며, 이러한 근대성에서의 자기성찰적 태도는 서구와 동아시아에서 모두 예외가 아닌 보편적인 정신인 것이다. 따라서 중국혁명을 루쉰의 저항이라는 의미와 일치시켜 바라보면서 그것을 '회심'이라고 찬양하고 있는데, 과연 그 회심이 중국에게 국가주권적 정체성이외에 개인의 주체와 민주주의, 비판의 자유를 심어 주었는지 여부에 대해서는 사고하지 않는다. 그렇다면 다케우치의 근대론은 결국 서구에의 저항을 매개로 한 (동)아시아의 국가주의적 주체성을 사고하는 것이지, 민주주의의 기초인 개인의 주체성을 사고하는 게 아닌 것이다. 즉, 중국과 비교하면서 일본의 국가적 주체성을 논하는 것이지, 개인과 시민의 주체성을 근대의 인식론에 담고 있지 않다. 이러한 보수주의적인 성향은 그의 저작에서 일관된 흐름이다. 특히 태평양전쟁에 대한 그의 성찰적 태도가 모호하다는 면에서는 더욱 그렇다. 미국과 서구에 도전하는 일본의 국가적 주체성을 자부하면서, 그러한 행위로 일본과 식민지, 피침국의 시민들에게 어떠한 파괴가 자행되었는지를 사고하고 있지 않다. 따라서 그의 근대론은 국가주의적 주체성의 근대론이며 메이지 이래 일본의 국가주의적 인식론의 범주를 여전히 맴돌고 있다. 또한 그가 활동을 하던 당시(50-60년대) 동아시아에는 냉전이 최고조에 이르러 제국-식민의 의식구조와 미소 양극체제의 대결구도가 지배하고 있었다는 사실도 그가 이러한 국가주의적 인식론의 음영을 벗어나지 못하는 데 영향을 끼쳤으리라고 생각된다.

이러한 측면을 고려하면 그의 동아시아론에서는 다음 같은 특징을 유추할 수 있다. 첫째, 일본이 태평양전쟁을 수행하면서 미국과 서구적 근대에 대한 도전을 정당화했던 태도를 전후에도 지속적으로 견지한다. 왜냐하면 다케우치에게는 대미선전포고가 동아시아 약자(중국)에 대한 침략주의를 초극하려는 일본의 국가주체성의 표시로 인식되었다. 둘째, 전후에 일본이 냉전체제에 순응하면서 탈아입미로 전향한 것에 대한 진보적 입장에서의 비판의 표시이다. 일본이 전후에 미국 주도의 냉전구조에 종속적 역할을 한다는 것은 그의 논지에서 보면 여전히 국가주체성의 상실이다. 셋째, 자신이 성찰하다시피 일본의 근대는 서구를 맹목적으로 모방하는 태도에서 벗어나 아시아적인 대안, 즉 중국에서 찾는다는 아시아적 주체성 모색의 의도를 나타낸다. 그는 이러한 아시아적 원리의 근원을 일본의 동아시아연대주의와 일치시키려는 시도를 추진한다. 이러한 지적인 기획은 '아시아를 방법'으로 삼는다는 논리와 연결된다. 물론 이러한 사고는 중국의 문화대혁명(1967-1976)에서 노출된 국가 주도의 폭력으로 인해서 이후에 빛이 바랜 사실도 부정할 수 없다.

다케우치의 근대론에서는 저항을 방기하고 서구적 근대화를 모방하면서도 서구에 도전하여 실패한 일본을 한탄하고 저항을 수단으로 주체적 혁명에 성공한 중국을 동아시아 근대의 지표로 내세우고 있다. 그러나 일본과 중국 이외의 주변부 동아시아를 사고하지 않는 편향성을 보이고 있다. 중국과 일본, 그리고 주변부 사이에서 벌어진 근대화를 매개로 한 상호관계성을 토론하지 않으면서도 동아시아를 사고할 수 있을지는 의문이다. 오늘날 주변부에서 출발하는 담론의 시각에서 그의 동아시아론을 비판적으로 바라볼 수 있다는 것을 여기서 알 수 있다. 따라서, 21세기 동아시아 담론의 시각에서 보면, 그의 동아시아사고와 일본의 근대론은 오늘날의 '탈근대적 문제의식'—이 책에서 강조하는—을 자각하는 데까지 이르지는 못했다는 시대적 한계도 보여 주고 있다.

4) 방법으로서의 아시아

일본식의 근대와 밀접한 관련을 가지고 전개되어 나갔던 동아시아사고가 빗나가게 되었다고 비판하면서 다케우치는 아시아는 연구의 대상이거나 실체적 개념이 아니라 '방법'이라는 논리를 설정한다. 즉 서구에의 저항으로서 아시아적 주체성을 배양하고 서구적 근대에의 맹목적 모방을 극복하기 위하여 아시아는 일종의 방법이라는 새로운 사고를 제시하고 있다. 이러한 논법에서는 일본이 탈아론과 흥아론으로 아시아를 바라보는 주체의 자리를 차지한 것과는 달리 '아시아가 바라보는 세계'라는 새로운 방향성을 설정하는 의미가 있다.

아시아는 방법이라는 구상에서 그는 서구의 우수한 문화를 더욱 심층적으로 실현하기 위해서 서구를 동양이 싸안아 역으로 변혁시키는 '문화적인 되감기'로써 보편성을 이루어야 한다고 주장한다. 이러한 문화적 되감기를 할 때는 독자적인 것이 있어야 하는데 그것을 구체적으로 설명은 못하지만 주체형성의 과정으로서 일종의 방법으로 존재할 수 있을 것이라고 말한다. 이러한 문화상, 가치상의 작업을 통해 아시아의 힘이 서구에서 기원한 보편적 가치를 개혁하고 발전시켜야 한다는 것이다.[99] 이것이 그가 논하는 아시아를 방법으로 서구에서 발원한 보편성을 더욱 증진시킨다는 구상이다.

---

99 竹内好, 〈方法としてのアジア〉, p. 420.

그가 '방법으로서의 아시아'론을 제시하는 배경은 다음같이 해석할 수 있다. 즉, 이러한 시도는 일본이 대표했던 동아시아주의가 패전으로 인해서 그 존재의미가 퇴색된 가운데, 다시 아시아를 서구와 병치된 존재로 재정립하려는 것이라고 해석된다. 즉, 이제는 일본이 대표하는 아시아가 아닌 아시아가 방법이 되어 새로운 대표를 만드는 존재라는 것이다. 이것은 또한 아시아의 원리와 서구의 근대성 양자의 관계성을 수평적으로 조망하려는 의미로서 오카쿠라의 '아시아일체론'에서와 같이 서구문명에 못지않은 아시아의 보편성과 특수성을 재건하려는 논리이다. "동양은 저항을 지속하는 것에 의해 유럽적인 것에 매개되면서, 그것을 넘어선 비유럽적인 것을 만들어 내고 있는 것으로 보인다"[100]고 하면서 서구에의 저항이 단순히 적대적인 거부가 아니라 저항을 매개로 서구와 지속적으로 교류하면서 아시아의 것을 찾아내고 회복시켜야 한다는 의지를 표명하고 있다. 이렇게 아시아를 다시 서구와 수평적인 독립된 가치로 되살린 것은 그의 공헌이라고 할 수 있다. 그러나 그는 다시 아시아의 원리를 일본의 것과 일치시키려 시도하면서 일본 중심으로 되돌아간다. 서구에의 저항과 주체성을 진작시키기 위해 아시아의 원리를 찾아내어 방법으로 삼는데, 그 원리를 다시 일본의 주체성과 일치시키려는 논리적 정지작업이자 의도로 해석할 수 있다. 이것이 '방법으로서의 아시아' 논리가 지향하는 의도로 해석된다.

'방법으로서의 아시아' 논리는 치밀하게 체계화된 이론에서 온 것이 아닌 강연에서 언급된 것이다. 따라서 학문적인 분석의 결과로서보다는 정서적인 사색의 결과로 받아들이는 편이 더 적당할 것이다. 이 강연문에서 간파되는 것은 일종의 패전국 지식인의 고뇌이다. 그의 고뇌에서는 한 가지 의도를 읽을 수 있는데 '근대의 초극' 좌담회에서 의기양양하게 주장했

100 竹內好, 〈中國の近代と日本の近代〉, p. 13.

던 신아시아체제의 주도권을 상실하고 덩달아 아시아의 주체성마저도 와해된 상태에서 다시 서구를 대면하는 방법으로서의 아시아의 원리를 부활시키려는 것이다. 그리고 다시 이를 일본의 주체성과 일치시키려는 의도에서 일본의 동아시아사고에서 연대주의와 침략주의를 분리시키는 작업을 행하게 되는데, 연대의 측면을 더욱 강조하는 과정에서 자연적으로 침략에 대한 모호한 성찰을 노정시키게 된다. 그는 침략주의 측면을 서구 근대의 맹목적 모방의 결과로 해석하면서 의도적이든 아니든 서구적 근대에 '침략의 책임을 이양'시키고 있다. 당연히 그가 순수하다고 해석했던 일본의 연대주의에 대해서는 전쟁 책임의 면죄부를 주는 결과를 가져온다. 이러한 시도는 결국 연대주의를 발판으로 일본중심적인 동아시아사고의 재건을 꿈꾸고 있다는 비판을 면하기 어렵게 한다.

그러나 이러한 비판을 떠나서 21세기 동아시아 담론에서는 (동)아시아를 방법으로 삼자는 논의가 몇몇 지식인에 의해서 설득력을 얻고 있다. 진보적 지식인인 고야스는 동아시아를 내부의 문제와 외부인 서구를 대면하는 일종의 '방법'으로 삼자고 한다. 즉, 동아시아를 '방법'으로 삼음으로써 '자국 자민족 중심주의'를 상대화하기 위한 수단으로, 또한 동아시아를 국가 간 관계로 실체화하지 않고 생활자의 상호적 교류를 가능하게 하는 관계 틀로서의 지역 개념이 될 수 있다고 설명한다.[101] 대만의 비판적 지식인이자 동아시아 담론을 전개하는 천광싱도 '방법으로서의 아시아'를 주창하면서 이는 일본의 미조구치 유조의 '방법으로서의 중국'에서 암시를 받은 것이라고 하면서도 다케우치의 것과 비슷한 함의라고 밝힌다.[102] 그러나 필자가 보기에는 이들이 지향하는 '방법'이라는 의미와 다케우치가

---

101 子安宣邦, 2003, 《アジアはどう語られてきたか》, 藤原書店, pp. 103-104.

102 陳光興, 《去帝國·亞洲作爲方法》; 천광싱, 〈방법으로서의 아시아〉, 《아세아연구》, 제52권 1호, 2009년, 57-80면; 천광싱, 《제국의 눈》, 286-287면.

지향했던 것은 서로 다르다. 다케우치는 무어라 말할 수 없지만 서구와는 다른 어떤 아시아적인 특성을 언급하였다. 또한 다케우치의 문제점은 위에서 언급했던 것처럼 '아시아라는 방법'에서 주변부를 소외시킨 중심부의 아시아를 지칭하고 있는 것이다. 따라서 그는 서구와 아시아라는 이원적 대립구조에서 아시아를 사고한 것으로 보인다. 그러나 탈냉전시대 동아시아 담론에서 여러 학자들에게 되살아난 '방법으로서의 아시아'라는 의미는 오히려 동서이원론적 구분을 무력화시키자는 쪽에 더욱 가깝다. 즉, 동아시아는 고정되지 않은 유동하는 생성becoming이라는 개념에서 볼 때 '자신과 상대(서구나 다른 지역)의 상호관계를 고정시키지 않고 지속적으로 서로를 만들어 나가는 방법'이라고 하는 더욱 유동적이고 역동적인 개념으로 정의 내릴 수 있을 것이다. 이렇게 본다면 아시아라는 개념에는 동양-서양과 중심-주변의 이원적 구분에서 나온 고정성과 위계성이 무의미하게 될 것이다. 따라서 오늘날의 동아시아 담론의 관점에서 보면 냉전이 한창이었던 60년대 다케우치의 동아시아론은 동양-서양, 중심-주변을 초탈하는 다원주의적 사고에까지 도달하지는 못했다는 것이 드러나고 있다. 다케우치 이후의 일본 지식인들이 새로운 동아시아 담론을 전개할 때, 특히 의식을 해야 하는 측면이라고 생각한다.

5) 분리기획과 아시아의 원리 되찾기

다케우치의 동아시아론에서 가장 중대한 특성을 추출하면 침략과 패배로 귀결된 일본의 동아시아주의를 한탄하면서, 그래도 일본적 주체성의 근거를 되찾으려는 열망에서 순수한 연대주의와 침략주의 양자를 분리하려고 한 측면이다. 이것이 다케우치가 기도한 일본 중심의 동아시아주의의 재건을 위한 '지적인 분리기획'이다. 즉, 그는 역사의 구조성(서세동점에 저항하기 위한 연대주의)을 설정하여 현상(침략)을 분리시키면서 단순히 현상만을 들추어 내 일본의 동아시아사고가 침략적인 것이었다는 논리를 비판한다. 이렇게 분리해 낸 '순수한 연대주의'를 '일본의 주체성'과 일치시키고 이를 '아시아의 원리'와 연동시켜서 하나의 사고체계화를 기도하고 있다. 이러한 구상이 초래하는 논리적 결과로 침략에 대한 성찰의 측면이 애매모호하게 나타나게 되었다.

구체적으로, 그가 생각하는 아시아의 원리는 서구에 대한 저항인데 자신이 지적했다시피 일본은 저항이 부족하다는 면에서는 아시아가 아니라고 할 수 있다. 그는 그러한 저항정신을 중국의 루쉰에서 찾았다.[103] 그 결과 중국의 근대화가 일본보다 더 철저히 이루어졌다고 설파한다. 그렇다면 저항정신에서 중국보다 뒤지게 된 결과 주체성의 근거를 되찾아야 하는데, 그는 일본의 서구를 향한 저항에서 주창하던 '동아연대론'에서 이것을 모색하고 있다. 그러나 문제는 자신도 인정했다시피 서구에 대한 공동전선의 구축을 위한 연대주의가 오히려 동아시아를 향한 침략주의로 변질되었다는 현실이다. 그래서 그는 양자의 분리를 통하여 침략주의에서 떨어져 나온 일본의 순수한 연대주의를 독립시키고, 이를 일본의 주체성의 근원으로 전환시킨 후에 다시 아시아의 원리와 연동시키려는 기도를 하게 된 것이다. 이렇게 작위적으로 논리를 전개하는 과정에서 다음 같은 사상적 불연속성이 노정되고 있는 것을 발견할 수 있다.

태평양전쟁 개전 시에 발표한 '선언'에서는 '근대의 초극' 좌담회의 중국관과 비슷했던 것과는 달리, 전후에는 좌담회를 비판하고 중국의 근대를 일본보다 높이 평가하는 변화를 보여 준다. 그러면 전후에 왜 자신의 '선언'에 대해서는 성찰하지 않을까 하는 의문이 생긴다. '선언'에서는 본인이 지적했던 좌담회의 '지적인 전율'이 꼭 같이 나타나 있는데도 다케우치는 이러한 전쟁 찬양의 책임을 반성하지 않는다. 그에게는 다른 속셈이

103 다케우치 요시미, 《루쉰》, 7-19면.

있었다. 그것은 교묘하게 전쟁의 책임을 서구적 근대로 '이양'하는 것이다. 한 걸음 더 나아가 추론하면, 근대는 서구의 것이고 그것을 맹목적으로 모방한 것은 일본이다. 그러므로 침략주의는 서구적 근대에서 유래한다. 맹목적으로 모방한 일본은 침략은 했으나 원래의 일본적 주체성은 아시아의 원리의 대변자로서 연대를 주창하던 아름다운 것이었다. 동아시아 침략은 나쁜 것이지만 일본이 표방했던 연대의 순수한 심정적 동기만은 인정해야 한다. 그러므로 일본 동아시아사고의 본질은 침략주의가 아니라 순수한 연대주의이며, 다케우치는 이러한 양자의 분리를 시도하고 있는 것이다.

이러한 작위적인 지적인 분리기획에 따르면 미국/영국을 향한 전쟁과 동아시아에 대한 침략전쟁은 서로 연관성이 없는 것으로 설정된다.

> 카메이는 전쟁 일반이라는 사고방식을 배제하고 전쟁으로부터 대중국(그리고 대아시아) 침략전쟁의 측면만을 떼어 내서, 그것 혹은 그것의 일부분에 대해서만 책임을 지자고 말한다. 이 점에 대해서만 말한다면 나는 카메이의 생각을 지지하고 싶다. 대동아전쟁은 식민지 침략전쟁인 동시에 제국주의에 대한 전쟁이기도 했다. 이 두 가지 측면은 실제로는 일체화되어 있지만 논리상으로는 반드시 구별되어야 한다. 일본에게 미국이나 영국을 침략할 의도는 없었다. 네덜란드로부터 식민지를 빼앗긴 했지만 네덜란드 본국을 빼앗으려고 하지는 않았다. 제국주의로 제국주의를 무너뜨리는 것은 불가능 하지만 그렇다고 해서 제국주의로 제국주의를 판가름할 수도 없다. 그것을 판가름하려면 무언가 보편가치를 기준으로 하지 않으면 안 되었는데(예를 들어 도쿄재판에서의 자유, 정의, 인도 같은) 그런 보편 가치는 카메이의 논리로부터는 승인될 수 없었다.[104]

이렇게 동아시아 침략과 서구 침략을 분리시킨 연후에 다시 탈아론을 비판하는 데로 나아간다. 좌담회에서의 일본 낭만파의 주장, 즉 '일본은 곧 유럽으로서 유럽을 공격함으로써 유럽의 근대를 초극하고 아시아를 주도하여야 한다는 논리'에 대해 다케우치는 후쿠자와의 탈아론을 연관시키면서 그들을 비판한다. 좌담회에서의 낭만파의 견해는 탈아론을 수용하면서 일본은 곧 서구라는 도식을 단순히 받아들이면서, 동아시아로서의 일본의 주체성을 무색하게 하였으며 메이지시대로 역으로 거슬러 올라가면서 일본의 무사상을 증명하는 것이라고 한다.

> 아시아에서 지도권을 주장하는 것과 서구 근대를 초극한다는, 원리적으로 배리되는 두 개의 국민적 사명관이 이 책에서는 일본=서구라는 관점의 조작에 의해 단순 명쾌하게 전자만을 생성하고 후자를 버리는 형태로 해결되고 있다. 이것은 전통으로부터의 일탈일 뿐 참된 해결은 아니다. 그들에게 아포리아는 존재하지 않았다. '우리는 마음으로부터 동방의 악우를 사절할 따름이다.'(후쿠자와 유키치, 탈아론) 후쿠자와는 사실인식을 그르쳤다. 일본은 원래부터 아시아가 아니었다는 것이 이들 신문명개화론자의 주장이었다. 따라서 이 지점에서 후쿠자와가 고심초사하여 만든 '국가의 독립'이 무의미해져 버리는 것은 당연한 이치이며, 나아가 메이지유신 이래의 역사가 모두 없었던 것으로 되어 버렸다. 어이없게도, '일본 낭만파'의 사상파괴는 오늘날 이렇게 역방향으로 그 목적을 달성하고 있는 셈이다.[105]

104 竹內好,〈近代の超克〉,《日本とアジア》, p. 171.

105 위의 책, p. 203.

다케우치가 메이지 이래의 역사를 탈아론이 그르쳤다고 평가하는 것은 그가 전후에 지향하는 동아시아사고와 논리적으로 일치한다. 탈아론은 일본으로 하여금 그가 비판해 마지않았던 서구적 근대화의 맹목적 모방의 길로 매진하게 하였기 때문이며, 그 결과 아시아의 원리를 일본이 방기하게 하였으며, 자연적인 귀결로서 탈아론은 아시아를 침략이라는 수단을 동원해서라도 주도하고 가르쳐야 한다는 동아시아침략주의를 낳는 데 결정적인 역할을 하였다.

정리하면 다케우치는 일본의 동아시아사고를 연대와 침략이라는 두 조류로 분리시키고, 동아시아 침략과 태평양전쟁의 의미를 분리시키고, 제국주의 유럽에 대한 침략과는 달리 동아시아 침략에 대해서는 책임의식을 갖자는 견해를 내세우면서도, 다시 그 동아시아에 대한 침략과 연대를 구분하자는 논리로 나아갔다. 그러면서 연대를 위한 침략을 높이 평가하는 사고를 보여 준다. 이러한 분리기획은 일본의 동아시아 침략이 단순한 침략이 아닌 연대를 통한 동아시아 해방을 위한 순수한 의도에서의 침략이라는 논리를 세우면서 일본 중심의 동아시아사고를 재구축하려는 작위적 태도를 보여 준다. 이러한 작위적인 분리기획은 일본의 초기 동아시아사고에서 나타나는 순수한 연대주의는 일본적 주체성에서 유래했다는 인식을 복원하여, 다시 이것을 아시아의 원리와 연동시킬 수 있는 길을 모색하려는 것이다. 따라서 그는 일본의 초기 동아시아연대론은 원래 침략을 목적으로 하는 게 아니었으며, 서구의 침략에 대해서 동아시아가 협력하여 공동으로 방어하자는 의도에서 나온 순수한 것이었다는 사실을 강조한다.

이러한 작위적 논리전개에서는 일본 중심의 동아시아사고를 재건하려는 의도가 드러나고 있다. 이것이 작위적이라는 것은 논리전개과정에서 순수한 연대주의를 추출하여 보존시키고 일본적 주체성의 자원으로 승화시키려면 침략주의에 대한 철저한 반성과 해체가 이루어져야 하는데, 정작 주변부 동아시아 침략에 대한 성찰이 애매하게 나타나고 있는 것이다. 따라서 근대화 과정에서 일본 동아시아사고에서의 두 가지 큰 흐름인 순수한 연대주의(흥아)와 불순했던 침략주의(탈아) 양자를 분리시키는 시도를 하고는 있으나 정작 그 시도가 철저히 이루어지지 못하고 있다. 그는 연대주의 자체가 침략을 수단으로 억압적으로 추구되었던 역사적 사실을 의도적으로 망각하고자 했다. 따라서 교묘하게 이루어진 분리 노력에도 불구하고 일본 동아시아사고가 아시아의 원리를 확보할 도덕적인 근거가 그다지 공고해지지 못하고 말았다. 결국, 아시아의 원리를 일본의 주체성과 일치시키는 데도 실패하면서 동아시아 지도국으로서의 일본을 내세우는 데도 신뢰를 주지 못하고 있는 것이다.

이러한 한계를 아는지 그가 한탄한 것은 초기의 순수한 연대주의가 시간이 가면서 침략으로 변질되었다는 역사적 현실이다. 그가 수행한 지적인 작업으로서의 분리기획은 이러한 현실에서 나온 고육책이며 연대주의를 역사의 무대로 다시 불러내어 일본이 동아시아의 지도자 역할을 수행할 수 있는 것을 보여 주고, 그럼으로써 동아시아의 원리를 대표하는 지위를 다시 복원하려는 의도에서 나온 것이다. 그러나 이러한 분리의 노력에도 불구하고 그는 일본의 동아시아사고가 아시아의 원리를 확보하는 데 성공적이지 못하였다는 것을 자인할 수밖에 없었다. 앞에서 논한 '선언'에서 보였던 자부와는 완전히 다른 톤으로 다음같이 이 같은 사실을 인정하고 있다.

> 대동아 전쟁은 분명 이중의 구조를 띠고 있으며, 그 이중구조는 정한론으로부터 시작하는 근대 일본의 전쟁전통에서 유래한다. 그것은 무엇이냐 하면 한편으론 동아시아에서 지도권을 확보하면서 다

> 른 한편으로는 구미를 내쫓고 세계를 제패하는 것을 목표로 삼는 것인데, 이 양자는 보완관계를 띠는 동시에 상호모순관계를 지닌다. 왜냐하면 동아시아에서의 지도권을 받쳐 주는 이론적 근거는 선진국 대 후진국이라는 유럽적 원리에 근거한 것에 다름 아니며, 아시아의 식민지 해방운동은 그것에 원리적으로 대립하고 있어 일본의 제국주의만을 특수한 예외로 다루지 않기 때문이다. 한편, '아시아의 맹주'임을 구미에게 승인받기 위해서는 아시아적 원리에 의거하지 않으면 안 되었지만, 일본 자신이 대아시아 정책에서는 아시아적 원리를 방기했기 때문에 연대의 기반은 현실적으로 없었다. 이쪽에서는 아시아를 저쪽에서는 구미를 시의적절하게 주장한다는 것은 어불성설이다.[106]

필자의 주변부 조망에서의 비판에도 불구하고 쑨거는 중국과 루쉰을 사랑했던 다케우치가 루쉰이 했던 것처럼 일본 지식인과 국민들을 무지에서 깨우치려 하였다고 하면서, 그렇지만 바랐던 만큼 열린 정치의식을 구축하지는 못했다고 총평을 하고 있다.[107] 이는 오늘날에도 그나마 '상대적으로' 다케우치만큼 진지하게 일본의 근대화에 수반했던 침략이라는 과제를 동아시아사고의 차원에서 토론했던 일본인이 드물다는 의미일 것이다.

6) 사상의 불연속성과 불철저한 성찰

다케우치는 '선언'에서 강대국을 공격함으로써 증명된 일본적 주체성을 자랑스러워하였다. 그러나 전후에는 일본의 모방적 근대화와 동아시아사

106 위의 책, pp. 172-173.

107 쑨꺼, 〈루쉰이 벗어던진 옷〉, 《아시아라는 사유공간》, 182면.

고가 침략으로 빠져든 것을 비판하고 한탄하였다. 그래서 그는 루쉰의 저항정신을 흠모하였고 중국의 주체적 근대를 부러워했다. '선언'에서의 자부심이 전후의 지적인 회한과 비판으로 변화되는 과정에서 그는 적지 않은 모순을 만들어 낸다.

전후의 다케우치의 논리와는 대조적인 논조를 띠는 전쟁기의 '선언'은 내용상 세 부분의 구조로 나뉘어 있다. 첫째는 전쟁에 대한 찬미이다. 이는 그동안 동아시아의 약한 상대들을 침략해 온 것에 대한 자괴감이 강자인 미국과 영국을 침략함으로써 해소된 감정을 나타낸다. 이러한 감정은 서구의 근대화를 넘어서 일본의 주체적인 근대화를 지향하게 되었다는 자부심으로 연결된다. 다케우치가 '근대의 초극' 좌담회를 평하면서 궤변이면서도 일종의 '지적인 전율'만은 평가해 주어야 한다는 분리기획의 전조가 여기에 나타나 있다. 둘째는 중국연구가로서 중국을 사랑했고 중국연구와 함께 성숙해 온 자신을 바라보면서 지나(중국)와 지나사변에 대한 유감을 표명한 부분이다. 셋째는 그럼에도 불구하고 침략의 동기가 일본-지나 공영을 위한 대의였음을 표명하면서 태평양전쟁은 유감스러웠던 지나사변의 완성이라고 선언한다. 나아가 지나를 해방하고 지나와 함께 협력하여 미래의 동아시아 해방과 공영을 위한 건설의 전쟁을 수행해야 한다는 호소로 끝을 맺는다.

'선언'과 이후의 다케우치의 저작을 주변부시각에서 바라보았을 때, 사상적 불연속성과 성찰의 부재는 두 가지 주제를 매개로 관찰이 가능하다. '근대의 초극' 좌담회에 대한 전후의 논평과 중국에 대한 태도인데, 이 두 주제에 대한 그의 논지는 침략과 태평양전쟁에 대한 모호한 성찰과 논리적으로 연결되고 있다.

첫 번째, '선언'에서 보다시피, 개전할 당시에는 일본의 근대화와 미래의 전망에 대해 한없는 자부심을 나타내고 있었는데, 전후에 '근대의 초극'좌담회에 대한 논평에서는 부정적인 견해를 표출하고 있는 불연속성이다. '선언'에서는 태평양전쟁이야말로 일본이 약자인 중국(동아시아)을 괴롭혀 온 행태를 버리고 강자인 미국 · 영국에 도전하는 아시아주의적 정신의 상징—일본적 주체성—으로 규정한다. 그는 사뭇 감동에 찬 어조로 세계는 하룻밤 사이에 변모하여 어제의 울적함은 흔적조차 사라졌다고 외치고 있다.[108] 이런 감격의 정서에는 일본이 주체성을 버리고 서구를 모방하여 침략전쟁을 수행하고 패배에 이르고 만 근대화가 잘못되었다는 전후의 성찰논리와는 상반된 흐름이 지배적이다. 오히려 전쟁 이전까지 중국을 침략하면서 약자를 괴롭혀 온 행태를 넘어서 드디어 미국을 침략하는 것은 일본의 주체성의 표현이자 동아시아의 해방과 새로운 질서 창출의 계기로 자부하고 있는 것이다. 당시 이 같은 정서는 다케우치만의 것은 아니었다. 메이지유신 이래로 서양을 모방하면서 근대화를 전개해 온 일본 지식인들은 미국에 대한 개전을 모방적 근대화의 청산으로 받아들이면서 근대의 초극과 더불어 일본에 의한 새로운 제국체제를 토론하고 있다. 앞서 논의했던 좌담회가 이 시대의 대표적인 사고의 흐름을 대변하고 있다는 데는 의심의 여지가 없다.

그러나 이러한 자부심은 전후에 이르러서 큰 전변을 겪게 된다. 전후에 다케우치는 대동아공영권이념은 '의사擬似사상'으로 동아시아 침략의 사상도구로 비판하고[109] '근대의 초극' 좌담회를 '지적인 전율'만 빼놓고는 아무런 내용도 없는 '사상 없는 사상'만을 남겼다고 평한 것이다. 좌담회가 남긴 것은 사상의 상실에 불과하며 그래도 기껏해야 '지적인 전율'이지만 그것마저도 지적인 혼란이자 지성의 방기라고 혹평하였다.[110] 그러나

108 竹內好, 1981, 〈大東亞戰爭と吾等の決意(宣言)〉, 《竹內好全集》 第14巻, 筑摩書房. pp. 294-298; 다케우치 요시미, 2011, 〈대동아 전쟁과 우리의 결의〉, 《고뇌하는 일본》, 휴머니스트, pp. 57-58.

109 竹內好, 〈日本のアジア主義〉, 《日本とアジア》, p. 263.

이러한 전후의 혹평이 이해가 안 되는 것은 앞서의 '선언'에서 보이는 자신의 '지적 전율'이 좌담회의 그것과 일맥상통하고 있다는 것이다. 즉, '선언'에서는 후에 그가 비난해 마지않았던 좌담회에서의 전쟁을 위한 사상과 오히려 일치하고 있는 측면을 부정할 수 없다. 패배를 경계로 하여 시간상의 변화가 '지적 전율'을 '지적 회한'으로 달라지게 한 것일까. 어쨌든 이러한 불연속성은 그의 동아시아론의 작위적 논리전개와 연결되고 있다.

두 번째, 다케우치는 좌담회의 논리를 전복시킬 수 있는 중국을 바라보는 태도에 있어서도 그가 전후에 비판했던 좌담회의 토론자들과 비슷한 성향을 보여 주고 있다. 이는 앞서 대동아공영권 주창자들의 논지인 중국에 대한 침략과 동시에 일본의 동아협동체 구상에 대한 협조도 구하는 오로지 전쟁을 위한 논리와 일맥상통하고 있다. 중국은 일본이 구상하고 주도하는 새로운 시대와 세계의 동반자로 합류하여야 한다는 일본 중심의 동아시아사고로 해석된다.

전전의 다케우치는 중국 침략에 대해서 연민의 심정과 태도를 보이고 있었다. 예를 들면 1934년 '중국문학연구회'를 설립하면서 당시에 일본의 지식계에서 일반적으로 불리던 '지나支那'라는 호칭을 거부하고 '중국中國'이라는 호칭을 사용하면서 중국에 대한 각별한 애정을 나타낸다. 이는 당시 일본의 '지나'학계를 불편하게 만들었다. 이 시기는 그가 20세부터 34세 사이의 젊은 시절로서 만주사변(1931), 중일전쟁(1937), 태평양전쟁(1941)을 경과하며 지속적으로 중국의 지식인들과 교류하던 시기이다.[111] 그는 중국 혹은 지나라는 호칭 문제는 어떤 고정된 시각을 채색하는 문제가 아니라 그저 좋아하고 익숙한 호칭에 불과하다고 담담한 태도로 소회

110 竹內好, 〈近代の超克〉, 《日本とアジア》, p. 164.

111 鶴見俊輔, 〈戰中思想再考-竹內好を手がかりとして〉, 《世界》 448, 1983年 3月, pp. 226-131. 1943년 다케우치가 징집되어 전선으로 떠나기 몇 개월 전에 연구회는 그의 제안으로 해산한다.

를 토로한다.[112] 그러나 중국에 대한 솔직 담백한 애정은 '선언'에 이르러 '연민'으로 시작하지만[113] '미국과의 전쟁을 선포한 후에는 자부심과 '지적인 전율'로 변화하면서 대의를 위한 중국 침략에 대해 이해를 요청하고 있다.

> 우리 일본은 강자를 두려워하지 않았다. 〔…〕 이 세계사적 변혁의 장거를 앞에 두고 생각건대 지나사변은 감당할 수 있는 희생이었다. 지나사변에 도의적 가책을 느끼고 여성적 감상에 빠져 전도대계를 상실한 우리란 얼마나 가련한 사상의 빈곤자였던가. 〔…〕 대동아전쟁은 훌륭히 지나사변을 완수하고 이것을 세계사에서 부활시켰다. 이제 대동아 전쟁을 완수하는 일은 바로 우리의 몫이다.[114]

결과적으로 중국에 대한 이러한 자기모순적인 태도는 그가 비판했던 좌담회의 중국관에 충실하게 종사하고 있는 것을 독해할 수 있다.

그는 이렇게 자신의 중국에 대한 연민과 일본의 중국 침략의 대의인 동아시아연대주의 사이에서 모순점의 '경계'에 서 있었다. 이 모순은 전후 "침략은 좋지 않은 것이지만, 그러나 침략에는 연대감의 왜곡된 표현이라는 측면도 있다. 무관심하게 내버려 두는 것보다는 어떤 의미에서는 건전하기까지 하다"[115]라고 하는 침략(탈아)을 통한 강제적 연대(흥아)를 추구한 것이라는 작위적인 동아시아론을 전개하는 데로 발전하고 있다. 결국 이러한 작위적인 동아시아론은 전후에 침략과 연대의 분리기획을 통해서

---

112 다케우치 요시미, 〈지나와 중국〉, 《고뇌하는 일본》, pp. 55-56.

113 竹內好, 〈大東亞戰爭と吾等の決意(宣言)〉, pp. 295-296; 다케우치 요시미, 〈대동아 전쟁과 우리의 결의〉, p. 58.

114 竹內好, 위의 자료, p. 296; 다케우치 요시미, 위의 자료, pp. 59-60.

115 竹內好, 〈日本人のアジア觀〉, 《日本とアジア》, p. 84.

자기부정(자신이 사랑했던 중국을 침략이라는 수단으로 연대를 추구하는 논리)을 다시 자기긍정(중국과의 연대를 위한 수단으로서의 침략에 불과했다는 논리)으로 전환시키려는 기도를 불가피하게 만든다. 왜냐하면 그래야 일본의 주체성을 다시 되찾을 수 있는 근거를 확보할 수 있기 때문이다.

다케우치의 동아시아론이 작위적으로 될 수밖에 없었던 것은 중국에 대한 연민과 논리가 전전과 전후에 변화할 수밖에 없었던 현실적 상황에도 원인이 있다. '선언'에서는 중국에 대한 연민과 침략에 대한 회한과 동시에 미래의 일지협력에 대한 자부가, 패전 후에는 '주체적인' 중국의 근대에 대한 존중과 부러움으로 변화된 것이 그것이다. 혁명과 탈서구적 건국을 이룬 중국과 냉전체제에 미국에 복무하는 반식민적 존재인 일본은 그의 눈에 대조적으로 비쳤다. 또한 '근대와 근대극복'이라는 과제에 대한 사고와 관련하여, 전전의 중국은 근대화에 있어서 일본의 지도를 받아야 하고, 일본이 주도하는 대동아공영권에 편입되어 새로운 세계질서에 도움을 주어야 하는 부수적 존재로 규정되었다. 그러나 당시의 일본은 미래 일본제국의 중요한 조력자이며 당시의 약자인 중국을 무력으로 침략하였다는 데 문제가 있었다. 결국, 이러한 사고에서 다케우치는 만주사변과 중일전쟁을 강자의 약자에 대한 공격이라고 비판하면서 중국이 정신적으로는 일본을 이겼다고 한탄하고 있다.[116] 그러나 전후에는 중국의 근대 자체가 일본보다는 '저항'의 측면에서 앞서 있었다고 완전히 전도된 시각을 보여 주고 있는 것이다. 그는 중국이 일본보다 허약한 군사력에도 불구하고 많은 일본인들의 생각과는 달리 일본에게 정신력과 이론으로 승리했는데, 마오쩌둥의 '지구전론持久戰論'(1938)을 대표적인 사례로 들면서 설명하고 있다.[117] 그의 동아시아 근대관은 이렇게 전후에 역전되어 일본의 근

116 竹内好, 〈方法としてのアジア〉, 《日本とアジア》, pp. 416-417; 다케우치 요시미, 〈근대의 초극〉, 《일본과 아시아》, 163-165면.

대우등생의식을 반성하고 중국의 근대에 대한 찬사로 바뀐다. 전전의 동아시아 근대의 우등생이며 중국 근대의 교사인 일본관은 전후에 완전히 역전되어 있다. 따라서 패착으로 귀결된 일본 중심의 동아시아사고를 다시 복원시키려면 연대와 침략의 분리를 통한 작위적인 논리전개가 불가피하게 된 것이다.

셋째, 이러한 사상적 불연속의 구조와 작위적 동아시아론은 전후에 침략에 대한 모호한 성찰을 수반하였다. '선언'에서는 대동아전쟁을 찬양하더니 종전 후에도 그는 이 글에 대해 어떤 참회나 은폐마저 하지 않는다. 이렇게 모호한 태도에 대해서 쑨거는 다케우치가 관심을 가진 것은 손쉬운 사죄나 부정으로 과거를 처리하는 게 아니라 현상이 아닌 역사의 심부로 진입하여 그 구조성을 파헤치는 문제였다고 변호한다.[118] 즉, '선언'의 기본적인 구조가 세계사를 구축하는 것에 대한 관심에서 출발했고, 그렇기 때문에 이 글에 가득한 다케우치의 열정은 바로 일본이 아시아를 대표하여 서방에 도전한다는 역사적 사건에 대한 감동에서 나온 것이라고 본 것이다. 이러한 해석에 대해 이정훈은 "역사해석의 주체와 역사적 평가의 대상(객체) 사이의 주객분리를 전제로 하여, 해석의 주체가 선택한 특정한 역사관에 의해 대상인물이 속해 있던 역사적 맥락의 복잡함을 소거하는 방식으로는 '역사적 인물과의 만남'이 불가능하다는 것"을 알고 있는 쑨거가 역사로의 진입을 통해 동시대사의 구조성을 인식함으로써 역사적 인물이 가진 원리성을 이해하려고 했던 것이라고 해설하고 있다.[119]

이러한 평가는 결국 필자의 논지인 다케우치의 분리기획—역사의 구

117 竹內好, 위의 자료, p. 416; 다케우치 요시미, 위의 자료, p. 164. 인용된 마오의 저작은 毛澤東, 1964, 〈論持久戰〉, 《毛澤東選集》 第二卷, 人民出版社, pp. 429-506.
118 쑨거, 《다케우치 요시미라는 물음》, 11면.
119 이정훈, 〈비판적 지식담론의 자기비판과 동아시아론—쑨거의 다케우치 요시미론에 대한 일고찰〉, 《중국현대문학》 제41호, 2007년 6월, 14면.

조성과 현상을 분리시키려는 기획—에 동의하는 결과를 가져온다. 이러한 문제점에 대해서 서광덕은 다케우치의 글이 철학적이며 이론적인 체계를 갖고서 평론활동을 전개한 결과물이 아닌 현실에 직접 대응하여 나온, 즉 상황성이 강한 글이라는 점을 염두에 두어야 한다고 하면서 변호하는 입장을 취한다.[120] 그러나 이러한 쑨거와 서광덕의 변론적 독해는 두 가지 토론 주제를 던져 준다. 첫째, 다케우치 방식의 조망을 상상으로 설정하여 그의 사상을 긍정적으로 바라보게 되는 데서 파생되는 문제이다. 다케우치가 태평양전쟁을 일본적 세계관을 구축한다는 입장에서 바라보고 찬미한 것에 대해서 전후세대 지식인들 중에서는 비판하고 있는 이들도 적지 않다. 그러나 서광덕은 다케우치에 대한 후세의 평이 '오해'가 많으며 그의 '본래 의도'는 단순히 찬미하는 것이 아니라고 하면서, 이것은 전후 맥락을 무시한 한 문장으로 다케우치를 채색하는 태도에서 생성된 것이라고 지적하고 있다. 그렇다면 우리는 다케우치의 '본래 의도'에 대한 후세 연구자들의 서로 다른 비평에 대해서는 어떻게 오해를 넘어서는 합의를 도출해야 할 것인가. 합의를 도출할 수 없다면 무엇을 기준으로 오해라고 평할 수 있을 것인가. 둘째, 쑨거는 역사로 진입하여 그 구조를 이해하고 그것으로써 다케우치 사상의 '내면의 의도'를 찾아내고 평하는 태도를 견지하고 있다. 그렇다면 역사의 구조를 달리 이해하면서 저항하는 타자를 설정하고, 그와 다케우치를 서로 상대화하는 작업을 수행한다면 그 결과는 쑨거의 변론이 무력하게 될 개연성이 크다. 따라서 역사의 구조성과 연구 대상의 의도를 일치시키려는 조망은 자연적으로 대상을 외부로부터 변호하는 경향에 빠지기 쉬우며 지나치면 위인전을 쓸 수도 있다. 즉, 역사의 구조로 진입한 다케우치의 '내면의 의도'를 파악하는 태도와 구조에 저항하는 다케우치의 외부, 일본의 외부인 동아시아 주변부 타자

120 서광덕, 〈타케우치 요시미(竹內好)가 지핀 '루쉰'(魯迅)이란 불〉, 239-240면.

의 입장에서의 평가와는 거리가 있을 수밖에 없다. 그러나 우리에게 중요한 것은 어떻게 연구 대상을 역사의 흐름에서 고정되지 않는 위치에 세워서 상대화시킬 수 있느냐 하는 것이다. 역사의 한 구조적 흐름(서세동점)에서 달리 행동했던(동아시아의 다양한 대응방식) 나와 타자를 서로 비추어 보면서 상대화시키지 못한다면 어떻게 나와 타자의 일방적 편견의 가능성을 동시에 극복할 수 있을 것인가.

다케우치의 역사인식과 쑨거의 비평은 결코 일본과 다케우치를 상대화하지 못했다. 현상(침략)에 매달리지 않고 구조성(강제적으로 연대를 추진해야 하는 상황)을 파악한다는 다케우치의 동아시아론은 연대주의를 다시 일본의 주체성과 일치시키려는 작위적인 시도에서 결국 일본으로 회귀하고 말았다. 쑨거는 이러한 다케우치를 외부의 시각에서 상대화한 위치에 놓기보다는 역사의 구조에 반영된 그의 내부에 존재하는 의도를 파악하는 정태적인 방법으로 접근하여 심정적 변론에 머무는 경향에 빠지고 있다. 동아시아사고에서 일본을 바라보고 상대화하면서 일본 동아시아사고와 태평양전쟁을 평가하는 작업은 21세기 동아시아 연구자인 야마무로 신이치와 요네타니 마사후미[121] 등 전후세대가 출현하면서 비로소 심정적 비평을 떠난 객관화의 길을 찾아 가고 있다고 보인다.

7) 분리기획과 비판의 부재

다케우치의 분리기획은 21세기 일본의 동아시아 담론에서 중요한 의미를 내포하고 있다. 쑨거는 이러한 분리기획의 측면을 다케우치에 대한 오해를 변론하기 위한 재료로만 잠시 언급하고 있다.[122] 즉, '근대의 초극' 논문

121 야마무로와 요네타니는 탈냉전시대에 동아시아 담론을 전개하는 지식인으로서 냉전의 영향을 받았던 다케우치와는 달리 역사 문제에서 진일보한 성찰을 보여 주고 있다. 이들의 동아시아론에서는 21세기의 새로운 의미에서의 '포스트동아시아'를 추구하는 특징이 있다. 아래에서 상세히 논한다.

에서 중요한 것은 "상징, 사상, 사상의 이용자라는 삼자를 구별하고 체제로부터 상대적으로 독립적이며 비이데올로기적인 모습으로 표현된 사상을 발견하고, 그 속에서 일본의 사상적 전통을 형성하기 위한 사상자원"을 찾기 위한 것이라고 설파한다.[123] 이러한 분석은 위에서 언급했던 다케우치의 역사인식—구조성과 현상을 분리시킨다는—과 일치하는 것이다. 그러나 쑨거는 이러한 삼자 구별이 더욱 세밀하게 전개되면서 일본 동아시아사고에서 연대와 침략을 분리시키고 일본 중심의 동아시아 사고를 재건하여 아시아의 원리와 일치시키려 하였다는 의도를 지적하지는 못하고 있다.

또 다른 긍정적인 견해로서 마쓰모토 산노스케松本三之介는 다케우치를 이렇게 해석한다.

> 다케우치의 '아시아주의'는 유형의 물질적인 힘의 신앙에 기반을 둔 유럽문명의 한계를 극복하는 것으로서, 심미적 가치와 윤리적 가치라고 하는 무형의 이념의 힘에 주된 기반을 둔 문명원리를 지향하는 것으로 생각된다. 그리고 그런 '아시아의 원리'를 통하여 비로소 자유와 평등이라고 하는 유럽문명이 탄생시킨 문화가치도, 유럽세계라는 틀을 넘어서, 문자 그대로, '전 인류적으로 관철하는 것'이 된다는 것이, 그 근저에 놓여 있는 확신을 낳고 있다.[124]

이러한 비평에는 다케우치가 '아시아의 원리'를 재발굴하고 그것을 일본의 주체성과 일치시키려는 의도에 공감을 하고 있는 게 은연중에 잘 드

122 孫歌,《竹內好的悖論》, pp. 190-191; 쑨거,《다케우치 요시미라는 물음》, 329면.
123 竹內好,〈近代の超克〉,《日本とアジア》, pp. 141-203.
124 松本三之介,〈戰後思想と竹內好〉,《世界》486, 1986年 3月, p. 237; 함동주,〈전후 일본 지식인의 아시아주의론〉, 210면.

러나고 있다. 그러나 이러한 논평은 다케우치가 일본 아시아주의에서 분리 추출한 연대의 측면만을 일본의 주체성으로 삼고 다시 그것을 아시아의 원리로 일치시킨 점만을 부각시킨 것이다. 이러한 아시아의 원리를 방법으로 삼아 서구를 더욱 보편화시킨다는 다케우치 방식의 아시아론을 추종하는 것이다. 마쓰모토의 평가는 다케우치가 분리한 동아시아사고에서의 연대의 측면만을 확대해석하면서 침략의 측면을 완전히 망각하고 있다. 즉, 다케우치가 일본 동아시아사고를 분리하게 된 목적 자체만을 언급하면서 높이 평가하는 자세를 보이고 있다. 일본 동아시아사고에서의 아름다운 측면을 악행과 분리시켜 부각하고, 그것으로써 다시 일본 중심의 동아시아사고를 재건하려 한다면 동아시아 역사 문제의 성찰은 망각의 늪에 빠질 것이다.

다케우치의 논지에서 보면 일본적인 본연의 주체성과 아시아의 원리는 일치하는 것이며 아름다운 것이다. 그것을 '방법'으로 서구문명을 더욱 보편적으로 만들 수 있다는 논리는 서구를 모방하여 침략을 수행하고 패배를 겪은 자기상실의 근대화에 대해 자기회복을 위한 몸부림으로 해석할 수 있다. 그러나 그러한 기도가 치열할수록 더욱 위선으로 보이는 이유는 서구모방의 맹목적 근대화와 침략이 결국 좌절을 당한 연후에도 여전히 그에 대한 성찰이 불철저한 상태하에서 동아시아로부터 존중도 받지 못하는 상황에서 '아시아의 원리'를 '일본의 주체성'과 일치시키려는 사상적인 기획을 도모하고 있다는 사실이다. 즉, 이렇게 다케우치에 의해서 일본화한 '아시아의 원리'를 '방법'으로 삼아 '문화적 되감기'를 수행하여 서구문명을 더욱 전 인류적인 것으로 발전시킬 수 있다는 논리는 독단적인 일본중심적인 동아시아사고의 재건이라고 볼 수 있는 것이다.

이러한 그의 작위적 분리기획이 생성한 모순이 명백히 드러나는 사례는 위에서 서술한바, '선언'에서는 약자에 대한 침략을 벗어나 미국을 침략하는 것은 주체성의 표현이자 아시아의 정신으로 보고 있는 반면, 전후에는 일본이 주체성을 버리고 서구를 모방하여 동아시아를 침략하면서 근대화가 잘못되었다고 비판하고 있는 것이다. 그러면서도 대동아공영권의 동아시아주의는 '의사擬似사상'으로서 동아시아 침략의 사상도구였으나[125] 동아시아사고의 본질은 침략적인 특성이 아니라고 설파한다. 결국 동아시아 침략이라는 하나의 사건에 대해서 부정과 긍정을 동시에 수행하고 있는 모순에서 간파되는 것은 다케우치의 동아시아론은 과거 일본의 근대화와 동아시아사고의 '빗나감'을 한탄한 것이지 침략주의에 대한 성찰의 근거 위에서 새로운 동아시아사고를 제창하려는 것이 아니라는 사실이다. 이러한 비판은 다케우치가 과거 일본의 동아시아사고에 관한 한 비판적 자세를 방기했다는 마쓰자와 데쓰나리松澤哲成의 지적을 상기시킨다. 즉, "다케우치는 다른 곳에서는 '근대 일본은 부負의 유산밖에 만들어 내지 않았다'라든가, '현실체제의 움직임과 대결하는 자세가 없다면 사상(가)이라고는 말할 수 없다'라고 하면서, 유독 아시아주의(자)에 관해서는 그 생각을 관철하고 있지 않다"[126]는 것이다. 이러한 모순을 바라보면서 전후세대 동아시아연구자인 요네타니는 다케우치의 동아시아론은 태평양전쟁을 옹호했던 사고에 대한 '자기비평'이라고 비판하고 있다.[127]

이렇게 다케우치의 전후 동아시아론에서는 침략주의와 연대주의를 분리하여 논리를 전개하는 태도가 극명하게 드러나 있다. 따라서 일본 동아시아사고의 특성인 탈아와 흥아의 분리와 합성의 이중변주를 극복하지 못하고 있다. 무엇보다도 그는 아시아의 원리를 일본의 그것과 연동시키

125 竹內好, 〈日本のアジア主義〉, 《日本とアジア》, p. 263; 다케우치 요시미, 〈일본의 아시아주의〉, 《일본과 아시아》, 239면.
126 松澤哲成, 1979, 《アジア主義とファシズム》, れんが書房新社, p. 6; 함동주, 〈전후 일본 지식인의 아시아주의론〉, 226-227면, 주석 78.
127 米谷匡史, 《アジア/日本》, p. 6.

려는 시도를 하고 있는 데서 일본중심적 동아시아관을 표명하고 있다. 그리고 다케우치 이후의 동아시아사고도 이러한 이중변주와 분리기획의 연장선상에서 일본중심적으로 전개되고 있는 것을 발견할 수 있다.

결론적으로 다케우치의 동아시아론은 60년대 냉전시대임에도 중국의 주체적 근대를 높이 평가하면서 미국중심적 사고구조를 탈피하려고 시도하는 모습을 보여 주었다. 이것은 야마무로 신이치의 연구에서 전후 일본의 아시아 연구가 '전제와 정체의 아시아'에서 '독립과 혁명주체의 아시아'로 전화된 의의를 밝힌 것과 유관하다.[128] 이러한 사고는 아시아에 내재했던 발전 가능성을 발굴하려는 것이다. 이러한 아시아사고에서는 타고르의 근대성 논리가 시사했던 '시민민주주의와 자본주의'의 건전한 발전을 이루지 못했었기 때문에 동아시아를 침략하는 길을 밟고 말았다는 전진 일본에 대한 반성이 잠재해 있다. 이것은 근대화 초기에 과연 일본이 '시민민주주의와 자본주의의 건전한 발전'에 대한 의식이 있었겠는가를 오늘날의 관점에서 바라보고 성찰하는 것이지만, 역으로 그나마 근대성에 대한 자각과 내재화가 모자랐던 것을 자기비판하고 인정하는 태도이다. 이러한 반성은 서구도 예외가 아니다. 그들이 왜 동아시아를 침략하였는가에 대한 탈제국·탈식민의 자각을 가져야 한다는 것이다. 이러한 성찰적 관점에서 보면 다케우치는 비록 중국식의 혁명과 국가주체의 건국을 주목했지만 '시민민주주의와 자본주의의 건전한 발전'을 의식하지는 못했다. 전후에 일본이 미국의 냉전체제에 식민화되는 사태에 대한 반발의식이 상당히 있었을 것으로 본다. 따라서 중국의 혁명으로 드러난 탈서구적 주체성이 그의 숭배대상이 되었을 수도 있다. 그의 '선언'에서 나타난 '국가적 주체성 추구에 대한 지적 전율'은 그의 일생을 지배했던 것이다.

---

128 야마무로 신이치, 〈공간아시아에 대한 인식의 확장과 변용〉, 《여럿이며 하나인 아시아》, 55-56면.

21세기 동아시아사고의 관점에서 보면 다케우치의 동아시아론은 일본의 서구적 모방의 근대화와 패망에 대한 회한에서 비롯되었고, 이는 그의 동아시아론의 전개에서도 시민주체성보다도 상대적으로 일본의 국가주체성을 더욱 의식하게 하는 동기로 작용하였다. 결국, 일본이라는 국가가 중심이 되는 동아시아사고를 재건하려는 작위적인 분리기획을 수행하면서 탈국가주의, 탈중심·탈주변의 다원주의를 지향하는 비판적 지식인들의 기대와는 다르게 21세기 동아시아 담론에는 큰 도움을 주지 못하는 결과를 초래하였다.

7. 야마무로 신이치—다즉일多卽一·일즉다一卽多

전후세대인 야마무로 신이치山室信一는 일본의 근대화 역사를 실증적인 자료를 탐구하여 분석하려고 노력한다. 따라서 그의 동아시아론에는 민족주의적이거나 국가주의적인 감정적 평가와 비판태도가 자제되어 있다. 우선 일본에 의한 근대화를 위주로 보는 일방적 시각에서 벗어나 중국과 한국이 같이 근대화를 교환하면서 전개되었다고 하면서 삼중주의 분절적 경로로서 설명을 시도한다.[129] 그러나 동아시아 3국의 근대화의 교환관계에서 일어나는 작용과 반작용을 같은 수준에 놓고 비교함으로써 강자(일본)의 폭력과 약자(중국과 한국)의 저항적 폭력을 모두 같은 종류의 폭력으로 정의 내리는 중심부의 편향성을 보여 주는 측면도 있다. 그러나 그의 동아시아사고에서 평화헌법이 미국에 의해 일방적으로 주어진 것이 아니라, 원래 일본의 평화사상과 소일본주의에서 오래전부터 잉태되었다고

129 山室信一, 2006,《思想課題としてのアジア—投企, 連鎖, 基軸》, 岩波書店; 야마무로 신이치, 2012, 정실비 역,《사상과제로서의 아시아, 그 이후》, 제이엔씨.

하는 조망은 미래의 동아시아에 희망을 주는 메시지로 보인다.

1) 역사적 기억과 정체성의 분리

일본의 과거사에 대한 분리적 시각을 야마무로는 실패와 긍지의 측면에 적용하여 성찰한다. 특히 일본 시민사회의 역사 이해의 특징이 실패의 측면은 무시와 망각으로 인도되고 있으며, 긍지의 측면만이 비논리적인 망언으로 되살아나고 있는 점을 인식하고 있는 것처럼 보인다. 심각한 문제는 보수우익에 의해 주변부에 대한 식민지배의 근대화 역사가 긍지로 전환되고 있는 것이다. 또 다른 유형의 분리는 책임윤리와 시간성이다. 여기서는 선조들의 행위와 그에 대한 후손들의 책임윤리가 분리된다. 일본이라는 정치적 공동체가 과거에 저지른 침략에 대해서 그 후손들이 정치적 행위를 수행할 때 책임의식을 얼마만큼 가져야 한다는 것인가이다. 세대간 책임의식의 지속성을 부정할 수 있느냐, 아니면 인정하더라도 어느 정도 책임의식을 가져야만 하느냐이다. 야마무로는 이에 대해서 정치적 공동체의 책임의식은 현재는 과거의 계승책임에서 도피할 수 없으며, 또한 미래에 그 짐을 떠넘길 수도 없다는 의견을 토로한다.[130] 이러한 인식은 일본이라는 공동체가 다른 정치적 공간과 고립되어 존재하는 게 아니라는 공동체의식의 자각을 함유한다. 야마무로는 서독 대통령이었던 바이츠제커Richard Von Weizsecker의 발언—상호 정체성의 인정을 강조하는—을 인용하면서[131] 일본적 정체성이 다른 정치적 공동체의 공간들과 고립적으로 파악되지 말아야 할 것을 주문한다.

그러나 일본에서는 가끔 잃어버린 동아시아의 역사적 기억을 되찾는 작업이 있었지만, 그것이 정치경제적으로 동아시아 국가들과 관계 개선

130 야마무로 신이치, 〈정치사회에서의 윤리〉, 《여럿이며 하나인 아시아》, 126-154면.
131 위의 책, 151면.

이 필요한 시점에 외교적 편의성을 동기로 이루어지던 것을 부인할 수 없다. 지금도 마찬가지다. 21세기 중국의 등장으로 인한 동아시아에서의 세력 약화를 우려한 일본이 미국 편중에서 벗어나 동아시아에 눈을 돌리기 시작한 게 동아시아지역주의에 대한 주요한 동력이 되고 있다. 일본 지식계에서의 진보적인 동아시아 담론이 이러한 보수적 현상을 어떻게 극복할 수 있는지는 두고 보아야 할 일이다. 진보적으로 동아시아를 사고하는 야마무로는 이렇게 방편으로서만 존재하는 일본 사회의 역사적 기억에 대해서 선조의 악행이 현재를 살아가는 사람들에게 또한 미래의 후손들에게도 잊을 수 없는 기억으로서 취해야 될 행동의 준거에 영향을 미친다고 보는 편에 서 있다.

그럼에도 불구하고 일본의 동아시아사고를 바라볼 때 놀라운 것은 이렇게 일본적 정체성도 다른 정체성들과의 상생의 관계를 유지해야 한다는 논리와 일본 사회의 역사적 기억을 총체적으로 파악해야 한다는 야마무로에게서도 동아시아 역사의 분절적 파악이 이루어지고 있는 것이다. 아래에서 논의하는 근대화 역사론에서는 삼중주의 분리를 시도하고 있다. 그러나 그 목적이 기억의 분리현상에서와 같은 과거의 합리화가 아닌 체계적인 분석의 시도인 것은 분명하지만, 중심부의 시각이 배어 있는 것도 부인할 수 없다. 탈냉전 이래 전개되는 동아시아 담론에서도 냉전시대의 다케우치와 같은 작위적인 분리적 시각을 벗어나 총체적인 성찰의식으로 바라보려는 측면도 있지만, 주변부와의 역사적 관계를 참조하면서 끊임없이 중심부로서의 자기인식을 재구성하려는 분리적 작업은 일본 지식계의 특징임을 알 수 있다.

2) 동아시아 근대화—삼중주 분절의 역사론

동아시아는 일본의 중화체제에 대한 도전으로 일어난 청일전쟁이 계기가 되어 근대적 국제체제로의 대전환을 겪게 된다. 야마무로는 일본이 시발점이 되어 동아시아에 충격적으로 도래한 근대화와 국민국가의 형성을 삼중주의 경로—기축基軸, 연쇄連鎖, 투기投企의 삼위일체—로 분리하여 설명을 시도한다.[132] 삼중주의 논리는 주로 한·중·일의 상호관계를 배경으로 하면서 3국의 근대적 국민국가 형성의 역사를 메이지유신 이래 러일전쟁까지의 시간범위 안에서 설명한다. 기축이라는 의미는 공간으로서의 아시아가 공간적으로 존재한다는 것을 자각하는 것을 말함이다. 즉, 서구로부터 주어진 아시아라는 공간을 자신들의 영역의 개념으로 설정하는 것이다. 연쇄의 함의는 기축으로서 공간을 확인한 연후에 사람과 사물, 사상, 문화가 상호 교류의 과정 속에서 연결과 일체가 이루어지는 것이다. 투기는 기축과 연쇄를 기반으로 하여 새로운 아시아를 구성하고 발견하려는 노력이다.[133] 이러한 시각에서 분석을 시도한 것은 동아시아라는 공간 안에서 일어난 상호작용이나 교류의 특성을 분명히 파악해 보고자 하는 동기를 담고 있다. 야마무로는 이러한 분석의 조망으로 인해 일본인 학자가 지적으로 대동아공영권을 재연한다는 비판을 받을 수 있으나 문제를 피해 간다면 오히려 문제를 숨기고 온존하는 것이라고 변호한다. 즉, '윤리적 태도'로서의 아시아론과 '역사적 사실'로서의 아시아론은 분명히 구분해서 보아야 한다는 입장을 확인한다.[134] 이러한 설명은 다케우치가 동아시아론을 제기하는 태도와 유사한 동기를 밝히고 있는 것이다. 즉, 삼중주의 시각으로 분리하여 아시아를 탐구하려는 것은 방법론상으로는 기본적으로 다케우치가 수행했던 분절적 시각, 즉 역사의 구조와 현상을 분리시키려는 것과 구체적인 내용은 다르지만 방법론은 비슷하다.

132 山室信一,《思想課題としてのアジア-投企, 連鎖, 基軸》, pp. 1-28; 야마무로 신이치,《사상과제로서의 아시아, 그 이후》, 31-35면.
133 山室信一, 위의 책, pp. 31-34, 145-156, 573-633; 야마무로 신이치, 위의 책, 39-42면.
134 위의 책, 34-35면.

이러한 삼중주의 분절적 연구방법론을 제시하면서 야마무로의 연구는 주로 연쇄의 과정을 설명하는 데 많은 지면을 할애하고 있다.[135] 당시에 유학이나 인쇄물, 그리고 각종 형태의 교류에 의해서 일종의 아시아의 동류의식이 생성되는데, 이렇게 사상이 서로 연결을 확대해 가면서 서구에 의해 주어진 것을 점차로 넘어서서 자체적인 아시아의식이 생성되어 나가는 것이 일종의 연쇄의 과정이다. 그리고 이러한 연쇄의 과정에서 발생한 현상을 다시 세 가지 경로로 분절하면 '평준화平準化, 유동화類同化(이하 동류화同類化로 표현함), 고유화固有化'이다.[136] 그에 따르면, 일본은 근대화 초기에 서구를 향한 평준화를 추구하면서 중국과 한국에게 일본과의 동류화를 요청하고 강제적으로 추진하였다. 그리고 이러한 동류화와 평준화를 거부하는 힘으로서의 고유화로 대변되는 3국의 국수國粹는 근대화에 대해 각각 다른 이해와 저항의 전개를 보여 주었다. 야마무로는 다른 일본학자들과 다름없이 근대화 초기에 일본이 순수한 의미에서 동아시아의 동류화를 위해 중국과 조선의 엘리트들에게 개혁을 종용하고 도움을 주었다는 것을 강조한다. 중국과 조선은 초기에 일본의 선의의 동류화를 향한 개혁 건의를 거부하고 또한 일본의 요청이 아닌 당시의 추세인 서구화라는 평준화마저도 거부하는데 일본은 이러한 조선에 대해서 개혁을 지속적으로 건의하지만 그 목적이 진정한 개혁이 아니라 조선을 둘러싼 청과의 패권경쟁에서 우위에 서기 위해서인 측면도 있었다는 것을 지적한다. 청일전쟁 이후 러일전쟁까지 이러한 일본의 목적은 변하지 않았으며 이것이 강제적 동류화인데 그 결과로서 한국을 병합한 것은 '소중화를 소일본'으로 바꾸려고 시도한 것이라고 해석하고 있다.[137] 이러한 서술은 다

135 山室信一,《思想課題としてのアジア-投企, 連鎖, 基軸》, pp. 141-570; 야마무로 신이치, 위의 책, 43-55면.

136 山室信一, 위의 책, pp. 390-419; 야마무로 신이치, 위의 책, 49-55면.

137 야마무로 신이치, 〈국민국가형성의 삼중주와 동아시아체제〉, 《여럿이며 하나인 아시

케우치의 연대주의의 순수성을 강조한 논리와 크게 다르지 않다. 일본은 서구에 공동으로 대항하기 위해서 중국과 한국에게 연대할 것을 요청하였으나 실패하자 강제적인 연대를 추구하였는데, 따라서 연대를 추구하려던 초기의 순수한 의도는 후일의 침략주의와는 다르다고 본 것이다.

일본과 동아시아의 근대화를 둘러싼 삼중주의 서사는 이와쿠라 사절단(1871) 이래로 일어난 일련의 역사전개에서 진행된다. 사절단이 돌아온 후에 일본은 동서양 각자의 고유성을 인정하지만 구미가 동양보다 제도, 법률, 교육, 위생 등 모든 측면에서 앞서 있기 때문에 고유성을 고집하지 말고 배워서 평균이 되는 방략을 강구하는 길을 선택하기를 원했다. 이것이 고유성을 넘어서 구미를 배우기 위한 변혁을 추진하여 평준화를 이룬다는 것이다. 구미 문명국을 표준으로 삼아 평준화를 추구하자는 주장은 후쿠자와의 탈아론을 잘 반영하고 있다.[138] 그러나 일본이 서구의 수준과 평준화되었더라도 서구로부터는 동아시아로 취급될 수밖에 없었는데, 이것이 일본이 오만함을 가지고 다른 동아시아를 일본과 동류화시켜야 한다는 의무감을 가지게 한 배경이라고 한다. 여기에는 일본의 동아시아 우등생 심리와 주도국이 되려는 욕망이 생성되는 배경이 드러난다. 당시 일본의 시시라는 인물들이 한국과 중국의 국민국가로의 근대화 혹은 개혁을 원조한다는 이유로 직간접적으로 정치적 운동에 연루되었는데, 이것은 한국 부분에서 설파한 동아연대론으로 시작되어 결국 침략주의로 귀결이 되었다. 이렇게 초기의 순수한 동류화(동아연대론)는 강제적 동류화(침략주의)로 변질되면서 서구적 제국주의의 모방으로 매진하게 된다. 이는 서구의 근대적 인식론에서 우승열패의 팽창적 국가주의, 착취적 식민주의를 그대로 따라 하는 것으로 향후의 일본 근대화의 총체적 방향을 구

아》, 113-114면.

138 위의 책, 101-103면.

성하였다. 이러한 경향은 러일전쟁 이래 더욱 적극적으로 전개되는데 동아시아를 일본이 지배하여 서구의 세력을 몰아내야 한다는 기만적인 해방의 사고로 발전하였다. 러일전쟁 후의 일본은 동아시아의 평준화 시도로 이루어지는 주변부의 자체개혁과 독립운동을 제국주의적 침략으로 파괴하는 역할을 한다.[139] 즉, 일본의 지식계에서의 주장과는 다르게 러시아로부터 승리한 후에는 서구 제국주의와 결탁하거나 경쟁을 벌이면서 중국과 한국 등 주변부의 근대화를 파괴하고 자생적인 개혁과 독립을 방해하면서 새로운 제국주의자로 등장한다. 이것이 대동아공영권의 논리를 창출하게 된 전후의 사정이다. 즉, 대동아공영권이념은 일본에 의한 '독단적이고 강제적인 동류화'인데 이것을 침략이 아닌 '서구로부터의 해방'이라고 주장한다.

야마무로가 상기의 삼중주의 분리적 서사로써 동아시아 역사를 바라본 것은 일본의 충격에서 시작된 동아시아의 역사를 '일본의 모방적 근대와 함께 시작된 동아시아 침략이 태평양전쟁의 패망으로 종결되었다'는 단선적인 해석의 내면으로 들어가 거기에서 세 가지 경로를 추출하고 각 분절의 복잡한 성격과 상호관계를 분석해 본 것으로 볼 수 있다. 그러나 동아시아 역사를 해석하려는 삼중주의 틀은 여러 면에서 일본중심적으로 보인다. 자신은 편향된 해석을 회피하려는 노력이라고 강변하고 있으나, 최소한 정태적이라는 평가는 피하기가 어려울 것 같다.

즉, 이러한 삼중주의 서사가 정태적이라는 것은 조셉 나이Joseph S. Nye/로버트 코언Robert Cohen이 거대서사로서의 '세계화'의 역사를 서술하는 태도와 유사하다는 측면에서이다. 나이/코언은 지나치게 장구한 세월에

139 야마무로 신이치, 2010, 정재정 역,《러일전쟁의 세기—연쇄시점으로 보는 일본과 세계》, 소화, 241-247면; 山室信一, 2005,《日露戰爭の世紀—連鎖視点から見る日本と世界》, 岩波書店.

걸친 인류사회의 모든 전쟁, 재해, 투쟁, 경쟁, 기후변화, 질병의 확산, 종교의 전파와 혼합종교의 탄생 등의 서사 자체를 '세계화의 과정'으로 조망하고 있다.[140] 그렇다면 다음 같은 비판적 견해에 부딪친다. 알렉산더의 정복, 유럽과 사라센의 전쟁, 몽고의 정복, 노예무역, 나폴레옹의 정복전쟁, 두 차례의 세계 대전 등 그로 인한 문화적 융합현상, 서세동점의 시대 우승열패의 원리와 국가주의적 폭력이 지배했던 인류사회의 동류화를 불가피한 자연스러운 세계화발전의 경로로 이해하게 된다는 것이다. 그렇다면 인류역사에서 대재앙을 초래한 침략전쟁과 식민주의 등을 자연스러운 발전의 궤적으로 치부하게 될 것이다. 우리는 인류역사에서 발생한 착취/억압/배제/소외, 인종과 문명의 파괴 등의 사건에서 어떠한 도덕적 교훈보다도 자연스러운 역사의 전개로서의 '세계화의 보편화 과정'으로 이해하게 된다. 일종의 역사전개에 대한 '도덕적 허무주의'와 '가치 상대주의'에 빠지게 되는 것이다.

정태적이면서도 몰가치-몰윤리적 한계와 더불어 야마무로의 논리는 기본적으로 일본의 보수적인 지식인들의 동아시아 국가들에 대한 인지적 정향을 여전히 답습하고 있다는 비판을 피할 수 없다. 즉, 주변부의 시각에서 보면, 삼중주의 논리는 동아시아의 국가들이 모두 같은 조건과 힘을 가진 행위자라는 잘못된 인지적 가정에서 출발하고 있다. 이는 실증적 자료와 논리를 중시하다 보니 강한 자의 폭력에 대한 약한 자의 대응적 폭력을 양과 질적으로 같은 수준의 '폭력'으로 규정하게 되면서 문제의 내면에 숨겨 있는 본질을 놓치는 인식론의 편향성을 노출하고 있는 것이다. 이러한 비판적 의식에서 윤해동은 일종의 '허전함'을 느낀다고 술회한다. 그는 바라보는 '위치'의 문제를 제기하고 있다. 야마무로가 제기하는 사상연쇄

140 Joseph S. Nye and John D. Donahue eds., 2000, *Governance in a Globalizing World* (Washington, D.C.: Brookings Institution Press), pp. 1-12.

의 시각은 '전파' 혹은 '위로부터의' 힘이 일방적으로 작용하는 것을 주로 의미한다고 본다. 예를 들어 연쇄의 내용을 이루는 것 가운데에도 고정화(혹은 고유화)라는 작용은 있지만, 역으로 식민지로부터 유래하는 '아래부터의' 작용 혹은 힘이 배제돼 있는 것이다. 연쇄라는 개념에는 제국과 식민지의 '상호작용'이 적극적으로 개입할 만한 여지는 주어지지 않고 있다는 비판이다. 또한 마찬가지로 '국민제국론' 역시 제국으로부터의 시선을 반영하고 있을 뿐, 아래로부터의 적극적인 힘, 혹은 제국과 식민지의 상호작용 같은 것은 거의 고려되고 있지 않는 것이다. 주로 근대 제국의 본국에서 시작된 제국사 연구가, 그 거시적이고 전복적인 문제의식에도 불구하고, 제국 중심의 일방향적인 시각을 반영하고 있다는 비판에서 자유로울 수 없는 것과 마찬가지로, 야마무로의 국민제국론 역시 식민지로부터 전파되는 힘에 개방적일 필요가 있다고 조언한다. 탈식민주의 이론에서 '위치location'의 문제가 중시되었던 것도 이런 이유 때문이라는 것이다.[141]

윤리로서의 동아시아론보다도 역사에서 사실을 발굴한다고 시도하는 야마무로의 접근에서는 주관적 가치판단보다는 실증적 자료를 중시하는 태도를 읽을 수 있다. 문제는 이러한 방법론은 역사를 해석하는 데 객관적이고 실증적인 자료에 의거하면서 일면 분석적인 것 같지만, 그 외피 안에 진정으로 우리가 알아야 할 가치적인 문제는 비과학적이라고 치부하면서 두루뭉술하게 넘어가 버린다는 것을 보여 준다. 반면에 무가치적 상태에서 자료 분석중심으로 동아시아론에 접근하는 것에 대한 비판을 어떻게 회피할 것인가에 대해서는 대답해 줄 수 없다. 따라서 삼중주의 서사에 숨겨 있는 진정한 총체적 흐름의 특성을 파악하지는 못하고 있거나 은폐하는 결과를 가져온다.

---

141 윤해동, 〈제국을 보는 위치 또는 아시아로부터 국민제국으로 가는 길—리뷰-야마무로 신이치 쿄토대 교수와 《사상과제로서의 아시아, 그 이후》〉, 《교수신문》, 2012년 9월 3일.

즉, 삼중주의 조망에서는 일본이 바라보는 서구 그리고 아시아라는 3자의 상호관계와 인식이 강자와 약자, 피해자와 가해자의 질적/양적 구분이 없이 모두 같은 수준의 평균적인 행위자들로 버무려져 있는 것을 은폐한다. 일본은 임진왜란壬辰倭亂 이래로 동양을 대표하는 중화체제의 중심적 존재인 중국과 항상 내적인 긴장관계에서 지냈다. 일본은 조공을 거부하면서 아시아에서 자신의 위치(고유성)를 유지하고 그것으로 아시아의 패권적 지위를 추구하려고 했으나, 이미 중국이 그 자리를 차지하고 있었다. 중국이 지배하는 아시아에는 일본의 자리가 없었고, 그렇다고 서구에서도 일본의 자리는 없었다. 이러한 내적인 긴장은 서세동점이 시작되면서 일본으로 하여금 동아시아를 버리고 서구의 길을 선택(평준화)하게 하였다. 이러한 태도는 중국의 존재가 자신에게 주는 동아시아에서의 '억압'상태를 서구를 흉내 내는 것으로 이양하려는 '전향'(다케우치적 의미)으로 나타난다. 그리고 서구를 모방하는 도중에 금방 중국의 위치가 허약해졌다는 것을 깨닫게 되면서, 동아시아에 대해 자신을 새로운 중화로 인정하라고 요구(강제적 동류화)하게 된다. 그리고 서구에게도 자신이 이렇게 동아시아의 주도자로 등극한 것을 인정받기를 원했다. 이것이 동아시아 경시(탈아)와 주도(흥아론)의 이중적인 조망이 일본의 동아시아사고에 내면화하게 되는 동기이다.

또한 이렇게 동아시아 역사를 삼중주로 분절시켜 바라보면 일본-동아시아-서구의 상호관계의 내용적인 측면을 잘 드러내 놓고 있는 반면에, 야마무로 자신도 의식하지 못하지만 일본과 동아시아, 서구 간의 내면의 억압과 억압이양의 긴장관계를 파악하지 못하는 결과를 가져온다. 무엇보다도 이러한 긴장성으로 인해 동아시아 역사의 삼중주로 명명되어진 일본에 의한 일련의 침략과 식민화의 과정은 너무나 단기간에 주로 무력적인 수단으로 완성되어졌다는 것이다. 중화체제는 오랜 기간 동안 성숙의 과정을 거치면서 주변부를 지배하는 데 큰 힘이 되었던 유교문화를 가지고 있었고, 서구는 르네상스 이래로 수백 년을 발전시켰던 근대성의 내면화 같은 정신적인 기초가 있었다. 그러나 일본은 이러한 유구한 정신문명이 부재한 상태에서 너무나 단기간에 서구의 근대화와 제국주의를 모방하여 동아시아를 지배하겠다고 하면서 대동아공영권이라는 파괴적인 이념의 길로 나아갔다. 그러나 이러한 서구에 대한 열등감이 주는 심리적 억압을 급속한 모방적 근대화와 침략으로 발산시키려다가 실패를 맞게 된 이후에는 경제적 근대화 측면 이외에는 현재까지도 동아시아와 서구 모두에게서 지적·문화적으로 존중받지 못하고 있다. 야마무로는 자신의 삼중주의 논리가 단지 과거의 역사를 보는 창으로 그치는 게 아니라 21세기의 세계화, 지방화, 세계 표준의 창궐과 그에 대한 저항까지를 볼 수 있는 미래지향적인 틀이라고 주장하였지만[142] 상기의 사실을 무시해서는 삼중주의 논리도 결국 그가 비판하였던 출발점으로 돌아가 버리고 만다. 즉, 역사에서 실패의 측면은 무시와 망각으로 인도되고 있으며, 긍지의 측면만을 되살리게 된다는 것이다.

결론적으로 동아시아서사를 삼중주로 분리시켜 보는 방법론의 문제점은 주로 과거에서 현재까지를 해석하는 데는 유리하지만, 미래의 진보적인 지향을 제시하는 데는 한계를 가질 수밖에 없다. 그의 저작에서도 과거를 해석하는 부분에 비해서 미래의 진보적인 지향을 제시하는 부분이 큰 비중을 차지하지 못하는 것을 확인할 수 있다.

3) 분절들의 통합으로서의 동아시아상상

삼중주의 분석에서는 동아시아 역사를 실증적 자료를 중심으로 객관적인 서사를 분석하려는 태도가 돋보이고 있지만, 주로 과거를 해석하기 위

142 야마무로 신이치, 〈국민국가형성의 삼중주와 동아시아체제〉, 125면.

한 것으로서 미래에 대한 진보적인 상상이 결여된 특성을 가지고 있다. 이것은 일본 학문과 지식계의 특성일 수도 있다. 일본의 학문이 대체로 자료를 발굴하여 그것에 대한 정리와 해석을 위주로 하다 보니 미래에 대한 상상의 개념과 이상적인 측면, 그리고 소수자 문제에 대한 논리에서 나오는 '진보적 변혁의 구상'이라는 측면에서 한계를 노출하고 있는 것이다. 그러다 보니 21세기 동아시아 담론에서의 미래를 위한 상상vision의 측면이 미약해지고 말았다. 야마무로는 간간히 일본의 동아시아사고에서 모자란 것을 지적하고 있는데, 이러한 산발적인 요인들을 합치면 그가 상상하는 미래의 동아시아를 파악할 수 있다.

즉, 그의 논의에서 동아시아의 자산으로 중요한 사항을 다음같이 세 가지로 추출해 볼 수 있다. 첫째, '평화헌법 9조회'가 표방하는 개방적인 사고와 관계망이다. 둘째, '동남아우호협력조약TAC: Treaty of Amity and Co-operation in Southeast Asia'의 정신이다. 셋째는 이러한 분절적인 자원들의 통합을 이루어 '다즉일多卽一 · 일즉다一卽多의 아시아'를 사유하자는 것이다. 이렇게 앞에서의 삼중주 조망은 과거의 동아시아를 분석하는 야마무로의 논의였다면, 부족한 미래의 동아시아상상은 세 가지의 별도로 진행된 논의에서 유추할 수 있다.

첫째, 야마무로는 실증적 자료를 중시하는 연구태도에서와 같이 평화헌법을 수호하는 활동에서 동아시아평화를 위한 일본의 상징적이고 실질적인 역할을 읽어 내고 있다. 일본이 동아시아를 침략하려는 메이지시대에도 전쟁을 반대하는 반전사상과 사상가들이 있었다. 야마무로는 이러한 것들을 헌법 9조의 원류와 사상적 근원으로 표현하고 이러한 반전론 분출의 격류가 제도화투쟁을 통해서 전후에 헌법 9조를 제정하는 동력으로 작용한다고 분석한다. 대표적으로 이시바시 단잔石橋湛山(1884-1973)을 첫 번째 예로 들고 있다. 이시바시는 1921년 만주, 대만, 조선을 식민화하지 않고 포기하는 길이 일본과 동아시아의 평화를 지키는 길이라고 역설하면서 '소일본주의'를 주장한다.[143] 이러한 논법은 야마가타의 '이익선' 논리를 역으로 해석하여 이익선을 소거함으로써 서양을 포함한 외세가 일본의 안보를 위협할 명분을 스스로 제거한다는 것이었다. 그러나 당시 이러한 반전평화사상이 실현되려면 제국헌법상 군부가 지배하는 내각이 결단으로 상주해야 했고 천황이 이를 받아들여야 하는 구조라는 점을 고려하면 제도적으로 불가능하였다. 즉, 전쟁의 선포 등 군사적인 사항은 천황대권으로 규정되어 있었다. 따라서 우선 천황에게 상주권을 가진 군부가 내각과 의회보다 더욱 전쟁에 관한 정치 개입을 할 수 있었다는 것이다. 따라서 이러한 제도의 역사적 사례를 볼 때 군대의 보유와 전쟁 수행의 금지를 애초부터 명시한 평화헌법의 중요성이 있다고 할 수 있다. 그러나 야마무로는 이러한 평화헌법의 규정이 있음에도 현실적인 군대인 자위대가 있는 것은 평화헌법의 핵심이 무력화된 것이라고 본다. 그러나 역설적으로 이러한 반전사상의 전개와 결과가 '패배의 사상사'이기 때문에 앞으로 실현될 가능성이 남아 있다는 이야기가 된다는 역설적인 해석을 한다. 즉, 반전사상과 그 결과물인 평화헌법이 실패함으로써 오히려 그 실패를 만회하고 실현을 추구하는 '희망의 사상사'가 될 수 있다고 부정에서 긍정을 부각하고 있다.[144] 그가 애써 이러한 평화헌법의 의미와 역할을 강조하는 것은 일본의 평화헌법이 미국과 맥아더Douglas MacArthur(1880-1964)의 주도로 이루어진 것은 맞지만, 역사적으로 이미 일본 자체의 근대화역사에서 반전평화주의의 수맥이 흐르고 있었고, 그것이 결국 평화헌법으로 결실을 맺었으며, 앞으로도 동아시아의 평화에 큰

143 增田弘 編, 1990, 《小日本主義-石橋湛山 外交論集》, 草思社, pp. 54-70; 야마무로 신이치, 2010, 박동성 역, 《헌법9조의 사상수맥》, 동북아 역사재단, 8-9면.

144 야마무로 신이치, 위의 책, 11-12면.

자원이 될 수 있다는 것을 말하기 위함이다. 이러한 견해에는 다소 논리적 비약이 있지만 미국에 의한 것이 아닌 일본의 역사에서도 평화의 씨를 애써 찾으려고 하는 노력에는 경의를 표할 수 있을 것 같다.

따라서 평화헌법을 개정하려는 보수적인 움직임에 반대하는 '9조회'의 활동은 일본의 진보적인 지식인들의 동아시아평화에 대한 열망을 잘 보여 주는 것이다. 9조회의 가장 중요한 특징은 헌법 개정에 반대만 하면 누구나 제한 없이 회원이 될 수 있으며 9조회의 이름으로 평화운동을 할 수 있다는 것이다.[145] 이렇게 9조회는 선별된 인사들만으로 구성되는 닫힌 공간이 아닌 누구에게나 열려진 광범위한 관계망을 구성하면서 일본의 비판적 지성들에게 중요한 자산이 되고 있다. 야마무로의 평화헌법의 논의는 이러한 면을 의식한 것이다. 그리고 그가 '실패의 사상사'라고 칭한 동기는 일본 사회의 현실을 비판한 것이며, '희망의 사상사'라고 한 것에는 미래의 이상을 표명한 것으로 미래의 지적인 상상으로서의 동아시아 담론의 지향과 일맥상통하고 있다.

둘째, 이렇게 평화헌법을 생성시킨 메이지 이래의 일본의 반전평화사상을 주변국의 평화사상의 전통들과 연동시키려는 의도를 표출한다. 특히 그가 예로 든 것은 한국에서도 김옥균의 '삼화三和주의', 안중근의 '동양평화론' 같은 반전평화사상이 있었다는 것이다.[146] 그러나 야마무로가 자랑스럽게 열거하는 일본의 반전평화사상은 군국주의의 지속되는 승리의 함성에 밀려나 무기력하거나 심지어는 당시 국가주의에 대한 배신으로 여겨지고 검열과 처벌까지 받았다.[147] 그리고 이러한 국가주의적 분위

145 이노우에 히사시, 〈새로운 평화운동으로서의 '9조회'〉, 《일본비평》, 2009년 창간호, 225-238면. '9조회'는 2004년 6월 이노우에 히사시(井上ひさし), 오에 겐자부로(大江健三郎), 우쿠다이라 야스히로(奥平康弘) 오다 미노루(小田實), 가토 슈이치(加藤周一), 사와지 히사에(澤地久枝), 쓰루미 슌스케(鶴見俊輔), 미키 무쓰코(三木睦子) 등 9명의 주도로 결성되었다. 야마무로의 《헌법9조의 사상수맥》에서 역자 해제 부분(19-35면)을 참조.

146 야마무로 신이치, 《헌법9조의 사상수맥》, 11면.

기가 조성한 사회적 검열과 견제는 지금도 지속되고 있다. 그런 가운데서도 야마무로가 오늘날 일본의 평화헌법으로 상징되는 '희망의 사상사'와 함께 동아시아의 평화를 추구하는 데 그 수맥으로 삼을 수 있다고 여기는 것은 아세안이다. 특히 국가와 사회의 발전수준이 질적으로 다른 동남아의 수평적인 우호협력정신은 야마무로의 사고에서 미래의 동아시아와 나아가 전 세계의 평화협력의 모범이 될 수 있는 가장 이상적인 자원으로 인식되고 있다.[148] 중요한 것은 주변부인 동남아 국가들이 지리적으로 복잡한 경계를 공유하면서 정치체제의 통합과 경제발전수준의 질적인 평준화가 결여된 가운데서도 상호 교류가 수평적으로 이루어지고 있다는 사실이다. 오늘날 동아시아 담론의 수평주의적 다양체의 인식론에서 동남아는 가장 높은 평가를 받을 수 있다는 면에서 야마무로의 평가는 한국과 대만의 비판적 지식인들의 공감을 얻을 수 있을 것이다. 그러나 자신이 논하고 있는 일본의 담론에서 그러한 수평주의적 정서를 찾기 힘들다는 것이 또한 그의 고민일 것이다.

셋째, 야마무로는 자신이 언급한 대로 사료를 중시하면서 거기에서 개념을 주조해 낸다고 술회한다.[149] 그래서인지 삼중주 이론을 제시하면서 과거에 대한 해석과 개념화를 주로 시도한 작업에는 성공적이었으나, 자연히 그에 따른 결과로 미래에 대한 상상과 가치의 제시가 미흡한 면을 발견할 수 있다. 그가 제시한 미래의 아시아 만들기 작업인 투기投企에는 주로 국가 정책과 국가 간의 외교전략으로서의 아시아주의를 다루고 있으며, 또한 그마저도 근대 초기 과거의 사례를 위주로 논리를 전개하고 있다.[150] 이런 사실에서 유추해 보면, 야마무로의 삼중주의 논리에서는 근대

147 위의 책, 269-276면. 대표적으로 해군 출신의 미즈노 히로노리(水野廣德), 1920년대의 외교와 군비의 논객이었던 시오즈 세이사쿠(鹽津誠作) 등이 있다.

148 위의 책, 16-17면.

149 야마무로 신이치, 《여럿이며 하나인 아시아》, 197면.

초기 이래 패전까지의 동아시아세계에 대한 한국과 중국의 시각을 넘어서는 일본식의 분석틀을 세운다는 의도가 짙게 나타나 있는 반면에, 21세기의 새로운 동아시아적 비전을 제시하는 논리를 독해하기는 힘들다.

이러한 측면을 보충하기 위해 상술한 일본의 평화헌법과 동아시아의 반전평화사상, 아세안의 평화주의를 통합적으로 사고하는 시도를 보여주는데, 이것을 모두 하나로 압축한 것이 '다즉일·일즉다'의 아시아론이다.[151] 이러한 인문학적 상상의 개념의 제시를 통해서 아시아의 질서원리로서의 '아시아적 가치'를 추출하려는 것이다. 이러한 작업은 아시아만을 문제 삼기 위한 게 아니라 21세기 세계가 직면하게 될 문제성을 예시하기 위해서 새로운 질서원리나 개인의 존재양식, 그리고 그 안에서의 일본의 위치를 분명히 하기 위한 것처럼 보인다.[152] 이러한 인문학적인 상상은 그가 주변부와 중심부시각의 차이, 국가발전의 불균형을 고려하여 나온 것으로 보이며, 다양한 아시아의 움직임을 통합하여 미래의 동아시아를 추구하는 사상화의 출발점을 보여 주고 있다. 그러나 이러한 개념에 대해 우리는 다음 같은 의구심을 갖는다.

4) 다즉일多卽一·일즉다一卽多—착각과 조롱의 사이

서구에 대한 표준화와 여타 동아시아에 대한 일본의 강제적 동류화는 일본중심주의적이라는 오해를 피하기 위해서 야마무로는 '혼성混成'과 '양행兩行'이라는 개념을 동아시아의 보편적 질서원리로 제시함으로써 동아시아 국가들에 대한 설득을 시도하고 있다. 이는 과거 일본의 위계적인 아시아주의를 넘어서 수평주의적인 가치를 배양하려는 시도에서 나온 것이

150 山室信一,《思想課題としてのアジア—投企, 連鎖, 基軸》, pp. 573-633.

151 위의 책, pp. 654-655.

152 야마무로 신이치, 〈다즉일(多卽一)의 질서원리와 일본의 선택〉,《여럿이며 하나인 아시아》, 159-160면.

며, 나아가 다른 동아시아의 다양한 사고들도 통합하려는 의지이다. 즉, 혼성이란 노자老子에 나오는 말로 전체로서 완결되고 통일된 모습을 나타낸다. 양행은 장자莊子에 나오며 서로 대립하고 거부하지만 절대적 대립이 아니라 양자를 모두 같이 받아들임으로써 새로운 경지를 찾는다는 것이다. 그는 이를 카오스chaos개념과 연결시켜서 무수한 구성 요소로 이루어진 집단에서 각 요소가 다른 요소와 상호작용을 하고 전체를 시각에서 보면 부분적 움직임이 총화를 넘어서는 어떤 독자적인 행동을 보이는 것이 카오스라고 한다. 아시아의 혼돈과 다양성은 카오스 자체라고 본다. 이 혼성과 양행의 사례로 홍콩의 일국양제一國兩制와 아세안을 들고 있다. 아세안은 무엇을 한다기보다 무엇을 안 한다는 양해로 시작되었는데, 그는 이것을 일치하지 않는 것을 전제로 불일치까지도 일치시키려는 '불일치의 일치'를 지향하는 것이라고 해석한다. 야마무로는 이렇게 모든 측면에서 다양한 아시아에 "여럿이며 하나의 아시아多卽一, 하나이며 여럿인 아시아一卽多"인 존재양식으로서의 아시아적 가치가 일본을 넘어서 다음 세기의 세계에서 하나의 지침이 될 수 있다고 제안하고 있는 것이다.[153] 이 같은 야마무로의 인문학적 상상은 '하나가 곧 전체이고, 전체가 곧 하나'라는 모든 작은 단위들의 통합정신을 내세우고 있다. 그는 이것으로써 미래 일본 동아시아사고의 사상적 자원으로 삼자는 제안을 하고 있는 것이다.

그러나 야마무로가 제안한 동아시아의 공감의 사상은 상당히 우리의 궁금증을 자극하고 있으며, 경우에 따라서는 분노를 자아낼 수도 있다. 만일 반일본사조를 극단으로 밀고 나간다면, 이러한 제안은 거의 동아시아인을 조롱하는 것이라고 할 수밖에 없다. 그 이유는 교토대학 교수인 그가 아래와 같은 사실을 몰랐을 리가 없기 때문이다.

많은 불교사상 중에서도 특별히 화엄華嚴교학의 '다즉일 · 일즉다' 사

153 위의 책, 169-173면.

상이 중앙집권과 통합제국의 이데올로기로 이해되는 것은 이것이 전체와 개인의 통일을 강조하는 이론으로 여겨질 수 있기 때문일 것이다. 실제로 화엄교학을 중앙집권의 이데올로기로 이용하던 논의는 한·중·일 3국의 역사에서도 나타났던 사례이다.[154] 화엄교학은 국가주의와의 관계가 깊은 것으로 역사상 전개되어 온 것이 통설이다. 즉, 화엄종華嚴宗의 제3조祖인 법장法藏이 무측천武則天 통치시기에 국사를 지내면서 도움을 주었던 사례와 쇼무聖武천황의 통치를 뒷받침했던 화엄교학의 '일즉일체一卽一切'의 원리는 전부 화엄종과 국가 통치와의 관계를 대변해 준다. 근대에 이르러서는 청말 캉유웨이康有爲, 탄쓰퉁譚嗣同, 장타이옌章太炎 등도 화엄사상과 유식학을 연구하고 개혁과 혁명을 위한 정치적 논리에 도입했었다.[155]

이러한 의구심이 정당한 것은 '근대의 초극' 좌담회를 통해 태평양전쟁에 철학적 의미를 부여한 교토학파가 화엄교학에서 근거를 가져왔나는 사실에서이다. 특히 1928년 교토학파의 니시다 기타로, 고야마 이와오, 니시타니 게이지 등은 '화엄경론 윤독회'에 참가하면서, 이를 계기로 30년대 중반 이후에는 초국가주의를 주창하고 결국 '악명 높은' 좌담회에까지 참가하면서 '요설'을 쏟아 내었다. 이들의 논리에서는 화엄종의 종교이론

154 아래의 서술은 다음 자료를 비판적으로 인용함. 이시이 코세이(石井公成), 최연식 역, 〈화엄철학은 어떻게 일본의 정치이데올로기가 되었는가〉, 《불교평론》 6호, 2001년 3월 10일, http://www.budreview.com(2014.9.4). 원저는 石井公成, 〈大東亜共栄圏の合理化と華厳哲学(1)-紀平正美の役割を中心として〉, 《仏教学》 n. 42, 2000年 12月1日, pp. 1-28.

155 이시이(위의 자료 참조)는 일본 제국주의논리와 화엄교리와의 연관성에 대해 다음 같은 인용문을 제시한다. "다카가미 다쿠쇼(高神覺昇)의 《일본정신과 불교》에 의하면 불교는 국가 신도(神道)에 입양되어 국체가 하나가 된 일본불교이다. … 불교는 신도와 함께 일본적이면서 세계적(八紘一宇)이다. 일본에 의한 세계질서 건설의 발판이 여기에 있다. 여기서는 개체와 전체가 하나이며, 일즉일체(一卽一切)-일체즉일(一切卽一)의 국체만다라야말로 무아의 법에 입각한 총체와의 세계이다. … 에베오손(江部鴨村)의 《화엄경강화》에서는 다음과 같이 말한다. '우리나라의 조상신은 하나이면서 모든 것을 포함하는 절대신이고 … 부처도 일다상즉(一多相卽), 주반호융(主伴互融)의 여래이다.' 그 의미는 일본의 팔굉일우(八紘一宇)는 제국주의가 아닌 일다상즉(一多相卽)의 하나의 세계라는 것이다."

을 '국가적 도덕'에 종사해야 한다는 논리로 연장시키는 측면을 발견할 수 있다. 즉, 특수한 자신과 민족을 초월하여 하나의 세계를 구성한다는 전 세계인 팔굉八紘을 하나의 집인 일우一宇로 만드는 일본의 국가정신과 일본 중심의 아시아세계라는 독단적인 제국의 논리를 구축하였다. 여기에는 '개체는 전체'라는 화엄불교의 논리가 한몫하였던 것이다. 그런데 놀랍게도 야마무로가 이러한 개체와 전체는 자기동일성(일본이 아시아를 하나로 통합)을 가진다는 화엄교학의 논리(多卽一 · 一卽多)를 천연덕스럽게 다시 21세기 동아시아 공감의 사상자원으로 불러들이고 있는 것은 무슨 의도인가.

이러한 제국의 논리에 대해서 가라타니 고진柄谷行人은 타자성의 존재와 연대를 사용하여 비판한다. 그는 부분이 곧 전체이며 전체가 곧 부분으로 이루어진다는 논리는 일종의 생태학적이며 시스템적인 세계관이라고 규정한다. 이러한 생태학적인 시스템의 사고에서는 절대적 주체를 우선시하면서 상대적으로 '타자와의 관계성'을 고려하지 않는 결과를 낳아 서로를 향한 '책임의식'이 나올 수 없다.[156] 따라서 이러한 생태학적 논리에서는 아시아의 타자들이 일본을 매개로 하여 '모두가 하나 됨'의 동일자로 환원된다. 이에 대한 필자의 비판은 이렇게 부분과 전체를 하나로 관통하여 바라보는 방법론으로 설명하려는 시도는 결국, 근대적 거대서사의 욕망, 인류발전의 필연적인 방향성을 한 원리로 환원하려는 시도(역사적 결정론과 유토피아니즘), 다양한 개체의 차이의 인정보다는 하나로의 동일화를 추구하려는 욕망이 내재한 '거대서사의 무의식적 폭력'에 맞서 싸워야 한다는 것이다.[157]

---

156 가라타니 고진, 2002, 이경훈 역,《유머로서의 유물론》(ヒューモアとしての唯物論), 문화과학사, 153-157면.

157 이러한 비판은 중국지식인 왕후이의 '과체계사회론(跨體系社會論)'에도 적용된다. 다음 장에서 논할 것이다.

이러한 비판이 가능한 것은 야마무로의 인문학적 개념의 제시에도 불구하고 21세기 진보적인 주변부의 지향인 탈대국주의, 탈국민국가주의에 대해서는 특별히 구체적으로 언급하지 않고 있다. 따라서 통일과 조화를 의미하는 '다즉일·일즉다'만을 고려한다면 전체주의적인 가치와 구별되지 않는 특성을 띠게 된다. 이러한 오해를 피하기 위해서는 인문학적 상상의 개념, 즉 탈대국주의, 탈국민국가주의, 소국주의 등 주변부와 공감을 생성시키기 위한 지향이 제시되어야 할 것이다.

또한 그의 개념에는 제국-식민의 구조에서 발생한 동아시아의 소수자 문제에 대해서 진보적인 자세를 유추하기가 힘들다. 동아시아의 다양성을 하나로 통합하려는 개념을 제시하면서도 주변부 동아시아사고에서 반일사조의 요인이 크게 작용하고 있으며, 그것을 어떻게 포용하여 해결해야 하느냐에 대해서 특별히 지적하는 게 없다. 즉, 주변부에서의 반일사조에 대한 적절한 해결이 없이 삼중주의 논리로써 폭력의 상호연쇄작용을 논하면서 '다즉일'의 원리 안으로 무조건 통합만을 상상한다는 인상을 지울 수 없다. 다음과 같이 나와 타자에 대한 관계를 언급하면서도 야마무로가 이러한 전체주의의 원리를 내세우는 동기에 대해 궁금증을 가질 수밖에 없는 이유이다.

> 우리가 21세기에 해야 할 일은, 각 정치사회의 고유성이라는 역사적 제약을 받는 것은 도대체 무엇이고, 또 그 고유성을 초월한 보편성을 가진 것은 무엇인지를 협동작업을 통해서 찾아내는 일이 될 것이다. 그때 유의해야 할 것은 타자 그것도 자기와 같은 문화의 정치사회에서 자란 사람들이 아닌 타자와의 관계에서 자기를 끊임없이 재구성함으로써 정치도덕의 보편성을 찾아내고 공유해 나가는 노력을 지속할 필요가 있다는 것이 아닐까 싶다.[158]

물론 야마무로의 동기(제국의 논리를 오늘날 새롭게 각색하여 불러들이는)가 반드시 '착각'에 의한 것이거나 아니면 '조롱'한다거나 하는 의미로 해석되어서는 안 된다. 그러나 어쨌든 '다즉일 · 일즉다'의 사상은 일반적으로 동양의 유기체적 인식론에서 유래하면서 하나의 정치경제적 통합체—이른바 시스템적 사고—를 상상하는 데 밑바탕이 되고 있다. 그래서 더욱 중요한 것은 만일 그의 인문학적 개념이 진정 순수한 다양성의 공존으로 받아들여지기를 바란다면, 일본 사회 전체가 독일 수준의 역사의 성찰과 의식변화가 있어야 하는데, 그렇지 못한 게 현실이다. 따라서 이런 상황에서는 그의 논리가 일본중심적이거나 착각이 아니라고 하더라도, 주변부의 시각에서 보면 중심편향적으로 읽혀질 수 있는 조건에 여전히 둘러싸여 있다는 것이다.

동아시아 담론은 탈냉전 이래로 새로 일어나는 일본에서의 분석적 동아시아사고에 대해서 주변부에서 단지 반일사조와 민족주의적인 시각으로만 보아서는 안 된다는 것을 강조하고 있다. 그러나 이러한 태도가 주변부가 중심부를 대하는 태도에만 일방적으로 적용되는 경향이 있으며, 중심부의 주변부에 대한 태도에는 별로 변함이 없다는 사실이다. 중심부 지식인들의 동아시아사고와 논리에는 주로 현실적인 측면을 다루면서 논리를 전개하는 측면이 강하며, 주변부의 지식인들은 주로 인문학적인 상상의 개념으로 현실의 한계적 상황을 극복하자는 주장이 많이 나타나 있다. 야마무로의 동아시아론에서도 이러한 특성은 예외가 아니다. 동아시아가 다양성을 특성으로 가지고 있다면, 과거의 중화주의나 대동아공영권이념에서처럼 다양함이 다시 뭉쳐서 하나가 되기를 추구하지 말고, 그냥 있는 그대로 구성원들의 다름을 인정하고 상호 수평적으로 공존하는 수평주의적 다양체를 지향하는 것이 동아시아 내부에서의 중심-주변, 동아-서구

158 야마무로 신이치, 〈정치사회에서의 윤리〉, 《여럿이며 하나인 아시아》, 154면.

의 이분법적 사고를 극복하는 지름길이다. 야마무로 자신도 언급했듯이 아세안은 바로 이러한 수평주의적 다양체의 좋은 예로 받아들여질 수 있으리라고 본다.

8. 요네타니 마사후미—'포스트동아시아'론

탈냉전을 맞이한 일본의 지식계에서 거의 일본중심적 지향에 경도되었던 과거와는 달리 다양한 움직임이 태동되는 현상도 읽을 수 있다. 소수지만 진보적 지식인들의 동아시아 담론에서는 참신한 논의도 나타나고 있는 것을 엿볼 수 있다. 이들은 과거 일본의 동아시아사고에 대해서 비판적인 태도를 가지려는 노력에 더하여 주변부와의 소통을 강조하면서 한국과 대만 등 주변부 지식인들의 동아시아 근대에 대한 비판적 성찰에 동감을 표시하기도 한다.

요네타니 마사후미米谷匡史는 근래에 일본에서 동아시아 담론을 전개하는 지식인들 중에서 신진세대에 속한다. 그렇기 때문에 현재까지는 그의 동아시아사고에서 이론적으로 완숙한 내용을 발견하기에는 이른 감이 있지만, 전 세대보다 진보적인 시각에서 동아시아를 바라보고 있는 것을 발견할 수 있다. 그것은 다케우치의 동아시아론마저도 과거에 대한 성찰이 부재하다고 비판하고 있는 것에서 나타나고 있다. 구체적으로 그 의미를 정의 내리고 있지는 않지만, 이제까지의 동아시아를 다시 새롭게 생성시켜 나가자는 의미에서 '포스트동아시아post-East Asia'를 제안한다.

1) 착종의 근대화—폭력의 수평적 교환관계?

우선 '포스트동아시아' 이전의 일본의 동아시아사고에 대해서 요네타니는 야마무로 등 여느 일본의 분석가들과 비슷한 태도로 일본의 동아시아 사고를 총체적으로 바라보기보다는 여러 사조가 시간과 상황에 따라 생성과 숙성, 새로운 생성 등의 변화를 겪으면서 전개되었다는 것을 설파하고 있다. 즉, 일본의 동아시아사고에서 여러 흐름이 부침했었으며, 따라서 일방적으로 침략만을 그 주요한 흐름으로 파악해서는 안 된다는 것을 의식하고 있다.

그의 동아시아론은 일본과 동아시아 모두가 근대적 국가주의에 휩싸였던 과거에 대한 성찰에서 출발하고 있다. 동아시아의 근대화 역사에서 한중일 3국이 서로 공감하기도 하고 분열하기도 하는 등의 과정에서 폭력마저도 상호 교환하는 착종된 형태의 근대화를 전개했다는 것을 설명한다. 일본의 우월의식과 폭력주의적 근대화에 대한 비판과 함께 그에 대항했던 주변부에서도 근대화과정에서 폭력의 문제가 서로 얽혀 있었다는 것을 비판적으로 재검토해야 한다고 주장한다. 이러한 논리가 의도하는 것은 동아시아의 근대화에 수반되었던 폭력이 단순히 일본에 의해 일방적으로 주변부에 행해진 것이 아니라 근대화의 전 과정에서 상호 간에 폭력의 작용과 반작용이 있었다는 점이다. 또한 야마무로나 여타 일본 지식인들이 주장하는 바대로 동아시아의 근대화과정에서 일본만이 아닌 다른 주변국들도 폭력에 능동적으로 혹은 수동적으로 관여하였다는 것을 의미한다. 구체적으로 요네타니는 청일전쟁에서 러일전쟁에 이르기까지 조선의 개화주의자들 중에서 일본이 주도하는 동아연대를 주장하는 세력이 출현했었고, 이들은 서세동점과 일본에 저항하고자 했지만 자신들도 폭력의 연쇄에 휘말리는 모순을 안게 되었다는 사례를 제시한다.[159] 이러한 서술은 일본을 포함한 당시 동아시아 지식인들이 공통적으로 서구적 근

159 요네타니 마사후미, 2005, 〈포스트 동아시아, 새로운 연대의 조건〉, 우카이 사토시 외, 《반일과 동아시아》, 85-86면.

대의 국가주의와 우승열패의 진화론적 사고에 사로잡혀 의식적으로 모방하려 했다는 시대적 사조의 특성을 부각하려 한 것으로 해석된다.

특히 주목되는 것은 요네타니가 일본에 의해 자행된 식민주의 근대화에 대한 해석이 일방적이어서는 안 된다는 것을 강조하기 위한 사례로 대만의 경우를 든 것이다. 리덩후이李登輝 총통은 이른바 '남진정책'을 추진하면서 대만과 동남아, 일본을 연결시키면서 대만의 탈중국대륙을 도모하였다. 그 과정에서 "탈아脫亞(대만 독립)를 이루어 흥아興亞를 이룬다"[160]고 주장하면서 일본의 대만근대화에 대한 공헌을 재평가하고 탈중국의 대만역사를 구축하면서 독립을 추구하려는 움직임을 보여 주었다. 요네타니가 이러한 대만의 사례에 주목하는 이유는 동아시아 역사에서 일본에 의한 억압적인 근대화와 폭력만을 단순하게 조망하는 태도를 벗어나 동아시아 내부의 근대화과정에 얽혀 있는 공과, 그리고 상호폭력의 교환관계를 복합적으로 성찰해야 한다는 의미에서이다.

그러나 이렇게 일본의 우월적 폭력이 아닌 동아시아국가 간 폭력의 수평적 교환관계가 있었다는 논리는 앞에서 지적했다시피 폭력의 유발자와 방어자의 대응폭력을 양과 질적으로 동일시하는 오류에 빠지는 것이다. 또한 대만의 사례를 든 것도 부적절하다. 리덩후이가 90년대 남진정책을 추진하며 전략적으로 창출한 일본식민통치에 대한 긍정적 정서는 일종의 '식민지근대론'인데, 이는 오늘날의 정치적 목적에 맞추어 전체적인 과거사의 특성을 규정하고 과거사를 재구성하는 것이다.

그러나, 야마무로처럼 과거사에 대한 분절적 조망을 사용하고 있으면서도 요네타니는 일본 동아시아사고의 전개과정에서 발생한 국가주의적 폭력과 식민주의에 대해 성찰을 소홀히 하지는 않는다. 진보적 지식인답게 질적으로 깊이 있는 성찰을 하고 있는데, 앞에서 언급한 대로 다케우치

160 米谷匡史,《アジア/日本》, pp. 13-19. 남진정책에 대해서는 이 책의 대만 부분을 참조.

마저도 그의 비판을 피할 수 없었다는 사실에서 알 수 있다. 그의 동아시아론에는 일본만이 아닌 모든 동아시아가 서구근대에 대한 모방과 저항, 내부에서의 상호저항과 폭력을 겪은 역사에 대해 재검토와 성찰이 이루어져야 '포스트동아시아'를 추구할 수 있다는 의미를 담고 있다.

2) 상황변화와 동아시아사고의 유동적 흐름—이중변주와 하부오리엔탈리즘

상술했다시피 야마무로는 동아시아사고의 흐름과 구성을 3중주의 절편으로 나누어 바라보면서 각각의 절편에 대한 특징을 분석하고 있다. 그러나 요네타니는 동아시아사고를 여러 특성적 절편으로 나누기 보다는 시간과 상황에 따른 변화에 초점을 맞추고 있다. 동아시아사고가 시간과 상황에 따라 여러 사조의 흐름이 부침했다는 것이다. 이러한 시각에서 요네타니는 초기 탈아와 흥아의 논리구조가 전간기와 전쟁기에 다르게 변화를 겪으며 전개된 것을 설명한다.

러일전쟁이 종식된 후 일본은 노골적으로 서구 열강과 함께 동아시아 분할에 가담하면서 제국주의를 모방하는 길로 매진한다. 즉, 일본 학자들이 주장한 일본 동아시아주의의 연대-침략의 복잡한 이중성이 완전히 침략으로 기울어진다. 이 시기를 일본의 제국의식이 고양되는 세기의 전환기였다. 1880년대 후쿠자와의 탈아론과 이어서 20세기 초에 나온 아세아일체론은 '문명의 서구-야만의 동아' 원리를 '문명의 일본-야만의 동아시아주변부' 개념으로 전환시키게 된다. 이것이 발전되어 일본은 동아시아에 대한 타자화와 문명화의 기획을 무력으로 추구한다. 일본의 동아시아사고는 결국 주체적 자아와 민주주의를 내재화시키려는 것보다 제국주의적 근대화에 필요한 식민지를 추구하는 모방의 근대화에 더욱 몰입하게 된 것이다.

그러나 이러한 일본 동아시아사고의 제국주의화로 일컬어지는 세기의 전환기는 다시 새로운 변화의 압력에 부딪친다. 요네타니는 이러한 상황을 '문명과 계몽의 네트워크가 산출한 삼국제휴론, 동양평화론에 내포된 모순과 갈등이 임계점'에 도달했다고 표현한다.[161] 일본의 동아시아사고는 1차 대전 이후에 등장한 민족자결주의와 이에 영향을 받은 한국과 중국의 자주적인 반제민중운동—3·1운동, 5·4운동—으로 타격을 받고 변화를 하지 않을 수 없는 상황을 맞았다. 이때에는 한국도 중국도 개방 이래로 경제적 상호관계가 증대되면서 지역 내에서 저항과 갈등, 경쟁이 증대되는 시기였다. 당연히 민족과 사회의 주체적인 발전에 대한 자각이 생성되기 시작하였던 시기였다. 1907년 결성된 '아주화찬회亞洲和親會'로부터 이러한 움직임은 이미 현실화되고 있었다. 이 단체는 동아시아 최초의 반제국주의 동아시아국제주의 연대조직이었다. 여기에는 한·중·일 이외에 인도, 필리핀, 베트남 등의 독립운동가들이 참가하였는데, 중국의 주요 참여자인 장빙린章炳麟(1868-1936)의 〈아주화친회규약亞洲和親會規約〉, 류스페이의 〈아주현세론亞洲現世論〉 등과 같은 문장들에서 동아시아 피압박 민중의 자각과 제국주의에의 저항을 읽을 수 있다.[162]

특히 주목할 만한 각성은 일본 내부에서도 왔다. 아주화친회의 결성에 적극적으로 참여한 고토쿠 슈스이幸德秋水(1871-1911)는 일본 사회주의 운동의 선구자 중 한 명이다. 일본의 대표적 자유주의자인 나카에 조민中江兆民(1847-1901)의 제자인 그는 1890년대 말부터 사회주의와 노동운동에 관심을 기울이기 시작했다. 이후에 그는 아나키스트로 회심하고 나서 동아시아의 피압박 민중들을 서구와 일본의 제국주의국가를 전복하는 데 함

161 위의 책, p. 73.

162 周麗卿, 〈清末革命運動與亞洲觀的遇合—以亞洲和親會爲個案的討論〉, 《二十一世紀》, 2014年 12月號(總第146期), pp. 17-27; 申叔(劉師培), 〈亞洲現世論〉, 葛懋春·蔣俊·李興芝, 1984, 《無政府主義思想資料選》 上册, 北京大學出版社, pp. 120-133.(원래는 《天義》 11·12 合册, 1907年 11월 30日에 발표). 특히 류스페이에 대해서는 이 책의 중국 부분을 참조할 것.

께 힘을 합쳐야 할 수평적 연대의 동지들로 여기는 사상의 전변을 이루었다. 이러한 동아시아 국제주의적 시각에 따라 고토쿠는 1907년 동아시아의 사회주의자와 혁명가들과 함께 아주화친회를 결성하기에 이른다. 1910년 6월, 그는 천황 암살을 모의했다는 혐의로 구속되고 한반도는 일제의 식민지가 되면서 자신도 형장의 이슬로 사라진다. 그가 일본 제국주의를 비판하며 한반도 식민화에 반대하고, 일본 지성계와 동아시아에 사회주의 사상을 전파하고 민중연대를 주창한 것은 20세기 초 중국과 조선의 지식인들에게 사상적으로 큰 자극을 주었다.[163] 이후 동아시아의 사회주의적 국제주의 운동은 중국의 많은 지식인과 혁명가들뿐만 아니라 상술했던 한국의 신채호와 김명식 등으로 이어져 전개되었다.

다이쇼大正데모크라시 사상가인 요시노 사쿠조吉野作造(1878-1933)는 이러한 동아시아의 국면의 전환에 적극적으로 응답한다. 민본주의사상의 대표자였던 그는 다이쇼데모크라시에서와 같은 민본주의를 중국, 한국, 대만에 적용하여 일본의 강압적 동화정책을 비판하고 그들의 민족자결을 승인하라는 논지를 펼친다. 그러나 완전한 독립이 아닌 자치를 주장하면서 일본제국주의의 개편에 무게를 둔다. 그는 한국의 3·1운동을 지지하였고, 5·4운동 이래로 중국에 대한 군사주의적 침략은 정체되었다고 보고 군사적인 수단보다 중국을 경제적으로 침투하는 것이 더욱 이익이 된다고 주장한다. 중국의 리따쟈오李大釗와 한국의 여운형, 대만의 도쿄 유학생 등과 연계를 가지면서 3국 지식인과 학생들과의 연대를 추진하기도 한다.[164] 나아가 그는 한국의 새로운 저항의 움직임에 대해서도 일본의 자성

163 고토쿠 슈스이, 2011, 임경화 역, 《나는 사회주의자다—동아시아 사회주의의 기원, 고토쿠 슈스이 선집》, 교양인; 周麗卿, 위의 자료.

164 사쿠조는 1919년 11월 여운형이 동경을 방문한 시기에 만남을 가진 뒤에 "존경할 수 있는 인격자"라는 평을 하고 있다. 1916년 조선 시찰 후에는 헌병정치의 폐해를 지적하고 《中央公論》에 논문을 발표하여 조선 독립과 정치적 자치를 주장하기까지 한다. 蜂須賀光彦, 〈吉野作造〉, 館里子哲 編輯, 《韓國, 朝鮮と向き合った36人の日本人》, pp. 80-85, 이정식,

을 촉구한다. 이렇게 그는 당시 중국과 한국 등에서 일어나는 저항의 주체들과 일본 내에서의 제국 개편의 움직임을 결합시켜 일본제국의 개편을 도모한다. 여기서 주목할 것은, 그는 당시 아시아의 자립과 독립을 승인하면서 패권을 유지 확대해 가는 미국을 모델로 한 것이었다. 즉, 침략을 내세운 근대화를 추종하는 것에서 개인과 민족의 주체성과 자유로 대변되는 근대성에 대한 과도기적인 자각이었다. 또 한 가지 중요한 사실은 이러한 변화는 국가주의적 억압적 동화의 식민통치에서 문화와 사회의 개혁적 통치로 변한다는 것이다. 즉, 사쿠조의 구상은 '다민족이 자립성을 지닌 채 공생하는 다문화제국'이었다.[165] 이렇게 전간기의 동아시아론은 문화주의를 전면에 내세우는 유화적인 측면이 있었는데, 요네타니는 이러한 주변부에서의 반제민족운동에 대한 응답으로써 그들의 문화를 인정하고 민족주의를 초탈하면서 제휴하는 다문화제국 사회를 창조하려는 시도를 일종의 '신제국주의'로 조심스레 규정한다.[166] 그의 해석은 이러한 형태의 문화와 사회 연대는 기존의 군사적 강압에 의한 침략적인 것과는 다른 일본 동아시아주의의 긍정적인 변화를 강조하려는 것이다.

사쿠조가 미국식의 다문화제국이라는 새로운 연대를 창안하면서 제국 개편을 주창했다면 1920년대 중반 야나이하라 다다오矢內原忠雄(1893-1961)는 영국식의 제국 개편을 주창한다. 영국이 19세기 후반부터 20세기 초반까지 식민지에 독자적인 의회와 정부를 가진 자치를 인정하면서 본국과의 협동체제를 구축하는 방법으로 제국 개편을 수행한 것을 도입하자는 것이다. 한국과 대만에 대한 억압적인 동화정책을 비판하고 의회 설치 및 자립을 허용하고 사회경제적인 측면의 이해를 보호해야 한다고 역설

2008,《여운형—시대와 사상을 초월한 융화주의자》, 226-227면.

165 米谷匡史, 위의 책, pp. 81-93.

166 위의 책, pp. 97-98.

한다. 이러한 그의 주장은 당시 사회주의의 등장에 대한 경계심도 영향을 미쳤다. 즉, 식민지에 제국의 자본주의가 침투해 민중이 경제적으로 몰락하면서 사회주의가 비등해지는데 이것은 다시 제국 내부사회에 사회주의를 강화하는 영향을 주고 다시 중심과 식민사회의 사회주의를 동반 성장시킨다고 주장한다. 1925년 영국 노동당이 주최한 '제국노동회의'에서 식민지의 노동당과 노동자가 모여서 제국 문제에 대한 토론을 벌였다. 이러한 사실에 착안하여 그는 제국-식민의 사회를 연결시키는 비착취적인 협동정책으로 사회주의화를 구상한다.[167] 야나이하라는 무교회주의 사상가인 우치무라 간조內村鑑三(1861-1930)의 영향으로 반전평화의 사상을 가진 경제학자였다. 이상적인 반전평화는 실현되기 힘들 것이므로 현실적으로 당장 실현 가능한 식민지의 모순과 갈등 문제를 해결하기 위한 영국의 제국통치방식을 주창한 것이다.

이러한 20년대에 등장한 동아시아론은 차라리 메이지시기의 단순한 연대론보다는 좀 더 세련되고 성숙한 연대론이 아닐까 싶다. 요네타니가 이들의 사상을 소개한 것은 일본 동아시아사고가 단지 침략주의만을 내세우지는 않았으며 상황 변화에 따라 유화적인 흐름도 있었다는 것을 구체적으로 보여 주려 한 것이다. 그러나 사쿠조와 야나이하라 모두 당시의 일본 정부로서는 별로 반갑지 않은 평화와 반전, 민주주의를 주창하던 사상가들이었다. 이들의 동아시아론을 소개한 동기는 이해되지만, 그들의 사상은 당시 비주류에 속해 있어서 단지 지식계의 미약한 파장으로만 끝이난 사례이다. 더구나 당시에는 볼셰비키혁명 이후에 동아시아에 사회주의운동이 출현하던 시기로서 이들에 대한 탄압이 이어지고 있었다. 그들의 진보적인 사상이 받아들여지기에는 일본은 제국주의에 심취해 있었다. 그래서 지식계의 평화사상이야 어쨌든, 현실적으로 여전히 일본이 중

167 위의 책, pp. 99-105.

심이 되어 주도하는 동아시아협력체로의 제국 개편이 주류 사조였지만 그마저도 실현되지 못하고 전쟁기로 접어들게 된다. 요네타니는 이러한 당시의 제국-식민의 사회와 문화의 연결을 중시한 동아시아사고는 "제국주의에 저항하고 자립과 발전을 지향하는 식민지 주체가 식민지 근대가 낳은 시스템에 한층 깊게 흡수되면서 규율권력을 내면화해 버리는 안으로부터의 갈등이 내포되어 있는"[168] 것으로 평가하고 있다.

이러한 일본 동아시아사고의 논리 변화의 흐름은 당시 주요한 세계정세변화와 맞물려서 일어난 것이다. 첫째, 1차 대전을 겪으면서 서구는 물론 일본제국도 국가주의적인 근대화의 길이 파탄에 빠졌다는 것을 어느 정도 인지한 결과이다. 특히 약소국 입장에서는 강대국 간의 자기파괴와 식민지에서의 착취를 직접 목도하면서 민족자결주의가 부상하게 된다. 강대국들의 제국주의체제도 내부에서 균열을 맞이하게 된다. 이는 두 가지 경로에서 표출되는데 레닌V. I. Lenin의 '제국주의론'과 윌슨의 '민족자결주의'이다. 둘 다 유럽의 무차별적인 팽창적 자본주의가 한계에 도달한 것을 스스로 인정하면서 나온 논리이다. 둘째, 1917년 볼셰비키혁명의 영향은 식민지로 하여금 민족 내부의 착취와 피착취 계급의 모순에 눈을 뜨게 하였다. 이로써 약소국과 피식민지의 독립운동가와 민중들은 제국주의국가들의 착취적 자본주의에 저항하는 이론적 사고를 하게 되었다. 특히 코민테른Comintern의 〈동방문제에 관한 테제〉(1922)는 많은 아시아 국가들이 전제적 통치하에 있다가 식민지가 된 상태에서 사상적인 지표를 잃고 있는 가운데 독립과 저항운동에 이론적인 기초를 제공하게 된다. 대표적으로 중국과 한국에서는 봉건적 사회의 계급구조의 모순을 깨닫는 계기가 되면서 좌우익의 지식인, 독립운동가에게 모두 자주적인 주체의식, 독립운동의 주체와 방법에 대한 이론적 지침을 제공하게 된다. 이러한

168 위의 책, pp. 108.

상황은 경제, 군사, 과학주의만을 근대화의 척도로 그려 왔던 사고에서 벗어나 개인과 민족의 계몽과 민주와 자유 등의 근대성에 대한 자각이 생성되기 시작했다는 것을 의미한다.

이러한 상황에서 메이지시대 근대화 초기의 일본의 동아시아론에서도 단지 우승열패의 국가주의적 억압만으로 식민통치를 지속하는 것은 많은 난관에 봉착할 수 있었다. 새로운 동아시아사고에서의 자치와 제휴, 식민국에서의 문화와 사회적 측면의 개혁이 주요한 쟁점으로 등장한 것은 자연스러운 일이었다. 이러한 제국-식민의 갈등과 모순을 해결하려면 제국주의적 억압통치보다는 식민지 문화와 사회의 갈등과 모순에 대한 좀 더 근본적인 문제로의 접근이 필요하였던 것이다.

이러한 제국개조론적인 동아시아사고가 생성될 무렵, 1924년 쑨원의 고베에서의 연설 '대아시아주의'에서는 '오족협화론'과 민족자치를 주창하면서 일본의 제국 개편에 편승하는 연설이 있었다. 이에 대해 당시 한국 《동아일보東亞日報》 기자 윤홍렬尹洪烈은 쑨원에게 "한국과 대만의 독립을 언급하지 않는데 어떻게 아시아의 협력을 언급하는가"라고 질문을 하기도 하였다. 쑨원은 확실한 대답을 거부하였다.[169] 그러나 한국의 여운형은 사쿠조와의 대화에서 자치를 거부하고 한국의 완전독립을 요구하면서 쑨원과는 다른 처방을 주문한다.[170] 그러나 이러한 쑨원과 여운형의 주장은 일본 주류의 동아시아사고를 근본적으로 변화시키지는 못한다. 곧이어 쑨원의 사망과 일본의 중국 침략으로 일본의 제국주의는 노골화된다.

이러한 일본의 동아시아사고의 흐름은 1930년대의 만주사변, 중일전

169 민두기, 1993, 〈1920年代の韓國人の孫文觀〉, 日本孫文研究會編, 《孫文とアじア》, 汲古書院, 《시간과의 경쟁》, 58-59면. 이에 대한 요네타니의 분석은 〈三民主義を力說〉, 《東亞日報》, 1924年 11月 30日, 陳德仁·安井三吉編, 《孫文·講演〈大アジア主義〉資料集—1924年 11月, 日本と中國の岐路》, 法律文化史, 1989年, 米谷匡史, 《アジア/日本》, p. xi.
170 이정식, 《여운형—시대와 사상을 초월한 융화주의자》, 226-227면.

쟁을 거쳐서 태평양전쟁까지 다시 새로운 질서를 주창하는 흐름으로 바뀌어 전개된다. 이 시기에 '오족협화론', '동아신질서론', '대동아공영권론' 등의 주장이 출현하게 된다. 위에서 논한 미키와 오자키 등의 동아협동체론이 이때에 나온 것이다. 그러나 이렇게 논리적 흐름이 변화를 겪었다고 해서 일본 동아시아사고의 근본적인 내용이 변화한 것은 아니었다. 이들의 논리에는 공통적인 일본 동아시아사고의 탈아와 흥아의 이중변주가 내면화되어 있었는데, 그것은 일본과의 협력과 연대로써 서구의 침략으로부터 아시아의 해방을 도모하자는 것이었다. 즉, 일본이 아시아에 대한 제국주의 지배를 도모하면서도 서구로부터의 해방으로 '아시아인을 위한 아시아'[171]의 건설을 동시에 추구한다는 기만적인 논리가 여기에 숨어 있었다.

이러한 일본 동아시아론의 사조들의 내면에 공통적으로 발견되는 흐름의 특징은 서구가 동아시아를 보는 오리엔탈리즘의 사고를 모방한 일본이 하부오리엔탈리즘의 시각으로 동아시아 주변부를 타자화하고 문명화의 대상으로 삼으려고 했다는 것이다. 요네타니는 당시에 생성된 탈아와 흥아의 논리도 이러한 타자화의 사고구조에 의해서 생성이 되었으며, 이후의 일본 동아시아사고의 생성과 전개에 영향을 준 것을 지적하고 있다. 이는 동아시아 내부에서도 중심과 주변의 동아시아사고가 다르다는 논지와 일맥상통한다.

다케우치는 흥아론을 탈아론과는 다른 일본에 의한 진정한 의미에서의 동아시아연대주의라고 생각하였고, 야마무로도 오카쿠라의 아시아일체론이 최초로 아시아적 가치를 추출한 논리라고 보면서 흥아의 논리가 서구에 대항할 수 있는 하나의 존재로서의 아시아를 최초로 강조한 사실을 인상적으로 평가했다. 그러나 요네타니는 필자의 논지와 같은 맥락에서,

171 米谷匡史,《アジア/日本》, pp. 114-115.

양자가 모두 탈아와 흥아를 대립적인 개념으로 보는 태도와 다르게, 이 두 논리도 사실은 동아시아 주변부를 주도하기 위한 한 동전의 양면으로서의 하나의 사조, 즉 일본에 의한 동아시아 주도와 지배의 이념이라는 것을 비판적으로 지적하고 있다.[172] 이러한 논지는 앞서 서술한 고야스 노부쿠니의 비판대로, 일본의 동아시아의식이 하부오리엔탈리즘을 근거로 구성되었다는 의미이다.

요네타니는 메이지시기의 사조를 정리하면서 일본 동아시아사고는 문명주의와 대국의식이 공통적으로 나타나고 있으며, 이는 탈아론과 흥아론 모두에게 적용된다고 보고 있다. 현재도 일본은 폭력주의로 귀결된 대동아공영권이라는 망령에서 자유롭지 못하다는 자아비판에서 논리를 전개하고 있다. 메이지시대의 자유민권론자, 계몽사상가(대표적으로 후쿠자와 유키치)들은 동아시아에서 일본의 세력이 확장되는 것을 동아시아계몽으로 정당화 했으며, 또한 위에서 논했던 사회주의자들(미키 키요시, 오자키 호쓰미 등) 역시 일본의 자본주의와 제국주의를 극복하려는 시도에서 '동아협동체론'을 주장했으나 침략을 정당화하는 격이 되고 말았다고 비판적 성찰을 하고 있다.[173] 이들은 서구적 근대, 자본주의, 제국주의를 초극하려 했으나, 결국 침략을 선택하면서 근대적 제국주의에 편승하는 결과를 낳고 말았다는 것이다. 이렇게 요네타니가 탈아와 흥아의 논리에 흐르는 사고의 본질이 사실은 일본에 의한 하부오리엔탈리즘과 동아시아 주변부에 대한 타자화의 논리에서 연원했다는 것을 자각한 것은 다른 일본의 동아시아 연구자들과는 달리 더욱 진보적이라는 것을 보여 주는 것이다.

이렇게 그의 논지에서는 다케우치에게서 보이는 연대와 침략을 분리

172 위의 책, pp.6-7.
173 요네타니 마사후미, 앞의 책, 83-93면.

시키지 않고 솔직하게 침략주의에 대한 성찰을 하고 있는 특징을 볼 수 있다. 그는 일본의 동아시아주의가 폭력적 근대를 합리화시키는 이데올로기로서 출발한 측면이 있어서 전후 이에 대한 논의가 금기시되었기 때문에 지속적으로 성찰적이고 건설적인 동아시아주의가 배양되지 못하였다고 평한다. 그 예로, 침략적 동아시아주의에 대한 미완의 성찰은 전후에도 지식계의 '근대의 초극', '동아담론', '동아신체제론'의 등장에 영향을 미쳤는데, 이러한 담론들에서도 여전히 근대의 폭력주의를 극복하지 못하고 있는 것을 발견할 수 있다고 비판한다. 구체적으로 1959년 다케우치는 '근대의 초극론'이나 아시아 문제를 우회하는 근대주의를 비판하면서, '근대의 초극론'의 내재적 비판이 필요하다고 주장하였다. 그러나 이 제안은 심각하게 받아들여지지 않았으며 근대비판은 동아시아론으로 이전되었다. 전 시기 쇼와연구회 회원이있으며 '동아협동체론'에 관여하였던 곤도 야스오近藤江南는 1970년대 중일 국교정상화 이후에 새로운 의미의 '대동아공영권'의 실현을 주창했다. 1970년대 신좌익운동의 조류 속에서 근대의 초극론을 비판적으로 재검토해 왔던 히로마쓰 와타루廣松涉 또한 좌익적인 의미의 '동아신체제' 실현을 호소했다. 이러한 전후의 담론들을 고려하면서 동아시아 침략의 망령이 아직도 살아 숨 쉬는 것으로 진단하는 요네타니는 한국과 일본의 비판적 지성들이 21세기 동아시아에서의 국가-자본의 결합에 의한 헤게모니 등장에 대해 경각심을 가질 것을 촉구하고 있다.[174]

그의 비판에서는 동아시아사고가 결코 과거와 같이 오리엔탈리즘과 옥시덴탈리즘의 인식론이 깔려 있는 동서이분법적인 사고, 대국주의와 결

174 위의 책, 87-88면, 주석 8, 9, 10. 열거한 내용은 다음을 참조. 竹內好, 〈方法としてのアジア〉, 《日本とアジア》, pp. 141-203; 近藤江南, 1982, 《昭和ひとけたの時代》, 東京: 農山漁村文化協會; 廣松涉, 1994, 〈東北アジア歴史の主役に—歐美中心の世界觀は崩壞へ日中軸に'東亞'の新體制を〉, 《朝日新聞》, 1994年 3月 16日.

합한 형태가 되지 말아야 한다는 논리를 펼치고 있다. 여기에는 그가 야마무로에게서 보이는 과거의 해석에 집중하는 정태성을 벗어나 미래의 지향으로서 탈대국주의와 탈국민국가주의가 표방하는 소수자의 문제를 적극적으로 해결해야 한다는 정서를 담고 있는 것을 발견할 수 있다. 즉, 현재 동아시아에서 국가주의와 자본이 주동하는 지역통합의 방법은 동아시아의 새로운 헤게모니 편성에 불과하며, 그 과정에서 주변부와 국가로 인정받지 못하는 대만, 오키나와, 재일 조선인, 중국의 소수민족 등은 부차적이 되고 있고, 중국과 일본의 상호 견제와 주도권 경쟁은 동아시아를 위계적인 구조로 몰아넣고 있다는 우려를 표명하고 있다. 현실은 이렇게 중국과 일본이 동아시아 경시의식이 여전하면서도 지역의 주도권을 다투고 있다는 것이다.

따라서 우리는 중심부에서 여전히 지속되는 대국주의적 움직임에 대해 한국과 일본의 지성들이 비판적으로 개입하여야 한다는 제안에 충분히 공감할 수 있다. 동아시아 역사갈등에 대해 지식인들이 자기성찰의 작업을 수행하는 것은 21세기 지역연대를 모색하기 위해 필수불가결한 태도이다. 이 작업은 동아시아연대와 해방이라는 명목하에 행했던 과거의 폭력뿐만 아니라 현재의 동아시아라는 경계 만들기와 주체형성의 새로운 패권구상까지도 성찰의 대상으로 삼아 역사적 매듭을 풀고 새로운 미래의 다원성과 상호 침투의 지평으로 스스로를 개방하는 것이다. 이렇게 '포스트동아시아'로 가는 지름길은 다양한 분단선을 넘어서 '동아시아'라는 장 안에 스스로를 위치시키고 새로운 관계성으로 스스로를 엮어 내는 실천임을 제창하고 있다.[175] 일본 지식인들의 논리 중에서 요네타니의 것이야말로 과거 국가주의에 사로잡혔던 중심부와 주변부라는 이분법적 구도에서 구축되었던 역사를 해체시키면서, 상호 의식의 개방을 통한 수평

175 위의 책, 91면.

적인 동아시아를 새로 구축하자는 주변부에서 바라보는 동아시아 담론에 가장 가까운 것으로 보인다.

9. 동아시아공동체론—현실과 이상

동아시아 담론은 원래 지식인에 의한 지적인 상상의 프로젝트의 성격이 강한데 공동체구상은 그중에서 가장 현실적인 것이다. 그래서 특히 진보적 시민-지식인운동을 통해서 국가에 대해 영향을 주면서 구체적 정책으로 연결되어 이루어질 가능성을 기대하고 있는 것이다. 그러나 이 과정에서 지식인의 공동체구상과 국가 주도의 목적과는 거리가 있을 수밖에 없다. 지적인 프로젝트로서의 공동체는 수평적 시민-지식인 관계망을 지향한다. 국가 간의 정치경제적 공동체가 아닌 일종의 지적, 문화적 관계망을 우선시한다. 그 목적도 정치경제적인 교류와 상호 이해의 증대가 우선적인 것이 아니라 무경계-탈중심, 탈국민국가주의, 탈제국·탈식민·탈냉전의 의식구조를 해체시키려는 것이다.

지식인들의 진보적 견해와 대조하기 위해서 우리는 동아시아 중심부로서의 일본의 위치와 역할을 의식한 현실적인 공동체구상을 우선 살펴보는 게 이해하기가 쉬울 것 같다. 주변부에서 출발한다는 조망을 표방하는 지식인의 입장에서 바라보면 국가 주도의 공동체 담론은 보수적인 입장을 보이고 있다.

1) 국가 주도의 기능주의적인 공동체론

일본 정부의 공동체구상은 대체로 안보와 경제협력을 추동력으로 삼는 기능주의적인 측면이 농후하다. 그러나 중국의 것과 다른 점은 공동체 참여범위에 인도, 호주, 뉴질랜드를 포함시키려고 하는 것이다. 이것은 중국을 견제하면서 후일에 동맹국인 미국의 참여 기회를 열어 두려는 의도로 해석이 되고 있다. 대표적으로 전 UN 대사 다니구치 마코토谷口誠의 구상을 예로 들 수 있다. 그는 동아시아경제공동체를 다음에 동아공동체, 다음에 국가적인 아시아공동체로 나아가야 한다고 주창한다.[176] 반면에 지식인들에 의한 논의에는 탈국민국가주의적인 주장도 눈에 띈다. 특히 와다 하루키, 강상중 등의 논리에서는 탈국민국가주의적인 측면이 강하다. 진보적 지식인들은 일본의 성찰이 선행되지 않는 공동체논의는 미-일과 중국 축이 대치하는 신냉전을 조성할 가능성이 있다고 진단한다. 즉, 일본은 미국의 하위파트너로서 집단자위권을 위해 무력행사도 불사하는 '보통국가normal state'로 갈 수도 있으며, 이런 상태에서는 일본이 동아시아평화를 논한들 설득력이 없을 것이라는 것이다. 내부개혁의 의미는 일본 보수주의와 미국과의 협력적 동아시아 패권동맹기제가 상대화되고 진보적인 동아시아사고가 힘을 얻어야 한다는 의미이다.

그러나 현실적으로 일본에서는 국가 주도의 공동체론이 대세이다. 정치엘리트들의 논리를 보면 위에서의 논리대로 지역전략, 정치경제적 차원에서 동아시아공동체론에 접근하고 있는 것을 알 수 있다. 그게 잘 드러난 사례가 아세안+3이다. 1990년 말레이시아 마하티르Mahathir Mohamad 수상이 제안한 아세안+3가 처음에는 일본과 미국이 거부하면서 현실화되지 못하였다. 그러나 동아시아 금융위기로 인해 1997년 하시모토 류타로橋本龍太郎 수상은 '하시모토 독트린'을 발표하면서 아세안과의 관계 강화와 함께 아세안+1(일본)을 도모하였으나 아세안국들이 중국과 한국을 포함

176 朱建榮, 〈中國はどのいうな'東アシア'共同體ゑ目指すか〉, 《世界》, 2006年 1月, p. 161; 백영서, 〈평화에 대한 상상력의 조건과 한계—동아시아공동체론의 성찰〉, 《시민과 세계》, 제10호, 2007년, 108면.

시키면서 같은 해 12월 말레이지아에서 아세안+3가 성사된 것이다.

이러한 과정을 보면 일본의 동아시아 정책은 몇 가지 방향성과 한계를 가지고 있는 것을 알 수 있다. 첫째는 국가 주도의 동아시아 정책은 지속적인 게 아니라 정치적 편의와 미국과의 동맹관계의 흐름에 의해서 결정된다는 사실이다. 사실 하시모토의 제안은 지난 77년 쿠알라룸푸르에서 열린 제2차 아세안정상회담에 참석해 일본의 아태 지역에서의 역할에 관한 후쿠다 다케오福田赴夫 수상의 '후쿠다 독트린'을 답습하는 것이었다. 그러나 미국과의 동맹이 중시되면서 흐지부지되었다가 다시 금융위기로 인해서 동아시아가 중시되었다가, 다시 고이즈미 준이치로小泉純一郎 내각에서는 미일동맹으로 외교의 중심이 옮겨짐으로써 동아시아는 일본의 관심에서 부차적이 되었다. 하토야마 유키오鳩山由紀夫 시절에는 동아시아를 중시하는 외교로 선회했으나 후텐마普天間 기지 이전 문제로 미국과 여론의 압력으로 하토야마는 사임하였다.

둘째, 일본의 동아시아전략과 공동체구상은 중국 견제가 중요한 고려사항이다. 역사적으로 이것은 동아시아의 주도권 경쟁을 의식하고 있다는 것을 나타낸다. 아세안+3에서도 중국과 일본의 신경전은 대단하다. 중국이 점차 부상함에 따라 이를 견제하기 위해 일본이 호주와 뉴질랜드를 회원국으로 받아들이자는 제안을 하는 데 대해서 중국은 별로 달가워하지 않았다. 특히 일본은 동아시아공동체가 친미적이기를 바라지만 중국은 미국을 배제하려고 한다. 이렇게 일본의 동아시아전략과 공동체구상에는 중국변수가 작용하기 때문에 경쟁자인 중국과 동맹자인 미국과의 사이에서 어느 쪽을 중시하느냐에 따라 전개양상에 많은 변화가 있을 수 있다.[177]

---

177 손열, 2008, 〈일본의 동아시아전략과 공동체론—중국정책으로서 일본의 지역주의〉, 하영선 편, 《동아시아공동체—신화와 현실》, EAI, 163-188면

셋째,문제를 좀 더 근본적으로 사고하면 일본의 동아시아공동체구상에는 근대화 역사청산의 미해결로 인한 정당성 문제가 결여되어 있다. 또한 지역경제를 주도하기 위한 경제대국에 걸맞는 정도의 경제체제의 개방성도 미흡하다. 동아시아공동체는 미국 주도의 세계화에 대한 저항에서 비롯된 것인데 미국과 동맹관계에 있는 일본이 공동체에서 미국을 배제한 채 중요한 역할을 수행하기 힘들다는 한계가 있다.[178] 결국 일본은 앞에서 논한 것처럼 탈아입미 구조를 탈피해야 하는데, 이것은 단기간에 쉽게 해결될 수 있는 게 아니다.

정치경제적인 측면을 우선적으로 고려한 다니구치 마코토는 동아시아에 깊어지는 경제의 상호 의존에 주목하고 중국과 일본을 중심으로 한 경제통합을 주창하는 '동아시아공동체론'을 주창한다. 이러한 주장은 80-90년대의 미·일·유럽의 3극 구조가 붕괴하고 EU, NAFTA, 그리고 아시아에 의한 3극 구조가 출현하는 상황에서 중국이 일본보다 신속히 아세안과의 협력을 강화하는 추세에 대한 경계심에서 나온 것이다. 이는 일본이 동아시아보다도 미국과 EU에 지나치게 의존하는 경향을 비판적으로 바라본 결과이다.[179] 그는 일본이 지나치게 미국과 EU에 편승하는 탈아입미의 지향에서 벗어나 동아시아와의 경제적 관계를 더욱 확대하고 공동체를 구성하는 게 동아시아에서 일본의 지위를 더욱 공고히 하는 것임을 강조한다. 나아가 중국과의 협조를 통하여 동아시아경제통합을 선도하고 최종적으로는 동아시아 차원의 집단안보기구를 구축할 것도 주장한다.[180] 이러한 그의 구상은 상당히 정치경제적인 시각에서 현실주의적인 동아시아사고에 가깝다. 그리고 그가 동아시아를 바라보는 동기는 자발적인 게

178 위의 책, 172면
179 谷口誠, 2004,《東アジア共同體—經濟統合のゆくえと日本》, 岩波書店, pp. 84-87.
180 위의 책, pp. 220-223.

아니라 일본의 국제관계가 지나치게 미국과 EU에 치중해 있는 틈에 중국이 아세안과 긴밀한 관계를 추구함으로써 동아시아에서 중국이 일본을 제치고 최대의 영향력을 발휘할 것이라는 경계심에서 나왔다. 이러한 동기에서 출발한 공동체구상은 결국 중심부인 중국과의 경쟁을 의식하게 되어 아세안과 한국의 입장은 상대적으로 종속변수에 머물 가능성이 커지게 된다.

일본 민주당 외교정책의 브레인으로서 하토야마 유키오 총리 시절에 동아시아공동체론의 윤곽을 짜던 테라시마 지쯔로오寺島實郎의 논리에서는 다니구치의 '탈미입아'와는 다르게 '친미입아'를 모토로 하는 공동체 구축을 주장한다. 그는 일본의 근대사를 '친아親亞'와 '침아侵亞'의 이중구조로 조망하는 입장을 취한다. 이것은 후쿠자와의 '탈아론'과 다루이 도키치의 '대동합방론'에서 교차해 나온 일본과 아시아와의 관계성이라고 논한다. 거기에 일본이 당시 서구, 미국과 동아시아에서 각축을 벌이는 상황에서 동등한 입장에서 연대해 갈 수는 없었을 것이라고 한다. 러일전쟁 후에 국내에서 전쟁배상금을 둘러싼 대중들의 불만으로 '히비야日比谷폭동' 사건이 일어난 것을 예로 들면서, 당시 일본 정부가 국내의 민족주의 감정을 억누르면서 한국 병합을 피해 수평주의적 연대를 할 수는 없었을 것이라는 상황론으로써 일본 중심의 동아시아사고를 옹호한다.[181] 동아시아공동체 구축에 대한 입장에서도 미국을 배제하려는 사고가 아닌 미국과 일본의 성숙한 관계로 나가면서 아시아와도 긴밀한 관계를 정립해 나간다는 '친미입아'를 강조한다. 그의 동아시아공동체에 관한 사고는 이렇게 일본의 미국에 대한 의존관계가 아닌 수평적이고 성숙한 관계, 중국의 부상을 의식한 사고, 주변부 동아시아를 동시에 고려하는 세 마리 토끼를 전부

---

181 테라시마 지쯔로오·백영서, 〈세계를 아는 힘, 동아시아공동체의 길〉, 《창작과 비평》, 2010년 여름호, 261-264면.

잡으려는 의도를 내비치고 있다. 그러나 그는 동아시아공동체를 이루기 위해서는 우선적으로 '일·미·중 삼각관계'의 맥락에서 상호불신을 우선적으로 극복해야 한다는 현실적인 측면도 보이고 있다.[182] 이 같은 주장은 동아시아의 대국중심적인 입장에서 동아시아를 바라보는 것이다. 상대적으로 일본과 주변부 동아시아와의 관계에는 그다지 무게를 두고 있지 않다는 것을 나타낸다. 단지 보수인 자민당이 미국과의 동맹을 위주로 하면서 동아시아와의 관계를 경시하는 경향에서 벗어나 민주당은 미국과 동아시아에 모두 관심을 강화해야 한다는 입장이 나타나 있는 정도이다. 이것은 국가와 국가정책의 싱크탱크think tank들이 주도하는 동아시아시각에서는 피할 수 없는 경향으로 보인다. 지식인들의 지적인 상상과 정책 전문가의 현실적인 입장과는 다를 수밖에 없다. 동아시아공동체 프로젝트에 깊은 관심을 가지고 있는 인물인 테라시마가 스스로 구술하는 역사인식에서도 이미 그 같은 면이 잘 나타나 있다. 즉, 러일전쟁 후에 히비야폭동 사건으로 국내 불안이 가중한 상황을 조선 합병으로 타개할 수밖에 없었을 것이라는 일본의 이기적인 상황 해석의 특성을 극명하게 보여 주고 있다.

이렇게 정치경제적인 현실인식에서 출발한 견해들의 사례에서는 주로 국가 주도의 공동체를 그리고 있는 게 특징이다. 이러한 논의는 일본의 과거사에 대한 책임을 염두에 두지 않고 시시각각의 동아시아 세력 판도를 고려한다. 동아시아 담론의 지적인 상상 혹은 프로젝트라기보다는 동아시아지역주의에 기초한 정치경제적인 정책 제안으로서의 논리에 적합하다. 반면에 진보적인 견해는 주로 지식인들의 지적인 프로젝트로서의 동아시아사고에서 비롯되고 있다. 여기에는 침략의 과거사에 대한 성찰에서 출발하면서 정책 제안보다는 지적인 상상으로 동아시아 미래의 비전

182 위의 책, 268-272면.

을 제시하는 동기가 작용하고 있다.

2) 동북아 공동의집—강상중, 와다 하루키

정치엘리트에 의한 국가 주도의 공동체 논의를 넘어서 근래에 진보적인 지식인들에 의한 '동북아 공동의 집' 구상이 나타났다. 그러나 면밀히 살펴보면 이러한 구상은 사실 공동체구상으로서의 의미가 아닌 일본의 진보적 지식인들의 새로운 동아시아사고라고 하는 게 더 정확한 평가이다. 동아시아공동체라고 했을 때는 유럽의 EU를 떠올리게 되는데, 이것은 철저히 국가가 논의와 구축 과정에서 주도적인 역할을 하였다. 근래에 진행되는 아세안+3의 공동체구상에 대한 논의에서도 이 같은 국가 주도의 측면이 잘 나타나고 있다. 이것은 결국 동아시아 담론에서 주창하는 시민-지식인의 관계망과는 다른 것이다. 와다 하루키와 강상중의 '동북아 공동의 집' 담론에서는 국가 주도의 공동체구상이라는 현실적 측면보다도 일본의 진보적 지식인이 생각하는 동아시아 미래상으로서의 지적인 상상의 측면이 강하다.

일본중심적인 사고를 탈피하여 한국 또는 한반도를 축으로 하는 동아시아의 화해와 협력을 모색하려는 하루키는 '신지역주의선언'으로 파격적인 '동북아 공동의 집'을 제창한다. 이는 한반도를 지역주의의 축으로 삼으면서 지역에 책임지는 일본으로 거듭난다는 의미이다.[183] 예로서, 주변부인 한국을 보는 관점이 역대 동아시아사고에 비해서 새롭다. 지역협력의 중요한 매개자로서 한국의 역할을 중시하는데 특히 미래의 한반도 통일을 의식하면서 동북아로 논의 범위를 삼고 있다. 재일 한국인 학자인 강상중의 논의도 일본에서의 진보적 지식인의 소리로 여겨도 좋을 듯하다. 여기서는 한국과 일본의 동맹관계, 4대 강국의 보장이라는 조건에서

183 和田春樹, 2003,《東北アジア共同體の家》, 平凡社, pp. 11, 23-24.

한국의 영세중립화 등 상당히 이상적이고 진보적인 견해들을 표출하고 있다. 그는 와다와 같은 맥락에서 '동북아 공동의 집'을 주창하면서[184] 일본이 중심주의적인 동아시아사고에서 새로운 수평주의적인 동아시아인식으로 변화할 것을 주문한다.

와다와 강상중의 견해는 중심부에서도 주변부의 시각에서 동아시아를 보아야 한다는 수평주의적인 조망이 드러나 있다. 이것은 과거의 일본중심적 동아시아사고의 최대 피해자였던 한국을 동북아의 중심으로 설정하는 열려진 태도에서 충분히 읽을 수 있다. 그만큼 중심의식에 사로잡혔던 과거에 대한 성찰을 출발점으로 삼고 있다는 것을 감지할 수 있다.

양인의 진보적이면서 이상적인 구상은 정치인과 국가 차원에서보다는 시민-지식인 관계망이 주동하여 국가에 요구하는 초국적인 운동에서 다루어야 할 프로젝트로 보인다.[185] 따라서 정치경제적 현실주의시각에서보다는 사상과 문화적인 측면에서의 발상의 대전환이 선행되어야 할 구상이다. 이들의 주장이 동아시아가 아닌 동북아를 지칭한 것은 북한의 존재를 고려하면서 우선적으로 한반도 통일이 지역의 안정에 중요하다고 여기기 때문이다. 여기에 동북아에서의 미국의 존재와 일본과의 동맹관계, 중국과 러시아에 대한 경쟁관계가 동북아에서 가장 중요한 이슈라는 것을 인식한 결과이다. 따라서 대국주의를 초탈하여야 한다는 의미에서 한국을 동북아지역주의의 중요한 매개로 설정하고 있는 것이다. 결론적으로 이들의 논의는 주변부인 한반도 안정이 동북아와 동아시아 지역의 발전에 도움이 된다는 사실과 그럼으로써 동북아에서 중심부가 주도하는

184 강상중, 2001, 이경덕 역, 《동북아시아 공동의 집을 향하여》, 뿌리와 이파리.

185 그 예로 2010년 5월 10일 한국(109인)과 일본(105인)의 지식인들이 "한국 병합" 100주년에 즈음하여 1910년 8월 22일 병합조약의 전문과 본문이 거짓이라는 성명을 발표하였다. 이는 일본 정부의 기본 입장에 반하는 것이다. 한일지식인, 〈'한국병합' 100년에 즈음한 한일지식인 공동성명〉, 《창작과 비평》 2010년 여름호, 463-469면.

구도를 탈피해야 한다는 주변부 동아시아 담론의 지향과 같은 맥락을 보여 주고 있다.

3) 국가 주도와 지식인의 공동체구상의 비교

주변부의 시각에서 보면 일본의 동아시아공동체 논의에서는 대체로 전자가 후자를 압도할 가능성이 높다고 평가할 수 있다. 전자처럼 정치경제적인 능력의 현실적 차이를 우선적으로 고려하는 사고로는 결국 중심과 주변 사이의 위계적인 공동체가 구축될 가능성이 커지게 된다. 현실적으로 일본과 중국의 타협으로 운용될 수밖에 없는 동아시아공동체는 형식상 한국이 두 중심국과 주변부(아세안)를 중재한다고 하지만 힘의 불균형으로 인해 사실상 중일 양국이 공동 주도할 것이며, 그 과정에서 일본은 경제적 주도권을 운용하여 과거 동아시아 침략의 면죄부를 획득하면서 성찰 없는 동아시아사고를 지속할 수 있다. 그것은 동아시아에 중심-주변부의 위계주의를 고착시키면서 동아시아 담론에서의 탈대국주의 지향을 무력화시키는 것이다.

후자의 사고에서는 주변부인 한국을 수평적으로 수용하여야 하는데 그렇게 되면 중심부로서의 일본의 현실적인 이해를 많이 희생해야 한다. 일본의 보수적인 국가 주도의 동아시아사고에서는 한국과 다른 동아시아 주변부와의 수평주의적 사고가 힘들어 보인다. 지식인들에 의한 진보적인 동아시아사고는 미국에의 편향에서 벗어나면서 동아시아 침략에 대한 근본적인 성찰을 수용하여야 하기 때문이다. 그런 의미에서 주변부의 입장에서는 와다와 강상중의 논지가 더욱 호소력이 크다. 특히 중심국인 중국과 일본보다도 한국이 주도하는 '동북아 공동의 집'은 '주변부에서 출발'하는 동아시아 담론에 계시를 주는 것이며 일종의 동아시아공동체를 실현시키기 위한 '방법'으로 삼을 수 있다. 단지 이렇게 주변부에서 출발하는 공동체논리는 아직 중심국들에 의해서 지적, 문화적인 발상의 전환이라는 측면에서 준비가 안 되었다는 현실의 장벽이 있다.

이러한 양자의 진보적이고 이상적인 동아시아 담론에 현실적인 동력을 제공할 수 있는 사건이 2011년 3월 11일 일어났다. 동일본의 대지진 여파로 인한 후쿠시마 원전 사고는 일본과 동아시아 전체에 새로운 발상의 전환을 촉구하는 계기가 되었다.

원전 사고와 관련하여 주변국에서의 물심양면에서의 도움과 관심이 비등해진 상황을 자신의 동아시아사고에 연결시켜 강상중은 7월 18일 동경대학에서 열린 '동아시아안전공동체를 향해—에너지·리스크·거버넌스' 국제 심포지엄 기조강연에서 "3·11 동일본 대지진과 후쿠시마 제1원전 사고는 일본 국내는 물론 동북아 국가 간 관계에도 상당한 영향을 줄 것"이라며 "이를 계기로 동아시아안전공동체를 구축하자"고 촉구하기에 이른다. 재난의 지역 차원의 연동구조를 언급하면서 그는 "근대 국민국가가 탄생한 이래 안전은 줄곧 중요한 문제였고, 그 중심이 군사력이라는 건 부정할 수 없다"며 "3·11을 계기로 안전의 개념을 바꾸고 동아시아안전공동체를 구축할 필요가 있다"고 지적했다. 더욱 주목할 것은 동아시아에서 '전후'라는 말이 이제는 '재해 후'로 바뀔 것이라고 전제하면서도 이러한 사건을 일본의 우연한 사태로 치부할 것이 아니라 '동아시아안전공동체'를 구축하는 기둥으로 삼아야 한다고 결론지었다. 이어 세미나에 참석한 와다 하루키도 "3·11은 새로운 8·15이다. 8·15는 이제 과거가 되었으며 '전후'는 끝났다"라고 선언한다. 와다는 탈원전의 주제와 관련해 "한국은 지진과 쓰나미는 없지만 인간의 실수에 의한 사고를 배제할 수 없고, 중국은 대지진의 나라라는 점을 인식해야 한다"고 지적했다. 그는 "일본은 다른 발전방식을 개발하고 확대해야 한다"고 촉구하면서 "동북아시아 지역에는 재해가 너무 많으며, 따라서 원자력 발전의 안전성을 높이는 협력은

매우 중요하고, 동아시아안전공동체 제안은 시의적절하다"며 강상중과 의견을 같이하였다.[186]

여기에서 중요한 것은 동아시아의 '전후'를 '재해 후'로 하는 사고의 전환을 촉구하고 있는 것이다. 전후의 냉전과 신자유주의적 경쟁체제보다도 자연이 일으킨 재해에 따른 급박한 협력의 필요성이 동아시아공동체 인식의 각성을 더욱 촉구하고 있다는 의미로 해석이 된다. 재해는 급박한 것이다. 재해에 언제든지 노출되어 있는 동아시아는 그만큼 '동아시아안전공동체'를 통하여 긴급한 상호 협조를 필요로 하는 상황에 처해 있다는 것이다. 상기에서 일본과 미국, 중국과의 관계에서 출발하는 국가 주도의 공동체를 논했던 테라시마마저도 주변국들의 관심과 도움을 목도한 후에 이 사건이 준 교훈은 동아시아에서 이웃이 행복해야 자신도 행복해질 수 있다는 생각이 공동체의 첫걸음이라고 언급하기에 이른다.[187] 결론적으로 이 사건이 주는 교훈은 동아시아에서 바로 이웃 나라와의 좋은 관계가 자국의 발전과 행복에 가장 유리하다는 것을 일깨워 주는 구체적인 교훈을 남겨 주었다는 것이다. 이러한 양자의 '동아시아안전공동체' 담론은 '동북아 공동의 집' 제안과 일맥상통하면서도 구체성에 있어서 한 걸음 더욱 진전된 것이다. 그리고 이 책의 결론 부분에서 제기한 '세계시민주의적 비판의 틀' 논의에 강한 계시를 주고 있다.

186 강상중, 〈원전사고 대비 동아시아 공동체 구축하자〉, 《경향신문 인터넷 판》, 2011년 7월 18일.

187 테라시마 지쓰로 일본총합연구소 이사장 인터뷰, 《한겨레》, 2011년 7월 28일.

10. 분절적 조망과 분리기제 비판
—서구 근대에 편승하기와 떠넘기기

일본의 동아시아사고에서 가장 중요한 특징은 분절적 조망이다. 다케우치는 역사의 구조와 현상을 분리시켜 바라보았다. 그런 후에 침략과 연대를 분리시키고 다시 연대를 추구했던 일본의 주체성을 아시아의 원리로 읽어내려 시도하였다. 야마무로의 논리에서도 동아시아의 근대를 삼중주의 맥락으로 분절시켜서 각각의 특징을 추출하여 침략이라는 동기와 결말로 나타나는 단 하나의 흐름으로서의 동아시아사고로 인식하는 경향을 경계하였다. 요네타니의 분석에서도 시간의 흐름에 따라 나타나는 동아시아사고를 각각 다른 흐름으로 분절시켜 바라보려고 하였다. 또한 역사론과 사회분석에서도 전전과 전후의 일본이 달라졌다는 분리적 가정에서 출발하지만 성찰이 없다는 측면에서는 일본 사회는 전전과 전후가 영속적이다.

문제는 이러한 분절적 시각에서 분석하게 되면, 일본 동아시아사고의 침략주의적인 면을 희석시키고 다른 측면의 성격을 특히 강조하게 되는 결과를 가져온다는 것이다. 물론 이러한 분절적 접근법이 학자들마다 반드시 같은 동기를 가지고 있는 것은 아니다. 순수한 학문적 의미에서 침략주의라는 한 흐름으로만 동아시아사고를 바라보면 놓칠 수 있는 것들이 있기 때문에 여러 각도에서 연구에 접근하려는 경우도 있다. 그렇지만 진정으로 이러한 학문적인 순수한 동기가 제대로 평가를 받으려면 일본 사회와 정치인들의 진솔한 반성이 있은 연후에 가능하다는 것이다. 지식인들의 분석적 태도가 순수하다고 하더라도 일본 사회에서 아직도 구체적으로 과거사에 대한 성찰이 이루어지고 있지 않기 때문에 주변부의 비판적 지식인들은 아직도 회의의 눈으로 이들과 일본을 쳐다볼 수밖에 없다.

이러한 무성찰적 태도와 분절적 조망은 전후 일본 사회에 투영되어 '합성주의적 정서'를 생산해 낸다. 일반적으로 일본 사회는 침략과 연대의 분리적 조망의 의미를 깨닫지 못하는 상태에서 양자를 일치시키거나 미화하면서 무관심을 보인다. 다케우치나 여타 동아시아사고의 분석자들 자신은 진지한 태도로 지적인 분리기획을 시도했다 하더라도, 진정한 성찰의 부재는 오히려 합성주의적 정서를 심화시키는 데 도움을 주었다. 동아시아에서 가장 먼저 서구적 근대를 받아들여 서세동점에 대항하기 위해 이웃 국가에게 협력을 요청했으나 그들의 무지몽매로 실패하고, 결국 탈아입구를 택할 수밖에 없었다는 논리에서 세계사의 발전과정에서 제국주의는 근대로 가는 자연스러운 현상이어서 일본은 서구가 그렇듯이 반성할 필요를 느끼지 않는다. 이러한 '서구 근대에 편승하기' 정서는 일본 사회와 정치적 보수주의에서 일반적으로 나타나고 있다. 반면에 '서구 근대에 떠넘기기' 심리는 일본이 주체성을 망각하고 서구 근대의 제국주의적 폭력을 추종하여 침략과 식민주의에 종사한 행태에 대한 변명에서 드러난다. 이러한 심리의 특성은 일본이 모방했던 서구적 근대화와 그것에의 맹종은 비난하되, 원래의 일본적인 본질은 아름다운 것이니 반성에는 소극적이면서 동아시아를 경시하는 자세는 그대로 유지한다. 이러한 침략주의에 대한 '서구 근대에 떠넘기기' 심리는 동아시아 주변부에 대한 침략과 가혹행위가 실은 '일본적'인 게 아니고 '서구적'인 것이라고 하는 논법이다. 즉, 일본의 동아시아 침략은 그 동기가 서구에 대항하면서 동아시아를 보호하려고 출발했으며, 그 행위의 원천인 근대의 폭력은 서구에서 온 것으로서 원래의 순수한 일본적 본질과는 다른 것이라는, 마치 상기에서 논했던 마루야마의 '전쟁과 가혹행위의 책임이양의 심리'가 '서구 근대를 향하여 이양'된 것과 같은 논리이다.

결국 이러한 자기합리화를 위한 분절적 조망과 합성적 정서가 상황에 따라 파동 치면서 분출되는 현상에 의하면, 일본적인 정신은 여전히 아름다운 것으로 남고 서구적인 정신이 모든 일본의 침략주의의 책임을 뒤집어쓰고 말았다. 이러한 일본 동아시아사고의 심정적 잔재는 다케우치의 분리의 논리—일본의 순수한 연대주의정신과 서구 모방으로서의 불순한 침략주의—에 잘 드러나고 있으며 현재까지도 '진정한 의미에서의 내면화된 성찰'로 일본을 이끌어 가지 못하는 장애가 되고 있다. 이렇게 상황에 따라 분리시키기도 하고, 또는 합성시키기도 하는 '서구에 편승하기와 떠넘기기'의 모순적 논리와 의식은 지금도 지속되고 있다. 즉, 동아시아 침략의 역사에 대한 무반성을 미국 주도의 냉전체제에 편승하기로 어물쩍 넘기면서도 동시에 동아시아의 주도국이 되고자 하는 탈아와 흥아의 합성적 정서에 여전히 젖어 있다.

이러한 합성주의적 정서의 무분별한 분출은 전후에 대동아공영권에 대한 사고의 전개를 추적하면 잘 드러난다. 첫째, 1960년대 중반을 전후한 시기인데 이때는 '미일신안보조약'(1960)과 '한일협정'(1965)이 체결되면서 대동아공영권에 대한 논의가 재개되었고 동남아에 대한 일본의 영향력 증대가 추구되었다. 둘째, 1989년 이후에 동구권이 몰락하면서 대표적인 우파잡지(《제군諸君》, 《정론政論》)에서는 대동아공영권구상을 재조명하려는 움직임이 적극 시도되었다. 이때의 주장들은 대체로 일본이 미국의 구도 내부이긴 하지만 동아시아를 일본의 세력권에 편입해야 한다는 주장을 담고 있다.[188] 셋째, 가장 최근의 양상으로서 이시하라 신타로石原愼太郎의 '신대동아공영권' 주장이다. 동아시아 침략에 대한 반성이 선행되지 않으면서도 동아시아의 맹주를 추구하려는 합성주의가 정치인의 대중적 인기영합주의로 나타난 경우이다. 정부 차원의 미국 의존을 비판하면서

188 김경일, 2005, 〈대동아공영권의 '이념'과 아시아의 정체성〉, 백영서 외, 《동아시아의 지역질서》, 209-210면.

("국가로서 명확한 의사표시를 할 수 없으니 일본은 거세당한 환관에 불과하다", 1995) 탈미자주를 외치지만, 주변부에 대한 반성도 없이 동아시아의 맹주만을 꿈꾸는 '돈키호테'라는 평을 받고 있다. 이러한 그의 행태는 일본 동아시아사고의 이중변주와 그 정서적 변형인 합성주의를 나타내는 전형적 사례이다. 그러면서 미국에 의존하는 중앙정치를 비판하는 그의 발언은 사실 강고한 미일동맹관계가 자신의 극우적 사고ultra-rightist의 버팀목이라는 것을 모르는 척하고 있다.

일본 사회에서는 교사와 학부모들이 역사 왜곡 저지운동을 벌여 왜곡된 역사교과서의 채택률을 2006년까지 0.73퍼센트에 머물게 한 측면이 있지만 한 해 후인 2007년에는 대표적 우익 정치인 이시하라가 동경도지사로 3선 되는 등의 상반된 현상이 공존하고 있다. 또한 일본의 우익 지도자들은 한쪽에서는 여전히 '무라야마 담화'[189]의 정신을 계승한다고 하면서 또 다른 쪽에서는 우익사관의 교과서 편찬과 야스쿠니 신사참배를 지속하고 있다. 따라서 일본의 동아시아에 대한 무반성과 동아시아 주도라는 이율배반적인 태도는 이시하라류의 대중 인기에 영합한 '공개적 합성주의'로 나타나면서 자민당 우익의 '비공개적 합성주의'와는 서로 비난하는 사이지만 실은 상호의존체계를 이루고 있다. 전자는 후자를 비판하면서 '대외의존'적이라고 하고, 후자는 전자를 '돈키호테 같은 극우주의자'라고 한다. 전자는 후자의 국가주의를 감추어 주는 역할을 하고 있는 동시에 우익의 희망—무반성 상태에서의 동아시아 주도—을 대중에게 전파하는 역할을 하고 있다. 주류인 후자는 비주류로서의 전자를 적당히 비판함으로써 전자가 마치 일본 사회에서 새롭고 참신한 이미지인 양 선전해 주고

189 전후 일본의 사죄 중 가장 진전된 것으로 평가받는 〈전후 50주년의 종전기념일을 맞아〉(戰後50周年の終戦記念日にあたって)는 1995년 8월 15일, 50주년 종전기념일에 당시 무라야마 도미이치(村山富市)총리가 내각회의 결정에 근거하여 태평양전쟁과 전쟁 이전에 행한 침략과 식민지배에 대해 공식적으로 사죄하는 뜻을 표명한 담화이다.

있다. 양쪽 모두 일본의 동아시아에 대한 진정한 반성의 부재를 감추려는 음모적인 기제 구축에 상호 협력의 역할을 수행하고 있는 것이다.

이렇게 일본 사회와 지식계에서 분절적 조망과 합성주의적인 정서를 수단으로 삼아 자신을 정당화하고 변호하는 논리적 특성에 대해 일본을 대표하는 비판적 지식인인 사카이 나오키는 다른 방향에서 날카롭게 지적한다. 그는 전후 미국은 천황제라는 일본적인 고유성aboriginality을 인정해 줌으로써 미국-천황제 사이의 '분리기제'를 제조하면서 동아시아와 일본에서의 패권지배에 대한 비판을 희석시키고 있다고 본다. 이러한 분리기제는 일본 우익의 국가주의이념과 미국의 동아시아패권주의가 공생관계를 이루고 있으면서 모순적이게도 그 공생관계를 부인하는 상징으로도 작용하고 있다고 날카롭게 분석한다. 이런 의미에서, 사카이는 만주국 황제가 일본의 발명이듯이 전후의 천황은 미국에 의해 만들어진 것이며 우익이 여기에 전면적으로 협력해 왔다고 주창한다.[190] 이러한 '분리기제'의 기묘한 논리에 의하면 천황제야말로 미국/서구에 도전했던 일본의 빛나는 국가주의 전통의 상징이었는데, 전후에는 오히려 미국과의 반공동맹을 구축하고 그에 편승하면서 '탈아입미'의 상징으로 재탄생한 것으로 볼 수 있다. 진보적 지식인들은 이러한 일본을 미국의 식민지이자 용병으로 전락하였다고 비판하고 있으며, 다케우치는 일본의 재빠른 변신을 동반한 태도 유형을 일종의 '전향轉向'이라고 규정한 바 있다.

더욱 구체적으로 설명하면, 전후에 미국은 천황제 유지를 방조함으로써 일본의 문화적 독자성과 전통을 허용하는 제스처를 취한다. 이러한 전

190 사까이 나오끼, 2003, 이규수 역, 〈공감의 공동체와 공상의 실천계〉, 《국민주의의 포이에시스》, 창비, 99-102면. 사까이(95면)는 일본의 "보수우익"을 "국제적인 냉전체제의 국내적 반영으로서, 미국의 이해를 일본의 이해로 혼동하거나 동일시하여 행동하는 사람들이라는 어중간한 정의밖에 내릴 수 없겠다. 〔…〕 따라서 국수주의 혹은 국민주의라는 수사를 사용하면서 반동적인 정치에 참가하는 집단"이라는 의미로 정의한다.

략은 서구의 식민주의와 미국과의 사이에 차별인식을 생성하여 동아시아의 식민주의-반식민주의 양자 대결의 역사를 초월한다는 정서적 가면을 일본 사회에 보여 주면서, 실질적으로는 전후 미국의 패권주의가 구축되는 현상을 그 가면으로 숨기는 이중의 기제로 활용되었다. 이러한 미국의 은폐된 신패권주의는 냉전체제의 성립으로 인해 반공주의의 외피를 입게 되면서 동아시아에서 비판을 초월하여 군림하게 되었으며, 덕분에 일본 보수우익은 미국 주도의 냉전체제에 편승하면서 근대 동아시아 침략의 역사에 대한 책임논쟁을 회피할 수 있게 되었다. 이로써 국가의 에너지를 전후 경제발전에 집중할 수 있었다. 따라서 일본 우익이 주장하는 것과는 반대로 미국은 천황제로 상징되는 일본의 문화적, 역사적 연속성을 유지하는 것을 의도적으로 허용했다. 따라서 우익 논객이 미국의 점령정책이 일본 국민으로 하여금 역사를 이야기할 권리를 박탈했다고 수사를 펴는 것은 일종의 약자(일본)가 강자(미국)의 환심을 사는 공상적 시나리오를 마련한 것이라고 사카이는 비판한다.[191] 이러한 은폐된 지배기제는 필자가 보기에 보수우익의 국가주의가 미국의 동아시아 지배의도와 일치하는 근거이기도 하다.

일본의 우익은 미국이 점령함으로써 일본의 주체와 전통을 잃었다고 주장한다. 그럼으로써 가해자가 아닌 피해자의 가면으로 바꾸어 쓰면서 동아시아 침략에 대한 책임의식을 '자학사관'이라는 논리로 흐지부지하려고 한다. 이렇게 보수우익의 전후 자기변신—미국의 분리기제에 편승하기—은 미국의 동아시아 패권지배체제에 용병으로 봉사하면서도 모순적으로 국내외 진보적 지식인들의 비판으로부터 적절한 도피처로도 사용되고 있다. 즉, 미국은 일본 고유의 것(천황제)을 존속시키면서 아시아에서 본토주의를 존중하는 호혜적 패권주의benign hegemony로 자리매김하

191 사까이 나오끼, 〈누가 아시아인인가〉, 《국민주의의 포이에시스》, 67면.

면서 일본을 리모콘으로 원격지배하고 있으면서도, 또한 이러한 패권지배에 대한 비판을 반박하는 자료로써 천황제 존속을 내세우는 '분리기제'의 전략을 사용하고 있다. 이러한 미국과 보수우익의 공모적 지배기제로 인해 천황제와 미국의 원격 패권지배가 분리된 상태로 보이기 때문에 일본은 언제나 고유성을 유지하고 있는 것으로 모두가 착각하고 있는 것이다.[192] 미국의 분리 지배기제로 인해 일본 우익은 가해자가 아닌 피해자의식을 주조하고 근대사에 대한 자기부정에서 벗어나면서 적절히 사안에 따라서 책임을 서구/미국에 떠넘기거나 혹은 편승하기도 하면서 보수우익적 사고를 조심스레 복권시키려고 시도하고 있다.

사카이의 비판적 논의는 일본의 진보, 보수우익과 동아시아의 진보, 보수적인 지식인들을 막론하고 모두에게 전후 동아시아에서의 미일반공동맹 패권구조에 대한 이해에 많은 계시를 주고 있다. 그는 "아시아인들은 일본 국민 개개인에게 관용을 베풀 수는 있지만 일본제국주의와 식민주의의 죄업을 결코 잊지 않을 것"이라는 반성의 말로 그의 아시아관의 출발점을 피력하고 있다.[193] 그러나 여기서 필자가 강조하고 싶은 것은 결코 그의 성찰의 측면이 아니라 전후 미국의 동아시아 패권주의와 일본 보수우익의 국가주의가 교묘하게 암묵적 공모의 네트워크를 구축하면서 동아시아 패권체제를 공동운용하고 있는 것을 추적하고 있다는 측면이다. 이러

192 이러한 분리기제는 미국의 한국에 대한 패권지배에도 적용이 된다. 많은 한국인들은 독재자인 이승만과 박정희가 개인적으로 반미주의자, 민족주의자였다고 한다. 즉 한-미 양국은 반미주의자, 민족주의자인 두 인물로 인해 분리되어 있다는 인식이다. 이러한 분리기제로 인해 친미반공독재가 미국의 묵인하에 유지가 되었다는 사실은 철저히 우리의 사고에서 분리되었다. 심지어 그 독재자들이 미국의 꼭두각시였으며 그래서 전후 미-일의 협력적 패권구조에 순응했다는 사실조차 부정되어 그들은 민족주의적 정책을 펼쳤다고 믿고 있다. 남한의 국민들은 아직도 한국의 분단은 미-소 강대국 경쟁의 결과가 아니라 남북한의 전쟁 때문이라고 스스로를 책망하면서 미국과 소련-중국을 남과 북이 각각 혈맹의 나라, 동맹국으로 숭배해 마지않고 있다.

193 위의 책, 67면.

한 비판논리는 일본 사회와 지식계에서 21세기 동아시아 담론의 진보적 발전을 방해하는 구조적 요인이 깊게 뿌리내리고 있다는 사실을 폭로하고 있다.

위와 같은 분석은 분명 일본의 근대화가 주체성을 상실하면서 근대 침략주의를 모방하는 길로 타락하였다는 다케우치의 단순한 분석에서 몇 걸음 더 나아간 것이다. 즉, 전후 미국-일본의 패권주의에 대한 '분리기제'의 조망에서 유추하면 서구와 일본의 제국주의가 비슷한 의식의 연동구조를 이루고 있는 것을 간파할 수 있다. 근대 일본은 서구 근대화를 모방(서구에 편승하기)하면서도 서구에 대항하기 위해 동아시아연대를 주장하면서 동아시아를 침략하였다. 그리고 침략은 주체성이 없이 서구의 근대화를 맹목적으로 모방한 때문(서구에 떠넘기기)이라고 주장한다. 사카이의 '분리기제론'에서 보면 일본의 우익은 미국을 점령국으로 비판하면서(미국에 떠넘기기) 과거에 대한 반성을 회피하고, 미국을 열심히 모방하면서 동아시아 반공패권지배에 편승하여(미국에 편승하기, 탈아입미) 다시 과거와 같이 동아시아의 중앙 무대에 주연으로 등장할 날을 엿보고 있다.

이러한 필자의 비판이 폭로하려는 것은 일본의 동아시아사고에 내재화되어 있는 '서구에 떠넘기기'(옥시덴탈리즘과 흥아론)와 '서구에 편승하기'(하부오리엔탈리즘과 탈아론)라는 한 동전의 양면의 의식구조이다. 이러한 기묘한 논리의 내재화로 인해서 일본 동아시아사고의 탈아와 흥아의 이중변주는 아직도 의상만 21세기형으로 바꾸어 입고 지속되고 있다. 또한 이러한 모순적 의식구조는 '서구(미국)에 편승하면서도 서구(미국)에 떠넘기기의 역설적 합성주의'가 사회에 온존하는 데 도움을 주고 있다. 따라서 일본이 '일본의 동아시아'가 아닌 '동아시아의 일본'으로서 21세기 동아시아 담론에 참여하려면, 미국-일본 동아시아 패권지배구조의 중층적인 '분리기제'와 근대사론에 대한 '분절적 조망'을 해체시키는 것이 필수적이다.

동아시아의 역사를 해석하는 작업에서도 분리기획은 큰 역할을 하고 있다. 한국과 중국의 입장, 즉 피침략자의 시각을 넘어서 다른 시각을 채용하려는 것은 일본의 학계와 지식인들에게는 상당히 중요한 작업이다. 예를 들어 일본 지식인 나리타 류이치成田龍一는 한중일이 함께 쓴 동아시아 역사서에 대해 국가주의적인 측면이 여전히 많다는 점을 지적한다. 또한 그와 일본 지식인들이 제기하는 근대사론에 의하면, 전전과 전후의 일본과 동아시아는 달라졌는데도 여전히 동아시아 주변부가 연장선상에서 바라보면서 일본의 과거 침략주의를 이미 달라진 상황의 21세기 동아시아에 적용하여 비판하고 있다는 것이다.

일본에서는 1990년대 이래 노골적인 민족주의적 경향으로 출현한 역사수정주의를 기초로 후소사扶桑社의 《새로운 역사교과서》가 등장하였는데, 이것이 계기가 되어 한중일 진보적 지식인들에 의한 새로운 대안으로서의 역사서를 구상하였다. 그 결과 《미래를 여는 역사—동아시아 3국의 근현대사》[194]가 빛을 보았으나 나리타는 한국과 중국의 시각에 대해서 비판을 제기한다. 비록 현 상황에서 모두 모여 토론을 하기는 물리적으로 힘들지만, 이 역사서가 북한, 대만, 몽골, 러시아, 베트남 등을 제외한 한·중·일 중심으로 되어 있는 것은 편향적이라는 생각에서이다. 즉, 미국과 서구를 한 축으로, 또한 동아시아를 다른 한 축으로 생각할 때 3국 위주의 동아시아 역사서술은 시정되어야 한다는 것이다.[195] 게다가 동아시아 역사인데도 미국의 동아시아 점령에 대한 것을 별로 언급하지 않고, 일본의

194 한중일3국공동역사편찬위원회, 《미래를 여는 역사—동아시아 3국의 근현대사》, 한겨레 신문사, 2005; 東亞三國的近代史共同編寫委員會, 2005, 《東亞三國的近現代史》, 三聯書店; 日中韓3國共通歷史教材委員會, 2005, 《未來をひらく歷史—日本·中國·韓國 共同編集 東アジア3國の近現代史》, 高文硏.

195 나리따 류우이치, 〈'동아시아사'의 가능성〉, 《창작과 비평》, 2006년 봄호, 406면.

침략사만을 주로 서술한 점, 동아시아 전체에서 서구와 일본에 의한 식민지 근대의 논의도 소홀히 다루어진 점 등을 지적한다. 대만, 한국, 중국에서의 역법이나 위생, 교육제도, 국민국가의 규범 등에 대한 일본제국의 역할 등이 폄하되고 있다는 것이다. 나리타는 이러한 접근방식이 제국주의와 민족주의적 대항이라는 관점만 강조하고 동아시아 근현대의 전체적인 모습을 그리지 못하면서 현재의 문제를 일본의 침략주의 탓으로 돌릴 뿐, 냉전이 조성하고 냉전 후의 모순이 지속되는 중첩적인 오늘날의 문제들을 모두 전전 일본 침략주의의 탓으로 돌리고 있다고 비판한다.[196] 따라서 그의 비판의 함의에서 보면 오늘날 국민국가의 민족주의를 기본 동력으로 동아시아를 서술하면서 국가보다 우위에 있는 동아시아 전체의 역사라는 관점을 채택하지 않고 있다는 것이다.

당시 동아시아가 처했던 구조인 서세동점을 무시하고 일본의 침략이라는 현상만 강조하고 있다는 나리타의 비판이 지적하는 바는 한·중·일을 초탈한 동아시아적 시각과 상호관계성을 적용하여야 한다는 의미로 받아들이고 싶다. 그러나 소수자인 북한, 대만을 언급하는 진보적 의식을 보여 주고 있는 반면에 일본의 침략을 희석시키는 결과를 가져온다는 의혹을 살 만하다. 왜냐하면 나리따가 한·중·일 3국 공동역사교과서가 국가주의적인 서술을 하고 있다고 비판하는 주장에는 한·중·일이라는 국가를 행위주체로 서술한다는 의미와 국가주의적인 서술이라는 두 가지의 다른 의미를 같은 것으로 혼동하고 있는 것으로 보인다. 그럼에도 국가주의적 서술방식을 지양하자는 의미에는 공감이 간다.[197] 그런데 그가《미래를

196 위의 책, 411-413면.

197 공동역사교과서가 지나치게 3국을 중심으로 서술되어 있다는 것은 문제가 있다는 비판을 동기로, 2006년 11월 교토에서 새로운 공동역사교과서 발간에 합의하고 많은 논의를 거친 후에 2012년《한중일이 함께 쓴 동아시아 근현대사》가 출간되었다. 여기에는 국가 중심을 넘어서 소수자 문제와 동아시아인들의 교류와 생활세계를 많이 서술하면서 변모된 서술태도를 보여 주었다. 한중일3국공동역사편찬위원회, 2012,《한중일이 함께 쓴 동아시아 근

여는 역사》에서 오늘날 동아시아의 상황을 전전 일본의 침략주의의 결과이자 연장으로 해석하는 데 이의를 제기하는 태도에는 전전과 전후의 일본과 동아시아가 다르다는 것을 전제로 하고 있다. 그러나 전전과 전후의 일본은 적어도 현재 동아시아 주변부와의 관계성과 관련해서는 달라지지 않았으며, 또한 동아시아에서의 미국의 패권체제라는 의미에서 서세동점의 시대와 외형은 달라졌지만, 그 실질적 내용은 달라지지 않았다. 위에서 언급했다시피 일본의 보수우익과 미국이 공모적 반공동맹지배기제를 유지하면서 동아시아의 패권지배구조는 사라지지 않았다.

이러한 시각에서 나카노 도시오中野敏男도 '전시와 전후의 연속성'을 자각하고 근본적으로 문제제기를 하지 않는 한, 일본의 미래는 어둡다는 생각을 제시한다. 그는 전후 민주주의와 계몽을 주창함으로써 전시와 전후를 분리시키는데 사상적으로 가장 큰 공헌을 한 일본의 대표적인 두 명의 사상가—오쓰카 히사오大塚久雄, 마루야마 마사오—를 비판함으로써 논리를 전개한다.[198] 그는 일반적으로 일본에서는 1945년 8월 15일을 기점으로 그 이전을 전쟁시대, 이후의 일본은 총체적인 대전환과 변화를 겪었기에 전시 중의 일본과 전후의 일본은 전혀 다르다는 것이 일본의 자기인식이라고 밝힌다. 이는 일본인들이 전후세대이기 때문에 전시의 문제들, 즉 침략전쟁이나 식민지 시대의 책임 역시 더 이상 없다는 정신적 면죄부로 작용하고 있으며, 이러한 분리적 인식을 기반으로 평화헌법을 수정해서 전쟁이 가능하도록 바꾸려는 국가주의적인 움직임이 가속화되고 있는 것은 미국의 세계전략과 맞물려서 형성되고 있는 현상으로 이해한다. 이렇

현대사 (1, 2)》, 휴머니스트, 5면. 이러한 동아시아 역사서술에 대한 한국 학자들의 비판적 견해에 대해서는 다음을 참조. 유용태 외, 《함께 읽는 동아시아근현대사I》, 17-21면.

198 中野敏男, 2001, 《大塚久雄と丸山眞男—動員'主体'戦争責任》, 青土社; 나카노 도시오, 2005, 서민교·정애영 역, 《오쓰카 히사오와 마루야마 마사오—일본의 총력전 체제와 전후 민주주의 사상》, 삼인.

게 나카노는 구조적으로나 사상적으로나 일본의 전시와 전후는 분리되지 않고 연속되어 있다고 주장하면서 일본의 자기인식—전전과 전후의 분리적 조망—에 근본적인 문제제기를 하고 있다.

이러한 진보적 지식인의 비판적 논리를 중시하면 나리따가 지적한 공동역사교과서의 한·중·일의 국가주의적인 측면을 비판하기 위해서 전전의 일본과 동아시아 상황이 전후의 그것들과는 분리되어 다르다는 것을 전제로 삼는 것은 전쟁 책임을 희석시키고 변호하려는 보수적인 의도를 드러내는 것으로 해석될 수 있다. 서세동점의 시대에 동아시아를 지배하려던 힘들은 전후에도 여전히 존재하고 있으며, 단지 제국주의 경쟁에서 냉전체제의 경쟁으로, 또한 탈냉전시대에는 중국과 미일동맹 간의 경쟁구도가 지속적으로 강화하면서 동아시아는 세월의 흐름에 따라 내면은 그대로인 채 겉옷만을 갈아입고 있을 따름이다. 즉, 서세동점의 시대부터 21세기에도 대국 간의 경쟁구도와 그로 인한 주변부의 식민화-타자화는 여전히 변하지 않고 있다. 특히 이로 인해서 일본을 둘러싼 동아시아 근대사의 문제의식들이 인위적으로 망각되고 있다. 즉, 주변부 동아시아 담론이 지적하는 제국-식민구도가 아직도 영속되고 있는 것이다.

결론적으로, 미일관계성에서의 분리기제와 일본 동아시아사고의 분절적 조망이 생성하는 의식은 다음 몇 가지로 정리할 수 있다. 첫째, 전전의 일본 동아시아사고가 반드시 침략주의적 동기만을 가진 것은 아니라는 주장이다. 둘째, 일본의 동아시아사고는 일면 서구 제국주의로부터 동아시아를 해방시키려는 동기도 있었다. 따라서 전후의 일본은 미국과 냉전체제에 의한 피해자이기도 하다. 셋째, 탈냉전시대에는 동아시아의 경제발전에 공헌하면서도 중국과 북한의 위협에 저항하는 입장에 서 있다. 따라서 평화헌법 개정에 의한 정상국가로의 전환은 정당하다.

이러한 측면을 종합해서 분리기제와 분절적 사고가 지향하는 것을 추론해 보면 일본 사회와 지식계의 정서를 더 잘 이해할 수 있다. 일본 사회는 야마무로가 언급한 것처럼 전후세대가 '전전의 일본'과 '전후의 일본'이 다르다는 것을 인식하고 싶어 한다. 즉, 오늘날의 일본과 동아시아는 전전의 형태가 아닌 전후의 새로운 형태로 다시 태어났기 때문에 전전의 일본을 비판하는 식으로 오늘날의 일본을 비판할 수는 없다는 논리이다. 이러한 논법을 정당화하기 위해서는 분리기제와 분절적 사고를 통해서 전전과는 다른 새로운 전후의 일본과 동아시아라는 가상의 이미지를 만들어야 한다. 그런데 문제는 전전에 대한 확실한 성찰과 정리가 부재한 가운데 이러한 작업을 하다 보니 동기에 관계없이 전후 일본 사회가 전전과는 달리 평화를 추구하는 새로운 사회라는 가상이미지인 '시뮬라크르'를 복제하는 '시뮬라시옹'을 전개한다는 비판도 가능하다. 또한 가상이미지인 시뮬라크르도 부족하다고 생각하면서 극우주의자들은 과거사에 대한 망언을 통해서 더욱 실재 같은 '극실재hyper-reality'를 생산해 내려고 안간힘을 쓰고 있다는 것이다.[199] 이렇게 청산의 대상인 보수주의가 오히려 주류가 되어 판을 치는 일본 사회는 '복사된 역사'와 '실재의 역사'가 구분이 안 되는 사회가 되고 있다. 지식인으로서의 순수한 동기가 어떻든 다케우치의 분리기획, 야마무로와 요네타니의 분절적 조망, 그리고 이시하라 등의 합성주의적 정서의 매개자들은 이러한 동아시아인의 비판적 문제의식에 응답해야 할 책무를 지니고 있다.

199 장 보드리야르(Jean Baudrillard, 1929-2007)는 포스트모던 사회의 본질을 탐구하기 위해 '시뮬라시옹(simualtion)' 작업을 통해 실재가 실재 아닌 파생실재로 전환된 모든 실재의 인위적인 대체물을 '시뮬라크르(simulacra)'로 정의 내린다. 우리는 가상실재, 즉 시뮬라크르라는 미혹의 세계에서 살고 있다. 장 보드리야르, 2001, 하태환 역, 《시뮬라시옹》, 민음사. 원저는 *Simulacres et Simulation*(1981).

11. 반일사조의 창조적 전환과 소일본주의

일본의 동아시아사고를 살펴보면서 감지할 수 있는 사실은 동아시아에는 일본과 관련하여 몇 가지 해결되어야 할 주제가 상존한다는 것이다. 이 주제들은 동아시아 담론이 생성된 동기와 목적과도 밀접한 관련이 있다. 가장 중요한 것은 일본의 근대화 역사에 대한 동아시아 전반에 퍼져 있는 반일본사조이다. 이것은 일본과 주변국 시민-지식인 간의 소통과 이해의 부재를 가져오는 가장 큰 장애이며 갈등을 지속시키는 원인이면서 결과이기도 한 주제이다. 즉, 21세기 동아시아 담론의 장에서 일본을 포함한 동아시아의 지식인과 시민들이 함께 고민해야 할 과제이다.

동아시아에서의 반일정서는 단순히 식민주의와 침략에 대한 원한으로 바라보아서는 문제의 본질을 놓칠 수 있다. 이것은 일본 근대화의 방법과 사조에 대한 불신과 연결된 문화적이고 사상적인 것이다. 야마무로의 삼중주의 논리도 이러한 근대성-근대화의 부조화에서 나온 동아시아의 반일사조를 심각하게 받아들이고 해결책을 제시하지는 않고 있다. 그리고 사카이가 지적한 전후 미국-일본의 공모적 패권지배체제에 대한 성찰과도 연관시켜야 한다. 즉, 반일정서는 탈제국·탈식민·탈냉전의 의식운동과 연결된 문제이다.

동아시아에서 일본에 대한 불신이 지속되는 원인으로 지적되는 사항은 다음 네 가지 측면이다. 첫째, 같은 제국주의국가인 미국, 영국, 프랑스에 비해서 일본의 근대화와 제국주의지배는 국가주의적 억압과 폭력을 제외하고 동아시아에 어떤 창조적인 문화적, 물질적, 제도적 유산을 남겨 주지 못했다. 일본의 동아시아 제국주의는 근대의 주체적 자아, 민주주의적 가치들에 대해서 자국 내에서와 같이 억압으로 일관하였다. 둘째, 서구 근대성의 시민주체성을 자각하지 못한 결과, 일본 국내는 물론이고 식민지의 주체적 자아도 신사참배, 창씨개명 등을 강요하면서 말살하였다. 군국주의는 일본 국민의 주체적 자아를 억누르고 천황(국체)에 대한 충성만을 강요하는데, 이러한 억눌림의 출구로 혹은 '억압이양'으로 나타난 것이 남경대학살, 강제징병 및 징용, 성노예 강제동원으로 대표되는 각종 잔학행위이다. 셋째로 동아시아에 심각한 일본식 부국강병의 국가발전주의 숭배를 낳았다. 일본제국이 패망한 이후로도 동아시아는 냉전체제하에서 권위주의적 국가발전주의가 성행하게 된다. 서구적 근대성에서의 민주주의와 비판의 자유가 압살되고 급속한 근대화만 강조되면서 독재와 인권탄압이 국가발전이라는 이름으로 정당화되는 풍조를 낳았다. 넷째, 다른 무엇보다도 가장 중요한 사항으로서 일본의 사회적 분위기는 아직도 태평양전쟁과 과거의 잔학행위에 대한 반성을 하지 않고 오히려 야스쿠니신사참배를 하면서 자부심으로 전화시키고 있다. 단지 극소수의 진보적인 지식인들만이 전쟁과 잔학행위에 대한 성찰을 하고 있을 뿐이다. 그리고 주변부의 입장에서 보면, 앞에서 논한 일부의 지식인들마저도 일본, 중국, 한국이 상호폭력의 교환관계에 모두 가담하였던 착종된 근대화를 겪었다는 논리를 편다. 이것은 강자의 폭력에 저항하는 약자의 대항적 폭력도 강자와 같은 함의의 폭력으로 정의 내리는 오류를 범하는 것이다. 이러한 면이 동아시아에서 일본 지식인과 시민과의 대화가 종종 공허한 결과를 가져오는 가장 중대한 원인으로 작용하고 있다.

따라서 일본 근대화의 삼중주론을 내세운 야마무로의 분절적 분석에도 불구하고 동아시아의 실패한 근대화의 특성을 찾아내는 데 성공하지는 못했다. 차라리 동아시아는 일본의 왜곡된 근대화의 유산에 대한 성찰과 반일감정으로 생성된 탈제국·탈식민·탈냉전의 의식 각성에서 비롯된 비판적이고 진보적인 견해들이 21세기 동아시아 담론으로 발전하고 있는 것을 부인하지 못한다. 즉, 역설적으로 일본이 동아시아에 제공한 것은

'반면교사'로서 부정적인 유산을 긍정적인 의식운동과 계몽으로 극복할 계기를 주었다는 것이다.

동아시아 중심부를 바라보는 주변부의 정서를 이론적인 방법으로 전환시키려는 시도는 천광싱의 고백을 참고할 만하다. 그는 제국-식민의 정서가 구조화된 동아시아를 바라보면서 특히 피식민지인 대만의 시각에서 일본을 바라보면서 복잡한 속내를 털어놓는다. 아직도 일본의 진보적 지식인들과 대화를 하고 나서도 풀리지 않는 감정, 일종의 소통의 블랙홀에 빠져드는 경험에서 허무감을 표시한다.

> 일본의 학술사상계는 도대체 전前 식민지·식민지 문제를 다루는가? 자신의 위치는 어디에 있는가? 어떻게 전 식민지에서 온 학생을 대하는가, 그들에게 어떤 지식을 제공하는가? 일본 학생들에게는 전 식민문학과 사상의 곤경을 어떻게 가르치는가? 간단하게 말하면, 일본과 전 식민지 사람들은 어떻게 공존할 수 있는가? 전 식민지에서 온 지식인과 반성적 능력을 가진 식민 모국의 비판적 지식인은 어떻게 서로 상호작용하는가? 유효한 '방법론'을 발견해 냈는가? 이런 말들은 직접적이지만, 나 자신은 답안을 찾지 못했으며 답안이 존재할 수도 없을 것이다. 단지 식민지 문제는 끝나지 않았으며 토론의 공간을 함께 개척하고 창조해야 한다는 것을 알 뿐이다. 대만의 식민주체성 문제는 단지 대만 내부의 문제가 아니라 일본·중국과 동아시아의 사상계에서 함께 사색하고 정리해야 할 문제이다. 간단하게 시간이 지나면 자동으로 해결될 수는 없다. 깊이 있는 공동 대면의 과정이 없다면 상처는 영원히 아물 수 없으며, 지역 평화의 진전도 거론하기 힘들다. 대만과 일본의 포스트식민 관계에 대한 사색은 또한 한반도의 식민지 경험에 어떤 공명을 만들

수 있는가?[200]

이러한 소회에서 그가 한탄하는 것은 동아시아에서 활발히 전개되는 학술적 토론에도 불구하고 '일본의 비판적 지식인마저 과거 식민지와 사귀는 방법을 찾지 못하고 있다'는 사실이다. 즉, 주변부에서 아무리 이야기해도 중심부의 피부에 와 닿지 않는 상황에서, 어떻게 하면 이야기들이 서로 전달될지 소통의 '방법'을 찾자는 의미이다. 이러한 소회에서 출발한 그의 동아시아사고는 제국-식민-냉전의 의식구조를 해체시키자는 논리로 나아가게 된다. 천광싱의 한탄 섞인 고백이 우리에게 시사하는 바는 일본의 진보적 지식인들과 그나마 상대적으로 대화를 가장 활발히 하고 있는 자신과 같은 주변부의 진보적 지식인들에게도 여전히 진정으로 이해되지 못하는 부분들이 많이 남아 있다는 것이다. 그렇다면 우리는 어느 지점에서 만나서 일본 지식인들과 토론하고 공감대를 확대시켜 나갈 것인가.

다음 같은 네 가지 주제에서부터 일종의 공감대를 형성하고 발전시킬 방법을 찾아보면 어떨까. 이것은 동아시아가 사로잡혀 있는 제국-식민-냉전의 의식구조를 해체시키는 시발점이기도 하다. 첫째, 동아시아인 모두가 일본의 지적 전통에서 발굴하여 더욱 발전시켜야 하는 '소일본주의' 사조이다. 일본 중심의 동아시아사고가 주류였던 시대에도 극소수 지식인들은 식민지를 포기하고 제국이 아닌 작은 일본을 주창했던 사례가 있었다. 이것을 다시 되살려 놓는 지적인 작업을 전개하는 것이다. 둘째, 일본의 외부에서도 관심을 가지고 있어서 결코 내부 문제로만 치부할 수 없는 '평화헌법 개정 반대운동'이다. 평화헌법이 개정되면 급격한 우경화가 정당화될 것이고 이로 인해 동아시아의 군비경쟁이 더욱 강화될 것이기 때문이다. 따라서 이것은 일본의 문제이자 동아시아 전체적인 문제이다.

200 천광싱, 《한겨레》, 2011년 7월 15일 인터넷판.

셋째, 유럽의 경험을 참조한다. 특히 강대국과 약소국의 관계로서 독일과 폴란드의 사례이다. 넷째, 동아시아에 공통적으로 퍼져 있는 '반일정서'를 21세기 동아시아의 변화를 위한 창조적인 에너지로 전환하는 방법이다.

이 네 가지 주제는 모두 밀접한 관련이 있으며, 서로 독자적으로 사고할 수 없는 것들이다. 그러나 흥미롭게도 이 주제들의 배후에는 모두 일본의 진보적 지식인이 연관되어 있다. 일본이 동아시아에서 조성한 문제에 대한 해답이 일본 내부에 이미 그 해결의 실마리가 숨어 있었던 것이다.

첫 번째 소통의 경로로서 일본에 존재했던 소일본주의 혹은 소국주의 사조를 발굴하여 더욱 발전시키는 일이다. 이와쿠라 사절단이 유럽을 방문하게 된 목적은 일본이 본받고 배워야 할 근대국가의 길을 모색하자는 것이었다. 보고서에는 유럽의 대국(영국, 프랑스, 러시아, 미국)뿐만 아니라 소국(벨기에, 네덜란드, 작센, 스위스, 덴마크)과 그들의 존재방식에 대해서도 할애를 하고 있다. 안타깝게도 일본은 프러시아처럼 소국에서 대국으로의 전환을 결정한다.[201] 이에 대해 '일본의 루소'라 불렸던 자유주의자 나카에 조민은 메이지정부의 부국강병을 비판하고 소국주의를 채택할 것을 주장한다. 우에키 에모리植木枝盛(1857-1892)는 자유와 민권을 기초로 한 소국주의의 '일본헌법안'을 제안한다. 메이지시대의 대국주의지향에 대해 이렇게 자유민권운동의 주창자들은 분명히 내부적으로는 인민의 권리를, 대외적으로는 평화주의를 주장하면서 소일본주의의 수맥을 형성하였다. 그러나 이들은 탄압받았고 청일전쟁의 승리 이후에는 대국주의가 발아하게 되고 러일전쟁의 승리 이래로 본격적으로 침략주의로 나아간다. 이러한 대국주의의 지속적 발전과정에서 내부의 반전평화주의와 민권운동은 탄압을 받았다. 그러나 소국주의는 사회주의사상이나 기독교사상에

201 이에 대해서는 다음을 참조. 다나카 아키라(田中彰), 2002, 강진아 역, 《소일본주의—일본의 근대를 다시 읽는다》, 소화.

동참하여 모습을 유지하고 있었는데 다이쇼데모크라시의 조류에 힘입어 다시 모습을 드러낸다.

이때에 주목할 만한 소국주의 사상은 미우라 데쓰다로三浦鉄太郎(1853-1925)와 이시바시 단잔이다. 미우라는 영국에서 대영국주의와 소영국주의가 공존하는데 일본은 일방적으로 대국주의만이 존재하여 국민들이 소국주의의 효용을 자각할 기회가 없었다고 한탄한다. 일본의 대국주의화를 경계한 것이다. 특히 그는 대일본주의를 군국주의, 전제주의, 국가주의가 집약된 것으로, 반면에 소일본주의는 산업주의, 자유주의, 개인주의가 집약된 사상으로 요약하여 설명한다. 식민지인 대만, 조선, 만주 경영에서도 국민부담, 그리고 식민지 인민의 희생들을 열거하며 어떠한 측면에서도 이익이 되지 않는다고 주장한다.[202]

이시바시 단잔은 총리(1956년 12월-1957년 2월 재임)를 지낸 인물이었는데 대단히 진보적이었다. 1946년 요시다 시게루吉田茂 내각의 대장상이 되었다. 그러나 제2차 세계대전 당시의 그의 언론 활동을 문제 삼은 연합국 점령 당국의 지령으로 1947-51년에는 공직에서 추방되었다. 이러한 사실은 미국과 일본 보수와의 묵시적 동맹관계를 입증하는 것이며, 사카이 나오키의 전후 분리통치기제론을 반증하는 사례이다. 총리를 사임한 후에는 냉전시대임에도 일본·미국·중국·소련이 함께 다국평화조약을 맺자고 주장하였다.[203] 이렇게 진보적인 사상과 정책을 표방했던 그는 당시의 보수적 분위기의 압력으로 실각하였다. 평가하자면 그는 경제평론, 언론인, 정치인으로서보다도 메이지, 다이쇼, 쇼와시대를 모두 관통하면서 각 시대에 일본이 가야 할 길을 제시한 인물로서 근대민주주의정신

---

202 위의 책, 120-127면.

203 石橋湛山, 1990,〈日中米ソ平和同盟の提唱〉, 增田弘 編,《小日本主義-石橋湛山 外交論集》, 草思社, pp. 253-260.

을 체현하고 있다. 그리고 이상적인 주장만이 아닌 구체적인 경제지표를 제시하면서 군비 확장과 식민지 경영의 어리석음을 반박하였다. 냉전기에 일본·미국·중국·소련 동맹을 주장할 정도로 진보적인 사상을 가진 시대를 초월한 인물이었다. 그의 사상의 정수는 '소일본주의'[204]이며 오늘날 동아시아 담론에서의 탈국가주의, 탈대국주의, 탈제국·탈식민·탈냉전의식을 이미 포용하고 있었다. 그가 일본 보수주의의 원흉인 자민당의 총재와 수상을 지낸 것은 모순적이지만, 진보적이기 때문에 실각한 것은 오히려 자연스러운 일이었다. 오늘날의 관점에서도 진보적인 이시바시의 사상은 민주주의와 근대성의 수맥이라고 하기에 모자람이 없으며 21세기 일본이 나아갈 길을 제시하고 있다.

전간기인 1930년대에 요시노 사쿠조의 타협적인 제국 재편, 식민지 경영의 개편론에 비해서 미우라와 이시바시의 반제국주의, 소일본주의, 식민지폐기론은 오늘날의 주변부 동아시아사고에서도 놀랄 만큼 진보적인 것이다. 요시노가 일본제국의 현실을 인정하면서 개량을 인식했던 것은 다케우치에게서도 나타난다. 일본의 동아시아사고에서 연대주의의 측면을 옹호하고 침략주의를 동아시아사고와 다른 것으로 분리시켰으며 그에 대해서는 애매한 성찰을 하고 있다. 이러한 동아시아사고의 근본적인 인식론은 전후에도 일본 사회가 보수적인 사조를 유지하는 근본적인 원인이다.

야마무로의 논리에 의하면 일본의 사상사에는 이미 평화헌법의 자원이 있었는데, 그것이 상술했던 반전평화주의를 기초로 하는 '소일본주의'이다. 전후의 평화헌법 제정은 점령군에 의한 강제적인 것이지만, 그 사상적 기원은 일본에 이미 내재해 있었다는 것이다. 즉, 종전을 계기로 시작된 외압을 매개로 하여 내발적인 소국주의 이념이 드디어 열매를 맺은 것

204 다나카 아키라(田中彰), 앞의 책, 130-131면.

이라는 논리이다.[205] 그러나 일본은 전후 냉전체제에서 미국과 동맹관계를 구축하면서 보수주의적 사조가 다시 사회의 주류를 이루게 된다. 평화헌법은 형식적으로 존재했지만 과거 반전평화사상의 수맥을 억압했던 천황제는 여전히 보수주의와 함께 일본을 통치하고 있다. 탈냉전시대 보수우익은 '보통국가'라는 구호를 내세우면서 형식적인 평화헌법마저 개정하려고 하고 있다. 이들은 평화헌법에 내재한 역사상의 평화사상의 수맥을 거부하고 그것이 단지 점령군에 의해 강제된 헌법에 불과하다는 측면만을 부각시킨다. 탈냉전시대 보수우익이 주동한 평화헌법 개정 움직임은 형식적이나마 유지하고 있었던 소국주의와 평화주의의 수맥을 허물려는 움직임이며 국가주의를 확장시켜 대국주의를 지향할 계기를 마련할 것이다.

일본의 소국주의 사상적 전통은 메이지헌법에서의 군주권을 강조하는 것보다 민권을 강조하는 민주주의의 전통, 팽창적 국가주의와 식민주의를 반대하고 주변국들과의 평등한 관계를 추구하는 특징을 가지고 있다. 무엇보다도 타고르가 강조했던 논리를 적용하면, 소국주의 사상에는 근대성의 내면적 원리를 포용하고 있으며, 대국주의 사조에는 단지 외면의 근대화를 가치로 내세우는 경향이 있다. 따라서 일본의 소국주의 사상의 뿌리를 오늘날 다시 발굴하려는 의식적 운동이 필요하다. 즉, 소국주의와 평화헌법수호운동을 결합시켜 동아시아의 반일사조에 대응하는 것이다.

동아시아 담론은 탈국가주의와 함께 탈대국주의의 이론적 지향을 내세우고 있다. 이제 19-20세기를 거쳐서 근대국가들이 지향했던 부국강병의 시대와 논리는 쇠락의 길을 걷고 있다. 국가주의적 거대서사의 시대가 아닌 일상생활에서의 시민들의 다양한 삶의 가치와 행복이 더욱 중요한 작은 서사의 시대가 도래한 것이다. 특히 서세동점의 시대 주변국을 침략하여 국경을 넓힌다고 해서 안보가 확고해진다는 믿음은 두 번에 걸친 세

205 야마무로 신이치, 《헌법9조의 사상수맥》의 기본 논지이다.

계 대전으로 깨어졌다. 그리고 도래한 냉전시대의 양대 진영 간의 대결구도는 경쟁적으로 대량살상무기를 개발하여 인류문명을 파멸시킬 수 있는 수준에 이르렀다. 결국 부국강병의 원리를 내세운 국가주의는 국가안보를 보장해 준 것이 아니라 끝없는 긴장과 갈등을 조성했을 따름이다. 동아시아 담론이 '소국주의-문화국가'를 지향하는 이유가 여기에 있다.

둘째의 경로는 첫째의 것과 사실 연결선상에서 이루어진 것이다. 일본의 '소국주의론'과 평화헌법 9조를 수호하려는 시민, 지식인들과 동아시아의 시민, 지식인들이 연대를 이루어 동아시아의 자산으로 발전시키는 것이다. 무엇보다도 '평화헌법 9조회'의 활동범위와 참여인사를 동아시아 전 지역으로 넓혀 공감의 네트워크를 조성하는 배가된 노력이 필요하다. 단순히 일본 평화헌법을 수호하는 차원을 넘어서 동아시아 역사에 있어서의 제국-식민-냉전의 사고를 초탈하는 의식운동으로 연결시키는 것이다.

앞에서 야마무로는 평화헌법의 의미와 역할을 강조하면서 평화헌법이 맥아더의 주도로 이루어진 것은 맞지만, 이미 일본 자체의 역사에서 반전평화주의의 수맥이 흐르고 있고 그것이 결국 평화헌법으로 결실을 맺었다고 주창하였다. 따라서 평화헌법을 개정하려는 보수적인 움직임에 반대하는 '9조회'의 활동은 일본의 진보적 지식인들의 동아시아평화에 대한 열망을 잘 보여 주는 것이다. 9조회의 가장 중요한 특징은 헌법 개정에 반대만 하면 누구나 제한 없이 회원이 될 수 있으며 9조회의 이름으로 평화운동을 할 수 있다는 것이다.[206] 이렇게 9조회는 선별된 인사들만으로 구성되는 닫힌 공간이 아닌 누구에게나 열려진 광범위한 네트워크를 구성하면서 일본과 주변부를 망라한 동아시아 담론의 발전에 중요한 자산이 되고 있다. 그리고 가장 중요한 것은 '평화헌법 9조 수호운동'이 동아시아

206 이노우에 히사시, 〈새로운 평화운동으로서의 '9조회'〉, 《일본비평》, 2009년 창간호, 225-238면.

에 확산되어 있는 '반일정서와 사조'를 동아시아평화를 위해 창조적으로 전환시킬 수 있는 하나의 방법으로서의 의미를 가지고 있는 것이다.

셋째, 일본과 동아시아 주변부와의 화해와 소통을 증진시키는 길을 모색하는 데는 유럽의 공동역사교과서 편찬 경험을 참조할 필요가 있다. 물론 가장 중요한 조건은 독일이 전쟁에 대한 사죄 및 배상에 적극적으로 나선 것이다. 독일에서도 일본처럼 극우주의자들이 존재하지만 정치인과 시민의 자각으로 대국주의적 역사의식을 해체하고 프랑스, 폴란드와의 화해를 위해서 공동역사교과서를 편찬하였다.[207] 특히 일본과 동아시아 주변부는 과거사 청산을 위해서 강대국과 약소국 관계인 독일-폴란드의 사례에서 교훈을 얻어야 한다. 일본과 주변부 동아시아처럼 일방적인 가해자-피해자 관계로서 영토갈등을 겪고 있으며, 가해자의 내부에 극우세력이 존재할 뿐만 아니라, 서로에 대한 무지와 오해가 깊다는 점에서 유사하기 때문이다.

무엇보다도 유럽에서의 공동역사교과서 협의과정에서 동아시아인들이 얻어야 할 교훈은 몇 가지가 있다. 첫째, 역사분야의 대표적인 전문가들이 협의에 참여해야 대표성을 인정받을 수 있다. 둘째, 그래야 여기서 만들어진 공동권고안이 사회적 정당성을 얻을 수 있다.[208] 그러나 아직도 한-일 혹은 한-중-일 간에 이루어지는 교과서 협력은 대표성과 정당성을 결여하고 있는 실정이다. 일본 우익단체에 의한《새 역사교과서》가 2001년 문부성을 정식으로 통과하는가 하면, 중국은 '동북공정'을 내놓아 역사에 대한 '중화민족 다원일체주의'가 다시 한 번 도마에 올랐다. EU의 탈국가주의-탈대국주의적 지향과 비교하면 동아시아는 아직도 제국-식민의

---

207 동북아 역사재단, 2008,《독일 프랑스 공동 역사교과서—1945년 이후 유럽과 세계》, 휴머니스트; 한운석·김용덕·차용구·김승렬, 2008,《가해와 피해의 구분을 넘어—독일 폴란드 역사 화해의 길》, 동북아역사재단.

208 한운석 외, 앞의 책, 182-185면.

사고에 스스로 사로잡혀 있는 것을 알 수 있다. 독일과 달리, 동아시아의 중심국인 중국과 일본의 국가적 차원의 적극적 자세가 없는 상태에서 동아시아에서는 단지 진보적 지식인들의 제한적인 협의에 의한 역사교과서 출판이 이루어진 정도이다.[209] 동아시아가 아직은 국가주의와 대국주의를 해체하는 수준에 도달하지 못하고 있는 것이다.

동아시아 담론의 주창자인 백영서는 반일정서를 창조적으로 전환시키기 위한 수단으로 공동역사교과서를 편찬하는 일의 중요성을 강조하고 있다. 그 정지작업으로 동아시아역사를 '국가의 기억'에서 '공공의 기억'으로 전환시키기 위해 동아시아 지역을 하나의 단위로 하는 새로운 조망을 개발할 것을 제시한다.[210] 그가 의미하는 바는 동아시아근대사의 제국-식민-냉전체제의 위계적 구조가 파생한 왜곡된 역사기억과 원한의 악순환을 해체하기 위해서는 민족주의/국가주의적 조망이 아닌 동아시아 전체의 탈제국-탈식민-탈냉전 의식운동으로 접근해야 한다는 것이다. 따라서 동아시아를 하나의 단위로 구성하는 기초 작업을 위해서 또한 이를 위한 공통의 역사인식을 배양하는 방법으로써 공동역사교과서 편찬 작업의 의미를 바라보고 있다. 이러한 권고는 결국 동아시아에 퍼져 있는 반일사조를 갈등상태로 방치하지 말고 공동역사교과서를 만드는 작업을 매개로 하여 공통의 인식을 배양시키고 창조적으로 전화시키는 길을 모색하자는 것이다.

넷째, 상기의 세 가지 소통경로를 매개로 삼아 동아시아에 널리 퍼져 있는 반일사조와 연동시켜서 21세기 새로운 동아시아사고를 창출하기 위한 방법으로 삼는 것이다. 이에 대해 사카모토 히로코坂本ひろ子는 반일운동

209 위의 책, 8-13면.

210 백영서, 2007, 〈동아시아의 역사교과서〉, 사카모토 히로코 외, 《역사—아시아 만들기와 그 방식》, 263면.

을 단순한 반일의 테두리에 두지 않고 동아시아의 과거 파괴의 역사에 대한 자성운동으로, 미래형의 동아시아, '탈미국의 내재화'로서의 동아시아의 가능성을 열자는 제안을 제기한다.[211] 다시 말하면 일본 보수우익의 국가주의지향에 대한 비판정신을 동아시아의 미래자산으로 삼자는 것이다. 이것은 마치 서구의 시민-지식인들이 반전·평화운동을 전개하면서 베트남전, 80년대 중성자탄의 유럽 배치, 제2차 이라크 침략전쟁, 무차별적 신자유주의 등의 이슈에 대해 비판의 목소리를 내며 결집했던 사례처럼 동아시아에서의 진보적 시민-지식인의 비판운동도 미래를 위해 큰 역할을 할 수 있다는 계시를 주는 것이다.

그러나 반일의 에너지를 21세기 동아시아의 창조적 자산으로 전화시키려면 일본 비판을 국내 민족주의를 고양시키고 국가주의적 경쟁을 부추기는 방향으로 갈 게 아니라, 일본의 왜곡된 근대화가 동아시아에서 억압했던 것들을 복원하는 작업을 수행하여야 한다. 일본을 비판하는 정서와 시각이 자국의 민족주의를 옹호하는 길로 나아간다면, 이는 동아시아 담론이 지향하는 바에 역행하는 것이다. 먼저 침략사를 미화하는 일본 보수우익과 기꺼이 성찰하려는 진보적 시민-지식인을 분리시켜 바라보는 게 중요하다. 가장 좋은 예로 한국의 정신적 지도자였던 함석헌 옹은 조선을 침략하여 합병한 지도자들과 일본 국민들을 분리해서 바라보았다. 일본에서도 일부 사회주의자들과 무정부주의자들은 조선의 독립을 옹호했고, 중국에 대한 일본의 침략을 동아시아의 평화를 해친다는 이유로 반대하였다. 이러한 사례가 주는 교훈은 반일사조를 정치운동화, 국가주의적 경쟁의 수단으로 삼지 말고, 일본이 저지른 파괴의 역사를 교훈으로 인식하고 미래의 동아시아를 건설하는 행동이론과 규칙을 만드는 반면교사로

---

211 사카모토 히로코, 〈중국의 반일과 어떻게 마주할 것인가〉, 《반일과 동아시아—반일이라는 사상과제》, 337면.

삼는 것이다. 즉, 일본의 근대화가 무시하고 억압했던 보편적인 가치인 시민의 주체의식, 민주주의, 비판의 자유를 방법으로 서구가 추진했고 일본이 모방했던 팽창적 국가주의를 해체시켜야 한다. 그러기 위해서는 주변부의 시각에서 끊임없이 일본의 동아시아사고를 바라보고 비판하는 작업이 필요하다. 즉, 동아시아 담론은 제국과 식민, 가해자와 피해자 모두에게 탈제국·탈식민·탈냉전의 의식운동을 촉구한다. 이것이 주변부에서 중심부를 바라보는 '비판적 지역주의'로서의 동아시아 담론의 시대적 의미이다.

그러나 이 모든 우리의 구상에도 불구하고 현실에서는 독일이 국가와 지식계 모두 주도적으로 과거의 팽창적 국가주의와 침략의 역사를 청산하는 데 앞장서고 있는 반면에, 일본의 경우는 이와는 대조적이다. 미국의 주도하에 일본은 전후에 천황제와 전쟁을 일으킨 세력들이 반공동맹을 구실로 여전히 생존하고 있다. 따라서 앞서 사까이의 '분리기제'에서 언급되었지만 미국은 일본의 근대화역사의 청산을 촉구한 점령자이지만, 동시에 침략의 역사를 반공동맹의 외투로 가려 준 공모자이다. 이런 의미에서 사카모토가 반일사조를 동아시아에서의 '탈미국의 내재화'로 발전시키자고 역설한 연유가 여기에 있다.[212] 미국이 냉전적 사고를 동아시아에 주입하면서 일본 근대의 침략사를 청산하는 데 흉내만 내도록 공모한 결과는 동아시아에서 반일사조가 내면화되는 계기로 작용하였다. 탈냉전과 함께 등장한 동아시아 담론이 이러한 동아시아역사의 '은폐된 진실과 허위'를 가려 내는 21세기의 새로운 '비판이론'으로 발전해야 할 필요성이 여기에 있는 것이다. 또한 시민-지식인연대가 구축되어 대국과 국민국가에 의해 주도되고 독점되는 전 지구화/신자유주의에 대해 끊임없이 감시하고 비판하는 기능을 수행해야 하는 이유가 여기에 있다.

---

212 위의 자료, 337면.

제6장 중국의 동아시아사고
범아론과 중국식 보편주의구상

1. 문제의 제기—거대한 전환과 담론패권의 이동

중국의 동아시아에 대한 관심과 연구는 한국과 일본에 비해 그다지 적극적이지 않다. 가장 큰 이유는 역사적으로 동아시아에 대한 존재인식이 중차대하게 여겨지지 않았다는 점이다. 20세기 초반 서세동점의 시대에 이르러 서구와 일본의 침략에 저항해야 한다는 상황에서 동아시아에 대한 인식이 점차 형성되었다. 리다자오, 쑨원, 다이지타오戴季陶 등은 당시 중국의 반식민적 상태를 고려하여 전 아시아 피압박민족의 대동단결로써 제국주의에 대한 저항을 외쳤다. 그러나 식민지인 아시아 중소규모의 민족과 국가들에 대한 독립적인 존재인식에서 협력체제를 구축하기보다는 중국 중심의 아시아의 왕도체제를 강조하면서 과거 중화체제의 아시아관을 완전히 떨치지는 못하였다. 이렇게 중국이 곧 아시아를 대표하거나 그 자체라고 하는 모호한 의식을 '범아론凡亞論 pan-Asianism' 혹은 '범아세아주의凡亞世亞主義', '대아시아주의'로 개념화할 수 있다. 그러나 동시대 사회주의자이자 무정부주의자인 류스페이는 이들과는 달리 중국과 여타 아시아 피압박민족 간의 수평적인 협력과 민중연대로써 저항을 외치고 있다. 그의 아시아사고는 오늘날의 관점에서 보아도 대단히 진보적이며, 주변부 동아시아 담론의 논리에서 되살아나고 있다는 느낌이다.

이후 동아시아사고의 발전적 전개는 국민당과 공산당 간의 경쟁과 내전, 중일전쟁에 진입함으로써 휴지기를 맞이하였다. 이어서 냉전체제의 이념적 대치상태에서는 지역의 공통 주제인 근대와 역사문제에 대한 토론이 자유스럽게 전개될 수 없었다. 탈냉전은 이러한 정체상황을 이성적인 토론이 가능한 상황으로 변화시켰다.

탈냉전시대 중국의 지식계에서 전개되는 동아시아사고를 추적해 보면 한국과 일본처럼 자생적으로 생성되어 지식계의 주요한 사조로 등장하지는 못하고 있다. 적극적으로 동아시아 담론에 관심을 가진 지식인 그룹을 찾기가 힘들다. 중국 지식인 중에는 한국과 일본 지식인과의 교류 중에 자신의 주된 관심영역은 아니지만 동아시아에 대한 질문을 받았을 때에 회답을 하는 경우가 대부분이다. 이들은 한국과 일본의 지식계와 공동으로 열린 학술토론에서 중국 지식계에서는 동아시아를 주제로 하는 연구가 거의 없는 것을 고백하면서 논의를 전개한다.[1] 따라서 중국 지식인들이 자발적으로 동아시아사고에 대한 논의를 전개한 자료가 많지 않으며, 한국과 일본 지식인들과의 상호 교류에서 발표하거나 논평한 것들이 대부분이다. 이런 측면에서 보면 중국에서 동아시아를 자발적으로 논하는 지식인은 쑨거의 경우가 예외적이다. 그래서 수동적으로 동아시아를 논한 중국 지식인들은 이를테면 동아시아에 대한 제3자 입장에서의 비평자 commentator들이라고 할 수 있다.

탈냉전시대 중국에서는 1980년대 이래 지속되어 온 개혁개방정책과

1 중국에서는 드물게 동아시아 담론을 연구하는 쑨거(孫歌)는 일본, 아시아, 동아시아 연구가 중국 본토에서는 성과가 미약하다고 고백한다. 쑨거, 2003, 〈아시아라는 사유공간〉, 《아시아라는 사유공간》, 창비, 32면.

1990년대 신자유주의적 발전으로 인한 폐해에 대한 비판적 지식인들의 대안 찾기의 노력에서 주변부 동아시아 담론의 주장들과 공감이 되는 부분이 발견되면서 일부 지식인들에 의해서 동아시아론이 전개되고 있다고 볼 수 있다. 주로 미국과 서구 주도의 문화와 지식, 지구적 자본주의에 편승하는 성향에 대한 자기성찰을 하면서 동아시아지역주의에 대한 관심을 제기하고 있다.

그러나 필자가 보기에는 현재까지도 중국의 동아시아 담론에는 범아론적인 경향이 영향을 미치고 있다. 쑨원과 여타 초기 지도자들의 중국 중심의 보수적인 동아시아관이 여전히 지속되고 있는 것이다. 대체로 중국 지식계에서는 동아시아 국가들을 주체적이면서 대등한 상대로 인식하기는 힘들지만 탈냉전시대에 점차로 성장하는 그들을 완전히 무시할 수 없다는 인식을 형성하는 도중에 있다. 따라서 근래에는 중국이 동아시아를 포용하려는 지향도 20세기 초와 같은 전통적 타성에서가 아닌 좀 더 구체적인 이유와 방법을 제시하기 시작하고 있다. 그러므로 동아시아를 중국이 포용하여 미국, 일본에 대응하기 위해 국가적 차원에서는 동아시아 국가들에 대한 소프트파워정책이 강조되거나, 나아가 동아시아공동체에 대한 관심을 보이고 있다. 그러나 대만의 지식계와는 달리 대륙의 지식계에서는 동아시아 담론에서의 무경계-탈중심, 탈국민국가주의, 시민-지식인 관계망 구축에 대한 인문학적인 주제들에 대해서 그다지 큰 관심을 보이고 있지는 않다.

주변부의 시각에서 보면 중국의 지식인들은 국내의 이론적 지향에서는 진보와 보수적인 견해로 나누어질 수 있지만, 동아시아론과 관련해서는 거의 보수적이다. 그나마 쑨거가 진보적인 동아시아사고를 펼치고 있다. 중국 지식인들은 토론과정에서 수동적으로 동아시아라는 주제에 관해 답변을 하는 경우가 많은 반면, 쑨거는 주동적으로 동아시아사고를 전개하고 있다. 일본의 다케우치 요시미의 동아시아론을 접하면서 시작된 그녀의 동아시아론은 탈냉전시대 동아시아 담론의 인문학적 지향과 대국으로서의 중국의 현실인식 간의 괴리로 인한 고민이 나타나 있다. 그러나 토론과 저작을 자세히 분석해 보면 중국 예외주의적 인식의 그림자를 아직도 찾을 수 있는데, 중요한 것은 그녀가 그러한 경향에 대해 진보적인 문제의식만큼은 진지하게 표명하고 있다는 사실이다.

쑨거와는 달리 왕후이의 동아시아사고는 다원일체의 통합체인 중국이라는 존재인식을 초월한 다원적인 동아시아를 사고하고 있지 않다. 왕후이의 동아시아사고는 한국 지식인들과의 동북공정에 대한 토론[2]에서 기본적인 지향이 나타나 있고, '반근대성의 근대성' 담론과 '트랜스시스템사회론跨體系社會論'(이하 '트랜스론'으로 약칭)과도 역사철학적 측면에서 일맥상통하고 있다.

첫째, 그의 중국 역사론과 동아시아사고는 가장 중국 지식계의 일반적인 논리를 대표한다. 동아시아의 존재인식이 모호한 것 그 자체가 진솔한 중국의 동아시아사고이기 때문이다. 그의 '트랜스론'은 중국의 주류역사론 시각에서 서구와 일본 학자들의 탈서구중심주의 역사관, 동아시아 내재적 근대론, 서구에서 동아시아(혹은 중국)로의 중심이동론 등을 총정리하면서 나온 것이다. 그는 중국을 '트랜스론'의 시각에서 해석하고 미래의 중국을 구상하는데, 문제는 이러한 시각이 중국과 (동)아시아의 역사를 통합적으로 사고하면서 21세기 동아시아의 다원적 발전 가능성을 중국의 부상 뒤에 드리워진 그늘에 위치시키고 있다는 것이다. 트랜스론이라는 새로운 개념의 중국역사론을 주창하면서 왕후이는 서구의 보편주의와 동

2 왕후이, 〈과거로서의 미래의 재구축—민족서사, 발전주의 그리고 아시아상상〉, 《황해문화》, 2004 겨울, 183-195면; 박자영, 〈상호주의를 넘어서—어떤 동아시아론인가〉, 《황해문화》, 2004 겨울, 262-289면.

등한 일종의 '중국식 보편주의'를 창출하려고 시도하고 있다. 그의 사유의 공간에서 중국과 동아시아는 중첩되고 있으며, 그 공간 안에서도 중국에 비해 동아시아의 존재인식이 잘 보이지 않는다. 그렇다면 우리는 그의 모호한 동아시아사고를 차라리 '반근대성의 근대성'에서 추론하여 '반동아시아의 동아시아사고'로 역설적인 정의를 내릴 수 있을 것이다.

둘째, 중국의 '동북공정' 담론과 더불어 '트랜스론'이 동아시아에 주는 의미는 크다. 권력은 지식과 담론을 생산하며 모두의 의식체계에 '진실효과'를 창출하고 그것으로써 정신적이고 제도적인 지배기제를 구축한다. 선과 악, 정의와 불의, 이성과 비이성, 문명과 야만의 기준이 권력이 창출한 지식과 담론에 의해 규정된다. 왕후이의 역사론이 중국 주류의 사론들을 참조하고 통합한 동아시아에서 가장 유력한 담론으로 등극한다면, 동아시아는 트랜스론의 시각에 의해 규정되어야 할 것이다. 그러나 과연 이것이 '탈근대적 문제의식'이 증대되는 시대에 특히 주변부 동아시아 담론을 펼치는 비판적 지식인들에게 동아시아의 보편적 역사론으로 받아들여질 수 있을는지는 회의적이다.

셋째, 그의 역사론이 중국 특수주의적 보편주의를 창출하려고 하는 동기를 추론해 보면, 21세기 중국의 부상과 함께 도래할 수 있는 새로운 세계체제, 즉 미국과 서구를 대체하는 중국 주도의 '신제국공정'을 의식하는 것으로 보인다. 물론 이것이 반드시 서구 근대의 제국주의와 같은 의미로 해석되어서는 안 되지만, 새로운 중국 주도의 세계체제를 상상하고 있는 것으로 해석된다. 그게 사실이라면, 중국 주도의 세계체제가 서구 근대를 넘어서는 탈근대적 문제의식에 적절한 답을 제공해 줄 수 있는 문명과 세계체제의 건설자로서의 사상과 이론의 준비가 되어 있는가를 분석하는 것은 충분히 의미가 있는 작업이다. 신좌파의 사상을 비판하는 쉬지린은 이에 대해 부정적인 답변을 내놓는다.[3]

오늘날 중국의 부상과 발전에 대한 '이론적인 아바타'가 된 왕후이의 저작을 접하면서 우리는 상기의 문제의식에 대한 토론이 중대한 것임을 느낄 수 있다. 특히 아무리 주변부의 비판적 지식인들이 '수평적 관계망'으로서의 동아시아를 외치더라도 현실적으로 거대한 중국의 존재감과 역사상 실재했던 중화문명과 제국의 역사적 기억을 고려하면 어떻게 문제를 풀어 나가야 할지 난감할 때가 많을 것이다. 다른 인물들에 비해서 왕후이의 논리를 분석하는 작업이 상대적으로 많은 부분을 이루게 된 것은 부상하는 중국의 지식-문화의 담론을 가장 잘 대변하고 있다고 생각하기 때문이다.

국적을 초월한 세계인, 전 지구적 보편주의역사론을 추구하면서, 탈대국주의-탈국민국가주의를 꿈꾸는 '비판적 지식인'으로서, 우리는 각종 지식과 문화담론에 대해서 다음 같은 사고와 태도를 견지해야 한다고 믿는다. 즉, 각종 담론이 역사에 스며 있는 소수자/약자의 소리를 복원시키기 보다는 국민국가/대국들에 의해 그들을 배제/소외/억압/착취하기 위한 지배기제를 구축하려고 시도하고 있지 않은지, 감시와 비판을 수행하고 나아가 그 논리적 근거를 해체시키는 것이다. 다양한 주체들이 공생하는 세계시민사회를 꿈꾸는 것이다. 동아시아 담론과 동아시아역사담론이 중국의 부상과 관련하여 중요한 이슈로 다루어져야 하는 이유는 서구 근대(영국-미국이 주도하는 세기)가 구축한 지식체계의 주류담론에 의해서 착취와 억압, 소외와 배제를 겪었던 소수자/약자의 경험이 우리에게 가르쳐 준 교훈 때문이다. 즉, 역사상 세계체제의 거대한 전환에는 소수자/약자의 희생은 필수불가결하게 발생할 수밖에 없다는 사회진화론적이고 강자-엘리트 중심의 담론이 배후에 있었다. 같은 논리로 중국의 부상은 동

---

3 许纪霖,〈普世文明，还是中国价值？—近十年中国的历史主义思潮〉,《开放时代》, 2010年5期, pp. 66-82; 쉬지린, 2013, 송인재 역,《왜 다시 계몽이 필요한가》, 글항아리.

아시아에서 새로운 지식과 역사담론 체계를 생성시킬 것이고, 그에 의한 새로운 진실효과와 지배기제는 소수자/약자의 희생을 정당화할 것이다. 그러나 거대한 세계체제와 문명의 전환기에도 소수자/약자의 희생을 당연시하는 역사는 되풀이되어서는 안 되며, 최대한 예방하여야 한다. 이것이 미국의 지배적 패권체제 이후에 오게 될 새로운 세상의 비전이며 발전된 미래상이다. 왕후이가 대변하는 중국의 동아시아사고, 주류 역사담론이 반드시 대국주의적 지향이라는 판단은 지나치게 시기상조이거나 단순한 것일 수도 있다. 그러나 그렇더라도 중국에서 생성되는 담론은 새로운 지식패권을 구성할 것이며, 그 패권체제하에서 소외와 배제를 겪게 되는 희생의 가능성에 대해 우리는 비판적 자세를 가져야 한다.

2. 범아론의 생성과 특성

1) 생성배경

범아론으로 정의되는 아시아사고가 생성된 배경은 몇 가지 경로로 추적할 수 있다. 역사적으로 서세동점의 시대에 중국이 겪었던 내우외환의 경험은 여러 사조를 생성시켰는데, 이러한 흐름들이 중국의 세계와 아시아에 대한 인식을 생성시켰다.

사상적인 배경으로서 근대화 초기에 생성된 아시아사고는 중국의 전통적인 유기체적 우주론organic cosmology에 근원을 두고 있으며, 이것은 세계에 대한 시스템적 사고를 생성하였다. 서양의 인식경향이 철저하게 분석적, 기계론적, 결정론적, 인과율적 성격을 가진 데 반하여, 중국의 인식방법은 총체적, 유기체적, 비결정론적 성격이 강하다.[4] 이러한 인식론에서 유래한 지적 경향은 사회적, 정치적 문제들을 분리시켜서 하나씩 접근하기보다는 이념, 문화적으로 총체적 조망에서 접근하는 경향을 낳았다. 따라서 중국의 인식론에 의하면 아시아는 이념적·문화적 총체로서의 유기체이며, 내부의 다양한 분열구조를 상상하기보다는, 하나의 전체로 보려는 경향을 가지고 있다. '천하all under heaven'는 하나의 독립적인 우주로서 중화문화와 도덕적 질서를 담은 큰 그릇, 즉 중화체제이다. 중화체제는 화이華夷사상의 위계적 이념질서로써 유지되는 하나의 우주이다. 따라서 중국의 세계관에서는 중국과 여타 중화체제 내의 중소규모 국가들을 동아시아의 동등한 단위로 인식하는 것이 익숙하지 않다. 아래에서 자세히 논하게 될 왕후이의 '트랜스론'은 이러한 총체적, 유기체적 우주론과 인식론의 '역사철학적 반영'이라고 볼 수 있다. 그러나 이러한 철학적 주제는 이 책의 연구범위를 넘어서는 것이라 더 깊이 논의하지 않는다.

구체적으로 역사적 배경은 몇 가지로 서술할 수 있다. 첫째, 아시아에서는 일본이 가장 먼저 근대적 세계체제에서의 국민국가로의 개혁을 수행하였고 중국은 아직 국민국가 주권의식을 다른 아시아 국가들에 적용하여 사고할 단계에 이르지 못한 데서 유래했다고 볼 수 있다. 따라서 서세동점의 시대에 제국주의 위협을 받던 시기에 형성된 중국의 범아론은 일본의 동아연대론보다도—침략적 요소를 논외로 하고—상당히 그 함의가 불분명한 것이었다. 이는 아시아 국가들에 대한 중화체제에서의 위계인식과 근대적 세계체제에서의 상호 평등한 국가주권의식이 혼재된 상황을 나타내는 징표이기도 하다. 그리고 중국이 모호한 반식민지 상황에서의 혼란상태도 불명확한 동아시아 국제체제에 대한 인식의 동기가 되었

4　이 주제에 대해서는 다음을 참조. Joseph Needham, 1954-1998, *Science and Civilisation in China* (Cambridge: Cambridge University Press); Fritjof Capra, 1991, *The Tao of Physics: An Exploration of the Parallels Between Modern Physics and Eastern Mysticism* (Colorado: Shambhala co.); Fritjof Capra, 1982, *The Turning Point: Science and Society and the Rising Culture* (Glasgow: Flamingo).

다. 둘째, 당시 중국의 동아시아사고에는 일본에게 빼앗긴 동아시아에서의 주도권을 의식한 경쟁의식의 측면도 보이고 있다. 메이지시대 일본의 동아연대론에 한국의 적지 않은 엘리트들이 공감하면서 러시아의 침략에 대항하려 했었지만 같은 중심국이었던 중국 지식인들은 그것을 일본의 전략이자 음모라고 거부했던 사실에서[5] 중국과 일본의 자국 중심의 동아시아사고와 주도권을 둘러싼 경쟁의식을 감지할 수 있다.

아편전쟁 이래로 동아시아에서의 중화체제는 와해의 길을 걷게 되었다. 연이어 서구와 일본의 침탈로 인하여 중국은 반식민지 상태로 전락하였다. 이때에 이르러 시대적 요청에 따라 중국의 지식인과 지도자들 중에서는 제국주의에 대항하기 위해서 동아시아의 이웃 나라들을 우방으로 간주하려는 움직임을 보여 준 사람들이 생겨났다. 따라서 중국의 동아시아인식은 19세기 말 이래로 서세동점에 저항하는 과정에서 발아되었다고 볼 수 있다.

그러나 일본과는 달리 중국은 외부의 충격이 금방 내부의 변화를 추동한 게 아니라 외부에서 온 위기를 대응하는 의식과 사고의 내부적 재조정을 밟는 긴 과정이 필요하였다. 이와 같은 중국의 사고체계는 위잉스余英時에 따르면 서구의 '외재초월형문화'에 비해서 중국은 '내향초월형문화'의 특징을 나타내고 있다고 볼 수 있다.[6] 즉, 중국은 외부세계의 자극에 대해 그것을 직접적으로 받아들이기보다는 자신의 고유의 것과 조화를 이루기 위해 상당 기간 내적 갈등 상태에 돌입하며, 이러한 긴장을 통하여 스스로 체득한 조화의 원리를 내재화한 연후에 그 틀 안에서 행동하려 한다는 의

5 예를 들어 홍콩의 언론인 왕타오(王韜)는 1879년 일본에 초빙되어 환영을 받았으나 귀국한 후 홍아회의 설립 소식을 듣고 이를 일본의 음모라고 비판한다. 王韜,《興亞會報告》12集(1880年11月15日刊), pp. 9-10; 李光麟,〈開化期 韓國人의 아시아連帶論〉, 288-289면; 李光麟,《개화파와 개화사상연구》, 142면.

6 余英時, 1984,《從價值系統看中國文化的現代意義》, 時報文化出版公司; 위잉스, 2007, 김병환 역,《동양적 가치의 재발견》, 동아시아.

미로 해석이 된다. 따라서 중화체제의 몰락을 목도하면서 중국 중심의 세계에서 떨어져 나간 동아시아와 조공국들의 독립적 존재의식을 내면화하는 데는 상당한 지적인 갈등이 필요하였으며, 현재까지도 동아시아인식에는 그러한 갈등의 잔재가 남아 있다.

이와 같은 중국의 미약한 동아시아인식을 보여 주는 사례로서 아직도 주요 학문적인 저작에서 보듯이 문명과 문화적 개념에서 아시아 전체를 나타내는 일본에서 생성된 용어인 '동양'[7]이라는 개념과 '동아시아'라는 용어를 거의 사용하지 않는다는 점이다. 대신에 중국에서 나온 서구를 표현하는 '서방西方'에 대응하는 용어로 '동방東方'이라는 개념을 사용하고 있다. 대표적으로 당시 중국을 대표하는 철학자인 량수밍은 저작에서 '동방'과 '서방'이라는 용어를 사용하고 있다.[8] 《동방철학개론東方哲學槪論》이라는 서적에서는 그 범위가 동아시아를 넘어서 인도, 아랍, 고대이집트와 바빌로니아의 철학을 망라하여 다루고 있다.[9] 그러나 같은 유교권인 동아시아에서 한국, 일본, 베트남 철학의 존재 여부에 대해서 사고하려는 경향이 없다. 그래서 '동아시아철학' 혹은 '동양철학'이라는 용어를 거의 사용치 않고 이들을 모두 포함한 의미에서 '중국철학'이라는 용어를 사용하면서 동아시아 주변부 철학의 존재 여부에 무관심하다.[10] 이는 중국의 주요 사상가들의 저작의 표제에서도 확인할 수 있다.[11] 따라서, 동아시아의

---

7 '동양'이라는 용어는 일본이 중화체제의 하위단위에서 벗어나 중국과 동등한 존재임을 자각하면서 만들어 낸 용어지만, 이제는 학문과 문화의 영역에서 아시아를 의미하는 보편적인 용어로 사용되고 있다. 일본에서 '동양'이라는 용어의 생성과 시대적 함의에 대한 연구로는 Stephen Tanaka, 1993, *Japan's Orient: Rendering Past into History* (Berkeley: University of California Press).

8 梁漱溟, 1989, 〈東西文化及其哲學〉, 《梁漱溟全集》 第1卷, 山東人民出版社, pp. 317-547.

9 任厚奎 外 主編, 1991 ,《東方哲學槪論》, 四川大學出版部.

10 조동일, 2007, 〈동아시아철학사를 위하여〉, 한림대학교 아시아문화연구소, 《동아시아경제문화 네트워크》, 태학사, 35-45면.

11 《從價値系統看中國文化的現代意義》(余英時 저)의 역자 김병환은 이 책이 중국과 서양

모든 문화적이고 정치적인 기호들—조공체제 내부의 주변부, 문화, 한자 등—이 중화체제라는 일체에서 분리되어 나간 동아시아의 존재인식에 대한 중국의 자각은 지적, 문화적 영역에서보다도 오히려 제국주의에 공동으로 저항해야만 하는 서세동점기의 정치적인 동기에서 생성되었다고 하는 게 타당하다.

서세동점의 시대에 서구와 일본의 침탈은 중국 엘리트들이 전통적인 중화사상과 체제에서 누렸던 절대적 지위에서의 '몰沒아시아'적 인식에 변화를 추동하였다. 즉, 중국은 제국주의 국가들의 주권 침탈에 대한 저항을 해야 하는 과정에서 주변부 동아시아 국가와의 협조가 필요한 것을 깨닫게 된다. 따라서 중국과는 다른 존재로서의 동아시아 주변부에 대한 각성이 미약하나마 나타나게 된다. 이렇게 서세동점의 시대에 형성되기 시작한 동아시아사고는 중국에서의 본격적인 동아시아인식의 생성이라는 의미가 있으나 동시에 동아시아에 대한 위계적 인식의 한계도 잘 나타내주는 것이었다.

중국의 '범아론'적 사고의 함의를 구체적으로 정의하면 다음 같은 설명이 가능하다. 즉, 근대화 초기에 범아론적인 아시아인식론은 중국만이 문화와 정치적으로 서구에 대항할 수 있는 아시아의 유일한 대표자로 자처하면서, 또한 여타 아시아 국가를 주체적인 존재로 인식하지도 않으면서 막연하게 그들과의 단결을 외치는 사고의 특징을 나타낸다. 여기에는 중국이 곧 아시아라는 '중아일체의식'과 동시에 중국이 아시아를 대표한다는 '아시아대표의식'이 나타나 있다. 이러한 범아론적 사고의 근저에는 순수한 의미에서의 동아시아의 존재인식이 있었다고는 볼 수 없다. 왜냐하면 주변부로서의 동아시아와 중국과의 관계성interrelationship도 모호할 뿐

문화를 비교적 시각에서 논의하고 있는데, '중국' 대신 '동양'이라는 표현으로 대체하였다고 밝히고 있다. 번역서의 표제도 《동양적 가치의 재발견》으로 변경되어 출판되었다.

아니라 특히, 상호 '수평주의horizontal perspective'적인 상태에서의 협조에 대한 구체적 방안 제시가 전혀 보이지 않는다. 그저 형식적으로 제국주의에 대항하자는 상황논리를 펴면서 중국과 동아시아 주변부와의 구체적인 협조방식에 대한 제안도 없고 단지 중국이 곧 아시아이며 또한 대표로서 아시아는 단결하여야 한다는 피상적인 언급만 되풀이하고 있다. 독립적이고 주체적인 주변국들의 개별적인 존재인식을 가지고 진정한 의미에서의 '저항의 동반자의식'은 보여 주고 있지 못하다.

이렇게 범아론으로 단순화시킨 개념의 내면으로 더욱 깊이 들어가 보면 여러 갈래의 사고의 흐름이 잠재해 있는 것을 감지할 수 있다. 우선 장기적인 역사적 맥락에서 구성된 두 가지 흐름은 '중국 특수주의(예외주의)'적인 사고와 '중-서 이원론적 세계관'이다. 두 번째는 근대 초기에 발생한 이념적인 맥락에서 민족주의적인 흐름과 사회주의국제주의 사조이다. 이러한 중국 동아시아사고의 구성요인들은 근대화 초기뿐만 아니라 21세기에 들어서도 지속적으로 중국의 (동)아시아사고를 형성하고 있다.

2) 중국 예외주의와 중-서 이원론적 세계관

'중국 예외주의'는 동아시아에서 주변부와는 다른 자체 내부에서의 자기조절능력을 가진 대국이라는 의식이다. 중국인들에게 이러한 예외주의는 중국이 동아시아의 중심적인 존재로 사고하는 태도가 마치 대국주의라고 해석되는 것은 어폐가 있다는 것을 강변하는 논리적 방패가 된다. 따라서 중국 지식인의 (동)아시아론에서는 중국이 대국이라는 사실을 주장하는 게 아니라, 중국이 대국이라는 것은 중국인 자신들도 부정할 수 없는 있는 그대로의 진실이라는 논리이다. 이러한 현실을 애써 부정하고 주변부의 시각에서 중국의 대국적일 수밖에 없는 행태를 비판만 하면 안 된다는 것이다.

이러한 중국 예외주의는 오랜 역사에서 여러 요인의 작용으로 형성되었다. 즉, 중국이 과거에는 반식민지 상태로 전락했었지만 혁명을 통해 극복함으로써 다른 동아시아 식민국들과는 달리 그들을 대표하여 서구에 대항할 수 있는 능력을 갖춘 대국이 되었다는 자부심을 표출하고 있는 것으로 볼 수 있다. 아울러 중국이 침략을 받았던 사실은 오늘날 동아시아에서 패권주의를 투사하는 행태가 일종의 저항의 연장이라는 의미에서 서구/일본의 제국주의와 오늘날의 패권주의와는 달리 도덕적 정당성을 갖고 있다는 자의식을 생성하였다. 또한 오랜 역사를 거쳐서 중화문명과 체제의 중심이었다는 사실도 이러한 예외적 존재라는 의식을 형성하였다. 결국, 이러한 특수주의는 중국이 동아시아에 대해서 여타 동아시아 국가와는 다른 독자적인 사고체계와 태도를 표방하게 하는 동기로 작용하고 있다. 따라서 중국만의 예외를 허용하기 힘든 동아시아 담론이 지향하는 논리와 있는 그대로의 동아시아의 현실을 중시하려는 중국의 동아시아사고와는 간극이 있을 수밖에 없다.

이러한 예외주의적인 사고가 현실적으로 표출될 가능성이 높은 논리는 중국이 (동)아시아에서 질서를 잡아 주는 역할을 할 수 있는 존재라는 인식이다. 네그리Antonio Negri에 의하면 제국은 근대주의적 영토 확장의 제국주의침략이 아닌 제국의 윤리적·사법적 경계를 넓히기 위한 '정당한 전쟁just war'을 수행한다.[12] 전후에 미국의 예외주의가 이러한 정당한 전쟁논리를 통해서 패권지배를 공고히 해 오고 있는 것은 주지의 사실이다. 중국을 '전략적 경쟁자'로 부정적으로 묘사했던 미국 행정부는 '국제테러리즘global terrorism'에 맞서 싸운다는 논리로 유엔 안보리의 승인도 없이 2003년 이라크를 침공하면서 부당하게도 이 '정당한 전쟁' 논리를 약소국에게 사

12 Michael Hardt and Antonio Negri, 2000, *Empire* (Cambridge, Mass.: Harvard University Press), pp. 12, 34-38.

용하는 데 주저하지 않았다. 이러한 논리를 지지 혹은 반대하는가에 따라서 미국은 우리 편과 다른 편으로 편가르기와 타자화를 시도하고 있기도 하다.

공교롭게도 이러한 대국의 예외주의적 사고는 세계제국인 미국과 지역제국인 중국의 역사에서 이미 비슷한 사례를 공유한다. 즉, 중국은 동아시아에서 고대와 중세의 제국으로서 정당한 전쟁을 수행할 수 있는 윤리적 가치를 창출하고 경계의 안과 밖에 그것을 적용하였던 경험이 있다. 중국의 천자天子는 천하의 통치자였지 중국만의 통치자가 아니었다. 따라서 과거 중화제국이 상징하는 오늘날의 아시아 질서유지를 위해 윤리와 사법적 동력을 작동시킬 수 있는 예외적 존재라는 믿음은 중국의 동아시아사고의 근저에 잠재해 있다. 근대 이래로 중국은 여러 차례 '정당한 전쟁' 논리를 실제 행동으로 옮겼다. 1950년 한국전쟁 때 한반도에 개입한 것은 중국의 시각에서 보면 중국과 동아시아 안보를 위해 미국의 침략에 대한 자기방어의 정당한 전쟁논리의 표현이었다. 1962년 중국은 인도를 침략하면서 아시아를 포함하는 제3세계 비동맹운동의 주도자임을 분명히 하였다. 1979년 중국은 동남아에서 베트남의 패권적 팽창을 경계하면서 '교훈'을 준다는 명분으로 침공하였다. 이러한 사례는 중국이 동아시아 지역에서 일종의 보편적, 윤리적, 사법적 가치를 정당한 전쟁으로 발휘하고 투사할 수 있다는 의식을 가지고 있는 것을 나타낸다. 그리고 중국은 질서를 잡아 주는 예외적 국가(지도국가)이기 때문에 징벌을 받을 필요가 없다는 것이다. 특히 대만이 독립을 선언할 경우 무력개입을 천명하고 있다. 이 경우에는 배후에 미국-일본의 중국 견제가 숨어 있는 것으로 여기면서 민족주의적 정당성을 내세우고 있다. 또한 티베트 독립운동에 대해서도 서구가 중국을 분열시키기 위한 전략의 일환으로 여기며 무력진압을 정당화하고 있다. 따라서 중국은 앞으로도 이러한 정당한 전쟁논리를 동아시아에 적용하는 것을 주저하지 않을 것이다. 미국이 대량살상무기 확산 금지, 국제적 테러 근절 등 세계평화를 명분으로 내걸면서 또한 제국의 유지를 위해 베트남과 이라크, 아프간 등을 포함한 각종 국지전에 개입하는 행위를 정당화하고 있는 것이나 비슷한 맥락이다.

사실 역사적으로 형성된 이러한 중국의 특수주의는 주변부 지식인이 중국 지식인과의 대화에서 정서적으로 벽에 부딪치는 가장 큰 요인이다. 중국이 특수한 지위를 가지고 있다는 의식은 자연히 국제체제를 아시아의 대표인 '중국 대 서구'의 대치라는 관점에서 바라보게 하였다. 서세동점의 시대부터 중국의 타자는 유일하게 서구이며 중국만이 서구에 대항할 수 있는 유일한 대표적인 존재라는 '중국 대 서구의 이원론적 세계관'이 형성되기 시작하였다.[13] 중국이 의식적 혹은 무의식적으로 이러한 이원론적 세계관에 침잠해 있다는 것은 일반적으로 지식인들의 논지에서 아시아보다는 주로 서구에 대해 일차적 관심을 기울이고 있는 것에서도 알 수 있다. 이러한 중국의 세계관은 천하의 유일무이한 존재인 중국중심의식이 서구의 등장으로 인해서 상대적 해체상태로 나아가는 징표이기도 하지만, 다른 측면에서 보면 서구를 제외하고는 다른 아시아 국가들은 아직도 중국의 의식세계에서 미약한 존재임을 나타내 주는 징표이기도 하다. 이러한 세계관에서는 중국은 아시아 그 자체이며 다른 아시아 국가들은 중국의 하부단위일 따름이다. 따라서 중국 지식인들에게 여타 동아시아 국가들에 대한 문제는 그들의 토론에서 독립된 주제로서 인정받기가 힘들다.[14] 반면에 중국은 서구와 미국에 대해서는 항상 중국이 배워야

---

13 천광싱에 의하면 근대 이래 서구의 침탈을 받으면서 '중국 대 서구의 구조'(China vs. the West structure)라는 이원론적 세계관이 형성되었다. Chen Kuan-Hsing, "Why is 'great reconciliation' im/possible? De-Cold War/decolonization or modernity and its tears (Part II)," *Inter-Asia Cultural Studies*, Vol.3 No.2, 2002, p. 241.

14 중국의 아시아에 대한 위계적 인식에 대해서는 白永瑞, 〈世紀之交再思東亞〉, 《讀書》, No.8, 1999年, pp. 3-8. 이에 대한 중국 지식인의 회답은 孫歌, 〈亞洲論述與我們的兩難之

하는 '모범'으로서 혹은 대치하면서 극복해야 하는 '경쟁자'로 주목하고 있다.

이러한 중-서 이원론적 사고에서 유래하는 결과로서 탈냉전 이래 중국의 부상과 함께 뚜렷해지는 현상 중 하나는 지식인들이 서구 중심의 보편주의에 대응하는 중국식 보편주의를 창출하려는 노력이 나타나고 있는 것이다. 대표적으로 왕후이는 서구가 중국의 근대와 역사를 해석하는 시각을 거부하고 '반근대성의 근대성', '트랜스론'을 제시하면서 '중국식 근대론과 보편주의역사론'을 창출하려고 시도한다.

3. 근대 초기 지도자들의 아시아사고

서세동점의 시대에 생성된 범아론적인 동아시아사고에는 두 가지 중대한 요소를 감지할 수 있는데 민족주의적인 흐름과 사회주의국제주의적인 흐름이다. 민족주의적인 흐름을 대표하는 인물은 리다자오, 쑨원, 다이지타오로 대표되는데 이들의 동아시아사고는 중화주의적 전통의 색채를 계승하고 있어서 여전히 중국중심적 사고를 표방하고 있다. 왕샤오밍王曉明은 당시 이들의 아시아론이 통찰적이지만 기본적으로는 전국戰國시대에 이미 존재했던 중국인들의 연합과 분열 위주로 이해득실의 차이로 열국과의 관계를 이해한 전통사상에 근거한 것이라고 평한다.[15] 즉, 서세동점의 시대에 중국이 다른 아시아 국가들과 같이 합종연횡하여 저항의 전선을 구축하자는 의도에서 나온 것이며, 근대적 세계체제인식에서 출발한 동

境〉,《讀書》, No. 2, 2000年, pp. 52-59.

15 왕샤오밍, 〈근대 중국의 '아시아'意識—2007년 상하이 아시아 문화연구 회의로부터〉, 《동아시아 '國際主義'의 復元을 위하여》, 2010 동아시아한국학 국제학술회의 자료집, 仁荷대학교, 2010년 11월 25-26일, 30면.

등한 주권국가 간의 협력적 연대인식의 발로로 보기 힘들다는 의미이다. 따라서 당시의 범아론적 견해에서는 주변부의 존재인식을 결여한 상태에서 몰락한 중화의 자존심과 국제사회에서의 현실적인 힘과의 괴리감에서 생성된 고뇌가 혼재된 특성이 드러나 있다.

사회주의국제주의는 류스페이의 동아시아사고에서 전형적으로 나타나는데 국가주의적 경계에 머무는 것을 거부하고 탈국가주의적 차원에서의 민중연대와 계급투쟁을 제창하고 있다. 그리고 민중연대를 수단으로 동아시아를 지배하던 제국주의에 저항하자는 주장을 펼친다. 그의 사고에서는 중국중심주의가 철저히 배격되면서 민중계급을 탄압하는 국가는 대국과 소국을 막론하고 민중연대의 저항 대상이 되어야 한다는 논지를 펼친다. 당시로서는 이상적이고 진보적인 색채를 담고 있다.

주변부의 관점에서 중국의 아시아사고 형성의 초기에 해당하는 쑨원과 리다자오, 다이지타오의 주장을 평가해 보면, 류스페이와는 달리 당시 식민화된 여타 동아시아 국가들에 대한 마땅한 위상을 자각한 흔적이 별로 없다는 것을 알 수 있다. 그들의 주장에서는 서구에 의해 식민화된 동남아, 일본의 조선과 대만 합병에 대한 이렇다 할 비판의식을 찾아볼 수 없다. 단지 서구와 일본의 패도적인 제국주의에 대항하는 수단으로서 중국중심의 왕도체제에 동아시아 모두가 뭉쳐야 한다는 사실을 막연하게 주창하고 있을 뿐이다. 이들의 동아시아사고에는 중화체제 밖에 독립적으로 존재하는 아시아라는 인식이 결여되어 있었다. 따라서 이러한 태도는 중국이 곧 동아시아를 대표하거나 동아시아 그 자체라는 사고로 해석할 수 있는 것이다. 일본에서는 드물게 진보적인 동아시아 역사관을 표방하는 사카모토 히로코에 의하면 리다자오, 쑨원 등은 량치차오의 진화론에 입각한 한족 중심의 민족주의를 표방하는 대한족주의자들이다.[16] 따라서 동아시아 주변부의 진보적인 입장에서 보면, 그들의 동아시아사고는 한족 중심의 제국주의에 대한 대항의 수단으로 활용한 담론에 불과한 것이다. 비록 중국과 동아시아의 단결을 외치고 있지만 류스페이의 논리에서와 같은 구체적인 단결과 투쟁의 방식을 제시하지 않고 있어서 주변부를 서구에 대항하는 유력한 동맹수단으로 인식을 하고 있었는지에 대한 회의를 남긴다.

오늘날까지 중국에서는 후자보다는 전자의 사조가 주류를 이루고 있다. 모순적이게도 사회주의 중국에서도 진보적이고 좌파적 동아시아사고보다도 우파 민족주의적 동아시아사고를 계승하고 있는 것이다. 사회주의혁명을 겪은 21세기 중국 지식계에서도 특이하게 항상 민족주의적인 동아시아사고가 주류를 점하고 있다. 국내에서는 분배에 중심을 두는 신좌파 지식인들도 동아시아를 바라볼 때에는 무경계-탈중심적인 동아시아사고보다도 중국 예외주의적인 동아시아사고를 펼치는 특성을 확인할 수 있다.

1) 리다자오의 신아시아주의

신해혁명 이래 중국은 내부적으로는 쑨원의 국민당 민족주의세력과 군벌주의 반동세력과의 갈등이 전개되고 있었으며, 국외적으로는 서구와 일본의 중국에 대한 이권침탈이 지속되고 있었다. 5·4운동은 이러한 국내의 반동세력과 외부 식민세력에 대한 저항을 보여 주는 사건이었다.

이러한 상황에서 1919년 리다자오는 세 편의 논문에서 당시 일본이 주창하는 '대아시아주의'는 단지 중국과 아시아의 약소국을 병탄하기 위한 야심을 위장하기 위한 것이라고 비난하였다.[17] 그래서 그는 '신아시아주

16 사카모토 히로코, 2006, 양일모·조경란 역,《중국민족주의의 신화》, 지식의 풍경, 223-224면; 坂元ひろ子, 2004,《中国民族主義の神話—人種-身体-ジェンダ》, 岩波書店.

17 李大釗, 1984,〈大亞細亞主義〉,《李大釗全集》上, 人民出版社, pp. 449-451; 李大釗, 1984,〈大亞細亞主義與新亞細亞主義〉,《李大釗全集》上, pp. 609-611; 李大釗, 1984,〈再

의New Asianism'로써 일본과 서구 제국주의에 대항할 것을 주장하였고, 이로써 여타 아시아 약소국들에게 민족자결주의와 주권에 대한 자각을 심어 주고자 하였다.[18] 이러한 맥락에서 그의 신아시아주의는 반일본제국주의의 기치를 높이는 동시에 아시아 국가들의 단결을 촉구하고자 한 것이었다. 그러나 그의 아시아주의도 중국 중심적인 인식을 지속하고 있었다. 즉, "진정 중국이 없으면 아시아가 있을 수 없다고 생각하며 우리 중국인이 진정으로 자립할 수 없다면 아시아인은 세계 어느 속에도 존립할 수 없다고 생각한다"[19]라고 하는 중국중심주의에 여전히 사로잡혀 있었다. 이러한 의미에서 그의 아시아주의는 주변부에 대한 논리적 존재인식이 결여된 정서적인 아시아주의였다. 그는 계속하여 "(중국은) 그 세력이 전 아시아문명을 대표할 만하거니와 이는 우리 스스로 자찬하는 바가 아니라 실로 세상이 공인한 바이다. 그러므로 대아시아주의자는 마땅히 중화국가의 재건과 중화민족의 부활을 절대적인 관건으로 삼아야 한다. (…) 우리 국민이 대아시아주의를 건립할 이상을 가지고 있다면 우선 마땅히 아시아에 대한 우리의 책임과 지위를 자각하고 아시아를 우리 중국인의 아시아로 여기며, 신문명을 창조하고 신국가를 건립하여 세계 속에 존립하게 함으로써 서양의 문명민족과 서로 대립하게 해야 한다"[20]라고 하면서 중국 중심의 아시아주의가 내재화되고 있는 것을 보여 주고 있다.

이러한 리다자오의 아시아사유는 위기에 놓여 있는 중국과 식민화된

論新亞細亞主義〉,《李大釗全集》下, pp. 108-112. 세 논문 중에 〈大亞細亞主義〉와 〈大亞細亞主義與新亞細亞主義〉는 유용태의 번역으로 〈신아시아주의〉라는 제목으로 합쳐져 다음에 실림. 최원식 외, 2005,《동아시아인의 동양인식—19-20세기》, 문학과 지성사, 160-165면.

18 李大釗, 〈大亞細亞主義與新亞細亞主義〉,《李大釗全集》上, p. 611. 'New Asianism'에 대한 서구학자의 설명은 Maurice Meisner, 1968, *Li Ta-Chao and the Origin of Chinese Marxism* (Cambridge, Mass.: Harvard University Press), pp. 185-188.

19 李大釗, 〈大亞細亞主義〉, 위의 책, pp. 449-450.

20 위의 책, p. 450.

아시아 국가들과의 단결을 외치면서도 동시에 중국의 운명은 곧 아시아의 운명임을 각인시키고 중국이 중심이 되어 반제국주의투쟁을 선언하고 있는 것이나 다름이 없다. 이는 전통시대의 중화사상의 영향을 아직 벗어나지 못한 상태에서 '아시아대표의식'과 '중아일체주의'적인 사고를 나타내고 있으며, 몇 년 후에 나오는 쑨원의 '대아시아주의pan-Asianism'연설에서도 그 논조와 정서가 비슷하게 전개되고 있다. 한 가지 구별되는 면은 리다자오가 일본의 대아시아주의, 즉 아시아연대론에 대한 저항을 명백히[21] 한 것과는 달리, 쑨원은 일본에 대해서 모호한 찬미와 비판을 동시에 하고 있다는 것이다. 이러한 사실이 나타내는 것은 양자의 아시아사고가 상황적circumstantial이며 정서적sentimental인 차원을 넘어서 논리적logical인 경계에 이르지는 못하였다는 것을 반증한다. 더욱 중요한 것은 양자의 동아시아사고는 중국과 이웃한 동아시아 주변부의 존재에 대해서도 일본과 서구에 대항하는 과정에서의 전략적 차원에서 부수적으로 인식하는 수준에 그치고 있으며, 그나마도 구체적인 상호 협력에 대한 내용이 없다.

2) 쑨원의 대아시아주의—왕도와 패도의 이원론

쑨원의 1924년 일본 고베神戶에서의 '대아시아주의' 연설은 내부적으로는 군벌들의 준동, 외부로부터는 제국주의 열강들의 침탈로 인하여 중국이 혼란에 빠져든 시기에 나온 것이다.[22] 그는 "동양문명은 정의의 통치이며 서양문명은 힘의 통치이다"라고 하면서 유교적 가치를 강조하였다. 양대 문명 간의 가치의 차이를 분명히 하면서 "정의의 통치는 인仁과 덕德을 존중하고 힘의 통치는 힘과 공리주의를 존중한다"고 설파하였다.[23] 이렇

21 李大釗,〈再論新亞細亞主義〉,《李大釗全集》下, p. 109.

22 쑨원, 〈대아시아주의〉, 《동아시아인의 동양인식—19-20세기》, 166-178; Sun Yat Sen, 1941, *China and Japan: natural friends-unnatural enemies; a guide for China's Foreign Policy* (Shanghai: United Press), pp. 141-151.

게 유교의 논리를 적용하여 그는 제정러시아와는 달리 신생국 소련에 대해서는 유럽에서 유일하게 인과 덕을 갖춘 '왕도'의 국가라고 칭찬하였다.[24] 소련이 다른 유럽국들과 달리 아시아 식민지 국가들의 국내 독립운동과 혁명을 지원하려는 사실은 그로 하여금 중국과 다른 아시아 국가들을 침탈할 의사가 없는 것으로 인식하게 하였던 것이다. 그러나 모순적이게도 그는 러일전쟁의 결과를 평하면서는 황인종의 아시아 국가가 백인종의 유럽 국가인 러시아를 이긴 것은 몇 백 년 만에 처음 있는 일이며 일본의 승리는 여타 아시아 국가들에게 희망을 주는 일이라고 러시아를 폄하하고 일본을 찬양하고 있다.[25] 그는 아시아의 정의의 통치가 유럽의 힘의 통치를 결국은 압도할 것이라고 주장하면서 서구에 저항하기 위한 아시아의 단결을 외치고 있다. 결론적으로 그는 중국 유교철학의 기본정신을 아시아문명의 도덕적 측면과 일치시키면서, 그것이 '대아시아주의'의 기초이며 도덕적 힘이라고 주장하였다.[26]

표면적으로 쑨원의 대아시아주의 연설은 서구제국주의에 대항키 위해 아시아의 단결을 주창한 것처럼 보인다. 그렇지만 당시 그의 국내에서의 처지와 동아시아국제상황을 연결시켜 분석해 보면 연설의 동기와 의미에 대해 더욱 복잡한 사실을 유추할 수 있다. 이 시기에 그는 국내의 위상이 흔들리면서 외부에서 정치적 우군을 절실히 찾고 있는 과정에서 일본을 내심 주목하고 있었던 것으로 추측된다. 연설에서는 제국주의에 대항키 위한 중국-아시아국가의 연결보다도 상대적으로 중국-일본의 협력을 더욱 염두에 둔 측면을 읽을 수 있다.[27] 특히 연설의 말미에 이르러 일본에

23 위의 책, 171면.

24 위의 책, 176면.

25 위의 책, 168-169면.

26 위의 책, 172면.

27 쑨원의 연설 전후의 상황에 대한 분석은 민두기, 《시간과의 경쟁》, 58-62면; 裵京漢, 〈孫文의 '대아시아주의'와 韓國〉, 《釜山史學》 第30輯, 1996년 6月, 143-165면; 백영서, 2000,

게 서구의 침략을 막기 위해 '패도'가 아닌 '왕도'를 택하라는 권고[28]를 하고 있는 것은 중일협력을 은연중 촉구하는 것으로 해석된다. 이 같은 사실은 국민당 실력자였던 왕징웨이汪精衛의 주장에서도 간파할 수 있는데, 그는 쑨원이 연설을 했던 해에 광저우廣州에서 '국민정부건국대강國民政府建國大綱'을 직접 제창하면서 "중국혁명의 성공은 일본의 양해를 기다려야 한다"라는 방침을 언급하였다고 주장한다.[29] 추론해 보면 그런 이유 때문에 연설에서는 정치적 필요에 의해서 식민화된 조선과 대만에 대해 직접적으로 언급하지 않았다고 볼 수 있다.

특히 쑨원이 일본의 패도적인 제국주의 모방을 비판하면서도 주변국들의 식민화에 대한 무관심을 보인 것은 아직도 그가 대국주의적 정서에 사로 잡혀 동아시아주변국의 존재를 무시하고 있다는 비판을 받게 하기에 충분했다.[30] 그는 강연을 위해 고베에 도착한 직후 선상에서의 인터뷰에서 과거에는 일본을 비판했었는데, 왜 이제는 일본과의 협조를 추구하느냐는 질문에 대답을 주저하는 모호한 태도를 보였다.[31] 강연이 끝난 후, 당시 청중들 사이에 있었던 한국인《동아일보東亞日報》기자 윤홍렬은 쑨원을 인터뷰하였다. 그는 아시아의 단결을 역설하면서도 식민화된 조선에 대해서 아무런 언급이 없는 것은 모순되는 것으로 조선 민중의 바람과는 상호 배치되는 것이 아닌가라는 질문을 제기하였다. 이에 쑨원은 "물

〈中國에 '아시아'가 있는가?—韓國인의 시각〉,《동아시아의 귀환》, 57-58면; Young-seo Baik, "Conceptualizing 'Asia' in modern Chinese mind: a Korean perspective," pp. 277-286.

28 쑨원,〈대아시아주의〉,《동아시아인의 동양인식—19-20세기》, 178면.

29 왕징웨이(汪精衛),〈중일전쟁과 아시아주의〉,《동아시아인의 동양인식—19-20세기》, 182-183면. 이 자료는《汪精衛國民政府成立》, 上海, 1984년에 실린 것을 백영서가 번역한 것임. 원전은 汪精衛, 1939 ,〈中國與東亞〉,《中央公論》, 625호, p. 10;《中華日報》, 1939年 7月 10日.

30 민두기,《시간과의 경쟁》, 58-62면; 裵京漢,〈孫文의 '대아시아주의'와 韓國〉,《釜山史學》第30輯, 158-163면.

31 裵京漢, 위의 자료, 162면의 주석 71.

론 양립 안 된다. 그러나 일본에 있으면서 조선 문제를 철저히 논하는 것을 회피하려고 한다"[32]라고 대답하였다. 이렇게 아시아의 단결을 외치면서도 정작 식민화된 주변국의 존재를 철저하게 무시하고 있는 쑨원의 태도는 사실상 일본의 아시아사고와 그 기본 틀에 있어서 유사한 것이라고 민두기는 논평하고 있다.[33] 이외에도 쑨원이 기본적으로 중국 중심으로 아시아를 사고하는 경향을 입증하는 사례는 많다. 대표적으로 1924년 국민당 제1차 전당대회의 정책 발표에서는 아시아 피압박민족의 연합을 구체적으로 강조해야 한다는 주장이 일었다. 그러나 쑨원은 그렇게 되면 인도, 월남, 조선의 독립운동을 국민당이 원조한다는 의미가 되어 열강의 견제에 빌미를 주게 되면서 중국의 혁명운동을 더욱 번거롭게 할 것이라고 강력히 반대하여 '건전한 반제국주의'를 지지한다는 모호한 표현만을 채택하게 된 경우도 있었나.[34]

이렇게 쑨원의 아시아사고가 중국 중심주의적 측면이 농후하다는 사실은 일본학자인 요네타니 마사후미의 분석에서도 나타난다. 요네타니는 쑨원의 연설에 숨겨 있는 다각적인 의도를 당시의 정황과 연결시켜 파헤친다. 아시아의 단결이라는 구호로만 단순히 그의 연설을 해석하기에는 당시 아시아 내부에서도 균열과 저항의 요인이 있었다고 평하면서 동아시아의 정황과 연설의 의도를 연결시켜 분석을 하고 있다.[35] 연설이 있을 무렵의 국제정세는 아시아연대라는 단순한 주장 이면에 복잡한 상황

32 민두기, 〈1920年代の韓國人の孫文觀〉, 日本孫文研究會編, 《孫文とアじア》, 汲古書院, 《시간과의 경쟁》, 58-59면. 이에 대한 요네타니의 분석은 〈三民主義を力說〉, 《東亞日報》, 1924年 11月 30日, 陳德仁-安井三吉編, 《孫文-講演〈大アジア主義〉資料集-1924年11月, 日本と中國の岐路》, 法律文化史, 1989年, 米谷匡史, 《アジア/日本》, p. xi.

33 민두기, 《시간과의 경쟁》, 59면.

34 黃彦, 〈關於中國國民黨一大宣言的幾個問題〉, 《中國社會科學》, 1987, No.4, 민두기, 위의 책, 60면.

35 米谷匡史, 《アジア/日本》, pp. iii-xvii.

적 동기를 내포하고 있었다. 연설이 있던 해인 1924년 미국 의회는 아시아계 이민을 제한하는 법을 통과시켰다. 이에 대응하여 일본에서는 아시아가 연합하여 구미에 대항하자는 '아시아연대주의' 정서가 다시 비등하여졌다. 그러나 일본 자신이 세운 중국인 이민에 대한 차별적인 정책을 고려하면 '아시아연대'라는 구호는 진정성이 결여된 것으로 비판받을 수 있었다.[36] 따라서 당시 일본의 '아시아연대주의'는 구미와의 제국주의 경쟁에서 나온 전략적인 측면이 있었으며, 쑨원도 이러한 점을 의심하고 있던 차였다. 더욱이 이때에 이루어진 쑨원의 '대아시아주의' 강연 주제도 자신이 택한 것이 아니라, 초청자인 일본의 고베상업회의소神戸商業會議所가 요청한 것을 받아들인 것이었다.[37] 요네타니는 이러한 상황을 열거하면서 쑨원이 연설을 통하여 역으로 일본을 향해 아시아연대주의의 진실성이 어느 정도인지를 탐색하는 의도가 있었을 것이라고 추론한다.[38] 또한 당시 중국은 군벌시대로서 열강의 불평등조약의 압박을 받으면서 국내적 저항이 일고 있었고, 게다가 국공합작문제 등으로 쑨원은 정치적으로 많은 시련에 처해 있었다. 이런 가운데 특히나 일본에 대해서는 중국에 대한 불평등조약 개정문제, 중국의 반제민족운동에 대한 지원문제가 걸려 있어서 쑨원은 일본을 직접 방문하여 정부와 민간요인들과 회담하면서 그들의 의사를 타진하려고 하였다. 그러나 당시 국제정세는 1920년 이래 미국의 주도로 워싱턴체제가 구축되었는데, 이는 소련과 일본을 견제하고 동아시아에 제국주의체제를 재편하려는 것이었다. 일본도 식민지 지배경쟁에 이들 강대국들에 맞서면서 중국의 혁명을 지원할 상황이 아니었다.[39] 그런

---

36 실제로 쑨원의 비서 역할을 했던 다이지타오(戴季陶)는 일본의 중국인 차별에 대해 분노를 표출하고 있다. 戴季陶, 2005, 《日本論》, 九州出版社, p. 97(원래는 上海에서 1928년 출판).

37 米谷匡史, 앞의 책, p. iii.

38 위의 책, p. ix.

39 위의 책, pp. x–xi. 워싱턴체제와 쑨원의 대아시아주의와의 관계에 대한 연구는 高網博

상황을 인식하면서도 쑨원은 자신과 중국의 절박한 상황을 타개하기 위해 일본에 패한 러시아의 패도가 소련의 왕도로 변한 것같이 일본도 왕도를 선택할 것을 주문한 것이다. 따라서 일본과 쑨원 양자가 모두 다른 상황적 동기와 의미에서 아시아연대주의와 대아시아주의를 각각 주장하면서 미묘한 이해의 차이가 있었다.

특히 한국 동아일보 기자의 질문으로 대표되는 주변부의 시각에서는 쑨원의 연설에 대해서 다른 해석을 할 수밖에 없다. 표면적으로는 동아시아의 대국인 중국의 유력한 정치지도자가 새로운 대국인 일본에게 아시아연대를 통해서 서구에 대항할 것을 주문한 연설은 액면 그대로 단순하게 생각할 수 있다. 그러나 연설을 동아시아 주변부와 관련시켜 분석해 보면, 서구 제국주의에 대한 일본과 중국의 대국중심연대를 추구하면서 동아시아를 재편하려는 의도를 나타내고 있는 구상이 엿보이는 것을 무시할 수 없다.

쑨원은 원래 조선의 3·1운동과 중국의 5·4운동 같은 반제민족운동이 고조되고 있을 무렵부터 일본제국주의에 저항하는 조선의 민족자결운동과 독립을 적극적으로 지지하였다. 그러한 입장은 1924년경에도 기본적으로는 변하지 않았다고 보인다. 그래서 한국에서는 중국혁명과 연대하여 항일하려는 기운도 있었는데, 이에 대한 기대에 대한 호응이 쑨원의 연설에서는 전혀 없었다는 것이다.[40] 따라서 앞서 언급한 것처럼 한국 기자의 불만이 토로되었다. 요네타니는 이 점에 대해 쑨원이 연설 당시에 한국문제에 대해서는 조심할 수밖에 없었을 것이라고 진단한다. 당시의 중국

文, 1996, 〈ワシントン體制と孫文の大アジア主義-孫文の日中ソ提携論を中心として-〉, 池田誠 等編, 《世界の中の日中關係》, 法律文化史.

40 위의 책, p. xii. 조선의 3·1운동 후에 쑨원의 조선 독립에 대한 지지에 대해서는 〈朝鮮問題と中國〉, 《朝鮮日報》 1920年 8月 11日, コリア研究所編譯 《消された言論-日本統治下の〈東亞日報〉-〈朝鮮日報〉押收記事集 政治篇》, 未來社, 1990年, 이정식, 《여운형—시대와 사상을 초월한 융화주의자》, 240-243면.

혁명에 대한 일본의 후원을 기대하고 있었던 그로서는 일본의 비위를 거스르는 발언을 하고 싶지 않았을 것이라는 추론이다. 특히 당시 일본에 의한 동아시아 주변부의 식민지 문제에 대해 연설에서는 구체적으로 언급을 하지 않았지만, 쑨원의 구상을 알 수 있는 자료로서 요네타니는 다이지타오의 논설을 예로 들고 있다.[41] 그의 논설에서는 조선, 대만 문제를 구체적으로 언급하는 부분이 있다. 즉, 일본에 대해서는 구체적으로 중국혁명의 지원, 불평등조약의 철폐를 요구하면서 동시에 '일본의 국내문제'로서 "지금까지의 식민지 통치방침을 포기하고 조선 및 대만의 민족적 자유를 존중하여 인민의회 소집과 자치정부 설립을 허용하여 각 민족의 자유로 생긴 연합에서 유래한 통일국가의 기초를 정한다"[42]는 것을 제안하고 있는 것이다. 여기서는 한국과 대만의 '독립'에 대한 사항은 없으며 단지 그들의 '자치론'을 언급하면서 일본제국을 '재편'하는 제국주의를 완화하는 형태의 요구를 하고 있는 것이 돋보이고 있다. 쑨원 사상의 대변인 격인 다이지타오의 논문임을 감안하면 쑨원이 한국과 대만 문제를 일본의 '국내문제'로 치부하면서 그들의 독립을 지지한다는 의사를 분명히 표명하지 않고 있는 것을 확인할 수 있다.

결국, 당시 일본제국 통치하의 한국과 대만, 또한 중국 통치하의 몽골과 위구르, 티베트독립파의 시각에서 보면, 쑨원의 대아시아주의연설은 한편으로는 일본으로 하여금 아시아연대주의에 충실할 것을 요구하면서도,

---

41 戴季陶, 〈日本の東洋政策に就いて〉, 《改造》, 1925年 3月號, 米谷匡史, 위의 책, p. xiii. 다이지타오는 쑨원의 신임을 받은 제자와 같은 인물로 비서를 지냈으며 연설을 통역한 인물로 그의 글은 쑨원의 의사로 여겨도 무방할 정도의 무게를 가지고 있다. 삼민주의(三民主義) 사상의 형성에도 큰 기여를 했다. 쑨원과 다이지타오의 만남, 양자의 사상과 활동에 대해서는 慧嚴·李運漢, 中華民國六十七年(1978년), 《中國歷代思想家(五五), 太虛 戴季陶》, 臺灣商務印刷館, pp. 21-34; 이재광(李在光), 〈戴季陶 思想의 形成背景〉, 《中國學研究》 第34輯, 2005년 12월, 305면.

42 米谷匡史, 위의 책, p. xiii.

다른 한편으로는 일본제국주의를 완화하여 중국과 다민족 통합의 형태로 제휴하고 동아시아에 새로운 질서를 수립하려고 하는 탐색의 의미를 가지고 있었다고 할 수밖에 없다. 따라서 이러한 분석에 따르면 쑨원의 대아시아주의 연설은 중국의 반제민족운동과 일본제국주의 사이에 타협을 추구하면서 주변부 동아시아를 재편하려는 대국 주도의 동아시아사고의 발현이라고 볼 수 있다.

쑨원의 아시아사고의 근본적인 특성을 서술한다면 사실 아시아사고라기보다 한족 중심의 중국 민족주의로 접근하는 게 더욱 적합하다. 두아라에 의하면 민국 초기에 쑨원의 '오족공화론五族共和論'(만주, 티베트, 몽골, 회족, 한족의 5대 민족)은 이러한 민족주의의 종족경계와 서사를 획정하여 중국의 자주독립을 지향하려는 거대한 기획이었다. 그는 한족 중심의 오족공화를 주창하면서 청제국의 국가경계의 윤곽을 따르고 제국주의에 대항하는 공통의 역사적 경험을 구성하여 보다 큰 민족주의서사를 창출하려 하였다.[43] 삼민주의三民主義는 애초부터 한족 중심의 오족공화를 염두에 둔 사고였으며 아시아주의 연설은 그러한 거대 프로젝트에 대한 실행전략에 불과했다. 따라서 그의 연설에서는 아시아연대에 의한 제국주의로부터의 공동투쟁과 해방을 주장하면서도, 정작 동아시아 내부의 중심-주변의 위계적 관계를 당연시하는 쑨원의 동아시아관이 잘 나타나고 있는 것이다. 심지어 중국 지식인인 쑨거마저도 쑨원의 연설이 중국식의 왕도와 패도라는 이분법으로 동·서양 문명을 구분하면서 중국중심주의적인 사고가 여전한 것을 지적하고 있다. 중일연대를 꾀하면서 문화적 잠재심리에 약소국에 대한 대국주의적 정서가 숨어 있다고 인정하고 있다.[44] 부연하면,

---

43 Prasenjit Duara, 1995, *Rescuing History from the Nation: Questioning Narratives of Modern China* (Chicago: The University of Chicago Press), p. 142; 프라센지트 두아라, 2006, 문명기·손승희 역, 《민족으로부터 역사를 구출하기—근대중국의 새로운 해석》, 삼인.

44 쑨거, 〈아시아라는 사유공간〉, 55면; 孫歌, 〈亞洲論述與我們的兩難之境〉, 《讀書》, p. 58.

왕도에 대한 강조는 여전히 동아시아를 왕도의 중심으로 상징되는 중화 체제 내부에 포용하여야 한다는 위계적 세계관의 표명으로서, 이는 좋은 동기를 내세우고 있으면서도 역설적으로 동아시아 주변부에 대한 존재인식이 여전히 미약하다는 사실을 잘 나타낸다. 이는 일반적으로 중국 지식인이 그렇듯이 쑨원도 중국-서구의 이항대립의 관점에서 세계와 아시아를 바라보고 있었다는 것을 나타내고 있다.

3) 다이지타오의 동아시아사고—중국 중심의 아시아문화공동체

다이지타오(1891-1949)는 사상적, 정치적으로 쑨원을 따르고 숭배했던 인물로서 삼민주의의 철학적 기초를 다지고 확산시키는 데 공헌하였다. 그는 유교를 기본으로 대동大同사상과 삼민주의를 연결하고 발전시켰으며, 그의 동아시아사고도 이러한 사상체계와 밀접하게 연결되어 있다.[45] 그는 1930년대 초, 《신아주新亞洲》에서 쑨원을 중국의 문화적 가치에 초점을 맞춘 대아시아주의의 아버지로 묘사하면서 아시아의 정신적 통일성에 공감을 표시하였다.[46] 이러한 사실들에서 유추하면 그의 (동)아시아사고는 기본적으로 쑨원의 연장선상에 있다고 볼 수 있다. 대만에서 출판된 사상서에는 그가 연설과 저작에서 당시 동아시아 지식인들이 일반적으로 그러했듯이 '아시아'라는 용어보다는 '동방東方'이라는 개념을 사용하고 있다.[47] 그 내용 중에 동아시아사고에 대한 측면을 분석해 본다.

1924년 다이지타오는 '민족국제民族國際'의 방안을 내놓는다. 쑨원이 사망한 후 1926년 중산대학中山大學 총장 재직 시에는 '동방민족원東方民族院'

---

45 이재광(李在光), 〈戴季陶 思想의 形成背景〉, 305면.

46 Herman Mast IIII and William G. Saywell, 1974. "Revolution Out of Tradition: The Political Ideology of Tai Chi-t'ao," *Journal of Asian Studies* 34, No.1, (November 1974), p. 98.

47 慧嚴·李運漢, 《中國歷代思想家(五五), 太虛 戴季陶》, pp. 73-78. 다이지타오가 일관되게 사용하는 '동방'이라는 호칭을 상황에 따라서 아시아 혹은 동아시아로 바꾸어 서술한다.

설립 계획을 수립하였다. 양자 모두 아시아문화를 기초로 한 아시아민족의 공존공영을 위한 목적을 띠고 있었다. 구체적인 배경은 1차 대전 이후 창설된 제국주의 국가중심의 '국제연맹'이 약소국들의 민족주의사조를 훼멸시키고 있고, 또한 공산화된 소련의 '제삼국제第三國際'가 이들의 민족주의를 공산주의 수출에 이용하고 있다고 판단한 때문이다. 특히 '민족국제'를 제창한 것은 국민당의 민족혁명을 위한 국제적 단합세력을 형성해야 한다는 쑨원의 주장을 따르는 의미도 있었다. 따라서 아시아의 민족주의적 관점에서 국제연맹과 제삼국제가 제대로 기능을 못 할 것으로 판단하면서 약소민족의 생존을 위해서는 아시아 민족이 연합하여 스스로 독립을 추구해야 한다고 생각했다.[48]

1924년 쑨원의 고베에서의 대아시아주의연설이 있은 후, 3월에 다이지타오는 상해대학上海大學 초청으로 〈동방문제와 세계문제東方問題與世界問題〉라는 주제의 연설을 하는데, 이것이 공식적으로는 최초의 아시아 문제에 대한 견해의 피력이었다. 그러나 이 자리에서 동방 문제에 대한 의미에 대해서는 구체적으로 언급하지 않았다. 제국주의국가들의 아시아전략을 논하는데 집중하였다. 1925년 7월에 이르러 상세히 '민족국제' 창설에 대한 의견을 밝힌다. 민족국제의 목적은 제국주의 5강(영, 미, 프, 이, 일)의 억압하에 있는 약소민족이 연합하여 저항하고, 구성원은 응당히 중, 소, 독, 오스트리아, 터키가 주축이 되며 이집트, 폴란드, 인도, 아프간, 발루치스탄(俾路支, Baluchistan, 파키스탄에 대해 독립투쟁을 하는 주), 베트남, 한국, 필리핀, 남아프리카 국가 등을 내세운다. 이 기구는 당연히 중국, 터키에서 소집되어야 하며, 인구와 경제력을 고려하여 중국이 민족국제의 중심이 되어야 한다고 주장하였다. 이 기구는 제국주의에 저항하는 것 이외에도 피압박 국가와 민족 간에 국민경제, 문화교류, 국제법률, 이민 등 문제를 다

48 위의 책, pp. 73-74.

루면서 회원국 간의 경제, 문화의 진보와 발전을 도모하여야 한다고 주창한다.[49] 이러한 기획에는 이미 오늘날의 '동아시아문화공동체'라는 중국중심의 보수적인 구상의 흔적이 나타나고 있다.

같은 해 9월, 다이지타오는 다시 언론담화를 발표하였다. 그가 주장하는 '민족국제'는 삼민주의의 '신종단新縱斷국가'로 이루어지며, 제국주의의 '종단縱斷국가'와 사회주의의 '횡단橫斷국가'와는 3자 정립의 관계라고 정의 내린다. 약소국은 이미 국제연맹을 통해 생존을 추구하지 못하게 되었으며, '제3국제'와도 타협할 수 없다고 확언하였다. 따라서 약소국의 독립과 자유를 쟁취하기 위해서는 새로운 국제적 역량을 모아 반제국주의와 반공산주의 투쟁을 병행해야 한다고 주장했다. 이렇게 그는 동아시아 사고를 반제-반공의 이념과 연동시키려고 하였다. 당시의 상황은 이러한 시도를 이해할 수 있게 한다. 1926년에서 1927년 기간 국민당의 좌파숙정(淸黨)이 있은 후 중소관계가 악화함에 따라 다이지타오는 이전의 '민족국제' 회원국구상에서 소련, 독일, 오스트리아, 터키와 연맹을 맺는 주장을 취소하기에 이른다. 대신에 아시아 민족과의 연합에 관심을 기울이게 된다. 같은 해 7월 광저우廣州에서 중산대학 총장 취임 후에는 '동방민족원' 설립 계획을 제출하면서 구성원의 범위를 확정한다. 이때는 소련과 서아시아 민족을 동방(아시아) 민족의 범위 밖에 위치시킨다. 또한 '민족국제'에서의 정치적 고려를 폐기하고 약소민족의 학생과 연구자들과 더불어 공동으로 동방(아시아)문화를 연구하는 학문적인 활동으로 범주를 지정한다. 이때 그가 생각하는 아시아 민족은 두 부류이다. 첫째, 지리상, 역사상, 제도상, 중국과 일찍이 이미 공동생활체로서의 변강邊疆지역 민족, 만주족, 몽고족, 회回족, 장藏족, 서남부 각성의 묘苗족 등이다. 그는 '이들과 함께 중국은 중국의 신문화를 건설할 것이라고 선언한다. 둘째, 중국

49 위의 책, pp. 74-75.

국경 밖의 조선, 안남安南(베트남), 면전緬甸(미얀마), 말레이시아, 인도 민족이다. 이들 민족은 중국과 인친관계이며 그들과 함께 아시아민족의 자존을 위해 공동으로 노력할 것을 주문하다. 명백하게 그는 문화역량을 위주로 중국의 국내 제 민족이 결합하고 동시에 중국 주변의 제민족과 제휴하자는 동아시아 민족의 공동전선을 건설하자는 제의를 하고 있다. 즉, 아시아 민족의 자존과 공존을 위해 노력하고 아시아 민족의 공동전선 결성이 그 목표였다. 공동전선의 방침으로는 민족 독립과 평등의 기초하에, 민족이 제휴하고 민족의 단결촉진, 공동으로 동아시아 민족의 번영을 도모한다고 외친다. 종국적인 이상은 민족자존으로 인류의 공존을 추구하는데, 이것이 '세계대동世界大同'의 숭고한 이상의 길이라는 것이다.[50] 이렇게 그의 아시아사고는 중국 중심의 문화주의적 아시아상상의 특징을 가지고 있다. 구체적으로 쑨원이 고베연설에서 강조한 중국 중심의 대동세계를 추구하는 왕도사상의 자취인 중국이 중심이 되고 주변부가 주변에 포진하는 '중아일체주의'와 '아시아대표의식'이 잘 반영되고 있다.

그는 모스크바의 '동방대학'과 자신의 '동방민족원'을 비슷한 것으로 오해하는 경향을 경계하면서 동방대학은 제국주의사고를 벗어나지 못하고 있다고 비판한다. 반공주의를 신봉하던 그로서는 당연히 소련과 중국공산당과의 연계에 경고를 발한 것이며, 자신의 동방민족원이야말로 삼민주의사상을 연결시켜 중국의 독립을 도모하고 동시에 아시아 피압박민족의 문화를 발전시키는 주체역량이라고 역설한다. 정치환경의 변화로 인해서 동방민족원 계획은 완전히 실현되진 못했지만, 1932년 그가 주동하여 설립된 '신아세아학회新亞細亞學會'(신아학회新亞學會)는 아시아문화의 번영을 위해 구체적인 연구사업을 벌이게 되는데, 이는 문화의 합작에서 정치적 합작으로 나아가려는 의도를 보여 주는 것으로 일종의 장기적인

50 위의 책, pp. 75-76.

동아시아문화공동체 구성의 의미가 있는 지적인 프로젝트였다.[51] 이렇게 그는 유교문화를 기초로 동아시아민족의 단결을 고취하고자 하는 노력을 지속적으로 전개하였다.

전반적으로 다이지타오의 동아시아사고를 정리하면 다음 같은 특징을 나타내고 있다. 첫째, 기본적으로 중화사상에서의 중국 중심의 문화공동체로서의 동아시아인식이 여전히 나타난다. 그의 사상적, 정치적 스승인 쑨원은 '왕도와 패도'의 이분적 위계주의로 아시아를 바라보면서 중국의 왕도를 둘러싼 패도의 제국주의국가와 동아시아 주변부를 구분하였다. 제자 격인 다이지타오는 중국문화를 중심으로 대동세계를 이루어야 한다는 쑨원과 비슷한 위계적 아시아사고를 표방한다. 유교의 대동사상과 삼민주의와 아시아사고 3자를 연결시키는 중국 중심의 동아시아사고를 보여주고 있다. 오늘날의 문화공동체주의적인 아시아사고에서도 이러한 경향은 여전히 계승되고 있다. 둘째, 중국과 동아시아 약소국의 독립을 위해 반제국주의적 투쟁의식이 나타나 있다. 이러한 경향은 중국의 동아시아사고가 서구에 대한 피해의식의 영향으로 동서이분법의 사고가 내면화되어 있고, 중국이 동아시아를 대표하여 서구에 대항하여야 한다는 의식으로 발전하였다. 셋째, 국내외에서 국민당의 민족혁명과 북벌을 파괴하기 위한 소련과 중국 공산당에 대한 반공주의를 강조한다. 이것은 당시 정치적 상황을 고려한 것으로 반공을 강조함으로서 좌파의 민중주의를 배제하는 동아시아론을 주창하고 있다. 따라서 유교문화와 엘리트 중심의 보수성을 띠게 되면서 전통과 관습에 상대적으로 관대한 태도를 보인다. 넷째, 그가 제기하는 동방민족원과 그 활동은 문화 중심에서 정치적 협력으로 나아가는 일종의 아시아문화공동체의 색채가 강하다. 오늘날의 관점에서 보면, 중국에서 일어나고 있는 동아시아문화공동체론의 선구라고

51 위의 책, pp. 77-78.

볼 수도 있다. 그런데 이러한 경향은 중국의 아시아사고에서 일반적이다. 이러한 경향은 중화문화의 정통성을 강조하는 방향으로 가면서 중국의 동아시아사고를 중국중심적으로 만드는 동력이 되고 있는 측면이 있다. 마지막으로, 중국의 변경 소수민족을 동방민족원의 구성범주에 포함시키고 있는 것은 80년대에 나온 페이샤오퉁의 변경 제민족과 한족의 연합으로 이루어진 '중화민족 다원일체구조론'과 일맥상통하고 있다. 이것은 근대의 민족국가적 통합의지가 표출된 측면과 또한 중국의 대국의식이 여전히 장기 역사에서 지속되고 있다는 것을 증명하는 것이다.

이러한 쑨원과 그를 계승한 다이지타오의 보수적인 동아시아사고는 아래에서 논하게 될 류스페이의 사고와는 달리 우파적이면서 민족주의적 특징이 잘 나타나 있다. 그러다 보니 논리적으로 당연한 귀결로서 무정부주의나 좌파와는 달리 민중주의적 측면과 아울러 동아시아 주변부를 주체적 존재로 존중하는 태도를 보기가 힘들다. 문제는 이러한 쑨원과 다이지타오의 사상적 경향이 21세기 중국의 지식계에서도 동아시아사고의 기초를 이루고 있다는 것이다. 즉, '다민족 통합공동체'의 국가 개념은 오늘날 페이샤오퉁의 '중화민족 다원일체구조' 담론과 왕후이의 '트랜스시스템사회론'의 기초가 되었으며, 티베트와 대만 등의 분리주의를 저지하기 위한 이념적 기제로도 활용되고 있다. 더욱 중요한 것은 중국의 중화민족 다원일체구조론은 서구의 보편적 역사관에 대항하는 '중국식 보편주의' 역사론을 구상하는 데 기초가 되고 있다는 것이다. 이러한 의식은 중국의 (동)아시아사고에도 영향을 미쳐 (동)아시아는 곧 중국이라는 범아론과 아시아대표의식을 견지하는 원인으로도 작용하고 있다.

4) 류스페이의 진보적 동아시아사고—사회주의국제주의

사회주의적 무정부주의자였던 류스페이의 아시아사고에는 21세기 동아시아 담론이 주창하는 탈대국주의, 탈국민국가주의, 동아시아의 초국적 시민-지식인 연대에 의한 저항사조가 잘 나타나 있다. 오늘날의 담론에서 탈국민국가적 사유는 무정부주의 논리와는 거리가 있으나, 그의 아시아 사고에는 최근의 동아시아 담론에서도 참조할 수 있는 진보적인 정신을 발견할 수 있다. 그러나 아쉬운 것은 류스페이 이래로 중국 지식계에 진보적이면서 수평주의적 아시아사고가 계승되지 못하였다는 점이다.[52] 21세기인 오늘날에도 류스페이의 사고는 진보적이며 주변부의 동아시아시각을 많이 반영하고 있다.

주목할 것은 리다자오와 쑨원, 다이지타오의 위계적인 아시아사고와는 달리 1907년 류스페이의 논문에 나타난 아시아사고는 상당히 수평적으로 아시아를 조망하고 있다는 사실이다.[53] 근래의 동아시아 담론의 시각과 비교하여도 진보적이면서 주변부적인 시각을 상당 부분 발견할 수 있다. 중국 지식인인 그가 아시아 주변국들의 존재를 명백하게 인식하고 그들의 독립을 위한 처방을 구체적으로 제시하는 이론을 전개하고 있는 것은 인상적이다. 쑨원과 리다자오는 주변부를 소외시킨 중국 중심의 아시아의 단결을 막연히 외치고 있는 데 반해, 류스페이는 주변부 중심의 아시아사고를 논리적으로 전개하고 있어서 당시로서는 이상적이기까지 하다. 그의 논문은 제국주의 지배하에 있는 아시아 약소국들—인도, 베트남, 조선, 필리핀—의 상황을 열거하면서 이들의 독립에 대한 각성과 항거의 사

52 당시 내우외환의 상황에서 류스페이를 비롯한 중국의 무정부주의자들은 정치적 전변을 많이 겪는다. 이 책에서는 그의 아시아사고에 나타난 강대국에 대한 저항적 요소를 그의 정치적 전변과 분리시켜 논한다. 중국 무정부주의자들의 사상과 논쟁에 대해서는 蔣俊 外, 1990,《無政府主義思想資料選》, 北京大學出版社; 吳楓 外, 1991,《中華現代思想寶庫》, 吉林人民出版社, pp. 348-351 참조.

53 류스페이(劉師培), 〈아시아 현정세와 연대론〉, 최원식 외,《동아시아인의 동양인식—19-20세기》, 135-159면; 申叔(劉師培), 〈亞洲現世論〉, 葛懋春·蔣俊·李興芝, 1984,《無政府主義思想資料選》上册, 北京大學出版社, pp. 120-133.(원래는 劉師培, 〈亞洲現世論〉,《天義》11·12合册, 1907年 11월 30日에 발표).

례를 소개하면서 시작되고 있다.[54] 이 같은 그의 상세한 이론 전개는 5·4 시기 중국의 어느 진보좌파 지식인, 정치인보다도 아시아 주변국가에 대한 존재인식이 각성되어 있었음을 입증한다.

이러한 주변부의 존재에 대한 각성과 함께 무정부주의를 제창한 것은 구체적인 의미에서 차이가 있지만, 마치 21세기 동아시아 담론의 탈국민국가주의를 연상시킨다. 즉, 제국주의국가들의 약소국에 대한 착취를 비판하면서 중국의 역사에서도 진시황秦始皇이나 한무제漢武帝가 군사력을 증대하고 약소국을 정복하면서 그 힘과 권위를 자국의 인민들을 탄압하는 수단으로도 삼았다고 비판하고 있다. 강대국의 인민들도 민생의 고통을 느끼는 자들은 국가 주도의 제국주의에 반대하고 있다고 주장하면서 오히려 유럽의 소국들은 러시아나 독일 같은 강대국에 비해서 대외적인 힘은 약하지만 인민들은 자유와 행복을 더 많이 누리고 있다고 지적한다.[55] 이러한 분석에 의거해서 류스페이는 사회주의와 무정부주의의 실현을 주장하면서 국민국가주의와 더불어 대국주의를 부정하고 비판하는 '소국주의'를 취하고 있다. 이러한 그의 논지에서 중요한 것은 일국의 사회주의혁명보다는 상대적으로 아시아 약소민족의 해방을 더 강조하고 있는 점이다. 중국을 포함한 아시아 국가에서 사회주의나 무정부주의의 실현을 위해서는 우선 제국주의로부터의 무력에 의한 점령통치에서 해방이 되어야만 가능하다고 하는 현실적인 생각에서일 것이다. 계속하여 그는 아시아 약소민족의 해방의 길을 제시하고 있다.

류스페이는 주권을 상실한 아시아 약소민족이 강대국의 '민당民黨'과의 연합으로 독립을 쟁취할 것을 주장한다. 구체적으로 영국의 '독립노동당', '사회민주동맹' 등의 인도 독립 지원, 일본 '사회당'의 한국에 대한 후원

54 류스페이, 위의 책, 135-148면.
55 위의 책, 149-150면.

등의 사례를 들고 있다.[56] 이러한 이론전개는 강대국 내에서도 정부와 자본가에 의해 착취를 당하고 있는 인민들은 제국주의를 반대한다고 하는 사회주의국제주의적인 그의 믿음과 무정부주의에 대한 신념을 잘 나타내고 있다. 그는 이러한 믿음을 아시아 약소국들의 제국주의에 대한 해방과 연결시켜 사고하고 있는 것이다. 이러한 사고는 서구제국주의 통치하의 아시아 식민지에서 사회주의혁명을 통해 독립을 획득하게 하면서 제국주의국가를 약화시키고 결국에는 전복시킨다는 레닌의 '동방우회전략'을 연상시키기도 한다.[57] 이와 달리 동아시아 조망에서 보면, 마치 오늘날 한국의 비판적 지식인들의 동아시아 담론의 논지들이 실천될 수 있도록 동아시아 시민-지식인 연대가 국민국가를 설득해야 한다는 지향과 일맥상통하는 측면도 있다. 그의 아시아사고의 특징과 오늘날의 동아시아 담론의 논지—주변부의 시각, 탈대국주의, 탈국민국가주의, 소국주의—가 일치하는 부분은 다음 같은 문장이 가장 압축적으로 대변하고 있다.

> 만약 현재 아시아의 각 약소민족이 사회주의와 무정부주의를 잘 이해하고 나아가 그 두 당과 연대한 위에, 독립을 선포하기 전에 강국에 거주하는 자로 하여금 비군국주의를 고취시켜 본국의 군대를 해산하게 하고 약소민족의 독립심을 견고하게 한다면 강국도 두려워할 필요가 없을 것이다. 독립을 선포하면 강대국은 많은 병력을 파견하여 진압하려 할 것이다. 그때에도 역시 그 강국의 민당과 연대하여 군사물자의 수송을 방해하고 집단적 병영탈주(동맹파업)의 사상을 군대 속에 불어넣는다. 그리하여 당의 세력이 충분히 강력하

56 위의 책, 149-152면.

57 Vladimir I. Lenin, 1975, "The Second Congress of the Communist International (July 19-August 7, 1920)-Report on the Commission on the National and the Colonial- Question (July 26, 1920)," *Selected Works* (Moscow: Progress Publishers), pp. 596-600.

> 게 되면 그들과 호응하여 대책을 강구하면서 각 식민지의 민당이 동시에 난을 일으킨다. 그렇게 되면 영국, 프랑스, 독일, 미국, 일본의 각 정부는 내란을 진압하는 데 바빠 원정을 할 수 없을 것이다. 북만주와 중앙아시아의 인민들도 역시 러시아와 동아시아의 민당의 도움을 얻어 자유를 획득한다. 그렇다면 동아시아의 강권은 완전히 소멸될 것이다. 이것이 아시아가 독립하기 위한 책략이다.[58]

비슷한 시기에 나온 아시아론들 중에서 중국 지식인들이 류스페이의 탈중심의 수평주의적인 동아시아관보다도 리다자오와 쑨원, 다이지타오의 중국 중심의 범아론적 동아시아관을 계승한 것은 아쉬운 일이다. 그의 주장은 유교문화의 전통을 중시하는 보수주의적 지식인들에게는 지나치게 우상파괴적으로, 군벌과 국민당에게는 반국가적으로, 사회주의자들에게는 지나치게 이상적으로 보였을 것이다. 예를 들어 천두슈陳獨秀는 공산당 초기 지도자답게 무정부주의를 몰계급적, 몰역사적인 관점이라고 비판하면서 프롤레타리아혁명과 독재를 주장하고 있다.[59] 당시 아시아의 약소국들과 중국은 일본처럼 서구식의 근대국민국가체제를 건립해야 한다는 사고가 지배적인 때라서 류스페이가 무정부주의를 주장한 것은 지나치게 시대착오적으로 들렸을 수도 있다. 결론적으로, 무정부주의적 사고는 21세기의 탈국민국가시대가 아닌 근대적 국민국가를 건설하려던 시대의 지식인들에게는 지나치게 진보적이라 실천적 이념보다는 오히려 당시 제국주의와 자본주의적 국가주의의 폐해에 대한 비판이론으로서 더욱 호소력을 가졌을 것으로 본다. 그리고 엘리트주의보다는 강대국-약소국의

---

58 류스페이, 〈아시아 현정세와 연대론〉, 156면.

59 現代中國哲學教研究室編, 1988, 《中國現代哲學史教學資料選集》, 北京大學出版社, pp. 125-134. 원문은 〈談政治〉, 《新青年》 第8卷 第1號, 1920年 9月 1日.

민중이 서로 연합할 수 있다는 민중연대의 사고를 내세운 것도 중요한 공헌이라고 할 수 있다.

오늘날 중국에서 아시아사고가 부족하다고 성찰하는 왕샤오밍은 류스페이의 아시아론을 사회주의 계급투쟁론과 연결시키면서 '아시아현세론'이 새로운 관념을 제시하였다고 평한다. 즉, 아시아를 말할 때 중국이 아닌 아시아를 본위로 또한 중국이 아닌 아시아와 세계의 시선으로 입론을 하면서 국가주의와 민족주의적 사고를 채용하는 게 아니라 국가-민족 간의 압박과 피압박의 민중주의적 시선에서 출발하였다는 것이다. 또한 그는 두 개의 아시아, 즉 강한 민족의 아시아와 압박받는 약한 민족의 아시아가 존재하며 양자의 내부는 정부와 인민의 두 갈래로 나뉘고, 따라서 계급과 사회투쟁의 시각으로 아시아 내부를 바라보는 시선을 채용하였다고 평하고 있다. 이런 진보적인 사고가 출현한 배경으로서 1920년대에 마르크시즘이 유행하면서 '세계혁명'과 피압박민족의 해방은 국민당-공산당 양당의 공통구호가 된 현실에서 찾았다. 이런 이유로 인해 류스페이의 아시아인식은 더욱 진보적인 태도로 아시아라는 단어에 지역 의미를 축소시키고 '피압박'의 의미를 확대하고 있다는 것이다. 이후 류스페이의 진보적 아시아론은 중국의 지역 개념을 더욱 넓게 발전시키면서 1950년대에 공산당이 '아시아·아프리카·아메리카亞非拉'를 포함한 국제주의 개념으로 발전하지만, 이러한 사조는 1970년대 마오쩌둥이 '제3세계론'을 펼치게 되면서 아시아라는 개념이 점차 사회주의국제주의의 중심에서 쇠락하게 되는 과정을 밟게 된다.[60] 이러한 왕샤오밍의 분석에서는 류스페이의 민중 중심의 계급투쟁적인 진보적인 아시아사고가 1950-60년대에 중국의 사회주의국제주의로 계승되면서부터 아시아라는 지역인식이 엷어지며 마오쩌둥의 '제3세계론'으로 계승되었다는 것을 밝히고 있다. 그는 이

60 왕샤오밍, 〈근대 중국의 '아시아'意識—2007년 상하이 아시아 문화연구 회의로부터〉, 32면.

러한 계기로 인해서 21세기 중국에서는 동아시아라는 지역인식이 약화되었다고 성찰한다. 이러한 사조의 변화적 추이는 최근에 왕후이가 동아시아지역주의에 의존하는 것보다 '사회주의국제주의'로 아시아 문제를 접근해야 한다는 논리와 비슷한 맥락을 이루고 있다. 즉, 류스페이 이래로 중국의 동아시아사고는 진보적인 요인과 지역주의가 퇴색하면서 중국 중심의 국제주의적 색채를 띠게 되었다고 볼 수 있다.

그러나 류스페이의 사상에서 당시로서는 지나치게 급진적인 무정부주의적 요소를 소거한 순수한 진보적인 아시아사고만을 따로 분리시켜 보려는 분석적인 시도가 있었다면 상황은 달라졌을지도 모른다. 일본의 다케우치 요시미는 '동아합방론'이나 '대동아공영권사상'에서 침략의 요소와 순수한 아시아연대의식을 분리시켜 각각 역사적으로 부정적, 긍정적인 의미를 부여하였다. 당시 중국의 정치엘리트, 지식인들은 류스페이의 이론을 분석할 때, 이러한 분리적 접근이 필요하였다. 결국 류스페이의 진보적 아시아론은 이후 그 자신의 정치적 전변으로 인한 신뢰 상실에 더하여져 중국 사회와 지식계에 별 영향을 주지 못하고 일회적인 주장으로 끝나고 말았다. 특이한 것은 오늘날 그의 진보적인 주장들이 주변부 동아시아 담론의 논지에서 많이 언급이 되고 있다는 것이다. 비록 당시와 오늘날의 중국에서는 거의 망각되고 있지만 류스페이가 주장했던 내용들 중에 진보적 측면, 즉 동아시아에서의 수평주의적 인식, 대국과 소국의 경계를 초탈한 '민중 간의 연대의식'은 21세기에도 발전시킬 만한 가치가 충분히 있다고 생각된다. 정리하면 류스페이의 아시아론은 오늘날의 주변부 동아시아 담론과 가장 비슷한 논지를 표방하고 있다.

4. 왕후이의 반동아시아의 동아시아사고

1) 동아시아 담론의 비평자

왕후이汪暉 사상의 초기 출발은 신좌파 혹은 비판적 지식인의 입장에서 신자유주의적 국가발전론을 비판하는 입장이었다. 일반적으로 신좌파 지식인들은 서구적인 사조와 신자유주의적 발전논리에 대하여 중국의 사회주의전통과 이념을 기반으로 비판을 수행하고 중국식 발전의 대안을 모색하려고 한다. 따라서 그들은 덩샤오핑의 개혁 자체에 대해 문제를 제기했던 '구좌파'와 대조적으로 '신좌파'로 분류되고 있으나, 그들 자신은 좌우 이념의 이원적인 분류에 반대하면서 '자유주의좌파' 혹은 '비판적 지식인'으로 불리기를 희망한다.[61] 본 연구에서는 왕후이의 사상 전반을 살펴보지는 않고 동아시아 담론과 관련된 측면에서만 논하려 한다.

왕후이는 동아시아를 말하지 않고, 단지 아시아를 말할 뿐이다. 따라서 그가 아시아라고 말할 때에는 동아시아를 포함한다는 전제에서 언급하고 있다는 것을 가정하는 게 적절할 것이다. 이는 중국인으로서는 자연스러운 일일 것이다. 그가 재직하는 칭화清華대학에 서서 주위를 한 바퀴 둘러보면 동아시아와 동남아시아, 서남아시아, 중앙아시아, 러시아, 동북아시아가 보이면서 다시 동아시아로 돌아온다. 따라서 전 아시아에 걸쳐서 시야가 연결이 되어 있어서 역사적으로 동아시아만을 특별히 따로 사고할 수 없다. 이렇게 아시아 전역을 사고범주로 삼아야 하는 중국의 공간

61 왕후이는 자신과 비슷한 사고를 가진 지식인들이 '자유주의자' 혹은 '신좌파'로 분류되는 것을 거부하면서, '자유주의좌파' 혹은 '비판적 지식인'으로 분류되기를 희망한다. 왕후이와 이욱연과의 대담, 〈신자유주의와 중국지식인의 대응—동아시아연대를 위하여〉, 《창작과비평》, 2000년 겨울호, 337-338면. 왕후이와 더불어 중국에서 신좌파로 분류되는 인물은 崔之元, 韓毓海, 何清連, 劉康, 李陀, 戴錦華, 甘陽, 王彬彬 등이다. 중국의 신좌파에 대해서는 이욱연, 〈세기말 중국지식계의 새로운 동향—신좌파를 중심으로〉, 《실천문학》, 1999년 겨울호, 199-223면.

적 조건에 더하여, 그의 아시아사고는 아시아를 타자로 인식하는 서구의 시선에 대한 반향repercussion적 정서와 논리가 짙게 배어 있다. 따라서 우리는 그의 아시아사고에서 탈동아시아적 동아시아론과 함께 서구적 근대의 보편주의에 대응하고 싶은 '중국 예외주의의 보편화'의 전조를 발견할 수 있다.

일찍이 일본의 근대는 동아시아사고와 밀접한 관련이 있었다. 탈아론으로부터 대동아공영권이념과 패망까지의 전개가 이를 말해 준다. 마찬가지로 왕후이의 아시아사고는 21세기 중국의 근대화에 따른 결과로서 아시아를 넘어서 국제사회에서의 위상을 모색하는 논리와 밀접한 관련이 있다. 과거에서부터 오늘날까지 아시아에서의 중국의 위상에 대한 담론은 중국 자체의 발전전략과 전개양상, 미래 세계체제의 변화가능성에 대한 논리와 연결되어 있다. 왕후이는 많은 서구와 아시아 학자들의 중국론을 인용하면서 논리를 전개한다. 그리고 노력의 동기는 중국이 (동)아시아와 서구에 대해서 어떠한 위상을 가지고 있으며 또한 추구해야 할 것인가, 그리고 세계사적 수준에서 서구적 근대와 발전경로의 동등한 상대자로서 중국의 근대와 발전경로가 어떻게 보편적으로 인정받을 수 있는 것인지를 타진하려는 것으로 수렴되고 있다. 이러한 의도에는 중국의 발전경로가 서구적 시각에서의 '서구적 근대의 충격-중국의 반응'이라는 연쇄작용에 의해 생성된 것이 아니라, 단지 중국식의 근대화(자신의 "반현대성의 현대성" 개념)였다는 논리와 나아가 중국식의 발전이 서구와는 다른 경로로서 미래의 보편적 대안이 될 수도 있다는 논리를 구성하기 위한 사전 정지작업으로 해석할 수 있다.

즉, 자신이 언급했다시피 오늘날 중국 사회주의에 대한 역사적 성찰과 근대성에 대한 검토는 함께 사고해야 할 주제이다. 그 이유는 중국 사회주의에 대한 성찰은 과거에 대한 검토와 미래에 대한 예언이라는 하나의 지향을 목표로 여전히 근대화를 목표로 하는 동일한 역사과정으로 보기 때문이다.[62] 그의 논의에서 표방되는 근대관은 지난 세기 이후 중국 사상계에 유행했던 '중국-서양, 전통-근대의 이분법'을 기초로 한 근대화의 목적론적 세계관에 도전하면서, 그것을 넘어서 현대의 실천 속에서 생성된 제도쇄신과 민간사회의 재생능력에 주의를 기울여야 하는 것을 강조한다. 나아가 중국이 근대성을 추구하는 역사적 조건과 방법을 재검토하고 중국 문제를 전 지구화의 역사적 관점 안에서 생각하는 것이야 말로 절박한 이론적 과제임을 강조한다. 이렇게 그는 역사적 단계로서의 근대는 여전히 지속되고 있다고 여기고 있다.[63]

이렇게 왕후이의 지적인 작업의 주된 관심은 동아시아를 넘어서 아시아와 그 대표인 중국의 발전경로와 근대와의 연관성을 사고하는 것이며, 따라서 동아시아론은 중국의 근대를 사고하기 위해 동원되는 부수적인 주제이다. 따라서 동아시아 담론이라는 주제와 연관해서 보면, 왕후이는 일반적인 중국 지식인들과 다름없이 동아시아 담론의 주동적인 이론가가 아니라 '비평자commentator'이자 '관찰자observer'라고 볼 수 있다. 쑨거와는 달리 그는 주동적으로 동아시아를 사고하는 게 아니라 동아시아 학자들과의 교류에서 응답하는 형식으로 동아시아에 대한 견해를 피력하고 있다. 그가 직접적으로 (동)아시아에 대한 주제로 글을 쓴 것도 많지 않고, 그 내용도 자신의 동아시아사고를 주체적으로 말하는 게 아닌 일종의 동아시아 담론에 대한 제3자적 논평자의 입장을 띠고 있다. 또 다른 경우는 한국 지식인과의 대담에서 주로 먼저 제기하는 게 아니라 답변을 통해서 동아시아에 대해 의견을 밝히고 있다.[64] 또한 아시아에 대한 논문에서

62 왕후이, 〈세계화 속의 중국, 자기변혁의 추구〉(2), 《당대비평》, 2000년 여름호, 279-280면.
63 위의 자료, 283면.
64 자신이 이러한 면을 인정하고 있다. 왕후이, 〈신(新)아시아 상상의 역사적 조건 1〉, 《황해문화》, 2002년 가을호, 166면 주석 2 참조. 왕후이는 아시아에 대한 두 편의 긴 논문을 썼다.

도 그의 최대의 관심은 중국의 근대성이지 동아시아는 아니다. 최근에 출판된《亞洲視野—中國歷史的敍述》을 직역하면《아시아시각—중국역사의 서술》이 근접한 번역인데《아시아는 세계다》라는 다소 원서의 서명과는 일치하지 않게 한국어로 번역 출판되었다. 역서의 표제는 아시아를 강조하였고 원서에는 중국을 강조한 것이 눈에 띄는데, 이는 중국과 한국의 지식계가 가지고 있는 아시아에 대한 인식의 차이를 상징적으로 보여 준다. 한국 지식인들은 왕후이를 중국의 동아시아 담론 이론가로 보고 싶어 하는 데서 이러한 역서의 서명이 나온 것으로 추측해 본다. 그의 글은 난해하다. 종종 독자의 입장에서 왜 이리 현학적으로 복잡하게 써야 하는지 의아할 경우가 있다. 그런 이유 때문에 한 문장의 부분적 명료함에 비해서 논문의 전체적인 논지는 불가해한 경우가 통상적이다. 그런 가운데 그의 저작의 분명한 특징은 자칭 '비판적 지식인'이라는 분류에 맞지 않게 전체적인 의도를 고려하면 현 정치체제가 선호할 수 있는 논지를 담고 있다는 것이다.[65]

최근의《아시아는 세계다亞洲視野》의 내용을 살펴보면 아시아시각에서 중국을 본 게 아니라, 중국의 시각에서 아시아를 바라보았다는 편이 더 정확할 것이다. 중국의 역사에서 특히 티베트, 류큐 문제 등에 대해서 서구의 해석보다는 중국의 시각—트랜스시스템사회론—을 제시하고, 이것으로 중국과 관련된 아시아 문제를 바라보아야 한다는 것을 강조한다. 그런

그러나 비슷한 내용의 것을 몇 해에 걸쳐서 여러 번 수정하면서 다른 데 실었다. 왕후이,〈신(新)아시아 상상의 역사적 조건 1〉, 158-189면; 왕후이,〈신(新)아시아 상상의 역사적 조건 2〉,《황해문화》, 2003년 봄호, 184-249면; 왕후이,〈아시아상상의 계보—새로운 아시아를 상상하기 위하여〉,《새로운 아시아를 상상한다》, 171-225면; 汪暉, 2008,〈亞洲想像的譜系〉,《現代中國思想的興起》下卷 第二部, 三聯書店, pp. 1531-1608. 이 논문은 다시 수정을 거쳐 다음에 실림. 汪暉, 2010,《亞洲視野—中國歷史的敍述》, 牛津大學出版社, 29-105면; 왕후이, 2011,〈아시아에 대한 상상의 정치학〉,《아시아는 세계다》, 글항아리, pp.1-60.

65 이러한 필자의 평가는 조경란의 왕후이 등 신좌파에 대한 최근의 해석과 거의 일치한다. 조경란, 2013,《현대 중국지식인지도》, 글항아리, 163-203면.

데 서구의 중국역사론에 대응하는 중국의 중국역사론을 서명에서는 '亞洲視野'(아시아 시각)라고 함으로써 중국이 아시아를 대표하는 의식을 은연중에 내비치거나, 혹은 무의식적으로 내면화된 경향을 표출하고 있다. 원래의 서명과 내용이 의미하는 바는 중국의 역사문제—티베트와 소수민족 등—를 중국이 대표하는 아시아의 시각에서 바라보면서, 서구가 오리엔탈리즘의 시각으로 중국의 역사를 바라보는 것을 거부하고 '중국 자신에 입각한 역사론'을 전개하고 있다. 특히 서구가 오리엔탈리즘의 시각에서 티베트 문제를 바라보면서 독립운동을 선동하고 있다고 통렬히 비판하고 있다. 게다가 이 책에서 전에 발표된 적이 있는 논문(〈아시아에 대한 상상의 정치학〉)이 수정되어 다시 실린 것을 읽어 보면, 그가 재직하는 북경의 칭화대학에서 동아시아 방향으로 주로 시선을 던지기보다는, 아시아 전역을 둘러보려는 전방위적 시선을 가지고 있는 게 드러난다. 그리고 미국과 서구문화를 향하여 수용적이든 대항적이든 시선을 거의 고정시키고 있는 것을 알게 된다. 어쨌든 우리는 중국에서 가장 활발하게 지적인 활동을 하고 있지만, 그다지 적극적인 동아시아인식을 가지고 있지 않은 왕후이를 독해하면서 중국의 지성들이 일반적으로 상상하는 동아시아를 추론해 볼 수 있을 것이다.

이런 의미에서 다케우치 요시미가 일본의 근대화를 동아시아론과 연결시켜 사고한 것이 오늘날 동아시아 연구에서 중요하듯이, 왕후이의 동아시아론과 중국근대론은 오늘날 동아시아 담론의 전개에 중요한 의미를 가지고 있다. 왜냐하면 동아시아에 대한 의식이 별로 내면화되지 않았다는 사실, 그 자체도 바로 중국 지식인의 진솔한 동아시아관이기 때문이다. 우리는 중국의 지식계에서 동아시아에 대해 무관심까지는 아니겠지만, 왜 소극적인 관심이 생성되었을까 하는 연유를 분석해 볼 필요성이 있다는 역설적 호기심을 가져야 한다.

결론적으로 왕후이가 동아시아 담론이 동아시아의 문제를 해결하는 데 매개가 될 수도 있다는 믿음을 가지고 있는지는 모호하거나 거의 가능성이 없다. 왜냐하면 그의 동아시아론은 종종 중국의 존재감에서 출발하여 동아시아를 논평하는 형식을 띠고 있기 때문이다. 이것은 그의 동아시아론이 당사자가 아닌 마치 제3자인 것처럼 관찰자의 입장에서 논하고 있는 연유에서 기인한다. 그리고 논의의 성격도 중-서 이원론적 세계관에서, 특히 서구와의 경쟁구도에서 출발하는 측면이 농후하다. 《아시아는 세계다亞洲視野》에서 분명히 밝히고 있는 바, 일본의 동아시아론이 근대화에 밀접하게 연관을 가지고 있는 것처럼 중국의 근대화와 동아시아와의 상관성을 사고하고 있다. 즉, 그가 관심을 가지고 있는 주제는 '중국역사와 중국의 근대를 어떻게 해석할 것인가'이며 동아시아는 그것을 분석하기 위한 부수적인 주제이다. 책의 표제가 '아시아시각'인데도 의미심장하게도 부제는 '중국역사의 서술'이라고 한 것은 아시아와 중국의 역사는 다르지만 하나로 인식될 수도 있는 주제라는 것을 은연중에 나타내는 것이다.[66] 한국의 경우 동아시아사고는 식민화의 역사와 저항과 관련이 있다. 왕후이는 동아시아 주변부와의 상호관계성보다도 대국으로서의 중국의 근대화, 서구와의 상호관계성에 우선적으로 관심을 기울이고 있다.

구체적으로 왕후이의 동아시아사고를 두 단계로 나누어 살핀다. 초반기에는 주변부의 지식인들과의 교류에서 동아시아 담론에 대한 관찰자로서 논평과 대담을 하면서 관심을 표명하는 시기이다. 이때에는 동아시아 담론에서의 탈서구적 발전에 대한 가능성을 모색하려는 의도가 작용하였다. 국내에서도 신자유주의 지식인들과의 국가발전전략에 대한 논쟁이 한참 치열할 때였다. 그러나 최근에는 동아시아 담론에 대한 관심에서 후퇴하면서 서구식 발전의 대안으로서 중국식의 개혁과 발전에 대한 자부

66 왕후이, 〈아시아에 대한 상상의 정치학〉, 《아시아는 세계다》, 8면.

심과 지지를 표명하고 있는 경향이 농후하다. 이러한 변화는 후진타오 집권 이래의 개혁성과들이 나타나면서 진행되는 것처럼 보인다. 특히 2008년 미국발 금융위기로 인해서 미국 주도의 신자유주의가 퇴조하면서 세계경제에서 중국의 지위가 급상승하는 시기와도 묘하게 겹치고 있다. 미국과 더불어 G2로 자리매김하는 상황에 이르렀던 것이다. 그리고 국내에서는 신자유주의 지식인들과의 논쟁에서도 신좌파는 상대적 우위를 구가하게 되었다. 《아시아는 세계다》에서 왕후이는 중국의 이러한 달라진 입장과 위상을 자신의 사상적 전변에 반영하는 논리를 펼친다. 그러나 표면적으로는 '전변'으로 보이지만, 본질적으로 그의 사상은 변하지 않았으며, 단지 동아시아에 대한 태도가 '소극적 관심에서 무관심'으로 이동했을 따름이다. 이러한 왕후이의 사상 변화의 추이와 동아시아사고를 관련시켜서 분석해 본다.

2) 반근대성의 근대성—중국식 보편주의의 모색

왕후이의 초기 작업에서는 80년대의 사조들을 비판적으로 논하면서 90년대 이래로 중국 사회주의가 전 지구화에 편입된 상황에서는 더 이상 비판의 동력을 상실한 것을 토로하고 있다. 80년대 중국 사회주의를 비판하던 신계몽사조가 이제는 그 의무를 다했기 때문에 서구 근대의 이론을 중국에 규범적으로 적용하기보다는 실제 역사에서 전개되어 온 중국의 특수성을 고려해야 적실하다는 논지를 편다. 왕후이의 동아시아사고는 중국의 근대에 대한 논리와 연결선상에 있다. 기본적으로 그의 근대론은 서구적 근대를 보편성으로 보는 시각에 대응하기 위해 중국에 대한 서구적 시각을 거부하고 중국 특수주의를 추출해 내면서, 결국은 '중국식 보편주의'를 창출하려는 의도를 펼치고 있다. 이러한 태도에는 그가 비판한 신계몽주의 지식인인 쉬지린이 비판한 역사주의historicism적 조망을 읽을 수 있다. 이러한 왕후이의 동아시아사고의 기조가 된 근대론을 주변부의 문제의식을 가지고 분석한다.

왕후이는 중국식 사회주의혁명이 추구한 것은 "반현대성의 현대성"[67] 이라고 정의 내리고 있다. 이러한 출발은 개혁에 대한 비판적 지지와 함께 아시아에 대한 사고의 전조를 반영하고 있다. 마오쩌둥의 혁명기획은 서구 자본주의적 근대성에 반하는 또 다른 근대성의 기획, 즉 '반근대성의 근대성'이었다는 것이다. 이러한 정의에서는 중국의 사회주의 경험이 철저하게 서구적 근대화에 대한 저항을 에너지로 하는 근대성의 기획이고 실천이었다는 반어적인 함의가 내포되어 있다. 그래서 중국 사회주의의 위기는 근대성의 위기 발현의 일부분이고, 따라서 '미완의 근대'라는 서구식의 자유주의적 구호를 통해서 극복될 수 있는 게 아니다. 즉, 자유주의는 중국의 현실에 뿌리를 두지 않고 규범적인 형태로 논리를 전개하다 보니 현실적 불평등과 불공정 문제에 눈을 감게 되면서 근대성의 지평을 열기보다도 오히려 국가주의와 타협하는 퇴행으로 회귀하고 있다는 함의이다.[68] 그렇다면 중국에서의 신자유주의는 역설적으로 현재의 사회주의 권위주의체제와 국가발전지상주의를 강화시키는 이데올로기로서의 역할을 하고 있다는 주장이 가능하게 된다. 그러나 이렇게 신자유주의와 국가주도의 경제발전을 위한 타협을 비판하면서도 그러한 타협기제에 의한 시민사회의 억압에 대해서는 침묵하고 있다. 이것은 이른바 '비판적 지식인'이 관심을 기울여야 할 중대한 역할인데 왕후이와 여타 신좌파의 논리

67 영문의 개념 modernity는 '현대성'과 '근대성' 모두를 의미하는데, 이 책에서는 의미의 역사성을 고려하여 '반근대성의 근대성'으로 변환하여 표기한다.

68 汪暉, 2000, 〈當代中國的思想狀況與現代性問題〉, 李世濤 主編, 《知識分子立場》, 時代文藝出版社, pp. 83-123면.(원래는 《文藝爭鳴》, 1998年 第6期에 게재). 이것의 번역은 이희옥 역, 〈세계화속의 중국, 자기변혁의 추구—근대위기와 근대비판을 위하여〉, 《당대비평》, 2000년 봄호, 229-256면; 〈세계화속의 중국, 자기변혁의 추구〉(2), 《당대비평》, 2000년 여름호, 262-283면에 나누어 실림.

는 이러한 측면을 도외시하고 있다. 그리고 이러한 특징은 한국과 대만의 비판적 지식인들과 가장 큰 차이를 보이는 측면이다. 즉, 앞의 장에서 논술한 바, 한국과 대만의 비판적 지식인들은 전 지구적 자본주의/신자유주의와 더불어 권력-자본 동맹의 시민사회에 대한 억압적 통치기제를 비판하고 있다. 그리고 그러한 비판사조가 동아시아 담론을 추동하는 데 큰 자원이 되고 있는 것을 무시할 수 없다.

왕후이는 중국의 신자유주의와 신계몽주의자들이 사회주의개혁 이전을 봉건성의 시각으로 바라보면서, 중국 자신의 역사적 실천에 숨겨진 근대성의 요소에 눈을 감았다고 비판한다. 이들은 중국 사회주의 근대성의 성찰을 '봉건 대 근대'의 이분법에서 찾으면서 서구적 근대성의 가치를 재확인하는 데 그치고 말았다는 것이다.[69] 서구 계몽주의사상이 내세우는 추상적인 주체성 개념과 인간의 자유, 해방이라는 명제는 마오쩌둥의 독재를 비판할 때는 효력을 발휘할 수 있지만, 자본주의시장과 근대화 과정 자체의 사회위기에 직면해서는 오히려 스스로의 무력함을 노정시킨다고 비판한다. 즉, 서구식 계몽주의사상은 개혁 이후에 이미 전 지구적 자본주의의 일부가 된 중국의 근대성 문제를 진단하고 비판할 능력을 상실했다고 보고 있다.[70] 이렇게 80년대 개혁기를 지나면서 서구식 계몽사상이 중국 사회에서 더 이상 비판능력을 상실했음을 폭로하면서, 이미 중국은 시장화가 된 상태이므로 전 지구적 시장질서의 맥락에서 중국 문제를 보아야 함을 역설한다. 이는 서구적 근대의 이분법적 기준—봉건과 선진, 민주와 독재—과 신자유주의 시장자유화의 관점에서 중국의 진로를 비판하고 논의하는 데 반기를 드는 것이다. 중국 사회주의는 서구적 관점에서의 '근대화가 가져온 여러 가지 역사적 결과에 대한 성찰'을 통해 '근대성에 기반

69 왕후이, 〈세계화 속의 중국, 자기변혁의 추구〉, 246면.
70 왕후이, 〈세계화 속의 중국, 자기변혁의 추구〉(2), 263면.

을 두고 근대'를 비판하는 '반근대성의 근대성'을 모색해 왔다고 반박하고 있는 것이다. 그는 신계몽주의자들이 서구식의 민주-독재, 자유-억압의 이분법적 시각으로 행해진 사회주의 비판에 반박하기 위해 캉유웨이의 대동사상, 장타이옌의 평등관념, 쑨원의 민생주의, 자본주의에 대한 중국 사회주의자들의 다양한 비판을 인용하면서 서구의 근대성 논리로 중국 사회주의의 특수성—상기 인물들의 사상을 장기 지속적으로 계승한 '반근대성의 근대성'—을 파악할 수 없다고 비판적인 분석을 내놓는다.[71]

계속하여 그의 신계몽주의 사조에 대한 비판은 신랄하다. 중국의 신계몽주의는 사회주의의 기본원리를 주창하기보다는 서구 자본주의의 근대성—프랑스 계몽사상이나 영미의 자유주의—으로부터 영감을 받아 개혁 이전 중국 사회주의의 근대화 실천을 봉건주의적 전통으로 비유하여, 역사적 실천에 포함되어 있던 근대성의 요소(반근대성의 근대성)를 보지 못하였다. 따라서 그들은 중국 근대성의 성찰을 서구적 근대성의 가치인 전통-근대 이분법으로 인식하면서 80년대의 사상해방운동 과정에서 사회주의 중국 지식인의 반성은 '반봉건'이란 구호 속에서 이루어졌다고 판단한다. 즉, 이 지점에서 역설적으로 신계몽주의는 현재 전 지구화 자본주의시스템에 중국이 편입되어야 한다는 사회주의개혁의 목표와 공감을 공유하게 된다는 것이다. 따라서 이들은 전통적 사회주의의 개혁이라는 측면에서 현재의 사회주의체제와 역설적으로 동맹관계에 들어갔다는 것이다.[72] 자연적인 결과로 신자유주의와 신계몽주의는 개혁 이래로 발생한 불평등의 심화현상에는 눈을 감게 되었다는 논리이다. 왕후이가 이해하는 신계몽주의의 실제 목표는 칸트, 니체, 사르트르 등의 철학에서 영감을 받아 문화 방면에서 자주성, 주체의 자유를 누리는 것이었다. 그러나 왕후이

71 왕후이, 〈세계화 속의 중국, 자기변혁의 추구〉, 238-239면.
72 위의 자료, 246-247면.

는 이들의 주체에 대한 논리는 중국적 맥락에서의 비판이 누락되면서 개인주의와 반권위주의의 상징이 되었다고 불만을 토로한다. 그러한 예로서 루쉰의 니체 이해가 현재 중국 지식인들의 그것에 비해서 훨씬 앞선다고 논하면서, 1907년에 루쉰은 이미 니체사상에서 '반근대성의 내용'에 주목하였다고 논한다.[73]

그러나 왕후이는 상기의 인물들—캉유웨이, 장타이옌, 쑨원—과 그 사상적 계승자로서의 마오쩌둥과 그가 주도한 '반근대성의 근대성'—중국의 역사적 실천에서의 특수성—으로써 오늘날의 신자유주의/신계몽주의의 폐해를 비판하는 시간의식의 오류를 보인다. 과거 중국의 상황에서의 논리가 오늘날 중국의 신자유주의와 신계몽주의를 비판할 수 있는 근거를 제공한다는 것은 왕후이 자신이 의도하지 않았더라도 본토주의nativism적 저항의 시각을 내면화한 흔적으로 이해할 수 있다. 당시 이들의 문제의식은 중국이 서양의 충격을 대면하면서 근대적 국가주체(주권)의 상실에 대한 반성과 저항에서 나온 것이다. 루쉰은 여기에 서구적 근대를 모방할 필요성을 자각하면서도, 서구에 의한 중국의 국가주체의 상실이라는 문제의식을 더하여 고민했다. 왕후이의 '반근대성'을 서구적 보편성에 대응하는 중국식 보편성의 반어적 표현으로 이해한다면, 루쉰이 니체사상의 '반근대성'에 주목했다는 언급은 '창조적 오독'에 가까운 서술이다. 니체의 반근대성은 오늘날의 관점에서 보면 근대적 이성과 계몽에 대한 회의론이며, 그의 번민은 기독교, 도덕, 이성이 개인주체를 억압하는 통치기제가 된 것을 해체해야 진정한 주체—초인 혹은 위버멘슈Übermensch—를 성취할 수 있다는 탈근대적 문제의식이었다. 루쉰의 정신적 곤경은 서구적 계몽의 필요성을 자각하면서도, 서구에 의해 중국의 국가주체가 상실된 상황에서 어찌 보면 상반될 수 있는 '국가와 개인의 주체' 모두를 동시에

73 위의 자료, 249면, 주석 14.

추구하여야 하는 상호모순에서 오는 무력감과 고독감이었다. 서구적 계몽의 필요성과 중국적 주체와의 간극, 국가주체의 부재를 한탄하면서도 개인주체의 필요성을 더하여 번민했던 것이다. 그는 좌익작가연맹左翼作家聯盟에 호의적이었지만 표현의 자유 문제를 놓고 연맹의 관료적 지식인들과 끊임없이 갈등했다. 루쉰이 추구한 표현과 비판의 자유와는 달리 그들은 공산당의 문예정책에 순응하기를 주장하였다.

이런 면에서 보면 오늘날의 중국을 루쉰이라는 거울에 비추어 바라보려는 시도는 첸리췬과 두아라가 왕후이보다 더욱 날카롭다. 첸리췬은 오늘날 국력의 부상과 함께 대외적으로는 중화주의, 국내적으로는 소수민족에 대한 대한족주의, 대만에 대해서는 중원중심주의가 팽배해졌다고 평한다. 그는 이러한 조류들을 비판하려면 루쉰의 '횡전橫戰'을 배워 상하사방上下四方과 투쟁해야 한다고 말한다. 즉, 선후방, 적과 친구의 중간에 횡으로 서서 모두와 싸워야 한다는 것이다.[74] 따라서 첸리췬이 해석하는 루쉰은 오늘날에도 외로울 수밖에 없다. 반면에 왕후이가 해석하는 루쉰은 오늘날 중국의 '반근대성'의 성공신화에 찬사를 보내는, 이미 외롭지 않은 지식인이 되어야 한다. 또한 인도 지식인인 두아라의 루신관도 첸리췬과 비슷한 의미를 가진다. 두아라는 중국의 초기 근대를 만든 인물 중에서 루쉰이야말로 역사를 전체화totality하는 데 가장 도전정신을 발휘한 인물로 꼽고 있다.[75] 즉, 루쉰을 중국의 국가주체를 추구하면서도 동시에 개인주체와 계몽, 비판의 자유를 우선시했던 보편적 근대성을 추구했던 인물로 해석하고 있다. 따라서 이러한 유비에 따르면 루쉰이 당시 중국의 상황에서 니체의 반근대성을 자각했다는 언급에서 간과되는 것은 왕후이가

74 첸리췬, 〈중국 국내문제의 냉전시대적 배경—중화주의와 국가주의에 대한 성찰〉, 《창작과 비평》, 2011년 봄호, 131-132면.

75 Prasenjit Duara, *Rescuing History from the Nation*, p. 44.

루쉰의 상실감의 근원을 서구적 계몽에 대한 중국의 역사적 맥락에서의 비판의 부재에 기인하는 것으로 보고 있는 것이다. 그러나 이렇게 루쉰과 5·4시대 지식인들이 자각했을 법한 '반근대성의 근대성'으로 오늘날의 신자유주의와 신계몽주의 담론을 비판하는 근거를 제공한다는 논지에 대해서는 동의하기 힘들다.

왕후이의 비판에서 파악할 수 있는 그의 기본적인 지향은 장기지속의 중국역사의 특수성을 발굴하고, 그것을 자산으로 삼아 서구적 보편주의 역사관에 대응하려는 특성을 띠고 있다는 점이다. 중국의 특수성을 강조하는 그의 역사주의적 사고는 근대의 보편적 가치들이 동서이원론을 초탈하는 보편성이라는 이해를 무시하고 단순하게 서구적 가치로 이해하면서, 이원적 논리에서 해방되려면 '중국의 역사적 실천의 맥락'을 중시해야 계몽기획이 비판의 동력을 얻을 수 있다고 주창하고 있다.[76] 그런데 이렇게 동서이원론적 지평마저 초탈한 진정한 보편성의 가치를 무시한 중국의 역사적 실천을 중시하는 사고는 결국 자신이 비판하여 마지않았던 '중국의 각종 포스트담론'의 '중화성' 회복의 궤도에 진입하는 것과 같아진다.

즉, 신계몽주의에 대한 비판과 더불어 왕후이는 '중국 포스트모더니즘'의 문화비판 중에는 포스트식민주의 이론이 오히려 민족주의 담론과 동일시되어 중국의 근대성 담론 특유의 중-서 이원론을 강화시키기도 하였다고 비판한다. 예를 들어 중국의 포스트식민주의 비평가이면서 주변부의 입장에서 중국의 한족중심주의를 비판한 논자는 거의 없다고 한다. 그러나 포스트식민주의의 논리에 의하면 이것이야말로 당연히 해야 할 의의가 있는 것이지만 역설적으로 중국의 일부 탈근대론자들은 이론을 활용하여 서양중심주의를 비판하면서, 실제로 논증한 것은 '중화성'이었다는 것이다. 따라서 이러한 탈근대의 깃발을 내건 근대적 서사에서는 중국

76 왕후이, 앞의 자료, 250면.

의 탈근대가 말하는 이른바 중화성에 대한 미래 예언은 자본주의 중심으로서의 신중국의 문화, 그리고 서구 근대사와의 관계를 언급하지 않을 뿐만 아니라, 오히려 21세기에 대한 전통주의적 기대와 일치하는 것으로 진단한다.[77] 그런데 이러한 중국의 탈근대론과 중화성과의 타협을 비판하는 왕후이 자신은 오히려 '트랜스론'이라는 개념으로 서구의 보편적 역사관과 병렬하는 중국 예외주의적 역사관, 즉 중국식 보편주의를 구축하려는 시도를 하고 있다. 이것은 전통지향의 '중화성'이 아니라면 21세기의 '새로운 중국성'의 모색이라고 표현할 수도 있다. 그 함의는 한족 중심의 장기지속의 거대 역사서사의 시스템을 구축하여 서구의 보편적 역사관에 맞서는 중국식 보편주의역사관인 것이다. 이러한 중국의 보편적 역사관의 전조는 '반근대성의 근대성' 담론에서 이미 발아하고 있다고 볼 수 있다.

계속하여 그는 중국에서 탈근대 담론에 의한 '시장화'가 '타자화'를 누그러뜨릴 것이라는 예언과 관련하여 90년대의 소비주의 대중문화는 오히려 중국의 지배이데올로기가 되었으며 탈중심의 대중문화가 배제된 게 아니라, 지식인의 비판적 이데올로기가 배제되어 조롱거리가 되었다고 평한다. 즉, 탈근대론자들이 주장한 시장화와 대중문화를 옹호하면서 엘리트문화를 배제하는 자세는 오히려 중국 특색의 사회주의 시장화를 강화하는 결과를 낳았다는 것이다.[78] 이것은 겉으로는 타당한 비판으로 들리지만 내면을 들여다보면 중국의 탈근대 담론이 희극이 된 것은 중국의 일부 지식인들이 탈근대 담론을 중화성의 복원과 연결시키는 우를 범했기 때문이며, 이 책에서 강조하는 의미로서의 진정한 '탈근대적 문제의식'을 가지고 현실과 연결시켜 비판하지 못했기 때문이다.[79] 이들은 주변부의 소

77 왕후이, 〈세계화 속의 중국, 자기변혁의 추구〉(2), 265-266면.
78 위의 자료, 267면.
79 대표적으로 다음을 참조. 張法·張頤武·王一川, 〈從現代性到中華性〉, 《文藝爭鳴》 第二期, 1994, pp. 10-20.

수자의 존재(특히 티베트와 대만)와 내부 식민주의관계, 90년대 이래 심각해진 국가-자본의 공모적 통치기제에 대한 지식인과 인민들의 '순종적 기회주의' 풍조 등에 대해 비판정신을 발휘하려는 탈근대적 문제의식을 자각하는 데까지 나아가지 못했다. 문제는 왕후이 자신도 이러한 탈근대적 문제의식의 부재에서 자유로울 수 없다는 것이다.

또한 왕후이는 오늘날 중국에서 지식인들이 강조하는 경제민주, 정치민주에 못지않게 문화민주가 대단히 중요한데, 이 작업을 하는 이가 거의 없다고 평한다.[80] 이러한 언급은 자신은 비평대상에서 빠진 피상적인 추론이지만, 충분히 동의할 수는 있다. 문화비판의 부재에 대한 원인은 무엇보다 왕후이도 다른 탈근대이론가들도 자신의 국적과 위치를 '상대화'하지 못하면서, 의식적이든 무의식적이든 중국 특수주의의 보편화를 구축하려는 경향에서 벗어나지 못하기 때문이다. 자연적으로 중국의 지식계는 주변의 소수민족들에 대한 내부 식민주의에 대한 성찰, 탈대국주의, 무경계-탈중심주의에 대한 자기성찰적 지식과 토론의 공론장이 부재하다. 중국 지식계는 진정으로 중-서 이원론적 사고를 넘어서는 보편적인 근대성과 탈근대적인 문제의식에 도달하지 못했다. 쉬지린은 이러한 측면을 고려하면서 오히려 대만의 지식계가 더 앞서 있다고 성찰하고 있다.[81] 계엄해제 이후 과도적 권위주의를 거쳐 민주주의로의 제도적 전환을 실현하고 서양의 선진 민주주의국가에 근접하는 성숙한 면모를 점차 드러내면서 비판적 지식인들의 보편적 가치와 윤리질서에 더욱 근접했다고 평가한 것이다.

---

80 왕후이, 〈세계화 속의 중국, 자기변혁의 추구〉(2), 270-271면.
81 쉬지린, 《왜 다시 계몽이 필요한가》, 7-8면.

3) 중국식 보편주의에 대한 비판적 사유

이렇게 왕후이의 중국식 근대론을 분석해 보면 서구 근대적 발전경로에 대응하는 중국식 근대화 경로의 보편화를 시도하는 것으로 연결되고 있다. '서구의 길'을 의식하면서, 그와 상대되는 '중국의 길'을 개척하여, 이것으로써 '중국식 보편주의'의 경로를 구축하려고 시도하고 있다. 이러한 논리에 대해서 우리는 네 가지 각도에서 더욱 심층적으로 비판을 전개할 수 있다. 첫째, 칸트의 '반사회성의 사회성' 논리와의 유비적 측면. 둘째, 칸트의 계몽론의 인문학적 정신과 보편주의적 맥락을 계승하는 쉬지린의 시각에서의 비판. 셋째, 왕후이가 강조한 중국의 '역사적 실천에서의 근대성', 즉 '내발적 근대'의 동력에 대한 모호한 논리. 넷째, 그 모호함이 잉태한 국가주도의 근대화가 초래한 문혁과 6·4천안문사태의 국가폭력에 대한 성찰의 부재라는 측면이다.

첫째, 왕후이의 지적인 업적의 출발인 '반근대성의 근대성'이라는 역사주의적 개념에서는 중국 특수주의 역사관의 전조를 볼 수 있는데, 이것은 흥미롭게도 칸트의 역사철학의 논리와 유비되는 측면을 발견할 수 있다. 칸트는 역사의 목적을 '완전한 시민사회의 건설'로 설정하면서, 그에 도달하는 수단으로서 '반사회적 사회성ungesellige Geselligkeit'을 내세운다. 인간은 사회적 성향과 반사회적 성향을 동시에 가지고 있어서 사회생활을 하면서도 타인과 대립하여 자신의 의도대로 행동하려는 속성을 가지고 있다. 이러한 반사회성이 어떻게 시민사회의 건설을 촉진하는가에 대해서, 첫째, 인간은 반사회성을 가짐으로써 자신의 노력을 유발한다. 둘째, 반사회성이 초래하는 결과는 궁극적으론 인류의 소질의 계발을 촉진한다. 인간은 이러한 반사회성으로 인해서 타자와의 경쟁심, 소유욕, 지배욕, 명예욕을 가지게 되고 타자의 저항을 극복하여 욕망 충족을 위해서 노력하게 한다. 그러므로 반사회성은 해악과 동시에 발전의 기폭제가 되는 양면성을 가진 필요악이라고 역설적인 설명을 내놓고 있다.[82] 칸트는 다시 반사회성의 대표적인 표현인 전쟁을 발전을 위한 필요악으로 규정하고 있다. 전쟁은 국가 간의 상호 대립을 넘어 평등의 법칙을 추구하게 하는 세계시민적 상태에 도달하게 하는 노력을 추동함으로써 자연의 의도라면 국가 간의 새로운 관계를 정립하게 하고 파괴를 통해 새로운 정치기구를 형성하게 하는 동력이 될 수도 있다고 해석한다. 또한 국가가 전쟁에서 승리하려면 강대국이 되어야 하고, 강대국이 되려면 부를 축적해야하고, 부를 축적하려면 자유가 필요하고, 그리고 시민의 참여가 필요한데, 자유가 유지될 때에만 이 모든 조건이 가능하다고 논한다. 재미있게도 칸트는 여기서 중국을 예로 들면서, 중국은 그 지리적 위치로 인해 강력한 적대국을 갖지 않았으므로 모든 자유를 상실했다고 평하고 있다.[83] 칸트는 18세기 중반경의 중국을 이렇게 주변에 적대국이 없어서 자유가 필요 없는 비트포겔Karl Wittfogel의 개념에서의 '동양적 전제주의oriental despotism'국가로 바라보고 있다.[84] 즉, 유럽과는 달리 주변에 적대국이 없어서 국부를 증대하기 위해 시민의 자유를 증대할 필요가 없었다는 것이다. 물론 여기서 우리는 이러한 오리엔탈리즘적인 중국 이해를 소거한 칸트의 보편적인 비판적 사고만을 고려하여 유비해 본다.

칸트의 역사철학의 개념인 '반사회적 사회성'에서 왕후이가 어떤 생각을 가져왔는지는 알 수 없다. 단지 여기서는 칸트라는 거울에 비추어 왕후이의 논리를 비교하면서 추론을 시도해 본다. 유사한 역사인식론에서 출

82 임마누엘 칸트, 2009, 〈세계시민적 관점에서 본 보편사의 이념〉, 이한구 편역, 《칸트의 역사철학》, 서광사, 29면; 《칸트의 역사철학》, 194-195면(이 부분은 역자 해제, 〈칸트와 역사세계〉, 155-205면).
83 임마누엘 칸트, 〈추측해 본 인류역사의 기원〉, 《칸트의 역사철학》, 97면; 《칸트의 역사철학》, 196-197면.
84 Karl A. Wittfogel, 1973, *Oriental Despotism: A Comparative Study of Total Power* (New Haven: Yale University Press).

발한 '반근대성의 근대성' 사고에서는 다음을 추론할 수 있다. 서구 근대역사의 조건인 근대성으로 포장된 국제사회에서 중국은 반사회성의 다른 표현인 반근대성을 표방하면서, 또한 사회성의 반영인 근대성을 추구하려고 한다. 이는 서구 주도의 근대성을 거부하면서도 중국 자신의 근대성을 추구한다는 의미가 된다. 이러한 사고의 특징에서는 무엇보다도 중국 예외주의시각이 드러나 있다. 즉, 서구 주도의 국제사회의 발전에 순응하려는 사회성보다도 그에 저항하는 반사회성을 표방하고, 그것을 의미 있는 것으로 평가하면서, 국제사회에서의 중국식 보편주의시각을 부각한다. 둘째, 이러한 이항대립—서구와 중국, 보편성과 특수성, 근대성과 반근대성—의 통합적 사고에는 반서구의 구호에서 오히려 서구를 의식하는 중-서이원론적 사고에 내면화되어 있는 태도를 발견할 수 있다. 그렇다면 중국은 이미 동아시아를 떠나 '서구 주도의 국제사회의 반사회성'을 대표하는 대항세력이 된다. 여기서 왕후이의 사고가 동아시아를 넘어선다는 의미는 일본에서의 탈아론적 논리와는 다른 범아론적인 논리, 즉 아시아를 대표하고 심지어 중국과 아시아는 일체라는 의식에 가깝다. 더욱 흥미로운 것은 칸트의 논리를 따르면, 미국을 넘어서기 위한 강국이 되려면 국부를 증진시켜야 하고, 그 전제조건은 시민의 자유를 늘려야 하는데, 왕후이의 논리에서는 중국의 반근대성/근대성을 논하면서도 '자유의 증진'에는 침묵을 지키고 있다. 칸트는 '반사회적 사회성' 논리를 출발점으로 삼아서 국제사회에서 국가 간의 평등과 안보의 확보를 통한 완전한 국제시민사회의 건설을 위해서는 각국이 시민의 자유를 증진시켜야 한다고 했는데, 왕후이의 사고에는 시민의 자유에 대한 고려가 없이, 오로지 국가의 발전에 대해서만 집중적으로 논리를 전개하고 있다.

이러한 양자의 유비에서는 다음 같은 특징을 추출할 수 있다. 즉, 칸트의 '반사회적 사회성'은 보편적 인류역사를 염두에 두고 논리를 전개하고 있는 것이다. 그런데 왕후이의 '반근대성의 근대성'은 중국의 역사를 논하고 있다. 이러한 왕후이의 관점에서는 칸트로 대변되는 서구적 지성이 중국에 자유와 인권이 없다고 하는 논리는 일종의 오리엔탈리즘의 표출로 인지될 수밖에 없다. 왕후이는 서구가 오리엔탈리즘적인 시각으로 티베트를 신비화하며 바라보면서 중국을 비판하는 바람에 여기에 영향을 받은 티베트인들이 원래는 의식하지도 않았던 독립운동을 전개하게 되었다고 불만을 토로하고 있다.[85] 우리는 이렇게 칸트로 대변되는 보편적인 근대성의 역사관과 왕후이의 중-서 이원론적인 시각이 내면화된 중국 예외주의적 역사관의 차별적 특징을 유비적으로 확인할 수 있는 것이다.

이러한 차별성을 고려하면, 왕후이의 '반근대성의 근대성' 논리에서는 일본의 근대화에 대한 이 책의 시각—시민사회의 계몽과 주체의 자각을 특징으로 하는 근대성과 경제/군사력 증대를 특징으로 하는 근대화—을 적용하여 비판할 수 있다는 것을 확신할 수 있다.

둘째, 근대성과 근대화의 이분적 사고, 동서이원론적 구분을 초월하는 보편주의에 대한 존중이라는 측면에서 칸트적인 계몽론에 가까운 쉬지린의 논리에서는 신좌파사조가 많은 비판을 받고 있다.[86] 기본적으로 쉬지린에게 보편성은 동서양을 초탈한 원리이며, 왕후이에게 보편성은 개별적 역사의 맥락에 따라 구성되는 것이다. 중국 자체의 근대성 혹은 문화정체성을 찾으려는 시도는 주로 탈냉전시대에 들어서 중국적 입장과 맥락을 강조하는 신좌파의 논지에서 명백히 드러난다. 쉬지린은 이들에게서 반계몽, 보편적 이성주의에 대한 반항을 읽어 내고, 이것을 '역사주의'라고

---

85 왕후이, 〈동양과 서양, 그 사이의 '티베트문제'〉, 《아시아는 세계다》, 145-272면.

86 쉬지린은 서구적 보편을 받아들이고 왕후이와 신좌파들의 역사주의적 논리를 비판한다. 许纪霖, 2011, 《启蒙如何起死回生》, 北京大學出版社; 许纪霖, 〈普世文明, 还是中国价值?—近十年中国的历史主义思潮〉, 《开放时代》, 2010年 5期, pp. 66-82; 쉬지린, 2011, 〈보편적 분명인가 중국적 가치인가—최근 10년간 중국의 역사주의사조〉, 국민대학교 중국인문사회연구소, 《중국 근대 지식체계의 성립과 사회변화》, 도서출판 길, 292-323면.

규정한다.

쉬지린에 의하면 개성과 의지를 강조하는 역사주의는 중국의 전통에서 많이 발견되는데 양명학의 양지해방良志解放, 량치차오의 개성주의, 장쥔마이張君勱의 창조성의 민족의지, 그리고 왕후이가 정의한 '반근대성의 근대성'을 예로 삼고 있다. 특히 왕후이는 '현대성'(근대성)은 원초적으로 존재하는 것이 아니라 우리의 창조물이라고 정의하면서 어떤 특정한 조건하에서 의지에 따라 창조될 수 있는 가치라는 역사주의의 의지성을 주창하고 있다.[87] 그러나 쉬지린이 일관되게 경계하는 것은 이러한 역사주의적 사고는 개별민족국가의 의지성, 민족적 특성, 주체성을 지나치게 강조하다 보니 궁극적인 도덕적 가치와 보편적 가치가 상대적으로 소홀히 취급될 수 있으며, 자연히 문화상대주의, 가치허무주의 경향에 빠질 수 있다는 사실이다. 그는 특정한 민족성의 전개로서의 역사를 강조하는 중국의 반계몽적인 사조와 중국 예외주의를 경계하면서 계몽과 문명에 입각한 보편의 길을 걷는 게 중요하다고 제창한다. 급부상한 중국의 세계적 위상은 사실 19세기 중반부터 존재해 왔던 부국강병의 실현에 불과하다고 하면서, 중국이 과연 현재의 세계 속에서 문명적-담론적 경쟁력이 있는 도덕적 대국이 될 자질이 있는가라는 의문을 표한다.[88]

이러한 그의 문제의식은 이 책에서의 비판의 기본적 출발점인 근대성과 근대화의 분리적 사고를 읽을 수 있다. 쉬지린에 의하면 현재 중국에서 가장 필요한 가치는 근대성으로서의 '문명적 자각'이다. 그는 단호하게 "유구한 역사를 지닌 중국은 21세기 초에 와서 다시 부상했다. 그러나 부상한 것은 부강일 뿐 문명이 아니다"[89]라고 탄식한다. 21세기에는 19-20

87 許紀霖, 〈普世文明, 還是中國價值?—近十年中國的歷史主義思潮〉, p. 72.
88 쉬지린, 《왜 다시 계몽이 필요한가》, 20-23면.
89 위의 책, 8면.

세기 서구가 보여 주었던 팽창적 국가주의 행태를 극복하고 새로운 문명의 중국이 되어야 지도국이 될 수 있지만, 오늘날 중국의 부상은 이러한 과거의 교훈을 단지 국가주의적 발전으로 보상받으려는 심리에 싸여 새로운 문명의 대국으로의 자각을 망각하고 있다는 지적이다. 따라서 왕후이 등 신좌파의 중국식 예외주의의 보편화의 시도와 국가발전지상주의는 서구에 대한 저항으로 보이지만 실은 서구의 우등생임을 증명하였고 중-서 이원론적 세계관과 함께 다양한 사상의 발전을 마비시키고 있다는 해석이다.

따라서 왕후이의 역설에서 중국의 근대는 서구의 방식과는 다른 '반근대성의 근대성'—중국식 근대의 특색—이라고 진단하였지만 쉬지린의 비판을 적용하면 다시 역설적으로 중국은 세계시민주의와 인도주의적 보편문명에 반하는 서구적 근대의 모범이 되어 가고 있는 중이다. 이러한 비판은 주변부 동아시아 담론이 지향하는 비전, 즉 21세기 탈서구중심주의의 세계체제는 서구에서 중국으로의 중심의 단순이동이나 순환이 아닌 진정한 무경계-탈중심의 문명건설이 시작되어야 한다는 것을 의미한다. 쉬지린은 서구의 보편주의에 대응하려는 의도로써 중국식 보편주의를 창출하여 다원일체의 통합국가를 지향하는 사고에 대해 다음 같은 권고를 하고 있다. 즉, "보편적 문명인가, 중국적 가치인가? 이것은 아마 가짜 문제인지 모른다. 절실한 해답은, 보편문명을 가슴에 품고 중국의 가치를 재건하자."[90] 이렇게 루쉰의 비판정신은 오늘날 쉬지린에게서 부활했다. 루쉰은 중국의 계몽을 논하면서 구국救國을 논하였고, 구국을 논하면서도 문명의 보편적인 계몽의 중요함을 자각했기에, 중국적인 계몽의 한계에 대해 끝없이 고민했던 것이다. 왕후이의 중국식 예외주의의 보편화 시도는

---

90 E. H. Carr, 2001, *What is History?* (Great Britain: Palgrave Macmillan), pp. 34-35; 許紀霖, 〈普世文明, 還是中國價値?—近十年中國的歷史主義思潮〉, p. 80.

이 점을 놓치고 있다.

셋째, 왕후이의 '반근대성의 근대성'론은 최근의 트랜스시스템사회론으로 발전하면서 중국과 동아시아의 '내재적 근대론'과 논리적으로 같은 맥락에 서있다. 그렇다면 당연히 우리는 그 내재적 근대를 추동한 내면의 동력이 무엇인가 하는 의문을 가질 수 있다. 그런데 내발적 근대를 자극한 내부동력을 분석하면 실제적으로 민중의 힘이라기보다 공산주의 엘리트가 주도하여 민중을 동원한 측면이 크다. 솔로몬Richard Solomon은 중국 인민의 수동성, 즉 인민들이 가지고 있는 유교적인 '사회 종속적 정향social-dependency orientation'을 마오를 비롯한 사회주의 엘리트들이 교묘하게 활용하면서 혁명을 성공적으로 이끌었다고 분석한다.[91] 이것은 중국혁명과 근대화가 인민의 자발적 에너지에 의한 것이라기보다는 전통적 순종주의를 자산으로 삼은 사회주의 엘리트들의 거대하고 세밀한 동원전략에 의존한 것을 논증한다. 즉, 유년 시절부터 중국의 어린이들은 상호 의존, 화합 등의 전통문화적 가치를 정치사회화 과정에서 습득하게 되는데, 중국혁명은 군중노선mass-line을 이용하여 이러한 전통적 가치를 이용하기도 하고, 그에 대해 저항을 유도하기도 하면서 전개되었다는 것이다. 예를 들어, 공산당은 집회를 통하여 농민들로 하여금 지주와 관료계급에 대한 관습적인 두려움을 집단적으로 비판하고 토로하게 하면서 이것을 분노로 전환시킨다. 또한 그동안 봉건적인 제도에 의해 핍박당했던 경험을 상호 고백하게 하면서 고통을 공유하고 두려움을 완화시켜 혁명이념을 주입시키고 동원하였다.[92] 이러한 교묘한 동원전략은 권위에 의존적인 농민들이 가지고 있는 착취세력에 대한 두려움과 수동성을 혁명지향의 용기와 능동성

91 Richard H. Solomon, 1971, *Mao's Revolution and the Chinese Political Culture*(Berkeley: University of California Press), pp. xiv-xv, 7.

92 위의 자료, pp. 190-200.

으로 변화시키는 것이다.

또 다른 방향에서 파이Rucian Pye가 문제 삼는 중국의 정치문화는 이런 것이다. 즉, 외부의 시각에서는 공산당의 정책에 비판하거나 반대하는 인사들을 자유주의 혹은 실용주의자라고 하지만, 그들은 여전히 마르크스, 레닌, 마오의 사상에 대해서는 충성심을 표방한다. 또한 마오가 생존 시에 중국 인민들은 연속혁명과 계급투쟁의 구호에 순종하는데 그의 사망 후에 덩샤오핑이 등장하면서 어떻게 갑자기 전 중국의 인민들이 마오 시대와는 정반대의 방향인 개혁과 개방을 지지하고 순종하고 있는가이다. 심지어 과거의 실정에 대한 사과도 없는 상태에서 그렇다는 것이다. 파이는 이것을 중국 특색의 사회주의이자 실용주의라고 정의 내린다.[93]

왕후이는 '반근대성의 근대성'론에서 출발하며 트랜스론을 제시하는 데까지 동아시아와 중국의 '내재적 근대론'을 참조로 삼고 있다. 그렇다면 문제는 솔로몬과 파이의 분석에서 나타난 민중의 비자발적이고 비주체적인 정치문화와 태도가 중국식 근대의 주요한 에너지일 수도 있다는 것이다. 근대의 유의미한 발전, 즉 국가권력에 대한 개인과 시민의 주체성의 자각보다도 '사회종속적 정향', '봉건적 온정주의'와 '순종적 기회주의'가 동력이 되고 있는 것을 부정하기 힘들다. 그러나 신좌파에 의해서 시민으로서의 주체의 자각이라는 개념은 보편적인 것이 아닌 서구 방식의 근대로 배제되고 있다. 결국, 왕후이가 참조하는 내발적 근대인식론을 기초로 한 '반근대성의 근대성'론은 이러한 시민주체의 비자주성을 그대로 내면화하고 있는 상태의 개념이자 역사해석이다.

넷째, 왕후이가 중국 특색의 내발적 근대론을 추구하면서 내놓은 모호한 '반근대성의 근대성'론은 위에서 언급한 대로 개인과 시민의 자각에서

93 Lucian W. Pye, 1988, *The Mandarin and the Cadre: China's Political Culture* (Ann Arbor: The University of Michigan), pp. 78-79, 81-86.

가 아닌 국가 주도를 실제적 동력으로 하고 있다. 누가 무어라 하든 중국의 혁명과 경제개혁은 소수 엘리트와 국가가 주도하는 것이다. 그리고 이것을 중국식의 근대론으로 포장하다 보니 국가 주도의 근대화가 초래한 문혁과 6·4천안문사태의 국가폭력에 대한 성찰이 배제되는 비판적 지식인으로서의 자기부정에 빠지고 있다.

즉, 중국 사회주의의 역사적 실천인 '반근대성의 근대성'이라는 배리적 방식은 관료화에 대한 혐오, 형식화된 법률의 경시, 절대적 평등주의 같은 반근대적 사회와 유토피아주의를 추구하였다. 마오의 사회주의국가건설은 공유제를 통해 사회조직 전체를 국가의 근대화라는 목표에 편입시키려고 했기 때문에 개인의 자주권을 박탈하였고, 다른 한편 국가가 인민의 주권을 억압하는 것을 싫어했기 때문에, 문혁으로서 근대국가체제를 파괴했다. 그리고 왕후이는 문화대혁명의 종결을 경계선으로 자본주의 비판을 특징으로 한 혁명적 사회주의의 종언이 선포되었다고 여긴다.[94] 이러한 논리에는 문혁이 중국식 사회주의혁명이라는 '반근대성의 근대성'의 결과물임을 왕후이도 인정하는 바이지만, 문제는 그 비극성의 측면에 대해서는 아무런 성찰을 볼 수가 없다. 필자가 보기에 그 근본 원인은 중국 특수주의 보편화논리는 그러한 국가폭력에 대해서 비판적으로 사고하고 설명하는 게 불가능하다는 맹점을 가지기 때문이다. 게다가 80년대는 이미 반근대성의 시대가 아닌 서구식의 신자유주의를 추구하는 시대라는 왕후이의 논리에서조차 6·4사태라는 국가폭력이 발생한 원인을 성찰적으로 설명할 수 없는 데로 연결되고 있다. 즉, 6·4사태는 복잡한 원인이 개입되어 있어서 신계몽의 논리—특히 쉬지린의 주장—로 단순히 비판할 수는 없다고 피상적으로 서술하는 데 그치고 있다.[95]

---

94 왕후이, 〈세계화속의 중국, 자기변혁의 추구〉, 239면.
95 위의 자료, 240-241면.

즉, 왕후이의 논리대로 중국의 근대와 그 동력을 사고한다면 사회주의 근대화를 추진하는 과정에서 초래한 국가폭력의 문제를 중국적 특수주의의 보편화라는 거대한 역사서사로 덮어 버리는 결과를 가져온다. '반근대성의 근대성'론은 개혁 이래로 번성한 자유주의적 사조에 의한 중국 사회의 무분별과 지식계의 혼란으로 1989년 6·4천안문사태가 발생한 것에 대한 자기성찰과 혼란스런 사회사조의 재정리의 의미를 가지고 있다. 그러나 정작 단상적인 비평이 아닌 그 논리구조에서조차 문혁과 6·4의 국가폭력에 대해서 중국 근대와 관련하여 어떠한 설명이 가능할지 우리는 추론마저도 할 수 없다. 왕후이가 강조하는 단지 관념적이 아닌 중국의 '역사적 실천'을 중요시한다면, 이러한 중국의 사회주의 근대화 과정에서 나타난 국가폭력비판은 중국식의 역사 발전을 이해하지 못한 일종의 서구식 논리를 받아들인 신계몽주의사조의 민주-독재 이원론을 기계적으로 중국에 적용하는 것에 불과할 것이다.

이러한 그의 시각에 대해서 쉬지린의 비판논리는 명백하다. 중요한 것은 서구적인 민주-독재 이분법이 아닌 '인류의 보편적인 가치'라는 관점이다. 역사주의적 관점은 지나치게 인류의 보편주의 정신을 경시하고 중국의 특수성만을 강조하는 '윤리적 허무주의'에 빠질 위험에 처해 있다. 문혁과 반우파 투쟁, 6·4사태가 자발적 순종의 문화적 전통과 국가발전지상주의가 상승작용을 일으켜 국가에 의해 자행된 홀로코스트에 비유된다면, 사회주의 중국의 국가폭력의 '평범성'은 보편적인 근대성의 시각에서 비판받아 마땅하다.[96] 이것은 서구적 근대가 동아시아를 향해 왜곡되어 나타난 제국주의폭력의 역사가 보편주의적 근대성에 의해서 비판받아야 하

---

96 이러한 서술은 아렌트(Hannah Arendt, 1906-1975)의 '악의 평범성'(Banality of Evil) 개념을 의식한 것이다. Hannah Arendt, 2006, *Eichmann in Jerusalem: A Report on the Banality of Evil* (1963) (London: Penguin Books), p. 252.

는 원리와 같은 것이다. 즉, 서구 근대의 정체성과 민족국가 만들기 과정에서 나타난 서세동점, 인종차별주의 등의 폭력과 타자화의 역사가 보편적 계몽정신에 의해서 비판받아야 하듯이, '반근대성의 근대성'이라는 중국식 보편주의 거대서사의 징표가 된 개혁의 성공신화로써 문혁과 6·4사태의 국가폭력을 정당화시키고 은폐할 수는 없다. 왕후이의 역사주의적 근대론의 심각한 문제는 이 논리가 중국의 역사적 실천에서의 특수성을 강조하고 있기 때문에, 역사상 권력이 개입된 비극적 폭력사태를 설명하는 데 적절한 이론적, 윤리적 기초를 제공하지 못하는 데 있다.

이러한 그의 논리구조에서 중국의 근대를 응시하면 신계몽주의의 서구편향, 신자유주의적 시장개혁이 가져오는 부작용을 비판하고 있으나, 서구로부터의 중국에 대한 비판에 대해서는 이론적 방패가 됨으로써, 현 체제와는 상호 의존관계를 이루고 있는 측면을 간파할 수 있다. 그리고 더욱 심각한 문제는 보편적 근대가 가져온 가장 유의미한 발전, 즉 '개인과 시민주체의 자각'이 중국의 내발적 근대의 동력으로는 고려되지 않고 있다는 것이다. 오늘날에도 인민들이 주체적으로 국가전략—시장경제로의 신속한 전환과 점진적 정치민주화—을 비판하기보다는 그것에 순종적이다. 지엽적인 측면(경제와 부패)에 대한 비판은 이루어지고 있으나 체제를 포함한 민주화에 대한 근본적인 측면에서의 비판의 자유는 상당히 제한적이다. 게다가 왕후이로 대표되는 신좌파 지식인들은 이러한 국가와 사회의 타협적 성향을 서구 근대의 발전에 대립하는 중국식의 역사 발전으로 받아들이고 중국식 예외주의의 보편화를 구상하고 있다.

여기서 우리는 중국 외부의 시각, 특히 주변부의 지식인으로서 중국에 대해 근본적인 문제로 돌아갈 수밖에 없다. 왕후이가 그토록 강조하는, 루쉰마저 니체를 비판할 수 있었던 근거로서의 '중국의 역사적 맥락'이란 어떤 모습을 하고 있는가. 도대체 중국이 서구와는 다른 '역사적 실천'에 근거한 '중국 특색의 사회주의', '중국의 근대성 비판'이란 무슨 함의를 나타내는가. 그게 제국적 전통의 '중화성中華性'이 아니라면, 현재의 사회주의적 실천에서의 '중국성中國性'인데, 그 의미는 무엇인가. 이에 대한 응답은 중국의 여러 사조를 통렬히 비판한 논문으로 화려하게 지식계에 등장한 왕후이답지 않게 페이샤오퉁의 '중화민족 다원일체구조'[97]라는 명칭은 다르지만, 내면적 함의는 비슷한 '트랜스론'에서 찾을 수 있을 것 같다. 그의 담론은 21세기 중국이 제시하는 동아시아의 보편주의역사관으로 자리매김할 가능성이 큰 것으로 보인다. 이런 의미에서 왕후이는 후기 개혁시대에 등장하고 있는 중국의 '공공지식분자public Intellectuals'로서 '공적인 이슈에 대한 해석자이거나 비판적 지식인'이 아닌 '공적 가치의 입법자'[98]의 역할을 하고 있는 것이다.

4) 동아시아 담론에 대한 초기 접근

중국에서의 80년대는 자유주의적 발전을 추구했던 시대이다. 90년대는 왕후이 등 신좌파 지식인이 등장하면서 80년대가 조성한 사회문제에 대해 본격적인 분석과 성찰이 일어났다. 그들은 신자유주의적 경제개혁은 권력의 비호하에 소수의 부만 창출하고 있다고 하면서 탈서구적인 시각에서 전 지구화/신자유주의의 대안에 관심을 가지게 되었다.[99] 마침 한국

97 費孝通, 1989,《中華民族多元一體格局》, 中央民族學院出版社.

98 Timothy Cheek, "Xu Jirin and the Thought Work of China's Public Intellectuals," *The China Quarterly* (June 2006), p. 401. 후기 개혁시대에 등장하고 있는 중국의 새로운 지식인 유형—공공지식인(公共知識分子)—의 행태와 역할에 대해서 이 논문을 참조.

99 이 무렵 신좌파의 신자유주의자에 대한 비판에 대해서는 汪暉, 〈當代中國的思想狀況與現代性問題〉,《知識分子立場》, pp. 83-123. 그 밖의 자료는 崔之元, 〈制度創新與第二次思想解放〉,《二十一世紀》, 1994年 8月號(總第二十四期), pp. 5-16; 崔之元, 〈經題民主的兩層含意〉,《讀書》, 1997年 4月號, pp. 79-82; 戴錦華, 1999,《猶在鏡中-戴錦華放談錄》, 知識出版社; 何清連, 1998,《現代化的陷穽》, 今日中國出版社; 張法 外, 〈從現代性到中華性〉,《文藝爭鳴》, 第二期, 1994年, pp. 10-20; 安格. 羅佰特-M 外, 〈以俄爲鑒看中國〉,《二十一世紀》, 1994年 8月號(總第二十四期), pp. 54-59.

에서 90년대 중반부터 서구식 발전을 비판하면서 태동한 동아시아 담론에서 대안을 찾을 수도 있다는 생각을 가지게 되면서, 주변국 지식인들과의 교류를 확대하게 된다. 또한 당시에는 한국 지식인들이 동아시아지역주의를 중국과 일본 등 중심부에도 전파시키려는 의도에서 적극적으로 교류를 추진하던 시기이기도 하였다.

이렇게 왕후이가 동아시아 담론에 관심을 표명하게 된 시기는 90년대 중반 이래로 국내의 신자유주의 지식인들이 주장하는 서구식 발전을 넘어서 탈서구적 대안을 모색하는 시기와 맞아떨어진 이유에서였다. 당시는 천안문사태 이후에 덩샤오핑의 남순강화南巡講話(1992)가 막 꺼지려던 개혁에 불을 다시 붙이던 애매한 시기였다. 중국의 경제개혁 결과가 아직은 가시적으로 나타나지 않은 상황에서 신자유주의자들의 공격에 대한 탈시구식 대안추구의 필요성이 컸으나 이론적으로 신좌파로서의 자신감이 생성되기 전이었다. 따라서 국내에서는 신자유주의자들과의 논쟁을 지속하는 한편, 국외적으로는 동아시아 담론에 관심을 미약하나마 가지게 되었다. 따라서 중국이 단독으로는 자본주의의 전 지구화 추세와 신자유주의의 침투, 중국위협론을 극복하는 데 한계가 있을 수 있다는 생각이 팽배하던 시기였다. 따라서 왕후이는 신자유주의자들의 서구식 발전보다는 한국과 여타 주변부 지식인들이 주창하는 동아시아 담론에서 그들이 추구하는 탈서구식 사고와 발전, 신자유주의의 대안모색이라는 주제에 공감을 느끼게 된 것으로 해석할 수 있다.

이러한 점은 초기의 왕후이의 동아시아사고가 자발적인 것이 아니라 상황에 이끌려 한국과 일본 학자들과의 교류에서 영향을 받아 형성된 측면이 농후하다는 사실을 추측하게 한다. 그런데 이러한 측면은 쉬지린이 동아시아 담론에 대해 '오해'하게 하는 원인이 되었다. 특히 그는 한국의 담론을 오해하였다. 위에서 정리했다시피 쉬지린은 신좌파의 역사주의적 사고를 비판하는데, 왕후이가 동아시아 담론을 논하게 된 동기가 서구적 보편성보다는 동아시아적 주체성을 추구하려 한 때문이라고 독해하였다.[100] 그러나 이러한 쉬지린의 오해와는 달리, 동아시아 담론은 이러한 차별과 경계 만들기를 비판하려는 것이다. 사실 동아시아 담론은 근대에 의해서 경계 만들기의 사고에 의해서 차별과 억압받았던 동아시아라는 상징을 내세워 진정한 근대성, 즉 '미완의 근대'를 이루려고 하는 것이며, 이것은 사실 쉬지린의 논리인 '미완의 계몽'을 실천하려고 하는 것과도 소통할 여지가 있다. 그리고 쉬지린이 비판하려고 하는 보편주의에 반하는 역사주의의 반근대성의 근대성기획은 결국 서구 중심을 중국 중심으로 단지 위치를 전환하려는, 사실상 근대적 작업을 반복하는 것에 불과하다는 서구중심주의의 '거울효과'라는 것이다. 결국 서구에서 중국으로 중심이동을 기획하는 것은 역설적으로 서구중심주의의 우등생 역할을 하는 것이며 동서이원론에 여전히 빠져 있는 것을 나타낸다. 즉, 쉬지린이 생각하는 보편주의의 함의는 서구적 보편주의의 의미를 초탈하는 가치로서 서구와 동아시아 모두에게 통용되는 보편이다. 동아시아 담론은 이러한 동서이원론을 초탈하려는 보편성의 재건기획, 즉 '미완의 계몽'을 재건하려는 기획이며, 여기서 기대하는 것은 근대의 경계 만들기와 타자화에 대한 탈근대적인 문제의식—무경계·탈중심주의—으로 나타나며, 이것은 동아시아 담론의 기본적 사상으로서 쉬지린의 사고와 소통되는 측면도 있다.

어쨌든 쉬지린이 오해할 만큼, 왕후이를 포함한 중국 지식인들의 동아시아에 대한 논지들은 주동적으로 주장한 것이라기보다는 거의 주변부 지식인들과의 교류과정에서 나온 경우가 적지 않다. 후술하겠지만, 이들은 동아시아보다도 미국과 서구와의 관계성의 맥락에서 동아시아공동체, 일본과의 경쟁관계, 한반도 문제, 대만 문제와 자국의 21세기 발전 문제를

100 许纪霖, 〈普世文明, 还是中国价值?—近十年中国的历史主义思潮〉, p. 72.

사고하는 경향이 일반적이다. 최근에 이르러서는 초기의 동아시아에 대한 관심에서 벗어나 원래의 무관심적 성향이 결국에는 표출되고 있는 것을 어렵지 않게 발견할 수 있다.

2004년 동아시아 지식인들이 결성한 '인터-아시아문화연구협회Inter-Asia Cultural Studies Society: IACSS'는 당시의 왕후이에게 비슷한 성향의 동아시아 학자들과 교류하는 데 중요한 기회를 제공하였다.[101] 이 협회는 동아시아의 연대를 위한 지식과 이론을 창출하려는 목적의식을 가지고 지식인 간의 교류를 활성화하고 있다. 협회의 활동에는 동아시아 각국의 주요 저널들이 참가하고 있는데, 당시《두슈讀書》의 편집자였던 왕후이는 동아시아 지식인들과 교류하면서 많은 의견을 주고받았다. 한국 동아시아 담론의 주요 통로이자 저널인《창작과 비평》40주년(2006)을 축하하는 메시지에는 동아시아에 대한 관심을 보여 주고 있다.

> 우리는(저널은) 중국의 서구편향적이고, 미국편향적인 경향을 치유하려는 많은 노력을 기울이고 있다. 한반도의 핵위기에 대해서는 한국 지식계의 논평을 구하고, 대만의 식민역사와 정치상황에 대해서는 대만 학자들에게 의견을 구하고 있다. 동아시아에서의 전쟁의 역사라는 주제에 대해서는 중국(홍콩과 대만을 포함한), 일본, 한국의 지식인들에게 자유스럽게 의견을 토로할 수 있는 국제세미나를 그동안 여러 번 개최하였다.[102]

이와 같은 서술은 상술한 대로 중국의 비판적 지식인들에게 한국을 포함한 주변부 지식인들과의 교류가 동아시아에 대한 관심을 증대시키고

101 이에 대해서는 http://www.inter-asia.net/(검색일, 2007년 5월 26일).
102 왕후이, 〈우리의 공동사명을 위하여〉,《창작과 비평》, 2006년 봄호, 43-44면.

있다는 것을 대변해 주고 있다. 물론 이러한 교류를 통해 형성된 관심은 반드시 동아시아 담론을 매개로 하여 동아시아의 문제를 바라보고 해결하려는 동기에서가 아니라, 동아시아의 변화와 사조의 흐름에 대한 관찰과 비평을 목적으로 하는 일종의 확장된 관심표명이라고 판단할 수 있을 것이다. 이렇게 초기에 주변부 지식인들과의 교류에서 출발한 그의 동아시아사고를 몇 가지 측면을 중심으로 분석해 보고자 한다.

쑨거, 다케우치 요시미와 마찬가지로 루쉰 연구로 학계에 입문한 지식인답게 왕후이는 동아시아 담론을 일종의 저항정신에서 비롯된 아시아의 사회운동으로 여기면서 많은 기대감을 표명한다. 그가 보기에 "아시아 각지의 사회운동은 신자유주의의 전 지구화 추세와 국가정책에 대한 저항에서 발전된 것이며 따라서 아시아 각지의 사회운동을 연결하는 매개체는 마땅히 신자유주의/신제국의 세계질서와 국내정책에 대한 저항이자 비판"이어야 하는 것이다. 이런 의미에서 "새로운 아시아상상은 20세기의 민족해방운동과 사회주의운동의 목표와 과제를 뛰어넘어야 하며 동시에 반드시 새로운 조건에서 이들 운동이 해결할 수 없었던 역사적 과제를 탐색하고 반성해야 한다"고 하면서 "이 운동은 새로운 냉전을 만들어 내는 것이 아니라 낡은 냉전과 그 파생형식을 제거하는 것, 그리고 식민관계를 재건하는 것이 아니라 잔존하거나 새로 생겨나는 식민의 가능성을 제거하는 것을 아시아구상의 중요한 동기로 삼아야" 할 것을 제안한다. 또한 20세기의 아시아 담론이 어떻게 식민주의와 자본주의에 유효하게 저항하고 그것들을 바꾸어 나갈 것인가 하는 논리와 밀접히 관련되어 있다면, 근대 동아시아의 역사적 유산으로서 민족해방운동과 사회주의운동의 동력, 미완성인 임무는 모두 새로운 탈냉전 21세기의 아시아사유로 전화되어 갈 것이라고 전망을 내놓기도 한다.[103] 이러한 언급에서는 역사적으로 서

103 왕후이, 〈아시아상상의 계보—새로운 아시아를 상상하기 위하여〉, 《새로운 아시아를

세동점의 시대부터 식민주의와 팽창적 자본주의의 근대성에 대한 비판적 사고에서 유래한 민족해방운동과 사회주의운동이 이미 종결되었다고 하더라도 그 비판과 저항의 잔영이 여전히 오늘날의 새로운 동아시아상상을 불러일으키는 원천이라는 인식을 보여 주고 있다. 이렇게 왕후이는 신좌파답게 동아시아 담론을 일종의 신자유주의와 서구에 대한 저항의 수단으로 바라보고 있다. 그리고 주목되는 것은 20세기 제국주의에 대한 사회주의적 저항의 잔영을 언급하면서 중국이 21세기에 동아시아에서 발휘할 수 있는 역할에 대한 전망도 하고 있다는 것이다.

이 같은 그의 이해에서는 쑨원과 리따쟈오의 반제국주의적 범아시아주의와 일맥상통하게 전 지구화/신자유주의 세계질서에 대한 아시아의 공통적인 저항과 비판운동으로 동아시아 담론의 생성배경을 규정하고 있는 것을 알 수 있다. 그는 여타 동아시아론자들과 같이 동아시아사고와 운동을 '비판과 저항'이라는 언어로 압축하면서 과거 근대화의 좌절에서 겪었던 역사적 고통과 연결시키면서도 이 운동은 새로운 냉전과 식민관계를 만들어 내는 것이 아닌 그러한 가능성들을 제거해 나가는 것이라고 함으로써 단순히 쑨원과 리다자오의 시대적 특징인 '투쟁'이 아닌 한 단계 진전된 '성찰'적인 동아시아사고를 전개하려는 특징을 보여 주고 있다.

그가 이렇게 초기에 보여 준 동아시아 담론에 대한 기대는 당시 중국 신좌파지식인들이 처한 상황과 품고 있었던 지향을 잘 대변해 준다. 즉, 국내적으로는 중국식 사회주의개혁과 성패 여부에 대한 확실한 전망이 보이지 않았고, 국외적으로는 이러한 중국을 바라보면서 미국 등 서구의 중국 비판이 최고조에 이르고 있었다. 게다가 신자유주의 지식인들과의 논쟁에서도 확실한 우위를 점하지 못하고 있었다. 따라서 탈서구적 발전의

상상한다》, 224-225면. 왕후이의 아시아사유에 대해서는 다음을 참조. 汪暉, 2008, 〈亞洲想像的譜系〉, 《現代中國思想的興起》 下卷 第二部, pp. 1531-1608.

대안을 강조하는 동아시아 담론에서 신좌파인 왕후이는 해답을 구할 수도 있다는 기대감을 가질 수도 있었을 것이다. 물론 중국의 신좌파들이 모두 동아시아 담론에 관심을 기울이는 것은 아니다. 왕후이의 견해에는 다음 같은 특징을 찾을 수 있다.

첫째, 원래 중국의 신좌파들은 동아시아 담론보다도 개혁 이래 발생한 중국의 새로운 문제—지역격차, 사회적 불평등, 부정부패—들에 대한 비판으로서 논지를 전개하였다.[104] 서구와 미국 주도의 전 지구적 자본주의, 신자유주의 발전모델을 추수하는 것을 반대하며 국가발전에는 중국적인 것과 사회주의적인 것을 옹호하고 그로부터 좋은 것을 키워 나갈 것을 주창한다. 따라서 그들의 비판자들에게는 중화성의 옹호자로 혹은 민족주의자로 비추어지기도 한다.[105] 그러나 이러한 측면은 주변부인 한국의 동아시아 담론에서의 전 지구화/신자유주의를 거부하는 탈서구적 발전의 논지와 가까워지는 동기로 작용하였다.

왕후이의 대담에서는 상기의 측면을 확인할 수 있다. 그는 사실 신자유주의의 진정한 문제는 세계화라는 이름으로 새로운 격차와 독점을 만들어내고 있는 것이라고 비판하면서, 아시아의 협력은 이러한 신자유주의의 지배에 반대하는 폭넓은 사회운동의 일부분이며, 그 전제는 '아시아 사회의 비판적 국제주의'여야 한다고 주창하고 있다.[106] 왕후이는 하지만 동

---

104 이에 대해서는 汪暉의 〈當代中國的思想狀況與現代性問題〉에 잘 나타나 있다. 한국에서의 중국 신좌파에 대한 연구는 이욱연, 〈중국지식인의 인식변화—80년대와 90년대〉, 《역사비평》, 1997년 봄호, 348-361면; 이욱연, 〈세기말 중국지식계의 새로운 동향—신좌파를 중심으로〉, 199-223면; 백승욱, 〈신자유주의와 중국지식인의 길 찾기〉, 《역사비평》, 2002년 여름호, 278-302면.

105 비판의 논지에 대해서는 任劍濤, 〈'解讀'新左派〉, 《天涯》, 1999年 第一期, pp. 35-46; 陶東風, 〈從呼喚現代化到反思現代性〉, 《二十一世紀》, 1999年 6月號(總第五十三期), pp. 15-22; 汪丁丁, 〈啓蒙死了, 啓蒙萬世!-評汪暉關於'中國問題'的說〉, 《戰略與管理》, 1999年 第一期, pp. 68-83; 李歐梵 外, 〈單元與多元的現代性-汪暉(當代中國大陸的思想狀況與現代性問題)—文討論紀要〉, 《天涯》, 1998年 第四期, pp. 52-57. 이들의 주장을 정리한 한국 자료는 이욱연, 〈세기말 중국지식계의 새로운 동향—신좌파를 중심으로〉.

아시아에는 아직도 미해결된 문제, 특히 근대사에 대한 인식차이가 해결되지 않았으며 한반도와 대만의 분단체제는 식민주의와 냉전, 현재의 세계적 패권구도와 내적 연관을 지니고 있다고 한다. 그러나 동아시아국가 사이에서는 전통적으로 문화, 정치, 경제, 사회적으로 상호의존과 보완성을 지니고 있고 인적교류도 활발하기 때문에 이것을 발판으로 냉전의 패권적 지배에 어떻게 저항하면서 역사갈등마저 벗어 내는 유기적인 관계를 어떻게 발전시킬 것인가 하는 것은 지식인들의 공동사명이라고 주장한다.[107]

둘째, 이러한 전 지구적 자본주의와 신자유주의에 대한 문제의식에도 불구하고 왕후이와 신좌파는 마땅한 대안을 제시하는 데는 그다지 성공적이지 못하다는 비판을 받고 있다.[108] 이에 대한 한국 지식계의 평가는, 중국의 신좌파들이 자본주의-사회주의의 양분법을 거부하고 근대성을 극복하면서 새로운 근대성을 지향하는 것을 목적으로 한다면, 중국의 사회주의에서가 아닌 동아시아 담론에서 근거를 찾으려는 문명론적 전망이 필요하다는 것이다.[109] 이러한 주변부의 비판적 시각은 신좌파 지식인들과 교류하는 과정에서 이들로 하여금 동아시아 담론에서도 대안을 모색할 수 있다는 가능성에 대해서 관심을 기울이게 하는 계기로 작용하였다.

그러나 상호 교류와 열린 토론이 곧 중국의 신좌파가 동아시아 담론을 포용한다는 것을 의미하지는 않는다. 왕후이는 동아시아 담론이 과연 서구 주도의 전 지구화/신자유주의 발전의 대안이 될 수 있을 것인지에 대해서는 많은 검토가 필요하다고 하면서 유보적인 입장을 보인다. 특히 중국

106 왕후이, 〈대담〉, 《새로운 아시아를 상상한다》, 243면.

107 위의 책, 245-246면.

108 허자오티엔(賀照田), 〈중국혁명과 동아시아 담론〉, 《아세아연구》, 제52권 1호, 2009년, 91, 93-94면.

109 이욱연, 〈세기말 중국지식계의 새로운 동향—신좌파를 중심으로〉, 223면.

의 사회운동이나 변혁운동에 주는 의미에 대해서 그는 지난 세기 이래 중국의 자기인식은 다양한 상황에서 중국-서구의 대비 속에서 이루어졌으며 동아시아 국가 사이의 교류나 상호추동과 비교해서 이루어진 경우는 드물었음을 지적한다. 이러한 상황은 동아시아 각국 사이의 상호 이해와 교류를 제한했고 각자 사회의 자기이해에 방해가 되었다고 진단하고 있다. 이러한 의미에서 동아시아 담론은 중국 사회의 자기인식을 촉진하고 동아시아 사회가 상호연동적 구조를 지니고 있다는 의미를 이해하는 데 도움을 줄 것이라고 믿고 있다. 또한 국민국가의 경계를 넘어 현 세계의 구도와 관계를 이해하는 데 도움이 될 것이라고 한다. 예를 들어 신자유주의와 신식민주의는 자원의 쟁탈을 초래하는 경제전쟁을 의미하기 때문에 동아시아가 직면한 공동의 도전이며 단일사회 내부에서 극복하기 힘든 문제라고 한다. 따라서 다른 국가와 지역의 지식인들이 어떻게 공동운명체라는 감각과 이러한 감각에 기초한 국제주의를 토대로 대안적인 발전의 길을 모색할 것인지가 긴박한 과제라는 것이다. 그는 그러면서도 동아시아 담론은 역사적으로 대국패권주의와 연계되어 있었고 약소민족의 자결과 해방을 쟁취하기 위한 운동과 연결되어 있었음을 지적하면서, 따라서 동아시아 담론이 과연 자본주의 세계화를 대체할 대안적 선택이자 비판적 사고인지를 면밀하게 검토해 보아야 한다고 유보적인 태도를 여전히 표명한다.[110]

왕후이의 논지에서 동아시아가 저항의 근대화 역사경험을 가지고 있고, 아직도 제국-식민의 구조가 잔존하고 있다는 사실을 인정하고 있는 것은 동아시아 담론의 주창자들과 같은 의식을 가지고 있음을 보여준다. 그러나 이러한 문제들에 어떻게 접근할 것인가를 놓고 볼 때는 다른 사고를 보여 주고 있다. 즉, 그는 동아시아를 매개로 이러한 문제를 바라보기

110 왕후이, 앞의 책, 247-248면.

보다는 전 아시아를 매개로 하는 '국제주의'적 시각을 강조하고 있다. 여기에는 지정학적으로 중국의 문제는 단지 동아시아에 한정되지 않고 전 아시아에 걸쳐 있다는 현실적인 의식을 담고 있다. 따라서 동아시아 국가들은 중국이 동아시아뿐만 아니라 전 아시아를 사고에 포함한 행위자라는 것을 인정해야 한다는 현실적인 대국의식과 함께 아시아를 대표한다는 중-서 이원론적 사고를 읽을 수 있다. 그렇지만 중국의 자기인식이 지나치게 중국 대 서구의 이원론적 세계관의 영향을 벗어나지 못한 것에 대한 지적인 성찰의 측면도 읽을 수 있다. 그렇지만 동아시아 담론이 대안이 될 수 있을 것인지에 대해서는 '동아시아 사회의 상호연동적 구조'와 '다른 국가와 지역의 지식인들의 국제주의'를 대비시키면서 유보적인 입장을 표명하고 있다. 이같이 대안으로서의 동아시아의 존재인식에 대해서 문제의식은 있으나 어중간한 태도를 보이고 있는 것은 아직도 중국 대 서구라는 이원적 세계관과 서구의 보편주의에 필적하는 중국식 보편주의 담론의 모색이라는 지향을 가지고 있기 때문으로 해석된다.

2000년대 중반에 들어서면서 국내외의 상황 변화와 함께 왕후이는 동아시아 담론에 대한 관심에서 '비판적 국제주의'로 무게중심의 이동을 가져왔다. 이러한 사고의 이동은 원래 그가 잠재적으로 이미 가졌던 것이기 때문에 전변은 아니다. 이 같은 변화는 다음 같은 측면에 힘입은 바 크다. 국내적으로는 개혁의 성공으로 점차 자신감을 가지게 되었다. 그리고 미국의 금융위기 발발과 함께 미국의 상대적 쇠퇴가 가속화되는 조짐이 나타나기 시작했다. 이것은 외부적으로 미국의 지구적 금융자본수의의 '신제국'패권의 쇠퇴에 대한 관심을 증대시키며 중국의 위상에 대한 새로운 기대와 예상을 증대시켰다. 따라서 왕후이로서는 중국의 위상과 역할에 대해서 수세적인 이론 지향에서 공세적인 이론 지향으로 이동할 수 있는 조건이 도래했다고 판단했을 수 있다. 자연히 그의 논리에는 중국 특수주의에서 동아시아를 바라보려는 태도가 더욱 현저해졌다. 최근에 나온《아시아는 세계다亞洲視野》에서의 '트랜스론'은 이런 변화를 대변해 준다.

5) 비판적 국제주의—동아시아 담론의 대안?

왕후이는 동아시아지역주의의 각성과 저항을 출발선으로 삼고 동아시아 문제를 바라보고 해결을 추구하는 동아시아 담론의 시각이 아니라, 국제주의internationalism적 조망으로 동아시아를 바라보고 있다는 것을 명시적으로 밝힌다. 이는 중국과 동아시아를 하나의 아시아로 바라보려는 시각, 즉 초국적 지역주의서사인 트랜스론(다음 부분에서 자세히 논함)에서 보려는 그의 입장에서는 자연스러운 일일 것이다. 중국은 이미 50-60년대 이래로 국가적 차원에서 국제주의에 관심을 기울이면서 동아시아에 한정되기보다는 아시아, 라틴아메리카, 아프리카를 포함한 제3세계의 비동맹외교노선에 공감을 가지고 있다. 특히 왕후이는 중국의 국제주의가 제3세계에 혁명을 수출한다는 50-60년대의 방식이 아닌 제3세계의 생존, 발전, 사회적 권리에 진정으로 관심을 기울이는 '전 지구적 범위에서의 평등과 민주, 공동발전의 길을 탐구하는 것'이라고 정의를 내리고 있다.[111] 따라서 왕후이는 아시아국제주의를 언급하면서 동아시아 범주를 넘어서는 사고를 보여 주고 있다. 자연적으로 동아시아는 국제주의에서 포함될 수 있는 제3세계의 부분적인 존재라는 생각이 내포되어 있는 것을 알 수 있다. 이러한 그의 사고는 주변부 동아시아 담론의 시각에서 몇 가지 토론 주제를 던져 주고 있다.

우선, 왕후이가 주장하는 '비판적 국제주의'는 어떠한 세밀한 이론적 지향을 가지고 있는지 아직 확실치 않으며, 또한 주변부 지식인들의 그것과 선험적인 이해가 다를 수 있다.[112] 50-60년대 중국의 제3세계와의 비

111 왕후이, 〈중국굴기의 경험과 도전〉, 《황해문화》, 2011년 여름호, 72-73면.

동맹운동의 전통이 있었다. 그러나 이때의 제3세계 국제주의는 냉전시대 미-소 양극체제에 대한 대항에서 출발하였고, 그래서 중국에게 가장 중요한 동기는 미국과 소련에 대한 견제였다. 이러한 정치적인 목적으로 출발한 제3세계 국제주의는 미-소를 견제하지도 못했고, 제3세계 내부에서 협력이 증대된 것도 아니었다.

역사에 나타난 중국의 국제주의는 다음 같은 부침을 가지고 있다. 리다자오는 국제주의적이고 인도주의적인 볼셰비키혁명이 민족주의적이고 애국적인 프랑스혁명보다도 내용 면에서 더욱 고차원적이라고 평한다. 1918년 〈볼셰비즘의 승리〉에서는 러시아혁명이 단순히 동서화합의 혁명이 아닌 사회주의의 최대 장애물인 민족주의의 범주를 파괴한 선구적 혁명이라고 찬미하였다. 그는 당시에 중국의 반식민지 상태에서 노동자계급에 의한 자본주의혁명이 사회주의혁명으로 발전할 수 있는 이유를 국제주의에서 발견하고 있다. 그에 따르면, 중국이 경제적인 조건과 관계없이 사회주의혁명이 가능한 이유는 세계적인 혁명 추세와 맞물려 있기 때문이다. 다시 말해 제국주의침략에 저항하면서 노동자계급이 수행하는 민족혁명은 사회주의혁명 추세와 상호 호응하는 관계로 이해될 수 있다고 주장한다.[113] 또한 류스페이로 대변되는 사회주의국제주의는 아시아 민중연대로써 강국들에 대항한다는 지향을 주창하였다. 즉, 아시아를 중국의 반식민지 상태에서 저항의 우군으로서 인식하는 경향을 보인다. 그

112 2010년 한국의 인하대학에서 〈동아시아 '국제주의'의 복원을 위하여〉라는 주제로 국제학술회의가 개최됐다. 한·중·일 학자들이 참여한 이 회의는 냉전적 질서에서 망각된 '국제주의' 전통을 21세기 동아시아의 사상자원으로서 새롭게 조명하자는 취지로 기획됐다. 여기서의 '동아시아 국제주의'는 근대적 국민국가와 전 지구화 체제를 극복하려는 범지역적 가치의 차원에서 제기된 시론적 개념이다. 그러나 동아시아 담론의 지향과는 어떤 공통점과 차이점이 있는지는 불확실하다. 다음을 참조. 2010 동아시아한국학 국제학술회의 자료집, 《동아시아 국제주의의 복원을 위하여》, 2010년 11월 25-26일.

113 Maurice Meisner, *Li Ta-Chao and the Origins of Chinese Marxism*, pp. 178-184.

러나 동시대에 쑨원의 아시아론에서는 중국의 독립을 위해서 일본과의 협력하에 동아시아 제국 개편을 추구하는 현실주의적이고 주변부 아시아를 경시하는 모습을 보이기도 하였다. 이 시기에 주로 이루어진 사회주의 진영에 의한 국제주의운동과 투쟁에도 불구하고 아시아에서는 중국을 제외하고는 혁명이 성공하지 못했다. 이어서 전후 냉전체제하에서 동아시아는 새로운 형태의 식민지로 전락하고 말았다. 중국에 의한 제3세계 국제주의운동도 미국, 소련, 중국, 인도 간의 경쟁으로 인해서 그다지 성공을 거두지 못했다.

따라서, 현실적으로 왕후이가 제안하는 '비판적 국제주의'는 여전히 냉전구도의 잔재가 남아 있는 동아시아에서는 대국 간의 경쟁의 장이 될 가능성이 크다. 국제주의운동의 구체적인 역사에서 대국 간의 경쟁을 살펴보면 이를 확인할 수 있다. 1924년 일본이 주도한 아시아연맹에 대해서 비판이 제기되는 가운데, 인도에서는 일본을 제외한 동아시아연대를 제안했다.[114] 간디는 아시아 식민지 국가들의 독립을 추구하는 아시아연맹의 이상을 제시했다. 이어서 네루Jawaharlal Nehru도 1927년 브뤼셀에서 열린 피압박민족회의에 참석한 자리에서 아시아 국가들의 연대에 대한 지향을 가지게 되었다. 중국에서도 일본을 제외한 아시아 약소민족들의 연대를 시도한 사례가 있었다. 1907년 일본에서는 중국과 일본의 지식인들이 모여서 아주화친회(Asian Solidarity Society, 공식 영어 명칭은 Asiatic Humanitarian Brotherhood)라는 결사가 조직되었다. 이 회의는 아시아의 반제투쟁을 위한 연대운동을 지향했는데, 장빙린과 류스페이 그리고 인도 지식인들이 참가했다. 비록 단명한 조직이었으나 여기에는 일본의 제국주의적 아시

114 한국에서의 비판은 김경일, 2011, 《제국의 시대와 동아시아연대》, 창비, 371면 참조. 대표적으로 안재홍, 〈The Union of the Asiatic Peoples〉, 《동아일보》, 1924년 6월 6일자 사설(영문판).

아주의와는 거리를 두는 중국과 인도 지식인들이 참여하는 아시아연대 운동의 출발점으로서의 의의를 가지고 있다.[115] 당시 한국의 지식인들도 중국, 대만, 베트남, 인도의 지식인들과 연대를 시도한 많은 사례들이 있다. 대한민국 임시정부에서 활동하며 삼균주의三均主義를 창시한 조소앙(1887-1958)도 이 조직의 참가자 중 한 명이었다. 그러나 김경일에 따르면 당시의 아시아연대운동은 아주화친회(중국), 아시아연맹(인도)의 사례에서 보듯이 민족주의적 독립과 해방의 동기가 배후에 있었다. 따라서 아시아연대에 대한 열정은 있었지만 구체적인 전략이나 힘이 결여되어 있었다. 그리고 중요한 것은 이 시기에 아시아연대를 위한 주요 힘은 사회주의, 공산주의, 무정부주의 등의 사조가 동아시아에 확산되면서 전개된 측면이 있었다. 사회주의의 민족해방과 계급혁명의 특징을 모두 내포하고 있었다. 그러나 이깃도 구체적인 힘의 결집이 이루어지지는 않은 것이 부족한 점이었다.[116] 주요한 원인은 당시의 제국주의국가들을 능가할 수 있는 역량이 모자랐기 때문이다. 따라서 제국주의에 저항하지만 그들의 근대화역량에는 감탄하고 모방하려는 부국강병의 꿈이 싹트기 시작하였고, 이러한 민족주의/국가주의적 사조는 전후와 냉전기에도 지속되었다.

50-60년대에는 미-소 양대 진영의 영향을 벗어나려는 노력이 반둥회의(1955년 아시아-아프리카 회의)를 출발점으로 비동맹운동을 발족시키게 된다. 그러나 이 시기의 국제주의는 제3세계의 민족주의와 상호 갈등을 극복하는 데 큰 효과를 발휘하지 못하였다. 특히 중국이 당시 국제주의운동에 참여한 것은 미국과 소련을 견제하려는 현실주의적인 의도에서 움직인 측면이 컸다. 동시에 제3세계 지도국으로서의 주도권을 의식한 측면도 있었다. 중국이 두 차례 중인전쟁(1956, 1962)을 일으킨 것도 단순히 영

115 김경일, 위의 책, 371-373면. 일본 부분에서의 설명을 참조.
116 위의 책, 375-376면.

토분쟁의 연장선상이라기보다는 이러한 측면이 크게 작용하였다. 이후에 중국은 소련과의 갈등이 깊어지자 1970년대 초부터는 '제3세계론'을 주창하면서 지도국을 자처하였다. 그러나 1979년에는 베트남 침공을 감행하고 소련과의 갈등을 미국과의 국교정상화로 타개함으로써, 오히려 제3세계론을 무력화시키는 현실적인 선택으로 돌아선다. 중국은 소련이 몰락한 탈냉전시대에는 점차 미국과의 경쟁관계를 의식하면서, 결국 서세동점의 시대에 그나마 가졌던 아시아의식마저 퇴화되고 중-서 이원론적 세계관이 더욱 짙어지게 된다.

이렇게 중국은 주동적으로 비동맹운동(50-60년대)과 제3세계론(70년대)으로 대변되는 국제주의를 주창하고 지도국으로 자처하면서도 이해를 달리하면 과감히 돌아서는 예외주의적 측면을 유감없이 보여 주고 있다. 이에 대해서 중국의 비판적 지식인인 첸리췬은 중국에서 60년대에 약소민족에 대한 우애로 시작한 '제3세계론'은 혁명수출론으로 변질되어 '중심 콤플렉스'를 배양하는 온상이 되었다고 비판적인 회고를 하고 있다.[117] 이 같은 역사를 반추해 보면, 중국이 냉전시대에 미국, 소련에 저항하려 할 때는 제3세계와의 국제주의에 기대려 하다가도 상황이 변하면 언제든지 강대국과의 '힘과 타협의 정치'에 의해서 그것을 희생하는 것을 마다하지 않는다는 것을 알 수 있다. 또한 중국의 국제주의는 제3세계 특히 동아시아지역협력의 특성보다는 미국과 소련에 대한 대항의 공동전선이라는 대국주의 경쟁구도의 목적과 깊이 연관되어 있었다. 이런 역사적 경험들로 인해서 21세기 중국의 부상과 함께 동아시아의 국제주의가 구축되면, 지역 내부에서는 일본, 인도 등과의 경쟁관계가 더욱 첨예화하고, 전 지구적으로는 미국의 주도로 생성된 전 지구화/신자유주의에 대한 중국 주도

117 錢理群,〈我們這一代人的世界想像〉,《臺灣社會研究季刊》第五十七期, 2005年 3月, pp. 260-268.

의 동아시아를 넘어선 아시아국제주의를 다른 축으로 하는 새로운 동-서 대결구도가 생성될 가능성도 있다.

즉, 21세기에는 중국이 소프트파워를 아시아에서 증대시키면서 미국과 서구를 견제한다는 사고에서 출발하여 종국에는 탈냉전 이후의 새로운 중-미 신냉전 대결체제가 구축되는 계기로 작용할 가능성을 배제할 수 없다. 원래의 국제주의의 이상은 탈민족주의적 사고에서 출발한 다수의 주변부 국가의 협력체제이지만 상기의 역사적 사례에서 볼 때, 중국이 주도하는 아시아국제주의는 쉽게 중-미 이원대립구조로 전화되면서 중국이 아시아의 주도권을 장악하고 미국의 지도력에 대항하는 '방편'으로 전락할 가능성도 있는 것이다. 이러한 시나리오는 동아시아 담론의 이상에서는 우려스러운 일이다.

따라서 왕후이의 비판적 아시아국제주의에서는 현실적으로 동아시아를 넘어 전 아시아를 지향할 수밖에 없다는 가능성을 선험적으로 담고 있다. 쑨거의 담론에서도 나타나고 있다시피 중국은 동아시아만을 사고하지 못하는 역사적, 지정학적 조건을 가지고 있다는 인식이 드러나고 있다. 이러한 의식은 마오쩌둥의 제3세계론의 연장선에서 이해할 수 있으며, 여기에는 아시아마저도 이미 그 사고범주에서 벗어나 있다. 이러한 논리는 왕샤오밍도 공감한다. 즉, 1920년대에 마르크시즘이 유행하면서 '세계혁명'과 피압박민족의 해방은 국공 양당의 공통구호였는데, 당시 류스페이의 아시아인식은 더욱 진보적이었다. 류스페이의 아시아 개념에 지역 의미는 희박해지고 '피압박'의 의미가 더욱 중요하게 등장한다. 그 영향을 계승한 결과 1950년대에 공산당이 아시아를 '아시아-아프리카-라틴아메리카亞非拉'를 포함한 개념으로 대체하고 1970년대에 마오의 제3세계론이 나오면서는 아시아라는 개념은 점차 중국의 국제주의 세계관에서 멀어진다. 왕샤오밍은 이렇게 류스페이의 국제주의가 계급투쟁의 아시아인식에서 초래한 것이라면, 마오의 제3세계론은 류스페이의 계승이라고 보아야 한다고 평한다. 즉, 사회주의국제주의에서 아시아라는 지역인식은 부분적인 것에 불과하다는 논리이다.[118] 결국 동아시아 혹은 아시아의식은 중국의 국제주의에서 부분적인 요소로 축소되며, 이는 동아시아에서의 중국의 특수주의적 시각의 기초가 된다. 이러한 중국의 국제주의적 사고는 주변부인 한국의 지식인에 의해서 전개되는 동아시아국제주의 사고의 발전과는 거리가 있다.[119] 앞으로 한국 등 동아시아 주변부의 국제주의가 어떻게 이러한 차이를 극복할지 주목되는 이유이다. 왕후이의 국제주의기획에서 보이는 것은 동아시아에서 부분적인 존재로서의 중국의 역할보다는 동아시아가 세계체제에서 작동할 수 있게 전반적인 조정자의 역할을 할 수 있는 대국이라는 의식이다. 이러한 사고에는 세계적 수준에서의 미국의 주도권을 대면하는 중국의 능력에 대한 자부심과 견제의식이 나타나 있다.

왕후이의 사고에서는 중국이 동아시아 담론의 시각에서 내외부의 문제를 접근할 수 있다는 생각을 하고 있지는 않다. 우선 동아시아를 목적으로 하는 사고보다도 부상하는 중국의 지속적인 발전전략을 논하면서 대외적으로는 문화적 동질성이 농후한 동아시아가 아닌 아시아의 '비판적 국제주의'를 추구하면서 동아시아에 대해서는 그다지 분명한 존재의식을 보여 주지는 않고 있다. 문화적으로 다원적인 아시아에서 정치경제적인 목적을 가지고 국제주의적 시각에서 아시아의 문제를 접근한다는 것은 동아시아 담론이 지향하는 바와는 거리가 멀다.

왕후이의 동아시아에 대한 관심은 쑨거처럼 명백히 '기능으로서의 동

118 왕샤오밍, 〈근대 중국의 '아시아'意識—2007년 상하이 아시아 문화연구 회의로부터〉, 32면.

119 최원식, 〈문학—munhak, bungaku, wenxue〉, 《동아시아 '國際主義'의 復元을 위하여》, 2010 동아시아한국학 국제학술회의자료집, 인하대학교, 2010년 11월 25-26일, 32면.

아시아'를 주창하지는 않지만, 아시아에 대한 논조를 유추하면 일종의 '수단이자 기능으로서의 동아시아'라는 의도를 느낄 수 있다. 이러한 사고에서는 중국 특수주의적인 시각에서 미래에 동아시아 조정자로서의 위치를 탐색하는 의도도 보여 주고 있다. 미국의 위치를 완전히 대체하지는 못하지만, 국제주의를 활용하여 세계경제와 정치에 큰 역할을 추구하면서 동아시아는 아시아국제주의의 부분에 속하는 주제라는 것을 충분히 느낄 수 있다. 즉, 동아시아는 중국의 범아론적인 사고의 범주의 하위체계sub-system인 것이다.

그의 논리에서는 이론적인 국제주의운동의 논리와 현실적인 중국의 능력 문제와의 괴리로 인한 문제의식도 보여 주고 있다. 아시아국제주의가 지역문제를 접근하는 실질적 매개로서의 가능성이 아직은 희박하다는 것이다. 왕후이 자신이 인정하다시피 세계적 패권은 정치사회적 관계이자 문화적 가치와 연관되어 있다. 현재 세계적인 경제구조조정은 시작되었지만 정치와 문화의 전환은 더욱 많은 시간과 창조적인 작업을 필요로 한다. 따라서 단지 지정학적 관계 전환이 아니라면 중국은 어떠한 사회관계와 정치문화를 사고해야 하는가를 고민해야 한다고 문제를 제기하고 있다.[120] 이러한 술회에서는 중국이 아직은 미국을 대체하는 패권국이 되는데는 한계를 자각하고 있다는 것을 알 수 있다. 따라서 문제는 이론상의 국제주의보다도 중국이 동아시아를 넘어서 전체 아시아를 주도할 수 있느냐 하는 현실성의 문제이다. 인도와 중동 국가들은 중국과 문화적 일체감이 거의 없다. 이들과의 관계는 왕후이가 언급한바, 평등과 '민주, 공동발전의 길을 탐구한다는 국제주의 이상'보다도 미국과의 경쟁관계와 이해관계에 의해서 파동 치는 경우가 많다. 즉, 21세기 새로운 국제사회의 발전과 체제전환을 위한다면, 정치문화, 사회관계적 능력을 고려하면 중

120 왕후이, 〈중국굴기의 경험과 도전〉, 《황해문화》, 2011년 여름호, 71-72면.

국은 아직은 문화적 동질성이 강한 동아시아를 중시하고 주변국가들과 함께 지역문제를 해결하는 데 공을 세우고 지지를 받아야 하는 게 급선무이다. 왕후이의 비판적 국제주의에서는 중국의 현실과 이상에 대한 문제의식은 있지만, 중국과 가장 근접한 동아시아에 대한 확실한 존재의식과 지역에서의 중국의 긍정적인 역할에 대한 의식이 미약하다.

결론적으로 동아시아 담론의 시각에서 바라보면, 왕후이가 제안하는 비판적 국제주의는 우리에게 다음 같은 문제의식을 던져 주고 있다.

첫째, 왕후이의 국제주의는 지식인이 주도하는 동아시아 담론의 확장으로서 아시아의 비판적 국제주의인가, 아니면 국가가 주도하는 국제주의인가를 분명히 구분하기 힘들다. 이러한 것은 왕후이의 아시아사고 전체에서 보이는 특징이다. 아직도 중국의 지식인들은 동아시아를 토론할 때 국가의 사고를 자신의 것과 동일시하여 논리를 전개한다. 그러나 주변부 지식인들이 논하는 아시아 혹은 동아시아는 지식인 자신이 주체인 경우가 많다. 지식인이 주어가 되는 동아시아 담론은 문화와 지식의 협력의 네트워크로서의 상상의 공동체의식에서 출발하였다. 그들이 주창하는 것은 21세기에는 탈대국주의와 탈국민국가주의를 표방하면서 협력의 네트워크를 구축하자는 것인데, 이는 현실적인 정치, 경제, 안보협력 위주의 국가주의적 사고에서 출발한 국제주의와는 다를 수밖에 없다. 그러나 왕후이가 언급하는 아시아사고는 국가가 주어가 되어 논의를 전개하고 있다. 이러한 측면은 왕후이 혼자만의 것이 아니라 중국 지식인들과의 토론에서 종종 발견되는 것이다. 따라서 왕후이의 사고에서는 국가들의 집합체로서 국가의 목소리를 주체로 삼으면서 시민-지식인들의 동아시아상상의 측면이 소외되고 있다. 따라서 국가주의와 동-서 대결구도를 극복하려고 하는 동아시아 담론의 기대와는 달리 냉전시대의 대결구도를 대체하는 새로운 동-서 대결구도, 중심부-주변부 대결구도를 구축하는 결과를 경계해야 할 것이다.

둘째, 그가 '비판적'이라는 접두어를 붙이는 이유는 과거와 같이 국제주의운동이 사회주의혁명 수출의 역할을 하는 수단적인 기구의 차원을 넘어선다는 의미로 해석된다. 그러나 21세기의 문제는 혁명 수출이 아니라 근대가 조성한 문제의 초탈, 즉 탈제국·탈식민·탈냉전이 지역의 중차대한 과제이다. 그가 제안하는 비판적 국제주의가 과연 혁명 수출을 넘어서고 또한 대국주의, 국민국가주의를 넘어서는 진정한 수평주의적 협력의 실천을 지향하고 있는 것인지는 의문이다. 이런 측면에서 보면 왕후이는 동아시아 담론을 동아시아 국가 간의 정책상의 협력을 추구하려는 국제주의운동으로 오해하는 것 같다. 동아시아 담론이 아직 지식인의 담론과 국가가 추진하는 지역정책과의 경계에서 어정쩡하게 입장을 정리하지 못했기 때문에 이런 오해가 생긴 것으로 생각된다. 무엇보다 동아시아 담론에서의 협력적 관계망의 연대운동과 왕후이의 비판적 국제주의운동 양자의 차이는 인문학적 상상과 사회과학적 사고의 차이이다. 그가 주창하는 것은 담론에서의 비판적 성찰의 인문학적 지향이 아닌 현실에서의 정치경제-외교전략적 차원에서의 아시아연대주의이다. 그렇다면 미래에 왕후이가 제안하는 비판적 국제주의가 새로운 아시아연대를 구성한다면, 동아시아 담론은 다시 이것에 대해서 탈대국주의-탈국민국가주의적 이상을 근거로 비판을 수행해야 할지도 모른다.

5. 트랜스시스템사회론—동아시아 보편주의역사론

왕후이는 초국적 지역주의서사를 구성하면서 중국과 변경지역을 장기지속의 역사에서 상호 분리와 침투를 거듭하는 하나의 전체계로 보는 역사관을 제시하고 있다. 이러한 동아시아 범주에서의 중국 중심의 역사관은 티베트, 위구르 등의 변경 소수민족과 여타 동아시아 주변부—한국, 베트남, 대만, 일본, 몽고—와의 역사논쟁과 영토분쟁의 가능성을 제공한다. 이렇게 중국 중심으로 그려 내는 지역체계는 서구의 보편주의에 대응하는 중국식의 보편주의구상으로 평가받을 만하다.

1) 등장 배경

90년대 초반 왕후이가 동아시아 담론에 관심을 가지고 비평을 하는 동안에도 점차 중국의 국내외적 환경은 변하기 시작하였다. 특히 2000년대 중반 이래로 개혁의 가시적 성과들이 나타나게 되었다. 2008년 북경올림픽 개최, 2011년 실험용 우주정거장 텐궁天宮 1호 발사 성공으로 신좌파 지식인들은 중국식 사회주의개혁에 자신감을 가지게 되었다.

국내적으로는 신자유주의자들에 대한 논쟁에서도 우위를 점하게 되었다. 이러한 징후는 여러 측면에서 관찰된다. 첫째, 2002년 후진타오 체제가 등장하면서 신좌파의 이론이 공산당에서 호응을 받게 된 것이다. 특히 2008년 미국발 금융위기 이후 미국의 쇠퇴를 목격한 신좌파는 신자유주의자들의 '친서구적 시장주의'를 더욱 맹렬하게 비판한다. 왕후이와 신좌파 지식인들은 시장숭배주의가 낳은 빈부격차, 부정부패 등 고질적인 문제에 대해서 국가가 나서야 한다고 주장하면서 지나친 서구화 정책은 중국을 자본주의 진영의 주변국으로 전락시킨다고 주장한다. 이런 상황에서 2010년 시장주의 경제학자인 장웨이잉張維迎 베이징대 광화光華관리학원장이 신좌파의 압력으로 사퇴하였다.[121] 셋째, 보시라이薄熙來가 이끌고 있는 충칭重慶시는 '충칭 모델'을 실험하였는데 이것은 신좌파의 논리와 상통하는 발전방식이다. 2010년 12월 당시 후진타오 이후의 지도자로 낙점

121 張維迎,〈发展绿色经济不能离开市场〉,《人民日报》, 2010年 5月4日.

된 시진핑習近平은 충칭을 방문하여 중국 발전의 길을 제시한다는 평가를 하기도 하였다. 이에 따라 포스트-후진타오 시대에도 신좌파의 사고는 계승될 것으로 예상되고 있다.

그런데 최근의 왕후이의 변신과 관련하여 상기의 내용과는 다른 국면의 사건이 중국과 세계를 놀라게 하였다. 이른바 '보시라이 사건'은 개인비리 사건이기 이전에 중국 내 신좌파와 자유주의적 개혁파의 권력투쟁이라는 분석이 나오는 가운데, 보시라이의 갑작스러운 실각 이후에 왕후이는 이 사건에 대한 논평 원고를 한국에 보내 왔다. 중국 내에서는 출판이 허용이 안 될 것이라는 이유에서다. 이 원고는 사건과 관련하여 신좌파 지식인의 의견을 살펴볼 수 있다는 점에서 주목을 받았다. 사건 이후 중국 내 좌파사이트가 봉쇄된 상황에서 검열되지 않은 왕후이의 관점을 읽을 수 있다. 이른바 '보시라이 사건'이 "신자유주의적 개혁을 다시 한 번 밀어붙이기 위한 일종의 기회를 주고 있다"며 "충칭 사건(보시라이 사건)을 빌미로 하여 예의 신자유주의 물결이 다시 한 번 그 위세를 떨치게 될 것"이라고 밝혔다.[122] 그런데 왕후이가 최근 국가주의적 견해를 강하게 표방하는 변화와 보시라이 사건에 대한 논평을 담은 원고는 일반 독자들로 하여금 혼란스러운 이해를 불러일으킨다.

왕후이의 최근의 저작—《아시아는 세계다亞洲視野》—에서의 논지는 공산당이 오히려 환영할 만한 것이기 때문이다. 따라서 보시라이 사건에 대한 그의 논평에서 공산당이 신자유주의의 색채를 더욱 띠게 될 것이라는 것도 해석을 달리 할 수 있는 대목이다. 왕후이의 초기 논리에서부터 최근의 국가주의적 견해를 표방하는 변신은 공산당의 개혁 그 자체는 지지한다는 의미에서 거대한 국가발전전략에 있어서는 일치되는 지향을 가지

122 왕후이(汪暉), 〈충칭(重慶) 사건—밀실정치와 신자유주의의 권토중래〉, 《역사비평》, 2012년 여름호, 157-187면.

고 있다. 따라서 본질적인 의미에서 신좌파와 공산당과는 상호 의존관계라고 볼 수 있다. 왕후이가 경제적 측면에서는 서구식의 시장자유화와 신자유주의적 발전전략을 비판하는 신좌파이며, 정치적으로는 시민사회의 주체와 민주보다도 상대적으로 국가 주도를 중시하는 경향을 가지며, 대외적으로 서구와 동아시아에 대해서는 중국 특수주의적인 경향을 가지고 있는 것을 고려하면 초기부터 현재까지 사고의 영속성을 보여 주고 있다. 따라서 '當局者謎, 傍觀者淸'(바둑을 두는 자보다 훈수 두는 자가 국면을 더 명확히 볼 수 있다)이라는 중국 속담대로 외부세계에서 그를 보면 최근의 변신도 사실은 변신이 아니다. 그가 굳이 변했다고 하는 것은 초기에 동아시아 담론에 대한 관심이 점차 엷어지면서, 최근에는 전 아시아를 사고대상으로 하는 국제주의를 해법으로 제시하는 측면 정도이다. 사실 이러한 견해도 중국 지식인들이 일반적으로 동아시아를 전 아시아나 미국과 같은 비중으로 사고하지 않는다는 측면을 고려하면, 그의 사상에서 무슨 변화라고 할 정도로 큰 주목을 받을 수 있는 성격의 것도 아니다.

상기의 국내적 조건과 함께 국외적인 상황도 왕후이의 새로운 논지로의 이동을 설명하는 데 도움을 준다. 2008년부터 발생하여 지속되고 있는 미국과 유럽의 금융위기는 서구의 몰락에 대한 가능성이 점증하고, 자연적으로 중국의 부상에 대한 상상을 현실적인 것으로 인식하게 하고 있다. 중국의 부상에 대한 많은 기대 중에서도 아리기Giovanni Arrighi(1937-2009)의 중국론은 대표적인 것이다. 아리기는 현재 진행 중인 세계 정치경제의 중심이 미국에서 동아시아로 이동하는 현상에 대해 아담 스미스Adam Smith(1723-1790)의 《국부론》의 관점에서 중국의 발전을 해석하고 부상을 예견한다. 21세기 부상하는 중국이 주도하는 '세계-시장사회a world-market society'의 길과 기울어 가는 미국이 헤게모니를 행사하는 '세계-제국global empire'의 길이 놓여 있다고 전망한다. 미국이 군사력으로 패권을 유지하는 제국임에 반해서 중국이 주변부를 대하는 방식은 문화적, 경제적이었다고 논하면서, 이렇게 중국의 부상과 함께 '신아시아 시대the new Asian age'의 도래를 예견하였다.[123] 이러한 주장은 중국이 자본주의를 소화하면서 자본주의와 사회주의를 넘어선 새로운 세계의 구성원리를 제시한다는 의미가 있다. 일종의 세계가 나아갈 '제3의 길'의 가능성을 중국과 연관하여 상상해 보는 것이다. 이러한 상상이 사실로 드러나든 아니든 중요한 것은 이러한 상황전개가 중국의 신좌파로 하여금 중국의 발전에 대한 신뢰와 자부심을 갖게 해 주고 있다는 사실이다. 왕후이는 아리기를 참조하면서 아담 스미스를 자연발생적 시장질서의 창도자가 아니라 국가의 규제와 관리하에 있는 시장에 대한 통찰을 중시한 사상가로 해석한다. 이런 사고에서 야오양姚洋이 '중성정부', '중성국가'[124]의 길을 선택함으로서 개혁을 성공으로 이끌 수 있었다고 평한 것에 공감을 표하고 있다. 그리고 신좌파답게 이러한 국가이론을 마오쩌둥의 사상에서 근원을 찾고 있기도 하다.[125]

이런 가운데 왕후이는 초기에 보여 주었던 동아시아 담론에 대한 관심에서 멀어지면서 중국의 독자적인 세계관과 역사론을 창출하려는 방향으로의 이동을 보여 준다. 즉,《아시아는 세계다》의 역자 송인재의 해제에 따르면, 역사적으로 중국에는 다양한 종족, 문화, 사회가 병존 교류하며 끊임없이 형성과 해체, 재형성을 반복하는 '트랜스시스템사회'가 있었으며,

---

123 Giovanni Arrighi, 2007, *Adam Smith in Beijing: Lineages of the Twenty-First Century* (New York: Verso), p. 11; 조반니 아리기, 2009, 강진아 역,《베이징의 애덤 스미스》, 도서출판 길.

124 姚洋, 2008,〈中性政府—对转型期间中国经济成功的一个解释〉,《教育部文科重点研究基地联谊会2008年年会暨青年经济学者论坛论文集》, 5月 1日, pp. 687-700; 姚洋,〈"中性政府"的弱化—追问行政主导模式的持续力〉,《21世纪经济报道》, 2010年 12月 25日, http://www.sina.com.cn.

125 왕후이,〈중국굴기의 경험과 도전〉, 55-57면; 毛澤東, 1977年,〈論十代關係(1956年4月25日〉,〈關於正確處理人民內部矛盾的問題(1957年2月27日)〉,《毛澤東選集》 第5卷, 人民出版社, pp. 267-288, 363-402.

이 개념은 서구의 시각인 제국-국가 이원론을 넘어서 중국과 주변 동아시아 관계를 더욱 정확하게 이해하는 데 도움을 줄 수 있다. 여기에 서로 다른 정치, 문화적 요소가 경제의 의해서 통섭되는 것이 아니라, 문화의 전파, 교류, 융합, 병존을 통해 복잡한 시스템을 내포한 사회가 생성되었는데 이것이 왕후이가 주장하는 트랜스시스템사회의 함의이다.[126] 이것은 서구적 세계인식론, 즉 초국적 자본주의체제로서 중국을 포함한 동아시아를 설명하려는 시도에 대해서 중국과 동아시아 지역 개념을 새로 설정하고 대안담론으로 삼으려는 의도에서 나온 것이라고 볼 수 있다. 그리고 이러한 개념에는 근본적으로 상기에서 언급한 왕후이의 기본인식—서구와 유비되는 특수한 중국식의 근대화, 동아시아에서의 예외주의적인 사고—에서 그 연원을 찾을 수 있다.

트랜스론을 독해하면서 중요하게 떠오르는 토론 주제를 다음 몇 가지로 들어 본다. 첫째, 현재의 '중화민족 다원일체구조'라는 통합의 목적론으로써 과거를 해석하고 재구성할 수 있는가. 둘째, 정주민인 한족 제국 중심의 역사서술이 변경의 소수민족의 역사를 소외시키고, 이들의 과거에서부터 미래에까지 펼쳐질 수 있는 다양한 발전 가능성을 경시하고 왜곡하지 않는가. 그리고 중국 중원왕조 중심의 역사론으로 그러한 지향을 당연시하지 않는가. 셋째, 문명의 중화와 야만의 변경 민족이라는 이분법적 사고가 중국의 동아시아사고에 어떤 영향을 주었는가. 넷째, 중화민족 다원일체구조론은 오늘날 제국-국가의 임계적인 존재인 소수자—대만, 티베트, 위구르—에 대한 억압적 통합, 즉 내부 식민주의의 통치기제의 역할을 하는 것이 아닌가. 마지막으로, 탈근대적 문제의식—탈대국주의, 탈국민국가주의, 무경계·탈중심—의 시대인 21세기에 한족 중심의 통합적 역사관이 중국-주변부의 관계성에 대한 사고에 어떤 의미를 가지고 있는

126 왕후이, 《아시아는 세계다》, 465면.

가. 이 같은 동아시아 담론이 표방하는 문제의식을 가지고 비판적 토론을 진행하려고 한다.

2) 개념과 사고의 범주

'트랜스시스템사회론跨體系社會論'의 논리에서는 초기에 애매한 단계를 넘어 왕후이가 진정으로 품고 있는 동아시아사고가 잘 나타나 있다. 접두어 중국어인 '跨trans-'에는 넓은 곳을 건너가거나, 양편에 걸치거나 뻗어 있는 상태, 혹은 차지하여 빼앗아 가진다는 의미를 내포한다. 영어로는 'trans-'가 적당한데 이에는 변화, 관통, 초월 등의 의미가 있다. 이 개념은 끊임없이 변화하고 (동)아시아를 관통하면서 한자리에 스스로 머물러 있는 상태를 초월한다는 의미로 해석된다. 중국어의 기표를 그대로 해석해 보면 넓은 곳에 뻗쳐 있으면서 모두 망라하고 있는 상태를 의미한다. 그리고 영문의 기표를 부가하면 끊임없이 자기변화하는 영역이다. 이것을 '초체계적 사회'[127]라고 번역할 수도 있는데, 체계를 초월하거나 넘어선다는 의미로서 '超'라고 번역하는 것은 '跨'의 의미가 살아나지 않아서 차라리 영어 발음인 '트랜스'로 번역하는 게 적당할 것 같다. 소위 "과跨체계사회"란 서로 다른 문화, 종족, 지역들이 상호 교류와 영향, 그리고 병존을 통해서 형성한, 상호 연결된 사회와 문화 형태를 의미하는 것이다. 그런데 "초超체계사회"로 번역하면 그런 의미가 배제되어 있어 부족한 것 같다. '跨'에는 확실히 '양자를 모두 아우르는', '상호 주고받는' 등의 의미가 있지만 한글 '과' 자가 주는 어감이 '과도過渡'의 '過'와 혼동될 여지도 있다. 어차피 외국어로서의 생소함은 매한가지이므로, '트랜스시스템'이란 번역이 더 적당하다고 판단할 수 있다.

'트랜스시스템사회'론이 표방하는 인식의 지리적 범주에는 중국의 변

127 백승욱, 〈중국지식인은 중국굴기를 어떻게 말하는가〉, 300-312면.

경소수민족 지역과 동아시아 주변부인 몽고, 베트남, 한국, 대만 등을 내재화하고 있다고 보는 게 현실적이다. 역사적으로 중국대륙과 주변을 망라하는 지역은 오늘날 중앙아시아, 동남아시아, 동북아시아를 포함한 동아시아가 대부분을 차지한다. 또한 이 개념에서는 지리적 사고를 넘어서 중국의 문화-역사 경계를 포함하고 있다고 보아도 무방하다. 문화-역사적으로도 중화체제의 범주에 속했던 한족 중국을 둘러싼 주변부를 의식하면서 논리를 전개하고 있다. 개념의 출생배경에 대해서는 어느 학술세미나에서 다른 학자의 '초사회시스템supra-societal systems'이라는 개념을 '트랜스시스템사회'로 바꾸는 자신의 언어유희에서 나온 것으로 스스로도 아직은 엄밀하지 않다고 인정하고 있다.[128]

우선 자신이 아직은 모호한 개념이라고 고백한 것만큼이나 여러 가지 토론 주제를 던져 주고 있다. 주변부의 시각에서 느끼는 첫인상으로는 '다민족공동체'로서의 중국을 지칭하는 것인지, 중국과 변경지역을 의도적으로 서로 통합한 '상상의 공동체'를 의미하는 것인지 불분명하다. 동아시아 주변부와 중국의 이미지가 각각 다르게 중첩되기도 하고 일치하기도 하여 분명히 구별되지 않는다. 그만큼 왕후이에게 중국과 동아시아는 인식의 경계가 모호한 것이거나, 아니면 중국이라는 중심체계에 부속된 주변부라는 복수의 하위체계가 모두 하나를 이룬 전체계를 상상하고 있는지 모호하다. 이러한 모호한 인식론에서 나온 개념은 위에서 언급했다시피 동아시아의 시각에서 중국을 본 것인지, 중국의 시각에서 동아시아를 바라보고 있는 것인지를 혼동하게 한다. 우리가 이러한 모호함에서 벗어나려면 '트랜스론'은 '중국이 중심이 되고 동아시아 주변부가 호응하면서 뭉쳐진 지역을 하나의 체계로 상상하는 것,' 혹은 '중국이 동아시아 속에 내재화되어 양자가 일치를 이루면서 구성된 하나의 동아시아체계론'이라

128 왕후이, 앞의 책, 9-11면.

고 그 의미를 유추하면서 이해하는 게 편할 것 같다. 여기서도 중국은 아시아의 대표이거나 아시아 그 자체라는 '범아론'적 사고가 근저에 깔려 있는 것을 부정하기는 힘들 것 같다.

이렇게 아직은 모호하다고 하면서 초국가적, 초사회적 서사로 구성되는 지역을 하나의 사고단위로 상상하고 있다.

> '트랜스시스템사회'는 서로 다른 문명 종교 종족집단 및 기타 시스템을 포함하는 인간공동체이거나 사회연결망이다. 그것은 한 가정일 수도 있고 한 부락, 지역 혹은 한 국가일수도 있다. 〔…〕 '트랜스시스템사회'는 '민족공동체'와는 다른 관점으로 각종 사회를 서술한 개념일 뿐 아니라 다원사회라는 개념과도 다르다. 이것은 각 시스템이 상호 침투하고 사회연결망을 구성하는 특징을 더욱 강조한다. 〔…〕 트랜스시스템사회를 지역적 범위와 연관 짓게 되면, 지역은 민족-국가와도 다르고 종족집단과도 달라지며, '지역'이라는 범주가 특수한 인문지리와 물질문명의 기초 위에서 독특한 혼합성, 유동성, 정합성을 포함하기 때문에, 우리가 민족주의적 지식의 틀을 넘어서 중국과 그 역사적 변천을 새롭게 이해하는 데 도움이 된다. 또 다른 측면에서 트랜스시스템사회는 동시에 초사회시스템과 서로 얽혀 있다. 예를 들면, 중국역사에서 조공시스템은 트랜스시스템사회적 연결망 방식이면서 초사회시스템적 연결망이기도 하다. 이 시스템은 더 넓은 지역의 정치공동체들을 하나로 연결했다. 이 때문에 트랜스시스템사회와 초사회시스템이라는 시야에서 지역, 특히 민족지역 개념을 재검토하는 일은 '중국을 어떻게 이해할 것인가' 혹은 '중국이란 무엇인가'라는 문제에서 지극히 중요하다.[129]

이러한 해설은 복수의 민족집단, 종교, 언어로 이루어진 사회구조에서 출발하는 중국의 역사인식과 개념을 과거 조공체제의 지역범주에 적용하면서, 그것을 오늘날 중국의 상상의 체계에 일치시키는 것이다. 중국 주변의 많은 다수의 시스템들이 중국과 연계하여 동아시아라는 하나의 문명과 문화의 교류, 교환, 융합의 구조를 연출하고 있다고 여기는 것이다. 여기에는 서구 근대가 구성한 국제체제에서 유래한 제국-민족국가, 제국-식민, 민주-독재의 이분법을 넘어서 중국역사 특유의 시각을 창출하고, 그것으로써 중국과 주변을 망라하여 바라볼 수 있다는 의도가 드러난다. 그리고 앞서 언급한 대로 인식론적으로 보면 중국의 유기체적이고 시스템적인 세계관systemic world-view을 계승하고 있다.

왕후이는 이러한 그의 중국-주변부 동아시아로 이루어진 다원일체론을 전개하기 위해서 다수의 서구, 일본, 중국 학자들의 동아시아론과 중국사론을 인용하고 있다. 그리고 다음으로 서구의 시간과 공간의식 전개를 중국의 그것과 동시에 병치시키는 시도를 함으로써, 서구 근대에 의해 열려진 중국의 시간과 공간의식이 아닌, 이미 과거로부터 중국의 독자적인 장기지속의 시간과 공간의식이 작동하고 있었음을 입증하려 시도한다. 그러한 시도로써 '서구의 길'과 유비되는 '중국의 길'—반근대성의 근대성과 트랜스시스템사회—이 과거에서 현재까지 장기영속적으로 전개되고 있음을 알리고, 그것으로써 서구 근대가 창출한 보편주의적 역사론에 포획되지 않고 독자적인 '중국식 보편주의역사론'을 구축하려고 시도하고 있다.

3) 초국적 지역주의서사의 구성

왕후이의 접근은 지역을 '방법'으로 삼아 중국과 동아시아를 모두 유동하

129 위의 책, 409-411면.

면서도 통합을 거듭하는 하나의 시스템으로 보는 것에서 착안한 것이며, 논리의 적실성을 보여 주기 위해 지역주의방법론을 사용한 중국과 다른 동서양 학자들의 역사론을 참조하고 있다. 거시적으로 두 가지 방향의 연구를 참조하면서 자신의 초국적 지역주의서사를 구성해 내고 있다. 첫째, 중국 내부에서 출발하여 초국적 지역주의서사를 구성하려는 방법이다. 민족국가 역사에서 일체성을 해체하면서 다원성을 발굴한 연후에, 다시 그 위에 다원일체의 새로운 서사와 정체성을 구성하는 것이다. 둘째, 내부와 주변부와의 상호관계를 하나의 지역주의로 구성하는 방법이다. 즉, 민족국가와 전 지구주의globalism를 겨냥하여 국가적 경계를 초월하는 초국적 지역주의서사를 구성하는 경로이다.

첫째 경로로서 주로 중국의 민족과 국가의 역사를 구성하려는 연구에서 단일민족의 틀을 뛰어넘으려는 초국적 지역주의서사를 구성하려고 한다. 구심적인 시선을 가지고 민족주의 역사학 대부분이 복수 민족의 기원의 다양성을 부정하지 않으면서도 단일기원에 호소하는 경향을 참조한다.[130] 이러한 다원 안에 통합이 있다는 관념은 쑨원의 '오족공화五族共和'에서 '중화민족은 하나일 뿐이다'로 진행되는 통합적 민족사관에 대해서 공감하는 태도를 보여 주고 있다. 다수에서 하나로 수렴하는 것과는 달리, 민족사관의 큰 틀에 있지만 일체 내부의 다원성을 강조하는 연구들도 인용한다. 즉, 민족의 다원적 기원을 인정하면서 민족의 다원적 발전과 다원적 공간의 필요성, 자기발전의 법칙성을 인정한다. 초기 반제국주의투쟁을 목표로 한족을 중심으로 통합하려는 중화민국의 민족사관과 비교하면서 사회주의 중국의 민족사관은 소수민족의 권리와 문화적 다양성을 더

130 顧詰剛, 1998,〈編中國歷史之中心問題〉,《顧詰剛學術文化隨筆》, 顧洪 編, 中國青年出版社, p. 3; 傅斯年, 2003,〈夷夏東西說〉,《傅斯年全集》第3卷, 湖南教育出版社, p. 213; 왕후이, 앞의 책, 443면.

욱 강조한다고 보고 있다.[131] 여기서 제시하려는 것은 국가(중국)와 지역을 구별적, 대립적으로 보지 않기 위해 민족사 내부의 초민족-초국가적 서사의 흔적을 발견하기 위함이다. 즉, 중국은 국가와 지역이 분리되어 전개된 것이 아닌 지속적으로 어우러지면서 자연발생적인 진화를 이루는 서구의 제국-민족국가 개념과는 다른 특수한 초국적 지역사회라는 것이다.

중국 내부의 역사에서 경계를 초월하는 초국적 지역주의서사를 발견하려는 시도에 더하여 두 번째 경로, 즉 초국적인 관계망으로서의 변경지역을 포용하고 있는 중국이라는 논리적 타당성을 얻기 위해 포머란츠Kenneth L. Pomerantz와 하마시타 다케시濱下武志의 역사론을 참고하고 있다. 포머란츠는 유럽과 중국의 정치와 경제수준이 거의 동등한 발전단계 수준에 있었다고 논증하는데, 주로 국가보다는 지역을 비교하며 연구에 접근한다. 즉, 유럽대륙과 거의 규모가 비슷한 중국을 영국과 국가 간 단순 비교하는 것은 비합리적이며, 인구, 면적, 경제적 통합 측면에서 영국과 중국의 양쯔강 델타지역을 비교하고 있다. 그는 유럽과 중국의 역전은 1810년대에야 일어났다고 논증한다.[132] 하마시타의 연구는 초국적 지역주의를 대표하는 저작이다. 경제사 영역에서 조공시스템의 유대, 중국 중심의 동아시아체제를 다시 쓰고 이를 통해 동아시아 내부—한국, 중국, 일본을 포함—에 일종의 지역적 연대관계가 존재함을 확인했다. 따라서 조공네트워크는 지역적 전체성이자 지역체계의 근거이다. 이에 따르면 동아시아는 다음 세 특징을 지닌다. 1) 문화만이 아니라 경제와 정치관계도 하나의 전체를 이룬다. 2) 이 전체는 중화문명을 중심으로 초국적 조공네트워크로 연결된다. 3) 이 조공-책봉 관계의 네트워크는 '중심-주변' 관계를

---

131 費孝通,《中華民族的多元一體格局》, pp. 8-12; 왕후이, 위의 책, 416-417, 443-444, 417면.

132 Kenneth L. Pomerantz, 2009, *The Great Divergence: China, Europe, and the Making of the Modern World Economy* (Princeton: Princeton University Press), pp. 335-343.

형성한다. 하마시타는 이러한 네트워크가 유럽적 관계와는 다르다고 논하면서 근대에도 이러한 동아시아의 조공네트워크는 서양자본주의 확장에 의해서도 소멸되지 않았던 '하나의 세계체제로서의 아시아'였다고 본다.[133] 왕후이는 이러한 이론들을 인용하여 지역적 전체성을 구성하는 기본 근거로서의 조공관계가 안정적인 '중심-주변'의 틀을 형성하였다고 설정한다. 이 틀은 민족국가 상호관계와는 다른 지역관계이며, 따라서 이러한 '지역적 전체성' 관념은 민족국가와는 다른 어떤 지역적인 차원의 정치문화를 형성하였을 것이라고 추론하고 있다. 이러한 전 지역적인 정치문화적 관념은 오늘날 동아시아에서 유럽연합식의 구상이 가능할 것이라고 상상하는 근거가 된다고 생각하고 있다.[134]

이렇게 지역 비교연구와 조공체제 지역네트워크에 대한 연구를 인용하는 이유는 중국-동아시아 주변부 관계망에서의 초국적 지역주의서사를 재구성하기 위해서이다. 즉, 지역주의방법론의 의미는 경제사 영역을 넘어 조공체제가 형성한 동아시아 지역을 일종의 초국적 지역체계로 사유하는 데 영향을 주었다는 점이다. 게다가 더 중요한 요인은 포머란츠와 하마시타의 연구 모두 서구 근대의 보편성과 중심적 논리를 넘어서 중국이 서구에 못지않은 발전수준과 근대적 자본주의 실천경험이 존재했었다고 사고한다는 점이다. 이러한 논리는 서구의 보편적 서사에 편입된 것이 아닌, 서구와 평행선을 그리면서 오래 전부터 이미 장기지속적으로 존재해 온 중국의 트랜스론의 서사를 논증하기 위해 알맞은 자료로 활용되고 있다.

특히 그의 트랜스론은 1989년 홍콩중문대학에서 발표된 페이샤오퉁의 '중화민족 다원일체구조中華民族的多元一體格局'론을 기초로 고안되었다고

---

133 濱下武志, 1990,《近代中国の国際的契機—朝貢貿易システムと近代アジア》, 東京大学出版会.

134 왕후이, 앞의 책, 420-422면.

해도 과언이 아니다. 페이샤오퉁은 중원을 둘러싼 수많은 민족들이 모두 다원일체를 이루는 하나의 중화민족이라고 주장했는데, 이 논리는 이후 중국의 민족사를 연구하는 학자들에게 강령적 개념이 되었다. 오늘날 이렇게 중국에서는 '중화민족 다원일체구조론'에서 '트랜스론'까지 하나의 민족사 구성작업은 지속되고 있다. 외향은 다르지만 내포하는 의미는 같은 두 논리는 중국의 다수민족-문화-영토경계는 일치한다는 증거를 전통과 역사에서 찾는다. 따라서 민족은 단순히 근대에 이르러 생성된 상상의 산물이라는 서구적인 개념을 거부한다.[135] 근대가 민족국가주체를 상상으로 구성했다는 사실을 인정하면, 다민족국가인 중국이 파편화될 우려가 있기 때문이다. 이러한 중-서 양자의 차별적인 가정은 서구의 배타적 주권국가로서의 민족국가생성의 논지와는 확연히 대비되는, 페이샤오퉁과 왕후이로 대표되는 중국적 특수성에서 생성된 중화민족 다원일체구조의 특성을 말해 주고 있다.

종합하면 왕후이는 중국과 변방의 교류사에서 농경-유목, 조공관계, 남북관계, 인류학-고고학적 연구 등의 논리를 민족-국가사와 지역사의 혼합적인 논리에서 바라보았다. 그의 중국사는 한족-주변부 소수민족을 통합하는 초국적 지역주의 구상이다. 그는 이렇게 그가 선택한 지역사의 관점에 근거하여 다원일체의 복합적인 중층의 관계망구조로 중국을 사고하고 있다. 통합된 정치관념이 아닌 왕래하면서 형성하는 관계와 진화를 상상한다는 것이다. 즉, 중국을 포함한 지역관계의 유동과 혼합, 융합과 진화를 상상하는 것은 과거의 정치문화로 포용할 수 없고 새로운 개념을 재고안하여 기존의 틀을 뛰어넘는 현상들을 서술하고 밝히는 작업인데, 이러한 노력은 민족주의지식을 뛰어넘어 '중국이란 무엇인가'라는 문

135 최우길, 〈현대 중국 민족문제에 관한 연구〉, 《세계지역연구논총》, 2000년 제14집, 310-323면.

제의식에 답을 제공할 가능성을 여는 것이라고 서술한다.[136] 이러한 언급은 현재 중국의 시각에서 과거의 변경사를 새로운 개념으로 구성한 동기를 밝히고 있다.

그러나 이러한 초국적 지역주의구상은 국가로서의 중국이 아닌 '역사공동체'로서의 중국, 즉 중화체제의 역사를 복원시키려 한다는 주변부 지식인들의 비판을 받을 수도 있다는 것을 각오하고 있는 것처럼 보인다.[137] 왕후이는 이러한 역사적 시선을 가지고 중국-변방 지역관계망으로서 초국적 시스템을 구상하고 있는데, 이것을 주변부시각에서 바라보게 되면 21세기 동아시아에서 중화체제의 기억을 떠올리는 과거로의 회귀이다. 현재 중국의 위상을 근거로 하여 과거 중화체제로서의 중국-동아시아 체제를 재구성하고 있는 것이다. 즉, 이렇게 중국-변경지역의 역사연구에서 민족국가를 초탈하는 초국적 지역주의서사를 제안하는 이유는 현재 중국을 과거 어느 시점에서의 장기지속의 연속체로 상상하면서, 중원왕조와 변경과의 끝없는 교류를 통해 형성된 민족국가경계를 넘어서는 지역사회의 유동적 관계망으로서, 한족 국가 중국을 초월하는 광활한 '중화민족 다원일체'개념을 '트랜스시스템사회'로 개명하여 재구성하려는 의도이다.

트랜스론의 근거가 되는 중화민족 다원일체 역사론의 논리에 의하면 변경에서 명멸했던 중소규모의 민족-국가들은 정체성을 상실당하고 한족으로 정복되거나 합병되어 통합의 길을 걸을 수밖에 없다. 정치경제적으로도 그렇고 문화적으로도 그렇다. 그렇더라도 그들의 발자취를 찾을 수 없는 오늘의 관점에서, 한족 중심의 중국사의 관점에서 그들의 역동적이었던 역사와 투쟁의 경험들마저 다원일체 통합체의 역사에 용해되는

136 왕후이, 〈트랜스시스템사회와 방법으로서의 지역〉, 앞의 책, 460-461면.

137 '역사공동체'와 '역사경계' 개념의 중국적 해석에 대한 비판논리는 다음을 참조. 임지현 편, 2004, 《근대의 국경 역사의 변경—변경에 서서 역사를 바라보다》, 휴머니스트.

게 타당한 것인지는 의문이다. 이들이 한족 중심 국가에 제공했던 유무형의 역사적 자원을 과소평가할 수는 없다. 변경지대의 중소규모의 제국들이 중국과 동아시아에 그리고 인류역사에 제공했던 역동적인 문화, 정치 경제의 유산을 복원하여 그 의미를 발굴하는 것은 주변부시각에서의 동아시아 담론이 우리에게 던져 준 과제이다.

4) 중심–주변 관계의 유동성

왕후이는 중국-변경과 함께 이루어진 지역을 하나의 트랜스시스템사회라는 전체계로 보면서 내부의 중심과 주변과의 관계는 상호작용에 의해서 유동적인 것이며 변증법적으로 전이를 거듭하는 체계로 보고 있다. 일단 지역이 형성되면 어떤 자주적인 안정성을 가지게 되더라도, 초국적 지역의 상대적인 안정성과 절대적인 이동성은 변증법적으로 변화하는 것이라 안정과 이동(변화)은 항상 지역의 시-공간을 따라서, 기승전결의 흐름을 따라서 전개된다는 의미이다.[138] 따라서 장기지속의 지역체계는 동태적이라 안정성과 이동성은 유동하면서 공존하고, 중심-주변의 상호관계는 변증법적으로 변한다는 의미이다. 그렇다면 왕후이가 말하고자 하는 초국적 지역사회는 다차원적인 중심-주변 관계로 구축된 연속체continuum의 특성을 지니게 된다.

왕후이는 근대 자본주의의 특징은 세계체제 중심-주변 관계가 항상 유동하는 것이기 때문에 전통적 중심-주변 관계로는 근대적 지역관계를 설명하기 힘들다고 본다. 이러한 논리에는 서구 근대가 조성한 중심-주변 관계의 변화는 이제 자연적인 현상이라는 생각이 숨어 있다. 21세기 중국의 부상은 동아시아 중심-주변 관계의 개입역량으로 작용하여 서구가 구축한 냉전시대의 '미국-일본 중심'-'중국-한국 주변' 관계에서 탈냉전시

138 왕후이, 앞의 책, 423-436면.

대에는 '미국-중국 중심'-'일본-동남아-한국 주변'의 이원구도로 변화시키는 동력이다. 이는 중국-동아시아의 관계망구조인 트랜스시스템사회가 가지는 연속체로서의 지역 중심-주변 관계와 일원적 시간, 서구가 가지는 유동적인 중심-주변 관계와 다원적 시간을 대립시킨다. 즉, 오늘날 서양의 중국연구는 "다신론적 시간개념으로 일신론적 시간개념에 대항하는 쪽으로 점점 더 기울고 있는데, 이는 다원주의이론의 흥성과 밀접하게 관련될 뿐만 아니라 민족주의신화의 해체, 민족주의의 억압성을 비판하는 흐름과도 관계 있는" 것으로 추론하고 있다.[139]

이러한 추론에서는 중국과 서구의 중심-주변 관계의 변화와 시공간의 개념이 서로 대조적인 측면을 언급하고 있다. 여기서 왕후이는 세계체제론자들의 논리에서 영향을 받은 측면을 보여 준다. 그는 브로델Fernand Braudel(1902-1985)의 지역사론에서의 시공간의 장기 지속적 특성과, 프랑크Andre Gunder Frank의 서구 중심의 역사를 탈피한 글로벌리즘의 역사전개 관점에서 최근의 서구-중국 관계성을 비판한다. 즉, 서구가 중국-변경(주변부 동아시아 포함)지역으로 구성된 트랜스시스템사회의 다원일체적 일원성을 다원적 시공간개념을 동원하여 지역정체성의 파편화를 기도한다고 파악하고 있는 것이다. 트랜스론은 서구의 다원적 시간개념에 대응하는 논리적 기제로서 민족-국가역사에서의 일체성을 초국적 지역의 다원성으로써 해체하고 다시 그 위에 다원일체구조의 새로운 거대서사와 정체성을 구성하고 통합을 시도하려는 것이다.

5) 독자적 시간-공간 구조론

트랜스시스템사회로 명명한 초국적 지역의 시공간의 구조적 흐름을 논하는 이유는 주변부와 소수민족의 위상과 존재를 하나의 시공간구조에 통

139 위의 책, 442-443면.

합하기 위한 것이다. 이것은 서구 근대의 시공간구조의 전개와 쌍립하는 중국의 시공간구조를 구성하고 중-서 이원론적 역사론과 서구적 발전의 대안으로서 중국의 발전을 서구의 그것과 맞대응하는 주체적 위상으로 구상하려는 의도로 해석할 수 있다.

이를 위해 트랜스시스템의 역사를 구성하기 위해 시공간의 축을 동원하여 설명을 시도한다. 시간개념은 종적인 축에서 움직이기 때문에 서로 다른 주체성(민족국가 혹은 종족집단의, 국가 혹은 지방) 생성에 인식론적 틀을 제공한다. 즉, 일원을 강조하든 다원을 강조하든 주체의 구성이라는 측면에서 이들은 자연히 차이를 통합하면서 배척하는 성향을 띤다. 시간구조의 차별성에서는 어떤 지역, 시스템, 사회집단의 자율성이 중심이 된다. 그것은 국가권력과 행정적 조치들이 종족집단, 지방, 지역의 다양성을 통합하려는 성향을 비판한다.[140] 그 의미는 지역의 개념은 모호하고 중첩성을 띠는데, 하나의 지역이 혹은 나아가 국가도 여러 지역에 속하며 동시에 다중적인 사회관계(민족, 국가, 종교, 무역 및 기타 사회활동 등)를 아우를 수 있는 시간의 다차원 속에 놓이게 된다는 것이다. 그러나 인류학적이고 사회학적 의미에서 지역은 각종 역사적 우연성, 사건, 기타 형태의 왕래를 통해 형성된 횡적 연결이 담겨 있어서, 지역구성은 하나의 단일한 방향, 즉 하나의 시간 축에 정의될 수 없다.

시간개념이 종적인 축에서 움직이면서 개별성과 주체성을 강조하는 반면, 공간개념은 더 많은 차이와 병존의 가능성을 남긴다. 따라서 차이를 인정하지만 동시에 일체성을 중시하는 대부분의 서술은 공간개념에 호소한다. 그래서 왕후이는 트랜스시스템사회가 망라하는 시간적 다차원성을 하나의 축선으로 통합하기 위해 횡적인 공간의 축으로 바라보는 시각을 구성한다. 종적인 시간 축에서 펼쳐져 있는 다양한 주체들의 목소리를 한

140 위의 책, 449면.

공간의 횡선에 배열하면 트랜스시스템사회의 안정성이 파괴되지 않는다. 즉, 왕후이는 지역사회의 횡적 시간과 시세, 그리고 장기지속의 횡적 시간을 문화와 종교에 연관시킨다. 즉, 유교문화와 정치문화의 횡적 성격, 종교를 횡적 연관에 놓는 방식이다. 예를 들어 지역의 조공시스템은 일종의 횡적 시간의 축에서 작용한 보편적 정치문화로서, 각종 종적 정치문화의 관계를 횡적 연관 속에 편입시킨 보편적 문화로 작용하였다고 논한다.[141] 이러한 논의에서 우리는 왕후이의 우려를 알 수 있는데, 그것은 종적인 시간 축에서 다양한 주체들의 다양한 사고들이 문화, 국가, 민족, 종교 등과 관련을 가지게 되면, 역사는 정체성 정치의 상호갈등의 무대가 될 것이라는 점이다. 이러한 생각은 지역의 모든 이질적인 요인들을 초국적 지역주의서사로 통합하여 횡적인 관계망—트랜스시스템사회—의 축으로 재구성하려는 그의 노력에서 보았을 때 자연스러운 일이다.

이렇게 왕후이는 시간의 종적인 축에서 주체적으로 움직이는 다양한 민족과 국가주체들의 움직임을 다원일체라는 횡적인 시공간의 축으로 통합시키고, 이 축선상에서의 유동성을 총체성의 역사로 재구성한다. 이를 위해서 중국의 역사론에 고고학, 인류학, 문명학의 연구결과를 인용하면서 중국혁명 이후에도 이러한 초국가적 지역주의논리가 영속적이며 유효하다는 주장을 내세운다. 이러한 하나의 시공간의 움직임을 장기지속의 역사론으로 구성해 내고 있다. 횡적인 시공간의 장기지속의 역사론은 서구와 중국의 역사와 발전양상이 분리되고 상호 고립된 것이 아닌, 장기 지속적으로는 중-서 이원적 거대세계의 시공간이 상호 연동하여 움직이고 있었다는 논리로 쉽게 이어질 수 있다. 따라서 서양의 세계체제론자—특히 프랑크, 아리기 등—들의 이론에서 보는 바와 같이 서구중심체제가 중국으로 이동하여도 역사의 이상 현상이 아니며 자연스러운 것이라는 의

141 위의 책, 452면.

미를 생성하게 된다.

왕후이는 이렇게 다원병존하면서도 일체를 이루는 구조에서라야 소수민족자치 공간과 시간구조의 다양성도 포용할 수 있다고 강조한다.[142] 그러나 이러한 소수민족자치구가 트랜스시스템사회 안에 성공적으로 포섭된다는 논리에도 불구하고 시공간의 다양한 구조에서 생성되는 다양한 의식과 사고, 즉 다원성에서 분산되어 나오는 정체성의 유동을 어떻게 '인정recognition'으로써 포용해야 할 것인가에 대해서는 단순히 이 논리로 설명할 수 없다. 시간의 종적인 축선상에서 다양한 주체들의 분산적인 요구들이 어떻게 횡적인 공간의 축에서 통합될 수 있는지 설명이 모호하다. 특히 지역의 다양한 주체들이 다차원적 시간의 축에서 공존할 때, 다양성을 와해하려는 지속적으로 작용하는 구조적 패권의 존재를 발견하고 비판할 때, 이러한 시간구조의 차별성은 역량을 발휘한다. 그런데 왕후이는 트랜스시스템사회에서 이러한 현상은 자연스러운 것이라고 인정하면서 횡적인 연관성이 그 차별을 허물고 통합한다는 막연한 설명을 하고 있다. 그런데, 이질적인 시간의 흐름으로 생성된 대만과 티베트, 위구르의 유동하는 정체성과 저항운동을 단지 다원병존의 횡적인 공간의 사고로 해결할 수는 없을 것 같다. 다원병존의 구도는 동아시아 주변부의 독립적인 민족국가와의 관계에서 적용될 수 있는 사고이다. 그러나 21세기 중국-변경지역 소수민족이 한 지역의 서사로 결합된 트랜스시스템사회가 다원병존의 구조라면, 거기에는 정치사회적 다원성의 기본원리인 비판의 자유가 필수적이다. 비판의 자유가 없는 다원병존의 논리는 구조적 문화-의식 헤게모니의 억압기제로써만 유지될 수밖에 없다. 그러므로 왕후이의 트랜스론은 주변부의 서사를 억압하고 주류에서 배제할 수밖에 없는 허점을 이미 내포하고 있다.

142 위의 책, 444-445면.

6. 트랜스시스템사회론 비판—동아시아 주변부의 시각

1) 담론패권과 진실효과, 보편성의 억압

중국 중심의 트랜스론에 대해서 우리는 성찰적이고 비판적인 시각으로 바라볼 필요가 있다. 이 책의 논의에 깊은 영향을 주고 있는 비판적 역사론은 다음 같은 통찰에 근거한다. 미셸 푸코의 철학에서 보면 역사는 현재를 살아가는 사람들이 바라는 서사의 구성이다.[143] 자신을 위해서 우리는 끊임없이 역사의 구성(영토화)-해체(탈영토화)-재구성(재영토화)을 지속한다. 문제는 상충되는 주장을 하는 논객들이 자신의 입장을 도와주는 실증적 증거자료를 얼마든지 찾아낼 수 있다는 것이다. 그래서 실증적 자료를 가지고는 역사적 '진실'을 검증할 수는 없으며, 단지 '진실효과'만을 창출할 수 있을 따름이다. 예를 들어, 티베트, 고구려 역사문제와 영토경계 논쟁 등과 같은 문제들에서 상반된 주장을 하는 진영들이 각자 진리를 주장하고 입증하는 것은 따라서 무의미한 일이다. 단지 이들의 논쟁은 권력의 뒷받침을 담보로 '진실효과'를 창출할 수 있을 따름이다. 인류역사상 심각한 문제는 역사논쟁에 대한 진실효과를 더욱 많이 창출할 수 있는 결정권은 국제사회에서 권력을 더 많이 가지고 있는 민족이나 국가가 발휘했다는 것이다. 특히 오늘날 대만과 티베트, 오키나와 문제와 관련된 역사논쟁에서 어떤 논리가 진실효과를 더 많이 창출할 수 있느냐 하는 것은 권력을 더 많이 가지고 있는 주체에 의해서 결정될 것이다. 따라서 동아시아의 진보적 시민-지식인 공론장이 해야 할 일은 이러한 지식-권력의 근대적인 패러다임을 초탈하고 소외와 배제를 겪고 있는 소수자의 권리를 위해 비판을 전개하는 것이다.

---

143 Michel Foucault, 1984, *The Foucault Reader*, ed. Paul Rabinow (New York: Pantheon Books), p. 56.

들뢰즈의 유동성의 철학에서도 트랜스론은 많은 근대적 사고의 맹점을 근거로 비판받을 수 있다. 트랜스론은 서구 근대적 보편주의 지향—다름의 동일시—에 대항하려는 목적에서 동아시아의 보편성을 구축하면서 수많은 차이들을 말살시키려는 일종의 역사의 폭력성을 답습하고 있다. 인류역사, 장기지속의 지역사의 전개에서 구심적 운동(영토화)과 원심적 운동(탈영토화)의 동태적 관계성에서 주로 구심적 측면만을 강조하고 있다. 즉, 한족 중국을 중심으로 운동하는 소수민족으로 이루어진 시스템사회라는 구심적 측면만 강조하면서 원심적 측면(저항, 반란, 정복, 교류, 분산, 유동)을 경시하고 있다. 트랜스론이 등장한 원인인 서구-중국(초국적 지역으로서의)의 상호관계성을 형식적으로는 인정하고 있지만, 내용적으로는 한족-소수민족과의 상호관계성과 원심적 측면—탈영토화—을 철저히 폄하하는 한족 중심의 통합적 역사론을 구성하였다. 이것은 근대적 역사론의 보편적인 발전을 논하면서 다수의 차이성을 소거시키려는 서구적 근대의 동일시의 지배를 중국식으로 재현하는 것에 불과하다. 왕후이는 중국-주변으로 이루어진 장기지속의 사회체계와 지역체계의 결정과 변화를 이런 식으로 이해하고 있다. 지배적 체제와 역사를 구성한 후에 이러한 지배체제에 대한 도전과 유동, 분산, 파편화를 망각하려는 중국 중심의 다원일체구조를 상상하고 절대화하고 있다.

이렇게 중국 주류의 시각을 대변하는 왕후이의 역사론은 서구적 역사관이 아닌 자신이 창출한 트랜스론에서 보아야 한다는 동아시아에서의 중국식 보편주의서사를 창안하는 데 심혈을 기우리고 있다. 이렇게 중심주의적 서사를 구성하는 데 열중하다 보니 자신을 여럿 중 하나로 '상대화'하는 태도를 발휘하면서 주변부와 소수민족서사와의 '의사소통'하기에 소홀한 것을 발견할 수 있다. 이러한 지적인 경향에 대해서는 중국의 신계몽주의를 사유하는 쉬지린으로부터 많은 비판을 받고 있다. 하버마스의 비판이론을 참고하면서 그의 논리는 중국의 부상과 함께 떠오르는 지식 지평이 아직은 새로운 문명의 창달보다는 국가주의적 발전에 치중하고 있다고 여기면서 공론장에서의 의사소통이 더욱 증대되어야 한다고 강조한다.

비판적 연구자의 태도에 대해서 하버마스는 다음같이 논한다. 국가 혹은 체계에서 자신을 상대화하는 태도를 하버마스는 '생활세계적 관점의 중립화'이자 '자연적 태도에서 이론적 태도로의 전환'이라고 정의 내렸다.[144] 그리고 진리를 구하는 것은 대화와 동의를 통해서 상호 이해에 도달해야 가능한 것이며, 이 과정에서 대화적인 태도로 전제 없는 토의가 이루어져야 한다는 것을 강조한다.[145] 당연히 여기에는 자기성찰적인 태도가 보충되어야 한다. 상기의 논리에 착안하면 동아시아 담론의 인문학적 상상의 개념은 자신이 속한 국가와 역사를 여럿 중의 하나로 객관화하고 상대화할 수 있어야 가능한 것이다. 즉, 자신이 속한 국가와 사회의 이해관계를 초탈한 위치에서 논리를 전개해야 이론적 태도를 발휘할 수 있다. 이렇게 진리를 위해서는 자기성찰과 해체까지를 전제하는 비판적인 시각의 필요성에도 불구하고 많은 측면에서 중국중심적인 사조를 거의 대변하는 왕후이의 트랜스론에서는 자신이 서 있는 국가가 제한하는 지식과 사고의 경계를 넘어서 비판적이고 성찰적으로 문제를 바라보기보다는 국가와 사회의 구조적 사고에 내재화되어 있는 보수성을 발견할 수 있다. 우리는 동아시아 담론의 인문학적 지향과 같은 맥락에서 사고하는 비판적 역사론으로 중국식 보편주의 역사론에 대해 성찰을 촉구할 것이다.

탈냉전시대 동아시아에서는 자신의 위치를 상대화시키지 않는 자국중심적인 역사론이 많은 문제를 표출시키고 있다. 예를 들어 중국과 한국의

144 위르겐 하버마스, 《의사소통 행위이론—행위합리성과 사회합리화》 1권, 209면.
145 위의 책, 224-234면.

고구려 역사논쟁은 국가(왕조로서의)와 역사공동체를 혼동하여 발생한 것이다. 이러한 논쟁의 기저에는 중화인민공화국이라는 근대적 민족국가가 건국한 후에 영토경계 내에 있는 소수민족을 합쳐서 중화민족 다원일체를 유지해야 할 현실적 과제를 위해 역사학을 이용하고 있는 것이다. 즉, 중국은 "중국사는 역사상의 중국을 자칭한 각 왕조의 역사뿐만 아니라 당시의 왕조에 속하지 않았지만 지금은 중국을 이루는 각 민족과 각 지역의 역사를 모두 포함한다"[146]는 원칙을 천명하고 있다. 중국의 논자들은 오늘날의 영토경계 내에 있었던 과거에는 다른 역사공동체를 오늘날의 영토경계로 편입시키려는 것이고, 한국의 논자들은 오늘날은 영토경계 밖에 있지만 과거에는 같은 역사공동체에 있었던 지역을 현재 혹은 미래에 다시 귀속시켜야 할 영토로 규정하고 있는 것이다. 물론 이러한 양측의 논지는 모두 과거의 국가 간의 관계와 역사공동체라는 서로 다른 개념을 일치시켜 영토경계를 설정하는 것이다. 이와 관련하여 동아시아의 역사는 "일반적으로 한 국가가 한 역사공동체를 지배하거나 한 역사공동체가 한 국가를 건립하지 않고, 복수의 국가가 한 역사공동체를 분점하거나 복수의 역사공동체를 한 국가가 통합지배하는 양상으로 전개되어 왔기 때문이다"[147]라고 논한다. 따라서 역사분쟁에서 나타나는 논자들의 의도는 과거 한 시점의 역사에서 나타난 경계를 오늘날의 이해관계를 위해 자의적으로 재구성하고 이용하는 것이다.

조경란은 고구려역사분쟁을 바라보면서 동아시아 담론을 전개하는 한국과 중국의 지식인들에게 성찰적 변화를 촉구한다. 기존의 동아시아론이 상호주의가 아닌 비대칭적인 관계를 통해 자기중심적, 상대의 차이에

146 김한규, 〈중국과 중화인민공화국의 사이—요동과 티베트 역사공동체의 역사적 위상〉, 임지현 편, 《근대의 국경 역사의 변경》, 277면.

147 위의 책, 281면.

대한 인식이 없는 상태에서 진행된 것을 비판한다. 동아시아에서의 비대칭성으로 표현되는 국력의 차이에도 불구하고 평등할 수 있다는 자각을 견지해야 한다고 강조한다. 이는 동아시아에서의 위계적 질서 안에서도 자신의 존재를 상대화할 수 있는 자각을 촉구한 것인데, 자신의 소속과 위치를 해체하지 못하면 서구 헤게모니가 동아시아로 이동한 것에 불과하다는 논리이다.[148] 이러한 지적은 필자가 인식하는 비판이론으로서의 동아시아 담론의 출발점이다. 즉, 자신의 국적과 위치, 문화적 위계주의를 상대화시키지 못하면 무국적의 세계인의 시각을 가지지 못하며, 따라서 동아시아 담론의 인문학적인 개념들을 비판의 틀로 구성하기 위한 토론의 장에 가져갈 수 없다.

오늘날 동아시아의 역사논쟁에서 성찰해야 할 것은 역사를 근거로 정의하는 영토경계는 지리적, 공간적인 국경이 아니라 사람들의 주관적인 인식 속에 세워진 상상의 경계에 불과하다는 사실이다. 그렇기 때문에 역사적 사실이라는 근거를 통해 영토경계를 주장하는 것은 근대적인 경계 만들기 인식에 매몰되어 갈등을 해결할 수 없다. 이러한 역사해석은 근대적 국가주의로서 민족의 거주영역, 역사공동체의 영역, 영토경계를 모두 일치시키는 사고이다. 한반도 분단체제를 극복하기 위한 '복합국가론', 대만의 '소국주의상상', 미국의 점령 이후에 일본에 반환된 오키나와, 유동하는 소수자인 티베트를 둘러싼 중국과 서구의 분쟁과 승려들의 비극적인 분신사태를 접하면서, 우리는 베스트팔렌체제 이래 인정해 온 민족국가만이 정당한 정치체제인가 하는 것에 의문을 품을 수밖에 없다. 중국, 인도, 동아시아 주변부는 영토경계가 2차 대전 이후에 획정되었다. 그 의미는 대체로 현재 민족국가의 영토경계는 근대의 민족, 종족, 언어, 문화의 역사경계와 민족거주지역이 타협하여 구성된 것이다. 거기에 전쟁에

148 박자영, 앞의 자료, 286면.

서 승리한 대국들의 지정학적 이해관계가 크게 작용하였다.

중국의 티베트 점령, 국민당의 대만 정착과 분리주의의 등장, 한반도의 분단체제, 미국의 오키나와 점령과 일본으로의 반환, 도서영유권분쟁 등이 우리에게 말해 주는 것이 무엇인가. 오늘날 이 지역에서의 민족과 국가의 영토경계구성은 과거 제국 간의 관계에 휘말렸던 지역 내부의 중층적 갈등의 역사인식, 민족과 종족 간의 저항과 투쟁의 역사, 민족갈등의 대안적인 역사적 표상들과 충돌의 가능성들이 냉전체제에 의해서 일시적으로 봉합되었지만 내면으로는 지속되었다는 사실이다. 탈냉전 시대 동아시아에서는 이러한 미해결된 역사문제들이 분출되어 나온 가운데 현재의 영토경계를 기준으로 구성된 역사론이 여기에 가세하면서 갈등을 표출하고 있다. 이러한 지역문제에 대한 성찰과 비판은 동아시아 담론이 제기하는 지적인 과제이다. 동아시아에서 대국과 국민국가의 범주에서 역사를 주도하고 그러한 사고체계를 지향하는 근대적 인식을 초탈하여 탈대국주의, 탈국민국가주의, 무경계-탈중심의 사고를 비판의 틀로 구상하려고 한다. 그리고 그러한 틀 안에서 동아시아의 소수자 문제를 담론패권의 대결구도가 아닌 '모든 당사자의 공정한 참여'(낸시 프레이저)를 위한 '의사소통의 공론장'(위르겐 하버마스)으로 가져가야 한다고 믿는다.

2) 통합주의적 역사관

트랜스론은 중국-변경의 통합적 지역단위를 상상으로 구성하고, 그것을 초국적 지역체계로 의식하는 유기체적 사고를 펼치면서, 그 내부의 다양한 민족과 국가, 소수민족 주체들에 대해서는 미약한 존재인식을 표방한다. 이는 주변부의 시각과 탈근대적 문제의식에서 보면, 지역의 다양한 주체들의 차이와 다원성을 하나로 통합하려는 근대적 동일화의 역사관이다. 이러한 역사관은 동아시아 담론이 강조하는 관계망으로서의 지역연대론과는 논리적으로 공감대를 형성하기 힘들다.

첫째, 트랜스론은 의도적이든 아니든 주변부에서 생성되는 동아시아 담론에 호응하면서도 견제하는 이중의 역할을 하고 있다. 즉, 주변부시각의 동아시아 담론이 탈서구적-탈냉전적 지식을 추구하려는 운동에 호응하면서 이것을 중국식의 보편주의 역사론으로 구성하고 전화시키고 있다. 또한 견제의 측면은 동아시아 담론의 탈대국주의-탈국가주의가 표방하는 소수자의 존재에 대한 각성이 중국에게 줄 수 있는 여파를 미리 차단하는 통합적 역사관을 구성하고 있다는 의혹을 살 만하다는 것이다. 이렇게 트랜스론은 동아시아 담론—특히 주변부 시각의—에 호응하는 성격과 그에 대한 견제를 하는 양면성을 가지고 있다. 따라서 주변부 지식인이 트랜스론을 비평할 때, 탈서구적-탈냉전적 지식체계(문화와 의식)에 초점을 맞추면 중국의 동아시아사고로서 손색이 없고, 탈대국주의-탈국가주의, 소수자에 대한 존재의 시각에서 바라볼 때에는 벽에 부딪치는 것을 느끼게 된다. 그런데 동아시아 담론이 탈근대적 문제의식을 표방한다면 이러한 주제를 무시할 수는 없다.

둘째, 왕후이가 인식하는 동아시아는 중국과 주변부가 일치를 이루면서 구성하는 '동아시아 대 서구'의 이원론적 세계의식이 잠재해 있어서 주변부의 존재에 대한 인식이 모호하다. 중국사를 분석한 동서양의 학자들을 인용하면서 중국과는 다른 주변부의 특성과 존재를 의식하지 않는 역사관을 보여 준다. 트랜스론과 관련하여 왕후이가 주로 계시를 받은 것으로 보이는 역사론자들—페이샤오퉁, 하마시타 다케시, 페르낭 브로델, 앙드레 군더 프랑크 등—은 주변이 중국에 대해서 무슨 생각을 하는지를 분석하지 않고, 중국을 중심에 놓고 동아시아 주변부는 거기에 철저히 호응해 가는 역사적 과정만을 사고하게 하는 데 도움을 주고 있다. 주변부의 입장에서 그들의 논리를 추론하면 중국-주변으로 이루어진 관계망 안에서 중국과 관련된 주변을 중국이라는 하나의 체계를 논하면 자연적으로 알 수 있는 것으로 여기는 것 같다. 따라서 이들의 인식에서 '동아시아'는 '중국-중국과 관련된 주변'으로 상상되고 있다. 오리엔탈리즘과 비슷한 중국 중심주의sino-centrism적 의식으로 동아시아 주변부를 조망한다는 의미이다.

셋째, 동아시아 담론의 시각에서 보면 트랜스론은 보수적이란 비판에서 자유롭지 못하다. 이는 과거에서 현재에 이르기까지 장기지속적인 국가-지역의 초국적 지역사의 전개요인을 찾아내어 현재와 미래의 시스템을 그려 보는 것이다. 그리고 시스템의 변화요인—소수민족의 저항과 갈등, 분리주의투쟁—에는 상대적으로 귀를 닫는 것이다. 스스로 유동하는 지역의 역사라는 사고에 역행하는 중국-주변지역이 이루는 장기지속의 거대시스템을 사고의 중심에 놓고 다원성이 증대되고 있는 21세기 동아시아 지역의 무경계-탈중심 지향으로의 발전 가능성을 차단하는 것이다. 그의 역사론은 과거에서 현재로 미래로 연속적으로 나아가기만 하는 장기생성의 연장선을 그리고 있다. 결코 기존의 전체계에서 탈영토화, 재영토화를 허용하지 않는 구조이며, 따라서 중국-주변지역이라는 전체계는 변하지 않고, 그 범위 속에 있는 작은 체계만 작게 변화하면서 전체계의 변화에는 영향을 주지 않는 중국 중심의 초국적 지역체계에 한해서는 '초안정구조'[149]를 기정사실화하고 있다.

부연하면, 그가 의식적이면서 중점적으로 강조하는 것은 개별 소수민족의 분산적이고 주체적 측면보다도 초국가적인 통합의 지역주의이다. 장기 지속적으로 보면 정치적 '통합과 분열'의 측면이 분명 변증법적으

149 金觀濤·劉青峯, 1984,《興盛與危機—論中國封建社會的超穩定結構》, 湖南人民出版社; 金觀濤, 1995, 河世鳳 譯,《中國史의 시스템理論的 分析—超安定的 中國封建社會論》, 新書苑.

로 파동 치는 역사가 드러날 수 있다. 그러나 그는 통합을 향한 움직임을 강조하면서 저항과 분열의 측면을 도외시하고 있는데, 그렇다면 그 분열지향의 원인을 어디서 찾을 것인가. 국가와 민족의 주체보다도 지역통합적 주체를 구성하고 있는데, 그렇다면 '중화민족 다원일체국가'를 상상하고 있는 것이다. 지역구성에서 통합과 분열이 변증법적으로 일어난 원심적 측면을 경시하고, 장기 지속적으로 내부는 항상 유동적이지만 하나의 전체계는 변화하지 않고 항상 초국가적 지역체계로 존재해 왔다고 하는 중국 중심의 구심적 측면만 중시하고 서술한다. 자연적인 논리적 귀결로서 지역의 원심적인 힘, 즉 통합지향의 지배와 억압기제에 대한 저항과 분열의 작은 서사를 철저히 배제했다. 그러나 아래에서 서술하게 되는 비판적 역사론에서는 중국 중심의 통합적 지역주의서사를 해체시킬 수 있는 근거를 제시하고 있다. 중국의 부상과 함께 도래할지 모르는 동아시아 지역-민족국가의 경계에 존재하는 지역 소수자에 대한 중국의 통합적인 태도와 이에 대한 비판적 논리를 비교하여 토론하는 것은 21세기 동아시아 담론에서 중요한 과제이다.

결론적으로, 트랜스론의 역사관에 의하면 동아시아 전 지역을 아우르는 중국문화의 다양성은 역사상 무한한 종적-횡적 시공간의 틀에서 이민족과의 투쟁과 교류의 결과 생성된 복수의 문화와 문명의 혼합성이 존재한다는 형식적인 측면이다. 그러나 그가 내심 유비의 대상으로 삼는 서구의 다양성은 이러한 형식적 다양성 이외에 질적인 것, 즉 사고와 표현의 다양성을 더한 것이다. 중국의 시공간의 흐름에는 형식적 다양성이 존재하지만, 그 표현방식과 내용은 획일적으로 거의 고정적으로 구성되어 있다. 그것이 체제에 의한 억압의 결과이든 사회의 봉건적 잔재이든 아니면 둘 다이든 상관없다. 다양한 문화, 종교, 민족을 통합하고 있지만 획일적 표현방식과 내용만 가지고 있는 사회는 결국 '억압성-통합성'의 특색을 가지며 '분산성-다양성'을 가지지 못한다. 이것의 가장 큰 원인은 형식적인 의미가 아닌 진정한 의미에서 비판의 자유가 제한적이기 때문이다. 체제를 비판해도 체제에 의해서 탄압받지 않을 수 있는 권리와 사회적 분위기는 다양성의 중요한 가치인데 중국은 아직도 그게 부족하다. 왕후이의 논리는 중국이 어떻게 국가적인 발전을 지속할 수 있는가를 논하고 있지만, 이로써 시민사회의 비판으로 형성되는 진정한 사고와 문화적 다양성의 발전을 논하기는 힘들다.

즉, 트랜스론은 만리장성의 안과 밖을 모두 한족 중심의 지역시스템의 역사에 통합시켰는데, 정작 이 시스템으로 다원성을 유지하고 보호한 것이 아니라, 장성 안에 거두어들여 용광로에 녹여 버리고 말았다. 만리장성이 상징하는 다원일체의 역사, 시간-공간의 통합성, 반분산성과 대일통의 관념은 일종의 동아시아의 블랙홀처럼 모든 중국-주변지역의 다양성을 빨아들여 녹이고 하나로 통합시켜 버린 것이다.

3) 트랜스론과 왕후이의 변신 아닌 변신?

왕후이의 역사론은 동아시아 담론이 표방하는 탈서구적 지식운동을 중-서 이원론적 인식론으로 전화시켜 무의식에 내면화시키는 효과를 가지고 있다. 이것은 단순히 서구에 대항한다는 의미가 아니라, 서구적 보편성에 기초한 발전과 역사론에 대응하여(탈영토화) 중국적인 보편성의 발전론과 역사론을 세우려는(재영토화) 의식을 가지고 있다는 것이다. 흥미로운 것은 근래에 왕후이가 중국과 세계를 인식하는 시각을 분석해 보면, 그가 중국 주류의 세계관과 역사관의 아바타로서의 이미지를 투사하는 것을 확인할 수 있다. '비판적 지식인'으로 분류되기를 원하는 왕후이는 초기에 보여 준 신계몽주의와 신자유주의적 발전에 대한 비판적 시각에서, 근래에는 오히려 중국의 개혁정책에 편승하는 논조를 보이면서 국가주의적인

변신을 했다는 오해 아닌 오해를 불러일으키고 있다.[150]

이 같은 상황에 직면하여 우리는 왕후이에 대한 한국 지식계의 판단이 조금은 동아시아 담론에 대한 우리의 '희망사항wishful thinking'을 애초부터 반영한 게 아닌가 하는 생각이 든다. 그러나 필자가 생각하기에 중요한 사실은 이미 초기부터 그의 논지가 중국의 근대화에 대해서 서구이론을 중심에 놓고 사고하는 경향에 비판적이었다고 하더라도, 동아시아 담론에서의 인문학적인 진보적 시각을 지향하지는 않았다는 사실이다. 그는 기본적으로 주변부의 시각을 강조하는 동아시아 담론 연구자가 아니다. 초기에 한국의 학계가 교류하면서 그를 지나치게 동아시아 담론과 연관시키려 했던 것에서, 그에 대한 잘못된 인식이 국내에 형성된 게 아닌가 하는 느낌이다. 최근에 왕후이가 트랜스론에서 보여주는 중국 예외주의로의 변신 아닌 변신은 주변부 동아시아 담론의 비판대상이 되기에 충분한 것으로 보인다.

백승욱은 비판적 지식인에서 국가발전지상주의를 주창하는 왕후이의 변화 궤적을 정리하고 있는데, 동아시아와 관련해서 두 가지를 짚어 본다. 우선, 중국문명의 장기지속이 현대성에 각인시킨 고유성을 찾는 작업이다. 즉, 중국이 중화제국의 시대에서부터 오늘날까지를 장기지속적인 문명이라고 보고, 그 내부에 중국이 가지고 있는 특수성을 부각시키고자 한다. 이러한 중국의 특수한 위치와 동아시아의 관계성을 아울러 '초체계적 사회'[151]로 명명한다. 다음으로, 왕후이는 중국의 발전이 현재 동아시아와

150 1990년대 중국 학계에 등장한 왕후이와 대담을 했던 백승욱은 이러한 변신에 대해서 비판적 지식인인 "그가 어디에 간 것인지 곤혹스러움을 감추지 못한다"고 하면서 "거의 관변적 색채를 가진 주장"이라고 혹평한다. 백승욱, 〈중국지식인은 중국굴기를 어떻게 말 하는가〉, 《황해문화》, 2011년 가을호, 301-302면.

151 백승욱은 '트랜스론'을 '초체계적사회론'으로 해석하는데, 필자는 앞서 밝힌 바와 같이 '超'는 '跨'의 의미가 살아나지 않아서 차라리 '트랜스론'으로 하는 게 좋다고 생각한다. 그러나 그의 비판을 인용할 때는 원문의 '초체계사회론'을 사용한다.

미국 주도의 지구적 자본주의체제에서 상당히 자주적인 발전모델이라는 점을 부각시키려 하지만 백승욱은 이러한 주장을 논리적, 실증적 근거를 들어 부인하고 있다. 왕후이가 종속과 자주를 대립물로 보는 관점을 가지고 중국의 자주적인 발전을 강조하는 것은 비논리적이라고 진단한다. 즉, 중국의 발전은 완전한 자주의 결과가 아니라고 해도 그것이 종속을 의미하지는 않으며, 왕후이는 지나치게 종속이 아닌 자주적인 발전의 측면만을 일종의 '필요성과 바람'으로 논리를 압도한다고 평한다. 그는 이러한 왕후이의 희망사항에 입각한 역사의 재구성에 대해서 현재 중국체제의 문제를 은폐하는 국가주의적 경향으로 여기는 첸리췬의 비판에 동조하고 있다.[152]

특히 중국의 예외주의(그는 '이례성'으로 표현한다)와 관련하여 동시대 초체계적 사회의 내외부의 '중첩된 시간대의 복수성'을 어떻게 이해할 것인가를 중요하게 다루고 있다고 보고 있다. 그는 왕후이가 초체계사회라는 통합적인 상위의 시간대를 만들어서 하위체계들의 각각 다른 복수의 시간대를 무력화시킴으로써 오히려 양자 간의 관계, 즉 상위 시간대와 하위 시간대와의 재편과 관계 변환의 문제를 어떻게 설명할 것인가에 의문을 가진다. 장타이옌의 '제물평등齊物平等'사상을 '초체계적 사회론'의 배경으로 삼으면서 '차이의 평등'을 사고하지만, 이것은 역사적 성찰과 현재의 중국 사회의 위기라는 어긋나는 주제를 연관시킨 것으로 비논리적이라는 것이다.[153] 이렇게 초기부터 왕후이에게 잠재했던 '지식인주의적-국가주의적' 흔적은 이제 중국 발전의 예외주의를 옹호하는 전환점을 밟기에 이르는데, 이것은 첸리췬이나 쑨거와는 성찰의 출발은 같지만 반환점에서의 방향은 많이 다르다는 평을 한다.[154]

152 백승욱, 앞의 자료, 307면.
153 위의 자료, 307-308면.

중국역사를 브로델처럼 장기지속의 지역사의 눈으로 바라보면서 왕후이가 현 시기 중국의 부상을 연관시켜 설명을 시도하는 것에 대한 문제점을 지적하는 데서 백승욱과 필자의 비평은 큰 차이가 없다. 초체계적 사회론에서의 왕후이의 역사관은 서구의 역사시간이 중국의 장기지속의 시간을 포섭한 것으로 파악하는 게 아니라, 양자의 병렬의 흐름을 사고하고 있는 것이다. 따라서 서구 근대의 시간이 중국 근대 시간을 추동한 게 아니라, 양자가 동일한 시간대의 흐름선 상에서 서구 근대에 대한 중국의 '반근대의 근대성'이 맞대응한 것이라는 논리이다. 그렇다면 서구 근대의 보편성이 중국에게만은 예외를 허용할 수밖에 없다. 초체계적 사회론은 이러한 서구 근대역사에 포섭되지 않은 중국의 거대서사를 개념화한 것인데, 그렇다면 중국-주변부의 통합적 체계에서 복수의 하위체계들과 초체계사회와의 관계성의 미묘한 변수들을 전부 초체계사회의 거대 시공간구조에 매몰시켜 버릴 위험을 애초부터 안고 있다. 따라서 왕후이의 초체계사회론은 다음 같은 특징에 대한 주변부시각에서의 비판이 나올 수 있다.

필자의 기본적인 출발로서의 근대성의 개념은 동서양을 막론하고 일종의 보편성을 갖는다. 근대성은 주체의 자각이며 자기성찰과 비판의 능력이다. 그리고 이것은 동서의 구분이 없이 보편적인 것이다. 케네디Paul Kennedy는 15세기 명조가 쩡허鄭和(1371-1435)의 원정 이후에 사상적, 정치적인 이유로써 선단을 해체함으로써 우수했던 항해와 조선 기술이 정체상태에 빠지면서 서구에 선진의 자리를 내주게 되는 결과를 낳았다고 논한다.[155] 그리고 청조는 잠시 강성한 시기를 지나 다시 명조의 실패를 반복함으로써 패권전쟁인 아편전쟁과 청일전쟁의 패배를 가져왔다. 이것은

154 위의 자료, 310면.

155 Paul Kennedy, 1988, *The Rise and Fall of Great Powers* (London: Unwin Hyman), pp. 7-8. 케네디는 유교 관료의 보수주의와 안보위협이 주로 북방에서 온다는 중국의 현실인식을 복고주의적 정체성형성의 원인으로 지적한다.

보편적 근대성(단지 서구적이지만은 않은)이라는 관점에서 보면 중국의 종적 시간축의 정치와 횡적 공간의 함몰을 나타내며, 아편전쟁 이래의 중국의 정치적 곤경, 그리고 5·4운동 이래로 중국 사회의 지적인 논쟁들에서 볼 때, 중국의 근대는 서세동점의 긍정적, 부정적인 영향력에 포섭된 원인을 제공한다. 이 시기의 역사를 논할 때도 트랜스론에서의 시공간의 다원일체로 설명이 가능할지는 의문이다. 그런데 왕후이는 이러한 단지 서구적이지만은 않은 보편적 근대의 역사를 반박하는 중국 특수주의적 보편사를 구성하기 위해 브로델의 장기지속의 역사, 프랑크와 아리기의 탈서구중심주의-아시아 복원 역사론의 도움을 받으며 중국과 주변의 장기지속적인 교류와 관계망을 부각시키면서, 한족 중심의 중국 주도의 시공간의 트랜스론을 새롭게 구성하려고 시도한다. 그는 서구 중심의 '지구적 자본주의화-세계화'에 대항하여 중국이 동아시아 주변부를 시스템으로 포섭하면서 '지역 자본주의화-지역화'를 지향하는 이론을 구성하고 있는 것이다. 이러한 서구적 시공간의 전개로부터 독립적인 대안으로서의 중국 특수주의적인 사고에서는 의식적이든 무의식적이든 중-서 이원론적 구도에 매몰되어 있는 것을 나타내고 있다. 서구의 '세계적 보편화'에 대해서 중국은 '지역적 보편화'를 창출하면서 대항하는 구도에서는 서구의 패권주의 거대서사가 많은 하위체계의 시공간에서 발생한 희생을 은폐하듯이, 중국의 지역패권주의 거대서사가 초래할지 모르는 소수자의 서사들을 배제하고 은폐하여 트랜스론으로 그러한 귀결을 정당화할 것이다.

그렇다면 우리는 왕후이가 '반근대성의 근대성'으로 제시한 중국의 발전 모델이 우선 지역에 그리고 다음에 세계에 서구적 대안으로서의 보편성을 창출할 수 있을까 하는 것을 고민해야 한다. 백승욱은 이러한 왕후이의 논리적 문제점을 의식하면서 서구적인 것에 대립하는 동아시아적인 특성을 찾는 시도가 결코 문제의 해결을 가져오는 것이 아니라, 우리 모두가 하나의 세계에 살고 있고, 그렇기 때문에 공통의 자원과 역사를 경험하고 교류하고 있다고 인정한다면 프랑스혁명 이후 대중들의 '권리에 대한 권리'라는 보편성 이후에 생성된 새로운 변화를 기초로 보편성을 재탄생시키는 작업이 중요하다고 지적한다. 그리고 왕후이가 강조한 국제주의에 대해서도 국가들의 국제주의가 아닌 국제주의적 동일성을 획득한 주체들의 형성이 가능한지를 우선 사고해야 한다는 언급으로 결론을 맺는다.[156] 이러한 평가는 중국의 신계몽주의 지식인 쉬지린의 왕후이 등 신좌파의 사상에 대한 전반적인 평가와 거의 비슷한 맥락에서 이루어진 것이다.

4) 중심이동의 역사론—서구에서 중국으로

트랜스론의 초국가적 지역주의서사 구성은 브로델, 아리기, 프랑크, 코언Paul Cohen, 니시지마 사다오西嶋定生, 미조구치 유조, 하마시타 다케시 등의 논지와 방법론으로부터 많은 도움을 받았다. 특히 최근의 미국의 쇠퇴, 동아시아와 중국의 부상은 이들의 논리적 타당성—동아시아와 중국의 내재적 근대론—을 입증하는 측면이 있으며, 따라서 왕후이로서는 기꺼이 이들의 논지를 빌려 트랜스론을 구상하는 데 사용하고 있다. 그러나 탈동서이원론적 시각을 참조하면 지나치게 서구중심적 사고로 아시아와 중국을 바라보는 것을 경계하려는 연구들은 역으로 중국에 우호적인 논리를 전개하는 태도를 비판한다. 서구중심적 사고를 성찰한다고 해서 서구중심주의와 같은 방법으로 중국을 지나치게 과대포장하고 있다는 것이다. 이러한 비판적 역사론은 특히 무경계-탈중심의 탈근대적인 문제의식을 함유하고 있으며, 또한 동아시아 담론의 비판적 지역주의의 특성을 반영하고 있다. 우선 코언, 브로델, 아리기, 프랑크의 논지에서 왕후이가 계시를 받을 수 있었던 측면을 찾아보고, 다음에 일본 학자들의 내재적 근대론을

156 백승욱, 앞의 자료, 311-312면.

살펴본다.

트랜스론의 출발선은 민주-독재, 봉건-근대, 제국-식민이라는 서구식의 사고로 중국의 근대와 역사를 바라보는 것을 거부하고, 중국 특수주의적 시각으로 중국의 발전과 역사라는 주제를 사유하려고 한 것이다. 이는 코언의 중국사론에서 적극적으로 제기되었던 방법론이다. 코언은 서구의 중국연구를 검토하면서 1950-60년대의 개념 틀로서 '충격-반응impact-response approach', '전통-근대성', '제국주의 접근법' 등에 모두 서구 중심주의적 가정이 과도하게 부과되어 있는 것과 그와 같은 경향은 중국의 현실을 심하게 왜곡하고 있다는 것을 논증하려 하였다.[157] 즉, 19세기 중국에 가해진 서구의 충격은 초기세대의 미국 학자들에 의해 과장되었다. 그에 의하면 인문학의 서구중심주의에 도전하는 '중국 자신에 입각한China-centered' 방법론의 핵심은 '역사적 문제를 외부에서 들여온 의미라는 관점보다는, 중국인들 자신이 경험한 중국의 과거에 감정을 이입해 재구성하려는 연구방법'이다. 이 같은 중국 자신에 입각한 접근법은 중국적인 상황에서 설정된 중국의 문제로 출발하여 중국역사의 규모와 복잡성을 자세하게 다룰 수 있는 좀 더 작은 단위로 분해하려 하며, 또한 중국 사회를 여러 수준에서 위계적으로 조직화된 존재로 보고, 역사학 이외의 다른 사회과학분야에서 발전된 이론, 방법론, 기법들을 기꺼이 사용하면서 그들을 역사적 분석에 통합시키려 하는 것이다.[158] 이러한 접근은 근대적 변화는 중국 자신에 의해 주도될 수 없는 것이며, 오로지 서구에 의해서만 도입될 수 있다는 편협한 믿음을 거부하면서, 중국의 근대에서 중요하고 유의미한 변화는 서구적 근대라는 규정된 시각을 중국역사에 그대로 부여하는

---

157 Paul A. Cohen, 1984, *Discovering History in China: American Historical Writing on the Recent Chinese Past* (New York: Columbia University Press), pp. x-xiv; 폴 A. 코헨, 2003, 이남희 역, 《학문의 제국주의》, 산해.

158 Paul A. Cohen, 위의 책, p. x.

것에 의문을 표한다.

그러나 왕후이가 동의하고 있는 코언의 '중국 자신에 입각한 역사론'에 대해 개스터Michael Gasster의 논평은 이 책에서 제기하는 비판에 근접한다. 즉, 모든 학문적 시각은 그들만의 왜곡을 가지고 있으며 '중국 자신에 입각한 시각' 역시 외부세계와의 접촉이 빈번해진 19-20세기 중국역사의 자율성을 지나치게 과장하는 측면을 지적한다. 균형을 잡기 위해서 '중국의 각 지역을 중국 전체에 연결시키는 방법과 중국을 더 넓은 세계에 연결시키는 방법'을 제안한다. 따라서 그의 비판은 중국 자신에 입각한 방법이 추구하는 단일적이고 통합된 중국이라는 과거의 그림 대신에 다양한 중국이라는 그림을 수용하기 위한 분석적 도구가 필요하다는 것을 강조한다.[159] 여기서 보듯이 코언의 방법은 중국을 만들어 온 외재적 요인—서구만이 아니라 동아시아 주변부를 포함하여—들을 무시하거나 적절하게 다루지 못한다. 그리고 서구 근대의 방법에 대한 중국의 반발로서의 내부적 시각은 이미 21세기 탈근대적 문제의식의 흐름에 역행한다. 오늘날의 세계는 좁아지고 있고, 국내문제가 외부로 또한 외부의 문제가 내부에 영향을 주고 있다. 이러한 '중국 자신에 입각한 시각'의 보수성은 근대 이래로 페이샤오통의 중국적 특수성에 입각한 다원일체 중화민족국가, 왕후이의 트랜스론과 같은 현재와 미래의 중국 만들기 역사관을 배양하는 데 도움을 주고 있다.

또한 코언의 방법은 서구중심을 중국 중심으로 재구성하는 또 다른 중심주의적 접근법이다. 중국자신에 입각한 접근법은 외래의 접근과는 동떨어진 체 중국이라는 특수성에 동아시아주변부 다수의 이질성과 다원성

159 Michael Gasster, "Discovering China in History: Some Comments on Paul Cohen's Discovering History in China," *The American Asian Review* (1987), 5(2), pp. 121-153; Paul A. Cohen, *Discovering History in China*, p. xi.

을 통합시키는 것이다. 즉, 필자가 비판적으로 지적하고 싶은 것은 서구 학자들이 동아시아를 바라 볼 때마저 중국 중심적 시각으로 주변부를 조망하려는 경향이다. 이들은 동아시아주변부를 '작은 중국' 정도로 취급하면서, 중국과 분리시켜서 분석하지 않는 거의 무지에 가까운 주변부 역사관을 드러낸다. 그러한 결과로 인해 대만, 티베트, 위구르, 오키나와 등의 소수자문제가 경시되고 있고, 또한 역사적 배경과 정치경제적인 출발조건이 다른 한국, 대만, 홍콩, 싱가포르를 하나로 뭉뚱그려 '아시아 네 마리 용'과 '아시아적 가치론'이라는 허구의 신화로 이들의 개별성을 무시하고 서구식 자본주의를 가능하게 하는 공통적인 동아시아의 내부적 동인을 선험적으로 보유한다는 서구 중심주의적 분석을 제출하였다.

트랜스론이 참고한 브로델의 아날학파의 핵심적 논지는 전통적인 역사학이 엘리트를 주인공으로 사건의 역사를 구성한 것과는 달리 전체사를 지향한다는 사실이다. 브로델의 전체사는 헤겔의 역사철학에서와 같은 총체적 이성의 발현으로서의 세계정신의 보편성의 실현이라는 하나의 목적을 향해 직선상을 달리는 시간흐름을 철저히 거부하고, 길든 짧든 지속되는 반복들과 끊임없이 다시 시작되는 주기들로 이루어진 순환적인 역사를 상정한다. 따라서 역사는 직선상에서 전개되면서 시작과 완성이 분명히 존재하는 게 아니다. 이러한 역사보기에 의하면 미래의 역사라는 것은 아주 서로 다르면서도 또한 충분히 있을 수 있는 여러 가지 가능성들의 사이에서 머뭇거리고 있을 뿐이다.[160] 따라서 일반적인 역사에서 주로 부각되는 영웅이나, 전쟁, 정치적 격변은 그에게는 주변적이고 표면적인 사

160 고원, 〈브로델의 전체사〉, 페르낭 브로델, 2012, 강주헌 역, 《지중해의 기억》, 한길사, 521-523면; Fernand Braudel, 1969, *Écrits sur l'histoire* (Paris: Flammarion), p. 20. 페르낭 브로델은 프랑스의 '아날학파Annales school'라 불리는 역사학파의 주요 인물이다. 그의 저작 중에 가장 알려진 것은 《지중해의 기억》(*Les Mémoires de la Méditerranée*)과 《물질문명과 자본주의》(*Civilisation matérielle, économie et capitalisme*)이다.

건에 불과하다.

이렇게 브로델은 전체사를 지향하면서 그것을 3개의 층위에서 바라볼 수 있다고 가정하였다. 즉, 단기적 사건events, 중기적 국면conjuncture, 장기 지속longue duree의 3자 간에 일어나는 변증법적인 관계를 통일적으로 파악하여 설명을 시도한다. 정치적이고 사회적인 사건의 역사는 미시적이고 표면적인 것에 불과하다고 여긴다. 중기 국면의 역사는 10년, 20년, 50년 정도의 시간대에서 행위주체들의 상호작용으로 형성되는데 사건의 인과성에 직간접적인 영향을 준다. 이 국면들은 그 보다 더 심층에서 가장 천천히 변화하는 장기적인 구조에 의해 영향을 받는다. 아날학파가 가장 중시하는 장기의 역사는 사회경제적 환경과 인간과의 관계를 종합적으로 파악하는 데 중점을 두면서, 전체 사회구조의 변화의 역사를 추적한다. 따라서 역사를 종합적으로 이해하기 위해서 장기적으로 거의 변화하지 않는 것처럼 느껴지면서도 인간생활을 전개시키며 지속되는 요인들—지리와 기후적 조건, 사회와 경제구조, 정신과 의식구조—과 그 변화주기를 광범위하게 추적한다.[161]

예를 들어 세계사를 서술하면서 3층의 역사를 변증법적으로 종합하여 관찰한다. 맨 아래층에는 가장 느리게 장기에 걸쳐 거의 변화하지 않는 것처럼 보이면서도 천천히 변화하는 개인과 마을단위에서 벌어지는 물질생활의 세계가 있다. 바로 그보다 위에 있는 조금 큰 지역(중간 규모의 지역사회나 도시들로 이루어진)에서 발생하는 교환으로 이루어지는 시장경제의 세계, 그리고 맨 위 층에서 세계적 대도시 간에 벌어지는 자본주의적 국제교역의 역사이다. 변화의 시간은 맨 아래층에서는 가장 천천히 흐르고, 위

161 대표작인 '지중해의 기억'은 기후, 지형, 지질학적 변동에 따른 주변지역의 부침을 중심으로 서술되었다. 오랜 기간 지중해를 중심으로 부침했던 문화들이 남긴 유산과 거주민들이 생존을 위해 어떻게 투쟁했는가에 대한 이야기가 등장한다. 이렇게 다양한 지역의 장기지속의 전체구조의 역사를 구성한 서사들을 풀어내고 있는 특징을 보인다..

에서는 조금 빨리 흐르고, 맨 위 층에서는 가장 빨리 흐른다. 착취는 주로 맨 위층의 세계자본주의를 작동시키는 대도시 간의 국제교역에서 발생하며 이들 간의 거래는 아래 수준의 시장경제에 영향을 주고, 그것은 다시 밑바닥의 일상의 물질생활에도 영향을 준다. 그리고 장기간에 걸쳐서 그 역방향으로도 영향을 주면서 역사는 변화하고 전개된다. 따라서 이러한 3층의 역사보기는 특정 인물과 사건을 별로 중시하지 않으며 장기적으로 순환하는 전체구조를 탐구하는 방법을 중시하고 있다.[162]

이러한 아날 학파의 역사접근 방법은 서구의 세계체제론자인 아리기의 헤게모니 분석과 '장기 세기' 개념 도입에 영향을 주었으며, 일본의 하마시타의 조공무역을 매개로한 동아시아 '교역권' 논리에도 영향을 미쳤다. 왕후이에게는 장기지속의 지역사적 시각을 일깨워 주었다. 왕후이는 브로델의 장기지속의 구조 안에서 순환하는 중기지속의 한족의 중국과 주변의 소수민족을 포함하여 전개되는 초국적 지역주의서사로서의 상호관계사를 서술하면서, 서구적 역사관과 대비되는 중국-주변의 장기지속의 원리를 찾으려 하였다. 따라서 시공간 개념에 대해서도 분리적이며 파편적인 시간 축과 공간의 결절보다도 중국과 그 주변 지역이 교제하면서 생성시키는 장기지속의 구조적 시간과 공간의 움직임을 파악하는 데 집중하였다. 그러면서 왕후이는 중국과 주변이 공동으로 구성하는 시스템의 구조적인 역사를 서구 중심의 역사론과 유비시킨다. 따라서 장기지속의 지역전체사를 방법으로 삼은 '지중해의 기억'은 장기(지리적 시간), 중기(사회적 시간), 단기(개인과 사건의 역사) 등의 시간적 차원을 종합하여 전체의 역사에 접근했다고 평가한다. 그는 이러한 조망, 즉 민족국가의 틀을 넘어 서로 다른 지역—아시아, 태평양, 유럽, 동아시아, 동남아시아

---

162 페르낭 브로델, 2009, 주경철 역, 《물질문명과 자본주의》, 까치. 원저는 '일상생활의 구조', '교환의 세계', '세계의 시간'을 부제로 세권이며, 역서는 각 2권, 전 6권이다.

등—을 서로 다른 시간적 차원에서 다른 주체로 설정하여 유비하는 방법에서 영감을 얻었다. 그 결과 '국가와 행정구역에 대응하여 생산된 지역주의서사'와 '민족국가와 글로벌리즘에 대응하여 생산된 초국적 지역주의서사'[163]를 결합하여 동아시아지역에서의 민족의 기원, 조공관계, 경제권 혹은 문명권 등의 관계망을 둘러싸고 상호침투하면서 유지되는 트랜스론을 고안하게 된 것이다. 물론 이러한 지역사론의 구성은 하마시타의 중화체제의 조공무역세계의 연구에서도 영감을 얻었다.

그러나 이에 대한 비판도 만만치 않다. 특히 장기지속의 전체사가 받고 있는 비판은 그대로 한족 중심의 중국과 변경을 아우르는 장기지속의 지역사를 논하는 트랜스론에도 해당될 수 있다. 장기지속의 역사 속의 전체적 구조사는 정치적 사건들의 파문과 사회변화, 그로 인한 체계와 생활세계의 미시적인 지배관계의 변동에 대한 고려가 결여되었다. 따라서 이데올로기, 권력투쟁, 전통, 사회규준 및 인격과 같은 눈에 안 보이는 미시적 요인들에 대한 관심이 축소되어 사회변화에 대한 비판적인 논리가 결여될 수밖에 없다. '역사의 탈정치화'로 인해 권력정치를 매개로 해서 발생하는 개인과 민족, 국가 간의 지배관계의 전개와 변동을 지나치게 경시한다는 것이다. 따라서 단기적 사건과 중기의 국면들에 대한 중요하지만 평범한 개개인들의 비판과 저항의 서사를 경시하는 장기적인 구조의 주기로 이루어진 역사는 생활세계의 역동적 변화와 다양한 소수자들의 작은 서사를 장기의 거대서사의 구조적 결정론으로 지배하면서, 그 속에서의 사건과 국면들에 대한 인간과 민족의 의지와 정치적 개입을 망각하고 폄하하는 결과를 가져온다. 이것은 장기지속의 역사론의 큰 단점이며 동시에 왕후이의 트랜스론의 단점과 거의 일치한다.

특히, 트랜스론을 서구의 보편적 지식과 역사전개에 대응하여 중국 중

163 왕후이, 《아시아는 세계다》, 413면.

심의 보편적 지역사를 구축하려고 하는 시도로 가정한다면 다음 같은 필자의 비판에 직면할 수 있다. 장기지속의 구조에 대한 역사 접근방법은 역사에서 정치를 소거시켜(역사의 탈정치화) 역사 그 자체를 해당 시기의 권력의 입맛에 맞게 해석하여 지배기제와 타협하거나 이용될 가능성을 높인다. 지배기제의 역사는 장기지속의 구조사론의 가면을 쓰고 특히 대국과 문명건설의 역사가 소수의 희생과 고통을 희석시키고 망각으로 유도하거나, 권력-자본의 연합세력이 사회적 소수의 희생을 역사흐름의 자연스런 특징으로 삼기 위해 가까운 과거와 현재 사건의 내용과 국면을 경시한다는 것이다. 즉, 장기지속의 구조가 순환하는 주기의 역사론은 대국의 건설과 침략과 식민을 장기적인 인류사의 자연스런 흐름으로 용인하면서 현재 진행되는 미국/서구 중심의 세계화-신자유주의 과정으로의 귀결을 역사 발전의 당연한 현상으로 치부한다. 예를 들어 나이와 코언의 세계화론과 트랜스론을 유비하면 이런 경향을 확인할 수 있다.

나이/코언은 "복수의 대륙들이 관계망으로 연결되어 상호 의존을 이루는 상태의 세계"라고 세계화 혹은 전 지구주의를 정의 내린다. 세계화는 단일 축선에서 미-일/미-영의 상호 의존과 같이 인접국과의 관계망이 아니라 복수의 대륙을 포함하는 지구적 규모에서 일어나는 것이다. 이 관계망은 자본, 상품, 정보, 사상, 민족, 군사력뿐만 아니라 환경문제의 변화의 흐름으로 연결된다.[164] 세계화가 많은 요인들의 복합적 차원에서 진행되는 것을 설명하면서 단지 경제적인 차원만을 강조하는 것을 반대한다. 그들은 가장 오래된 환경적 차원에서의 기후변화가 야기한 세계화, 즉 몇 백

164 Robert O. Keohane and Joseph S. Nye Jr, "Introduction", in Joseph S. Nye and John D. Donahue eds., 2000, *Governance in a Globalizing World* (Cambridge, Mass.: Brookings Institution Press), p. 2. 세계화는 명사형으로 쓰이면 전 지구주의와 비슷한 용어로 쓰이며 영어표기도 globalism으로 같다. 동사형은 전 지구화 또는 세계화(globalization)인데 전 지구화를 더욱 촘촘하게 하는 것이라고 정의 내린다(p. 7).

만 년 전에 원시인의 인구이동을 일으키면서 오늘날의 인류세계의 인구분포를 이룬 것을 설명한다. 다음에 군사적 차원의 세계화는 알렉산더의 원정, 로마제국과 몽고제국의 팽창, 그 이후에 전개된 세계적인 규모의 문화적, 종교적 영향과 세계시민주의의 확산을 논하는 것으로부터, 냉전시대 미-소 대결이 생성한 국가안보를 위한 초국적인 이념의 양대 진영 간의 상호의존관계, 탈냉전 후에 발생한 각종 분쟁과 경쟁을 거치면서 다양한 유형의 세계화는 가공할 만큼 세계를 밀접한 관계망에 얽혀 들게 하였다는 것이다. 그리고 사회적, 문화적 세계화는 사상과 정보, 이미지를 실어 나르는 운동과 연관을 맺고 있으며 종종 이것은 군사적, 경제적 세계화를 추동하기도 한다는 것이다. 그 밖에 사회적 세계화의 하위단위인 정치적 세계화는 권력과 통치에 대한 정보와 사상의 이동과 모방을 나타낸다고 설파한다. 이렇게 그들은 세계화를 탈냉전 이후의 미국 주도의 특수한 패권적 의도를 지닌 이념적 기제가 아닌 인류의 전 역사의 장구한 세월에 걸쳐서 다방면에 걸쳐서 일어나는 일반적 현상으로 규정하고 있다.[165] 그러나 이렇게 나이/코언의 세계화론을 장기지속의 역사에서 일어나는 것으로 연관시키면 사회적 진화주의를 지나치게 낙관적으로 조망하게 되는 결과를 가져온다. 즉, 의도했든 아니든 인류역사를 서구중심적인 자유주의적 사관에서 보게 된다. 이러한 인류사회의 총체적인 자유주의적인 역사관은 힘센 제국들이 등장하여 외연이 넓어지고 또한 다른 세계적 패권제국이 등장하고 상호 투쟁과 정복과 굴종을 거듭하면서 흥망성쇠를 거듭하는 오늘날까지 세계가 서구 중심으로 '동일화'와 '하나 되기'의 과정을 밟는 것으로 규정하는 결과를 가져온다.

상기에서 비판적으로 독해한 브로델의 장기의 구조적인 전체사와 나이/코언의 장기의 세계화 역사론은 왕후이가 트랜스론으로 중국과 주변

165 Robert O. Keohane and Joseph S. Nye Jr, 위의 책, pp. 1-12.

지역의 장기적인 역사를 관조하는 데 인식론적으로 상당히 공감을 이루고 있는 것으로 읽혀진다. 즉, 코언과 나이의 '세계화-상호의존' 이론과 호응하는 맥락으로 이해할 수 있는 왕후이의 '지역화-장기지속의 관계망'으로 양자는 밀접한 관계를 이루고 있다. 양자의 유비적 논리에서 추론하면, 역사상 서구의 세계화와 '중국-주변으로 이루어진 아시아의 지역체계화'를 시도하는 트랜스론은 동시에 같은 시-공간의 횡적 축선에서 진행되었다. 종래의 서구 근대의 관념에서는 서구의 근대적 발전이 아시아로 확산 전파된 것으로 중국의 시공간은 서구 근대를 받아들인 연후에 서구의 횡적 시공간의 축선에 중국의 시공간의 종적인 축이 참여하게 되었다고 추론할 수 있다. 나이/코언의 의식의 시간과 공간은 전 지구적인 차원을 범주로 삼고 있고, 왕후이의 그것은 지역적 차원의 범주를 삼고 있어서 '서구적 전 지구'와 '중국-주변의 (동)아시아'는 각각 하나의 세계로 분리되어 사고단위가 되었다. 나이/코언의 '세계화론'은 원시시대부터 현재까지 범지구적인 차원에서 진행이 되는 현상으로 정의내리고 있으며, 왕후이의 세계화(지역화)론에서는 중국-주변이 장기지속의 시간과 공간에서 하나의 지역세계화를 이루는 연속적인 과정을 그려내고 있다. 즉, 왕후이의 '지역세계화론'에서는 중국-주변 이외의 지역을 의식의 밖에 두고 있다, 여기서는 왕후이의 중국 예외주의(특수주의) 인식론의 특징이 드러나 있다. 그의 논리에서 '반근대성의 근대화'는 서구적 보편의 근대화에 대응하는 중국적인 근대화를 의미하며, 같은 맥락에서 서구적 논리에서의 '보편적 세계화'에 대응하는 '반세계화적 세계화,' 즉 '중국-주변의 지역화'(트랜스시스템사회)로 정의 내리면서 중국의 역사주의적이고 또한 예외주의적 인식론을 표출하고 있다.

결론적으로, 트랜스론은 마치 중국역사가 다원일체의 통합을 위한 목적으로 달리는 것 같은 인식을 내포하고 있다. 왕후이가 브로델에게서 얻은 영감은 단지 중국-주변지역을 하나의 장기지속적인 초국적 지역서사로 구성하는 방법론만을 차용한 것처럼 보인다. 그 속에서 다양한 문화들이 서로 영향을 주고받으면서 형성된 서사를 이야기처럼 풀어 내는 방식과는 거리가 멀다. 그러다 보니 개인의 시간, 사회적 시간, 소수민족의 시간들이 없어지고 말았다. 왜 소수민족들의 역사는 사라지고 한족이 쓴 역사만 남아 있는가, 왜 주변의 역사가 모두 한족의 역사와 영토경계에 통합되어야만 하는가. 그는 지역사의 방법론만을 차용하여 다양성을 품고 있는 중국-주변으로 이루어진 지역의 한 부분으로서의 중국이 아닌 다원일체의 중국으로의 통합을 도출해 내고 있다. 여기에 그는 서구 중심이 중국 중심으로 이동한다는 아리기, 프랑크의 논리와 일본 학자들의 내재적 근대론을 사용하여 정당화를 시도한다.

아리기는 자본주의를 개별국가 단위로 이해하는 것이 아니라 장기역사 속의 세계체제적 차원의 변화로 보는 '역사적 자본주의' 관점을 채택하고 있다. 자본주의의 장기역사를 일정한 흐름을 지닌 순환의 과정으로 인식한다. 그 논리적 출발점은 '체계적 축적순환systemic cycles of accumulation'이라는 개념으로, 이는 생산의 특정한 조직방식 및 이를 기반으로 한 전 지구적 경제조직화를 보여 주는 축적체제가 역사적으로 교체되어 온 과정이다. 자본주의를 단순하게 개별적으로 분산된 자본 간의 경쟁이 아니라 세계시장에서 비교적 안정적으로 유지되는 독점적 지위를 확보하려는 거대자본들의 경쟁으로 이해할 경우, 새로운 축적체제는 특정 지역이나 국가의 자본이 세계경제에서 상대적으로 독점적 우위를 확보할 수 있는 토대로 이해된다.[166] 그 다음으로 중요하게 등장하는 개념은 '국가 간 체계'이

166 Giovanni Arrighi, 2010, *The Long Twentieth Century: Money, Power and the Origins of Our Times* (London: Verso), pp. 8-10; 조반니 아리기, 2008, 백승욱 역,《장기 20세기—화폐, 권력, 그리고 우리 시대의 기원》, 그린비.

다. 자본주의는 원리상 국가를 초월하는 팽창적 경향을 가지고 있으나, 현실의 자본주의 역사에서 독점을 행한 대자본들의 경쟁은 이런 경쟁을 지원하는 정치적 틀로서 민족국가에 기반을 두고 있기 때문에 여기서 독특한 역사적 특성이 발생하게 된다. 어떤 한 국가도 이런 민족국가들 사이에서 절대적 우위에 설 수 없도록 하는 상호 제약의 틀인 국가 간 체계가 형성된 것이다. 이렇게 장기지속의 전 지구적 시공간에서 일어나는 체계적 축적순환, 국가 간 체계의 교호관계는 근대자본주의 역사를 구성하는 핵심인데, 이때 체계적 축적순환은 자본주의의 원리를 표상하여 초민족적이고 세계주의적인 경향을 나타내는 반면, 국가 간 체계는 개별국가를 단위로 한 영토주의적 경향을 나타내게 된다. 체계적 축적순환과 국가 간 체계가 결합한 근대 자본주의의 역사 속에서 특정 시기 강력한 국가를 배경으로 한 자본은 상대적으로 세계시장에서 우위를 점하는 축적체제를 수립하는 동시에 강력한 군사·정치·이념적 우위를 바탕으로 국가 간 체계에 자국 중심의 새로운 질서를 부여함으로써 상대적으로 오랜 기간 고이윤 부문을 독점하는 데, 이런 국가를 우리는 세계 헤게모니라고 부른다. 장기지속의 세계체제를 논하면서 아리기는 헤게모니는 미국에서 일본으로 다시 중국으로 전이할 것이라고 예측한다.[167] 이러한 아리기의 전망은 왕후이가 그리는 과거 중국의 장기지속의 역사가 기복을 겪은 후에 최근의 부상으로까지 이어지는 체계적 축적순환을 상상할 수 있게 해 주었다.

중국 지식인들이 관심을 기울이는《장기 20세기》의 후속편이라고 하는《베이징의 애덤 스미스》에서 아리기는 미국 헤게모니 이후 중국이 주도하는 세기는 지금까지 자본주의 세계체제와는 다른 '시장사회'가 될 가능성이 있으며, 이 사회는 '산업혁명' 대신 '근면혁명industrious revolution'이라는 동아시아적 자원을 활용할 가능성이 있다는 주장을 제기한다.[168] 아리기

167 Giovanni Arrighi, 위의 책, pp. 381-386.

는 미국의 쇠퇴와 중국의 부상이라는 새로운 세계질서로 진입하는 것을 염두에 두고 있다. 장기 20세기 미국의 헤게모니는 13세기 이탈리아 도시국가에서 시작하여 15세기 지중해를 거치면서 세계체제의 자본주의 역사의 시공간을 그려 나간다. 이러한 '장기 20세기'는 미국과 서구의 쇠퇴를 겪으면서 트랜스시스템사회인 중국이 이미 장기 21세기 헤게모니로 진입하는 중이라는 추론을 가능하게 해 준다. 이렇게 21세기 중국의 등장을 예견하는 정치경제학적 연구를 참조하는 동기는 왕후이가 내심으로 트랜스론에서 지향하는 시나리오를 받쳐 주기 때문이 아닐까.

브로델과 아리기의 논리에 이어서 프랑크의 서구 이후에 중국이 새로운 중심으로 떠오르고 있다는 동아시아사고를 접목시키면, 중국이 서구와 대응하는 시공간의 흐름과 자본주의 발전을 주도하고 있다는 논리로 발전시킬 수 있다. 프랑크에 따르면, 서구는 1800년대에 와서야 중국을 앞지르기 시작한 세력이며 장기적으로는 서구-중국의 중심-주변관계는 고정적인 게 아니다. 그가 뜻하는 것은 서구가 인식하기 이전부터 자본주의 세계경제라는 것은 진작부터 있었으며, 또한 그 세계경제체제에서 아시아의 중국과 인도, 나아가 동남아와 서아시아가 1800년 이전까지만 해도 서구보다 더 활동적이었고, 세계경제에서 차지하는 비중이 훨씬 컸다는 사실이다. 그는 "실제로 유럽은 자기를 중심으로 세계경제를 구축하지 않았다. 유럽은 미국 신대륙의 화폐를 이용해서 아시아 열차에 오르는 승차권을 샀을 뿐이다"라고 하면서 서구중심주의를 익살스럽게 비판한다.[169] 그러나 이러한 논리는 서구 중심의 역사에 도전장을 내밀지만 지나치게

---

168 Giovanni Arrighi, 2007, *Adam Smith in Beijing: Lineages of the Twenty-First Century* (London: Verso), pp. 32-34; 조반니 아리기, 2009, 강진아 역, 《베이징의 애덤 스미스》, 도서출판 길.

169 Andre Gunder Frank, 1998, *ReOrient: Global Economy in the Asian Age* (Berkeley: University of California Press), p. xxv; 안드레 군더 프랑크, 2004, 이희재 역, 《리오리엔트》, 이산.

서구중심주의를 비판하다 보니 간접적으로 동아시아의 거대한 존재인 중국중심주의에 공헌하게 된다. 그는 세계경제에서의 동아시아의 부흥을 세계 발전의 근본적인 구조와 영속선상에서 보고자 했다. 따라서 그의 논지는 세계체제에서 중국의 재등장을 예측한다는 측면에서 왕후이의 주요한 참고자료가 되고 있다.

주변부시각에서 보자면《리오리엔트》의 문제점은 주로 서구중심주의를 떠나 동아시아를 재발굴하는 연장선상에서 논리를 전개하는데, 이러한 논리는 마치 '아시아적 가치론'과 같은 맥락에서 서구적 자본주의가 발전할 수 있는 정신문화의 근거를 아시아에서도 발견할 수 있다는 서구중심주의적 인식론의 내재화를 여전히 보여 주고 있다. 따라서 이러한 21세기의 중국과 동아시아 부흥논리는 주로 서구 중심을 논하다가 그 시각을 동아시아의 중국으로 중심부를 옮겨 묘사하는 서구 중심의 근대론을 답습하는 태도에 지나지 않게 된다.[170] 이런 의미에서 우리는 프랑크가 서구중심주의를 중국중심주의로 바꾸어 놓는, 전 지구주의가 아닌 새로운 중심주의가 아닌지 의혹을 제기할 수 있다.

또한 프랑크의 논리는 동아시아 주변부를 중국 중심의 구조 속에서 이해하고 있다. 이러한 이해는 아리기와 하마시타 등이 지난 500년 동안의 동아시아 경제의 발전상을 연구했던 성과에 주로 근거하고 있다. 아래에서 논의 하게 될 퍼듀Peter Purdue는 이러한 역사론에 반대하며 중앙유라시아 유목민족과 청-러 제국과의 상호관계의 역동성을 중앙유라시아의 역사전개에 주요한 근거로 내세움으로써 한족 중국 중심의 역사서술에 제동을 걸었다. 그러나 프랑크는 하마시타를 인용하여 중국의 조공무역체제를 중심으로 한 동아시아에서의 상호 대외관계를 분석했다.[171] 하마시

170 이런 논의에 대해서는 다음을 참조. 유재건, 〈세계사 다시 읽기와 유럽중심주의〉,《창작과 비평》, 2003년 겨울호, 328-342면.

타의 논의를 빌려서 동아시아 조공체제의 동심원 속에서 주변부를 위치시킨 것은, 왕후이가 트랜스시스템사회의 관계망 안에 주변부의 존재를 용해시킨 것과 비슷한 태도이다.《리오리엔트》는 동아시아에서 중국과 일본을 세계체제에서 중요한 행위자로서 분석했지만 주변부와 이들 중심부와의 관계를 체계적으로 다루지는 않았다. 또한 동아시아 3국의 지속적인 무역관계에 대해서도 제대로 인식하지 못했다. 동아시아 국제질서는 중국과 일본 그리고 복수의 주변부로 이루어져 있었기 때문에, 동아시아에서 주변부의 역할을 제대로 평가해야 동아시아 국제체제의 역동성과 다양성을 이해할 수 있다. 따라서 세계체제론자들의 역사서술에서는 중앙유라시아 지역에서의 한족 정착민 제국과 유목민족의 저항과 경쟁을 무시하게 되고, 중국과 일본, 그리고 그 사이에 있었던 한국과 오키나와, 동남아로 이어지는 교역관계도 주목하지 않는다. 따라서 세계체제론의 기본적 인식론을 가지고서는 21세기 동아시아에서 미국의 쇠퇴와 더불어 등장하는 다원화 추세로 인해 중국과 일본이 상대화되고 있는 현상과 상대화되어야 하는 필요성 모두를 설명하지 못하는 결과를 낳게 된다.

이는 세계체제론 자체의 한계일 수 있다. 지나치게 장기지속의 역사와 거대한 체제를 분석하면서 서구와 동아시아의 내부에서 중심부와 주변부 간의 어떤 상세한 관계성이 전개되었는지를 무시할 수밖에 없다. 따라서 서구에서 동아시아로 이전하는 자본주의의 동력만이 이들의 눈에는 보일 수밖에 없다. 장기 17세기 네덜란드, 장기 18세기 영국, 장기 20세기 미국에서 동아시아의 일본 혹은 중국으로 자본주의 중심패권은 이동하는데 중-소규모의 국가와 민족들이 어떤 역할을 하였는가에 대한 논의를 지나치게 무시하게 된다. 이러한 장기지속의 시간을 배경으로 거대한 자본주의 패권체제의 움직임을 추적하는 연구는 탈근대적 문제의식이 등장하는

171 Andre Gunder Frank, *ReOrient: Global Economy in the Asian Age*, pp. 113-114.

시대에는 설득력 있는 대안적 역사론을 제시하는 데 한계를 지닐 수밖에 없다. 다원화, 무경계-탈중심의 요구가 증대되는 시대에 장기지속의 새로운 패권국의 등장을 예측하는 거대서사로는 모든 것을 설명하려고 하지만 사실은 아무것도 설명할 수 없는 모순에 빠지게 된다. 예를 들어 동아시아에서 실제로 중요한 문제들은 세계체제론자들이 상상하는 중심이동의 거대서사가 아닌 작은 서사들이 중국과 전체 동아시아에 많은 영향을 미치고 있다. 예를 들어 한-일, 중-일 간의 역사와 영토논쟁, 대만, 티베트, 위구르, 오키나와, 한반도 통일 문제 등이 미국의 영향력과 상호작용하면서 많은 작은 서사를 만들어 내고 거대서사의 구성에 영향을 주고 있다.

세계체제론에서는 서구 중심의 역사를 거부하고 세계체제의 연속성에서의 경제의 주기적 변동만이 있었으며 따라서 우리는 '보편사의 현실the reality of universal history'로 관심을 돌려야 한다고 주장한다.[172] 그러나 이러한 인류 보편사의 관점에서는 서구중심주의를 해체할 수는 있지만 세계의 특질을 설명하고 그것을 극복하기 위한 대안적 상상과 실천적 문제의식을 설정하는 것은 불가능하다. 유재건은 서구중심주의를 부정하는 전지구적 세계체제론은 결국 역사의 질적 변화를 부정하는 결과에 이르게 되고, '영원한 중심구조의 순환으로서의 역사'만 남게 된다고 평하고 있다.[173] 이렇게 끝없는 세계체제의 순환의 역사론에서 미국의 쇠퇴, 중국의 부상으로 인한 세계와 동아시아의 불확실성에 대한 대안 찾기가 불가능한 세계체제론의 논리는 서구중심주의를 부정하면서, '서구 근대에 의한 동-서양 인류 모두에게 유의미한 발전(보편적 근대성)에 대한 고려 없이' 동아시아로의 중심이동만을 주창하는 기계적 논리를 '공정한' 보편사적 접근이라 여기고 있다.

172 위의 책, p. 332.
173 유재건, 〈세계사 다시읽기와 유럽중심주의〉, 337-338면.

이러한 비판적 논리에도 불구하고 최근의 중국의 부상(미국의 상대적 쇠퇴와 함께)으로 왕후이는 이러한 추세를 장기적인 중국 자본주의 발전의 축적으로 보고 싶었다. 그래서 그는 세계체제론자들의 견해에서 특히 중국의 부상과 관련한 내용을 거의 긍정적으로 참고하고 있다. 그러나 자본주의 발전의 장기지속의 역사를 강조하는 세계체제론자들이 아편전쟁과 청일전쟁이 끝난 시점에서 동아시아와 중국을 분석했다면 어떻게 해석했을까 하는 의문이 든다. 이들의 분석은 지나치게 장기지속의 역사를 한 특정 시점에서의 현상을 판단 기준으로 정한 분석틀에 집어넣음으로써, 그 특정시점이 달라짐에 따라서 전체적인 역사론이 극과 극으로 달라질 수도 있다는 것을 보여 준다. 대표적으로 아리기는《장기 20세기》에서 미국과 서구를 대신해서 세계자본주의의 중심으로 일본을 지목했다. 그러나 불과 17년 후에 나온 후속작인《베이징의 아담스미스》에서는 중국을 미국에 대한 대안세력으로 지정한다. 이렇게 파동 치는 논리가 보여 주는 것은 장기지속의 역사를 분석하면서도 어느 특정 시점에 따라서 전체적인 논리구조가 완전히 바뀔 수 있다는 허점이다. 이러한 논리적 불연속성에서 느낄 수 있는 것은 동아시아를 바라볼 때에 흔히 볼 수 있는 서구학자들의 매너리즘이다. 즉, 현재의 국가경제 위상, 동아시아의 급속한 경제발전을 근거로 오리엔탈리즘이 창출한 '아시아적 가치론'의 논리적 프레임으로 동아시아의 과거사마저도 재구성하고 있는 것이다. 이에 대해서는 아래에서 논하게 될 두아라의 역사론이 날카롭게 비판하고 있다.

오늘날의 중국의 부상으로 과거를 재구성하는 세계체제론의 장기지속의 거시적 관점에서가 아닌 미시적인 접근에서 중국을 바라보면, 19세기까지도 중국 사회의 특징은 순환적인 소농생산체제로 정의할 수 있다. 이러한 발전 형태는 일종의 '인볼루션involution'이다. 이 개념은 원래 인도네시아가 원시산업화의 수렁에 빠졌다는 것을 설명하기 위해 거츠Clifford

Gertz에 의해 고안되었는데 중국에도 적용될 수 있다. 중국 농촌의 소농생산체제에서는 수공업이 일정 수준의 발전 상태가 지속되어 최저생계비가 보장되면, 저급기술의 싼 노동력으로도 안정적인 이익을 가져오기 때문에 자기충족적인 상태가 지속되어 사회적 변화를 추구할 이유가 없어진다. 즉, 생산성을 늘리기 위해 자본과 기술발전을 위한 투자를 할 동기가 부여되지 않는다. 따라서 사회상태는 무변화의 순환 혹은 퇴화되거나 하는 상태가 지속될 수 있다.[174] 이것을 18-19세기의 중국에 적용하면 18세기에는 서구와 경제구조와 수준이 별 차이가 없었으나 19세기에 이르러 중국은 인볼루션 상태에 머물면서 서구에 추월당하게 된다. 자기만족으로 인한 변화의 동기 부재라는 정체성에 빠지는 것을 피하려면 기계적 동력을 이용한 산업화와 국제무역이 도시와 함께 등장해야 하는데 중국은 그러지 못했다는 것이다.[175]

상기의 '인볼루션' 논리와 비슷하면서도 다른 방향에서 중국의 18-19세기의 정체상태를 설명할 수 있다. 마르크스는 '브뤼메르의 18일'에서 자영농민을 '자루 속에 든 감자potatoes in a sack form a sack of potatoes'[176]로 표현한다. 소규모 자영농민들은 서로 분리된 삶을 살면서 자본가적 속성, 경영자적 속성, 노동자적 속성을 동시에 가지게 되어 계급으로 집단행동을 하지 못한다. 소규모지만 자신의 생산수단을 보유하고 있으면서 분산적인 개인경영으로 대체로 자족적이며, 따라서 정치적으로는 보수적이게 되고 변화에 소극적이다. 그러면서도 동시에 대지주에 대해서 적대의

---

174 Clifford Gertz, 1963, *Agricultural Involution: The Process of Ecological Change in Indonesia* (Berkeley: University of California Press).

175 R. Bin Wong, 1997, *China Transformed: Historical Change and the Limits of European Experience* (Ithaca and London: Cornel University Press), pp. 17, 38; David Levine, 1977, Family Formation in an Age of Nascent Capitalism (London: Academic Press), pp. 33-34.

176 Karl Marx, 1963/1994 (1867), *The Eighteenth Brumaire of Louis Bonarparte* (New York: Internal Publishers), p. 338.

식도 품고 있으면서 노동자의식을 가지고 있기도 하다. 이러한 소규모 자영농민들은 대체로 현 상태에 만족하면서 변화를 거부하며 가족끼리 소규모경영을 통해서 자손대대 만족하며 살아간다. 따라서 '농업의 상업화commercial agriculture'로 인해 추동된 영국의 자본주의적 변화는 중국의 소농경제체제에서는 요원하게 되며 따라서 장기의 순환적인 정체성을 띠게 된다.

이 관점은 중국에서 산업혁명이 일어나기 힘들었던 원인도 설명해 준다. 결국, 이러한 작은 서사의 논리적 시각에서 보면 세계체제론자들의 거대서사의 논리와는 달리 중국이 서세동점의 시대가 되어서야 근대화를 받아들이고 자본주의화가 되기 시작했다는 것이다. 또한 이러한 설명은 중국 사회가 19세기까지 봉건적인 사고와 제도화수준에 머물러 있었던 원인도 명백하게 보여 준다.

필자가 주목하는 것은 세계체제론과 인볼루션 이론에서 도출된 상반된 중국상은 역사를 어떤 기준을 가지고 어떻게 해석하느냐 하는 문제의 중요성을 환기시킨다는 사실이다. 트랜스론에서는 전자만 인용하고 있다. 그리고 이 양자는 모두 경제적인 측면을 우선적으로 분석의 대상으로 삼는다는 면에서는 공통적이다.

이러한 맥락에서 유재건은 아시아가 경제적으로 우위에 있었다는 것과 유라시아 단일체제에서 우위를 점했다는 것은 다른 이야기라고 논한다. 18세기 이전 아시아경제가 규모 면에서 우위라는 것은 가능하지만 아시아를 통합한 단일세계경제가 존재했다는 것은 의심의 여지가 있다는 것이다. 프랑크는 서구와 아시아의 원거리 무역망의 상호관련성을 이야기하지만 실제로 그 연결망이 16세기 이래 서유럽-동유럽-아메리카 연결망과 같은 수준의 것으로 보아야 할 것인가는 무리가 있다. 차라리 서구적 근대가 팽창적 자본주의를 수단으로 착취와 폭력의 불공정한 세계를 만들어 낸 것을 성찰한다면, 그러한 태도는 이미 서구중심적 사고를 자각하고 탈피를 시도하고 있다고 볼 수 있다. 서구중심적 자본주의에 의한 전 세계적 패권지배체제야말로 근대가 이전 세계의 다양한 문명들이 독자성을 유지하면서 부분적으로만 의존 침투하던 세계와 결정적으로 달라진 특징이다. 그렇기 때문에 전지구적 지평에서 서구중심주의를 극복하는 작업은 근대의 특성을 역사적 사실로 인정하고 거기서 비롯된 해방과 억압의 이중성을 직시하는 가운데 서구 중심의 세계를 이론적으로 실천적으로 넘어서는 심층적인 노력을 동반한다. 더구나 오늘날 '서구중심주의의 극복은 서구가 성취한 지적인 자산을 활용하지 않고서는 불가능하다는 현실' 자체가 이 작업의 복합적인 성격이라고 유재건은 말한다.[177] 그 의미는 서구를 극복한다는 동아시아의 작업도 많은 부분 서구의 지적인 성취—이 책에서 자주 언급되는 보편적 근대성의 특질인 주체의 자각과 비판의 자유—를 사용해야 가능하다는 것이다. 동아시아 담론이 서구의 극복을 논하면서도 그렇다고 해서 동서이원론적 사고에 빠지지 말 것을 강조하는 이유가 여기에 있다. 단지 서구 중심을 무너뜨리고 동아시아와 중국의 새로운 중심을 이론적으로 구축한다고 해서 서구적 근대가 극복이 되는 게 아니라는 의미이다.

어쨌든 상기의 브로델, 아리기, 프랑크의 장기지속의 지역사와 세계자본주의 체제론을 분석해 보면, 왕후이의 트랜스론에 많은 영감을 줄 수 있는 측면이 많다는 것을 알 수 있다. 중국 자신에 입각한 역사관, 한족 중심의 중국과 주변의 소수민족이 끝없이 교류하면서 생성된 지역관계망의 초민족국가적 서사, 브로델의 장기지속의 지역사 형성, 아리기가 예언한 중국의 부상, 프랑크가 논한 서구 근대의 전개 기간에도 지속되었으나 19세기에 잠시 주춤했던 중국 자본주의 발전의 흐름 등의 논지를 참조하면

177 유재건, 앞의 책, 333-336면.

서 페이샤오퉁의 '중화민족 다원일체구조'론의 외투를 입힌 것이라고 볼 수 있다.

5) 내재적 근대론

왕후이는 서구적 계몽주의 시각을 중국에 적용하는 태도를 불신하는 이유를 서구문명의 가치와 제국주의가 상충하는 지점에서 찾는다.[178] 따라서 그의 아시아사고는 서구의 아시아사고에 대한 저항적 응답이며, 구체적으로는 아시아문명의 총체성을 재구성하고 아시아 근대의 내재적 동인을 발굴하려는 작업을 수행한다. 즉, 서구중심 역사론의 목적론적 시간관에 대해서 아시아와 중국사회 내부의 변혁의 동력과 문화적 독특성을 발굴하려고 힘썼고, 이러한 조류에 상응하는 일본 학계의 '내재적 근대론'을 인용하면서 트랜스론을 서구적 중국사론에 대치하는 중국식 보편주의로 구상하였다. 그는 니시지마 사다오, 미조구치 유조, 하마시다 다케시 등의 논리가 지향하는 것은 동아시아 혹은 중국이 근대로 전환할 수 있는 동력을 내부에서 찾고 서구 중심의 역사관에 도전하려는 것이라고 평가한다.

니시지마 사다오西嶋定生는 일국사를 넘어선 동아시아세계의 형성에 대해서 중국과 그 동방 및 남방의 국가들로 이루어진 역사적 문화권으로 이해한다. 동아시아세계는 책봉체제로 이루어진 관계축이 성숙하면서 하나의 자기완성적인 문명권으로서 이 안에 다양한 문화가 독자적이면서도 상호관련성의 역사구조를 가지고 있다고 생각했다. 그는 이러한 구조를 주변국들에게는 사실상 독자적인 행보가 불가능한 고정적이고 위계적인 것으로 이해하였다. 그러다 보니 중국을 중심으로 한 중화권의 구심적인 측면을 강조하면서, 그 안에서도 있었던 원심적인 측면, 즉 중국-변경과의 유동적인 관계성, 고구려의 독자성, 일본의 일탈 등으로 나타나는 유동

178 왕후이, 〈신아시아상상의 역사적 조건 1〉, 《황해문화》, 2002년 가을호, 180면.

성을 고려하지 못하였다.[179] 결과적으로 왕후이나 페이샤오퉁의 다원일체의 통합중국을 상상하는 데는 도움을 줄 수 있지만, 오늘날의 탈중심-다원화의 동아시아세계를 상상하는 데는 보수적인 논리로 평가받을 수 있다.

미조구치는 아시아적 근대의 탄생을 서구 근대의 확장이 아닌 중국 중심의 아시아교류체제에서 발전한 것으로 여겼다. 주자학의 전파를 단서로 하여 근세 동아시아의 문화적 특징을 묘사한다. 이는 경제사적 각도에서 세계체제론을 전개한 서구 학자들과는 다른 점이다. 미조구치는 일본사회가 아직 중국의 부상으로 서구모방의 우등생 일본과 열등생 중국이라는 구도에 머문다고 비판하였다. 이것이 일본에 있어서의 '중국의 충격'이다.[180] 이러한 근대사관은 '선진 대 후진'이라는 서구중심주의 역사관을 답습하는 것이다. 단지, 근대화 전단계의 중국은 일본, 서구와는 달리 왕조붕괴라는 선행조건이 늦었고, 이후에도 중앙집권체제에서 지방분권(성省 독립)으로의 전환이 늦었으며, 전통적 유교문화의 특성으로 인해 우승열패의 자본주의보다도 공유제의 사회주의에 더 친근한 특성으로 서구적 시각에서 자본주의가 지체된 것처럼 보일 따름이었다고 변호한다.[181] 따라서 미조구치는 서구와의 질적인 차이 때문에 중국문화의 내재적 근대의 내용이 안 보인 것에 불과하다는 논리를 편다.

그는 중국의 근대를 아편전쟁이나 신해혁명으로 기점을 삼고 서구 자본주의의 수용과 중국 내부의 혁명을 근대화과정의 가장 중요한 요소로 간주하는 종래의 관점이 갖는 문제점을 제기하고, 중국의 근대는 16-7세기부터 장기간의 변화를 통해 형성되어 왔다는 중국 근대에 대한 시각을

179 이삼성, 《동아시아의 전쟁과 평화》 1, 92-110면; 西嶋定生, 1983, 《中国古代国家と東アジア世界》, 東京大学出版会.

180 미조구치 유조, 2009, 서광덕·차태근·김수용 역, 《중국의 충격》, 소명출판, 24면; 溝口雄三, 2004年, 《中国の衝撃》, 東京大学出版会.

181 위의 책, 155-159면.

제시하고 있다. 즉 아편전쟁으로 시작된 '서양의 충격'에 의해서가 아니라, 16-7세기부터의 지방분권화 경향, 균분상속제, 종족 내의 상호부조 등이 태평천국의 난, 청조 붕괴 후의 군벌혼란, 쑨원의 사상 그리고 마오쩌둥 지도하의 토지공유 등으로 이어지는 역사의 '세로축縱帶'을 중시한다. 아울러 예교禮教로 대표되는 유교에 대한 근대 중국에서의 평가도 새롭게 이루어져야 한다고 주장한다.[182] 따라서 미조구치는 서구적 자본주의를 유일한 기준으로 삼던 '탈아시아'적 역사관, 바꾸어 말하면 메이지유신을 '탈아입구'의 근대의 시작으로 삼는 일본 중심의 일국사적인 근대사관을 바꾸어 유형이 서로 다른 여러 국가가 공존하는 중화문명권의 관계구조가 16세기 이후 장기적으로 변화해 온 것으로 조감하는 역사관으로써 아시아의 근대를 다원적-다극적으로 보려는 것이다. 그는 이를 위해 중화문명권이 아닌 '환중국권'이라는 용어를 사용한다. 그러나 그가 이 권역에서의 국가관계를 중화왕조시대와는 달리 모두 주권을 평등하게 소유하고 국가/인구의 대소에 관계없이 정치적으로 대등하다는 가정[183]에는 동아시아의 소수자(대만, 티베트, 위구르, 오키나와)를 동아시아인식에서 소거하는 측면을 보이고 있다.

결론적으로 미조구치가 불만을 가지고 중시하는 사항은 동아시아의 역사를 서구의 기준에 근거해서 해석하고 있는 경향이다. 이런 문제는 결국 서구의 근대문명을 배경으로 한 지식의 차별구조를 극복하는 것을 통해서만 가능할 것이라고 보는 것이다. 그는 근대적 지식 체계의 차별구조가 전세계 특히 20세기 동아시아 근대사에 선명하게 드러났다고 지적하고, 이의 극복은 일본인을 비롯한 동아시아인들의 인식 패러다임을 바꾸는 일에서 시작해야 한다고 주장하였다. 이런 점에서 동아시아 지식인들

182 위의 책, 87-159.
183 위의 책, 21-22면.

의 연대 운동 및 민간 교류는 더욱 활성화되어야 한다고 강조한다.[184]

왕후이는 이러한 미조구치의 논리가 주자학의 전파를 매개로 하면서 브로델과 월러스타인의 서구중심주의와 방법론상의 경제주의를 탈피하였다고 평가한다. 동아시아의 근대는 반드시 서구와 접촉한 결과가 아니라는 것을 내부적 문화의 동력인 주자학의 창출과 수용으로 설명하려 하였다는 것이다. 또한 미조구치는 주자학의 쇠퇴를 근대의 쇠퇴로 보지 않고 근대 민족국가이념과의 내재적 연관성을 수립하였는데 송대의 공公/사私 개념과 쑨원의 삼민주의의 평등주의, 황쭝시黃宗羲의 전제론/군주론과 삼민주의의 민생주의/사회주의 혁명의 토지제도 사이에 내재적 연관성을 수립하였다고 보았다.[185] 흥미롭게도 왕후이는 근대 초기 일본과 중국의 내재적 근대론을 아시아에서의 다르지만 공통적인 근대의 모델로 보는 데 반하여, 미조구치는 일본의 근대방식인 탈아입구를 서구식의 근대로 규정하고 중국의 내재적 근대를 아시아의 모델로 보고 있다.

그러나 위에서 열거한 동아시아와 중국에서 '근대의 내재적 동력'을 찾는 작업은 탈서구적 지식의 추구에는 성공적일 수 있지만, 모순적으로 오늘날의 중국의 부상을 근거로 하여 미래의 중국을 상상하고 구성하는 재료로 쓰이게 되었다. 중국의 내재적 동력을 선험적으로 긍정하면서, 그 근거를 찾으려고 노력한 것은 역사가의 개입에 의한 역사구성을 거부한다는 미조구치의 의도에도 불구하고 일종의 '의도'를 가지고 자료에 접근하게 하였다.[186] 문제는 동아시아 '근대의 내재적 동력'과 '동서를 초탈하는 서구에서 발원한 보편적 근대성'이라는 양자를 같은 것으로 혼동한 것이

184 위의 책, 10-11면 각주. 미조구치는 이러한 노력의 결실로서 1997년부터 2003년까지 6년간 진행된 '일-중 지식인 공동체'를 높게 평가하면서, 근래에 한국, 대만, 홍콩을 포함한 동아시아 각국으로 확대되고 있다고 본다.

185 왕후이, 〈신아시아상상의 역사적 조건 2〉, 《황해문화》, 2003년 봄, 221-223면.

186 미조구치 유조, 《중국의 충격》, 210-213면.

다. 보편성은 서구도 자신을 상대화하고 성찰하는 틀로 사용하여야 하는 가치이다. 이러한 결과로 이들은 자신과 중국을 상대화하지 못하고 자신들이 필요한 개념만을 취사선택하여 접근하였다. 따라서 내재적 근대론의 지적인 공헌—주로 지식의 탈서구—에도 불구하고 이들은 코언의 오류를 답습하고 있다. 코언의 '중국 자신에 입각한 접근법'의 중요성을 인식하고 탈서구적 시야를 개척하려는 의도에도 불구하고 오히려 중국의 민족주의와 국가 만들기에 공헌하고 말았다는 두아라의 비판을 상기시켜 주고 있다. 미조구치의 시각에서 중국에서 서구 근대의 충격이 아니라 자체 내에서 16세기부터의 근대의 동력이 작동되면서 근대화가 이루어졌다고 하는데, 이것은 지나치게 탈서구적 시각을 강조한 나머지 억지로 중국의 역사에서 서구의 근대를 추동한 요인과 비슷한 요인을 찾는 데 집중하게 하였다. 그래서 결국은 중국에서도 서구식의 근대를 추동할 수 있는 내재적 인과론을 모색하는 일종의 '아시아적 가치론'으로 흐르고 말았다. 즉, 탈서구적 역사론을 세우는 데는 성공적이지만, 그렇기 때문에 중국 역사에서도 서구의 근대적인 요인과 비슷한 것이 있었다는 '아시아적 가치론'을 답습하고 있는 것이다. 결국은 지식의 탈서구를 모색하려다 오히려 서구중심주의를 재승인하는 결과를 가져오고 말았다.

또한 미조구치의 중국론은 오카쿠라의 아시아일체론에서 일본이 아시아의 대표라고 하는 일본 중심의 아시아주의를 중국 중심으로 옮겨 놓는 중심이동설로 오해를 일으킬 수 있다. 즉, 내재적 근대론의 취약성은 다음 같은 측면에서 간파할 수 있다. 첫째, 중국 특색의 내재적 근대성을 찾아내어 독자적인 동아시아의 보편성으로 해석하면서 탈서구를 시도하고 있으나, 오늘날에도 동아시아 사회에서 서구적 근대성에서 발원한 민주와 자유, 비판의 자유 등이 유의미한 가치로서 평가받는 데서, 동서를 초탈한 보편성은 여전히 의미를 가지고 있다. 단순히 탈서구적 지식을 개발하기 위해 이러한 보편성마저 무시할 수는 없다. 둘째, 탈서구적 시각을 외치면서 내재적 근대를 주창하는 동기는 보편적 근대성을 서구 근대의 사회진화론적 사고에서의 선진-후진, 문명-야만, 이성-비이성의 이분적 위계주의와 동일한 것으로 혼동한 결과일 수 있다. 이러한 이분법적 위계주의는 서구적 근대화의 이데올로기에 불과하며 근대성의 보편적 가치에 의해 비판받아야 한다. 셋째, 미조구치는 다케우치 요시미와 같은 맥락에서 중국 근대의 틀로 일본을 평가하지만, 이것은 단순하게 중국혁명의 탈서구적 자주성의 측면만을 부각하면서, 중국의 '반근대성의 근대성' 자체의 취약점—위에서 논했던—을 무시하고 있다. 마지막으로, 가장 치명적인 문제점으로서 '내재적 근대론'은 과거의 것을 역사 재구성의 근거로 삼으면서 오늘날과 미래의 동아시아를 구상하는 데 약점이 있다. 과거 주자학의 공사의 개념, 예교를 중국 근대의 내재적 동인으로 삼고 쑨원과 마오의 이념과도 연결시켜 중국적 근대의 연속성continuity을 구상한다. 하지만 이러한 개념과 논리로도 서세동점 이래의 중국과 동아시아의 변화를 설명하는 데는 맹점이 많다. 즉, 민족국가 주체성의 등장과 독립, 시민사회의 확대와 민주주의의 요구, 비판의 자유, 탈냉전 이래 증대되는 탈근대적 문제의식을 주자학적 개념의 연결선상에서 사고하는 것은 불가능한 것으로 보인다. 이렇게 과거의 것을 오늘날 재해석하여 동아시아를 재구성하는 왕후이의 논리는 하마시타를 인용하면서도 나타나고 있으며 비슷한 문제를 안고 있다.

미조구치의 문화적 접근과는 달리 하마시타의 연구는 경제사로서 조공체제를 매개로 하여 일국사를 넘어서 중국을 중심으로 하는 지역으로서의 동아시아역사관을 수립하였다. 조공체제를 일종의 위계주의적인 지배-복종 관계로 보는 서구의 시각과는 다른 동아시아 내부의 경제적 상호작용의 동학으로 조명하였다. 하마시타의 연구에서는 동아시아 역사를 조공체제가 엮어 낸 지역사로 설정하고, 서구식의 제국-국가라는 이원론적 관점에서의 지배-복종, 중심제국-주변식민 관계가 아닌 중국-주변의 지역을 장기지속의 경제적 관계망구조로 설명하고 있다.[187] 왕후이는 하마시타의 연구가 계발적 성격이 풍부하다고 평하면서, 이것은 일본과 아시아의 역사적 연계를 인정하기를 거부하는 일본 예외주의에 대한 주변부의 자기비판이기도 하고, 또한 중국 내부의 시각으로 중국을 다루는 데 습관이 된 중국 학자들에게 이 논리는 주변(일본)에서 중국을 바라보는 역사적 시야를 제공하였다고도 평한다. 따라서 서구식의 제국-국가, 조공-조약체제라는 이분론적 관점으로 중국과 동아시아를 바라보는 시각을 거부하는 왕후이는 하마시타가 조공체제를 매개로 중국-주변의 관계망이 이루어 낸 지역사로서의 근대적 발전론을 참조로 트랜스론을 개발하는 데 도움을 받고 있다. 그는 하마시타의 연구에서 추상적인 동아시아의 문화와 이념의 연계를 넘어서 경제와 교역관계라는 실질적인 측면에서의 관계망을 상정하고 있는 방법을 활용하고 있다. 그러나 하마시타의 역사론도 상기의 내재적 근대론과 비슷하게 특히 과거사의 해석에 관련된 서술로서, 이것은 서구적 시각에서의 동아시아론, 중국과 일본 내부의 예외주의와 한국의 민족주의사학에 대한 반박으로서는 유효하지만, 탈냉전 이래 등장한 비판적 지역주의와 미완의 근대에 대한 각성을 설명하기가 곤란하다. 특히 탈냉전 이후에 등장하는 새로운 동아시아상상의 개념들, 무경계-탈중심의 미래적 전환을 상상할 수 없다. 따라서 트랜스론의 문제점을 공유하고 있다.

187 濱下武志,《近代中国の国際的契機—朝貢貿易システムと近代アジア》; 송한용, 〈하마시타의 조공시스템론을 통한 "아시아교역권"론에 대한 재론〉,《용봉인문논총》, 47권, 2015년, 233-252면; 왕후이, 〈신아시아상상의 역사적 조건 2〉, 212-213면.

6) 중심이동의 논리와 내재적 근대론의 한계

종합하면, 세계체제론에서의 서구에서 중국으로의 중심이동의 역사론, 미조구치의 중국의 내재적 근대론, 하마시타의 조공체제를 매개로 한 지역으로서의 동아시아체제론은 모두 왕후이가 오늘날의 중국의 부상을 근거로 하여 미래의 새로운 중국 중심의 초국적 지역사인 트랜스론을 창안하고 구성하는 참고자료로 활용되고 있다. 그러나 이들의 논리는 공통적으로 오늘날 서구와 아시아, 서구와 중국, 서구와 동아시아의 근대성의 질적인 발전의 차이를 망각하는 결과를 가져온다. 따라서 이러한 탈서구-중국 중심의 역사론 구성논리는 탈근대적 문제의식을 내포하는 역사론으로부터 비판을 받을 수밖에 없다.

내재적 근대론을 참조하면서 왕후이는 일본 국가주의의 자기변혁과 중국혁명의 자기변혁은 두 종류의 아시아 현대성 모델을 구성하였으며, 양자의 공통된 전제는 아시아 내부에서 다원적인 '내부적 근대의 동력'을 찾으려고 시도한 것이라고 평하였다.[188] 이와 같은 맥락에서 오늘날 중국의 부상을 마주하는 왕후이는 트랜스론으로 중국 사회의 내재적 조건 및 그것의 현대적 전환을 촉구하는 요소를 찾으려고 하였다. 중국 중심의 역사론에서 보면 중국의 전변은 주로 내부의 동력이 추동하여 이루어졌으며 외부조건(식민주의, 자본주의 등)은 단지 촉매제였을 뿐이다. 따라서 중국의 현대로의 전변은 주변부의 제국에서 떨어져 나오면서 민족국가 모델을 택한 것이 아니라, 혁명의 형식으로 전제국사회에 대해서 현대기획과 개조를 행하였다고 분석한다.[189] 이렇게 왕후이의 중국의 혁명적 근대에 대한 반근대성의 근대성에서 트랜스론으로의 논리전개는 서구 근대의 보편주의역사관에 저항하는 의미에서 중국식 보편주의를 구상하려는 시

188 왕후이, 〈신아시아상상의 역사적 조건 1〉, 189면.
189 왕후이, 〈신아시아상상의 역사적 조건 2〉, 205-206면.

도이다. 이는 프랑크의 '리오리엔트', 미조구치의 '중국의 충격'과 같은 맥락의 작업이다. 그러나 서구의 이분적 접근법—선진과 봉건, 민주와 독재, 제국과 식민—을 극복하려 한 것에는 성공적이지만 진정한 동서를 초월한 근대성의 시각에서는 지나치게 중국 특수주의적인 시각으로 접근하여 쉬지린이 비판한 대로 보편적 근대성의 유의미한 발전에 대해 가치상대주의에 빠지고 만다.

그런데 왕후이는 세계체제론에서의 중심의 이동과 동아시아 내재적 근대론을 참조한 후에 다시 아시아와 서구의 '상호작용론'을 주창한다. 중국사회의 변화와 주변지역과의 관계변화는 서구를 중심으로 하는 단순한 자본주의체제의 운행과정이 아니라, 다중적 역사세계가 상호 연동, 투쟁, 침투하는 과정에서 상호 형성되는 과정으로 본다. 따라서 아시아 지역의 민족주의 역시 단지 서구 민족국가 모델의 복제가 아니라, 지역 내 상호관계 속에서 발전한 것으로 본다. 이러한 상호작용의 측면은 페어뱅크의 '도전-반응론'과 동아시아의 '내재적 근대론' 등에서도 소홀히 했다고 주장한다.[190] 이러한 그의 논리의 전환에서는 중국에서 근대의 내부적 동력을 발견하려는 시각에 주목하면서도 또한 자신의 중국식 보편주의역사론이 단순한 반서구 저항의 의미가 아닌 서구-아시아의 상호작용의 참조물이라는 것을 강조하려는 의도가 드러난다.[191] 이른바, 아시아와 서구의 상호관계성에서 역사가 전개된 것이지 서구 중심의 혹은 역으로 아시아 중심의 역사가 다른 지역을 일방적으로 이끌었다는 것은 역사의 상호작용의 역동성을 무시하는 단편적인 서구 중심의 시간관과 목적론에 빠지는 것으로 보고 있다. 나아가 오늘날 전 지구화도 서구에 의한 아시아의 외부적

190 위의 자료, 241-242면. '충격-반응' 모델에 대해서는 John K. Fairbank and Ssu-yu Têng ed., 1979, *China's Response to the West A Documentary Survey, 1839-1923* (Cambridge, Mass.: Harvard University Press).

191 위의 자료, 228면.

사건이 아니라, 서구와 아시아의 각종 상호관계 속에서 배태된 것이라고 진단한다.[192] 이 같은 논리에서는 아시아에서의 근대발생이 비록 자신의 역사적 동력을 가지고 있지만 서구와의 상호관계에서 발휘되었다는 것으로 이해할 수 있다.

이러한 탈서구중심적 역사론과 내재적 근대론을 종합하여 도출해 낸 동-서양 상호작용의 역사론은 왕후이의 트랜스론의 특성을 잘 말해 준다. 즉, 트랜스론으로 동아시아에서 초국가적 지역주의서사를 구축하고 이것을 서구의 보편적 역사론과 상호작용하는 동아시아의 보편주의 역사론으로 삼는다는 의도를 나타내고 있다. 문제는 이렇게 동-서양이 서로 근대의 원인과 동력을 주고받았다는 상호작용론은 지나치게 거대한 흐름을 정의하는 너무 광범위한 추론이라 구체적인 의미를 찾기 힘들다. 그리고 더욱 심각한 문제는 상호작용론은 근대성의 질적인 차이를 무시하고 있다. 동서양 역사의 상호작용론에서 근대성의 질적인 차이를 고려하면 상호작용론은 '서구의 충격-동아시아의 반응모델'이라는 원래 그가 비판하려고 했던 곳으로 돌아가고 만다. 오늘날 중국과 아시아는 근대성의 많은 부분에서 질적인 차이와 낙후를 보이고 있는 것을 부인할 수 없다. 서구와 동아시아의 근대를 일방적으로 '충격-반응' 모델로만 설명하면서 지나치게 문제를 단순하게 보는 것은 설득력이 없다. 그러나 19세기 이래로 전개된 서구와 아시아 근대성의 발전의 질적인 차이를 무시하고 '상호작용론'으로 동서양 사회의 '기계적 평균주의'를 주창하는 것도 단순한 시각이다. 왕후이 자신이 '반근대성의 근대성', '트랜스론' 등에서 보여 주는 탈서구적 지향은 중국 내에서조차 서구적 지식과 역사담론을 주로 따르고 있는 것에 대한 반론(혹은 무의식적 반응)이 아니었던가. 오늘날 동서양에서 보여 주는 근대성의 질적인 차이를 자각하고 보편성으로 중국의 특수성을

192 위의 자료, 241면.

품으려는 자세, 이것을 쉬지린은 '미완의 계몽'—한국의 동아시아 담론에서는 '미완의 근대완성'—으로 부른다. 그리고 21세기 동아시아의 무경계-탈중심의 다원적 발전담론에 대해서는 세계체제론이나 내부적 근대론, 트랜스론의 시각으로는 다루지 못한다.

따라서 아시아와 중국에 우호적인 세계체제론자들에 대해서 유재건은 16세기에 시작된 근대가 경제성장이나 규모만이 아닌 어떤 질적인 차원의 변화를 수반한 것을 규명해야 한다고 문제를 제기한다. 특히 16-18세기가 경제만이 아닌 지식/문화/사회/정치적인 변화가 근대형성의 주요소임을 인정한다면, 양적인 비교가 아닌 16세기에서 오늘날까지 아시아와 서구가 공통적으로 겪는 근대의 질적인 공통요인이 무엇인가 하는 것이 규명되어야 한다는 것이다.[193] 즉, 경제적인 규모와 교역량만을 기준으로 16세기에 이미 거대한 중국의 부를 기준으로 근대는 시작되어 19세기에 이어진 것이며, 따라서 열등한 동아시아가 19세기에 서구의 충격으로 깨어났다는 것이 아니라는 논리를 주창한다면, 경제 외적인 지식/문화/정치적인 측면은 근대의 기준에서 제외되는 결과를 가져온다.

이렇게 근대성이 부족한 근대가 가능할까라는 문제의식은 필자가 강조하는 근대성은 동서를 막론하고 보편적이라는 논리와 비슷한 맥락이다. 서구 중심의 자본주의 세계체제가 전 지구를 통합하는 과정을 무시할 수 없고, 이는 근대의 부정적-긍정적인 요인을 모두 이해하는 필수적인 요소이다. 세계체제론자와 내재적 근대론자들은 동아시아의 근대가 서구의 영향으로 시작되었다는 것을 반대하면서, 16세기를 근대의 기점으로 생각하자고 제안한다. 동아시아의 근대는 16세기에 시작된 연속적인 과정이며, 따라서 19세기 서구의 충격으로 후진상태인 동아시아가 근대를 배우게 된 것이 아니라는 점을 강조한다. 그러나 이러한 논리는 서구 근대가

193 유재건, 앞의 책, 340-342면.

가져온 유의미한 발전—동서를 초탈한 보편적 근대성—이 아직도 동서를 막론하고 추구해야 할 가치라는 것을 경시하고 있다. 더구나 동아시아의 과거에서 발굴해 낸 개념을 사용한 이들의 내재적 근대론에서는 오늘날과 미래에 점증하는 탈근대적 문제의식에 대한 대책을 마련할 길이 없다. 따라서 차라리 동아시아와 서구의 동시 출발의 통합적인 근대를 억지로 논하면서 '동아-서구의 기계적인 평등함'을 강조하는 거북한 논리보다도, 동아시아에 진출하면서 시작된 서구 근대에 내재한 근대화와 근대성의 부조화, 억압과 차별의 생성을 직시하고, 그 극복을 논하는 게 더욱 구체적인 보편성에 입각한 태도가 아닐까. 서구 중심을 해체하려 하면서 아시아를 강조하고 서구와 동아시아의 차이를 인위적으로 소거하려는 기계적 평균주의의 세계사론은 오히려 다원성을 인정하면서 강자에 억압당하는 소수자의 목소리와 존재를 존중하려는 전 지구적 보편주의 역사론에 어긋난 것이다.

결론적으로 동아시아 담론의 시각에서 평하자면 왕후이가 인용하는 세계체제론과 동아시아의 내재적 근대론의 논리는 보수적인 동아시아사고와 호응을 이룰 가능성이 짙다. 중국 혹은 일본중심적인 아시아를 상상하면서 주변부의 역동성을 무시하는 동아시아사고는 마치 서구 중심의 역사와 근대적 시각으로 동아시아라는 주변부를 바라보는 태도와 비슷하다. 만일에 중국의 다원일체의 통합적 관계망의 사고에 동아시아를 집어넣으면 서세동점 이래로 이루어진 동아시아 주변부의 독립적 위치와 21세기의 탈대국주의-탈국민국가주의, 다원성의 공존으로서의 동아시아 담론은 중국 중심의 지식담론체계에 압도당할 것이다. 그렇다면 트랜스론이 표방하는 초국가적 지역주의서사의 거대담론이 더 유력한 진실효과를 얻을 수밖에 없다. 동아시아에서 대국주의문명 패러다임은 다양성의 공존, 소국주의-문화국가라는 작은 담론과 서사들을 배제할 것이다. 21세기에 중국의 부상과 운명을 함께하는 왕후이의 거대 역사담론인 트랜스론은 미국의 세계적 패권지배와 지식체계에 대응하려는 중국의 '대항제국공정'의 유력한 지식체계로 등장할 가능성이 충분하다.

그런데 중국의 문명과 지식담론은 근대의 보편문명을 대체할 준비가 되어 있는가. 그렇다면 신시대의 중국의 신문명은 어떠한 문명인가. 왕후이의 중국식 보편주의인가 아니면 쉬지린의 미완의 계몽의 완성인가. 필자는 쉬지린에 공감하면서 아직은 중국이 문명적 대안으로서 준비가 안 되어 있다고 답한다. 중국의 잘못된 애국주의를 비판적으로 이해하는 쉬지린은 '특수주의적인 문화'보다는 '보편주의적인 문명'을 창조하여야 한다고 경고하였다. 그의 비판에 의하면 근대는 자기만의 특수한 문화와 경제적인 지표로만 정의 내릴 수 없는 문명적인 것이다. 여기에는 정신과 가치적인 계몽의 능력이 포함된다. 두아라는 중국의 국가 만들기를 위한 민족주의적 사관에 대해서 쉬지린이 비판의 기준으로 삼은 정신적/문명적 가치와 또한 변경 소수자의 시각에서 중국 중심의 특수주의의 보편화를 비판하고 있다. 왕후이의 서구적 보편에 대응하기 위한 중국 특수주의의 보편화를 구축하려는 역사론에서는 동서를 초월하는 보편적 근대성, 탈근대적 문제의식이 스며들 여지가 없다.

7. 동아시아 주변부 역사의 복원

포스트사회주의 시대의 중국의 역사론과 발전론, 혹은 더욱 광범위하게 서구 중심의 세계가 쇠퇴하는 추세를 의식하면서 21세기 중국에 의한 새로운 동아시아역사관을 의식하는 트랜스론에 대해서 우리는 탈근대적 문제의식으로 바라볼 필요가 있다. 다원일체를 추구하는 트랜스론에서는 일체 안에 매몰되어 버린 소수주체들의 목소리를 동아시아 담론으로써 다시 발굴해 내는 시도를 허용하지 않는다. 서구와 중국의 지식계에서의 중-서 이원론적 사고는 주변부와 소수자에게 존재했던 전통시대의 제국과 서구적 근대에 대한 저항의 요소를 소거시키고 있다. 그래서 이들의 역사는 과거 중심부의 역사구성에서 극히 부분적인 지류로 남게 되고 본래의 모습은 녹아서 형체를 알아보지 못한 상태가 되고 있다. 이러한 대국의 역사경계에 편입되고 있는 편중된 역사론은 대국 간의 패권이동을 상상하면서, 지역 내부에서의 권력의 유동성, 분산성, 소수자의 저항과 비판을 억압하는 지식패권기제를 창출하고 당연시한다.

1) 역사담론의 다층적 의도—대항제국의 신지식패권담론 창출 프로젝트

왕후이가 고구려, 티베트 역사논쟁에 대해 표명한 견해와 그의 트랜스론은 사고와 논리적 측면에서 연결선을 보여 주고 있다. 고구려와 티베트 논쟁은 탈냉전시대 동아시아에 등장한 다양한 주제를 집약하고 있다. 전 지구화와 민족주의의 부상, 역사의 정치화, 동아시아 역사분쟁, 역사경계와 영토경계의 갈등, 동아시아 문화유산의 정치화와 상업화, 역사분쟁에 대한 중심-주변부의 관심의 불균형 등이 논쟁에서 중요한 의미로 표출되고 있다.

왕후이는 중국에서 고구려사 문제는 지방정부 차원에서 연구가 진행되었으며 한국에서 논란이 된 중국이 신청한 세계문화지정은 중국의 지방정부가 추진한 해당 지역의 관광산업의 맥락에서 이루어진 비정치적인 목적이라는 의견을 내놓는다. 그렇지만 역사공정 자체는 민족사 다시 쓰기와 관련이 있다는 것을 부인하지는 않는다. 따라서 비교적 학술적 관점에서 순수한 역사서사의 문제이지 정치적 주권 문제가 아니라는 견해를 가지고 있다. 이러한 태도에서는 역사경계와 영토주권을 혼동하지 말아야 한다는 탈민족주의 역사관을 표명하는 태도가 나타나 있다. 그러면서 현재 중국, 북한의 영토 내에 있는 고구려 유적지를 각자가 유네스코세계유산으로 신청한 문제는 역사분쟁과는 별개로 국제적으로 '세계유산협약'의 '속지주의'원칙이 지켜져야 한다는 입장을 고수한다. 그는 이 문제에 대한 고고학적 발견이 우선 입증해야 할 것으로, 고구려는 중국의 동북 역사상의 소수민족 정권인가, 아니면 한민족의 배타적 조상이거나 민족 기원인가를 다루어야 한다고 언급한다.[194] 그러나 앞에서 언급한 대로 논쟁 당사자의 주장을 입증하기 위한 역사적 고증, 고고학적 발견은 별 의미가 없다. 왜냐하면 고구려사 문제는 과거 유물의 고증 문제가 아니라, 현재의 '역사해석'이 야기한 문제이기 때문이다. 중요한 것은 중국이 고구려사를 바라보는 시각에는 변경지역의 역사와 오늘날의 중국의 국민국가 정체성을 연관시켜 구성하려는 시도가 어떻게 나타나고 있는가 하는 것이다.

주목할 것은 2004년에 나온 고구려사 문제에 대한 그의 해석에서는 이미 '트랜스론'에서 표방되는 역사관이 나타나고 있다는 점이다. 즉, 한국은 상대적으로 단일민족국가여서 단일민족의 기원 문제를 건드릴 수 있는 어떠한 역사론도 역사제국주의로 간주된다. 따라서 중국의 '동북공정'에서 고구려를 중국 변강의 소수민족 정권으로 경계설정하려 했을 때, 한국 사회는 한반도의 통일성을 위협하는 '역사제국주의'로 간주하여 분노를 표출하였지만, 중국은 원래 다민족국가이고 한반도 역사처럼 공동의 족군서사를 틀로 하는 논리는 결코 정체성의 기초를 제공할 수 없다는 차이점을 설명하고 있다. 중국의 역사서사는 한국과는 달라서 상이하고 다양한 족군관계를 가진 단일민족서사를 초월하는 민족서사를 창출하여야

194 왕후이, 〈과거로서의 미래의 재구축—민족서사, 발전주의 그리고 아시아상상〉, 《황해문화》, 2004년 겨울, 189-192면.

만 비로소 일종의 새로운 중국의 정체성을 창출할 수 있다고 논한다. 이러한 그의 견해는 고구려사를 중국사에 편입시키려는 해석이 결코 역사제국주의가 아니라 중국은 원래 다양한 족군 정체성을 가진 역사라는 것을 밝히기 위함이다. 또 다른 중요한 이유는 현재 변강의 역사와 중국 한족의 역사가 각기 독립된 것이 아니라 쌍방향이거나 혹은 다방향이었으며, 이런 의미에서는 서로가 서로에게 변강으로 인식될 수도 있다는 것이다.[195] 이러한 관점에서는 한중간의 고구려사 논쟁도 역사상 명멸했던 변경민족들이 서사를 구성했던 공간적 상황이 서로 달랐던 데서 기인하는 오해라는 것으로 이해된다. 즉, 한반도에서 단일민족이 비교적 동일한 공간에 장기간 존재했다는 서사에서는 그 단일민족의 단일공간을 깨트리는 어떤 시도도 일종의 역사제국주의 혹은 역사침략으로 받아들일 수 있다.

그러나 현실적으로 고구려의 역사적인 공간은 중국과 북한에 산재해 있고 오늘날 이것을 근거로 한국이 동북지방을 잃어버린 영토로 간주하거나 중국이 고구려의 고토인 북한 지역을 중국의 잃어버린 영토로 간주해서는 안 되며, 더욱 근본적으로 순수한 학술논쟁을 영토논쟁으로 간주해서는 안 된다는 메시지를 담고 있다. 이러한 왕후이의 한-중 역사논생에 대한 견해는 합리적으로 들린다. 그런데 이러한 합리적인 견해가 중국-티베트 간의 역사론에 들어서면 역행하는 것을 간파할 수 있다. 즉, 과거의 중국-티베트 관계사와 문화의 상호성은 오늘날의 영토경계의 논리로 변하고 있다.[196] 따라서 왕후이가 발전시킨 트랜스론에서는 오늘날 중국과는 독립적인 영토경계가 확실한 한국-중국 간의 역사논쟁에서와 같

195 위의 자료, 192-194면.

196 왕후이의 티베트론에 대해서는 왕후이, 〈동양과 서양, 그 사이의 '티베트문제'-오리엔탈리즘, 민족의 지역자치 그리고 존엄의 정치〉, 《아시아는 세계다》, 145-272면. 중국의 티베트 담론에 대한 비판적 역사론의 논리는 다음을 참조. 고성빈, 〈티베트분쟁—중국의 담론패권 vs. 티베트인의 자유의지〉, 《국제지역연구》, 2014 가을호, 95-129면.

은 합리적인 견해가 아닌 중국 변방에 존재하는 티베트의 역사를 중국의 영토경계에 편입시키고 있다. 서로가 서로에게 변강이었다는 '상호성'은 한국-중국 간의 고구려 역사논쟁에서는 통용되지만, 모순적으로 중국-티베트 간의 역사논쟁에서는 적용되지 않고 있다.

따라서 이러한 고구려사와 티베트역사를 대하는 왕후이의 이율배반과 관련하여 우리는 다음 같은 주제에 대해 숙고하여야 할 것이다. 동북공정은 과거를 이용해서 현재와 미래의 희망사항을 구성하려는 의도를 나타내는 것일 수 있다. 즉, 현재와 미래의 다원일체 중화민족국가 상상의 현실화를 위한 목적론적인 프로젝트이거나 아니면 과거의 역사에 대한 순수한 학술적인 토론의 제기일 수 있다. 만일에 전자가 더 큰 의미를 가지고 있다면, 동북공정은 다양한 소수민족을 하나로 통합한 다원일체의 중국을 구성하려는 프로젝트로서, 또한 한반도 통일 이후에 등장할지 모르는 동북지방에 대한 한국의 영토민족주의에 대한 예방적 담론 프로젝트이다. 중국의 역사담론이 주변부와 지속적으로 갈등을 야기하고 논쟁적이라는 측면을 고려하면 이 모든 가능성을 망라하는 다층성을 띠고 있다는 해석이 현실적이다. 특히 주변부에게 상당히 예민한 주제—분리 혹은 통합—를 던져 준다는 측면에서 그렇다. 그런데 고구려 담론의 중국식 논리는 그대로 트랜스론에 반영되어 나타나고 있다. 양자가 서로 맥락상 닿아 있다는 것은 과거의 역사해석(실증적 증거자료 논쟁이 아닌)을 이용하여 현재와 미래의 영토경계를 구성하려는 측면, 서구가 중국 견제를 위해 티베트와 위구르사태, 대만 독립 문제를 이용하려는 시도를 사전에 예방하려는 다목적 역사담론의 구성이라는 측면에서이다. 이것은 상기에서 언급한 대로, 트랜스론이 탈서구중심주의에 호응하는 측면과 주변부의 논리—탈대국주의, 탈국민국가주의, 소수자역사의 복원—에 대한 견제의 측면을 망라한 이중의 목적을 내비치고 있는 특성과도 혼재되어 있다.

역사담론에 대한 중국과 왕후이의 의도가 어떻든 필자는 순수하게 학술적인 각도—주변부 동아시아 담론의 시각—에서 왕후이의 역사담론—트랜스론—에 접근하고 있다. 현재 중국의 위상으로써 과거를 재구성하려는 트랜스론은 비판적 역사론—두아라, 사카모토 히로코, 피터 퍼듀의 논리—으로 균형을 찾을 수 있다. 이들의 성찰적 역사론으로 트랜스론을 투시해 보는 이유는 중국에서 벌어지는 역사 재구성 작업 혹은 한 발 더 나아가 '대항제국의 신지식패권담론 창출 프로젝트'가 동아시아에 어떤 의미를 가져오는지를 주변부와 소수자의 입장에서 검토하고 새로운 담론패권주의의 등장에 대한 경계를 삼기 위함이다. 대체로 이들은 민족과 국가, 제국이 형성하는 지역이나 세계적 수준에서의 체계의 유동성(안정성과 이동성의 변증법)을 파악하려고 하며, 거기에 장기지속되는 문화와 이념, 정치경제적 구조의 억압성을 발굴하여 비판하고 해체시키려는 특징이 있다. 이러한 논리는 특히 주변부시각에서의 동아시아 담론의 지향들을 만족시켜 준다.

2) 다원일체론의 해체와 주변부의 복원

왕후이의 트랜스론을 독해하다 보면 아직은 중국의 지성이 국가주의를 넘어서 국가와 자신의 내외부에서 주변화되고 배제되고 있는 소수자의 존재를 의식하는 수준으로 발전되지는 않았다는 것을 감지할 수 있다. 대만의 민주좌파가 국가주의를 넘어서, 사회의 다양한 주체들의 목소리를 존중하는 진정한 의미의 민주화를 주창하는 것과는 대조적으로 아직도 국가발전주의에 많이 매몰되어 있다. 이러한 경향은 일본의 보수주의적 지식인과 비슷한 성향이다. 중국의 비판적 지식인들은 정치개혁부터 시작하여 내부의 소수자 문제에 대한 성찰이 필요한 것 같다. 동아시아 담론은 근대 초기의 서세동점, 일본의 대동아공영권, 냉전체제, 미국의 패권주의, 동아시아의 개발독재정권에 의해서 억압당하고 망각을 강요당했던 소수와 진보의 목소리를 해방시키려는 것이다. 이런 관점에서 보면 대만과 변경소수민족—티베트, 위구르 등—은 중국의 역사담론과 국가발전주의에 의해서 여전히 억압당하고 있는 것이며, 동아시아 담론은 이러한 억압에 대한 비판의 근거를 제공하는 것이다.

근대는 자연과 역사를 각성된 개인과 민족국가의 소유로 만든다. 냉전시대 중국의 변경지역은 무관심과 미각성의 시대를 지낸다. 중국의 변경지역의 특징은 '무경계성'이다.[197] 이러한 무경계성은 정착민족 왕조국가를 이루었던 중국의 시각에서 보면 경계를 가장 넓혔던 어느 순간의 역사를 오늘날 중국의 것으로 가져오고 싶은 유혹에 빠지게 한 것일까. 그리고 유목민족의 인구는 항상 정착민족보다 적었다. 근대를 민족 간의 경계 만들기와 민족국가적 통합으로 특징지으면, 변경지역은 그러한 사고와 인식을 받아들이기 전에 정복과 냉전의 압제에 자신의 목소리를 낼 기회를 박탈당하고 살아 왔다고 할 수 있다. 그러나 탈근대시대의 개인과 시민주체의 자각, 그리고 자연과 역사는 누구의 소유도 아니라는 자각은 이러한 무관심, 미각성을 털고 일어나 자신의 주체를 주장하기에 이른다. 변경 소수민족의 역사, 자연, 생존하는 동식물이 서구 제국주의와 중화체제의 소유가 아니듯이, 이들은 자신만이 자신의 소유일 뿐이다. 트랜스론은 서구의 근대적인 제국-식민의 역사, 민족-국가의 역사, 심지어 탈중심-탈주변의 탈근대적 역사론의 등장에 대응하는 중국식 다원일체역사론의 21세기 버전이다. 또한 왕후이는 변경을 포함한 동아시아 주변부를 중-서 이원론의 시각과 중국식 보편주의 역사론에서 접근한다. 그런데 그의 초국적 지역주의서사에서는 정작 소수민족의 목소리는 빠져 있다.

예를 들어 오늘날의 티베트분쟁에서는 서구의 친티베트서사와 중국

197 Peter C. Perdue, *China Marches West*, pp. 19-33.

의 아바타인 왕후이의 대항서사만 메아리칠 뿐이다. 이것은 마치 한반도 통일 문제에 미국과 중국이 서로 지분을 논하는 것과 같은 이치이다. 티베트 문제와 한반도 문제에 티베트인과 한반도인의 목소리를 미국과 중국의 이원론적 논쟁이 대체하는 것과 같은 형국이다. 왕후이의 트랜스론은 철저히 서구의 보편주의 역사론에 대응하는 중국의 자기정체성 확인의 역사관이며 중국식 보편주의의 구성이다. 서구 오리엔탈리즘에 대항하기 위해 유교문화 보편주의를 주변부에 투사하는 아亞오리엔탈리즘sub-Orientalism의 표출이다. 여기에 변경지역의 소수민족과 동아시아 주변부의 목소리는 빠져 있다. 이렇게 서구에 저항하면서 생성된 중국혁명과 이어진 국가발전주의 거대서사에 변경 소수민족의 문제를 전부 몰아넣는 게 과연 정당한 일인가. 외부에 대한 저항을 구실로 내부의 봉건성을 경시할 수는 없다. 이것은 서구를 넘어선 발전을 추구하면서도 서구적 근대화(부국강병)에 매진하고 국내와 주변의 다양한 목소리를 억압하는 냉전시대 동아시아에서 행해졌던 권위주의 개발독재체제의 논리와 일치하는 것이다. 냉전시대 동아시아 국가들의 내부 비판적 시민-지식인 공론장, 주변부 소수자(대만, 티베트, 위구르)의 저항과 비판의 목소리를 국가빌진주의에 매몰시켜 버리는 것은 오늘날 동아시아 담론의 비판의 표적이 되기에 충분하다.

이 책에서 특히 참조하려는 두아라, 사카모토, 퍼듀의 비판적 역사론의 시각에서 보면 중국은 역사서술에서 '일체'나 '통합'이라는 관념에 대한 집착이 강하다. 그리고 중화인민공화국 시대에는 여기에 서양 제국주의로 부터의 '해방'이라는 관념이 더하여졌다. 왕후이의 트랜스론에서는 이러한 중국의 사고가 종합적으로 나타나고 있다. 중국의 주류역사학의 민족, 변경 소수민족, 역사공동체, 청제국의 영토경계 등의 논리가 그대로 반영되고 있다. 여기에 서구의 오리엔탈리즘, 제국주의와 냉전적 사고에 대한 저항의 그림자를 짙게 느낄 수 있다. 오늘날의 중국의 변경연구에서 "국경의 정당성을 검토하다 보면 국적, 정체성, 정치적 충성, 배제, 포함, 국가의 한계선에 관한 중요하고 극적인 문제들이 제기된다"[198]라고 언급하고 있지만 트랜스론은 이에 대해 해결책으로서의 논리를 제시하기보다는 한족 중심의 다원일체구조에 유동하는 주변지역을 모두 통합시키면서 서구의 역사론에 대한 대항의식을 내면화하고 있다. 따라서 트랜스론은 상기에서 논한 대로, 한편으로는 현재의 중국의 위상과 영토경계를 원형으로 삼고 과거의 역사를 맞추어 구성하는 것이며, 다른 한편으로는 미래에 희망하는 위상에 맞는 상황을 미리 구성하려는 시도를 보여 주고 있다. 아래 세 학자의 비판적 역사론은 이러한 왕후이와 중국 주류 역사론의 중심주의적 사고를 해체하고 변경과 동아시아 주변부의 역사를 한족 중심의 중국역사와 같은 위치에 올려놓고 있다.

프라센지트 두아라—제국이성의 역사론 비판

과거의 작은 서사들의 희생에 대한 의도된 배제와 망각은 특히 두아라의 문제의식을 통해서 철저히 폭로된다. 즉, 역사의 '분기分岐' 개념bifurcated conception of history은 과거는 일직선으로 전달되는 것이 아니라 그 의미도 시간과 공간에 따라 산포된다는 의미이다. 이 개념에 따르면 과거를 전달하는 데 "역사서사와 언어가 산포된 역사를 현재의 필요에 따라 전유하는 과정을 지적하고, 결과적으로 현재가 과거의 형태를 어떻게 구성해 왔는지를 폭로해 준다." 계속하여 중국 민족구성의 역사론을 분석하면서 "바로 그 전유의 과정에 주목함으로써 분기 개념은 우리에게 전유담론 너머

---

198 Malcolm Anderson, 1996, *Frontiers: Territory and State Formation in the Modern World* (Cambridge: Polity), p. 1; 크리스 윌리엄스(Chris Williams), 〈변경에서 바라보다-근대 서유럽의 국경과 변경〉, 임지현 편, 《근대의 국경 역사의 변경》, 40면.

에 존재하는 역사성을 회복시킨다"는 비판적 사고의 틀을 제시한다. 따라서 이 개념을 통해 그는 단선론적이고 단순한 인과론적 역사의 억압적인 목적론을 극복하거나 최소한 자각하게 함과 동시에 역사성을 회복하려고 시도한다는 것을 분명히 한다.[199]

왕후이가 현재를 참고로 하여 과거를 재구성하려는 논리는 이러한 두아라의 탈근대적 문제의식에서 나온 분기론에서 가장 통렬하게 비판받을 수 있다. 그는 19세기 후반에서 20세기 전반의 중국에서 국민국가의 근대적인 역사가 어떻게 만들어졌는지를 해부하고, 역사가 만들어지는 과정에서 억압되고 묻혀 버린 대안적인 서사들을 발굴해 내려고 시도한다. 이러한 중국 근대의 계몽주의적 역사서술은 헤겔의 단선론적-진화론적 사관에 입각한 것이라고 말한다. 19세기에 만들어진 이 근대적 역사는 까마득한 고대로부터 근대까지 영속하고 있다고 '믿어지는' 완결된 공동체, 즉 중화민족의 역사이다. 이것이 현재 근대국가에서 가르치고 있는 '민족국가의 역사'이며 지난 두 세기 동안 지배적인 양식으로서 단선론적이고 진보적인 역사가 확립되는 과정이었다. 이처럼 시간이 공간을 압도한 세기였으며, 이는 지리적 공간에 분산 존재하는 타자가 현재 우리의 과거 모습처럼 보이게 되는 조건이 된다. 이렇게 두아라는 서구보다 오히려 동아시아가 근대적 계몽주의의 역사양식을 더욱 열정적으로 추종하면서 근대적 목표달성과 타자를 길들이고 억압하기 위한 역사관을 창출하려고 노력하였다고 폭로한다.[200] 이러한 근대적 역사양식에 대한 비판적 사고를 중국의 역사 만들기 사례에 적용하면, 중국역사는 더 이상 중국의 순수한 의미에서의 역사가 아니며, 그 서사가 은폐하는 정치적 의도에 주의를 기울여야 할 필요성이 제기된다. 이미 청말 민국民國 초기 이래로 중국역사는 '계

199 Duara, *Rescuing History from the Nation*, p. 5.
200 위의 책, p. 17.

몽'양식을 띠고 단선론적, 목적론적 양식으로 서사화되면서 보편적 진보를 향하고 있다는 의미이다.[201] 따라서 이들이 조성하는 중국의 역사론에서도 주변의 소수자를 자신의 구조에 예속시킴으로써 세계의 보편적 일원화를 꿈꾸는 헤겔의 역사철학을 중국인의 역사철학으로 변환시키고 있다는 것이다. 이러한 비판론에서 보면 왕후이의 트랜스론에서는 '예속'이라고 하지 않고 '포섭'이라고 완곡하게 표현하고 있는 것을 간파할 수 있다. 그의 역사론에서는 '제국'이라는 용어를 사용하지 않으면서 신중화제국—이 책은 미국 주도패권에 대응하는 의미에서 '대항제국'이라고 정의한다—을 이야기한다. 주변에는 끝없이 포섭하고 포섭당하는 소수민족과 주변부가 있다. 그러나 한족 중국은 영원히 진보하는 다민족통합국가로 왕후이의 역사관에서 창출되고 있는 것이다.

중국의 역사론이 중-서 이원론에 구속당하는 한 서구적 계몽의 역사관에 사로잡힌 것이며, 그것은 역사에 내재한 억압과 배제의 기능을 폭로하는 비판적인 역사관이 자리 잡기 힘들다는 반증이다. 두아라는 코언의 '중국 자신에 입각한 조망'을 존중하지만, 이러한 시각을 추종하는 중국연구가 오히려 중국중심주의에 흘러 객관성을 잃고 있다고 비판한다.[202] 즉, 코언의 시각을 존중하고 추수하는 서구와 중국의 역사가들이 서구중심주의 역사관을 성찰한다는 본질적인 문제의식을 망각하고, 도리어 한족 중심의 역사를 재구성하면서 주변부와 소수민족의 역사를 배제하고 있는 현상을 지적한다.

---

201 위의 책, pp. 26-27.

202 코언에 의하면 서구의 중국연구가 승자의 입장에서 주로 해석되었고, 페어뱅크(John Fairbank)나 레벤슨(Joseph Levenson) 같은 학자들도 이 같은 편파성에서 벗어나지 못했다. 중국사를 해석함에 있어 서구중심주의를 극복해야 한다는 고민이 주제이다. 그러나 두아라는 코언의 시각을 가지고 과도하게 중국의 입장에서 서술하는 것도 편파적이라는 것을 지적하고 있다. Paul A. Cohen, *Discovering History in China: American Historical Writing on the Recent Chinese Past*, pp. 149-198.

즉, 두아라는 중국사를 보는 시각에서 서구중심주의에서 벗어나려는 움직임을 이해하면서도, 같은 의미로 중국의 다원일체 통합주의의 역사 서술도 비판에서 면제될 수는 없다는 것이다. 그가 보기에 근대 초기 중국 지식인들은 근대화와 서구화를 구분하였다. 그러나 이들은 1차 대전 이후에 서구의 지나친 물질주의와 제국주의의 약육강식에 대한 실망으로 인해 서구 근대성의 정수인 주체의 자각, 진보, 이성의 중요성에 대해서 동양적 정신문명의 우월이라는 모호한 논법으로 경시하였다. 이들은 서구의 근대성과 서구의 식민주의(즉, 근대화의 부국강병이데올로기)를 동일시하는 우를 범했다.[203] 따라서 서구의 식민주의는 근대성의 보편정신에 반하는 것이며 중국의 관점으로 중국의 서사를 전개하는 것도 중요하지만, 그렇다고 해서 중국의 민족과 국가 만들기 서사에 의해 희생되는 작은 서사들을 망각해서는 안 된다는 것을 강조한다. 중국의 견해에서는 서구를 초탈한 보편적 가치들을 서구에서 나온 것이라는 이유로 배척하는 모순에 빠지고 있다. 이러한 태도는 오리엔탈리즘을 극복한다고 하면서 옥시덴탈리즘을 배양하는 태도이다. 이것은 보편적 세계사의 입장이 아니다. 역사상 중화주의가 낳은 동아시아 문화헤게모니의 억압과 배제를 경시하는 태도는 서구 오리엔탈리즘의 편향성을 같은 태도로 공유한다는 의미이다.

두아라의 논리에 의하면 쑨원은 한족 우위를 지키기 위해 이민족에 대한 저항과 피통치의 역사에 대해 유교적 보편주의를 동원하여 복잡한 문제를 무마하고, 중화제국은 다민족구성체라는 사상적 기초를 확립하였

---

203 Duara, 앞의 책, pp. 205-227. 두아라는 칸트의 계몽론과 같은 맥락에 서 있다. 즉, '인간의 자유를 자각하는 통일된 주체는 근대성의 개념에서 가장 중요하다'고 보는 베버(Max Weber), 콜브(David Kolb)를 인용하면서 중국을 비판한다. Duara, *Rescuing History from the Nation*, p. 87; Max Weber, 1958, *From Max Weber*, edited and translated by H. H. Gerth and C. W. Mills (New York: Oxford University Press); David Kolb, 1986, *The Critique of Pure Modernity: Hegel, Heidegger and After* (Chicago: Univerity of Chicago Press), pp. 9-12.

다. 이리하여 민족국가의 구성에 대해서 중화주의를 일종의 보편주의로 만들었다. 이러한 시도에는 중국이 민국건설 초기에 억압과 재창조의 복잡한 기획을 수행하면서 타자를 자신의 하위체계로 삼으려는 의도가 숨어 있다. 이것은 단선론적 역사의 위장된 투명함으로 억압을 함유하는 수사적 전략을 은폐한다는 것이다. 이는 근대화를 위한 목적론적 도정이기도 한 것뿐만이 아니라, 주류 역사론의 강요 때문에 생겨난 억압을 은폐하는 효과를 가지기도 한다.[204] 이렇듯 두아라는 중국이 20세기에 들어서면서 량치차오에서 시작된 계몽의 단선론적 민족사관 구성의 역사가 지속되었음을 폭로한다. 결국 서구의 연구자들이 서구중심주의를 극복한다고 하면서 서술한 중국사가 중국중심주의의 빌미를 제공한 것에 대해 경계를 발하고 있다.

21세기 왕후이는 트랜스론에서 단선론적 역사관을 복합적, 중층적, 유동성의 역사로 전환하여 단선을 넘어서는 복선의 시스템구조의 역사를 대안으로 제시한다. 한족과 여타 종족간의 실체적인 관계의 역사를 일종의 관계망으로 재설정함으로써 좀 더 유동적인 측면을 강조한다. 그는 이렇게 함으로써 중국의 민족 만들기로 배제당한 하위체계들의 서사를 포섭하는 시스템의 형성으로 극복할 수 있으리라 믿은 것 같다. 그러나 그의 논리는 단선적 계몽을 복선의 계몽으로 명칭만 변환한 것에 불과하다. 중국의 인식구조에서 전체로서의 하나의 시스템을 형성하여 그 안에 모두를 통섭하려는 유기체적 사고가 외연된 것이다. 그 안에서 다민족 일체구조라는 한족 중심의 정치적 통합서사와 타협하고 있는 것이다. 현재의 중국의 부상이 대변하는 트랜스론이라는 개념의 상징적 이미지를 통해 과거 시공간의 다양하고 분산적인 의미를 총괄하여 현재의 의미로 통합하고 있다. 결국 왕후이의 역사론은 21세기의 다원성, 분산성, 탈중심의 동

204 위의 책, pp. 32-33.

아시아구상보다도 중국이 서구에 대응하는 '대항제국 만들기' 또한 '대안적 근대화 발전의 서사 만들기'의 정치적 프로젝트로서 생명력을 얻을 수 있을 것으로 보인다.

사실 현재의 시각으로 과거를 재구성한다는 두아라의 비판은 왕후이의 역사론에 대해 가장 통렬한 것이다. 왕후이는 시스템이라는 정적인 개념에 유동성을 나타내는 개념인 트랜스跨를 결합한 '트랜스시스템사회'를 흔한 용어인 '네트워크(관계망)'의 대체어로 사용하면서 일종의 개념을 만든 후에 과거를 여기에 끼워 구성하였다. 트랜스론은 중국-주변이 형성한 지역 전체계의 이성과 계몽을 향한 단선적이고 목적론적인 역사론이다. 이것은 중국식 계몽의 역사이며 현재에서 출발하여 과거를 추적하는 '역방향'의 프로젝트이다. 한국의 임지현은 중국의 역사공정에 대하여 거꾸로 거슬러 올라가면서 역사를 만들어 나가는 것이라고 비판한다. 즉, 트랜스론은 과거와 현재를 비판하면서 미래를 만들어 나가는 순방향의 사상사를 만들기보다, 현재로서 과거를 재구성하고 있는 것이다. 이러한 서술에는 미래에 대한 언급이 '다원일체'라는 목적론적인 함의로 숨어서 존재한다. 숨어서 머리만을 살짝 내미는 이유는 많은 다양한 주체들에게 대국주의로 의심받을 우려를 가지고 있기 때문이다. 따라서 이러한 논리는 주로 현재로써 과거를 재구성하여 미래를 미리 상상으로 규정한다. 중국의 고조선, 고구려의 역사를 중국의 영토경계 안의 존재로 재구성하려는 동북공정의 동기도 이것과 같은 맥락이다. 표면적으로는 과거의 역사이지만 거기에 실은 미래라는 희망이 잠재적으로 은거하고 있는 것이다.

그러나 두아라의 비판적 중국역사론은 왕후이에 대해서 양면의 칼로 작용하는 측면도 없지 않다. 두아라는 앤더슨Benedict Anderson과 겔너Ernest Gellner의 민족주의론이 근대가 가져온 공동체의 자각에 의한 것만으로 해석되는 것은 또 하나의 서양 근대의 특권화를 허용하는 것이며, 헤겔적인 서구 중심의 단선론적 역사관과 같은 맥락이라고 비판한다. 그는 역사에 있어서 언제든지 총체화를 지향하는 표상들과 서사들은 존속해 왔다고 주장한다. 따라서 근대에만 민족의 집단적 주체의 자각이라는 특권을 수여하는 것에 동의할 수 없다고 피력한다.[205] 그렇다면 왕후이의 트랜스론은 근대 중국의 민족국가 만들기로 비판받을 수 있으나, 이러한 만들기가 서구적 근대가 들어선 이후에 생성된 게 아닌, 장기지속의 중국역사의 특징으로 트랜스론을 내세우면서 서구중심주의적인 역사에 대응한다는 측면을 강조함으로써 두아라의 논지는 왕후이를 부분적으로 옹호하는 측면도 있게 된다. 그러나 전체적이고 근본적인 측면에서 두아라는 20세기 초반 중국의 대한족주의의 자각으로 인한 다원일체 중화제국만들기 역사론이 현재를 위한 과거의 재구성이라는 측면을 지적함으로써 왕후이의 역사론을 비판할 수 있는 논리를 제공하고 있다. 왕후이는 트랜스론을 통해서 끊임없이 중국과 변경지역의 역사가 함유하는 다양한 민족과 종족, 종교, 언어, 풍습, 정치경제, 지식과 문화의 다양한 표상으로 인해서 분산될 수 있는 분열성의 사회를 어떻게 하면 총체성의 사회로 전환시킬 수 있을까를 사고하였다. 분산된 표상들이 장기간에 걸쳐서 초국적 지역주의의 차원에서 사회적, 문화적으로 하나의 연계망에 포섭되었다는 왕후이의 역사관은 두아라가 비판한 역사재구성의 의도를 잘 반영한다.

무엇보다도 21세기의 분산성과 무경계-탈중심적 사고가 독립 움직임을 가진 소수의 활동과 어우러졌을 때, 이것을 다시 포섭하고 일체화할 수 있는 서사를 재구성하는 시도는 일종의 탈근대적 문제의식의 보편적인 전개를 거스르는 중국식의 '반근대성의 근대성'론과 연결된다. 왕후이는

205 위의 책, pp. 51-56. 다음을 참조. Benedict Anderson, 1991, *Imagined Communities: Reflections on the Origins and Spread of Nationalism* (London: Verso); Ernest Gellner, 1983, *Nations and Nationalism* (Ithaca: Cornell University Press).

이 개념과 트랜스론으로 서구적 발전과 역사에 대응하는 중국의 대항서사를 구성해 내려고 한다. 그는 탈서구적 의식에서는 헤겔의 중국역사론을 거부했지만, 근대적 역사동력인 국가와 제국을 합친 중국식의 '제국이성'을 창조해 냈다. 헤겔의 계몽적 역사관에서 국가와 제국의 건설에는 약자와 소수자의 자연도태가 불가피한 법칙인 것처럼, 트랜스론은 동아시아와 중국 사회의 비판이론(소수자의 저항서사, 사회비판이론)이 활동하는 공간을 소거하거나 최소한 축소하는 역할을 가진다. 하나의 단일한 시공간의 체계는 서구식 중국사관(계몽-봉건, 민주-독재, 제국-식민)에 대한 대항서사로 해석 될 수 있는 측면이 많다. 중국과 변경지역을 포함하는 광역에서 상호 침투하고 포섭하는 종족과 민족을 아우르는 역사담론과 서사, 그리고 계급, 종교, 소수인종의 표상들과 같은 초민족적 열망들, 분산성을 하나의 시공간의 체계에 모두 담아 내어 주류의 역사로 재탄생시키는 것이다. 왕후이는 현재의 중국의 위상으로 미래를 구성하기 위해 과거에 대한 다양하게 분산된 의미를 현재의 희망으로 압축하고, 그것을 서구에 대한 대항의 담론으로 삼고자 한다. 그러나 이러한 총체성의 역사구조와 서사는 특히 소수자와 얽혀 있는 첨예하고 때로는 절박한 이슈들을 감추어 보여 주지 않는 효과를 가진다. 단지 그는 지역문제의 해결에 '비판적 국제주의'를 제안한다. 여기에는 국가들만 참여 가능하다. 그렇다면 민국 이후에 형성된 역사론과 다원일체 통합국가체제에서 배제되는 소수민족들은 어떻게 존재의미를 확인받을 수 있을 것인가.

사카모토 히로코—소수자의 복원

차별과 배제의 동아시아 역사 만들기에 대해서 사카모토 히로코는 진보적인 비평을 하고 있다. 사카모토는 일본 지식인으로서는 드물게 동아시아론에 접근하는 데 있어서 주변부의 입장과 비슷한 견해를 많이 피력하고 있다. 중국에서 진화론이 들어온 이후의 사상사에서 민족주의의 신화는 두 가지 흐름을 형성했다고 논한다. 하나는 '여성차별적 우생학'이고 둘째는 '한족 중심의 동화주의'이다. 량치차오는 한족 중심의 중화주의를 근대의 시점에서 재정리한 장본인으로 평가한다. 또한 캉유웨이의 '인종대동론', 쑨원의 '오족공화론'도 결국 한족 중심의 중국과 중국 중심의 동아시아를 상상하고 있는 것을 지적하고 있다. 이들 청말-민국시대의 선각자들은 시대적 요청인 국민국가 만들기에 매료되면서 하나의 중화민족 만들기를 상상하였다. 따라서 중국인은 지적으로나 문화적으로나 서구에서 눈을 돌려 동아시아를 대면할 때는 자신을 '상대화'하지 못하는 경향이 있다. 중국은 한족을 중심으로, 동아시아는 중국을 중심으로 인식되어야 한다고 믿고 있는 것이다. 따라서 사카모토는 근대 초기 이래로 형성되어 온 중국의 민족주의에 의해 조종당하고 억압당해 온 인민과 지역의 서사를 회복하기 위해서 동아시아가 주변의 입장에서 중심을 견제하고 비판해야 한다는 견해를 피력한다. 나아가 중국의 민족주의를 비판하는 것만큼 동아시아인 모두 자국중심주의와 근대를 성찰해야 한다고 주창한다.[206] 물론 이러한 비판에는 중국과 동아시아의 역사뿐만 아니라 사회진화론적 영향으로 인한 제국주의를 추구했던 서구 근대의 어두운 역사도 성찰에서 예외일 수 없다는 인식을 내포하고 있다.

특히 사카모토는 왕후이가 트랜스론의 기초로 삼았던 페이샤오퉁의 '중화민족 다원일체론'에 대해 신랄하게 비판하고 있다. '대가족'으로 비유되는 중국의 민족-국가의 서사방식에 기초하여 민국시기 민족학의 성립과정에서 페이샤오퉁이 행한 중요한 역할과 문혁 이후 복권한 후에 중화민족 다원일체론을 주창하기까지를 주변부의 입장에서 비판적으로 서

206 사카모토 히로코, 2006, 양일모·조경란 역, 《중국민족주의의 신화》, 지식의 풍경, 217-250면; 坂元ひろ子, 2004, 《中国民族主義の神話—人種-身体-ジェンダ》, 岩波書店.

술하고 있다. 페이샤오퉁은 민국시기에는 량치차오의 사회적 진화론에 입각한 한족-소수민족 간의 문명-야만의 이분법적 민족개념을 포함한 사고를 비판하였다. 그러나 사회주의 중국의 건국 이래로는 스탈린모델과 사회진화론을 수용하면서 진보-낙후라는 기본 틀에서 민족문제를 논의하는 방향으로 선회하면서 량치차오의 인식을 수용하게 된다. 티베트문제에서 그는 이러한 틀을 적용하여 암흑사회로 표현하고 있는데, 당시 그의 전변을 왕젠민王建民은 "자신을 소수민족을 위해 봉사하고 지도한다는 위치에 설정하면서 일종의 소수민족을 가르치는 사명감을 지니고 있다. 학자가 노력하여 재구축한 소수민족 자신의 민족과 에스니시티의 역사를 소수민족 자신이 받아들이게 하고, 인식시키고자 한 것이다"[207]라고 비판하였다. 이러한 페이샤오퉁의 사고는 진보적 다수인 한족과 낙후한 소수자를 구분하는 차별적 민족의식인 것이다. 문혁이 종식된 후에 학계로 복귀한 후에도 종래의 주장을 지속한다. 특히 주목되는 주장은 민족은 역사과정에서 형성, 변화, 흥성, 쇠퇴하는 것이며, 각 민족은 언제나 분화, 융합의 과정에 있고, 여기서 급히 처리해야 할 식별상의 남은 대부분의 문제들은 나누어졌지만(分) 완전히 바뀌지(化) 않았고, 녹아들었지만(融) 합쳐지지(合) 않은 상태로 판별불가능하다는 지적을 한 것이다. 사카모토는 이러한 사고전개가 역사적 동태성을 중시하는 민족인식이지만, 한편으로 중국은 기원전 200년부터 통일국가였다고 하는 초계급론적인 통일국가의 연속성을 주장한 것이라고 평한다. 그리고 이러한 사고는 1988년 홍콩에서 발표한 '중화민족 다원일체구조'(1988년 11권)론으로 귀결된다. 이는 "다원의 기원을 이루는 많은 고립 분산된 민족이 접촉, 혼합, 연결, 융합하고, 동시에 분열, 흥성, 쇠퇴하며, 완전히 융합되면서도 개성을 지닌 다원

207 王建民·張海洋·胡鴻保, 1998,《中國民族學史》下卷, 雲南教育出版社, 111면, 사카모토 히로코, 위의 책, 245면.

적 통일체가 되었다"는 함의이다.[208] 이렇게 사카모토가 요약하여 해설한 대목은 마치 이미 오래전에 페이샤오퉁이 왕후이의 트랜스론을 재진술하고 있는 것 같다는 인상을 주기에 충분하다.

결론적으로 이러한 장대한 역사화된 민족구상은 한족과 소수민족과의 관계를 모두 하나의 구조에 융합하는 발상이며 사회적 진화론의 입장에서 민족을 창출하려 했던 량치차오, 쑨원의 한족 중심의 오족공화와 삼민주의에 나타난 동화주의, 리다자오가 1917년에 주장한 오족 개념을 넘어서는 '신중화민족주의' 등을 모두 종합하여 중국의 복수민족-국가를 새롭게 개념화하는 의미를 가지고 있다. 그리고 민족의 동태적 움직임을 중시하면서도 정태적인 전체구조를 창안한다는 면에서 왕후이의 트랜스론의 참조이유를 발견할 수 있고, 실제로 잘 활용되었다. 단지 페이샤오퉁의 중화민족 다원일체론은 상대적으로 중국 민족문제의 정태적 측면을 강조하면서 접근한 개념이고, 왕후이의 트랜스론은 동태적인 측면에 중점을 둔 개념이라는 차이가 있을 따름이다. 전자는 1989년 6·4 천안문사태 직전이자 개혁 도중에 나온 것이며, 후자는 개혁의 성공으로 인한 자부심이 비등한 시기에 나온 것을 고려하면, 21세기 중국의 전반적인 발전과 이에 따른 소수민족의 주체의식 증대, 탈사회주의이념화현상이라는 새로운 환경에서 기존의 사회주의 보편주의(지적, 문화적 측면에서)를 넘어서는 새로운 동화주의적 이데올로기의 필요성을 반영하는 것이다. 중화민족 다원일체론은 다원성을 인정하는 것 같지만 내부 중층의 역사적 시-공간의 다면성, 다민족 간의 비대칭성-불균형성을 은폐하고 동화주의를 추진하기 위한 사상-문화기획이다. 페이샤오퉁은 사카모토의 비판대로 여전히 '다원에서의 헤게모니', 즉 소수민족에 대한 다수 한족의 지도적 입장을 강조하고 있다. 특히 티베트와 위구르의 상대적으로 강한 종교적 정체성을 예

---

208 사카모토 히로코, 위의 책, 246-247면.

로 들면서 '다원의 조화'가 반드시 보증되는 것은 아니라고 하면서 '다원' 개념에 회의적인 견해를 비치기도 한다.[209] 상기의 두아라의 비판적 역사론에 따르면 이러한 시도들이 모두 민국시대부터 지속되어 온 중국의 민족-국가 만들기의 계몽프로젝트이며, 여전히 한족이라는 종족적인 민족주의에 의해 중국역사가 독점되고 있는 것이다.

중국의 '역사공정'에 대한 반향에서 보면 진보적인 소수를 제외하고 '민족사'가 존재한다는 의식, 현재의 영토 경계와 역사경계가 일치한다는 인식패러다임으로부터 자유롭지 못하다는 것을 보여 준다. 필자가 보기에 두아라가 선언한 '민족으로부터 역사를 구출하는' 작업은 탈근대적 문제인식의 패러다임이라고 볼 수 있다. 그는 묻는다. 만약 21세기가 태평양의 세기가 된다면, 태평양 연안 지역 역시 역사를 저술하려 할 것이며, 그것은 어떤 역사가 될 것인가. 그리고 이렇게 답한다. 우리는 민족국가 시대 이후의 역사가 어떠한 모습을 띠게 될지는 알 수 없지만, 그러나 '역사'와 '민족'을 분리시키는 방법을 파악하여야 한다.[210]

피터 퍼듀의 중앙유라시아 역사의 복원—중심–주변의 무경계성

두아라가 지적하는 근대의 단선론적 역사관에서 출발한 중국의 민족 만들기 서사구조와 사카모토의 한족 주류 만들기의 지식과 담론패권에서 배제된 소수의 서사를 다시 역사에 복원한 연구를 살펴보면, 한족 중심의 중국근대사와 민족 만들기에 대한 문제의식이 더욱 명백히 드러날 수 있다. 전체적인 시간과 공간의 거대한 흐름에 묻혀 버린 변방의 서사를 재생시킨 퍼듀의 중국역사론이 그 사례이다. 중국 경제사 전문가인 저자는 기존의 중국사 서술 관점과는 다른 방향, 즉 세계사 차원의 중국사를 고찰하

209 위의 책, 248-249면.
210 Duara, *Rescuing History from the Nation*, p. 50.

였다.

중요한 것은 그의 연구가 현재 중국의 역사서술에 존재하는 지배적인 패러다임에 반기를 들고 있는 것이다. 주류적 견해에서는 중앙유라시아 지역인 신장과 몽골이 청에 정복된 것은 20세기 중화인민공화국의 발전까지의 정점에 다다르는 과정이며 다민족국가인 중국으로 통일된 것이라는 역사관을 가지고 있다. 중국 학자들의 연구에 명백하고 서구 학자들도 묵시적으로 받아들이는 인식으로서 현재의 민족국가인 중국의 영토적, 문화적 경계를 당연히 받아들이고 있다. 그러나 청제국은 한족이 아닌 만주족 왕조였으며 1949년까지 쇠퇴를 거듭하면서 영토를 상실하기도 하였다. 그러나 오늘날의 중국은 청의 극성기의 영토를 자국의 영토경계로 설정하고 있다. 이런 사고는 다수 한족 중국인들이 부정하고 싶은 과거마저도 현 상태의 영토경계를 설정하는 데 활용하려는 모순된 태도인 것이다. 과거의 역사경계와 오늘날의 영토경계를 일치시키려는 사고이다. 청제국의 신장과 몽골 정복은 오늘날 중국이 민족국가로 가는 과정의 사건이 아니었으며, 그저 서로 대립하는 행위자들의 욕망의 충돌일 뿐이었다. 그리고 그 행위자들 중에는 한족 중국인은 일부에 불과하였으며, 더구나 이들 중에서도 현대의 민족국가와 민족주의를 염두에 둔 행위자는 없었다.[211] 이러한 견해에 따르면, 현재의 중국과 유라시아지역은 중국과 러시아 어느 한 제국이 통합의 역사로 설명할 수 없는 곳이다. 유목지역은 한족 중국과 교역, 협상, 상호 투쟁을 지속하였다. 청제국은 서진으로 오늘날의 유목지역 신장, 티베트 등을 합병하였는데, 그것으로 인해 중국이 오늘의 희망으로써 과거의 변경지역을 한족 중국이 통치해야 한다는 정당성을 주창하기는 힘들다. 즉, 퍼듀는 오늘날의 중국이 다원일체의 중화민족주의로써 모든 소수민족과 그들의 모든 역사와 영토를 통합하려는 의식에

211 Peter C. Perdue, *China Marches West*, pp. 1-5.

의문을 제기하고 있는 것이다. 이것은 필자가 트랜스론에 의문을 제기하는 것과 비슷한 문제의식이다.

구체적으로 퍼듀가 의문을 제기하는 것은 중국과 중앙유라시아의 역사를 순환의 관점에서 바라보는 것이다. 초원제국들의 통일과 몰락을 반복하는 현상이 이러한 '순환론'의 형성에 영감을 주었는데, 주로 순환의 원인을 '기후결정론'으로 찾았다. 즉, 주기적인 가뭄이 이들을 정주민 사회에 대한 공격으로 이끌면서 흥망성쇠를 거듭한다는 것이다. 이것은 특정 사건을 초월하여 어떤 경향성을 찾고 그것을 일반화하려는 지향을 가진다. 그러나 퍼듀는 순환론을 비판한다. 이것은 환경결정론에 입각해 있기 때문에 인간 행위자가 역사에서 배우지 못하고 운명에 의해서 예정된 길을 간다는 것이다. 그러나 중국과 유목민족들은 역사로부터 교훈을 얻었으며, 그것을 토대로 주어진 환경을 다른 방식으로 다루었다. 청과 준가르 간의 충돌이 종종 예전의 경로를 따르면서도 새로운 상황을 만들었다고 지적한다. 정주세계의 관찰자들은 유목민을 문명에 대한 파괴자로 묘사하며, 또한 환경결정론으로 그들의 적극적인 행위자적 지위를 박탈하였다. 퍼듀는 준가르의 적인 청이 이들을 인간세계에서 배제하고 멸망을 정당화하기 위해서 동물의 상징—쥐나 개구리—으로 격하시켰던 서사들을 보여 주고 있다.[212] 이러한 '문명정주민-야만유목민' 이분법은 서구의 오리엔탈리즘이 중국에서는 유교문화 보편주의로 나타나고 있다는 반증이다.

비슷한 맥락에서 대만의 역사학자인 왕밍커王明珂의 중국의 신화와 역사론에서도 이러한 면이 지적되고 있다. 그는 한족의 변방민족 서사에서 이들의 비루함과 천박함을 강조하여 표현하고 있는 것을 비판적으로 지적한다. 이러한 사고는 중원문화가 변경지역을 얼마나 경시적인 시선으로 바라보고 있는가라는 사실의 징표라고 논하고 있다.[213] 이러한 한족 중

212 위의 책, pp. 6-8.

심의 사고는 마치 서세동점기에 서구인들이 중국을 바라보는 차별과 타자화의 시각과도 상통하는 것으로 해석될 수 있다.[213]

한족 중심의 역사와 더불어 서구 중심적 역사론에서도 탈피하려는 퍼듀는 '유라시아 유사성 가설'(Eurasian similarity hypothesis)에 공감하면서 서구의 19세기 중국에 대한 차별적 고정관념마저 비판한다. 즉, 18세기까지는 중국이 서구처럼 경제적으로 역동적이었다는 것이다.[214] 이렇게 그가 한족 중국과 서구 중심적 조망 모두로부터 벗어나려는 균형적 접근태도는 서구의 중국 배제와 한족의 변경 유목민족 폄하의 관점을 모두 극복하고 해체하려는 시도인 것이다.

그는 중앙유라시아의 정복은 '중국(한인)의 정복'이 아닌 '청의 정복'이라고 바로잡는다. 이러한 재정의에 대해서 중국 역사학자들은 '다민족국가 청으로의 위구르와 몽골 민족의 통합'이라고 정의할지도 모르지만 러시아나 몽골은 '호전적인 만주인의 나라 청의 몽골민족 침략'이라고 서술하고 있는 것을 지적하면서, 역사학에서의 정치적인 개념 정의는 중립적인 태도를 어렵게 만들지만 공정한 선택의 노력이 필요하다고 강조한다. 이러한 서술은 왕후이의 역사론에서 중국과 주변이 초국적 지역을 형성하여 하나의 트랜스시스템사회 안에 통합될 수 있다는 논리, 또한 그것에 기초하여 청의 티베트 정복으로 오늘날의 티베트를 중국이 병합할 수 있다는 논리에 정면으로 배치되는 것이다.

여기서 퍼듀는 청의 중앙유라시아 정복역사를 전前민족-국가pre-nation-state적 특성으로 정의한다. 즉, 오늘날의 근대 민족국가의 역사 만들기의 관점에서 과거를 해석하는 것을 경계하고, 그 당시 전사들과 상인들이 민

---

213 왕밍커, 〈영웅, 변경을 가다—중국 전근대·근대의 상상된 변경〉, 임지현 편, 《근대의 국경 역사의 변경》, 221-264면.

214 Perdue, 앞의 책, p. 8.

족국가의식이 없었던 조건에서 정복하고 저항했던 역사를 기술한다는 것이다. 퍼듀는 이러한 접근에서 오늘날의 중국의 통합적 민족역사 만들기를 비판하지만, 동시에 제국과 민족국가의 연속성을 밝히고자 한다.[215] 특히 청제국의 정복활동이 불가피한 것은 아니었으며, 오늘날 역사상의 존재와 역할이 저평가되고 있는 소수 변경민족의 저항과 타협의 서사들도 모두 현재에도 지속되는 흔적을 남기고 있다는 것을 주창한다.[216] 이러한 연구의 예로서 디 코스모Nicola Di Cosmo는 중국과의 관계성에서 유목제국의 흥망성쇠의 자율적 움직임을 가장 적극적으로 주장했다. 그는 내륙아시아 유목민족들에 대한 연구에서 생물학적 이미지(동물의 비유)와 기계적인 인과관계(환경과 기후결정론)를 원용하는 정태적 시각에서 벗어나서 유목국가 건설자들이 외부와의 관계에서 자원을 획득하는 네 가지 경로를 방법론으로 삼아 국가형성의 단계와 시대를 구분한다. 기원전 2세기부터 18세기까지 자원을 획득하는 방법은 조공, 교역-조공의 제휴관계, 정착민과 유목민의 이원적 통치관리, 농업 기반의 세원에서 징수하는 완전히 발전된 정기적인 징세절차로 발전해 나가는 과정을 기초로 분석한다.[217] 이렇게 유목국가의 적극적 행위를 역사서술에서 중시하는 방법에 동의하면서 퍼듀는 준가르족이 청과 러시아의 양면의 압력에 직면하여 내외부의 자원을 동원하는 방법을 서술하였다. 그가 주창하는 것은 청이 준가르를 정복하고 말살하는 것은 불가피한 것이 아니었다는 것이다. 또한 환경적 요인은 준가르에게 혹은 청에게 상황에 따라 서로에게 유리 혹은 불리할 수도 있었다고 서술한다.[218] 이러한 논리에는 역사전개에서 제국의 활

215 위의 책, pp. xiii-xiv.

216 위의 책, p. xv.

217 Nicola Di Cosmo, 1989, "State Formation and Periodization in Inner Asian History", *Journal of World History* 10 (1999), pp. 1-40. 유목민족 제국들의 성립과 해체의 이론에 대한 개요는 Perdue, *China Marches West*, pp. 532-536. 유목민족을 동물 이미지로 비유한 중국의 역사론에 대한 자료는 왕밍커, 위의 책.

동에 대한 소수자의 역할과 생존권을 중시하는 사고가 숨어 있다. 연구가 다룬 지역범주에서 명멸했던 제국들의 역사에서의 선과 악에 대한 가치판단을 규정하고 싶지 않다는 언급[219]에도 불구하고 선험적으로는 중국의 주류역사론에 대한 비판의 기준으로서 일종의 도덕적 가치판단을 하고 있는 것이다.

이렇게 퍼듀는 청-러시아 양대 제국 사이에 끼인 중앙유라시아의 역사를 제국 중심의 통합사관이 아닌 상호 수평적으로 서술하면서, 변경지역의 역사에 대한 사고전환을 촉구한다. 일반적인 견해로는 중앙유라시아 지역을 가장 근대화의 준비가 되지 않은 지역으로 여긴다. 국제사회로부터 격리되어 있으며 정치적-문화적인 분열과 자원 부족으로 발전조건이 부재했다는 것이다. 그러나 그는 '세계사적'이라는 대안적 관점을 제시하면서 이러한 견해를 반박한다. 즉, 민족국가 단위로 사회를 기계적으로 분류하는 것이 아니라 서로 격리된 상태에서도 민족국가가 발전할 수 있으며, 주요한 문명단위들은 민족국가의 경계를 넘어서는 상호작용의 결과이다. 즉, 유목지역으로서의 유라시아 지역은 고립된 지역이 아니라 유라시아대륙의 교차로로서 이를 둘러싼 모든 정주민사회에 신선한 자극을 제공하였다. 따라서 중국과 러시아라는 제국들의 점령이 19세기에 이들을 후진지역으로 만든 것이지, 이 지역의 어떤 내재적인 특징이 낙후를 초래한 것은 아니라는 것이다.[220] 청과 러시아제국은 중앙유라시아 지역의 독자적인 역사를 부정하거나 심지어 억압하면서 팽창하는 제국의 영토침투를 정당화할 필요성이 있었기에 이러한 이해를 확산시켰다. 따라서 퍼듀의 연구에서는 1680년에서 1760년에 걸쳐 이루어진 청의 정복으로

218 Perdue, 앞의 책, pp. 8-9.
219 위의 책, p. xv.
220 위의 책, pp. 9-11.

기원전 2000년 이후 동아시아의 중요한 행위자였던 중앙유라시아의 유목민들이 역사의 무대에서 중요한 행위자로서의 지위를 박탈당하고 저평가되고 있는 것에 대한 아쉬움이 나타나고 있다.

결론적으로 퍼듀의 논리에서 보면 중앙유라시아는 탈중심-무경계성을 가지고 있으며 지역의 문화적 특성과 영토경계는 유동성과 불확정성으로 특징지어질 수 있다. 이러한 유동성과 불확정성은 제국들, 종교들, 문화집단들의 문화적 특성과 영토를 정의 내리고 통치하기 위해 경쟁을 유발하였다. 따라서 이 지역은 수많은 역사상의 제국들이 부침하는 유동적인 지역이었다. 퍼듀는 17-8세기의 청의 정복사가 중국제국과 러시아제국의 발전에 중요한 영향을 주었고, 이때의 청의 정복은 중국의 신강정복으로 보기보다도 중앙유라시아와 중국의 핵심부를 최대한 자신의 지배하에 두려는 중앙유라시아국가가 거대한 중국의 관료제와 경제적 자원을 이용해 팽창한 것으로 파악한다.[221] 즉, 일반적인 견해에서 청은 중국에 흡수되었고 따라서 청과 청에 의해 정복된 중앙유라시아가 점차 한족 중심의 중국에 통합되었다고 하는 중국사가들의 단선론적이고 목적론적인 시각을 거부하고 중앙유라시아의 부분인 만주의 청제국이 중앙유라시아 지역과 중국의 핵심부를 장악하기 위해 중원을 이용했다고 하는 시각으로, 중국 주류 역사론에서 배제된 소수자인 유목민족의 적극적 행위자로서의 역사를 복원시키고 있다. 그렇다면 왕후이의 트랜스론과 그것을 뒷받침하기 위해 인용된 학자들의 역사서술은 소수민족, 유목민족의 존재에 대한 억압과 배제의 역사를 망각하고 있다는 결론을 내릴 수 있다. 따라서 중국 주류의 역사론에서 오늘날의 민족국가논리와 영토경계로써 과거를 정의하고 국가와 영토경계를 정한 극점에서 거꾸로 출발하는 사관으로서의 민족과 국가상상은 자기 상대화의 성찰을 밟아야 한다.

221 위의 책, p. 20.

8. 쑨거의 동아시아사고—가치와 현상의 분리

쑨거孫歌는 중국대륙에서는 드물게 동아시아에 대해서 제3자의 비평적 시각이 아닌 주동적으로 또한 진보적으로 사고하려는 지식인이다. 주요한 특징으로서 탈서구적 동아시아에 대한 문제의식을 표명하고 있다. 동아시아 지식형성의 서구 의존으로 인해 정작 동아시아의 현실에 대해서는 추상적일 수밖에 없다는 점을 심각하게 지적하고 있다.[222] 서구에 의해 규정되었던 (동)아시아의 개념에 의문을 표면하면서 과연 '아시아는 무엇인가'라는 고민에 대한 해답을 추구하고 있다.

최근의 대담에서 동아시아 지식인들은 여전히 기성의 서구지향적 이론에 기대어 동아시아를 조망한다고 비판하면서, 아시아는 하나의 실체나 물리적 공간이 아닌 다양한 정신적 시선이 교차하는 '사유공간'이라는 개념을 제시한다.[223] 대체로 그녀의 문제의식은 세 방향에서 진행된다. 첫째, 동아시아 지식의 서구 의존성에 대한 비판. 둘째, 서구의 지식체계를 탈피한 후의 동아시아는 무엇인가라는 개념에 대한 의문. 셋째, 서구적 보편성으로 설명이 쉽지 않은 다분히 중국의 역사와 현실을 염두에 둔 역사주의적 사고 등에 대한 주제를 제기하고 있다. 그러나 동아시아사고에 있어서 그다지 적극적이지 않은 일반적인 중국 지식인과는 달리 많은 진보적인 문제의식과 개념의 제시에도 불구하고, 뚜렷하게 이후의 논리를 전개하고 있지 않아서, 단지 감성적으로 논의를 제기하는 것에 그치고 있는 인상이다. 그러다 보니 쑨거의 동아시아사고에서는 많은 애매함을 발견할 수 있다. 최근의 대담집에서 다루는 주제에 대해서도 다소 불분명하고 단편적인 문제의 제기에 그치고 있다.

---

222 쑨꺼, 〈대담〉, 《아시아라는 사유공간》, 194면.

223 쑨거 · 윤여일 대담, 2013, 《사상을 잇다》, 돌베개, 277, 285-288면.

첫째, '아시아란 무엇인가'에 진리를 찾는 태도로 접근하다 보니 더욱 깊은 논의를 스스로 제한하는 결과를 가져오면서 일단 개념과 범주를 가정으로 설정한 상태에서 구체적인 논의를 전개하는 게 없다. 왕후이도 서구적 개념을 떠난 아시아는 무엇인가를 고민하지만, 중국의 아시아 개념을 설정하고 '트랜스론'을 제시한다. 그 내용에 대한 평가를 논외로 치더라도 쑨거의 논지에서는 이렇게 명확한 내용의 전개가 없다. 아시아는 '다양한 시선이 교차하는 사유공간'이라는 개념을 내놓는데, 이것은 (동)아시아학을 접근하는 방법과 태도의 제안이지 개념은 아니다. 혼돈스런 역사 속에서 동아시아의 동적 원리를 밝혀내기란 쉽지 않다고 하면서도, 자신의 학문은 동아시아를 전제나 목표로 삼지는 않는다는 고백도 하고 있다.[224] 즉, 탈서구적 지식을 추구하면서 아시아란 무언인가를 사유하면서도, 그것을 최종목표로 삼지는 않는다는 모호한 태도를 표명하고 있다. 아마도 목표로 삼지 않고 있기 때문에 구체적인 동아시아론의 전개가 불명확한 것인지 모른다.

둘째, 탈서구적 지식을 추구하면서 서구적 보편성을 불변의 것으로 보기보다는 각자의 역사 속에서 만들어지는 상대적인 것으로 보아야 한다는 '역사주의적 사고'를 보여 준다. 중국이 앞으로 가야할 길도 '민주화'라는 서구적 가치만을 주장한다면, 문제의 본질을 포착하지 못할 것이며 중국의 역사와 현실을 원리적으로 분석할 수는 없을 것이라고 피력한다.[225] 이러한 역사주의적 인식론으로는 다양한 사고가 교차하는 보편성의 '사유공간'이 아닌 서구에 대응하는 아시아 혹은 중국의 아시아관이 성립될 수밖에 없지 않을까. 이런 맥락에서 탈서구적 이론을 추구하며 중국의 '내재적 근대론'을 주창하는 미조구치 유조를 높이 평가하고 있다.[226] 그러나

224 위의 책, 287면.
225 위의 책, 211-212, 333-334면.

이러한 인식은 앞에서 비판한 대로 중국식 보편주의를 의식함으로써 서구에서 중국으로의 중심이동을 추구하는 논리적 귀결을 가져올 위험에 빠질 수 있다.

셋째, 루쉰의 저항정신에서 아시아의 원리를 발견한 다케우치의 중국사론과 역사에 진입한다는 태도를 참조하고 있다. 일본 근대의 서구모방을 한탄하면서, 그러한 태도를 초극하여 서구를 동아시아가 감싸 안아 보편성을 더욱 발전시키려고 한 다케우치 요시미의 '방법으로서의 아시아' 론에서 많은 계시를 발견하고 있다. 같은 태도로 그녀는 아시아적 사고에서 보편성을 찾아내어 이것을 원리로 삼으려는 생각을 표명한다. 그러나 다케우치의 비체계적인 중국사론과 일본의 비주체적 근대에 대한 평론을 심각하게 받아들이고 유추하면서 자신의 동아시아사고가 불명확하게 전개되는 측면이 있다.

전반적으로, 쑨거의 동아시아사고는 한국과 일본 지식인들과의 토론과 대담에서 인문학적인 언어를 사용한 단편적인 문장들과 개념들이 서로 산발적으로 연결을 이루는 특징을 가지고 있다. 주변부의 동아시아사고에 대한 정서적인 공감을 표명하면서도 서구적 지식으로 설명이 안 되는 중국이 대국이라는 현실적 존재인식 사이에서 고민하는 경향을 보여 주고 있다.

1) 다케우치의 비판적 계승

쑨거의 동아시아 담론을 해석하려는 시도는 처음에는 난관에 봉착한다. 자신이 밝혔듯이 본래 아시아주의 전문가는 아니며 문학도로서 루쉰을 연구하면서 일본에 체류하게 되는 기회에 루쉰 연구자인 다케우치의 (동)아시아론을 접하게 되면서 이때부터 아시아 문제에 대해서 깊이 사고하

226 위의 책, 337면.

게 되었다.[227] 그렇다면 쑨거가 전개한 다케우치의 아시아사고에 대한 비평을 중국의 아시아사고라고 할 수 있을까라는 의문이 들 수 있다. 이에 대해 이 책은 쑨거 자신이 일본의 아시아사고를 바라보면서, 중국의 아시아사고를 유추하면서 그려 보게 되었다고 하는 자신의 진지한 고백에서 긍정적으로 생각하려 한다. 즉, "한 시대 앞서 다케우치 요시미는 중국과 루쉰을 가장 풍성한 사상의 자원으로 바꿔 놓았다. 나는 역의 방향에서 다케우치 요시미를 아시아의 사상자원으로 삼고 싶다"[228]라고 내심을 밝히고 있다.

쑨거는 다케우치의 저작들이 학술적이기보다는 평론의 성격이 짙으며 중국을 지나치게 이상화하여 객관성을 잃은 측면이 없지 않다는 것을 인정하면서도 미래에 대해 '상상력'을 제공한다는 측면에서 옹호하고 있다. 이러한 다케우치가 주는 의미에 대해서 일본에서 '현대중국문학연구'라는 영역을 창시한 역사적인 인물이라는 점을 명시하고 있다.[229] 이러한 평을 고려하면 쑨거의 다케우치에 대한 태도는 정서적인 공감에서 출발하여 점차 동아시아론을 사고하는 논리의 영역으로 옮겨 갔다고 할 수 있다. 쑨거는 다케우치의 사고에 비친 중국을 다시 자신의 사고 안에 담아 내어 자신의 독자적인 논리대로 동아시아를 사유하려는 태도를 보여 주는 데로 나아간다. 그러나 다케우치에 몰입하고 있는 자신을 바라보면서 무조건적 집착의 감정에 빠지지 않고 '상대화'하기 위한 지적인 노력도 병행했다는 고심도 술회한다.[230]

이러한 고심의 과정을 거쳐서 쑨거가 도달한 다케우치 독해는 다음 같

227 쑨거의 다케우치에 대한 저작은 다음을 참조. 孫歌, 2005,《竹內好的悖論》, 北京大學出版社; 한국어 번역본은 쑨거, 2007, 윤여일 역,《다케우치 요시미라는 물음》, 그린비; 孫歌, 2007,〈いまなぜ竹內好なのか〉,《週刊讀書人》, 2007年 1月 19日.

228 쑨거,《다케우치 요시미라는 물음》, 22면.

229 위의 책, 39-40면.

230 쑨거,〈아시아라는 사유공간〉,《아시아라는 사유공간》, 56면.

은 결론에 다다른다. 역사상의 인물을 연구하는 태도를 네 가지의 지향성으로 나누었다. 첫째, 숭배의 감정으로 그 인물의 모든 것을 모방한다. 둘째, 그 인물의 사상에 반대하고 카리스마를 깨트리려는 연구를 행한다. 셋째, 인물은 자신이 노력한 업적의 역사적 결과를 보지 못하고 세상을 떠나는 게 일반적이다. 따라서 후세인들은 인물의 의도와 역사적 결과가 보통은 어긋나는 경우를 보는 게 일반적이다. 그렇다면 후세인들은 인물이 남긴 '역사적 어긋남'에 대해서 심판, 변호, 이해, 동정의 태도 중에 어느 것을 취할 것인가? 후세 연구자는 결말을 알기에 인물의 '역사적 한계'를 연구대상으로 삼을 수 있다. 넷째, 역사상의 인물이 오늘날의 지적인 범주를 구성한다면 그를 비판하는 작업은 그 범주를 초탈하는 새로운 지적인 범주를 구성하려는 '비판적 계승'이 될 수 있다.[231] 이러한 술회에서 쑨거는 다케우치의 동아시아사고에 대한 비판적 계승을 통해서 중국의 아시아사고에 대해서 새로운 연구범주를 구성하려는 시도를 수행하게 되었다.

이러한 쑨거의 출발은 중국의 동아시아론과 관련하여 장점이자 단점으로 작용한다. 중국 사회에서 동아시아에 대한 존재인식은 미약하다. 그러나 서구의 기준보다는 중국의 근대를 루쉰의 저항정신과 연관시켜 찬미하는 다케우치가 그 주제를 동아시아사고와 접목시켰는데, 이러한 점은 중국 지식인들에게 동아시아를 근대와 연관된 주제로서 흥미를 가지게 하였다. 쑨거의 동아시아론은 이러한 현상을 반영한다. 그러나 중국 지식인으로서 일본의 논리를 참조하면서 이에 대한 거울효과로서 동아시아를 사고하다 보니 동아시아 중심부의 시각을—공감의 영역이 좁든 넓든 관계없이—서로 공유하게 되었다는 것이다. 이러한 경향은 주변부인 한국의 지식계와 교류하면서 사고의 폭이 더욱 넓어질 것을 기대할 수도 있겠

231 쑨거, 《다케우치 요시미라는 물음》, 25-26면; 孫歌, 《竹內好的悖論》의 한국어 번역본의 '일본어판 서문' 부분에서 인용.

지만, 중국의 지식계가 동아시아 주변부에 대한 미천한 관심을 고려할 때 앞으로 더 많은 상호 토론과 참조가 필요한 측면이다.

2) 저항의 주체로서의 동아시아시각의 발견

다케우치는 동아시아의 존재와 근대화를 논할 때 서구에 저항하는 의미에서 동아시아의 존재를 규정할 수 있다고 하였다.[232] 따라서 그가 '저항'으로 함축되는 루쉰의 문학정신을 중국의 근대화정신과 일치시키고 대조적으로 이러한 저항이 결여된 일본의 근대화와 아시아주의를 성찰하고 있는 것은 논리적인 귀결이다.[233] 이와 비슷한 맥락에서 쑨거는 역사적으로 아시아는 자족적인 지역 개념이 아니라 반드시 서구를 자신의 대립상대로 여기는 이데올로기이며 아시아 담론은 한편으로는 서구중심주의에 대한 저항과 관련된 문제였을 뿐만 아니라 다른 한편에서는 동양 내부의 패권문제와도 연결되어 있다고 이해하고 있다.[234] 이렇게 양자는 서구에 대한 저항에너지의 결집체로서 아시아의 존재를 규정하고 있는데 그 결집이라는 것도 일종의 경향성에 불과하기 때문에 아시아의 특성과 개념을 명백히 정의 내리는 작업은 아직은 막연하다는 것을 인정하고 있나.

여기서 주목되는 것은 다케우치가 루쉰의 저항정신에서 일본의 근대화와 동아시아주의에 대해서 많은 계시를 받았듯이 쑨거도 그러한 다케우치로부터 중국의 동아시아사고를 유추하고 있다는 것이다.[235] 다케우치는 일본의 주체를 중국이라는 타자 보기를 통해서 자기부정으로 시작하여 다시 자기긍정을 모색하는 과정을 밟았다. 일본의 근대를 내재적으로 검

232 竹內好,〈中國の近代と日本の近代〉,《日本とアジア》, pp. 12-14.

233 다케우치 요시미, 2003,《루쉰》, 문학과 지성사, 7-19면, 주석 12. 중국어인 '掙扎'의 의미는 漢語大詞典編輯委員會, 1993,《漢語大詞典》第6卷, 漢語大詞典出版社, p. 586.

234 쑨거,〈아시아는 무엇을 의미하는가〉,《아시아라는 사유공간》, 59면.

235 孫歌,《竹內好的悖論》, pp. 15-16, 58-62.

토하면서 외재적인 시각을 빌어서 부정하고 폭로하고 비판한다. 중국의 근대는 다케우치에게 자기부정의 모델로 작용하였다.

이러한 다케우치의 사유를 비판적으로 계승하는 쑨거는 같은 역사 보기 방법론으로 중국의 주체형성에 의문을 가진다. 중국의 지식계가 다케우치의 한탄을 그저 일본의 절망으로 여기고 중국은 루쉰으로 인해 주체를 가지고 있다고 단순하게 여기고 있다고 판단하기 때문이다. 그러나 쑨거가 보기에는 이것은 중국 지식인의 오해다. 중국은 내재적으로 부정해야 할 '우등생의식의 주체'가 없다. 루쉰의 저항정신은 이를테면 아큐阿Q의 '정신승리법'을 조소하는 데서 드러나듯이 '주체 없는 주체의 존재방식'[236]을 비판했다는 것이다. 이렇게 쑨거는 다케우치의 루쉰비평으로 들어가 그 안에서 다시 중국을 상대화하여 그 진면목을 추출해 내고 있다. 오늘날에도 중국의 주체를 모색하려는 비판적 지식인들은 서구의 독재-민주의 이분법을 그대로 받아들여, 중국을 독재로 규정하여 비판하려는 경향을 지적한다. 이것은 냉전적 사고를 수입하여 중국의 특수한 역사경험을 검토하지 않고 공식이념인 마르크스사상을 거부하려는 태도이다. 유교를 토대로 삼는 본토주의자도, 민족주의를 내세우는 대국주의자도 이러한 서구 이론에 불과한 이분법적 사고기준에 중국 지식인 자신이 갇혀 있는 현실의 한계를 자아비판하고 있는 것이다. 이러한 깨달음은 결국 쑨거로 하여금 서구식의 이원론에 기초한 주체형성을 배격하고 다케우치의 동아시아론을 통하여 주체형성의 매개로 삼을 것을 제시한다.[237] 결국 다케우치가 주체 찾기의 자원으로서 방법으로서의 아시아를 내세운 경로와 비슷한 노선을 선택하고 있다.

이렇게 쑨거는 다케우치의 방법을 원용하여 중국의 지식인에게 서구의

---

236 쑨거, 《다케우치 요시미라는 물음》, 19면.
237 위의 책, 18-19면.

시야보다는 동아시아를 시야에 두고 주체형성의 잣대로 삼아야 한다는 것을 제시한다. 이러한 양자의 동아시아사유는 그 구체적 내용은 다르지만 비슷한 방법론을 차용하여 전개되고 있다. 쑨거는 다케우치의 동아시아론을 탐구하면서 중국과의 공통점, 즉 서구에 저항한다는 지향에서 출발한다는 면을 보았고, 거기서 중국과의 구별도 모색하면서, 중국의 동아시아사유를 전개하게 된다. 이는 다케우치의 사유방식을 연상시킨다. 즉, 그녀는 자신이 비판 또는 부정하려고 하는 대상의 내부로 들어가 그 내부에서 자신의 입장을 구분해 내는 방법론을 원용하여, 먼저 다케우치를 통하여 일본의 동아시아사고로 진입한 후에, 거기서 중국의 것을 구별해 내면서 자신의 동아시아사유를 창출하고 있는 것이다.

3) 동아시아사유의 방법—가치와 현상의 분리

쑨거는 다케우치에게서 역사를 인식하고 바라보는 방법과 태도를 배웠다. 역사는 고정된 실체가 아닌 유동적인 것이다. 따라서 현상이나 사건에 시선을 고정시키게 되면 심부에 존재하는 흐름을 읽을 수 없게 된다. 역사의 흐름 안에서 현상들은 절대적으로 독립적인 사건으로 접근하면 그것과 역사에 관한 이해에 도달할 수 없다. 그러므로 동아시아의 역사에서 일본과 중국을 이해하려면 그 속에서 자신의 존재를 상대화하여 바라볼 것을 요구한다. 이때 개체로서의 중국과 일본은 서로를 참조하면서 자신을 상대화하고 동아시아 구조성과의 관계를 파악할 것이 요구된다. 그래야 항상 유동하는 동아시아 역사의 흐름에서 자신의 진정한 모습을 볼 수 있을 것이다. 그렇게 되면 다케우치는 일본인이 아니고 쑨거도 중국인이 아닌 입장에서 동아시아 역사의 심층에 흐르는 구조성을 발견하고, 그것이 조성해 낸 현상과 사건들이 중국 혹은 일본과 연관되면서 나타난 특징을 표면적인 생김새 자체에 집착하지 않으면서도 내면을 잡아 낼 수 있는 것이다.

이렇게 역사의 심부에 흐르는 유동하는 구조성과 표면에 나타난 현상을 분리시켜 일본과 동아시아를 사고한 다케우치의 방법은 쑨거에게 큰 영향을 미쳤다.

> 다케우치 요시미 전집을 읽으면서 거두었던 가장 중요한 수확은 구체적인 사건을 탐구하기 위한 실마리가 아니라, 다케우치 요시미는 어떻게 동시대사의 구조성을 인식하였는가에 있었다. 그것을 깨닫자 나는 '중국인'이라는 자신의 입장을 상대화시킬 수 있었고, 다케우치 요시미도 더 이상 일본인이 아니었다.[238]

이러한 역사인식방법론에서 출발하는 쑨거의 동아시아사고는 21세기 동아시아 담론이 지향하는 '가치와 실제적인 현상을 분리'시키는 것으로 발전한다. 그녀의 동아시아론에서 가장 두드러진 특성은 중국이 대국주의적 시각에서 동아시아를 사고하는 태도를 일종의 동아시아의 있는 그대로의 현상으로 쳐다보면서, 동아시아 담론의 가치 지향적 태도로써 이러한 중국을 비판적으로 바라보는 경향에 대해 변론을 하고 있는 것이다.[239] 즉, 흔히 상상할 수 있는 동아시아 담론이 지향하는 인문학적인 가치와 대국이라는 중국의 현실인식에서 유래하는 동아시아사고를 분리시켜서 바라보고 있다. 이러한 분리적 사고는 다케우치가 일본의 동아시아사고를 바라보면서 역사의 구조성과 현상을 분리시켜 접근하려고 한 것

238 위의 책, 10면.

239 이 책은 동아시아 담론이 지향하는 가치와 관련하여 한국의 담론이 강조하는 주변부의 관점과 대만 지식인 천광싱의 탈제국·탈식민·탈냉전의 시각에서 그것을 발견할 수 있다고 여긴다. 이들은 모두 인문학적 상상의 개념과 미래의 비전(vision)을 제시하는 특징이 있다. 정문길 외, 《주변에서 본 동아시아》; 陳光興, 《去帝國—亞洲作爲方法》; 천광싱, 〈세계화와 탈제국, '방법으로서의 아시아'〉, 《아세아연구》, 제 52권 1호, 2009년, 57-80면.

과 유사한 태도이다.[240]

이러한 쑨거의 '가치와 현상의 분리적 시각'은 다음 같은 의미를 우리에게 전한다. 즉, 중국은 동아시아에서 일본과 주변부와는 다른 자체 내부에서의 '자기조절능력'을 가진 대국이며 이것이 중국중심주의적 동아시아사고로 해석되는 것은 어폐가 있다는 것이다. 따라서 쑨거는 자신의 동아시아사고에서 중국이 동아시아의 대국이라는 사실을 주장하는 게 아니라, 중국이 대국이라는 것은 중국인 쑨거 자신도 부정할 수 없는 동아시아의 있는 그대로의 주어진 사실fait accompli이라는 논리이다. 이러한 기정사실을 애써 부정하고 주변부의 시각에서 중국의 미약한 동아시아인식을 비판만 하면 안 된다는 것이다.

이러한 분리적 시각은 자연적으로 앞서 논한 중국 예외주의적 시각에서 동아시아를 사고하는 길을 열어 놓는다. 쑨거는 동아시아 담론이 동아시아 각국의 사상사에서 차지하는 위상이 고르지 못하다는 점을 우선 지적한다. 동아시아 문제는 문화대국인 중국의 주변부에 해당하는 곳에 진정한 문제가 있다고 하면서, 그런 의미에서 일본사상사는 동아시아 문제를 토론할 수 있는 자료를 제공하지만 중국사상사는 그렇지 못하다는 것을 자인한다. 왜냐하면 중심으로 자처하는 중국이 일본마저도 주변으로 묘사하면서 동아시아 문제는 기본적으로 오랫동안 이슈로 부각된 적이 거의 없었기 때문이다.[241] 따라서 중국은 동아시아를 사고할 필요가 없었던 대국이었기 때문에 지식계도 동아시아에 대한 존재인식을 가져 본 적이 없었으며, 그런 상황에서는 자신도 일본의 아시아사고를 통하고서야 중국의 아시아론을 그려 볼 수밖에 없었다는 의미로 해석된다.

240 고성빈, 〈다케우치 요시미의 동아시아론—역사의 구조성과 현상의 분리기획〉, 《아세아연구》, 제 55권 1호, 2012년, 193-230면.
241 쑨거, 〈아시아는 무엇을 의미하는가〉, 61면.

쑨거가 다케우치의 동아시아론을 주변부의 동아시아사고로 인식하면서 중심부로서의 중국과는 다른 문제의식을 가져 왔다고 하는 것은 중국에서는 일본을 비롯한 다른 동아시아 주변부와는 다른 독자적인 시각으로 동아시아 담론이 전개될 수밖에 없다는 것을 암시하는 것이다. 이러한 중국과 주변부 동아시아사고의 대조적인 측면, 즉 대국주의적 사고는 일본과 비교해서 중국의 정서에 깊이 각인된 "지리적 광대함의 실체적 인식"에서 유래한다고 술회한다.[242] 쑨거는 중국인이 동아시아를 말하지 않는다는 것은 "잠재의식 속에서 중국을 아시아의 중심, 최소한 동아시아의 중심"으로 여기기 때문이라고 하면서 "중국이 아시아를 논하지 않는 것은 탈아脫亞를 의미하는 게 아니라 아시아라는 모호한 말이 가리키는 바에 내재화되어 버렸다는 것을 의미한다"라고 하고 있다.[243] 그러면서 쑨거는 중국의 지식계가 아시아 문제를 중국중심주의에 귀결시킨다는 비판에 동의하지 않는다. 그렇게 여겨지는 이유는 수천 년 동안 격동의 역사에서 살면서 광대한 국토를 포용한 '국족國族관념'을 배양하고 유지하게 되었기 때문이라고 한다.[244]

결론적으로 쑨거의 논리에서 두드러진 특징은 동아시아 담론의 가치지향과 동아시아에서의 중국의 현실적 존재감 간의 분리적 사고에서 오는 중국 예외주의적 시각이다. 사실 그녀의 동아시아론에서는 지역의 경쟁자인 일본과 같은 중심국이지만 다른 성격의 논리를 표방하고 있고, 주변부의 사고와도 다른 무엇을 느낄 수 있다. 중국은 일본과 주변부와는 달리 많은 예외적인 역사적, 지리적 조건을 가지고 있기 때문에, 그에 따라 다른 동아시아사고를 가지고 있다는 사실을 긍정하면서도 표면적으로는 명

242 孫歌, 〈亞洲論述與我們的兩難之境〉, p. 53.
243 위의 자료, pp. 57-58.
244 쑨거, 〈아시아라는 사유공간〉, 54면.

확하게 서술하지 않는 유보적인 태도를 취한다. 이러한 애매한 태도에서는 지리적으로는 동아시아이지만 주변부 동아시아 담론이 표방하는 인문학적 개념들에서의 가치지향적인 사고와 완전히 공감하지 못하는 중국의 상황에 대한 중국 지식인으로서의 문제의식을 읽을 수 있다. 따라서 주변부에서 바라보는 동아시아 담론이라는 주제와 연관하여 평하자면 쑨거의 인식과 논리는 어정쩡하다. 주변부의 인문학적 상상의 개념에 대해 문제의식은 있으나, 그것을 자신의 동아시아사고 내부에까지 대입하여 생각하지 못하기 때문에 항상 중심-주변 사이의 경계선에 서 있는 것이다. 아마도 쑨거의 담론에서 동아시아지식의 탈서구성을 다른 어떤 주제—특히 탈대국주의, 탈국민국가주의—보다도 누차 강조하는 이유는, 이 주제야말로 중국과 주변부가 공통분모를 가장 많이 가지고 있다고 생각하기 때문으로 여겨진다.

4) 중국의 '독특한 원리'와 '기능으로서의 아시아'론

다케우치는 서구의 우수한 문화를 더욱 심층적으로 실현하기 위해서 서구를 아시아가 싸안아서 역으로 서구를 아시아가 변혁시키는 '문화적인 되감기'를 하며 보편성을 이루어야 한다고 주장하였다. 이 되감기를 할 때는 독자적인 것이 있어야 하는데 그것을 구체적으로 설명은 못 하지만 주체형성의 과정으로서 일종의 '방법'으로서는 존재할 수 있을 것이라고 설파한다.[245] 이러한 다케우치가 상상하는 아시아는 사상적인 실체가 아닌 방법이라는 논리를, 쑨거는 서구의 시각에 의존하지 않고 일본, 중국, 서구라는 세 유형을 통해서 근대화 모델을 사고하고자 한 것이라고 해석한다. '아시아의 서구 되감기'는 서구식의 근대를 다양화하고자 하는 노력이며 이는 서구의 시각으로만 세계를 바라보려는 태도를 버려야 한다는 의

245 竹内好, 〈方法としてのアジア〉, 《日本とアジア》, p. 420.

미로 이해한다. 쑨거는 이러한 다케우치의 아시아사유는 결국, 근대화 과정에서 잃어버린 일본인의 주체성을 되찾고자 하는 구상이라고 규정하고 있다.[246] 다케우치는 '방법으로서의 아시아' 연설에서 이에 대해서 명백한 정의를 내리지는 않았고 중국과 자신의 개인적 경험에 대해서만 대부분 이야기하였다. 그러나 쑨거가 감명 깊게 느낀 것은 다케우치가 중국을 분석하면서 보여 준 아시아의 주체성 찾기에 대한 열정이었다. 따라서 중국과 일본이 실질적인 전쟁상태에 있던 시기에도 그가 중국연구를 계속한 것은 일본 사회의 표면화된 근대의식을 바로잡기 위해서 '대상의 되감기'라는 구상을 보여 주기 위한 노력이라고 평한다.[247] 그러나 쑨거가 발견하지 못하고 있는 것은 '아시아는 방법'이라는 사고의 동기는 일본의 주체성 상실을 고심하는 도중에 그것을 되찾으려는 의도가 개입되면서 일본의 주체성과 아시아의 원리를 일치시키려는 기도를 은연중에 표방하려던 흔적이다.

유동적이고 불명확한 개념에서 아시아는 사상적인 실체가 아니라 '방법'이라는 다케우치의 구상에 착안하여 쑨거는 '기능으로서의 아시아'를 제시한다. 그 개념을 설정하는 배경으로서 동아시아는 실체로서 확실히 존재하고 있으며 포스트냉전구조 속에서 동아시아인들은 긴급히 연대를 하지 않으면 미국을 극복할 수 없다는 엄중한 현실에 직면하고 있다고 진단한다. 그리고 이것은 일종의 말뿐인 구호나 이념에 한정되는 문제가 아니라는 것을 강조한다. 이렇게 그녀는 동아시아라는 추상적이지 않은 실체성을 인지하면서 그 '기능성'을 우선시한다. 이 개념이 나오게 된 동기와 의미를 이렇게 설명한다. 즉, 다케우치가 '방법으로서의 아시아'를 언

246 쑨거, 2007, 〈포스트 동아시아서술의 가능성〉, 한림대학교 아시아문화연구소, 《동아시아경제문화 네트워크》, 태학사, 66-67면.
247 위의 자료, 68면.

급했다는 것은 당시에 다분히 동아시아인의 공통된 고뇌와 문제에 대해서 구체적으로 의식하고 있었을 것이라고는 추론한다. 요컨대 일본인이 고민하는 문제는 실은 중국인도 한국인도 자신의 방법으로 고민하고 있다는 것을 의식하면서, 따라서 방법으로서의 아시아를 제시할 때, 이미 어떤 공통적인 문제를 상정하고 그에 대처하는 기능성의 함의를 내포한다고 볼 수 있다. 쑨거는 어느 일본인이 "아시아를 말할 때는 왜 동아시아인가?"라는 의문을 예시하면서, 남아시아, 서아시아와 국토가 연결되어 있는 중국인에게는 동아시아를 언급할 필요성이 일본인과 한국인보다 미약하다고 말한다. 그래서 일본과 한국으로서도 아시아 내부의 남북문제를 염두에 두고 말할 때는 동서우열주의 의식구도를 아시아라는 개념에 내장시켜 버릴 위험성이 있다고 생각한다. 그래서 별도로 아시아를 말할 때에 정확히 입장을 확실히 할 수 있는 것이 있어야 한다고 보는 것과 같이, 동아시아를 말할 때 현실적으로 그 개념에 내재한 헤게모니 문제를 의식한다면 동아시아의 '기능성'을 살려야 그 문제에서 생기는 고뇌를 공유하는 작업이 가능할 수 있다고 처방한다.[248] 이러한 개념 설명은 다케우치의 '방법' 개념과 마찬가지로 애매모호한 것이지만, 어쨌든 중국인인 쑨기가 동아시아에 구체적이면서 공통적인 문제가 내재화되어 있다는 의식을 가지고 있다는 사실은 확인할 수 있다. 그렇지만 주변부의 시각에서 보면, 이러한 그녀의 의식에서는 중국 특수주의적인 사고를 초탈하지 못하고 있으며, 의식적이든 아니든 그것이 내면화되어 있는 것도 읽을 수 있다.

쑨거와 다케우치의 '동아시아'에 대한 정의에는 검토되어야 할 문제들이 존재한다. 우선 이렇게 동아시아를 하나의 살아 있는 유기체로 사고하

248 마루카와 데쯔시(丸川哲史)와의 대담에서 언급. 孫歌·丸川哲史, 〈東アジア越境する知〉, 《週刊讀書人》, 2002年 8月 30日; 백영서, 〈주변에서 동아시아를 본다는 것〉, 정문길 외, 《주변에서 본 동아시아》, 15-16면.

면서 그 방향성을 총체적으로 정의하려는 시도는 긍정적이다. 21세기 동아시아의 정체성을 인식하면서 일종의 공통적인 지향을 설정하려는 시도는 동아시아 담론이 목적하는 바와 일치하기 때문이다. 그러나 그 개념이 단순히 알맹이 없는 구호가 되지 않기 위해서는 동아시아의 구성원에게 개별적이지 않은 '공통적인' 원리의식이 내장되어야 한다. 피상적인 관념의 유희가 아닌 이론화를 통한 동아시아의 원리로서 자리매김하려면 문제의식을 같이 품고 분석하는 과정이 필요하다. 우선적으로, '방법'이니 혹은 '기능'이니 하는 개념에는 일종의 동아시아를 '이념형'으로 규정하고 그것에 비추어서 지역 내부의 공통적인 문제를 파악하고 지역국가들 각각의 위치와 역할을 규정하려는 의도가 내재되어 있는 것으로 보인다. 또한 이념형의 설정이기 때문에 복잡한 현실에서는 그러한 정의를 역행하는 현실적 요인들도 존재한다는 의미일 수도 있다. 어쨌든 동아시아의 공통적인 문제에 대한 고민을 가지고 있다는 것이다. 그런데 이념형에 내장된 고민이 진정 동아시아에 공통적인 것인가, 아니면 특정 국가에 편향된 것인가 하는 게 의문으로 남는다.

쑨거의 개념설정에서 의문이 드는 것은 동아시아를 말했을 때 패권의식이 내재되어 있다고 하는 문제의식에서 그게 사실이라 하더라도, 어쨌든 동아시아의 대국들 간의 상호관계성을 주로 출발점으로 사고하고 있는 것임을 감지할 수 있다는 것이다. 즉, 동아시아에서의 미-중 패권구도의 이원적 경쟁구도에 동아시아를 내면화시키고 있는 것이 아닌가하는 의혹이 든다. 그렇다면 과연 이런 문제를 접하는 기능으로서의 동아시아를 동아시아 주변부를 포함한 모든 성원들이 공통적으로 사고할 수 있을지는 의문이다. 예를 들어 중국-한국, 중국-미국/한국, 한국-일본, 한국-동남아, 중국-동남아 등의 상호관계성에서는 동아시아문제의 성격이 쑨거의 상상과는 다를 수 있다. 주변부가 개입되면 기능으로서의 동아시아 개념이 만들어진 전제조건이 달라진다는 것이다. 그렇다면 쑨거가 의미하는 기능은 어떻게 모두에게 일치된 어떤 기능으로 받아들일 수 있는 것인지 의문이 든다. 중국의 시각에서 기능으로서의 동아시아를 말함인가. 그렇다면 더욱 큰 문제다. 기능으로서의 동아시아는 중국의 시각이지 동아시아의 공통적 시각이 될 수 있을지 의문이다.

이러한 삐딱한 시선은 다음 같은 분석에서 나온다. 쑨거가 제시한 '동아시아의 고민을 나누어 가질 수 있는 기능성을 내재한 동아시아'라는 모호하고 어려운 의미를 깨닫기 위해서는, 이후에 전개된 그의 동아시아론을 독해하면서 추론 형식으로 거꾸로 돌아가서 이해하는 것도 좋은 방법이다. 동아시아를 개념화한 지식인의 동아시아론을 분석하면 그 개념의 의미와 보편적 적용가능성을 헤아려 볼 수 있을 것이다. 아니면 제3자가 보면서 오해를 가질 수 있는 요인이 있다면 더욱 분명히 보일 수도 있다.

쑨거는 오늘날 일본과 중국의 지식계가 서구의 이론을 추수하는 상황이 지속되고 있다고 본다. 그러면서 '영어식의 사고'(서구식의 사고)로 격동하는 역사에 진입할 수 있는 방법과 도구를 자연스레 갖출 수 있을까라는 회의를 품고 있다.[249] 그녀는 회의와 더불어 답변도 내놓고 있는데 이 자문자답이 쑨거의 동아시아사고를 관통하는 흐름이라고 보아도 손색이 없을 것이다. 즉, 중국이 없다면 동아시아는 존재할 수 없다고 하면서 중국은 동아시아를 설명하는 하나의 고리라고 한다. 이는 한국을 말하는 것이 한국중심주의가 아니듯이 결코 중국중심주의가 아니라고 변호하고 있다. 중국의 개혁개방이 동아시아에 가져온 역사적 구조의 전환에 잠재한 중국의 '독특한 원리'는 긍정적 혹은 부정적 표상으로 모습을 드러내고 있으며, 이 원리는 중국을 설명하기 위한 미국과 서구의 이론적 시도를 무력화시킨다고 한다. 이렇게 쑨거가 추출한 '중국의 독특한 원리'는 초기

249 쑨거, 앞의 자료, 69면.

에 다케우치의 중국론을 접하기 시작하면서 중국이 내부의 격동을 해결할 수 있는 대국이라는 사실을 깨달았다고 하는 데서 이미 의식되기 시작하였을 것이다.[250] 이러한 논리에서는 상기에서 논한 바대로 '중국 특수주의'와 중국이 '대국'이라는 것은 이미 동아시아에 실재하는 현상이라는 의식이 나타나 있다. 계속하여 '독특한 원리'에 대한 사고는 다음 같이 중국의 '연속적인 방향성'과 유기적으로 연관을 맺게 된다.

쑨거는 동아시아 문제의 난점은 동아시아는 확정된 의미를 내포하는 것도 아니고 다른 시기에 서로 다른 내용을 표출했던 다양한 동아시아 담론 사이에는 필연적인 내적 연관성이 없다고 하면서도 그 역사적 맥락을 추적하면 '연속적인 방향성'을 갖추고 있는 것이라고 하였다.[251] 이는 중국연구자로서 다케우치가 중국의 역동성과 내재적 근대화를 이루어 낸 근거를 루쉰의 저항정신에서 찾고 있는 것과 연관성이 있다.[252] 이러한 다케우치의 중국관은 쑨거로 하여금 소국인 일본과는 달리 중국이 격동을 내부에서 해결할 수 있는 대국이라는 자각을 가져다주었다. 그리고 격동을 해결할 수 있는 힘은 다케우치가 흠모했던 루쉰의 저항정신이며, 이것을 유추하여 중국의 '연속적인 방향성'이자 곧 '독특한 원리'로 치환시켜 사고한다.

결국 쑨거는 다케우치의 '방법으로서의 아시아' 논의에서 중국의 '연속적인 방향성'이자 '독특한 원리'를 내재화한 아시아사고를 지속적으로 작동시킬 수 있도록 '기능으로서의 아시아' 논리에 기착하였다. 이렇게 동아시아를 사유하면서 언급한 개념들을 체계적인 하나의 사고 안에 위치시

250 쑨거, 〈아시아라는 사유공간〉, 54면.

251 쑨거, 〈아시아는 무엇을 의미하는가〉, 62-63면. 그녀는 사례로서 '탈아입구론'과 '아시아일체론'의 양대 조류가 일본 사회에 오늘날까지도 흥아와 탈아의 이중적인 방향성을 형성한다고 암시한다.

252 竹內好, 〈中國の近代と日本の近代〉, 《日本とアジア》, pp. 24-25, 36-38.

키면, 그녀가 의식했건 아니건, 동아시아인들에게 오해를 불러일으키기에 충분하다. 즉, 그녀가 다케우치를 비판적으로 계승하고 동아시아를 사유하면서 추출한 '기능으로서의 아시아'는 중국의 독특한 원리라는 연속적인 역사적 지향을 일정하게 작동시키는 말 그대로 기능의 역할을 내포한다. 즉, 중국의 독특한 원리를 이루기 위해 '동아시아의 기능성'을 상상하고 있는 것으로 오해를 받을 만하다. 이러한 그녀의 동아시아론에서는 위에서 언급했다시피 동아시아를 일종의 미국의 헤게모니와 그로 상징되는 서구식의 이분법적 사고에 대항하기 위한 수단이자 방법으로 인식하는 측면이 있다는 사실을 반증해 주고 있다. 이때에 쑨거는 의식적이든 아니든 자신도 '중국 대 서구'라는 이원적 세계관과 '중국 특수주의'의 영향에서 자유롭지 못하다는 사실을 드러내고 있다. 결국 쑨거의 사유에서 동아시아는 중국의 역사적 지향인 독특한 원리—동아시아의 원리가 아닌—를 이루기 위한 '기능'으로 인지될 가능성을 배제할 수 없다.

또한 그녀의 '중국의 독특한 원리'는 다케우치의 '아시아의 원리'와 유사한 개념이다. 다케우치가 '아시아의 원리'를 언급한 것은 그것을 일본의 아시아주의에 일치시키고 내면화시켜 보려는 마음에서였다. 그러나 일본의 실패한 아시아주의에서는 '아시아의 원리'를 확보할 근거가 미약했기 때문에 탈서구-주체적인 근대화를 이룬 중국을 부러워한 것이다.[253] 중국은 문화적 정체성이 뚜렷하여 '탈아입구'의 이데올로기가 설 자리가 없으며 서구를 모방한 일본식의 아시아 침략행위로부터도 자유스럽다. 따라서 중국은 아시아와 서구로부터 아무런 빚을 진 것이 없는 상태에서 '아시아의 원리'를 당당히 주장할 수 있는 것이다. 다케우치에게는 이러한 중국

253 다케우치는 중국의 근대를 논할 때 사회주의라는 이념적 문제에 대해서는 언급하지 않는다. 이에 대해 쑨거는 다케우치가 좌우익이니 하는 기준보다는 '격동하는 역사의 진실을 추구한다'라는 입장에서 자신의 역할을 수행했다고 본다. 孫歌·丸川哲史, 2002, 〈東アジア越境する知〉,《週刊讀書人》, 8月 30日.

의 주체적인 근대화가 부러웠을 것이다. 그러므로 그는 일본의 아시아 침략과 순수한 아시아연대주의를 교묘하게 분리시켜야 아시아의 원리를 주장할 근거를 마련할 수 있다고 생각하였다. 이러한 동기에서 그는 순수한 의미에서의 아시아연대주의와 그것의 최종적인 귀착점인 아시아 침략 이데올로기와의 분리를 시도하였던 것이다. 태평양전쟁이라는 하나의 행위를 놓고 동아시아 '침략'의 측면과 서구 식민주의로부터의 동아시아 '해방'의 측면을 동시에 분리시키려는 시도에서 이러한 의도를 명백히 읽을 수 있다.[254] 이러한 모순적인 사고는 중일전쟁을 강자의 약자에 대한 공격이라고 비판하면서 중국이 정신적으로는 일본을 이겼다고 한탄하게 한 동기로 작용하였다.[255]

그러나 이러한 그의 열정적인 '분리의 노력'에도 불구하고 일본은 '아시아의 원리'를 장악하지 못하였다.[256] 다케우치 이후에도 일본의 아시아주의는 침략脫亞論과 연대興亞論의 이중변주에서 탈피하지 못하고 있다. 일본의 보수우익적 분위기는 아시아 침략과 순수한 아시아연대주의를 분리보다는 '일치'시키고 그에 대해 자부심마저 가지려고 하고 있다. 당연히 '탈아입미脫亞入米'를 특징으로 하는 몰沒아시아적인 문화를 자부하는 일본은 다케우치의 노력에도 불구하고 '아시아의 원리'를 주장할 자격을 잃어버렸다. 따라서 쑨거는 다케우치의 '아시아의 원리'를 비판적으로 계승한다는 견지에서 '중국의 독특한 원리'로 연관시켜 사고한 것이다.

이렇게 쑨거의 동아시아론에서는 다케우치의 '아시아의 원리'와 자신

254 함동주, 〈전후 일본 지식인의 아시아주의론—다케우치 요시미를 중심으로〉, 정문길 외, 《동아시아, 문제와 시각》, 194-227면. 다케우치의 모순적인 측면은 1941년 12월 〈대동아전쟁과 우리의 결의〉에 나타난다. 여기서는 미국과의 전쟁이 그동안 중국 같은 약자를 괴롭혀온 행태를 버리고 강자에 도전하는 정신을 보인 것이라고 주장한다. 다음을 참조. 鶴見俊輔, 〈戰中思想再考—竹內好を手がかりとして〉, 《世界》 448, 1983年 3月, p. 232.

255 竹內好, 〈方法としてのアジア〉, 《日本とアジア》, pp. 416-417.

256 竹內好, 〈近代の超克〉, 위의 책, pp. 172-173.

의 '아시아는 곧 중국'이라는 의미를 통합하여 추출한 '중국의 독특한 원리'를 상상하고 있다. 쑨거 자신은 모든 구성원들이 공유하는 동아시아의 기능성을 상상하고 있는 것일 수 있다. 그러나 일반적인 중국의 동아시아 사고는 주변부가 상상하기 힘든 대국 내부의 '자기조절능력'으로 정의할 수 있는 '중국의 독특한 원리'에 봉사하는 '기능으로서의 동아시아' 개념과 일맥상통한다. 기능은 원리의 실현에 복무하는 속성을 가지기 때문이다. 사실, 중국인들에게 동아시아는 중국이 서구에 대응하기 위한 기능적인 역할을 수행하는 존재에 불과하다. 이런 견지에서 보면 쑨거가 원래 제시하는 의도와는 달리 중국이 바라보는 기능으로서의 동아시아와 주변부가 바라보는 기능으로서의 동아시아는 그 기능의 내용에 있어서는 공통적이기 힘들다. 또한 쑨거가 중국의 독특한 원리를 발견하고 그것을 동아시아의 원리보다 우선적으로 사고하고 있다면 중국 중심의 사고체계 안에 동아시아를 담아 내려 하는 범아론적 지향이 내면화된 동아시아사고를 잘 반영하고 있다고 볼 수 있다.

총평하자면, 방법으로서 혹은 기능으로서의 아시아는 근본적으로 일본과 중국이라는 대국이 미국과 서구를 의식하면서 제출된 개념이다. 중심부와 주변부 사이의 관계성에서의 주변부의 존재인식이 모호하다. 결국, 방법이나 기능이라는 개념상의 문제가 아니라, 이들이 동아시아를 바라보는 시각에 내면화된 인식론 자체의 문제이다. 방법과 기능을 언급하면서 그 주체가 일본과 중국 중심이라면 주변부의 시각에서는 동아시아가 과연 어떤 방법이고 기능인지가 모호하다. 주변부에게는 미국과 일본, 중국 모두가 저항과 견제의 대상이며, 또한 주변부는 이들의 참조 대상이 아니라는 것을 심각하게 고려하지 않고 있다는 것이다.

동아시아를 어떻게든 정의하려면 염두에 두어야 할 것은 동아시아 담론에서 동아시아의 의미는 '미래의 동아시아를 만들어 나가는 지적인 상상'이라는 사실이다. 그렇다면 '방법'이나 '기능'이라는 정의는 미래의 어떤 것을 만드는 '의식상의 수단'이며 그것들 자체가 목적이 될 수는 없다. 의식하는 수단에 불과하기 때문에 동아시아상상이 진행되면서 어떤 유형의 것에 대한 모습을 제시하고 있지는 못하다. 따라서 '방법과 기능으로서의 동아시아'가 미래의 동아시아를 만들기 위한 과정에서의 수단이라면, 미국과 서구를 주로 대면하는 중심부인 일본과 중국의 입장에서 출발하기보다는 지역의 중심부-주변부의 관계성에서 공통적인 소통의 원리를 방법이나 기능으로 삼는 데서 출발하여야 한다. 쑨거의 동아시아론에서는 이것에 대한 문제의식을 토로하고 있으나, 아직은 중국 특수주의의 외투에서 완전히 빠져나오지는 못하고 있다.

5) 중국 특수주의와 주변부인식

다케우치의 역사인식방법론을 비판적으로 계승하면서 중국의 독특한 원리와 기능으로서의 동아시아를 상상하는 쑨거의 동아시아론은 중국 특수주의라는 직관적 인식을 포기하지 못하면서 주변부에 대한 이해를 약화시키는 특성을 지니게 되었다. 서구와의 관계에서 규정되는 동아시아의 구조성에서 일본 근대의 거울로서 중국의 근대를 설정하면서 다케우치의 동아시아론이 전개되고 있다면, 쑨거는 같은 방식으로 일본이라는 거울에 비친 중국을 바라보면서 동아시아에 대한 문제의식을 제시하고 있다. 다케우치를 독해하면서 중국이 대국임을 새삼 자각하게 되었다고 한다. "반세기 전에 다케우치는 중국식의 근대라는 표현으로 중국이라는 대국이 갖고 있는 역사적 논리를 지적하였지만 이러한 역사적 원동력은 지금도 여전히 자기를 표현하기에 적합한 모델을 찾지 못하고 있다"[257]라고 하면서 아시아에서 중국의 존재에 대한 문제의식을 토로한다. 그 의미는

257 쑨거, 〈포스트 동아시아서술의 가능성〉, 72면.

일본이 근대화 이래로 이미 동아시아와의 상관성에서 자기존재의 함의를 발굴한 것에 비해, 중국은 아직도 독자적인 외부적 존재로서 동아시아와의 관계설정이 모호하다는 현실을 표현한 것이다.

이처럼 쑨거는 중국에서 동아시아인식이 미약하거나 부재한 것을 인정하고 있다. 이러한 면은 근대화 초기 쑨원, 리다자오, 다이지타오에 비해서는 진일보한 태도로서 중국의 막연한 동아시아사고에 대해 문제의식만큼은 가지고 있다는 것을 의미한다. 그러나 이러한 문제의식을 자각한 연후에도 중국의 타자로서 미국이나 일본이 아닌 주변부를 설정하고 서로를 참조하여 바라보는 동아시아사고에는 이르지 못하고 있다. 그녀의 동아시아사고는 여전히 다케우치가 서구와 중국을 타자로 참조하는 것과 같이 미국과 일본을 타자로서 주로 참조하면서 전개되고 있다.

일본에서 출판한 《다케우치에 대한 물음》의 중국어판 서문—〈사고의 습관〉—에서 한국어와 일본어판 서문에는 없는 장문의 미국 비판을 서술하고 있는 것에서 이러한 측면을 추론할 수 있다. 쑨거는 다케우치의 역사비평의 시각—"제국주의가 제국주의를 심판할 수 없다"—을 원용하면서 미국의 동아시아 패권구조를 질적으로 따지면 일본의 동아시아 침략과 식민화에 버금가는 구조적인 문제로 비판하고 있다.[258] 일본의 침략에 대한 비판은 친미, 일본을 옹호하는 것은 미국비판이라는 단순한 이분법이 아닌, 더욱 깊은 역사의 심부를 들여다보면 드러나는 구조적인 원리를 파악한다는 것이다. 다케우치가 전후에 문명 일원론적 시각—미국은 문명, 아시아는 야만—으로 아시아를 바라보는 태도를 비판하였듯이, 전후의 동아시아 구조에서 미국 주도의 문명일원론에 의한 문명-야만, 민주-독재의 사고의 틀을 가지고 중국을 비판적 시각으로 바라보는 것은 더욱 어리석은 일이라는 게 쑨거의 조망이다. 이것이 다케우치와 그녀의 동아시

258 孫歌,《竹內好的悖論》, pp. 7-10.

아 역사 보기의 방법론이라고 할 수 있다. 즉, 전후 동아시아로 진입한 미국의 얼굴을 단순히 해방자라고 하는 것은 역사를 오독하는 것이다. 역사의 현상보다도 그 심부에 있는 구조를 볼 수 있다면, 해방자 미국은 동시에 20세기 베트남, 21세기 이라크의 침략자라는 다른 얼굴과 정신구조가 나타날 수 있다. 역사는 이렇게 다원적이고 유동적으로 해석할 수 있다. 그러므로 이러한 다원적 구도를 이해한다면 비판의 기준은 역사의 구조성을 고려해서 이루어져야지, 서구에서 빌린 하나의 고정된 개념과 원리를 관념적으로 적용할 수는 없다는 점을 말하고 있다.

쑨거는 이러한 비판적 시각을 사용해 미-일동맹과 중국의 경쟁관계, 민주-독재 이원론에서의 중국비판으로 나타나는 현상 이면에 구조적인 문제를 나름대로 찾아냈다. 그러나 중국과 다른 중심부인 미국과 일본과의 관계에서 문명-야만, 제국-식민의 관계, 폭력-억압의 관계가 은폐하고 왜곡한 것을 성토하고 있으나, 중국과 다른 주변부와의 관계성에 대해서는 다케우치와 마찬가지로 침묵을 지키거나 몰이해를 드러내고 있다. 이러한 태도가 보여 주는 것은 중국이 상상하는 동아시아를 주체의 자원으로 내세우면서도, 주변부가 상상하는 동아시아에서의 중국의 존재에 대해서는 예외주의적인 시각을 유지하면서 자신의 존재를 동아시아 안에서 상대화시키지 못하고 있다는 것이다.

이러한 예외주의적 사고를 반영하는 예로서, 쑨거는 중국이 동아시아 역사의 피해자임을 인식하면서도 중국의 민족주의는 동아시아에서의 행위의 동력이 아니었음을 강조한다. 즉, 대국으로서의 중국은 유동적이며 사회체계는 항상 변하는데, 그런 변화 속에서 민족주의는 오히려 성장이 어려웠다고 본다. 중국의 민족주의는 중일전쟁시기에 잠시 구심력으로 작용하다가, 전후에 중국을 움직인 것은 오히려 국제주의internationalism라고 설파하면서, 그 사례로 50년대 아시아-아프리카와의 연대, 60년대의 제3세계론을 들고 있다. 또한 오늘날의 민족주의의 분출로 이해되는 반일 사조는 그것을 역으로 파괴하는 역할을 한다고 보고 있다.[259] 이러한 서술은 거의 관료들의 중국 예외주의적 발언에 가까운 것이다. 중국이 50-60년대에 일방적으로 인도를 침략하여 아시아의 '비동맹운동non-alignment movement'을 무력화시키고, 1979년에는 베트남을 침략하여 '제3세계론the Third World Theory'을 무색하게 했던 것을 동아시아 역사에서 지워 버리고 있는 것이다. 이러한 발언에서는 탈냉전시대 주변부 동아시아 담론이 내세우는 미래의 가치로서의 동아시아상상에서 중국은 예외적인 존재라는 태도를 읽을 수 있다.

쑨거가 감지하듯이 중국은 근대화 초기에 미국과 일본의 제국주의에 의한 피해자였다. 그러나 쑨거를 비롯한 중국 지식인들의 동아시아사고에서는 중국이 주변부에 대해서는 억압자이거나 앞으로도 최소한 잠재적인 억압자가 될 수 있다는 사실에 대해서는 무감각하다. 이러한 동아시아 인식은 중국 지식인들에게 일반적인 것으로 보인다. 그들은 다른 중심부인 미국과 일본을 대할 때는 동아시아의 피해자 입장에서 사고한다. 문제는 이러한 피해의 역사가 동아시아에서의 중국 특수주의적 사고와 행태에 대한 도덕적 정당성으로 작용하고 있는 것이다. 서세동점의 시대와 일본의 침략을 겪으면서 자연적으로 이러한 의식이 형성되었고 지금까지도 이러한 경향은 지속되고 있다. 그러나 동아시아 주변부에 대해서는 중화체제의 습관적 인식으로 사고하면서 존재인식이 미약하다. 따라서 중국의 동아시아사고는 사실 서구에 대응하는 중-서 이원론적 세계관에 여전히 몰입되어 있다. 즉, 동아시아는 중국이 미국과 서구를 대면하는 기능으로서의 의미를 지닌다. 서구를 재빨리 모방하던 일본이 동아시아에 대해서 우등생의식을 가지고 아亞오리엔탈리즘으로 바라보고 있었다면, 중국

259 쑨거, 《다케우치 요시미라는 물음》, 17-18면.

도 주변부에 대해서는 우등생의식과 아亞오리엔탈리즘을 가지고 있는 것이다.

이러한 중국의 예외주의적 동아시아사고에서 파생하는 문제에 대한 성찰이 없는 것은 아니다. 다케우치의 고민은 일본의 동아연대주의가 침략으로 변질되었고 그래서 일본이 '아시아의 원리'를 주장할 권리를 잃어버렸다는 데 있었다. 쑨거의 고민은 중국의 거대한 존재감이 지적인 상상과 현실 사이, 즉 수평적 동아시아사고와 대국주의 사이에서 방황하게 한다는 것이다. 이러한 문제의식은 한국 지식인들과의 교류에서 그녀가 주변이라고 여겼던 일본의 다케우치에게서는 정작 발견할 수 없었던 주변부의 담론을 접하면서 더욱 깊어졌다.

이러한 교류의 영향으로 그녀가 중점적으로 논의한 것은 다케우치의 이론을 평하면서 중국의 아시아사고를 유추하는 것이었지만, 거기에 더하여 최근에는 주변의 시각이 담겨 있는 견해를 산발적으로 표명하고 있다. 중국대륙보다는 오히려 대만에서 식민지의 경험으로 인해 아시아에 대한 논의가 수준에 도달하였고 대륙은 한 수 배워야 한다고 자인하고 있기도 하다.[260] 그러면서도 주변부 문제에 대한 구체적인 이해는 부족하다. 2010년 대만해협의 중간 지대인 진먼다오金門島에서의 학술회의에서는 주변부에서도 주변에 속하는 오키나와와 진먼다오 문제를 가지고 토론이 진행됨으로써 국가주의를 넘어선 범주의 동아시아 주변부의 소수자 문제를 다루었다. 여기서 쑨거는 오키나와 문제를 한국의 분단체제와 연관시키면서 정체성 문제를 비교하고 있다. 둘 다 냉전과 미국의 패권주의가 낳은 문제라는 것이다.[261] 그러나 사실적 인과관계를 정확히 따지자면 오키나와 문제는 대만의 착종된 정체성 갈등 문제(대륙인과 대만 본성인 간의 문제)와 비슷한 역사적 맥락에서 전개되고 있다. 둘 다 일본과 중국 본토의

260 쑨거, 〈아시아라는 사유공간〉, 32면.

대국주의와 냉전 체제가 심어놓은 유동하는 정체성과 내외부의 중층적 갈등이 얽혀 있다는 면에서 유사하기 때문이다. 한반도 분단체제 문제는 미-소 냉전의 양극체제가 산출하여 현재는 주변 4대 강국의 패권대결의 차원에서 보아야 하고, 오키나와와 대만은 동아시아 내부의 탈제국 · 탈식민 · 탈냉전의 사고에서 접근해야 한다는 사실을 놓치고 있다. 물론 대륙중국인으로서 민감한 문제를 언급하는 게 곤란했을 수도 있다. 그러나 이러한 사례는 중국대륙 지식인들이 주변부와 특히나 지역의 소수자 문제를 사고하고 토론하는 것이 일본과 여타 동아시아 국가들의 지식계에서보다도 장애가 많다는 사실을 대변해 준다. 왜냐하면 동아시아 주변부와 소수자 문제는 중국에서 논의가 터부시되는 대만, 티베트, 위구르 문제와도 연관이 있기 때문이다.[261]

이러한 예에서 보듯이 쑨거의 동아시아사고가 중심-주변의 경계에서 어정쩡하게 배회한다는 이 책의 평가는 다음 같은 분석에서도 명확히 드러난다. 쑨거는 미래의 가치지향적인 주변부의 담론에 대해서 긍정적인 문제의식을 가지고 있으면서도, 여전히 중국 예외주의적인 현실적 역사인식을 탈피하는 데 어려움을 겪고 있다. 주변부인 한국 동아시아 담론의 주창자인 백영서의 논문에 대한 쑨거의 대응은 이러한 면을 명확히 드러내고 있다. 양자의 문장을 비교해 보면 동아시아 담론에서의 지적인 상상의 측면을 쑨거도 대체로 동의하고 있다는 것을 알 수 있다. 그러나 구체적으로 들어가면 특히 국민국가의 역할에서 중심-주변의 시각을 대표하는 이들의 견해는 미묘한 차이점이 역시 존재한다는 것을 알 수 있다. 다음 같은 언급에서 동아시아 담론에 내포한 공통적 가치인식에도 불구하고 차이가 여전히 존재하는 것을 보여 주고 있다.

261 쑨거, 〈민중시각과 민중연대〉, 《창작과 비평》, 2011년 봄, 74-94면. 원제는 '民衆視覺與民衆的連帶'이다.

> 동아시아 담론은 한편으로는 국민국가의 조망을 극복하는 길을 열어 주고 있다. 그러나 동시에 지역협력을 진행하는 데 국가 간 권력의 불균형을 덮어 버리는 위험을 안고 있다. 불균형은 경제력이 잘 나타내 주고 있다. 우리는 따라서 민족주의와 아시아주의, 불균형한 경제와 수평적 인식을 강조하는 지적인 제안들 사이에서 곤경에 처해 있다. 왜냐하면 실제상황에서는 (지적인 상상과는 달리) 그렇게 분명한 선택은 없기 때문이다.[262]

이러한 언급은 21세기의 동아시아 담론이 탈국민국가주의와 수평적인 상호 인식이라는 새로운 가치지향적인 조망을 제공하고 있다고 인정하면서도 동아시아 국가들 사이에 현실적인 국력의 불균형이라는 장애요인이 존재한다는 의미로 해석될 수 있다. 이러한 견해는 이 책에서 조망한 대로 쑨거의 동아시아사고가 미래의 이상과 현실인식, 중심부와 주변부 사이를 배회하고 있다는 것을 보여 주고 있다. 상기에서 인용한바, 중국의 대국주의는 정서에 깊이 각인된 '지리적 광대함의 실체적 인식'에 기인한다고 서술하면서도 동시에 다른 한편으로는 주변부의 문제의식을 공유하는 지식인답게 국가주의에 대한 백영서의 비판적 견해에는 동의를 피력하면서 동아시아 담론이 중국에게는 대국주의를 극복할 수 있는 기회를 제공할 것으로 조심스레 전망한다.[263] 이러한 중국 특수주의와 주변부의식의 경계선에 서 있는 쑨거는 동아시아 담론이 제시하는 미래의 가치와 현실의 두 개의 동아시아 사이에서 고민하는 지식인—특히 현실적 대국인 중국 지식인으로서—의 모습을 보여 주고 있다. 따라서 탈대국주의적인 지

262 孫歌, 〈亞洲論述與我們的兩難之境〉, p. 57. 괄호 안은 필자의 첨가. 이것은 백영서의 다음의 글에 대한 답변 형식의 글이다. 白永瑞, 〈世紀之交再思東亞〉, 《讀書》, pp. 3-8.
263 위의 자료, pp. 58-59.

적인 각성이 현실적으로 중국 지식계와 사회, 정치경제적인 영역에서 어떻게 실천적으로 반영이 될 것인지는 아직은 시간과 노력이 더 필요하다.

9. 동아시아공동체구상—기능주의와 문화주의

중국과 관련하여 동아시아연대 혹은 공동체라는 주제에는 다음 같은 의미가 걸려 있다. 첫째, 정치경제적인 협력체 혹은 공동체 추진이라는 기능적인 측면이다. 둘째, 유교문화 보편주의를 강조하는 문화공동체론에서 나오는 문화적인 측면의 관심이다. 그러나 문화공동체론은 한국이 주창하는 인문학적 상상에서의 협력적 관계망과는 다르다. 셋째, 국제주의적 협력기구이다. 그러나 무엇보다도 중요한 것은 중국 지식인들이 관심을 가지는 동아시아연대의 의미이다. 동아시아에서의 중국 예외주의를 여전히 가지고 있는 중국 지식인들이 과연 담론의 지적인 프로젝트로서의 수평적인 동아시아공동체 혹은 시민-지식인 관계망에 관심을 가지고 있는 것인지 아직은 확신을 할 수 없다. 중국 지식인들의 논리에 따르면 중국이 참여하는 동아시아공동체는 일종의 아시아 신제국의 형태를 띠는가, 아니면 동아시아 담론의 이상인 주변부의 시각에서 출발하는 협력적 관계망이 되는 것인가가 토론 주제로 떠오른다.

우선 기능적인 측면에서 논해 본다. 중국의 동아시아공동체구상은 정치와 경제, 외교의 기능적인 측면에서 지식인들의 관심을 끌고 있으며, 특히 2000년대에 들어서면서 '동아東亞'라는 키워드로 검색한 저작의 양이 증가하고 있는 것을 보면 이를 알 수 있다. 이러한 현상은 특히 지속되는 경제발전이 주요한 추동력으로 작용하고 있는 것을 부정하지 못한다. 이러한 논문들을 보면 대부분 경제, 외교, 안보분야에 관심이 집중되고 있는 것을 알 수 있다. 지속적인 경제발전을 도모하기 위한 측면, 안보와 외교적인 측면을 중시하면서 미국과 일본과의 경쟁과 견제의 의도를 가지고 동아시아 지역에서의 소프트파워를 증대한다는 전략적인 동기를 많이 고려하고 있다. 특히 이러한 논의들은 대부분 국가를 행위주체로 하는 경우를 가상하고 있다. 따라서 동아시아 담론에서의 인문학적인 사고보다도 국가발전을 목표로 설정하고 논의를 전개하는 것이 특징이다.[264] 이 책에서 지적하는 바, 중국의 지식계에서는 동아시아 담론에 대해 특히 인문학적인 개념에 대한 지적인 관심이 크지 않은 것을 알 수 있다.

이러한 배경에서 중국은 현실적으로 한국과 일본과의 FTA 등을 고려하여 경제영역에서의 통합을 우선적으로 추진하는 것에 관심이 많은 것으로 보인다. 이는 동아시아에 산포되어 있는 홍콩, 마카오, 동남아 화교경세권, 대만과의 ECPA를 고려하면 자연스러운 일이다. 또한 복잡한 지역 현실에 적응하여 미래의 지역공동체를 다원 중층적으로 추진하려는 의도도 있을 수 있다. 즉, 지역에는 미일, 한미동맹, 한중미일, 북한 문제를 둘러싼 6자회담 등을 망라한 유무형의 다층적인 안보대화의 채널이 존재한다. 따라서 이러한 다층적 안보-경제의 채널에 아세안을 포용하면 동아시아공동체에 가까이 갈 수 있다는 것을 염두에 두고 있다. 즉, 중국이 의도하는 공동체 혹은 지역통합은 기본적으로 자국의 지속적인 발전과 미래의 위상강화를 위한 평화적인 국제환경을 조성하기 위한 목적을 띠고 있다. 21세기에 들어서면서 중국은 대외환경의 안정을 중요시하면서 미국과의 관계에 있어서도 안정지향의 개방적 태도를 취하고 있는 게 이러한 경향을 입증한다. 북한 문제와 관련해서도 최소한 미국의 입장을 완전

264 이러한 중국의 일반적인 추세를 잘 나타내는 자료는 다음을 참조. 馮昭奎, 〈建設東亞共同體的十代關鍵因素〉, 《外交評論》 No.83, 2005年 8月, pp. 9-18; 王勇, 〈東亞共同體—地區與國家的觀點〉, 《外交評論》 No.83, 2005年 8月, pp. 19-29.

히 배척하지는 않고 가능하면 대화로 풀겠다는 실용적 자세를 견지하고 있는 것에서 이를 확인할 수 있다. 따라서 중국의 동아시아공동체에 대한 시각은 상당히 실용적이고 기능주의적으로 접근한다고 평가할 수 있다. 이러한 국가발전전략이 2004년부터 '화평발전和平發展'이란 용어로 표방되고 있다. 그러나 일반적으로 중국의 국가 주도의 지역구상에는 민족주의(국가주의)적인 의도도 잠재해 있기 때문에 미국과 일본 등과의 갈등의 씨앗도 수면 아래에 잠재되어 있다. 또한 국가가 희망하는 기능주의적인 공동체구상으로 인해 중국의 지식계에서 동아시아 담론에 대한 관심이 커지고 있는가라는 의문에 대해서는 이 책이 논하는 대로 주목할 만한 정도로 성장하지는 않고 있는 것으로 진단할 수 있다.

동아시아공동체 구상과 관련하여 왕후이는 동아시아에서 이중의 진행이 일어나고 있다고 진단한다. 그가 상상하는 동아시아 담론과 공동체는 '제국'과 '저항'이라는 개념의 영향을 받는다. 유럽제국을 염두에 두고 비교하면서 동아시아에는 미국 중심의 협력네트워크와, 1990년대 후반 동아시아 금융위기 이래로 '상하이 협력기구'와 '아세안+6'가 공존하고 있다고 논한다. 이러한 구조에서는 동아시아 통합은 다중의 의미를 가질 수밖에 없다. 즉, 동아시아의 이름으로 민족과 국가의 이익을 넘어서는 것, 자기보호 기능을 가진 공동체에 편입되는 것, 지역의 자주성을 통해 전 지구적인 패권에 대항의 의미를 가진다는 것이며, 또한 그 자체가 미국이 주도하는 신자유주의 전 지구적 시장관계의 산물이기도 하다는 것이다.[265] 이러한 분류에서는 유럽과 미국이라는 '제국'과 이에 대한 동아시아의 '저항'이라는 그가 진단한 이중적 관념이 여전히 동아시아관에 투영되어 나타나고 있는 것을 확인할 수 있다. 따라서 동아시아공동체구상에 대해서도 서구에 대한 견제의식에서 벗어나기가 힘들다는 것을 나타낸다. 그

265 왕후이, 〈아시아에 대한 상상의 정치학〉, 《아시아는 세계다》, 32-33면.

렇다면 여전히 제국에 대한 저항의 역사가 낳은 상황인식에서 출발하는 중국 특수주의와 중-서 이원론적 특성의 동아시아사고의 전개가 불가피할 것으로 보인다.

그가 언급한 '상하이 협력기구SCO, The Shanghai Cooperation Organization'와 '아세안+6'는 공통적으로 미국이 참여하지 않는 기구이다. 특히 SCO는 2001년 6월에 창설되었는데 러시아와 중앙아시아 국가들이 참여하면서 미국과 유럽에 대한 견제의도를 분명히 하고 있다. '아세안+6'는 '아세안+3'에 인도, 호주, 뉴질랜드를 포함시킨다. 이러한 멤버구성은 일본과 중국의 아시아에서의 주도권을 의식한 힘겨루기의 결과로 이루어진 것이다. 왕후이가 이러한 두 기구를 그의 논의에 등장시키는 이유를 다음같이 추론할 수 있다. 첫째, 중국은 역사적으로 또한 지정학적인 위치상 동아시아를 넘어서는 전 아시아의 국제주의적 사고를 표명하고 있다. 둘째, 양 기구가 모두 국가가 주도하는 것으로서 지적인 상상보다는 현실적으로 국가가 주동이 되는 경제와 안보의 측면에서 지역의 전략적 균형에 더욱 무게중심을 두고 있다. 셋째, 중요한 측면으로서 중국은 미래에 아시아에서의 지도적인 위치를 의식하고 있다. SCO에서 러시아가 있지만 아세안+6에는 빠져있다. 아세안+6에 인도와 일본이 있지만, 양국은 SCO에는 빠져 있다. 그러나 중국은 양 기구에 모두 주요 성원으로 참여하고 있다. 이는 중국이 아시아에서 주요 조정자가 될 가능성이 높아졌다는 의미이며, 또한 동아시아에서는 조정자를 넘어서 지도국이 될 가능성도 있다.

주변부의 시각에서는 탈냉전시대에 국민국가의 역할과 존재는 과거와는 달리 배타적 주권과 경계를 약화시키는 요인이 증대한다고 보고 있다. 따라서 동아시아공동체구상에서도 지역국가 간의 수평적 관계망의 측면을 강조한다. 그러나 중국의 지식인들은 아직도 국가의 배타적 주권을 강조하는 경향이 강하며 수평적인 관계에 대해서는 비현실적이라고 보고 있다. 동아시아공동체구상도 지적인 상상과 국민국가 간의 협력적 관계망이라는 조망보다도 주로 경제교류 확대의 관점과 미일동맹을 견제하기 위한 안보적 측면의 협력체라는 관념이 상대적으로 강하다. 이것은 중국이 아직도 '강한 국민국가주의'[266]와 동아시아 협력적 관계망에서의 탈국민국가주의 지향의 사이에서 후자에 대해 그다지 실감하지 못하고 있는 것을 나타낸다.

문화적인 측면에서 공동체구상을 살펴보면 탈냉전 이후에 중국의 지식계가 동아시아의 문화적 정체성을 강조하는 경향이 되살아나는 추세를 나타낸다. 그러나 이러한 경향이 구체적인 실체로서의 공동체구상인지 아니면 유교문화의 보편성을 강조하며 서구적인 문화에 대항하려는 의도인지는 불분명하다. 그러나 한 가지 확실한 것은 기능적인 의미에서의 동아시아공동체를 구상하는 지식인들도 한·중·일 3국의 유교문화의 공통적 배경이 기초가 될 것이라는 인식을 가지고 있다는 사실이다.[267] 그러나 이러한 추상적인 동아시아의 가치관을 문화공동체의 공통적 자원으로 삼을 수 있을지는 의문이다. 마치 근대 초기에 쑨원과 다이지타오가 보여 주었던 범아론적인 사고와 비슷한 성격이 보여진다. 즉, 쑨원이 아시아를 바라보면서 중국의 왕도사상을 논하듯이 유교문화의 '인간위주以人爲本, 집체주의, 화합, 천인합일天人合一' 등의 정신적 요소를 나열하면서, 장래에 동아시아 국가들이 화합하는 기본정신으로 삼을 수 있다고 주창하고 있는 것이다. 그러면서 동아시아공동체에 방해되는 요인으로 일본의 역사의식과 미국의 영향력에 대해서 견제적인 자세로 바라본다.[268] 사실 이러

266 白永瑞, 〈世紀之交再思東亞〉, p. 3.

267 朱虹, 〈共同文化认知是东亚一体化的基础〉, 《国际关系学院学报》, 2009年 第6期, pp. 55-57; 丁磊, 〈東亞共同體與中國東亞主義〉, 《山東社會科學》, 2006年 第4期(總第128期), p. 137.

268 顾丽姝, 〈东亚文化对东亚一体化的影响〉, 《云南民族大学学报(哲学社会科学版)》, 第26卷 第6期, 2009年 11月, pp. 71-73.

한 추상적인 견해는 중국 지식인이라면 일반적으로 동아시아의식이라는 주제를 토론할 때 보여 주는 태도이다. 탈냉전시대의 탈대국주의와 탈국민국가주의에 대한 구체적인 성찰의식이 없이 애매모호한 전통적인 동아시아관념을 오늘날의 동아시아에 투사하여 바라보는 것이다. 그리고 문화공동체를 동아시아의 관계망의 개념으로 바라보기보다는 국가를 단위로 추진되어야 하는 프로젝트로 보는 경향도 있다

예를 들어, 팡하오판方浩范은 동북아문화공동체를 논하면서 한·중·일 3국 위주로 사고한다. 그리고 3국은 공통적인 문화권에 속하고 있으며, 공통적인 역사인식으로 문화공동체가 형성될 수 있다고 말한다. 그러나 3국의 태도에 대해서 중국은 '관망에서 적극적인 태도' 사이를 배회하고 있고, 일본은 '소극적인 태도와 배회하는 태도'를 보이고 있고, 한국은 '적극적인 태도'를 보인다고 평한다. 그리고 일본이 주도적인 위치를 추구하는 것과는 달리, 중국은 그다지 주도적인 위치에 대한 의지가 없다고 논한다.[269] 이러한 그의 서술이 신빙성이 있든지 없든지에 관계없이 중국의 지식계에서는 동아시아문화공동체론에 대해서 탈국민국가주의를 지향하면서 대국주의를 비판하는 시민-지식인의 협력적 관계망의 사고로 접근하기보다는 국가를 행위주체로 접근하고 있다. 문화공동체라는 무형의 관계망을 일종의 국가적인 경계의 영역관념으로 설정하고 있는 사고를 보여 주고 있다.

중국의 문화공동체상상은 현재는 모호한 담론의 단계로서 다목적의 지향을 내포하고 있는 것으로 볼 수 있다. 탈냉전 이후 탈사회주의 이념화현상이 진행되면서 그 간극을 전통적인 이념으로 대체하여 국가와 사회의 통합을 유도하려는 속성이 있는 것을 부인하지 못한다. 또한 이러한 사조

269 方浩范, 〈东北亚文化共同体动因及其政治阻碍—中韩日对待"文化共同体"的态度〉, 《东疆学刊》, 第26卷 第2期, 2009年 4月, pp. 1-6.

에는 중국이 부상함에 따라 중-서 이원론적인 인식이 강화되면서 동아시아를 중국이 대표하려는 정서도 나타나고 있다. 즉, 공통의 동아문화의식을 논하면서도 위계성을 표방하려는 경향을 숨기지 않고 있다. 예를 들어, 천보하이陳佰海는 "화하문명의 확산으로 출현한 동아시아문화는 선후관계의 차이를 띠고 있는데, 중국의 본토문명이 기둥이고, 조선과 월남은 두 날개이며, 일본은 주변이다"라고 서술하고 있다.[270] 이러한 논리에는 위계적인 인식을 표방하면서 탈근대적 문제의식을 자각하지 못하는 중국 동아시아사고의 한계를 보여 준다.

이러한 측면에서 보면 중국의 문화공동체상상은 현재 진행 중인 동아시아 담론의 지향과는 많이 다른 사조이다. 이욱연은 이렇게 중국 지식인들이 제창하는 동아시아 문화의식을 기초로 하는 동아문화공동체 논의가 대만 지식인 천광싱의 비판적 지역주의 관점에서 보면 부족한 게 많다고 지적한다. 즉, 탈제국·탈식민·탈냉전의 성찰적 문제의식에서 벗어나 단순히 서구와 일본을 대면하는 중국의 지위를 복원하고 발양하려는 의도를 보여 주고 있다는 것이다.[271] 한국과 대만에서 탈근대적 문제의식을 기초로 출발한 소수자 문제, 탈대국주의, 탈국민국가주의 등의 인문학적 상상이 아직은 중국의 지식계에 구체적인 파문을 던지지 못하고 있다는 것을 반영한 것으로 보인다. 앞으로 동아시아 담론이 중국이 내면화하고 있는 다원일체 중화민족주의라는 장애를 어떻게 헤쳐 나갈지 우려되는 측면이다.

270 陳佰海, 〈東亞文化與文化東亞〉, 《上海社會科學院學術季刊》, 1997年 第1期, p. 135.
271 이욱연, 〈중국의 동아시아문화공동체 구상에 대한 비판적 검토—'문화동아시아' 논의를 중심으로〉, 《현대중국학회 2009년 추계학술대회 발표논문집》, 2009년 9월 25일, 266면.

10. 지적인 상상과 현실주의의 기로에 선 중국의 동아시아사고

중국 지식인들의 동아시아사고의 전개를 살펴보면 한 가지 중요한 흐름을 발견할 수 있다. 그들은 아직도 동아시아 지역에서 질서를 잡아 주는 중심국가의 필요성을 배제하지 않으면서 대국주의적 인식과 주변국들에 대한 수평주의적 조망 사이에서 모호한 입장을 견지하고 있다는 것이다. 전자는 주로 역사, 지정학적인 측면에서 현실을 근거로 한 중국 예외주의 인식과 근대 이래로 생성되기 시작한 중-서 이원론적 세계관이 원인이자 결과로 작용하고 있다. 후자는 지적인 상상으로서의 동아시아 담론의 이상과 관련된 인식이다. 단순화하면, 국가적 입장에서는 주로 현실적인 측면에서 사고를 하는 경향이 강하고, 지식인들은 이상적인 측면과 중국이 대국이라는 현실인식 사이에서 방황하는 경향이 있다. 위에서 논한 지식인들의 동아시아론에서는 이러한 것을 읽을 수 있다.

이러한 모순적인 특성은 몇 가지 측면의 정서와 논리를 잘 대변해 주고 있다. 첫째, 경쟁국인 미국과 일본에 비해서 중국은 아직도 제국주의침략의 피해의식을 가지고 있다. 더구나 탈냉전시기에도 미국과 일본의 견제는 중국으로 하여금 '반응적 민족주의responsive nationalism'[272]와 '대항제국resistant empire'으로의 국가발전전략을 추구하도록 고무하고 있는 측면이 있다. 이러한 특징을 나타내는 사례로서 비판적인 지식인들마저도 티베트, 대만 문제에 대해서 보편적인 근대성과 탈대국주의적 사고보다는 중국적 특수성을 강조하는 역사주의적 인식에서 바라보는 경향이 명시적으로 드러나고 있다. 구체적으로 오늘날 중국의 부상을 배경으로 왕후이 등의 트랜스시스템사회론이 등장하였는데 그 속성은 다원일체 통합국가주

272 Zheng Yongnian, 1999, *Discovering Chinese Nationalism in China* (Cambridge: Cambridge University Press).

의이다. 이것은 서구에 대해서는 아직도 저항과 옥시덴탈리즘의 관점에서 대항제국을 추구하고, 동아시아에 대해서는 조정자 혹은 지도국으로서 예외적 존재임을 표방하려는 사고이다. 따라서 왕후이의 동아시아사고에서는 서세동점의 시대에 형성된 식민과 제국의 관계성과 저항이라는 주제와 함께 탈냉전과 세계화로 이어지는 과정에서도 이러한 개념들이 사라지지 않고 여전히 변화 속의 변하지 않는 흐름으로 지속되는 현상을 읽을 수 있다. 따라서 중국의 부상과 함께 중요해진 동아시아와의 관계성에서 지적으로는 수평주의적 다원성을 인식하면서도, 현실적으로는 위계적인 지역체계를 사고하는 이중성을 보이는 것으로 생각할 수 있다.

이러한 현실적인 지역주의사고가 국가적인 반영으로 나타난 것이 외교에서의 '연성의 힘'을 강조하는 측면이다. 이것은 국가적으로 부상하는 중국이 미국과 일본을 견제하려면 지역 주변부의 협력이 필요하다는 전략적 현실이 큰 요인으로 작용하고 있다. 그러나 이러한 대외전략적 필요에 의해서 나타나는 동아시아에 대한 연성의 힘을 증진시키려는 대외관이 곧 동아시아 담론의 문제의식을 수용하고 있는 것으로 해석할 수는 없다. 중국의 이미지를 개선하기 위한 외교정책적인 차원에서의 유화정책과 문화정책은 동아시아 담론의 인문학적인 개념에서 나오는 장기적이고 근본적인 사고의 전환과는 다르다.

이러한 측면을 고려하면 '중국과 동아시아'의 인식보다도 '중국의 동아시아'라는 인식에서 동아시아를 모두 중국이 끌어안고 서구와 대면하려는 범아론적인 사유가 여전히 잠재하고 있다는 것을 엿볼 수 있다. 이같이 21세기 전 지구화 현상의 전개와 더불어 동아시아사고에서의 공동체논의가 진전되는 과정에서 국민국가주권이 상대화되는 탈근대적 시대에 여전히 근대적 주권의 배타성에 집착하는 경향은 중국이 동아시아연대와 공동체구축에서 일종의 강한 국민국가주의 혹은 달리 표현하면 대국주의의

미련을 버리지 못하는 것으로 볼 수 있다. 그리고 지식계마저도 이러한 사고경향에서 벗어나지 못하면서 위계적 동아시아론을 전개하는 근원이 되고 있다.[273] 단지 지식계에서는 서구중심주의에 대해 동아시아적 대안에 관심을 가지기 시작하면서 현실적으로는 강한 국민국가주의를 의식하지만 지적으로는 동아시아 국가들과의 수평주의적 사고의 필요성에 공감을 나타내고 논평을 전개하는 정도에 머물고 있다.

둘째, 일반적인 중국 지식인과는 달리 주동적으로 동아시아 담론의 인문학적 상상의 개념에 관심을 가지고 있지만, 또한 현실인식 사이에서 고민하는 모습을 보여 주는 지식인이 쑨거이다. 동아시아 주변부에 대해서 구체적으로는 언급하지 않는 쑨거는 그러나 추상적인 문제의식은 가지고 있다. 그녀는 중국의 대국주의의 근원이 되고 있는 국민국가주의를 세계화의 사유방식이 와해시키고는 있으나, 아직은 국토의 대소와 지리적 경계인식을 무력화시키는 수준에까지 이르지는 않았다고 하면서 동아시아 사유가 중국인에게 일깨워 주는 것은 대국주의를 탈피하는 데 기회를 제공해 줄지도 모른다는 것이다.[274] 이 같은 언급에서는 중심부 지식인의 주변부 인식의 부재에 대한 지적인 성찰의 흔적을 발견할 수 있으나, 아직은 성찰을 넘어서 주변부시각이 내재화되어 있지는 않다. 이렇게 동아시아 담론이 지향하는 인문학적인 상상의 가치를 이해하면서도, 중국의 대국주의 지향성이라는 정서의 현실을 바라보면서 다음과 같이 말한다.

동아시아 이웃 나라들에 대한 중국인의 무지 뒤에 감추어져 있는

273 동아시아가 근대세계에 진입하던 시기에는 배타적 주권이 국가 간 수평주의의 상징이었다. 그러나 21세기 탈근대적 시각에서 보면 국가주권은 상대화의 과정을 밟고 있다. 주권패러다임의 탈근대시대로의 변동적 이행에 대해서는 Antonio Negri and Michael Hardt, *Empire*, pp. 137-159.

274 孫歌, 〈亞洲論述與我們的兩難之境〉, p. 53.

> 것은 바로 세계질서에 대한 단면적이고 표면적인 이해가 아닐까? 비국가 본위의 동아시아시각의 수립이 국가기능 가운데 강권에 대항하는 부분에 대한 무시와 국가기능에 대한 간단한 부정을 전제로 해서는 안 되겠지만, 또한 진정으로 평등한 동아시아시각의 수립을 위해서는 국가 본위의 좁은 사유방식과 그것이 의지하는 정치적 기초와 사회적 토양을 해체해야만 한다는 것, 이는 이율배반적인 과제이다. 〔…〕 동아시아에 대해, 이웃 나라에 대해, 우리들 자신의 현실적 위치에 대해 무지하다는 사실을 우리 중국인들은 받아들이지 않을 수 없다.[275]

이러한 언급은 동아시아 담론은 결국 지적인 상상인데, 그 이상적인 측면을 모두 실천적 프로젝트로 전환하는 것은 주변국보다 중심국에서 더 많은 내부 갈등을 필요로 한다는 것을 말해 주고 있다.

셋째, 중국의 동아시아사고가 범아론적인 사유의 특성을 내포하고 있고 동아시아에서의 중국식 보편주의를 구성하려는 지향을 가지고 있다면, '비판적 지역주의' 관점을 상기하지 않을 수 없다. 즉, 중국 지식인들의 동아시아사고에서는 서구중심적인 보편주의에 대한 저항의 의미에 지나치게 초점을 맞추기 때문에 지역주의를 추구하는 과정에서 과거 중화주의적 공동체에 대한 향수나 새로운 종류의 헤게모니 지향적인 갈망에 여전히 채색되어 있을 수 있다는 것이다. 이 같은 지향은 동아시아에서 중국식 보편주의 지식과 담론을 창출하려는 노력을 추동하고 있는데, 트랜스론은 그 대표적인 사례이다. 그러나 이 같은 중국 중심의 보편적인 거대서사(지식체계)를 구성해 내는 과정에서는 지역의 민족/국가/소수자들의 작은 서사가 가지는 다원적 발전의 가능성을 배제시켜 버린다. 따라서 이러

275 위의 자료, p. 58.

한 중국 중심의 담론패권주의는 서구중심주의에 저항한다는 의미에서는 성공적일 수도 있으나, 결국 근대적 국민국가주의를 극복하는 데는 실패할 수밖에 없다. 그렇다면 역설적으로 21세기 중국의 부상으로 도래하는 세계는 서세동점의 시대에 존재했던 강자와 약자의 위치만 뒤바뀐 중심이동의 세계체제가 될 가능성도 상상할 수 있다. 이러한 결과는 탈서구를 지향하면서도 결국은 서구의 우등생이 된다는 의미이다. 보편적 근대성과 서구식 근대화 이데올로기를 분리시켜 바라보면서 세계적 보편을 품을 것을 외친 쉬지린의 메시지는 오늘날 급속한 경제발전을 이루고 있는 중국이 숙고해야 할 과제이다. 중국식의 보편적 담론보다 동서 모두를 초월한 보편성을 발전의 원리로 삼아야 한다는 것이다.

마지막으로 중국의 동아시아사고가 중국식 보편주의를 구상하는 측면이 있다면, 21세기에는 서구중심적 지식체계가 중국의 지식과 담론패권으로 중심이동을 하는 경우를 상상할 수 있다. 물론, 이러한 예측으로 우리가 반드시 특정 지식과 담론에 대해서 선과 악을 구분하여 재단하는 태도로 접근할 필요는 없다. 근래에 왕후이는 탈서구적 지식체계를 모색하면서 중국식 보편주의사고인 '반근대성의 근대성', '트랜스론'을 제시하였다. 이는 서구적 근대론과 (동)아시아역사론에 대한 중국의 응답—특히 오늘날의 중국의 위상을 의식하면서 제시된—이라는 측면에서 이미 상기에서 분석한 특성과 함께 21세기 동아시아와 세계에 중요한 의미를 가지고 있다. 대만의 비판적 지식인 천광싱은 동아시아 중심부와 주변부 모두에게 탈제국·탈식민·탈냉전, 탈국민국가주의 의식운동의 중요성을 역설하면서, 특히 대륙의 지식계를 향해서 다음같이 이야기한다.

> 안타깝게도 1980년대 이후 중국의 지식인들은 중국의 세계참여의 주된 힘을 미국에 집중함으로써 오랫동안 간직해 왔던 제3세계적

> 지식전통과 아시아관을 너무 쉽게 포기해 버렸고 오히려 전통적인 민족주의 입장이라 할 수 있는 중-서 대립의 세계관으로 회귀하고 말았다. 더불어 아시아와 제3세계는 이제 더 이상 이러한 사고틀에 존재하지 않음으로 해서 극히 모순되는 지식상태를 초래하였다. 다시 말해 정서적으로 반미이지만 다른 한편으로는 미국에서 유행하는 지식과 분석적 시각을 채용하느라 애쓰고 있다. 만일 대륙의 지식인집단이 이러한 전통적인 '미국 따라잡기의 욕망'을 계속해서 견지한다면 아시아와 제3세계와는 더 거리가 점점 멀어질 것이며 지역의 진정한 평화에도 이바지하지 못할 것이다.[276]

이러한 언급에는 중국이 서구만을 바라보지 말고 우선 이웃인 주변부와의 소통으로 공통인식을 찾아내어 자신의 위상과 위계적 동아시아관을 상대화해야 한다는 것을 제안하고 있다. 필자는 한국과 비슷하게 주변부적인 문제의식을 절감하고 있는 대만의 비판적 지식인인 그의 이 한마디가 중국대륙의 지식계에 중대한 의미로 받아들여지기를 희망한다.

21세기 중국의 부상을 바라보면서 '동아시아의 비판적 지식인'이 가질 수 있는 지적인 고민은 다음과 같은 것이라고 생각한다. 즉, 탈근대적 문제의식이 서구 근대(혹은 서구중심주의)가 조성한 문제에 대한 성찰이며 지난 세기의 미완의 근대에 대한 실천적 지향이라면, 중국이 구축하려는 미래의 지식체계는 이러한 우리의 문제의식을 충족시킬 수 있을는지, 아니면 서구적 근대가 조성했던 약자/소수자들에 대한 억압과 배제의 지배기제를 외형만 바꾸어 지속시킬 것인가.

---

276 陳光興, 〈爲什麽大和解不/可能?〉, 《異議(下冊)》, p. 42; 천광싱, 〈왜 대화합은 불/가능한가—식민과 냉전의 영향에 다른 성적문제의 정서구조〉, 《제국의 눈》, 251면.

제7장 동아시아발 비판이론의 모색

앞에서는 동아시아 주요국 그리고 개별적 지식인에 의한 담론을 비평적으로 분석하였다. 본 장에서는 앞에서 수행한 분석에 따라 주로 주변부담론에서 제시하는 비전을 비판의 틀로 이론화할 수 있는가를 토론해 본다. 즉, 앞 장들에서의 분석 결과 추출한 많은 문제의식과 인문학적 상상의 개념들을 어떻게 비판이론의 자산으로 삼을 수 있는지 사고실험의 대상으로 삼는 것이다. 여기에서의 서술은 기본적으로 탈국적의 비판적 지식인의 시각에서 바라보고 평가를 시도하는 자세를 견지하고 있다. 한국에서는 진보좌파적인 비판의식의 성장과 동아시아 담론의 생성이 연결선상에서 발전되고 있는 것을 확인할 수 있다. 대만은 국가정체성의 유동을 겪으면서 그 출로를 자연스럽게 동아시아시각으로 모색하게 되면서 대륙에서보다도 활발하게 진보적인 특징을 담고 있다. 중국대륙은 미국과 일본의 견제를 의식해서인지 지식계에서마저 아직도 국가주체와 동아시아의 주도적 위상에 집착하면서 진보적인 사고에 인색하다. 일본도 비슷한데 중국대륙과는 달리 소수의 진보적인 지식인들의 견해는 상당히 세계시민주의적인 접근을 보이고 있으나, 국가와 사회 전반적으로는 보수적인 색채를 띠고 있는 것을 부인하지 못한다.

구체적으로 동아시아 담론의 공통점과 상이점을 추출해 보면, 제국-식민의식과 냉전적 사고의 잔재, 유동하는 정체성의 소수자와 내부 식민주의, 중심부와 주변부에서 차별적인 동아시아사고를 견지하고 있는 특성과 더불어 문화와 정치제도의 다양성, 비균질적 정치와 경제발전 수준 등이 아직도 동아시아 담론의 공감대가 넓어지는 것을 방해하고 있다는 것을 감지할 수 있다. 주변부시각에서 바라보면, 지역사회가 내포하는 불균질적인 특성들이 조성하는 '불공정한 지배기제'가 여전히 지속되고 있다고 진단할 수 있다. 특히 21세기에는 문화와 지식의 탈경계현상이 확산되고 있고, 그로 인한 전 지구적 사회의 등장이 특징이라면 서구에 비해 상대적으로 동아시아는 세계시민의식cosmopolitanism과 타자에 대한 수평의식horizontal thinking이 부족한 것을 부인하지 못한다. 역사상 동아시아 국가들은 상호 협력적 연대로써 지역의 문제를—대표적으로 역사담론 갈등, 전후의 성찰과 반성, 분단과 영토분쟁 등—해결해 본 경험이 없었다. 따라서 예측이 가능한 미래에 모두가 동의하는 지역연대 혹은 EU와 상응하는 공동체를 구성하는 것은 어려울 것으로 보인다.

그러므로 동아시아를 모호한 의미에서의 '방법'으로 삼아, 구체적인 의미에서의 '실체'를 구성해 내려는 프로젝트가 아닌 지배기제의 불공정성을 극복하고 세계시민주의와 수평의식의 각성을 모색하는 '비판이론'으로 발전시키는 게 적절하다고 생각해 본다. 동아시아 내부의 대국주의와 국가주의, 그리고 미국 패권주의의 억압성과 기만적인 지배기제 모두를 해체시키기 위한 비판논리를 개발하는 데 상대적인 우위를 두어 보자는 것이다. 대국주의와 국가주의가 조성하는 제국-식민의식, 냉전적 사고에서 스스로를 해방시킨다면, 내가 사는 사회의 다양한 주체들과 공존하는 삶을 모색하는 데 더욱 신경을 쓸 수 있을 것이다. 이것이 동아시아적인 특수성, 즉 미완의 근대완성과 탈근대적 문제의식의 이중과제에 접근하는 효율적인 길이다.

이러한 제의에 동의한다면, 우리의 고민은 탈냉전시대 동아시아에서의 정당한 지배를 지향하는 '비판의 틀'은 무엇인가로 수렴될 수 있다. 그렇다면 동아시아공동체라는 정치경제적인 프로젝트에 집착하기보다 담론이 제시하는 인문학적인 개념을 비판의 준거로 삼을 수 있는가를 토론하는 작업이 상대적으로 우선적이다. 즉, 동아시아 담론의 인문학적인 '비전vision'을 비판의 기준으로 삼는 게 타당한 출발이 될 수 있는가를 사고해 볼 필요가 있다. 이러한 사유가 단순하게 이상적이고 현실성이 없다고 생각한다면 우리는 현실에서의 실현가능성만을 생각하고 미래의 이상에는 눈을 감아야 한다.

비판이론으로의 전환이라는 큰 주제를 놓고 본 장에서는 그것을 다시 네 가지 세부적인 주제로 나누어 토론해 본다. 논의되는 주제들은 각각 독립적인 것처럼 보이지만 공통적인 비판의 틀을 구성하고 있다. 서론에서 언급한 대로 이 책은 21세기 지식의 무경계, 탈공간적 적용에 공감을 가지고 있다. 따라서 서구의 비판이론의 논리를 자원으로 삼으면서도 동아시아의 눈으로 해석하고 활용을 시도하려고 한다.[1] 또한 그 역방향의 참조도 얼마든지 가능하다고 본다. 첫째, 근대의 계몽기획과 탈근대적 문제의식을 접목한 이중과제를 비판의 준거로 삼기 위한 근거를 칸트와 하버마스의 사유에서 찾아본다. 실제로 이 책에서 인용한 비판이론가들은 상당한 정도로 칸트와 하버마스에게서 영향을 받았다. 둘째, 주변부시각에서 진단한 동아시아적 상황을 참조하여 강조했던 인문학적인 상상의 개념들의

1 이러한 주제에 관해 김덕영의 지식의 탈경계적 사고에 대한 다음같은 비판적 지적을 상기하고 싶다. "오늘날 한국 대학의 정신적 빈곤이 바로 여기에서 온다. 자꾸 서구이론이라고 배척하면서, 식민지 사고방식이라고 배척하면서 사회과학의 이론적 틀이 되는 사상을 제대로 해석하거나 연구하지도 않고, 제대로 번역도 하지 않으면서 수십 년, 거의 근대과학의 백 년 이상의 시간을 지나왔다." 김덕영, 2014, 《환원근대》, 도서출판 길, 68-72면.

유효성을 따져 보고, 대표적으로 수평주의적 사고를 비판이론의 논리로 전환시킬 수 있는가에 대해 토론해 본다. 셋째, 주변부의 시각에서 동아시아 소수자 문제를 초국적 정의론을 자원으로 삼아 조망해 본다. 넷째, 서구의 신비판이론의 개념을 참조하면서 동아시아 담론이 제시하는 논지를 동아시아의 정당한 지배를 위한 비판의 원칙으로 사용할 수 있는지에 대해 전망해 본다.

특히, 셋째와 넷째 부분에서의 토론 주제를 지원하는 공통적 사상자원은 서구 비판이론에서의 초국적 정의론이다. 주로 민족국가의 틀에서 공동체적 정의론을 펼쳤던 샌델Michael J. Sandel은 2010년 8월 한국을 방문하여 '민족국가라는 공동체의 틀을 벗어났을 때 정의는 어떻게 드러나야 하는가'란 문제제기에 대해서 "민족국가 안에서는 안정화된 정치제도가 있지만 국제적 영역에서는 그런 장치가 불완전하다. 따라서 정의의 개념을 국제사회에서 적용하는 것은 쉬운 일이 아니다"[2]라고 답하였다. 그러나 국민국가 내부의 범주에서 사고하고 전개되는 비판의 틀과는 달리, 오늘날 전 지구화가 진행되는 가운데 정의와 관련된 주제와 당사자들은 국민국가적 범주를 넘어서 초국가적, 다문화적이라는 것이 피할 수 없는 현실이다.[3] 따라서 동아시아 담론의 사고와 토론 주제의 범주가 탈국민국가적, 다문화적이기 때문에 비판의 틀도 초국적이어야 한다는 것은 자유선택이 아니라 필수적이다.

따라서 동아시아 담론도 지역에서의 정당한 지배를 촉구하기 위한 선결조건으로서 의식의 해방과 계몽(미완의 근대완성과 탈근대적 문제의식)을

---

2 마이클 센델, 〈지구화 시대에 필요한 정의론〉, 《한겨레 신문》, 2010년 12월 2일, 23면. 그의 정의론은 다음을 참조. Michael J. Sandel, *Justice: What's the Right Thing to Do?* (London: Penguin Books).

3 전 지구적 정의론에 관한 논의에 대해서는 다음을 참조. Thomas Nagel, "The Problem of Global Justice," in ed., Thorn Brooks, 2008, *The Global Justice Reader* (Oxford: Blackwell Publishing), pp. 416-438.

이루려고 한다면 국민국가를 초탈하는 범주의 비판의 틀을 설정하여야 한다. 세 가지 범주가 있는데, 국민국가 내부로 제한하는 일국주의statism, 국민국가 내부와 외부의 요인들을 모두 검토하는 국제주의internationalism, 국민국가 내부요인과 지구적 요인들이 상호작용한다는 세계시민주의cosmopolitanism적 입장이다.[4] 동아시아 담론은 출발부터 탈국가주의와 탈국민국가주의를 시종일관 견지하고 있다. 국제주의는 마치 동아시아국제주의를 연상시킨다는 측면에서, 그리고 아직 동아시아는 지구적 범주의 주제를 다국주의적 협력으로 토론하고 해결해 본 경험이 없다는 측면에서 현실적으로 가능한 지향이라고 볼 수도 있다. 그러나 동아시아가 냉전시대에 이미 제3세계 국제주의적 비동맹운동non-aligned movement을 시도하여 실패한 경험이 있고, 지역협력을 필요로 하는 분쟁과 논의 주제들이 지구적 조정자인 미국과 연관을 맺고 있으며, 지역의 위험요인이 지구적 위험요인과 차별적 접근이 무의미할 정도로 21세기에는 서로 연결되어 있기 때문에 '세계시민주의적 방법론'은 취사선택이 아닌 필수적이다. 즉, 21세기 지역과 세계적 차원에서의 불확실성과 '글로벌 위험사회'의 도래가 초래한 불안감을 세계시민주의적 상상력을 동원하여 극복을 도모해 보자는 것이다.[5] 그렇다면 동아시아 담론은 이러한 국가적, 지역적 차원을 넘어선 세계적인 범주의 절박한 시대적 요구들을 동아시아 방식으로 대변하려는 사고실험으로 여겨질 수 있다.

이런 관점에서 본 장에서는 주로 칸트와 하버마스가 표방했던 비판철학의 기본정신을 바탕으로, 프레이저, 벡, 기든스가 전개하는 국민국가의

4 Nancy Fraser, 2008, *Scales of Justice: Reimagining Political Science in a Globalizing World* (Cambridge: Polity Press), pp. 12-20.

5 '세계시민주의'와 '글로벌 위험사회'의 개념과 이론에 대해서는 다음을 참조. 울리히 벡, 2010, 박미애/이진우 역,《글로벌 위험사회》, 도서출판 길; 울리히 벡, 2011, 홍찬숙 역,《세계화시대의 권력과 대항권력》, 도서출판 길.

경계를 넘어서는 초국주의적 신비판이론과 정의론에서 동아시아의 공정한 지배를 촉구하는 비판이론을 구상하는 사고실험을 시도한다. 물론 서구 비판이론이 제시하는 논리와 동아시아 담론이 제시하는 지향과는 구체적이고 미시적인 관점에서는 일치하지 않는 면이 많다. 다만 그 거시적 목적인 국제사회의 공정한 지배와 정의의 추구라는 측면을 고려하면, 적어도 그들이 주제들에 접근하는 방법론을 차용하여 담론의 개념들을 적용할 수 있는지 테스트할 수는 있다.

1. 비판적 사유의 출발선

이 책이 모색하는 비판론은 칸트와 하버마스에게서 계시를 얻고 있다. 즉, 근대성 확립을 위한 계몽의 기획을 제창한 칸트와, 이성과 계몽에 대한 탈근대주의자들의 해체주의를 비판하면서 다시 이성과 계몽의 역량을 복원시키고 근대완성을 도모하면서도 탈근대적 성찰을 의식하려는 하버마스를 참조하려고 한다.

이 책에서 강조하는 칸트의 비판철학에 기초한 입장은 가치와 현상의 분리적 시각이며, 이 중 어느 하나의 인식에 대한 독단론 및 회의론을 거부한다는 것이다. 이 경우에 비판은 자신만의 역사적 전통과 경험, 습관적 의식에서 나오는 논리들을 반성적으로 재검토한다는 의미이다. 그의 인식론을 따르면 동아시아 담론의 인문학적 상상의 개념들에서 실천을 담보로 한 객관적인 인식은 성립되지 않지만 희망의 영역에서의 비전으로서 우리의 인식을 구성하고 미래의 실천을 촉구하는 의미가 있음을 인정할 수 있다. 이렇게 칸트의 비판적 사유를 참조하면, 이성과 경험, 사유와 실천이라는 양 극단 사이에서 어느 하나의 집착을 벗어나 종합적으로 사유할 수 있는 것이다. 또한 이러한 태도를 견지했을 때, 우리는 '세계시민 정부', '영구평화론'이라는 어찌 보면 오늘날 인류의 수준으로도 꿈속의 꿈과 같은 상상의 개념을 당장 불가능하다고 배척하지 않고 희망의 유산으로 남겨 줄 수 있다. 이러한 칸트적인 사유는 다시 우리에게 동아시아 담론이 미래의 '상상'을 동어반복tautology적으로 제기하면서 이것을 '규범화'하고 있다는 비판론에 대한 적절한 인식론적인 해답을 제공하고 있다. 즉, 상상의 개념들이 지나치게 이상적이며 규범적이라고 비판하고 그것을 거부한다면, 그것은 우리 인간들이 현상에 머물며 변화를 포기하는 것에 그치고 만다는 의미이다. 따라서 우리의 삶에서 상상에 의한 변화를 끝없이 추구하지 않는다면, 현실세계에서의 변화를 위한 구체적인 노력, 즉 정치를 포기하게 될 것이며 역사는 그 전개를 멈출 것이다.

근대의 주체와 계몽이 '도구적 이성'으로 낙인찍히고 '억압기제'로 비판받으면서 해체의 위기를 맞게 된 가운데, 하버마스는 철학의 새로운 자기상을 '비판으로서의 철학'으로 규정짓는다. 하버마스가 생각하는 비판적 사회과학의 기능은 사회적 행위의 법칙성이 지닌 이데올로기성을 파악하고 그것의 변화가능성을 모색하는 일이다. 그리고 실체화된 권력의 종속성으로부터 인간주체를 해방할 수 있는 자기반성의 과정을 제공하는 것이다. 비판으로서의 철학과 사회과학은 인간의 역사에서 대화와 의사소통을 왜곡해 온 폭력성을 폭로함으로써 인간 해방을 추구한다는 점에서 같은 비판적 기능과 역할을 공유하고 있으며, 여기서 하버마스는 '비판'을 거의 철학, 사회과학과 동의어로 사용하고 있다.[6] 이러한 하버마스 사상의 특징은 동아시아 담론이 다양한 비판적 사상을 흡수 통합하여 새로운 비판이론으로 발전해야 한다는 논지에 많은 계시를 주고 있다. 그가 내놓은 개념, 즉 의사소통행위론과 공론장이론, 공정한 과정을 거쳐 도출

6 위르겐 하버마스, 《의사소통 행위이론—기능주의적 이성비판을 위하여》 2권, 572-618면.

된 진리합의론, 생활세계와 체계와의 상호관계론 등에서 이 책은 많은 영향을 받았으며 참조하고 있다.[7]

필자는 근대성에 대한 완성을 구상하고 탈근대적 문제의식을 접목하려는 동아시아 담론이 상기에서 정리한 칸트와 하버마스의 성찰적 비판사상에서 많은 비전을 얻고 그것들을 실험할 수 있다고 믿는다. 근대성의 완성을 모색하면서도 근대적 '도구이성'의 비합리성과 타자화의 폭력주의를 성찰적 태도로써 극복하려는 탈근대적 문제의식을 충분히 접목할 수 있다고 보는 것이다. 따라서 근대성의 완성과 탈근대적 문제의식은 한 동전의 양면으로서 그 지향하는 바는 상응하고 있다고 생각한다. 칸트와 하버마스의 비판적 사유를 참조하면 현실인식과 순수한 이상이 서로 배척하지 않기 위해서 합리적 의사소통을 통한 합의된 진리에 도달하기 위한 노력을 동아시아 담론이 매개하고 수행할 수 있다는 믿음을 가지게 된다.

따라서 동아시아 담론을 지역에서 어떤 것을 만들어 내고 구성해 내려는 정치경제적 목적지향의 이론으로 사용하기보다는 비판이론으로 발전시키자는 의미는 담론에서의 인문학적 개념들을 우리의 행위와 인식을 성찰하고 규제하는 자기 성찰의 수단, 즉 비판의 원칙으로 삼는다는 것이다. 그렇다면 이러한 비전들을 기준으로 삼아 중심부에 의한 통합지향의 담론, 주변부에 의한 저항성의 담론이라는 양극단 모두를 상호 비판과 성찰의 대상으로 삼을 수 있다. 이러한 논리에서 보면 동아시아 담론이 취해야 할 지향은 지역의 미래에 대한 비전을 설정하는 사유영역과 현실에서의 실천을 추구하는 경험영역, 즉 이상과 실천의 두 경향에서 어느 하나에만 집중하는 독단과 회의에 빠지지 않고 종합적으로 사유하는 태도에서

---

7 위르겐 하버마스, 《의사소통 행위이론—행위합리성과 사회합리화》 1권, 45-46, 436-450면. 합의에 의해 진리에 도달할 수 있다는 사유는 프레이저(Namcy Fraser)의 '지구화시대의 정의론'에서도 참조하고 있다.

출발해야 한다.

구체적인 사례를 찾아보자면, 앞에서 논한 일본 지식인 사카모토 히로코는 동아시아에서의 반일사조를 단순히 반일운동을 추진하는 프로젝트로 삼는 것을 넘어서 과거의 동아시아 파괴의 역사에 대한 자성운동으로, 미래형의 동아시아, 탈미국패권지배의 내재화로서의 새로운 동아시아의 가능성을 상상하는 자원으로 삼자고 제안하였다.[8] 이런 사고는 반일사조를 단순한 저항운동으로 끝내지 말고 탈국가주의, 탈대국주의 지향을 표방하는 비판정신을 적용하여 미래 동아시아의 반전평화주의의 자산으로 삼는다는 것이다. 그렇다면 반일사조가 단순한 반일운동에 그치는 게 아니라 동아시아를 반성적으로 바라볼 수 있는 일종의 방법이 될 수 있다. 즉, 반일사조를 단순한 반일로 삼으면서 상대와의 대화를 배척하는 게 아닌 토론을 통하여 동아시아의 합의된 자산으로 삼는 게 가능해 진다는 것이다. 또한 이러한 논리를 적용하면 베트남전 비판운동과 사조를 단순한 반미가 아닌 반전평화운동이라는 보편적 가치를 전개하기 위한 방법으로 삼을 수도 있다. 이렇게 반미와 반일사조에서 단순한 저항의 측면에만 집중하는 편향적 인식에 빠지지 않고 종합적으로 사유하는 비판정신을 활용하면 동아시아 담론의 주요 가치인 탈국가주의, 탈대국주의로 가기 위한 방법으로 삼는 지혜로 수용하는 게 가능하다. 그러기 위해서는 초국적 공론장에서의 관련된 모든 당사자들의 참여를 통한 합리적 의사소통이 필수적이다. 따라서 최근의 동북공정, 독도, 조어대 영토분쟁에서도 국가주의적 주권과 저항의 일면적 시각이 아닌 동아시아 담론의 시각에서의 비판과 자기성찰적 접근을 시도할 필요가 있다.

또한 동아시아 담론이 실체적 조직을 구성하려는 프로젝트가 아닌 비

---

8 사카모토 히로코, 〈중국의 반일과 어떻게 마주할 것인가〉, 《반일과 동아시아—반일이라는 사상과제》, 337면.

판이론이 되어야 하는 이유는 '관계망'과 '실체적 조직'의 현실화 가능성에서도 드러난다. 21세기 인터넷의 사용은 지식과 문화, 각종 정보의 흐름에서 국가경계를 무력화시키는 현상을 발전시키고 있다. 한·중·일 3국의 인터넷 사용자들은 상호 관련된 문제가 발생했을 때 거의 무제한으로 자신의 의견과 정서를 표출하고 있고 직간접적으로 국가의 외교정책에 영향을 주고 있다. 이러한 상황에 대한 긍정적, 부정적인 평가를 떠나서 특정 이슈에 대한 불특정 다수의 공론의 관계망 형성은 시대적인 특징으로 나타나고 있다.

이러한 시대적 변화를 고려하면 동아시아 담론에서 주창하는 시민-지식인 관계망으로서의 지역연대가 과연 실체적 조직으로서 동아시아공동체구성을 주창하는 실질적 힘을 발휘할 수 있는가 하는 문제에 봉착한다. 만일에 실제적인 힘보다 영향력을 발휘하는 게 현실이라면, 동아시아 담론은 그것을 이용하여 비판의 역할을 하는 게 더욱 바람직하고 현실적이다. 동아시아 담론을 일종의 실체적인 조직을 구성하려는 프로젝트로서가 아닌 관계망에서의 영향력을 투사하는 비판이론으로 발전시키는 게 적실하다고 보는 이유이다. 그래야 시민-지식인 관계망이 국가의 역할을 견제하고 요구한다는 담론의 주장이 설득력을 얻을 것이다. 이런 의미에서 동아시아 담론을 지역의 문제를 풀어 나가기 위한 자기성찰의 비판이론으로 삼자는 것이다. 그렇게 한다면 동아시아를 특권화하지 않고 동-서 이원론적 사고를 초극하는 길이자 서구 주도의 신자유주의를 상대화하면서도 전 지구화를 비판적으로 수용할 수 있는 길도 열릴 수 있다. 보편적 세계사의 관점을 동아시아시각에 접목시키면서, 수평주의적 사고와 다양성에 대한 더욱 적극적인 토론이 가능할 것이다.

이런 견지에서 비판이론으로서의 동아시아 담론이 지향해야 할 민족국가의 관계성의 역사는 민족국가들의 개체성과 이질성을 다 통합하여 사고하는 다원성이 아니라, 민족국가와 지역 간의 특성들 사이의 변증법적 교호작용을 초탈하여 사고하는 동질성과 이질성의 화이부동和而不同을 추구하려는 것이다. 이것이 '다름에서도 공통적인 것을, 공통적인 것에서도 다름을 인정'하는 다원성이다. 거대 구조에서 작은 서사를, 작은 서사에서 거대 구조를 바라보면서 비판만 하는 게 아닌, 역사의 심층으로 들어가 그 구조적 원인과 개별적인 작은 서사의 현상에 대한 분석과 자기성찰을 거친 후에 새로운 역사를 사고하는 것이 바람직하다. 역사의 큰 구조성의 모호한 흐름을 강조하며 작은 서사를 무시하면서 성찰이 결여되었거나, 과거의 성찰과 현상의 분석을 위한 자료만 강조하는, 그래서 비전과 미래의식이 결여된 역사는 모두 편향적이 될 수밖에 없고 '집단적 폭력의 정당화'나 '미래의 비전이 결여된 비판을 위한 비판'에 머물게 되는 결과를 가져온다.

이렇게 실제적인 현상과 상징보다도 '지적인 상상'과 '비판적 성찰'을 앞세운 동아시아 담론은 칸트와 하버마스의 비판적 통찰과 더불어 다음 같은 경구들에서 영감을 보충할 수 있다. 미국의 문학가이며 화가인 폴 호건Paul Horgan(1903-1995)은 "존재하지 않는 것을 상상할 수 없다면 새로운 것을 만들어낼 수 없으며 자신만의 세계를 창조하지 못하면 다른 사람이 묘사한 세계에 머무를 수밖에 없다. 그렇게 된다면 자기 자신의 눈이 아닌 다른 사람의 눈으로 실제를 보게 된다. 더 나쁜 것은 환상을 볼 수 있는, 통찰력을 갖춘 마음의 눈을 계발하지 않는다면 육체의 눈으로 아무것도 볼 수 없다는 것이다."[9] 이러한 통찰들이 의미하는 바는 '미래의 동아시아를 상상한다면 그대로 이루어질 수도 있다. 그러나 상상하지 않으면 그냥 이

9 로버트 루트번스타인·미셸 루트번스타인, 2007, 박종성 역, 《생각의 탄생》, 에코의 서재, 43면; Robert Root-Bernstein and Michele Root-Bernstein, 1999, *Spark of Genius* (Boston, MA.: Houghton Mifflin Co.). 호건은 *Great River: The Rio Grande in North American History*(위대한 강)으로 1955년 퓰리처상을 수상했다.

대로 살 수밖에 없다'는 것이다. 그래서 우리는 담론이 지향하는 바를 실천이라는 주제와 연결시켜 논할 때, 어느 정도는 선험적인 기준으로 '가치지향-규범적-예언적' 태도가 불가피하다는 사실을 묵시적으로 동의해야 한다. 이러한 경우에도 그것을 비현실적이라고 배척하지 말고 동아시아 담론의 비전을 어떤 이상적인 방향으로 인도하고 스스로 비판하고 규제하는 나침반으로 삼자는 것이다. 이러한 반성적 태도에서 접근해야 동양과 서양, 중심부와 주변부라는 이원론적인 사고의 틀을 떠난 위치에 서서 동아시아에서의 '공동체적 정의'를 창출하고 적용이 가능한 것인지를 사유할 수 있을 것이다.

2. 인문학적 상상vision과 수평주의사고

인식 불가능한 추상적인 개념들도 희망의 영역에서 바라보면 무의미한 것이 아니라는 칸트의 인식론을 자원으로 삼는다면, 동아시아 담론이 제시하는 적지 않은 인문학적인 개념에서도 우리는 중대한 실질적 의미를 발견할 수 있다. 인간은 상상이 없으면 살더라도 무의미한 삶을 살 수밖에 없다. 그러나 사회과학자들은 우선 실체적인 것을 본 연후에 가능성을 확신하고, 다음에 상상을 스스로에게 허락하는 경향이 있다. 이래서는 창조할 수 없다. 아마 동아시아 담론이 사회과학자보다 많은 인문학자에 의해서 실체적인 것보다 지적인 상상으로 출발하게 된 것은 이러한 연유일 것이다. 어쨌든 이 책은 상상도 훌륭한 실체의 건설 이전의 지향을 설정하는 자원이며, 따라서 현실에 대한 비판의 준거가 될 수 있다고 여긴다. 상상에서 출발하지 않는 창조는 없기 때문이다.

앞 장에서 밝힌 바, 이 책은 '상상'의 함의를 '지적인 통찰intellectual foresight'

에 근거한 미래에 대한 '비전vision'으로 이해한다. 정치철학자인 월린Sheldon Wolin만큼 상상력으로서의 '비전'에 대해 통찰력 있는 해설을 제시한 학자는 없을 것이다. '비전'은 사실적인 차원과 상상적인 차원을 담고 있다. 첫 번째, 비전은 보통 인지행위로서 대상이나 사건에 대한 기술적記述的인 보고의 의미를 지닌다. 두 번째, 비전은 미적 비전이나 종교적 비전에 대해 이야기할 때처럼 상상적인 의미도 역시 지니고 있다. 월린은 정치철학에서 후자의 의미, 곧 상상력이 개입된 비전이 수행한 역할을 중시한다. 즉, 그는 정치적인 것을 개념화하는 이론적 활동에서 비전의 역할에 대해서 다음 세 가지 의미를 강조한다. 첫째, 정치철학자는 비전을 통해, 공상, 상상, 환상을 통해 때로 우리에게 만약 그것이 없었더라면 명백하지 않았을 가능성이나 현상과 사물들을 의식으로 파악할 수 있게 해 준다. 곧 이와 같은 비전이나 상상적인 상像을 통해 이들은 일반인들이 정치질서가 기초해 있는 근본적인 가정을 보는 데 도움을 주고자 한다. 예를 들어 홉스Thomas Hobbes(1588-1679)는 '사회계약'이라는 상상적 행위를 설정함으로써 정치질서가 궁극적으로 구성원들의 동의에 기초해 있다는 점을 밝혔다. 둘째, 정치철학자는 정치현상을 지적으로 일관되게 다루기 위해서는 그 현상을 이른바 '정정된 온전함corrected fullness'으로 그려 내야 하는데, 이를 위해서는 상상적 감수성이 절실히 요청된다. 또한 정치사상가는 정치적 삶에 대한 축소된 상, 사상가의 목표와 무관한 것들은 삭제된 상을 우리에게 제시해 왔는데, 이는 부분적으로 사상가 역시 직접적으로 모든 정치적 사물들을 '보는' 것이 불가능하다는 사실에서 비롯된 것이며, 이를 보완하기 위해서는 상상력을 통해 일정한 현상을 '추상'하고 상호 연계성을 제공함으로써 사회를 축약적으로 나타낼 필요가 있다. 그러나 정치사상사에서 상상력, 곧 비전의 역할은 단지 방법론적 편의 또는 정치공동체에 대한 이론적 모델 제공으로만 국한되지 않는다. 그러므로 비전의 세 번째 기능으로서 월린은 사상가의 근본적인 가치—철학적, 종교적 가치 등—를 표현하는 매체 역할이 가능하다고 주장한다. 즉, 그것은 이론가가 역사적 현실을 초월하여 어떤 것을 구성하고 표현하고자 할 때 사용하는 수단이다.[10] 이러한 월린이 논한 '비전'의 역할은 현실과 실천의 가능성을 중시하는 연구분야에서도 그것을 포괄하면서도 초탈하는 의미를 가지고 있다.

이렇게 정치철학자가 이론적인 활동에서 상상(비전)의 역할에 대해서 적극적인 의미를 부여한 것은 이것을 무기로 삼고 있는 동아시아 담론에게 큰 힘을 주는 것이다. 그럼에도 불구하고 우리는 상상에 대한 월린의 혜안을 방패로 삼더라도 무경계-탈중심의 수평주의, 탈대국주의, 탈국가주의, 탈국민국가주의, 수평주의적 사고 등의 주장들을 나열하자면 막연하다는 감정에 휩싸이거나 심지어 부끄러움을 감추지 못한다. 아무리 인문학적인 상상에서 나온 것이라 하더라도 비현실적인 개념의 나열에 불과하다는 비판을 피하기가 어렵기 때문이다.

이러한 부정적인 평가에 대한 최대의 방어논리는 이미 언급한 대로 동아시아 담론을 정치경제적인 실체를 구성하려는 지적인 프로젝트가 아닌 끝없는 생성의 과정을 지향하는 '비판이론'으로 발전시키는 것이다. 기든스는 일종의 가치 지향적 특성을 지닌 '유토피아적 현실주의'가 비판이론의 훌륭한 자원이 될 수 있다는 논리를 내세우면서 미래적 이상을 옹호한다.[11] 또한 그는 미래의 지향을 추구하면서도 아무런 실질적 보장을 해 주지 못할지도 모르는 비판이론에 대해서도, 해방적 정치가 생활정치 혹은

10 Seldon S. Wolin, 2004, *Politics and Vision: Continuity and Innovation in Western Political Thought* (Princeton: Princeton University Press), pp. 17-20.

11 Anthony Giddens, 1990, *The Consequences of Modernity* (UK: Polity Press), p. 154. 기든스는 '유토피아적 현실주의'를 주창하는 이유에 대해, 미래에 대한 예견은 현재의 일부이며, 그럼으로써 미래가 실제로 어떻게 발달할지에 대한 반향이 이루어지며, 현재 진행 중인 정치와 제도의 경향을 분석함과 더불어, 미래를 향한 창문을 여는 것이라고 답한다(pp. 177-178).

자아실현의 정치와 연계될 필요가 있다는 것을 촉구한다. 즉, 불평등이나 예속으로부터의 해방에 관여하는 급진적 투쟁과 인류 전체를 위한 생활의 성취와 민족의 가능성을 추구하는 급진적 투쟁에는 국가와 지역, 타자가 없는 초국주의적이어야 하고, 또한 '유토피아적 현실주의'의 틀 안에서 모색되어져야만 한다는 것이다.[12] 이러한 사고는 동아시아 담론이 지나치게 이상적이라 현실성이 없다는 비판을 무력화시키고 오히려 큰 계시를 주고 있다. 월린의 '비전'론과 함께 이러한 기든스의 도움을 추가한다면 담론은 더욱 힘을 받을 수 있다.

즉, 이러한 논리적 도움을 받게 된 동아시아 담론을 일종의 새로운 실체를 만드는 정치경제적인 전략적 기획이기보다는 그러한 기획이 파생할지 모르는 부정적이고 파괴적이기까지 한 측면, 동아시아에서의 정당한 지배의 실현을 위한 비판이론으로 가정할 때, 베버의 학문론을 인용할 수 있다. 즉, 베버는 "학문은 의미가 없다. 〔…〕 가장 중요한 문제, 즉 '우리는 윤리적-당위적으로 무엇을 해야 하는가? 우리는 윤리적-당위적으로 어떻게 살아야 하는가? 하는 문제에 대해 어떤 판단도 주지 못하기 때문이다"라는 부정적 질문을 던지면서도 비록 '학문'이 답을 제공하지는 못하지만 올바른 문제를 제기한다면 무엇인가를 제공해 줄 수도 있지 않을까라는 희망을 피력한다.[13] 유추하면, 동아시아 담론은 정치경제적인 기획이라기보다는 그것을 비판하는 기능을 수행하는 게 더욱 적실한 활용에 가깝다. 그런 의미에서 '시민-지식인 관계망'에서의 비판적 공론이 올바르게 동아시아의 문제를 제기한다면, 어떤 미래의 해답을 찾을 수도 있다는 베버가 '학문'에 거는 기대를 우리도 '동아시아 담론'에 적용할 수 있지 않을까.

---

12 위의 책, pp. 155-156.

13 막스 베버, 2009, 전성우 역, 《직업으로서의 학문》, 나남, 55면.

동아시아 담론이 근대를 비판적으로 성찰하면서 그려 보는 가장 인문학적인 비전으로서 대표적인 것이 무경계-탈중심의 수평주의적 동아시아사고인데, 이것은 어쩌면 유토피아적 현실주의의 구상이라고 볼 수 있다. 동아시아사고는 중심과 주변부에서 다른 지향을 가지고 있다는 것을 서술하였다. 큰 틀에서 보면 동아시아에서 중심과 주변의 지향이 다르다는 것은 아직도 내부적인 타성에서 제국-식민, 중심-주변의 차별인식을 극복하지 못하고 있음을 나타낸다. 아직도 무경계-탈중심, 탈국민국가주의적인 지적-문화적 의식수준에 도달하지 못하고 있다는 징표이다. 동아시아의 주체들은 서로를 참조대상으로 삼지 않거나 또한 못하고 있다. 중국은 중서이원론의 세계관, 일본은 탈아입미, 한국은 친미반공, 대만은 국족주의통치기제에 의해 의식화되어 있다. 그리고 동남아는 아세안의 건설적인 지향에도 불구하고 각종 문화적 기호들의 서구화-본토주의의 이원적 갈등구조가 대중문화를 지배하고 사회적 위계구조를 형성하고 있다. 또한 국내의 경제적 후진성을 단기간에 해결하기에도 시간이 많이 걸릴 것 같다.

동아시아 중심부인 중국과 일본은 그들의 주변인 동아시아를 세계적 중심국가인 미국'제국'과의 경쟁에 대한 자신의 '대항제국'을 구축하는 방편으로서의 후방기지로 바라보는 경향이 있다. 중국과 일본의 지식인들도 미국/서구를 주로 참조하면서 주변부는 그들의 참조대상이 되지 못하고 있다. 그런 의미에서 보면 동아시아는 아직도 탈서구-탈제국-탈식민에 대한 문제의식은 있으나 초극하지는 못하고 있다. 무엇보다 비판적 지식인들의 담론과 활동이 아직은 사회 전체를 변화시키는 데는 미치지 못하고 있다.

주변부에서는 중심부와의 '수평주의'적 사고의 지향이 강하다. 그런 의미에서 주변부 담론은 동아시아가 나아가야 할 길을 이상적으로 제시하고 있다. 물론 주변부에서 문제가 없는 것은 아니다. 첫 번째 심각한 문제는 스스로 제국을 모방하고 흉내 내려는 하위제국주의를 자처하는 국가주의로 무장한 보수세력이 국내에 존재한다는 것이다. 이들은 언제든지 민족주의와 결합하여 구제국주의 세력과 결탁하고 민중의 의식과 행위를 지배하려는 준비를 하고 있다. 두 번째 문제는 같은 주변부끼리 배제와 홀대의 의식과 관계를 유지한다는 것이다. 결국 주변부는 내부에서마저 탈제국-탈식민을 이루지 못하고 있는 것과 동시에 외부 제국, 즉 중국과 일본, 미국을 상대화하지 못하는 것에 대해서도 반성을 해야 한다. 주변부의 탈식민의식이 정착되어 있지 않다는 것이다. 즉, 미국, 중국, 일본만 예외의식이라는 역사적 기억을 가지고 있는 것이 아니라, 대국주의의 그림자에서 주변국들도 자진하여 벗어나지 못하는 측면이 있다는 의미이다. 예를 들이, 한국은 항상 지식과 문화, 외교적으로 미국의존주의에서 벗어나지 못하고 있다. 한국은 동아시아에서의 중국과 일본의 대국주의를 비판하면서도 스스로도 미국의 대국주의 보호막 안에서 온존하려는 의식을 탈피하지 못하고 있다. 이러한 경향은 상대적이지만 일본과 대만의 미국을 향한 의식에서도 찾아볼 수 있다. 대만의 민주좌파이자 비판적 지식인들이 추구하는 '문화적 탈식민 기획'이 이래서 중요한 의미를 갖는다. 만약에 지역의 중심-주변의 위계주의, 주변부 간의 상호경시를 극복하지 않으면 동아시아 내부의 제국-식민의 지배기제를 영속시키게 되고 과거 주변부를 식민화했던 제국주의역사를 자연적 진화의 법칙으로 당연시하게 될 것이다. 동아시아사고는 이렇게 대국주의와 국가주의에 의해 억압당한 주체 찾기의 미완의 근대완성과 탈근대적 문제의식을 결합한 것이다.

탈근대적 문제의식으로서의 무경계-탈중심의 수평주의적 사고의 함의는 다음과 같이 정의 내릴 수 있다. 이것은 단순히 국제정치무대에서 지역국가 간의 국력불균형 상태를 무시한 기계적 평등상태를 추구한다는 의미는 아니다. 동아시아 담론에서의 수평주의는 중심국, 주변국을 망라하여 국가 간 차별성—문화적, 경제적, 정치적인 측면—을 인정하되 상호 인식과 관계성에서 그 차별성을 위계화와 타자화의 기제로 삼거나, 특히 고정불변의 것으로 여기지 않는다는 것이다. 중심-주변 사이에 수평의식보다는 차별의식을 구조화하고 지속하는 것은 '다름'을 다양성으로 이해하지 않고 우열을 가리는 기제로 삼는 것이다. 예를 들어 이러한 의식은 중심국이 과거의 식민지인 주변국에 대해 느끼는 우월감과 죄의식, 주변국이 중심국에 대해 느끼는 열등감과 증오에 대한 상호 간의 거울효과를 지속적으로 재생산하는 것이다. 이는 결국 중심과 주변 모두가 근대의 국가주의와 대국주의 의식과 논리에 스스로 굴복하는 것이다.

또한 수평주의적 인식은 중심과 주변 간의 차별성은 고정불변의 것이 아니며 끊임없는 변증법적 변화에 노출되어 있다는 것을 자각하는 것이다. 따라서 중심과 주변의 지위도 변할 수 있으며, 양자의 차별성을 고정불변의 것으로 여기거나 영속시키려는 시도는 수평적 사고에 역행하는 것이다. 중심과 주변으로 구성된 동아시아 구조는 끊임없이 변화할 수 있는 역동성을 인정해야 중심부의 독점적 동아시아사고를 극복할 수 있다. 따라서 수평주의적 사고는 중심의식과 주변의식으로 구분되는 이분법적 사고를 극복하려는 것이다. 이러한 사고에서는 좀 더 근본적인 차원에서 지적, 문화적 차별성을 다양성으로 받아들이면서 중심부의 주변부에 대한 하부오리엔탈리즘적 사고와 주변부의 중심부에 대한 존대와 질시의 왜곡된 심리구조 모두를 초탈한다는 의미이다. 이 같은 수평주의적 지향을 더 확장시켜 유추해 보면 동아시아 중심부와 더불어 세계 중심인 미국도 아시아/아프리카/남미에 대한 위계적 사고를 벗어나 서구 중소규모 국가들을 대하듯 수평의식을 배양하여야 한다. 동아시아에서 수평의식을 언급할 때 중국/일본과 동아시아 주변국은 미국/서구와 아시아/아프리카/남미와의 관계처럼 별로 좋지 않은 역사기억과 경험을 가지고 있다. 본 연구에서의 수평주의는 이러한 역사에 대한 성찰에서 나온 것이다.

수평주의의 실천에 대해서 구체적인 방법을 제시하자면 지역문제의 해결을 위한 대화의 과정에서 합의를 도출하기 위해서 '상호 인정'과 당사자의 '동등한 참여'가 보장되어야 한다는 것이다. 따라서 동아시아에서 중심부와 주변부 국가, 소수자(북한, 대만, 티베트, 오키나와, 소수민족), 서벌턴, 인권운동 단체, 환경운동 단체 등 지역의 문제들에 대한 모든 관련 당사자의 참여하에 자신들의 문제의식을 발표할 수 있는 기회를 동등하게 가져야 한다. '상호 인정'과 '관련 당사자의 동등한 참여'는 '수평주의적 다양체'로 가기 위한 보편적 동아시아의 원리이지 비판의 준거이다.

결론적으로, 비판의 준거로서 상호 인정과 동등한 참여로서의 수평주의적 사고는 근대완성과 탈근대적 문제의식의 중층적 사명을 실천하는 것이다. 즉, 수평주의사고는 주체와 객체, 대국과 소국, 중심부와 주변부, 서양과 동양, 문명과 야만의 대립구조를 한 위치에 고정시켜 놓지 않고 항상 '유동하는 생성'으로 바라볼 것을 권고하고 있다. 근대는 이들 대립하는 양자를 항상 그 자리에 고정시켜 넣고 불변의 속성으로 인식하려고 하였다. 이러한 사고는 자연적으로 차이와 구별을 만들고 세계 체제와 인간사회의 상호관계성에서 위계주의를 당연시한다. 근대는 따라서 대립적 요인들 간의 '경계 만들기'의 시대였다. 이에 반해 탈근대는 그들 간의 질적인 '경계 허물기'의 시대인 것이다. 동아시아 담론은 이러한 '경계 허물기'의 철학적 사고를 비판의 틀로 발전시켜야 한다. 우리는 역사에 대한 비판을 통하여 성찰하고 스스로 수정해 가는 역사를 추구하여야 할 것이다. 따라서 비판은 곧 대안이다.

3. 세 도시 이야기—소수자 문제와 초국적 정의론

동아시아 담론이 중심과 주변부에서 다르게 나타나고 있다는 것은 앞으로 동아시아인들에게 혼란을 가져올 수도 있다. 동아시아 담론은 역사에 있어서의 목적론teleology적인 특징—유토피아적 현실주의—을 다분히 띠고 있다는 것을 부정하지 못한다. 즉, 동아시아는 아직도 생성becoming하는 과정에 있는데, 이것은 어떤 보편적인 원리를 '이념형'으로 상정해 놓고 그것을 향해 매진하고 있다는 함의를 내포한다. 그렇다면 중심과 주변부 모두 동의할 수 있는 어떠한 공통적인 지표들을 공동체적 질서원리로 여길 수 있을까에 대해서 우리는 고민할 필요가 있다. 역설적으로 이제까지 서술했던 담론에 관한 논지들에 대해서 자아비판하고 성찰하는 내용들에서 우리는 어떤 계시를 얻을 수도 있다. 주변부에서 동아시아를 사고하더라도 국민국가를 출발점으로 삼아 전개될 경우에 다음 같은 비판을 피할 수 없게 한다.

동아시아 담론이 단일국가를 사고의 출발점으로 내세우게 되면 대국의 역사경계와 또한 국민국가의 내부와 경계에 존재하는 소수의 존재를 간과한다는 비판에서 자유롭지 못하다. 예를 들어 중국이라는 대국 내부와 경계에 산포되어 있는 소수민족들, 특히 티베트와 위구르, 그리고 일본제국의 역사경계에 존재하는 오키나와 등 소수민족의 저항에 대해서는 단지 대국 내부의 '소수민족의 반란'으로 정의 내리고 말 것이다. 이들의 분리주의적 저항을 대국 간의 경쟁수단, 국가적 통합의 이탈자로 단순화해서 보기 보다는 세계사적인 시각에서 또는 동아시아에서 전개되는 민족주의의 한 유형으로 보아야 한다는 것이다.[14] 그렇지 않다면 동아시아 중

---

14 유장근, 〈동아시아 근대사와 중국의 위상〉, 《동아시아인의 동양인식—19-20세기》, 61-62면.

심부인 중국과 일본의 내부 식민주의를 인정하는 격이 될 것이며, 주변부 시각의 탈국민국가주의를 스스로 부정하는 결과를 가져올 것이다. 이러한 비판은 대국주의와 국민국가주의의 극복, 무경계-탈중심의식을 주요 논지로 삼는 동아시아 담론에 중대한 의미를 던져 준다.

이러한 지적이 중대한 계시를 주는 것은 실제로 동아시아에는 국민국가내부와 대국의 역사경계에 존재하는 소수자 문제가 아직도 존재하고 있다는 것이다. 대표적으로 티베트, 대만, 위구르, 오키나와 심지어 북한도 동아시아사고가 포용해야 할 문제들이다. 이러한 문제들을 감추어 놓고 동아시아를 논할 수는 없다. 그렇게 되면 앞으로 구축될 동아시아공동체는 국민국가들만의 연극무대가 될 공산이 크다. 이것은 근대 국민국가주의의 한계를 극복하고 다양한 인종, 소수민족, 분단국이 참여하는 '복합국가', '네트워크국가'[15]를 모색하고 있는 주변부 담론의 기본적 지향에도 역행하는 것이다.

따라서 현 단계 한·중·일 중심의 동아시아공동체 구축은 지역의 주변과 소외지대까지를 포함하는 총체적 생성의 목적지로 가는 도중에서의 '방편적'인 타협이라고 인정해야 한다. 그만큼 동아시아는 다양하며 그 다양한 측면과 주체들을 전부 포용하기 위해서 고려해야 할 문제들이 산적해 있다. 이러한 비판을 의식한다면 우리는 주변부 조망에서 한 걸음 더 나아가 지역에서 국민국가로서 인정받지 못하면서 또한 중심부와 주변부 어디에도 속하지 않거나, 중심부의 경계에 존재하는 소외지대마저도 포용하려는 사고실험을 수행하는 데까지 가야 한다. 즉, 동아시아 담론은 중심과 주변의 구별을 극복하고 다양한 비국가적 주체와 소수자들도 인정

15 '복합국가'와 '네트워크로서의 국가'에 대한 논의에 대해서는 백영서, 〈동아시아론의 근대적응과 근대극복의 이중과제〉, 《창작과 비평》, 2008년 봄호, 31-51면. 원래 '복합국가' 개념은 백낙청의 제안이다(1998, 《흔들리는 분단체제》, 창비, 172-208면).

하면서 협력적 연대를 이루려는 노력인데, 정작 국가 중심의 담론이 되어 버리면 지역에서의 소수자 문제, 분단국 문제를 덮어 버리는 결과를 낳게 되고, 결국 모든 다양한 주체들이 참가하는 시민-지식인 관계망 구축이라는 논리가 유명무실해질 것이다.

이러한 의문에 해답을 모색하기 위해서 주변부인 한국의 지식인들은 지적인 실험을 시도하였다. 이들은 주변부의 국민국가가 아닌 '제국의 교차로'라고 명명한 주변부의 저항을 상징하고 있는 세 도시—오키나와, 호치민, 타이베이—를 방문하여 동아시아사고의 실험적 적용을 타진하였다. 이 세 도시는 역사적으로 세계의 중심부인 유럽과 미국, 또한 지역 중심인 중국, 일본에 의해 침탈을 당하고 저항을 했던 역사기억과 경험을 가지고 있다. 따라서 토론자들은 대국주의와 국민국가주의를 탈피한다는 의미로 국가보다도 도시를 방문지로 내세우고 있는 것이다. 게다가 일본과 중국의 본토에 의해서 소외당하고 있는 오키나와와 타이베이를 선택함으로써 국민국가를 사고단위로 삼고 있다는 비판에 대응하면서, 또한 국민국가의 경계에 존재하는 소수자들에게 주변부적 동아시아사고를 실험하고 있다.[16] 따라서 이 토론여행에 참여한 주변부 지식인들은 중심부의 독점적 동아시아사고에 대한 문제의식을 가지고 주변부와 소외지대에 존재하는 동아시아의 사상적 자원을 탐색하려는 여정을 수행하고 있다.

독립왕국이었다가 메이지 일본제국에 합병당한 후에, 다시 미국이라는 거대제국의 군대가 점령했다가 일본에 반환된 곳. 그러나 대국의 군사 주둔과 일본 본토로부터의 차별도 여전하다. 이렇듯 오키나와는 동아시아 주변부가 흔히 겪고 있는 세계의 중심과 지역의 중심에 대한 중층적 저항을 상징하고 있다. 오랜 세월동안 중국, 서구, 미국의 침략에 대한 투쟁의 역사를 펼치면서 자주적으로 독립을 쟁취한 후, 충만한 정신적 자부심으

16 최원식 외, 2008,《제국의 교차로에서 탈제국을 꿈꾸다》, 창비.

로 물질적 궁핍과 마지막 전투를 치르고 있는 호치민. 중국 본토로부터 버림을 받았다가 다시 본토에 대항하려는 국민당 정권의 전진기지로 흡수당하면서 공산당과 국민당 양대 대국주의지향의 틈바구니에서 고통을 받았고 이제는 중국 본토 귀속에의 압력으로 자신의 독립의지가 풍전등화 상태에 있는 타이베이. 이들 모두가 주변부의 중층적 '저항정신'을 체현하고 있지만 우승열패의 신화에 사로잡혀 있는 국가주의의 틀 안에서보다도 동아시아 차원에서의 문제해결을 원하고 있다는 면에서 탈국가주의, 탈제국-탈식민-탈냉전을 표방하는 동아시아 담론의 도움을 필요로 하고 있는 현실을 토론자들은 공감한다.

이들이 동의하는 것은 저항에너지로써 국민국가주의의 폭력보다는 '화해와 관용'을 지향한다는 것이다. 따라서 이들의 여정에서 지향하는 사고는 중심부를 타자로 규정하고 대결을 추구하는 게 아닌 주변부와 중심부와의 화이부동和而不同을 모색하려는 것이다. 즉, '다름을 존중하고 일치를 모색'하는 사고에서 오키나와 지식인인 아사토 에이코安理英子는 오키나와가 체현하고 있는 중층적 저항과 국민국가주의의 불확실한 현실화문제를 의식하면서 동아시아 국가 간이 아닌 지역 간, 시민들 간의 교류를 제시한다.[17] 다카자토 스즈요高里鈴代도 동아시아네트워크를 통해 얻은 정보를 가지고 함께 사는 평등한 사회, 서로가 서로를 인정하는 사회를 추구해야 한다는 탈국민국가주의적 희망을 피력한다.[18] 천팡밍은 동아시아에서 주변화된 대만의 내부가 지금 중국 본토의 민족주의공격에 직면하여 통일과 독립이 대치하는 소용돌이 상태에 빠져 있다고 진단하면서, 대만에 가해진 수차례의 식민지배의 피해, 즉 스페인에서 국민당까지 외부의 강자들의 지배에 의한 피해와 상처를 극복하여 어떻게 혜택으로 전환시

17 위의 책, 117면.
18 위의 책, 119면.

켜 내느냐 하는 것이 대만이 추구해야 할 가치라고 역설하고 있다.[19] 호치민에서도 이러한 관용과 화해의 정서는 특별한 게 아니다. 그들이 누리는 자유가 일면 엄숙하게 느껴지는 것은 오랜 저항에서 얻은 결과이기 때문이고, 아름답게 보이는 것은 그러한 저항으로 내면에 원한을 쌓아 놓기보다는 관대함과 유연함으로 과거의 압제자를 대하고 있기 때문이다. 과거의 적국이었던 미국에 대하여 먼저 관계정상화를 위해 손을 내밀었다는 사실, 그에 대해 오랫동안 '금수조치'로 응답하였던 미국이라는 제국의 오만함[20]에서 제국과 식민 사이에 넘기 힘든 골짜기가 여전히 존재한다는 것을 알 수 있다.

과거 그들에게 가해졌던 제국의 폭력에 대한 여유로운 관용정신에서 베트남은 주변이지만 중심에 못지않은 저력을 보여 주고 있다. 주변부 사고를 표방하는 한국의 지식인들은 미국의 대국주의에 봉사했던 베트남전에서의 하위제국주의를 반성하면서 베트남의 관용을 주변부 동아시아의 원리로 받아들여야 하는 부담을 기꺼이 져야만 한다. 과거에 중국과 일본 제국의 틈에서, 현재는 미국의 동아시아 패권의 교두보로서 끊임없이 주변부로서의 저항과 문제의식을 다져 온 한국이 지역 중심과 주변 사이에서 중재역할을 자임하는 것과 같이, 베트남의 탈제국의 경험도 마찬가지로 중심부와 아세안 사이에서 중재역할의 자산으로 삼을 수 있을 것이다. 저항의 역사를 거친 후에 오히려 제국에 대해 관용을 가지게 된 베트남의 경험은 중심부에게는 과거에 대한 성찰을, 주변부에게는 미래에 대한 영감을 불어넣기에 충분하다.

이렇게 저항에너지를 발전과 관용의 원동력으로 전환시키고 있는 세 도시에서 방문자들이 찾은 것은 주변부 동아시아사고의 이론화와 보편화

19 위의 책, 289, 231면.
20 위의 책, 131-133, 138면.

의 필요성일 것이다. 즉, 동아시아의 주변부가 사고하는 '저항'과 '관용'의 원리에 '수평주의적 사고'를 접목시키는 일이다. 주변부는 중심부사고의 저변에 깔려 있는 정서, 즉 서구에 대항키 위해 주변부를 포섭하여 대표하려는 중심주의와는 다른 수평적 사고를 공유하고 있다. 이들의 여정은 동아시아 지역에서의 수평적 사고를 실험하고 확산시키려는 시도에서 나왔다.

한편, 지식인들은 호치민에서 보았던 자부심 어린 관용이 오키나와, 타이베이에서는 체념적 정서와 혼합되어 있는 것을 목격할 수밖에 없다. 양자의 제국의 압제에 대한 저항과 관용은 그 결말이 불투명하다. 그렇다면 동아시아사고가 이들에게 무엇을 줄 수 있을 것인가에 대해 방문자들은 대답하여야 한다. 그들을 위로하고 동정만을 해야 할 것은 아니다. 오키나와의 '자치문제',[21] 타이베이의 '국가와 비국가 간의 중간'[22]에 놓인 존재인식의 문제는 모두 동아시아의 '다양성' 원리를 적용시킬 수 있을 것이다. 이들이 미처 언급지 못한 것은 주변부 지식인 연대가 할 수 있는 것은 주변부의 다양성을 확인하고 중심부에게 이것을 각성시키는 일이라는 것이다. 구체적으로, 이 경우에 다양성의 함의는 이들이 제국의 합병에 저항하면서도 현실적으로는 반드시 국민국가 형태가 아니더라도 다른 형태의 존재방식과 공간을 확보할 수도 있을 것이라는 사실이다. 즉, 동아시아 내부 제국의 변두리에서 다양한 형태로 존재하면서도 탈제국-탈식민, 탈국민국가주의를 만족시킬 수 있는 어떤 유연한 방식을 확보할 수 있는가 하는 이론적 구체화작업이 아직은 다루지 않은 주제인가 싶다.

이들의 여정에서 이론화까지는 나아가지 못했으나 이러한 문제점을 의식했음인지 백영서는 한국인과 오키나와인의 차이, 제국 혹은 근대가 만들어 낸 위계질서 안에서 각자가 처한 다른 위치를 연대운동에 어떻게 활

21 위의 책, 38-52면.
22 위의 책, 252면.

용할 것인가 하는 점에 대해 대화를 나누자고 제안한다. 그와 같은 어려움을 지적하고 그것을 극복하기 위한 방법론으로서 구체적 수준의 공동체 결성으로 가기 위한 예비적 단계의 '인식의 공동체'를 우선적으로 구상하자는 제의를 하고 있다.[23] 중국과 일본의 공동체의 주도권을 둘러싼 경쟁의식에 대한 우려도 이미 현실적으로 나타나고 있는 현상이다. 여기에 한국과 같은 주변부가 주도하는 '주변적 지성의 결집'의 당위성과 소통의 필요성이 존재한다고 역설하고 있다.[24]

이렇게 주변부이자 소수자인 세 도시에서의 토론 이후에 우리가 해야 하는 것은 '저항, 관용, 수평주의, 다양성'이라는 동아시아의 인문학적 개념의 자원을 단순히 정서적 차원에 머무르지 않고 비판의 틀로 배양시키기 위한 이론적 작업을 전개하는 것이다. 그러기 위해서는 이러한 사상적 자원을 눈앞에 둔 채 그것을 캠페인적 차원에서만 접근하는 것보다 구체적인 사례들에 적용하여 이론적 개념을 구성하는 사고실험을 수행해야 한다. 예를 들면 대만, 티베트, 오키나와, 북한처럼 주변에도 속하지 않은 소외된 주변과 회색지대를 담론의 사고영역에 포용하기 위해서는 어떤 이론적 매개가 필요한가를 파악해 보는 것이다. 즉, 세 도시의 서사가 동아시아 담론에 부과하는 과제는 중심부와 주변부 그리고 비국가적 주체인 소수자 모두에게 공평하게 적용할 수 있는 앞서 언급한 '국제사회의 공동체적 정의론'에 대한 사유이다. 이것은 담론의 인문학적 상상을 '정의론'을 참조한 '비판이론'으로 발전시켜서 구체적 현실에 접근할 수 있는 경로를 탐색하는 시도이다. 또한 이것은 이 책에서 지향하는 일반적인 비판의 틀을 설정하는 작업과도 일맥상통한 것이다.

동아시아에서의 중심-주변의 위계주의를 무경계-탈중심의 수평주의

23 위의 책, 106, 195, 233면.
24 위의 책, 250-255면.

적 사고로 변화시킨다는 인문학적 지향은 지역에서의 정의의 실천과 관련이 있다. 더구나 국가를 넘어서는 '초국적 정의' 혹은 행위규범을 묵시적이든 명시적이든 규정하지 않은 채, 동아시아공동체를 구성하는 것은 탈국민국가주의를 지향하는 동아시아 담론의 이상에 상충되는 것이다. EU는 완벽하진 않지만 합의된 초국적 정의의 틀이 존재한다. 아직 동아시아는 '협력적 관계망'[25]을 상상으로 설정하더라도 그것을 작동시키기 위한 합의된 규범이 존재하지 않는다. 동아시아에서 이러한 원칙이 없는데 지역의 다양한 주체들의 동등한 참여가 가능할지는 의문이다. 즉, 합의된 정의를 위한 공감의 영역이 거의 없는 상태에서 지역의 공론에 대한 지역의 다양한 주체들의 '통약commensurability'이 가능할까 하는 것이 문제이다.[26] 그렇지 않으면 중심부와 주변부가 타협하여 국민국가연합의 동아시아를 생성하는 결과에 그칠 것이다. 그렇다면 내부에 존재하는 다양한 비국가적 주체와 소수자 문제를 회피할 수밖에 없으며, 자연히 국민국가들만 배타적으로 참여하는 위계적 동아시아에 머물 가능성도 있다.

이 지점에서 우리는 담론의 탈서구적 지향에도 불구하고 유럽의 역사적 실천과 경험에서 교훈을 얻을 수 있다. 예를 들어 EU는 이러한 공동체적 정의의 틀에 대한 국가 간의 타협(독일과 프랑스, 독일과 폴란드 등의 사례)과 또한 시민-지식인 관계망의 존재와 영향력에 대한 유무형의 합의가 존재한다. 이러한 합의는 유럽에서 국민국가주의와 대국주의적 동력에 의한 문제해결을 상당히 완화시키고 있다. 그러나 동아시아에는 이러한 국가 간의 합의와 아울러 시민-지식인관계망에 의한 합의된 정의의 틀이 없다. 근래에 한 · 중 · 일 3국에서 벌어지고 있는 근대사 갈등, 일본의 평화헌법 수정문제의 갈등, 영토분쟁은 이러한 상황을 대변해 주고 있다.

---

25 Nancy Fraser, *Scales of Justice*, pp. 128-129.

26 위의 책, p, 60.

국민국가의 영역을 넘어서는 초국가적 정의론을 전개하는 프레이저는 지구화의 확대는 기존의 정의론이 가진 내용과 방법, 실현방법 모두에 혼란을 가져왔다고 하면서 국제사회의 정의를 이야기한다. 예컨대 에이즈의 확산, 국제 테러리즘, 유전자조작 곡물, 이주노동자 등 영토국가의 경계를 넘는 다양한 문제들에 대해 기존 정의론은 더 이상 보편적인 문법으로 작용하지 못할 뿐만 아니라, 되레 부정의를 확산하는 강력한 악효과까지 낳는다. 따라서 프레이저는 '삼차원적 정의론'을 제기한다. 기존의 정의론이 다루었던 내용인 경제적 차원의 '분배'와 문화적 차원의 '인정'을 묶고, 여기에 정치적 차원까지 도입해야 한다는 것이다.[27] 여기에서 정치적 차원의 핵심을 이루는 개념은 '대표representation'이다. 대표는 분배와 인정에 관한 투쟁들이 펼쳐지는 무대를 제공하는 장치다. 이런 정치적 차원의 도입은, 일상적인 정치적 부정의를 바로잡기도 하지만 정치적 공간을 잘못 설정해 누군가를 늘 배제하는 '대표 불능'의 부정의도 바로잡는 의미를 갖는다. 이렇게 국제사회의 정의의 실현은 '대표'를 통한 '동등한 참여'[28]라고 보는 프레이저는, 민주적 의사결정을 왜곡하는 부정의들을 제거함으로써 민주주의와 정의를 서로 연결할 수 있다고 본다. 곧 분배와 인정을 위해 투쟁을 벌여야 할 사람들이 아예 무대에 올라가지 못하는 현상을 바로잡기 위해 무대를 만드는 과정부터 민주화해야 한다는 것이다. '정의는 무엇인가?'라는 '내용'에만 매달렸던 기존의 정의론과는 다르게 '당사자'와 '방법'을 중요하게 다룬다는 점에서, 프레이저의 정의론은 지구화시대에 정의가 어떻게 논의되어야 하는지 하나의 중요한 방향을 제시한다.

이 책은 이러한 국제사회의 정의론의 관점에서 동아시아 담론의 지향

27 위의 책, pp. 1-11.
28 위의 책, p. 60.

들이 실제로 소수자 문제에도 적용될 수 있는지를 검토해 보는 것도 의미 있는 사고실험으로 보고 싶다. 하버마스의 공론장이론과 프레이저의 국제사회의 정의론에서 추론한 '초국적 공론장에서의 동등한 참여'라는 명제가 탈근대적인 성찰을 추구하는 동아시아 담론의 지향에 적합한 이유는 다음과 같다. 즉, 보편적 동아시아의 원리(정의를 판단하는 기준)는 불확실하거나 얻어내기에는 지난한 작업을 필요로 한다. 따라서 원리(정의)를 합의로 도출하거나 접근하는 과정에서의 '공정성'을 추구하는 편이 더욱 합리적이다. 포스트모던 사상가인 리오타르에 의하면, "공정해지는 것이란 다른 이들로 하여금 '공정함에 대한 게임'에 참여할 수 있도록 그들의 차이를 존중하고 그들 자신의 의견을 말할 수 있도록 허용하는 것이다. 불의란 특정한 사람들 또는 언어를 배척하거나 침묵시킬 때 발생한다."[29] 이러한 통찰은 우리로 하여금 합의된 행동규범에 도달하기 위한 토론과정에 모든 '관련 당사자의 동등한 참여'를 우선적으로 보장할 것을 요구한다.

결론적으로 우리는 한국의 담론주체들에 의해서 구상된 세 도시의 서사를 통해서 동아시아에서 소수자 문제에 접근하는 중요한 이론적 매개를 도출할 수 있다. 그것은 시민-지식인의 관계망으로 구성된 초국적 공론장에 관련된 모든 당사자의 동등한 참여가 보장된 상태에서 합의를 위한 토론이 이루어져야 한다는 것이다. 예를 들어 정체성이 유동하는 소수자인 티베트, 위구르, 대만, 오키나와 문제는 동아시아 담론의 탈제국·탈식민·탈냉전의 가치로써 토론할 수 있는 주제이다. 그러나 서구와 달리 동아시아에서는 대국과 국가의 이해관계가 너무나 첨예하게 충돌하고 있다. 우선 국가를 참여자로 하는 초국적 공론장으로 그들—미국, 중국, 일본—을 초대하는 것은 거의 불가능한 것으로 보인다. 따라서 이 경우에는 첫 단계로 시민-지식인 관계망에서의 토론과 협의로 문제에 접근하는 것

29 사이먼 말파스, 《장 프랑수와 리오타르—포스트모더니즘을 구하라》, 98-99면.

이 현명한 방법이다. 국가 간의 타협이 현 상태에서 요원하다면, 문제들에 대해서 관심을 가지고 있는 다양한 분야의 지식인과 시민단체들이 가능한 대안들을 제기하고 토론할 수 있을 것이다. 물론 제국과 국가의 현실적 타협과 실천은 당장 기대하지 못하지만, 그러나 우리는 가만히 앉아서 아무것도 안 하는 것보다는 문제를 제기하고 비판하다 보면 어떤 길이 보일 수 있다는 희망을 가질 수도 있다.

4. 세계시민주의적 시각

동아시아의 인문학적 비전으로서 무경계-탈중심의 수평주의사고는 지역 내외부의 대국주의와 국가주의의 작용에 의해 방해받고 있으며, 따라서 정당하지 못한 지배기제의 원인이 되고 있다. 동아시아의 특수한 상황은 앞의 장들에서 논한 바에 의하면 다음같이 정리할 수 있다. 1) 중화민족 다원일체주의와 중-서 이원론적 세계관, 2) 일본의 우익지향과 탈아입미로 인한 배타적 동아시아사고, 3) 한국과 대만의 분단체제와 미국 의존으로 인한 식민성의 내재화, 4) 대국패권과 역사갈등의 전선에 서 있는 유동하는 정체성의 소수자인 대만, 티베트, 위구르, 오키나와, 5) 한국과 일본 내부 진보-보수세력 간 갈등을 조장하고 활용하는 미국의 분리지배기제이다. 또한 탈냉전 이후에 전개되는 전 지구화 현상도 유럽과는 상대적으로 동아시아에게는 위험요인이 되고 있다. 특히 미국 주도의 세계화와 중국-러시아 견제를 위한 미-일동맹 강화는 동아시아에서 근대적 경계 만들기 전략에 몰입하게 하면서 대국주의와 국가주의를 강화시키고 수평적인 동아시아를 구상하는 데 어려움을 주고 있다. 이러한 억압적이고 기만적인 지배현상으로 인해 동아시아는 제국·식민·냉전의식을 초탈하는 데 어려움을 겪고 있으며, 아울러 역사논쟁과 영토분쟁이 끊이지 않으면서 동아시아 담론의 지향이 이상에 불과한 것이며 비현실적이라는 세간의 평가에 불을 붙이고 있다. 이 지점에서 우리는 비판이론이 제기하는 원칙을 다시 음미할 필요가 있다. 즉, 자신의 삶과 운명이 자신이 아닌 국가와 대국의 억압적 지배기제에 의해 결정되고 있으며, 이러한 불공정한 지배에 대한 성찰과 비판을 통해서 계몽과 해방이 이루어져야 한다는 것이다.

동아시아 담론이 마주한 불공정한 지배는 단순히 지역 내부의 요인들만으로 인해 일어나는 것은 아니다. 탈냉전 이후 동아시아가 마주한 특수한 문제들은 '지구적 위험global risk'—자연재해와 환경오염, 원자로와 핵확산, 글로벌 테러, 전염병, 자원고갈—과 거의 연계되어 있거나 일치하면서 전 지구화시대의 동아시아 발전의 방법론에 대한 논란을 촉발시키고 있다. 전통적인 근대의 사고방식, 즉 정통적 좌-우이념의 정치경제, 동서이원론, 중심-주변의 위계적 인식체계로는 문제들에 접근조차 힘들기 때문에, 근대적인 일국주의적 접근방식을 넘어서는 초국적 협력의 방법을 찾아야 한다는 게 상식이 되고 있다. 이러한 성찰적 근대에 대한 문제의식은 특히 기든스와 벡의 비판이론에서 강조되고 있는데, 동아시아와 유럽은 역사적 맥락이 다르지만 근대적 좌우이념, 중심-주변의 이원론에 근거한 분석방법을 성찰하고 국가경계를 초탈한 새로운 다원주의적 경로를 모색해야 한다는 문제의식에 대해서는 동아시아 지식인들도 공감할 수 있는 것이다.[30] 따라서 이들의 비판이론을 동아시아 담론의 목적의식과 연결시킬 수 있다고 믿는다.

특히 벡과 기든스의 비판이론은 근대의 일국주의적 접근이 글로벌 수

30 Anthony Giddens, *The Consequences of Modernity*; Anthony Giddens, 1998, *The Third Way: The Renewal of Social Democracy* (UK: Polity Press); 울리히 벡, 《글로벌 위험사회》; 울리히 벡, 《세계화시대의 권력과 대항권력》. 특히 일국주의와 세계시민주의적 방법론의 차이에 대해서는 이 책의 77-102면 참조.

준의 위험을 생산하고 있으며, 이제는 일국주의를 넘어서는 세계시민주의적 방법론에 의한 성찰적 근대성이 필요하다고 강조한다. 동아시아 담론도 과도기적으로 내부를 향한 미완의 근대완성과 동시에 탈근대적 문제의식을 가지고 새로운 무엇을 모색하려는 고민에서 출발한 것이다. 이것을 벡의 의미에서는 '제2근대성'이라 하고, 기든스는 탈근대성 개념에는 반대하지만 근대성을 넘어서려는 어떤 성찰적 운동을 상징하는 것으로 이해한다. 대안으로서 국제적 협력의 등장 가능성에 대해 언급하면서 기든스는 글로벌 위험사회의 초국적 협력은 선택의 여지가 없는 강제적이라는 이해를 벡과 공유하고 있다.[31] 이러한 미래지향적 논리를 앞서 언급했던 '유토피아적 현실주의'의 맥락에 올려놓으면서, 현재를 분석함과 더불어 미래에 대한 예견을 하는 것은 현재의 일부이며, 그럼으로써 미래가 실제로 어떻게 발전할지에 대한 반향이 이루어진다고 논한다.[32] 이러한 사고는 동아시아 담론의 상상적 논리들이 유럽의 상상적 논리들과 이질적인 것이 아니라는 것을 보여 준다.

벡의 비판이론에서의 개념들, 즉 세계시민주의, 글로벌 위험과 글로벌 위험공동체, 글로벌 위험공론장, 글로벌 의사소통, 리스크의 성찰성 등에서는 칸트의 세계시민주의와 하버마스의 의사소통의 공론장이론에서 영향을 받은 게 드러난다. 특히, 21세기 글로벌 위험사회의 정치는 일국주의를 초탈하여야 한다는 측면에서는 원론적으로 칸트의 세계시민정부론을 계승하고 있다. 하버마스에 의하면 미래의 비전인 세계시민주의의 철학적 근거는 칸트를 확장적으로 추론하면서 찾을 수 있다. 즉, 칸트는 주권

31 근대적 방식을 넘어서는 성찰적 근대란 미래지향적 유토피아인데 자본주의 다음에 오는 전통적 사회주의이념이 아닌 후기 절약체계를 제안한다. 즉, 해방정치와 생활정치 모두를 고려하는 전 세계적 차원에서 통합된 후기 절약체계(post-scarcity system)를 대안으로 제시한다. 국가적, 지역적 불평등이 존재하고 자원도 부족한 세계에서 후기절약체계는 의미 있는 대안이라고 설파한다. Giddens, *The Consequences of Modernity*, pp. 163-169.

32 Giddens, 위의 책, p. 178.

국가들이 세력균형의 권력정치에 몰입하는 당시의 정치적 상황에서 자유국가연맹federation을 유지하고 창출할 도덕적 동기를 찾기가 쉽지 않았다는 현실적 한계를 의식하였는데, 그는 이러한 곤경을 해결하기 위해 정치와 도덕 간의 불가능한improbable 동의를 가능하게 하기 위해 '자연의 숨겨진 의도hidden intention of nature'를 지향하는 역사철학을 제안하였다는 것이다.[33] 이러한 논리적 추론은 벡에게 세계시민주의적 시각의 타당성을 제공하였고, 또한 동아시아 방식의 세계시민주의적 비전도 곧 비판의 근거가 될 수 있다는 것을 우리에게 말해 주고 있다.

일국적 문제마저도 그것을 더 잘 해결하기 위해서는 초국민국가가 초국적 행위준거를 기준으로 초국적 행위공간에서 정치게임을 가능하게 하기 때문에 점차 '세계시민국적과 세계시민국가'의 실험장으로 전개될 수도 있다. 벡은 이러한 사고를 베스트팔렌조약이 정교분리를 통해 내전이 종식되었듯이 20세기 국민국가 간의 전쟁들이 국가와 국민의 분리를 통해 종식될 수 있다고 믿는다. 즉, 세계시민국가가 '입헌적 관용의 원칙'으로 '여러 국민정체성의 병존'을 보장해야만 할 것이라고 주창한다.[34] 이것이 20세기의 근대가 조성한 문제들—국가주의적 갈등과 전쟁, 일국주의적 사회과학 방법론—을 극복하려는 세계시민주의적 방법론이자 세계시민국가로의 지향이다.

앞에서 논한 프레이저의 비판이론에서는 '글로벌 위험'이라는 개념보다도 글로벌 공론장에서의 '인정'과 '분배'를 논하기 위한 '공정한 참여'를 강조했다. 반면에 벡이 구상하는 것은 지구적 위험을 둘러싼 갈등은 일종의 계몽적 기능을 한다고 설파하면서, 그러한 위험에 대처하기 위한 세

---

33 Jurgen Habermas, "Perpetual Peace: Immanuel Kant," in ed. Thorn Brooks, *The Global Justice Reader*, p. 336.

34 벡, 《세계화시대의 권력과 대항권력》, 162-167면.

계시민적 규범들을 고안하고 규정하는 초국적 위험공론장을 통한 초국적 위험공동체이다.[35] 이러한 목표에 도달하기 위해 그는 국가와 국민, 민족, 계급, 사회를 일국주의적 방법론이 아닌 초국적 세계시민사회를 틀로 삼아 비판을 전개한 것이다. 그렇다면 우리가 그의 논지에서 추론할 수 있는 것은 동아시아 정치에서 지구적 정치과제와 공통점을 설정하고 이를 세계시민적 시각에서 규정을 제정하고 현실화하는 것이다. 따라서 동아시아 담론의 탈대국주의, 탈국민국가주의 상상을 지구적 정치과제로 번역하고 전환하는 사고가 필요하다.

세계시민주의적 방법론을 동아시아 방식으로 번역하고 전환시키면 탈대국주의, 탈국민국가주의적 사고로 나타날 수 있다. 그러나 그 의도는 국민국가사회를 확대해서 세계사회를 지향하거나, 국민국가를 확대해서 세계국가를 지향하는 게 아닌, 국민국가세계의 인식론에서 일국적인 것과 국제적인 것의 구별이 무력해지는 일종의 경계인식의 해체를 의미한다. 다시 이런 해체로 인해서 21세기 세계에서는 지구-국지/보편-특수라는 구별을 해체시킨다는 것을 의미하기도 한다. 따라서 벡의 의미를 참고하면 '세계시민주의적 기획'은 정치적인 것의 '초국적 건축술'을 필요로 한다.[36] 간단히 요약하면 유럽과 동아시아 모두 글로벌 위기의 시대에 돌입한 후에는 일국적인 주제와 국제적인 주제들의 구분이 무의미해지면서 하나의 작은 주제들이 탈국경적으로 논의되고 국제적 협력체제—글로벌 위험공동체, 세계시민국가—와 방법론의 필요성은 이제 선택의 문제가 아니라 필수적이라는 사실이다. 가장 전형적인 사례로는 앞에서 논의했던 후쿠시마 원전사고 이후에 강상중과 와다 하루키가 주창하는 동아시아의 안전공동체구축이다. 즉, 이러한 21세기적 위험의 특성은 탈국경적

35 위의 책, 180면.
36 위의 책, 337-338면.

이며 이에 대한 응답도 일국주의적이 아닌 다국주의적이어야 한다는 것이다. 결국, 위에서 논한 관련된 당사자들의 상호 수평주의적 사고에 대한 각성이 없이는 문제해결뿐 아니라 주제에 대한 토론도 힘이 들 것이다.

세계시민주의적 사고에 대해서는 한국에서 동아시아 담론을 제창하는 지식인들 중에서 아직은 적극적 응답이 없는 편이다. 한국의 지식인들과 교류도 활발히 하고 있는 일본의 대표적인 진보적 지식인 사카모토 요시카즈는 동아시아사고에 '세계시민사회'를 연결시키려는 기획을 지향한다. 탈냉전시대 국가주권의 절대적 권위가 무너진 세계의 상황을 '상대화의 시대'로 정의하면서, 이 시대의 국가와 시장을 상대화하고 규제할 동력으로 '시민사회'를 주창한다. 그가 보기에 시민사회는 개인주체를 중시하기 때문에 국가로부터도 상대적으로 자립적 지위를 누리는 특징이 있다. 따라서 시민사회에서의 자율적 시민의 사상과 행동은 동아시아를 넘어서 지구적 위험인 전란, 빈곤, 환경파괴, 인권의 억압 등과 싸우는 '미완의 지구시민사회'의 구축을 위한 것이어야 한다는 의견을 밝힌다.[37] 그의 논리에서 읽을 수 있는 것은 오늘날 성숙한 시민사회야말로 국가와 대국을 견제할 유일한 자원이 될 수 있다는 사실이다. 탈냉전의 상대화시대의 '일민족-일국가'를 넘어서는 '다민족-다문화'의 시민사회를 국가보다 우위에 놓고 아시아를 지향하면서도, 그 너머에 존재하는 지구적 '세계시민사회'를 염두에 두고 있는 것이다. 이러한 측면에서 '세계시민사회' 건설을 목적으로 하는 그의 동아시아사고는 울리히 벡의 글로벌 위험을 근거로 하는 세계시민사회의 구상과도 일치한다. 사카모토는 상대화의 경향에서 국가에 우선하는 시민사회의 역할 증대를, 벡은 증대하는 글로벌 위험으로 인해 세계시민사회의 위험공동체의 협력은 강제적이고 불가피하다는

37 사카모토 요시카즈, 1998, 양기웅 역,《상대화의 시대—지구시민(地球市民)의 국제정치》, 소화, 140면.

것을 강조하고 있다.

그러나 유럽의 세계시민주의적 비판이론에서 동아시아식의 버전을 창출하려면 다음 같은 중첩적인 문제들을 마주해야 한다. 첫째, 일국주의를 초탈한 세계시민주의적 비판적 사고를 동아시아 방식으로 적용해야 하는 필요성에 대해서 공감을 가진다 해도, 현실적으로 동아시아에서 탈근대론이 지식인들의 회의에 봉착하고 있는 것과 마찬가지로 동아시아에선 탈국적의 세계시민적 이상을 추구하기에는 아직 받아들일 준비가 안 되었다는 현실이다. 무엇보다 동아시아 주변부가 지역의 중심부와 미국에 대한 이중적인 저항을 수행해야 한다는 현실이 아직도 동아시아가 탈동아시아-세계시민주의적 사고의 창문을 여는 데 발목을 잡고 있다. 이중적인 저항이 성공적으로 수행되고 나서야 이어서 세계시민주의적 이상을 추구할 수 있는 배경이 형성될 수 있다. 둘째, 또한 이렇게 유럽과는 달리 아직도 동아시아 지역정치의 불공정한 지배기제—앞에서 언급한—는 글로벌 위험과 어우러져 세계시민주의가 성장하는 데 방해가 되고 있다. 이러한 지역적 딜레마와 관련하여 벡은 지역국가들이 자체적으로 세계시민적 구조변동을 지향한다는 전략은 개별적으로는 성공하기가 힘들고 지역적 공조전략을 통해서만 현실적으로 가능하다는 의견을 피력하면서 '(동)아시아의 세계시민화'(아프리카와 남미까지 포함한)가 되어 가는 과정은 상이한 역사적-지역적 '세계시민주의들'이 제2근대성(탈근대성의 의미) 속에서 얼마나 개척되고 실현될 수 있는가를 바라보는 리트머스 시험지가 될 것이라고 전망한다.[38] 셋째, 세계시민주의의 보편화 이전에 상기의 딜레마가 존재하기 때문에 논리적 귀결로서 동아시아 지식인들에 의한 불공정한 지배현상에 대한 비판의 필요성이 상존하고 있는 것이다. 물론 최종적으로 동아시아가 아직 이론적, 의식적으로 비판의 틀에 대한 공감대

38 벡, 《세계화시대의 권력과 대항권력》, 354면.

가 형성이 안 되었다는 가장 원초적인 현실을 자각하면, 동아시아의 문제를 동아시아의 사고가 아닌 서구적인 틀과 서구적인 사례를 들어 비판을 하여야 한다는 사실이 발목을 잡는다. 왜냐하면, 동아시아 담론은 서구적 지식과 문화의 영향력을 초극한다는 지향을 추구하고 있기 때문이다.

그럼에도 불구하고 동아시아 담론은 세계시민적 시각으로의 전환을 촉구하고 실천하는 것을 비판의 틀로 삼을 수 있다. 근대사와 냉전체제에 대한 비판적 문제의식이 가장 큰 주변부인 한국의 비판적 지식인들은 동아시아문제에 접근하는 데 일국적 시야는 한계가 있다는 것을 잘 알고 있다. 이것이 탈대국주의, 탈국민국가주의적인 동아시아를 상상하는 계기가 되었는데, 세계시민주의적 방법론은 비록 서구적 맥락에서 발생한 개념이지만 목적론적으로는 동일한 사고지평에 속한다고 할 수 있다. 예를 들어, 동아시아 지식인들이 세계화를 비판하고 있지만 세계화는 선택적이 아닌 필수적이라는 데는 동의한다. 그들은 동서를 초탈하는 진정한 세계시민적 시각에서의 세계화에 반대하는 것이 아니라, 대국과 국가 주도의 일방적 세계화전략을 반대하는 것이다. 또한 세계화가 어느 한 대국의 주도가 아닌 동아시아의 공통적인 협치—예를 들어 아세안, AMF—를 통해서 이루어지는 것은 거부하지 않는다. 세계시민주의적 사고에 의하면 우리가 세계화를 반대하든지 찬성하든지, 분명한 것은 오늘날의 세계/동아시아가 국제범죄와 테러, 다국적 인력에 의한 공동기술개발과 이전, 유학과 국제결혼, 인구이동, 글로벌 위험과 예방, 환경, 무역 등의 분야에서 초국주의적 해결이 불가피하다는 것이며, 그 전제로 정치와 국가의 무경계-탈영토화 의식과 실천만이 공조연대로써 문제들에 접근할 수 있다는 것이다.

21세기 세계시민사회적 시각에 의한 탈국민국가주의적 접근은 전 지구화시대에 국가능력이 약화된 결과가 아닌 효율성 측면에서의 전략적 고려이다. 세계시민주의적 시각으로 보면 일국주의에 집착하는 국민국가는 오히려 문제의 해결에 취약성을 드러낸다. 국민국가만이 국제사회의 배타적 주체라는 논리는 제국과 국가 간의 경계에 존재하는 소수자 문제(대만, 티베트, 오키나와의 사례)와 국적을 불문하고 외국인의 권리에 대한 도덕적 책임문제를 구조적으로 폄하하거나 부정하는 경향에 빠지기 쉽기 때문에 그것들에 효율적으로 접근하는 것조차 힘들다. 결과적으로 이기적인 일국주의는 자기정체성의 분출로서의 대내외적 배제와 억압에 편승하게 되면서 국제사회의 '불공정한 지배기제'의 존속과 국가능력의 약화에 기여하게 된다. 따라서 동아시아 비판이론은 이러한 일국주의를 극복하고 세계시민주의와 글로벌 위험공동체 구성의 길을 열기 위해서 동아시아에 존재하는 대국주의적 패권구조를 해체하여야 하는 과제를 떠안고 있다. 동아시아는 유럽과 달리 수평주의적 다자주의와 세계시민주의적 방법론을 적용하여 지역의 문제들을 해결해 본 경험이 거의 없다. 이 점은 앞으로 동아시아의 세계시민적 시각의 개척자이자 대변자로서의 역할을 맡게 될 시민-지식인 관계망이 주동하는 비판운동의 중요성을 일깨워준다.

결론적으로 동아시아는 난제에 직면해 있다. 서구와는 달리 대전 후에야 독립을 이루었고 세계자본주의에 편입되었다. 세계화 과정도 미국의 지배적 영향력을 배경으로 이루어졌다. 따라서 동아시아 국가들은 내부의 대국인 중국과 일본, 외부의 대국인 미국과 비대칭적인 관계성을 경험했으나, 수평적인 지역적 다자주의를 경험한 적이 없다. 따라서 21세기 동아시아의 중요한 과제는 국민국가 간의 상호자율성과 수평적 관계성을 동시에 유지하면서, 다자주의적 공조의 새로운 지역적 틀을 구축하는 것이다. 그 결과 동아시아 담론은 공통의 도전을 해결해야 한다. 우선, 시간적인 차원에서 '과거의 성찰과 미래의 비전', 공간적으로는 '국민국가-지역-세계'의 간극을 해체하는 것이다. 담론이 이러한 역사적 도전에 직면해 있다고 자각하고 있다면, 이 도전을 해결하기 위해 두 차원의 고려가 필요하다. 첫째, 공적 영역에서의 고민으로서 지역공조의 제도와 기구가 어떻게 창출될 수 있을 것인가. 둘째, 시민-지식인 관계망에서는 이러한 공조의 제도와 기구들이 어떻게 대국주의와 국민국가주의에 의해 무력화되지 않을 수 있는가를 고민해야 한다. 이를 위해서는 우선 진보적인 시민-지식인 관계망이 구성하는 초국적 공론장에서의 비판작업을 통해서 지역의 시민사회적 차원에서의 의식의 자각이 이루어져야 한다. 하버마스의 비판의 논지대로, 우리는 지배이데올로기에 대한 잘못된 인식으로 인해 현상에 만족하면서 순종하는 '행복한 노예' 상태에서 벗어나는 의식의 해방과 계몽이 필요하다. 기존의 일국주의적 방법론을 버리고 세계시민주의적 시각을 동아시아의 '정당한 지배'를 위한 '초국적 비판의 틀'로 활용하는 지혜가 필요하다.

참고 문헌

가라타니 고진, 2002, 이경훈 역, 《유머로서의 유물론》, 문화과학사.

가루베 다다시, 2011, 박홍규 역, 《마루야마 마사오—리버럴리스트의 초상》, 논형.

강상중, 2001, 이경덕 역, 《동북아시아 공동의 집을 향하여》, 뿌리와 이파리.

______, 〈원전사고 대비 동아시아 공동체 구축하자〉, 《경향신문》 인터넷판, 2011년 7월 18일.

강신주, 2011, 《철학 vs 철학》, 그린비.

姜在彦, 〈甲申政變의 좌절과 金玉均〉, 《思想과 政策》, 1984년 가을호.

강창일, 2002, 《근대일본의 조선침략과 대아시아주의—우익낭인의 행동과 사상을 중심으로》, 역사비평사.

고성빈, 〈티베트분쟁—중국의 담론패권 vs. 티베트인의 자유의지〉, 《국제지역연구》, 2014년 가을호.

______, 〈다케우치 요시미의 동아시아론—역사의 구조성과 현상의 분리기획〉, 《아세아연구》, 제 55권 1호, 2012년.

______, 〈일본의 동아시아사고—脫亞와 興亞의 이중변주〉, 《아세아연구》, 제53권 4호, 2010년.

고야스 노부쿠니, 2007, 김석근 역, 《일본 근대사상비판—국가, 전쟁, 지식인》, 역사비평사.

______, 2007, 김석근 역, 《후쿠자와 유키치의 「문명론의 개략」을 정밀하게 읽는다》, 역사비평사.

______, 2005, 이승연 역, 《동아 · 대동아 · 동아시아—근대 일본의 오리엔탈리즘》, 역사비평사.

고원, 〈브로델의 전체사〉, 페르낭 브로델, 2012, 강주헌 역, 《지중해의 기억》, 한길사.

김경일, 2011, 《제국의 시대와 동아시아연대》, 창비.

______, 2005, 〈대동아공영권의 '이념'과 아시아의 정체성〉, 백영서 외, 《동아시아의 지역질서》.

金觀濤, 1995, 河世鳳 譯, 《中國史의 시스템理論的 分析—超安定的 中國封建社會論》, 서울: 新書苑.

김구, 2002, 《백범일지》, 돌베개.

김덕영, 2014, 《환원근대》, 도서출판 길.

______, 2012, 《막스 베버—통합과학적 인식의 패러다임을 찾아서》, 도서출판 길.

김명섭, 2005, 〈동아시아 냉전질서의 탄생〉, 백영서 외, 《동아시아의 지역질서》.

金允嬉, 〈삼국공영론의 경제발전방안과 경인지역 대자본가의 경제적 지향(1894–1905년)〉, 《한국근현대사연구》, 제26집, 2003년.

김정현, 2006, 《생명과 치유의 철학》, 책세상.

김한규, 2004, 〈중국과 중화인민공화국의 사이–요동과 티베트 역사공동체의 역사적 위상〉, 임지현 편, 《근대의 국경 역사의 변경–변경에 서서 역사를 바라보다》.

김현철, 〈개화기 한국인의 대외인식과 '동양평화'구상〉, 《평화연구》, 제11권 1호, 2003년 겨울.

나리따 류우이치, 〈'동아시아사'의 가능성〉, 《창작과 비평》, 2006년 봄호.

나카노 도시오, 2005, 서민교 · 정애영 역, 《오쓰카 히사오와 마루야마 마사오–일본의 총력전 체제와 전후 민주주의 사상 》, 삼인.

나카무라 미츠오 · 니시타니 게이지 외, 2007, 이정훈 · 송태욱 · 김영심 · 김경원 공역, 《태평양전쟁의 사상—좌담회 '근대의 초극'과 '세계사적 입장과 일본'으로 본 일본정신의 기원》, 이매진.

네그리, A. · 하트, M., 2001, 윤수종 역, 《제국》, 이학사.

盧相來, 〈근대의 초극, 아직 끝나지 않은 공영권 총력전〉, 《東亞人文學》, 2006년 제10집.

다나카, 스테판, 2004(1995), 〈근대일본과 '동양'의 창안〉, 정문길 외, 《동아시아, 문제와 시각》.

다나카 아키라, 2002, 강진아 역, 《소일본주의–일본의 근대를 다시 읽는다》, 소화.

다케우치 요시미, 2011, 윤여일 역, 《고뇌하는 일본》, 휴머니스트.

______, 2004, 서광덕 · 백지운 역, 《일본과 아시아》, 소명출판.
______, 〈방법으로서의 아시아〉, 《일본과 아시아》.
______, 2003, 서광덕 · 백지운 역, 《루쉰》, 문학과 지성사.
《臺灣社會硏究季刊》편집위원회, 〈공공화를 향하여, 탈권위주의를 넘어서〉, 《아세아연구》, 제52권 2호, 2009년.
도사 히로유키, 2005, 〈아시아 지역주의 속의 타자〉, 우카이 사토시 · 천꽝싱 · 쑨거 · 권혁태 외, 《반일과 동아시아—반일이라는 사상과제》.
동북아 역사재단, 2008, 《독일 프랑스 공동역사교과서—1945년 이후 유럽과 세계》, 휴머니스트.
두아라, 프라센지트, 2006, 문명기 · 손승희 역, 《민족으로부터 역사를 구출하기—근대중국의 새로운 해석》, 삼인.
들뢰즈, 질 · 가타리, 펠릭스, 2003, 《천개의 고원》, 새물결.
딜릭, 아리프, 〈아시아 · 태평양권이라는 개념〉, 《창작과 비평》, 1993년 봄호.
러셀, 버트런드, 2009, 이순희 역, 《러셀 북경에 가다》, 천지인.
레비스트로스, 클로드, 1998, 박옥줄 역, 《슬픈 열대 》, 한길사.
로베르, 드니, 2002, 강주헌 역, 《촘스키 누가 무엇으로 세상을 지배하는가》, 시대의 창.
루트번스타인, 로버트 · 미셸 루트번스타인, 2007, 박종성 역, 《생각의 탄생》, 에코의 서재.
뤄샤오리, 2008, 〈정보와 담론—대만에서 '아시아'에 대한 사고와 인식의 가능성〉, 최원식 외, 《제국의 교차로에서 탈제국을 꿈꾸다》.
류스페이, 2005, 〈아시아 현정세와 연대론〉, 최원식 외, 《동아시아인의 '동양'인식—19-20세기》.(원전은 《天義》, 11-12 합책, 1907년 11월).
리영희, 2006, 《새는 '좌 · 우'의 날개로 난다》, 한길사.
李泳禧, 2002(1974년 초판), 《轉換時代의 論理—아시아 · 중국 · 한국》, 창작과 비평사.
리영희, 1983, 《10億人의 나라》, 두레.
李泳禧, 1980(1977년 초판), 《偶像과 理性》, 한길사.
리영희 · 백영서 대담, 〈비판적 중국학의 뿌리를 찾아서〉, 《중국의 창》, 2003년 창간호.
마루야마 마사오, 2007, 김석근 역. 《『문명론의 개략』을 읽는다》, 문학동네.

______, 1997, 김석근 역, 《現代政治의 思想과 行動》, 한길사.

말파스, 사이먼, 2008, 윤동구 역, 《장 프랑수와 리오타르—포스트모더니즘을 구하라》, 앨피.

무라카미 하루키, 2011, 이영미 역, 《무라카미 하루키 잡문집》, 비채.

______, 1998, 김진욱 역, 《하루키의 여행법》, 문학사상사.

문강형준, 〈도구상자로서의 '프랑스 이론', 그 여행의 기록〉, 《교수신문》, 2012년 2월 20일.

미조구치 유조, 2009, 서광덕 · 차태근 · 김수용 역, 《중국의 충격》, 소명출판.

미키 키요시, 2005, 〈신일본의 사상원리〉, 최원식 외, 《동아시아인의 '동양'인식》.(원전은 《三木清全集》, 第17卷, 東京: 岩波書店, 1968. 속편은 〈新日本の思想原理續編-協同主義の哲學的基礎〉, 《三木清全集》, 第17卷)

민두기, 2002, 《시간과의 경쟁》, 연세대학교 출판부.

바바, 호미, 2002, 나병철 역, 《문화의 위치》, 소명출판.

박노자, 2007, 《우리가 몰랐던 동아시아》, 한겨레출판.

______, 2007, 《우승열패의 신화》, 한겨레출판.

박명림, 〈좌담—탈중심의 동북아와 한국의 '균형자' 역할〉, 《창작과 비평》, 2005년 가을호.

박은숙, 2011, 《김옥균 역사의 혁명가 시대의 이단아》, 너머북스.

박자영, 〈상호주의를 넘어서-어떤 동아시아론인가〉, 《황해문화》, 2004년 겨울호.

朴鍾鴻, 1982, 〈否定에 관한 硏究〉, 《朴鍾鴻全集》II, 螢雪出版社.

______, 1982, 〈새 歷史의 創造—維新時代의 基調哲學〉, 《朴鍾鴻全集》III, 螢雪出版社.

裵京漢, 〈孫文의 '대아시아주의'와 韓國〉, 《釜山史學》第30輯, 1996년 6月.

백낙청, 2007, 〈한반도에서의 식민성 문제와 근대극복의 이중과제〉, 이남주 편, 《이중과제론—근대적응과 근대극복의 이중과제》.

______, 2006, 《한반도식 통일, 현재진행형》, 창비.

______, 1998, 《흔들리는 분단체제》, 창작과 비평사.

______, 1994, 《분단체제 변혁의 공부길》, 창작과 비평사.

백낙청 외, 2004, 《21세기 한반도 구상》, 창비.

백승욱, 〈중국지식인은 중국굴기를 어떻게 말 하는가〉, 《황해문화》, 2011년 가을호.

______, 〈신자유주의와 중국지식인의 길 찾기〉, 《역사비평》, 2002년 여름호.

백영서, 2012, 〈우리에게 대만이란 무엇인가—다시 보는 한국-대만관계〉, 최원식 외, 《대만을 보는 눈》.

______, 2009, 〈동아시아론과 근대적응 · 근대극복의 이중과제〉, 이남주 편, 《이중과제론—근대적응과 근대극복의 이중과제》.

______, 〈동아시아론의 근대적응과 근대극복의 이중과제〉, 《창작과 비평》, 2008년 봄호.

______, 2008, 〈평화에 대한 상상력의 조건과 한계〉, 최원식 외, 《제국의 교차로에서 탈제국을 꿈꾸다》.

______, 〈평화에 대한 상상력의 조건과 한계—동아시아공동체론의 성찰〉, 《시민과 세계》, 제 10호, 2007년.

______, 2007, 〈동아시아의 역사교과서〉, 사카모토 히로코 외, 《역사—아시아 만들기와 그 방식》.

______, 〈대만에게 동아시아론은 사치〉, 《서남포럼 뉴스레터》, 2007년 9월 27일.

______, 2005, 〈진정한 동아시아의 거처〉, 최원식 외, 《동아시아인의 '동양'인식—19-20세기》.

______, 〈제국을 넘어 동아시아 공동체로〉, 《동아시아의 지역질서》.

______, 2004, 〈주변에서 동아시아를 본다는 것〉, 정문길 외, 《주변에서 본 동아시아》.

______, 2000, 《동아시아의 귀환—중국의 근대성을 묻는다》, 창작과 비평사.

백영서 외, 2005, 《동아시아의 지역질서》, 창비.

베르그송, 앙리, 2009, 황수영 역, 《창조적 진화》, 아카넷.

베버, 막스, 2009, 전성우 역, 《직업으로서의 학문》, 나남.

베르그송, 앙리, 2009, 《창조적 진화》, 아카넷.

벡, 울리히, 2011, 홍찬숙 역, 《세계화시대의 권력과 대항권력》, 도서출판 길.

______, 2010, 박미애/이진우 역, 《글로벌 위험사회》, 도서출판 길.

보드리야르, 장, 2001, 하태환 역, 《시뮬라시옹》, 민음사.

브로델, 페르낭, 2012, 강주헌 역, 《지중해의 기억》, 한길사.(원저 *Les Mémoires de la Méditerranée*》은 1998년에 유작으로 나옴).

______, 2009, 주경철 역, 《물질문명과 자본주의》, 까치.(원저 *Civilisation matérielle, économie et capitalisme* 1권은 1967년, 2-3권은 1979년에 출간)

사까이 나오끼, 2003, 이규수 역, 《국민주의의 포이에시스》, 창비.

사이드, 에드워드, 2008, 장호연 역,《말년의 양식에 관하여》, 마티.

사카모토 요시카즈, 1998, 양기웅 역,《상대화의 시대—지구시민(地球市民)의 국제정치》, 小花.

사카모토 히로코 외, 2007, 박진우 역,《역사—아시아 만들기와 그 방식》, 한울.

사카모토 히로코, 2006, 양일모 · 조경란 역,《중국민족주의의 신화》, 지식의 풍경.

______, 2005,〈중국의 반일과 어떻게 마주할 것인가〉, 우카이 사토시 · 천꽝싱 · 쑨꺼 · 권혁태 외,《반일과 동아시아—반일이라는 사상과제》.

서광덕,〈타케우치 요시미(竹内好)가 지핀 '루쉰'(魯迅)이란 불〉,《진보평론》, 제16호, 2003년 여름호.

서울대 정치학과 독립신문강독회, 2004,《독립신문, 다시읽기》, 푸른역사.

센, 아마티아, 2008, 이경남 역,《아마티아 센, 살아있는 인도》, 청림출판.

센델, 마이클,〈지구화 시대에 필요한 정의론〉,《한겨레 신문》, 2010년 12월 2일.

손열, 2008,〈일본의 동아시아전략과 공동체론—중국정책으로서 일본의 지역주의〉, 하영선 편,《동아시아공동체—신화와 현실》.

宋京垣,〈韓末 安駉壽의 政治活動과 對外認識〉,《한국사상사학》제 8집, 1997년.

송주명,〈탈냉전기 동아시아 태평양의 안보—경제체제와 한반도〉,《역사비평》, 2000년 겨울호.

송한용,〈하마시타의 조공시스템론을 통한 "아시아교역권"론에 대한 재론〉,《용봉인문논총》, 47권, 2015년.

쉬지린, 2013, 송인재 역,《왜 다시 계몽이 필요한가》, 글항아리.

______, 2011.〈보편적 문명인가 중국적 가치인가—최근 10년간 중국의 역사주의사조〉, 국민대학교 중국인문사회연구소,《중국 근대 지식체계의 성립과 사회변화》, 도서출판 길.

쉬진위 · 천광싱,〈비판적 지식인의 사회적 책임과 현실개입—《대만사회연구계간》편집동인의 지식 실천을 중심으로〉, 대만 世臣大學에서 2008년 9월 27일-28일 발제 논문,《아세아연구》, 제52권 3호, 2009년.

스미스, 패트릭, 2011, 노시내 역,《다른 누군가의 세기》, 마티.

신복룡, 2011,《한국정치사상사》상, 지식산업사.

______, 2008,《이방인이 본 조선 다시 읽기》, 풀빛.

신운용, 2009,〈안중근의 동양평화론 연구와 실천을 위한 방안〉, 안중근의사 기념사업회 편,《안중근과 그 시대—안중근 의거 100주년 기념논문집1》, 경인문화사.

쑨거, 2011, 〈민중시각과 민중연대〉, 《창작과 비평》, 봄호.(원제는 '民衆視覺與民衆的連帶')
______, 2007, 윤여일 역, 《다케우치 요시미라는 물음》, 그린비.
______, 〈동아시아시각의 인식론적 의의〉, 《아세아연구》, 52권 1호, 2009년.
______, 2007, 〈포스트 동아시아서술의 가능성〉, 한림대학교 아시아문화연구소, 《동아시아경제문화 네트워크》, 태학사.
______, 2003, 《아시아라는 사유공간》, 창비.
______, 〈아시아라는 사유공간〉, 《아시아라는 사유공간》.
______, 〈아시아는 무엇을 의미하는가〉, 《아시아라는 사유공간》.
______, 〈루쉰이 벗어던진 옷〉, 《아시아라는 사유공간》.
______, 〈대담〉, 《아시아라는 사유공간》.
쑨거 · 윤여일 대담, 2013, 《사상을 잇다》, 돌베게.
쑨원, 2005, 〈대아시아주의〉, 최원식 외, 《동아시아인의 '동양'인식—19−20 세기》.
아리기, 조반니, 2009, 강진아 역, 《베이징의 애덤 스미스》, 도서출판 길.
______, 2008, 백승욱 역, 《장기 20세기—화폐, 권력, 그리고 우리 시대의 기원》, 그린비.
아오키 다모쓰 외, 2007, 황영식 외 역, 《아시아신세기》, 한울.(전 8권)
안중근, 2008, 〈동양평화론〉, 최원식 외, 《동아시아인의 '동양'인식—19−20세기》.
안중근, 1996, 〈청취서〉, 《21세기 동양평화론》, 국가보훈처.
______, 1990, 《안중근의사 자서전》, 안중근의사 숭모회.
안병직 편, 1983, 《신채호》, 한길사.
안태정, 2006, 〈신채호의 반자본주의 사회혁명론〉, 임경석 · 진재교 외, 《근대전환기 동아시아삼국과 한국—근대인식과 정책》.
야마무로 신이치, 2012, 정실비 역, 《사상과제로서의 아시아, 그 이후》, 제이엔씨.
______, 2010, 정재정 역, 《러일전쟁의 세기—연쇄시점으로 보는 일본과 세계》, 소화.
______, 2010, 박동성 역, 《헌법9조의 사상수맥》, 동북아 역사재단.
______, 2003, 임성모 역, 《여럿이며 하나인 아시아》, 창비.
______, 〈다즉일(多卽一)의 질서원리와 일본의 선택〉, 《여럿이며 하나이 아시아》.
______, 〈공간아시아에 대한 인식의 확장과 변용〉, 《여럿이며 하나인 아시아》.
______, 〈정치사회에서의 윤리〉, 《여럿이며 하나인 아시아》.

______, 〈국민국가형성의 삼중주와 동아시아체제〉, 《여럿이며 하나인 아시아》.

양태근, 2008, 〈대만 민족주의를 통해 본 중국〉, 최원식 외, 《제국의 교차로에서 탈제국을 꿈꾸다》.

呂正惠, 〈戰後臺灣知識分子與臺灣文學〉, 《中國現代文學》 제7호, 1993년 5월.

에리봉, 디디에, 2012, 박정자 역, 《미셸 푸코, 1926-1984》, 그린비.

오성찬, 〈동아일보 창간 축시 쓴 언론인, 김명식(金明植)선생〉, 《감귤원예》, 2004년 11월 1일, 제주감귤 농업협동조합 통권 제169호 1227-7312.

______, 〈불운한 시대의 선각자—松山 金明植〉, 《섬에서 부는 바람》, 1996년 7월 1일 창간호, 나라출판.

오자키 호츠미, 1997, 〈동아협동체의 이념과 그 성립의 객관적 기초〉, 최원식 외. 《동아시아인의 '동양'인식》.(원전은 《尾崎秀實著作集》, 第2卷, 勁草書房, 1977)

왕밍커, 2004, 〈영웅, 변경을 가다—중국 전근대·근대의 상상된 변경〉, 임지현 편, 《근대의 국경 역사의 변경》.

왕샤오밍, 〈근대 중국의 '아시아'意識—2007년 상하이 아시아 문화연구 회의로부터〉,《동아시아 '國際主義'의 復元을 위하여》, 2010 동아시아한국학 국제학술회의 자료집, 仁荷대학교, 2010년 11월 25-26일.

왕징웨이, 2005, 〈중일전쟁과 아시아주의〉, 최원식외, 《동아시아인의 '동양'인식—19-20 세기》.

왕후이, 〈충칭(重慶) 사건—밀실정치와 신자유주의의 권토중래〉, 《역사비평》, 2012년 여름호.

______, 〈중국굴기의 경험과 도전〉, 《황해문화》, 2011년 여름호.

______, 2011, 송인재 역, 《아시아는 세계다》, 글항아리.

______, 〈동양과 서양, 그 사이의 '티베트문제'—오리엔탈리즘, 민족의 지역자치 그리고 존엄의 정치〉, 《아시아는 세계다》.

______, 〈아시아에 대한 상상의 정치학〉, 《아시아는 세계다》.

______, 〈동양과 서양, 그 사이의 '티베트문제'〉, 《아시아는 세계다》.

______, 〈과거로서의 미래의 재구축—민족서사, 발전주의 그리고 아시아상상〉, 《황해문화》, 2004년 겨울호.

______, 〈신아시아상상의 역사적 조건 1〉, 《황해문화》, 2002년 가을호.

______, 〈신아시아상상의 역사적 조건 2〉, 《황해문화》, 2003년 봄호.

______, 〈세계화속의 중국, 자기변혁의 추구—근대위기와 근대비판을 위하여〉, 《당

대비평》, 2000년 봄호.
______, 〈세계화속의 중국, 자기변혁의 추구〉(2), 《당대비평》, 2000년 여름호.
______, 2003, 이욱연 외 역, 《새로운 아시아를 상상한다》, 창비.
______, 〈대담〉, 《새로운 아시아를 상상한다》.
______, 〈우리의 공동사명을 위하여〉, 《창작과 비평》, 2006년 봄호.
______, 2005, 〈현대사상의 배리〉, 《죽은 불 다시 살아나》, 삼인.
왕후이와 이욱연과의 대담, 〈신자유주의와 중국지식인의 대응—동아시아연대를 위하여〉, 《창작과 비평》, 2000년 겨울호.
요네타니 마사후미, 2010, 조은미 역, 《아시아/일본》, 그린비.
______, 2005, 〈포스트 동아시아, 새로운 연대의 조건〉, 우카이 사토시 · 천꽝싱 · 쑨꺼 · 권혁태 외, 《반일과 동아시아》.
우루이런, 2008, 〈천민선언, 혹은 대만 비극의 도덕적 의의〉, 최원식 외, 《제국의 교차로에서 탈제국을 꿈꾸다》.
우정열, 〈윤치호 문명개화론의 심리(心理)와 논리(論理)—근대 자유주의 수용과 노예의 길〉, 《역사와 사회》 Vol. 33, 2004년 겨울.
우카이 사토시 · 천꽝싱 · 쑨꺼 · 권혁태 외, 2005, 연구공간 '수유+너머' 번역네트워크 역, 《반일과 동아시아—반일이라는 사상과제》, 소명출판.
월러스틴, I. · 아리기, G. · 홉킨즈, T., 1994, 송철순 · 천지현 역, 《반체제운동》, 창작과 비평사.
위잉스, 2007, 김병환 역, 《동양적 가치의 재발견》, 동아시아.
윌리엄스, 크리스(Chris Williams), 〈변경에서 바라보다—근대 서유럽의 국경과 변경〉, 임지현 편, 《근대의 국경 역사의 변경—변경에 서서 역사를 바라보다》.
유용태 · 박진우 · 박태균, 2012, 《함께 읽는 동아시아근현대사 I》, 창비.
유재건, 〈세계사 다시 읽기와 유럽중심주의〉, 《창작과 비평》, 2003년 겨울호.
유장근, 2005, 〈동아시아 근대사와 중국의 위상〉, 최원식 외, 《동아시아인의 '동양'인식—19-20세기》.
______, 2004, 〈동아시아 근대사와 중국의 위상〉, 정문길 외, 《주변에서 본 동아시아》.
윤해동, 〈제국을 보는 위치 또는 아시아로부터 국민제국으로 가는 길—리뷰-야마무로 신이치 교토대 교수와 《사상과제로서의 아시아, 그 이후》〉, 《교수신문》, 2012년 9월 3일.

李光麟, 1989, 《개화파와 개화사상연구》, 일조각.

이남주 편, 2009, 《이중과제론—근대적응과 근대극복의 이중과제》, 창비.

이남주, 〈전지구적 자본주의와 한반도 변혁〉, 《창작과 비평》, 2008년 봄호.

______, 2005, 〈동아시아 협력론에 대한 비판적 검토—국민국가의 협력인가, 국민국가의 극복인가〉, 백영서 외, 《동아시아의 지역질서》.

이노우에 히사시, 〈새로운 평화운동으로서의 '9조회'〉, 《일본비평》, 2009년 창간호.

이민원, 2003, 〈독립협회 · 《독립신문》의 민족주의적 성격〉, 《한국민족운동사 연구》, 나남출판.

이문열, 1991, 《영웅시대》2권, 민음사.

이삼성, 2009, 《동아시아의 전쟁과 평화》1, 2, 한길사.

이욱연, 〈중국의 동아시아문화공동체 구상에 대한 비판적 검토—'문화동아시아' 논의를 중심으로〉, 《현대중국학회 2009년 추계학술대회 발표논문집》, 2009년 9월 25일.

______, 〈세기말 중국지식계의 새로운 동향—신좌파를 중심으로〉, 《실천문학》, 1999년 겨울호.

______, 〈중국지식인의 인식변화—80년대와 90년대〉, 《역사비평》, 1997년 봄호.

이재광, 〈戴季陶 思想의 形成背景〉, 《中國學硏究》第34輯, 2005년 12월.

이정훈, 〈비판적 지식담론의 자기비판과 동아시아론-쑨거의 다케우치 요시미론에 대한 일고찰〉, 《중국현대문학》, 제 41호, 2007년 6월.

______, 2004, 〈동북아시대 신구상〉, 백낙청 외, 《21세기 한반도 구상》.

이정식, 2008, 《여운형—시대와 사상을 초월한 융화주의자》, 서울대학교 출판부.

______, 2005, 《이승만의 구한말 개혁운동—급진주의에서 기독교 입국론(立國論)》, 배재대학교 출판부.

______, 2003, 《구한말의 개혁 · 독립투사 서재필》, 서울대학교 출판부.

이진경, 2009, 《노마디즘 1》, 휴머니스트.

임경석 · 진재교 외, 2006, 《근대전환기 동아시아삼국과 한국—근대인식과 정책》, 성균관 대학교출판부.

임성모, 2005, 〈'동아협동체'론과 신질서론의 임계〉, 백영서 외, 《동아시아의 지역질서》.

임우경, 〈비판적 지역주의로서 한국 동아시아론의 전개〉, 《中國現代文學》第40號, 2007년 3월.

임지현 · 사까이 나오끼, 2005, 《오만과 편견》, 휴머니스트.
임지현 편, 2004, 《근대의 국경 역사의 변경—변경에 서서 역사를 바라보다》, 휴머니스트.
임지현, 〈다시, 민족주의는 반역이다〉, 《창작과 비평》, 2002년 가을호.
장인성, 〈한국의 동아시아론과 동아시아정체성〉, 《세계정치》, 제26집 2호, 2005.
정문길 외, 2004, 《주변에서 본 동아시아》, 문학과 지성사.
______, 2000, 《발견으로서의 동아시아》, 문학과 지성사.
______, 2004(1995), 《동아시아, 문제와 시각》, 문학과 지성사.
정재서, 2011, 《중국신화의 세계》, 돌베개.
______, 2010, 《동양적인 것의 슬픔》, 민음사.
정희석, 〈제정러시아 말기의 아시아연대론〉, 《중소연구》, 제29권 1호, 2005년.
조경란, 2013, 《현대 중국지식인지도》, 글항아리.
조동일, 2012, 《학문론》, 지식산업사.
______, 2010, 《동아시아 문명론》, 지식산업사.
______, 2007, 〈동아시아철학사를 위하여〉, 한림대학교 아시아문화연구소, 《동아시아경제문화 네트워크》, 태학사.
______, 2003, 《우리 학문의길》, 지식산업사.
______, 1996, 《세계문학사의 허실》, 지식산업사.
조희연, 2010, 《동원된 근대화–박정희 개발동원체제의 정치사회적 이중성》, 후마니타스.
주승택, 〈강위의 개화사상과 외교활동〉, 《한국문화》, 제12집, 1991년.
진태원, 2011, 《알튀세르 효과》, 그린비.
천광싱, 2012, 〈경험으로 본 한국–대만의 지적교류와 연대〉, 최원식 외, 《대만을 보는 눈》.
______, 〈세계화와 탈제국, '방법으로서의 아시아'〉, 《아세아연구》, 제 52권 1호, 2009년.
______, 2003, 백지운 역, 《제국의 눈》, 창비.
______, 〈대담〉, 《제국의 눈》.
______, 〈탈식민과 문화연구〉, 《제국의 눈》.
______, 〈왜 대화합은 불/가능한가—식민과 냉전의 영향에 다른 성적문제의 정서구조〉, 《제국의 눈》.

______, 《한겨레》, 2011년 7월 15일 인터넷판.

천팡밍, 2008, 〈동아시아의 미래와 대만의 현재〉, 최원식 외, 《제국의 교차로에서 탈제국을 꿈꾸다》.

첸리췬, 〈중국 국내문제의 냉전시대적 배경—중화주의와 국가주의에 대한 성찰〉, 《창작과 비평》, 2011년 봄호.

최우길, 〈현대 중국민족문제에 관한 연구〉, 《세계지역연구논총》, 2000년 제14집.

최원식, 〈문학—munhak, bungaku, wenxue〉, 《동아시아 '國際主義'의 復元을 위하여》, 2010 동아시아한국학 국제학술회의자료집, 仁荷대학교, 11월 25–26일.

______, 2009, 《제국이후의 동아시아》, 창비.

______, 2004, 〈주변, 국가주의 극복의 실험적 거점〉, 정문길 외, 《주변에서 본 동아시아》.

______, 2001, 〈한국발 또는 동아시아발 대안?〉, 《문학의 귀환》, 창작과 비평사.

______, 1995, 〈탈냉전시대와 동아시아적 시각의 모색〉, 정문길 외, 《동아시아, 문제와 시각》, 문학과 지성사.

______, 〈세계체제의 바깥은 없다〉, 《창작과 비평》, 1998년 여름호.

최원식 외, 2012, 《대만을 보는 눈》, 창비.

______, 2008, 《제국의 교차로에서 탈제국을 꿈꾸다》, 창비.

______, 2005, 《동아시아인의 '동양'인식—19–20세기》, 문학과 지성사.

최장집, 〈동아시아공동체의 이념적 기초〉, 《亞細亞硏究》, 47권 4호, 2004년.

최홍규, 1979, 《安重根事件公判記》, 정음사.

추이즈위안, 2003, 장영석 역, 〈모네의 유럽통합 구상과 아시아협력방안〉, 《중국은 어디로 가고 있는가》, 창비.

칸클리니, 네스토르 가르시아, 2011, 이성훈 역, 《혼종문화—근대성 넘나들기 전략》, 그린비.

칸트, 임마누엘, 2009, 이한구 편역, 《칸트의 역사철학》, 서광사.

______, 2008, 이한구 역, 《영구평화론–하나의 철학적 기획》, 서광사.

코헨, 폴 A., 2003, 이남희 역, 《학문의 제국주의》, 산해.

퀴세, 프랑수와, 2012, 문강형준 · 박소영 · 유충현 역, 《루이비통이 된 푸코》, 난장.

클레지오, 르, 2005, 최애영 역, 《아프리카인》, 문학동네.

테라시마 지쯔로오 · 백영서, 〈세계를 아는 힘, 동아시아공동체의 길〉, 《창작과 비평》, 2010년 여름호.

테라시마 지쓰로 일본총합연구소 이사장 인터뷰, 《한겨레》, 2011년 7월 28일.

파농, 프란츠, 2007, 남경태 역, 《대지의 저주받은 자들》, 그린비.

______, 2003, 이석화 역, 《검은 피부 하얀 가면》, 인간사랑.

坂本義和, 〈세계시장화에 대한 대항구상—동아시아지역협력과 시민국가〉, 《翰林日本學硏究》, 제 3집, 1998년 11월.

프랑크, 안드레 군더, 2004, 이희재 역, 《리오리엔트》, 이산.

프레이저, 낸시, 2010, 김원식 역, 《지구화시대의 정의》, 그린비.

하버마스, 위르겐, 2009, 한승완 역, 《공론장의 구조변동—부르주아사회의 한 범주에 관한 연구》, 나남.

______, 2007, 장춘익 역, 《의사소통 행위이론—행위합리성과 사회합리화》 1권, 나남출판.

______, 2007, 장춘익 역, 《의사소통 행위이론—기능주의적 이성 비판을 위하여》 2권, 나남출판.

하세봉, 2001, 《동아시아역사학의 생산과 유통》, 아세아문화사.

하영선 편, 2008, 《동아시아공동체—신화와 현실》, EAI.

한경구, 2000, 〈동아시아의 경영문화–가능성과 한계의 모색〉, 정문길 외, 《발견으로서의 동아시아》.

한일지식인, 〈'한국병합' 100년에 즈음한 한일지식인 공동성명〉, 《창작과 비평》, 2010년 여름호.

한운석 · 김용덕 · 차용구 · 김승렬, 2008, 《가해와 피해의 구분을 넘어–독일 폴란드 역사 화해의 길》, 동북아역사재단.

한중일3국공동역사편찬위원회, 2012, 《한중일이 함께 쓴 동아시아 근현대사》I, II, 휴매니스트.

한중일 3국공동역사편찬위원회, 2005, 《미래를 여는 역사—동아시아 3국의 근현대사》, 한겨레 신문사.

허자오티엔, 〈중국혁명과 동아시아담론〉, 《아세아연구》, 제 52권 1호, 2009년.

허호준, 〈시대를 앞서 산 언론인 김명식〉, 《제주저널》한국기자협회 제주도지부 제1호, 1993년 12월 24일.

화이트헤드, A.N., 2007, 《과정과 실재》, 민음사.

함동주, 2004, 〈전후 일본 지식인의 아시아주의론—다케우치 요시미를 중심으로〉, 정문길 외, 《동아시아, 문제와 시각》.

咸東珠, 〈미키 키요시의 동아협동체론과 민족문제〉, 《人文科學》, 2000년 30집.

함동주, 〈다케우치 요시미—'이상'으로서의 아시아, '실재'로서의 아시아〉, 《문화과학》27호, 2000년 9월.

咸東珠, 〈미키철학과 동아협동체론〉, 《梨花史學硏究》, 1999년 25 · 26 合輯.

함동주, 〈福澤諭吉의 아시아론〉, 《梨大史苑》 제 28집, 1995년.

咸東珠, 〈中日戰爭과 미키 키요시(三木淸)의 東亞協同體論〉, 《東洋史學硏究》, 1996년 56집.

함동주, 1995, 〈전후 일본 지식인의 아시아주의론〉, 정문길 외, 《동아시아, 문제와 시각》.

현광호, 〈안중근의 동양평화론과 그 성격〉, 《아세아연구》, 제 46권 3호, 2003년.

______, 2002, 《대한제국의 대외정책》, 신서원.

현무암, 〈동아시아와 코리안 디아스포라〉, 《창작과 비평》, 2006년 봄.

황석영, 2012, 《여울물 소리》, 자음과 모음.

______, 2004, 《장길산》, 창비.

히야마 히사오, 2004, 정선태 역, 《동양적 근대의 창출—루쉰과 소세키》, 소명출판.

2010 동아시아한국학 국제학술회의 자료집, 《동아시아 국제주의의 복원을 위하여》, 11월 25–26일.

金觀濤 · 劉青峯, 1984, 《興盛與危機—論中國封建社會的超穩定結構》, 湖南人民出版社.

葛懋春 · 蔣俊 · 李興芝, 1984, 《無政府主義思想資料選》上冊, 北京大學出版社.

瞿宛文, 〈國家與臺灣資本主義的發展:評論《解構黨國資本主義》〉, 徐進鈺 · 陳光興 編, 《異議(上冊)》.(原載는《臺灣社會硏究季刊》第二十期, 1995年 8月).

瞿宛文, 〈對〈帝國之眼〉回應之五 : 經濟帝國之神話〉, 《臺灣社會硏究季刊》第十八期, 1995年 2月.

丘延亮, 〈對〈帝國之眼〉回應之三 : 工害輸出､一〈國〉左派與民主否思---一個國際一歷史的〈臺灣次帝國〉對話〉, 《臺灣社會硏究季刊》第十八期, 1995年 2月.

顾丽姝, 〈东亚文化对东亚一体化的影响〉, 《云南民族大学学报(哲学社会科学版)》, 第26卷 第6期, 2009年 11月.

顧頡剛, 1998, 〈編中國歷史之中心問題〉, 《顧頡剛學術文化隨筆》, 顧洪 編, 北京: 中國青年出版社.

甯應斌, 2008, 〈性工作是否爲工作?: 馬克思的商品論與性工作的社會建構論〉, 徐進鈺 · 陳光興 編, 《異議(下冊)》.(原載는《臺灣社會研究季刊》第四十六期, 2002年 6月).

東亞三國的近代史共同編寫委員會, 2005, 《東亞三國的近現代史》, 香港:三聯書店.

臺灣經濟部, 《兩岸經濟合作架構協議(ECFA)構想及推動重點》, 2009年 4月 13日.

《臺灣社會研究》編委會, 2008, 〈由新國家到新社會: 兼論基準的臺灣社會研究〉, 徐進鈺 · 陳光興 編, 《異議(上冊)》.(原載는《臺灣社會研究季刊》第二十期, 1995年 8月).

《臺灣社會研究》編委會, 2008, 〈邁向公共化, 超克後權威:民主左派論述的初講〉, 徐進鈺 · 陳光興 編, 《異議(下冊)》, 臺北:臺灣社會研究雜誌社.(原載는《臺灣社會研究季刊》第五十三期, 2004年 3月).

《臺灣社會研究》編委會, 2008, 〈《臺灣社會研究》季刊發刊詞〉, 徐進鈺 · 陳光興 編, 《異議(上冊)》, 臺北:臺灣社會研究雜誌社.(原載는《臺灣社會研究》第一卷, 第一期, 1988年 春季號).

戴季陶, 2005, 《日本論》, 北京:九州出版社.(原載는 上海에서 1928년 출판).

戴錦華, 1999, 《猶在鏡中-戴錦華放談錄》, 知識出版社.

陶東風, 〈從呼喚現代化到反思現代性〉, 《二十一世紀》, 1999年 6月號(總第五十三期).

魯迅, 1991, 〈聰明人和傻子和奴才〉, 《魯迅選集》 第二卷, 北京:人民文學出版社.

毛澤東, 1977, 〈論十代關係(1956年4月25日〉, 〈關於正確處理人民內部矛盾的問題(1957年2月27日)〉, 《毛澤東選集》第五卷, 北京:人民出版社.

______, 1964, 〈論持久戰〉, 《毛澤東選集》第二卷, 北京:人民出版社.

白永瑞, 〈世紀之交再思東亞〉, 《讀書》, No. 8. 1999年.

方浩范, 〈东北亚文化共同体动因及其政治阻碍-中韩日对待"文化共同体"的态度〉, 《东疆学刊》第26卷 第2期, 2009年 4月.

傅斯年, 2003, 〈夷夏東西說〉, 《傅斯年全集》第3卷, 長沙:湖南敎育出版社.

費孝通, 1989, 《中華民族多元一體格局》, 北京:中央民族學院出版社.

小熊英二, 1995, 《単一民族神話の起源》, 東京:新曜社.

徐進鈺 · 陳光興 編, 2008, 《異議(上冊)》, 臺北:臺灣社會研究雜誌社.

______, 2008, 《異議(下冊)》, 臺北:臺灣社會研究雜誌社.

史明, 1980,《臺灣人四百年史》, 蓬島文化公司.

申叔(劉師培), 1984,〈亞洲現世論〉, 葛懋春 · 蔣俊 · 李興芝,《無政府主義思想資料選》上冊, 北京大學出版社.(原載는《天義》11 · 12 合冊, 1907年 11月 30日).

孫歌, 2005,《竹內好的悖論》, 北京大學出版社

______, 〈亞洲論述與我們的兩難之境〉,《讀書》, No. 2, 2000年.

宋澤萊 · 朱天心 · 丘貴芬 · 鄭鴻生 · 陳映眞, 〈〈大和解?〉回應之一, 二, 三, 四, 五〉,《臺灣社會研究季刊》第四十三期, 2001年 9月.

安格. 羅佰特 · M 外, 〈以俄爲鑒看中國〉,《二十一世紀》, 1994年 8月號(總第二十四期).

李澤厚, 1990,《現代思想史論》, 臺北:風雲時代出版公司.

李大釗, 1984, 〈大亞細亞主義〉,《李大釗全集》上, 北京:人民出版社.

______, 1984, 〈大亞細亞主義與新亞細亞主義〉,《李大釗全集》上.

______, 1984, 〈再論新亞細亞主義〉,《李大釗全集》下, 北京:人民出版社.

李歐梵 外, 〈單元與多元的現代性－汪暉(當代中國大陸的思想狀況與現代性問題)－文討論紀要〉,《天涯》, 1998年 第四期.

李世淘 主編, 2000,《知識分子立場－自由主義之爭與中國思想界的分化》, 長春:時代文藝出版社.

吳楓 外, 1991,《中華現代思想寶庫》, 長春:吉林人民出版社.

余英時, 1984,《從價值系統看中國文化的現代意義》, 臺北:時報文化出版公司.

任厚奎 外 主編, 1991,《東方哲學概論》, 成都:四川大學出版部.

任劍濤,〈'解讀'新左派〉,《天涯》, 1999年 第一期.

梁漱溟, 1989, 〈東西文化及其哲學〉,《梁溯溟全集》第1卷, 齊南:山東人民出版社.

王勇,〈東亞共同體:地區與國家的觀點〉,《外交評論》, No. 83, 2005年 8月.

王超華,〈國族主義在臺灣〉,《臺灣社會研究季刊》第五十六期, 2004年 12月.

王曉波,〈臺灣本土運動的異化 · 評陳昭瑛'論臺灣的本土化運動'〉,《海峽評論》, 53期, 1995年 5月.

汪精衛,〈中國與東亞〉,《中央公論》, 625號, 1939年 10月 1日.

汪暉, 2010,《亞洲視野:中國歷史的敍述》, 牛津大學出版社.

______, 2008,〈亞洲想像的譜系〉,《現代中國思想的興起》下卷 第二部, 北京:三聯書店.

______, 2000, 〈當代中國的思想狀況與現代性問題〉, 李世淘 主編,《知識分子立

場－自由主義之爭與中國思想界的分化》.(原載는《文藝爭鳴》, 1998年 第6期).
汪丁丁,〈啓蒙死了, 啓蒙萬世!－評汪暉關於'中國問題'的說〉,《戰略與管理》, 1999年 第一期.
王振寰,〈對〈帝國之眼〉回應之二：由南向政策, 我們可以看到什麽？帝國主義、資本國際化,或不知名的新現象一兼論對勞工的影響〉,《臺灣社會硏究季刊》第十八期, 1995年 2月.
王振寰 · 錢永祥, 2008,〈邁向新國家?:民粹權威主義的形成與民主問題〉, 徐進鈺 · 陳光興 編,《異議(上冊)》.(原載는《臺灣社會硏究季刊》第二十期, 1995年 8月).
楊長鎭 · 劉克襄 · 吳密察 · 楊照 · 楊波,〈來自南方的黑潮:南向特輯〉,《中國時報－人間副刊》, 1994年 3月 2–4日.
于治中 等,〈對〈帝國之眼：〈次〉帝國與國族一國家的文化想像〉[陳光興著]之回應〉,《臺灣社會硏究季刊》第十八期, 1995年 2月.
于治中,〈對〈帝國之眼〉回應之一：主體性的建構與國族的文化想像〉,《臺灣社會硏究季刊》第十八期, 1995年 2月.
《中華日報》, 1939年 7月 10日.
趙剛,〈兩岸與第三世界:陳映眞的歷史視野〉,《人間思想》夏季號 第一期, 2012年 8月 15日.
______, 2008,〈新的民族主義, 還是舊的?〉, 徐進鈺 · 陳光興 編,《異議(上冊)》.(原載는《臺灣社會硏究季刊》第二十一期, 1996年 1月).
______, 2008,〈和解的堡壘: 評龍應臺的"你不能不知道的臺灣: 觀連宋訪大陸有感〉, 徐進鈺 · 陳光興 編,《異議(下冊)》.(原載는《臺灣社會硏究季刊》第五十八期, 2005年 6月).
張法 · 張頤武 · 王一川,〈從現代性到中華性〉,《文藝爭鳴》, 第二期, 1994年
張維迎,〈发展绿色经济不能离开市场〉,《人民日报》, 2010年 5月4日.
張崑將,〈如何從臺灣思考東亞〉,《思想》, 第3期, 2006年 10月.
朱虹,〈共同文化认知是东亚一体化的基础〉,《国际关系学院学报》, 2009年 第 6期.
朱偉誠, 2008,〈建立同志〈國〉?:朝向一個性異議正體的烏托邦想像〉, 徐進鈺 · 陳光興 編,《異議(上冊)》.(原載는《臺灣社會硏究季刊》第四十期, 2000年 12月).
周麗卿,〈淸末革命運動與亞洲觀的遇合:以亞洲和親會爲個案的討論〉,《二十一

世紀》, 2014年 12月號(總第146期).

錢理群, 〈我們這一代人的世界想像〉, 《臺灣社會研究季刊》 第五十七期, 2005年 3月.

丁磊, 〈東亞共同體與中國東亞主義〉, 《山東社會科學》, 2006年 第4期(總第128期).

鄭鴻生, 〈臺灣的大陸想像〉, 《臺灣社會研究季刊》第五十六期, 2004年 12月.

鄭文良, 〈對〈帝國之眼〉回應之四 : 想像〈破國家〉〉, 《臺灣社會研究季刊》第十八期, 1995年 2月.

蔣俊 外, 1990, 《無政府主義思想資料選》, 北京:北京大學出版社.

鍾瀚樞, 〈十五週年基調論文回應之二: 民主左派意味著什麼〉, 《臺灣社會研究季刊》第五十三期, 2004年 3月.

陳宜中, 〈後國族的兩岸思考〉, 徐進鈺 · 陳光興 編, 《異議(下冊)》.(原載는《臺灣社會研究季刊》第五十八期, 2005年 6月).

陳佰海, 〈東亞文化與文化東亞〉, 《上海社會科學院學術季刊》, 1997年 第 1期.

陳昭英, 〈論臺灣的本土化運動:一個文化的攷察〉, 《中外文學》, 23 第九期, 1995年.

陳芳明, 2007, 〈東亞作爲一種方法〉, 《臺灣文學的東亞思考》, 行政院文化建設委員會.

陳芳明, 〈後現代或後植民:戰後臺灣文學史的一個解釋(Post-colonial or post-modern: An interpretation of the postwar history of Taiwan literature)〉, paper delivered at the Conference "Writing Taiwan: Strategies of Representation," Columbia University, New York, 30 April-2 May 1998.

陳光興, 〈白樂晴的〈超克《分斷體制》〉論參照兩韓思想兩岸)〉, 《臺灣社會研究季刊》第七十四期, 2009年 6月.

______, 2008, 〈帝國之眼:〈次〉帝國與國族 · 國家的文化想像〉, 徐進鈺 · 陳光興 編, 《異議(上冊)》.(原載는《臺灣社會研究季刊》第十七期, 1994年 7月).

______, 2008, 〈爲什麽大和解不/可能?〉, 徐進鈺 · 陳光興 編, 《異議(下冊)》.(原載는《臺灣社會研究季刊》第四十三期, 2001年 9月).

______, 2007, 《去帝國: 亞洲作爲方法》, 臺北:行人出版社.

______, 〈去植民的文化研究〉, 《臺灣社會研究季刊》第二十一期, 1996年 1月.

安德森(Perry Anderson), 王超華 譯, 〈南中國海上的藍與綠〉, 《臺灣社會研究季刊》第五十五期, 2005年 9月.

姚洋, 2008,〈中性政府:对转型期间中国经济成功的一个解释〉,《教育部文科重点研究基地联谊会2008年年会暨青年经济学者论坛论文集》, 5月1日.

崔之元,〈制度創新與第二次思想解放〉,《二十一世紀》, 1994年 8月號(總第二十四期).

______,〈經題民主的兩層含意〉,《讀書》, 1997年 4月號.

何春蕤,〈〈'性/別壓迫〉: 跨性別主體在臺灣〉, 徐進鈺 · 陳光興 編,《異議(下冊)》. (原載는 何春蕤 編,《跨性別》, 臺灣中央大學性/別研究室, 2004年).

何淸連, 1998,《現代化的陷穽》, 今日中國出版社.

许纪霖, 2011,《启蒙如何起死回生》, 北京大學出版社.

______,〈普世文明, 还是中国价值?:近十年中国的历史主义思潮〉,《开放时代》, 2010年 5期.

慧嚴 · 李運漢, 中華民國六十七年(1978년),《中國歷代思想家(五五), 太虛 戴季陶》, 臺灣商務印刷館.

現代中國哲學教研究室編, 1988,《中國現代哲學史教學資料選集》, 北京大學出版社.

漢語大詞典編輯委員會, 1993,《漢語大詞典》第6卷, 上海:漢語大詞典出版社.

荊子馨 · 鄭力軒 譯, 2006,〈在濁流中《亞細亞的孤兒》中的三重意識與植民歷史學〉,《成爲'日本人':植民地臺灣與認同政治》, 臺北:麥田出版.

馮昭奎,〈建設東亞共同體的十代關鍵因素〉,《外交評論》, No.83, 2005年 8月.

岡倉天心, 1983,〈東洋の理想〉,《東洋の理想−他》, 東京:平凡社.

高網博文, 1996,〈ワシントン體制と孫文の大アジア主義−孫文の日中ソ提携論を中心として−〉, 池田誠 等編,《世界の中の日中關係》, 京都:法律文化史.

高坂正顯 外, 1943,《世界史的立場と日本》, 中央公論社.

______, 1943,《総力戦の哲学》, 中央公論, 1月号.

______, 1942,《東亞共榮圈の歷史性と倫理性−座談會》, 中央公論, 4月号.

近藤江南, 1982,《昭和ひとけたの時代》, 東京:農山漁村文化協會

廣松涉, 1994,〈東北アジア歷史の主役に−歐美中心の世界觀は崩壞へ日中軸に'東亞'の新體制を〉,《朝日新聞》, 1994年 3月 16日.

谷口誠, 2004,《東アジア共同體:經濟統合のゆくえと日本》, 東京:岩波書店.

溝口雄三, 2004年,《中国の衝撃》, 東京大学出版会.

米谷匡史, 2007,《アジア/日本》, 東京:岩波書店.

馬場公彦, 2003,〈ポスト冷戰期東アジア論の地坪〉,《アソシェ》, No.11.

濱下武志, 1990,《近代中国の国際的契機——朝貢貿易システムと近代アジア》, 東京大学出版会.

福澤諭吉, 2001,《文明論之概略》, 東京:岩波書店.

______, 1960(昭和35年),〈脱亜論〉,《福澤諭吉全集: 第10巻》, 東京:岩波書店.(原載는《時事新報》, 1885年 3月 16日).

______, 1960,〈日清戰爭は文野の戰爭なり〉,《福澤諭吉全集: 第14巻》, 東京:岩波書店.

______, 1960,〈朝鮮の交際を論ず〉,《福澤諭吉全集: 第8巻》, 東京:岩波書店.

西嶋定生, 1983,《中国古代国家と東アジア世界》, 東京大学出版会.

松本三之介,〈戰後思想と竹内好〉,《世界》486, 1986年 3月.

松澤哲成, 1979,《アジア主義とファシズム》, れんが書房新社.

山室信一, 2006,《思想課題としてのアジア−投企, 連鎖, 基軸》, 東京:岩波書店.

______, 2005,《日露戰爭の世紀:連鎖視点から見る日本と世界》, 東京:岩波書店.

山田昭次, 1969,〈自由民權期における興亞論と脱亞論:アジア主義の形成をめぐって〉,《朝鮮史研究會論文集:〈明治百年〉と朝鮮》6.

______, 1972(昭和47年),〈〈脱亞〉か, アジア連帶か〉,《近代日本の爭點:上》, 東京:毎日新聞社.

石橋湛山, 1990,〈日中米ソ平和同盟の提唱〉, 增田弘 編,《小日本主義−石橋湛山外交論集》, 東京:草思社.

石井公成,〈大東亜共栄圏の合理化と華厳哲学(1)−紀平正美の役割を中心として〉,《仏教学》n. 42, 2000年 12月1日.

孫歌, 2007,《竹内好という問い》, 東京:岩波書店.

______,〈いまなぜ竹内好なのか〉,《週刊讀書人》, 2007年 1月 19日.

______, 丸川哲史,〈東アジア越境する知〉,《週刊讀書人》, 2002年 8月 30日.

竹内好, 1981,〈大東亞戰爭と吾等の決意(宣言)〉,《竹内好全集》第14巻, 東京:筑摩書房.

______, 1966,《日本とアジア》, 東京:筑摩書房.

______,〈近代の超克〉,《日本とアジア》.

______,〈中國の近代と日本の近代〉,《日本とアジア》.

______, 〈方法としてのアジア〉,《日本とアジア》.

______, 〈日本のアジア主義〉,《日本とアジア》.

______, 〈日本人のアジア觀,《日本とアジア》.

______, 1963,《アジア主義》, 東京:筑摩書店.

______, 〈アジア主義の展望〉,《アジア主義》.

子安宣邦, 2003,《〈アジア〉はどう語られてきたか: 近代日本のオリエンタリズム》, 東京:藤原書店.

子安宣邦, 2003,《日本近代思想批判--一國知の成立》, 東京:岩波書店.

青木保 外, 2002,《アジア新世紀》, 東京:岩波書店.

中野敏男. 2001,《大塚久雄と丸山眞男—動員、主体、戦争責任》, 東京:青土社.

增田弘 編, 1990,《小日本主義-石橋湛山 外交論集》, 東京:草思社.

樽井藤吉, 1963, 〈大同合邦論〉, 竹内好,《アジア主義》.

青木保, 2003,《アジア新世紀》, 東京:岩波書店.

日中韓3国共通歴史教材委員会, 2005,《未來をひらく歴史:日本・中國・韓國 共同編集 東アジア3國の近現代史》, 東京:高文硏.

和田春樹, 2003,《東北アジア共同體の家)》, 東京:平凡社.

下村寅太郎, 1979, 〈近代の超克の方向〉, 河上徹太郎 ,《近代の超克》, 東京:富山房百科文庫.

檜山久雄, 1977,《魯迅と漱石》, 東京:第三文明社.

丸山眞男. 1995, 〈軍國支配者の精神形態〉,《丸山眞男集: 第4卷》, 東京:岩波書店.(原載는《潮流》, 1949年 5月號).

丸山眞男, 1995, 〈超國家主義の論理と心理〉,《丸山眞男集: 第3卷》, 東京:岩波書店.(原載는《世界》, 1946年 5月號).

丸山眞男, 1986,《文明論之概略を讀む》, 東京:岩波書店.

鶴見俊輔, 〈戰中思想再考-竹内好を手がかりとして〉,《世界》448, 1983年 3月.

苅部直, 2006,《丸山眞男:リベラリストの肖像》, 東京:岩波書店.

坂元ひろ子, 2004,《中国民族主義の神話: 人種・身体・ジェンダ》, 東京:岩波書店.

坂本義和, 1997,《相對化の時代》, 東京:岩波新書.

Anderson, Malcolm, 1996, *Frontiers: Territory and State Formation in the Modern World*

(Cambridge: Polity).

Arendt, Hannah, 2006, *Eichmann in Jerusalem: A Report on the Banality of Evil* (1963) (London: Penguin Books).

Arrighi, Giovanni, 2007, *Adam Smith in Beijing: Lineages of the Twenty-First Century* (New York: Verso).

______, 2010, *The Long Twentieth Century: Money, Power and the Origins of Our Times* (London: Verso).

______, 2007, *Adam Smith in Beijing: Lineages of the Twenty-First Century* (London: Verso).

Anderson, Benedict, 1991, *Imagined Communities: Reflections on the Origins and Spread of Nationalism* (London: Verso).

Baik, Young-seo, "Conceptualizing 'Asia' in modern Chinese mind: a Korean perspective," *Inter-Asia Cultural Studies*, Vol.3, No.2, (2002).

Brooks, Thorn, (ed.), 2008, *The Global Justice Reader* (Oxford: Blackwell Publishing).

Bhabba, Homi, "Foreward: Remembering Fanon by Homi Bhabba," Franz Fanon, 1986, *Black Skin, White Masks*..

Bhabha, Homi K., 1994, *The Location of Culture* (London: Routledge).

Braudel, Fernand, 1969, *Écrits sur l'histoire* (Paris: Flammarion).

Capra, Fritjof, 1991, *The Tao of Physics: An Exploration of the Parallels Between Modern Physics and Eastern Mysticism* (Colorado: Shambhala co.).

______, 1982, *The Turning Point: Science and Society and the Rising Culture* (Glasgow: Flamingo).

Carr, E. H., 2001, *What is History?* (Great Britain: Palgrave Macmillan).

Cheek, Timothy, "Xu Jirin and the Thought Work of China's Public Intellectuals," *The China Quarterly*, (June 2006).

Chen, Kuan-Hsing, "Why is 'great reconciliation' im/possible? De-ColdWar/decolonization, or modernity and its tears (Part II)," *Inter-Asia Cultural Studies* Vol.3. No.2. (2002).

Chen, Tain-Jy, and Ku, Ying-hua, "Taiwan and East Asian Integration," in Peter C.Y. Chow (ed.), 2007, *Economic Integration, Democratization and National Security in East Asia: Shifting Paradigms in US, China, and Taiwan Relations* (Cheltenham, UK:

Edward Elgar).

Chen, Xiaomei, 1995, *Occidentalism: A Theory of Counter-Discourse in Post-Mao China* (Oxford: Oxford University Press).

Cohen, Paul A., 1984, *Discovering History in China: American Historical Writing on the Recent Chinese Past* (New York: Columbia University Press).

Di Cosmo, Nicola, 1989, "State Formation and Periodization in Inner Asian History," *Journal of World History* 10 (1999).

Dirlik, Arif, "Culture Against History," *Development and Society* 28(2), (December 1999).

______, 1994, *After the Revolution: Waking to Global Capitalism* (New England: Wesleyan University Press).

______, "Global Modernity?－Modernity in an Age of Global Capitalism," *European Journal of Social Theory*, No.6, Vol.3, (2003).

Duara, Prasenjit, 1995, *Rescuing History from the Nation: Questioning Narratives of Modern China* (Chicago: The University of Chicago Press).

Fanon, Franz, 2001, *The Wretched of the Earth* (London: Penguin Booka).

______, 1986, *Black Skin, White Masks* (London: Pluto Press).

Fairbank, John K., and Têng, Ssu-yu, ed., 1979, *China's Response to the West A Documentary Survey, 1839-1923* (Cambridge, Mass.: Harvard university Press).

Frank, Andre Gunder, 1998, *ReOrient: Global Economy in the Asian Age* (Berkeley: University of California Press).

Fraser, Nancy, 2008, *Scales of Justice: Reimagining Political Science in a Globalizing World* (Cambridge: Polity Press).

Foucault, Michel, 1984, Paul Rabinow, ed., *The Foucault Reader* (New York: Pantheon Books).

______, 1980, (ed.), Colin Gordon, *Power/knowledge: selected interviews and other writings, 1972-1977* (New York: Pantheon Books).

Gasster, Michael, "Discovering China in History: Some Comments on Paul Cohen's Discovering History in China," *The American Asian Review* (1987), 5(2).

Gauhar, Altaf, 1987, "Asia: the Experience of the Subcontinent," in Bruno Kreisky and Humayun Gauhar eds., *Decolonisation and After: the Future of the Third World*

(London: Southern Publications).

Gellner, Ernest, 1983, *Nations and Nationalism* (Ithaca: Cornell University Press).

Geuss, Raymond, 1981, *The Idea of Critical Theory* (Cambridge: Cambridge University Press).

Giddens, Anthony, 1998, *The Third Way: The Renewal of Social Democracy* (Cambridge: Polity Press).

Giddens, Anthony, 1994, *Beyond Left and Right: the Future of Radical Politics* (Cambridge: Polity Press).

Giddens, Anthony, 1990, *The Consequences of Modernity* (UK: Polity Press).

Gertz, Clifford, 1963, *Agricultural Involution: The Process of Ecological Change in Indonesia* (Berkeley: University of California Press).

Hardt, Michael, and Negri, Antonio, 2004, *Multitude* (London: Penguin Books).

______, 2000, *Empire* (Cambridge, Mass.: Harvard University Press, 2000).

Habermas, Jurgen, "Perpetual Peace: Immanuel Kant," in (ed.), Thorn Brooks, 2008, *The Global Justice Reader* (Oxford: Blackwell Publishing).

He Zhaotian, "Chinese revolution and the discourse of Asia," *Inter-Asia Cultural Studies* Vol.8, No.3, (2007).

Kennedy, Paul, 1988, *The Rise and Fall of Great Powers* (London: Unwin Hyman).

Kolb, David, 1986, *The Critique of Pure Modernity: Hegel, Heidegger and After* (Chicago: University of Chicago Press).

Kristeva, Julia, 1993, *Nations Without Nationalism* (New York: Columbia University Press).

Lenin, Bladimir I., 1975, "The Second Congress of the Communist International (July 19–August 7, 1920)–Report on the Commission on the National and the Colonial–Question (July 26, 1920)," *Selected Works* (Moscow: Progress Publishers).

Levine, David, 1977, *Family Formation in an Age of Nascent Capitalism* (London: Academic Press).

Lyotard, Jean-Francois, 1994, trans. Geoff Bennington and Brian Massumi, *The Postmodern Condition: A Report on Knowledge* (Manchester: Manchester University Press).

______, 1989, *The Lyotard Reader*, Andrew Benjamin (ed.,), (Oxford: Blackwell).

Marx, Karl, 1963/1994 (1867), *The Eighteenth Brumaire of Louis Bonarparte* (New York: Internal Publishers).

Maruyama Masao, 1963, *Thought and Behaviour in Modern Japanese Politics* (Oxford: Oxford University Press).

Meisner, Maurice, 1968, *Li Ta-Chao and the Origin of Chinese Marxism* (Cambridge, Mass.: Harvard University Press).

Mast IIII, Herman, and Saywell, William G., 1974. "Revolution Out of Tradition: The Political Ideology of Tai Chi-t'ao," *Journal of Asian Studies* 34, No.1, (November 1974).

Mathews, Jessica T., "Power Shift," *Foreign Affairs*, 76(1), (January/February 1997).

Nagel, Thomas, "The Problem of Global Justice," in (ed.), Thorn Brooks, 2008, *The Global Justice Reader* (Oxford: Blackwell Publishing).

Needham, Joseph, 1954-1998, *Science and Civilisation in China* (Cambridge: Cambridge University Press).

Nye, Joseph S. and Donahue, John D., eds., 2000, *Governance in a Globalizing World* (Washington, D.C.: Brookings Institution Press).

Okakura, Kakuzo, 1904, *The Ideals of the East: with special reference to the art of Japan* (New York: E.P. Dutton & Co.).

______, 1904, *The Awakening of Japan* (New York: The Century Co.).

Perdue, Peter C., 2005, *China Marches West: The Qing Conquest of Central Eurasia* (Cambridge, Mass.: Harvard Univerity Press).

Polanyi, Karl, 1944, *The Great Transformation: The Political and Economic Origins of Our Time* (Boston: Beacon Press).

Pomerantz, Kenneth L., 2009, *The Great Divergence: China, Europe, and the Making of the Modern World Economy* (Princeton: Princeton University Press).

Popper, Karl R., 1945, *Open Society and Its Enemies* (London: Routledge & Kegan Paul Ltd).

Pye, Lucian W., 1988, *The Mandarin and the Cadre: China's Political Culture* (Ann Arbor: The University of Michigan).

Root-Bernstein, Robert, and Root-Bernstein, Michele, 1999, *Spark of Genius* (Boston, MA.: Houghton Mifflin Co.).

Said, Edward W., 2006, *On Late Style* (New York: Knopf Doubleday Publishing).

______, 1979, *Orientalism* (New York: Vintage Books).

______, 1993. *Culture and Imperialism* (New York: Alfred A. Knopf Inc.).

Sandel, Michael J., *Justice: What's the Right Thing to Do?* (London: Penguin Books).

Sen, Amartya, 2006, *The Argumentative Indian: Writings on Indian History, Culture and Identity* (London: The Penguin Books).

Slaughter, Anne-Marie, "The Real New World Order," *Foreign Affairs*, 76(5), (September/October 1997).

Solomon, Richard H., 1971, *Mao's Revolution and the Chinese Political Culture* (Berkeley: University of California Press).

Sun Yat Sen, 1941, *China and Japan: natural friends-unnatural enemies; a guide for China's Foreign Policy* (Shanghai: United Press).

Tanaka, Stephen, 1993, *Japan's Orient: Rendering Past into History* (Berkeley: University of California Press).

Wallerstein, Immanuel, 1995, *After Liberalism* (New York: The New Press).

______, 1979, *The Capitalist World-economy* (Cambridge: Cambridge University Press).

Wang Hui, 2011, Theodore Huters (ed.), *The Politics of Imaginning Asia* (Cambridge, Mass.: Harvard University Press).

Weber, Max, 1958, *From Max Weber*, edited and translated by H. H. Gerth and C. W. Mills (New York: Oxford University Press).

Wittfogel, Karl A., 1973, *Oriental Despotism: A Comparative Study of Total Power* (New Haven: Yale University Press).

Wong, R. Bin, 1997, *China Transformed: Historical Change and the Limits of European Experience* (Ithaca and London: Cornel University Press).

Wolin, Seldon S., 2004, *Politics and Vision: Continuity and Innovation in Western Political Thought* (Princeton: Princeton University Press).

Wu, Linjun, "Taiwan and the ASEAN Economic Community: A Context for Economic Statecraft in Asian Regional Trade Area," *Issues & Studies*, Vol. 44, No.4, (December 2008).

Wu, Zhuoliu, 2006, Ioannis Mentzas (trans.), *Orphan of Asia* (New York: Columbia University Press).

Zheng, Yongnian, 1999, *Discovering Chinese Nationalism in China* (Cambridge: Cambridge University Press).

찾아보기

ㅇ

ㅈ

ㅊ

동아시아 담론의 논리와 지향

비판이론의 탐색

초판 발행 1쇄 2017년 2월 25일

지은이 고성빈

펴낸곳 **고려대학교출판문화원**

www.kupress.com

kupress@korea.ac.kr

02841 서울특별시 성북구 안암로 145

02-3290-4230, 4232

Fax 923-6311

찍은곳 (주)동화인쇄공사

ISBN 978-89-7641-925-5 93340

값 38,000원

* 잘못 만들어진 책은 바꿔드립니다.